陕西省"十二五"古籍整理重大项目
陕西省社会科学基金重点项目

陝西古代文獻集成【第十九輯】

陝西古代文獻集成編纂委員會 編 主編◎賈三强

來陽伯詩集
　　[明]來復 撰
　　敬曉慶 點校
　　賈三强 審校

來陽伯文集
　　[明]來復 撰
　　丁俊麗 點校
　　吳敏霞 審校

陝西新華出版傳媒集團
陝西人民出版社

圖書在版編目（ＣＩＰ）數據

陝西古代文獻集成. 第十九輯 / 賈三强主編. — 西安：陝西人民出版社，2018
ISBN 978-7-224-13066-9

Ⅰ．①陝… Ⅱ．①賈… Ⅲ．①地方文獻－彙編－陝西－古代 Ⅳ．①K294.1

中國版本圖書館CIP數據核字(2018)第296508號

《來陽伯詩集》　敬曉慶　點校
　　　　　　　　賈三强　審校
《來陽伯文集》　丁俊麗　點校
　　　　　　　　吳敏霞　審校

陝西古代文獻集成·第十九輯

編　者	賈三强
出版發行	陝西新華出版傳媒集團　陝西人民出版社
	（西安北大街147號　郵編：710003）
印　刷	中煤地西安地圖制印有限公司
開　本	787mm×1092mm　16開　42印張　4插頁
字　數	600千字
版　次	2018年12月第1版　2018年12月第1次印刷
書　號	ISBN 978-7-224-13066-9
定　價	256.00元

陝西省古籍保護整理出版工作
領導小組編纂委員會

主　任　方光華　陝西省人民政府副省長
副主任　高　陽　陝西省人民政府副秘書長
　　　　程寧博　中共陝西省委宣傳部副部長
　　　　任宗哲　陝西省文化和旅游廳廳長
　　　　司曉宏　陝西省社會科學院院長
委　員　劉　強　陝西省發展和改革委員會副主任
　　　　王建利　陝西省教育廳廳長
　　　　史高領　陝西省科學技術廳副廳長
　　　　王愛民　陝西省民族宗教事務委員會主任
　　　　習雲傑　陝西省財政廳總會計師
　　　　羅文利　陝西省文物局局長
　　　　徐　曄　陝西省文史研究館館長
　　　　雷　湛　陝西省地方志辦公室主任
　　　　明平英　陝西省檔案局局長
　　　　周天游　陝西省古籍整理專家委員會主任
　　　　白寬犁　陝西省社會科學院副院長、陝西省古籍整理
　　　　　　　　專家委員會副主任
　　　　賈二强　陝西省古籍整理專家委員會副主任
顧　問　司曉宏　任宗哲　郭立宏
主　編　吴敏霞
副主編　王祥瑞

《陝西古代文獻集成》編纂工作領導小組

組　　長　　任宗哲　郭立宏
副 組 長　　白寬犁　高　嶺
成　　員　　吳敏霞　惠西平　吳振磊　段建軍　王祥瑞　潘麗華　韋禾毅

《陝西古代文獻集成》編纂委員會
特邀顧問

張豈之　趙世超

學術委員會

主　　任　　周天游
副 主 任　　白寬犁　賈二强
委　　員　　周天游　周偉洲　閻　琦　白寬犁　賈二强　吳敏霞　張懋鎔
　　　　　　惠西平　郭憲曾　李　浩　王煒林　向　德　張　弘　趙力光
　　　　　　趙建黎　徐大平　史天社　淡懿誠

編纂委員會

主　　編　　賈三强
副 主 編　　吳敏霞　趙望秦
委　　員　　賈三强　吳敏霞　趙望秦　張新科　段建軍　霍有明　傅紹良
　　　　　　周曉薇　郝潤華　李芳民　張　沛　張文利　趙小剛
主編助理　　杜學林　李向菲　魯夢宇　楊　瑞

前　言

　　陝西有着悠久的歷史，是文明隆盛之區。傳說中華夏民族的始祖炎帝和黃帝都曾在這片土地上活動，並且留下了相關的遺址遺跡。對今天中華文明和文化傳統影響最大的周秦漢唐王朝，肇興於這片土地，同樣留下了數不清的文物遺存。這些文化遺產雄辯地證明，陝西是中華民族的發祥地之一，也是中華民族一步步走向强盛的歷史見證。有越來越多的國內外人士來到這裏，觀賞半坡遺址、周原故地、秦兵馬俑、漢武帝陵、大夏統萬城、唐長安城以及終南風物等，領略這裏恢弘、悠遠、博大、精深的文化。

　　世界上很多地方的著名古跡，比如英國的史前巨石陣、復活節島上的巨人石像與秘魯納斯卡地畫，在相關的歷史文獻中，找不到絲毫的記載，因此只能是一個一個神秘的千古不解之謎，甚至有人將其解釋成外星人留下的奇跡，這當然大大影響了它們具有的文化意藴。而陝西的周秦漢唐遺跡和文物，絶大多數可以與傳世的文獻相印證。用文物與文獻相互印證研究歷史的方法，從漢代起就有學者運用。在清代乾嘉學者，尤其是後來的王國維先生那裏，成爲一種科學的學術研究手段，是歷史研究的利器。秦始皇陵兵馬俑坑棚木明顯被焚燒過，這在《史記》中有記載，是楚霸王項羽所爲；而遊客們在遊覽唐大明宮遺址，驚嘆其恢弘的氣勢時，也不由得會想到古代典籍中記載的發生在這裏的歷史事件，如盛唐時"九天閶闔開宮殿，萬國衣冠拜冕旒"的朝貢場面，大唐落日西沉時血雨腥風的"甘露之變"等，這些事件都深刻地影響了中國歷史的走向。設想一下，如果沒有文獻的佐證，這些文物古跡將會怎樣地黯然失色。因此，如果將這些可視的文物古跡視作壁上之龍，那些可讀的傳世文獻就如同龍的眼睛，一經點畫，飛龍就會騰起在天，活靈活現。

與文物文化相輔相成的是，這裏同樣有着深厚的文獻文化傳統。陝西存世文獻的品質之高，舉世罕有。《周易》極力探究宇宙產生和運行的根本法則，《周禮》爲萬世定立典章制度的企望，《史記》"究天人之際，通古今之變，成一家之言"的抱負，展示了早在西漢以前這片土地上志士仁人的闊大胸襟。這種特質對於秦地之人已經浹髓淪肌，融入血脈。而《詩經》中產生於周秦故地的諸多詩篇，從莊嚴的宗廟祭祀到民間青年男女嘹亮的情歌，無所不包，則又體現出這裏人民生活的豐富多彩。漢唐時代在這裏產生的諸多歷史、哲學和文學作品，至今仍有着典範意義，是中華民族精神寶庫中異常珍貴的遺產。

無論在陝西生活或者工作的人，不僅有責任將這塊中華民族風水寶地產生的文化遺產保護好，而且還要發揚光大。新中國成立後的20世紀50年代，我們國家幾乎還是一窮二白的時候，國家投入鉅資發掘了半坡遺址，並修建了保護性的建築。70年代又發掘了震驚世界的秦始皇陵兵馬俑，並在遺址上建立了博物館。改革開放以來，特別是近年來，陝西省提出建設文化大省、強省的戰略目標，而這對文化遺產的保護無疑是重要內容。近年來，隨着經濟的發展，政府在文化遺產保護方面的投入不斷加大，周原遺址、西安漢城遺址、曲江遺址、大明宮遺址、大唐西市遺址的發掘保護，爲世人矚目，已成爲陝西和西安古代文化的亮眼名片。

但是對於古代文獻的保護和整理，則稍顯落後。正是意識到了這一點，陝西省政府決定在"十二五"和"十三五"期間，在這些方面加大投入，進行建設。《陝西古代文獻集成》是其中的重大課題。這裏說的陝西古代文獻，指的或專寫陝事，或作者爲陝人，或書籍爲陝版。前兩者是主要的整理内容，陝版圖書除了在圖書史或版本目錄學史方面具有較重要的意義外，從内容方面來看，與其他地域出版的圖書並無本質區別的，不作爲此次整理的重點。由於人力、物力、財力的限制，這批整理的文獻，原則上只收錄那些没有經近人整理過的古籍或雖經近人整理，但是整理品質不高的古籍。這樣，一些多次經前人整理的古籍，雖然有很高的歷史意義和學術價值，如上述的《周易》《史記》等書，就不再進入整理者的視域。經過專家推薦，課題組嚴格篩選，選取了300餘種古籍作爲整理對象。這些古籍，絶大多數是宋、金、元、明、清人撰作的。

毫無疑問，在以周原、豐鎬、咸陽和長安爲中心的周、秦、漢、唐文明之後，隨着我國政治、經濟、文化中心的東移南下，從宋代開始，在整個中華文明中，陝地風光不再，逐步被邊緣化，整體上處於衰落之勢。但它仍是中華文明的重要組成部分，有時甚至引領風華。這可以關學、明清文學和戲曲的傳世文獻爲例。

北宋的關中大儒張載是早期的理學家，他"爲天地立心，爲生民立命，爲往聖繼絶學，爲萬世開太平"的宏偉誓言，激勵了數不清的中華民族志士仁人修齊治平的理想。張載是宋明理學中導夫先路式的學者，他創立的關學深刻地影響了"二程"的洛學、朱熹的閩學，而這三者構成了理學鼎立的三足。張載奠定的重實踐功夫而相對輕視繁瑣論證的關學傳統沾溉陝西學風民風甚深。從宋代至近代，宋代藍田"四吕"，元代楊奂、蕭㪺，明代王恕父子、吕柟、馬理、馮從吾，清代"三李"、王思敬，直至近現代的劉光蕡、賀瑞麟、牛兆濂等，歷時近千年，構成了不絶如縷的關學體系。這種不尚空談而重實踐的傳統也培育出了關中諸多磅礴豪放的義士和勤敬忠孝的百姓。

明清時代陝西的文學成就也同樣值得大書特書。明代前期度過了慷慨悲歌的改朝換代短暫風光,中國文學進入了百年孤獨時期,充斥文壇的是歌功頌德、神仙道化和説教衛道之風。張廷玉主編《明史·文苑傳》稱之爲:"永宣以還,作者遞興,皆冲融演迤,不事鉤棘,而氣體漸弱。弘正之間,李東陽出入宋元,溯流唐代,擅聲館閣。"正是對這段時期文學柔靡之風的概括。而到了明弘治、正德、嘉靖年間,中國文學進入了復興時期,其標志是前七子翩然登上文壇。前七子中的主要人物李夢陽是慶陽人,時屬陝西,康海是武功人,王九思是户縣人。而前七子中的另一位領軍人物何景明,雖是河南信陽人,但卻與上述三人交往密切,還擔任過陝西提學副使之職。繼唐代之後,陝西文學又一次進入亂花迷眼的大好時期。萬斯同《明史稿·文苑傳》説:"關中自李夢陽、康海、王九思後,作者迭興,若吕柟、馬理、韓邦奇、邦靖、馬汝驥、胡纘宗、趙時春、王維楨、楊爵輩,彬彬質有其文,而(張)治道輩鼓吹之,一時號爲極盛。"這段文字中提到的絶大多數人,都是科舉中高第中進士的文人。例如康海和吕柟,分别在明弘治十五年(1502)和正德三年(1508)先後中狀元,這也是陝西科舉史中的佳話。這個文人群體詩文創作成就極高,當時在北京官場中流行的"西翰林"之説,就是指翰林院中陝人極多的盛况。500年後的今天,追憶當年,仍令人神往。明嘉靖三十四年十二月(1556年1月)關中發生大地震,當時身在關中的文壇領軍人物馬理、韓邦奇、王維楨等人罹難,使陝西文學盛况戛然而止。但是清代初年,王又旦和"三李""一康"爲代表的三秦詩派又異軍突起,爲陝西文學贏得了聲譽。這一文學現象近年來也受到了學界的關注。

　　戲曲是我國獨有的藝術。如果將"代言體"作爲其起源和本質特徵,從青海大通縣孫家寨出土的新石器時期陶盆上帶尾飾的群舞、周穆王時傳入中國的傀儡戲和産生於周幽王時的俳優藝術等資料看,完全可以説周秦之地也是中國戲曲的發源地之一。而宋代以後,陝西代言體類的表演藝術總體走下坡路。明代大戲曲家康海、王九思的橫空出世，使這一頹勢中止。而在明清之際作爲"亂彈之祖"的秦腔的出現，更是使流行了近400年之久的宮調聯曲體戲曲走向了窮途末路，而以秦腔爲代表的板腔體戲曲流行於大江南北、長城內外，成爲中國戲曲的主流。"花部亂彈"是清人對板腔體戲曲的俗稱，秦腔也因而被戲曲界稱爲"花部亂彈之首"，對包括京劇在內的近現代以板腔體爲主的各地戲曲影響深遠。

這些文獻，在這次整理中都有收錄。我相信，這批文獻的整理出版，將會使學界和廣大對古代文化有興趣的讀者朋友們獲益良多。

我要衷心感謝從事這項課題的100多位省內外專家學者，正是你們數年的艱苦努力，爲實現我們陝西建設文化大省、強省的戰略目標做出了卓有成效的貢獻，也爲我們陝西文化增添了一項標志性的成果，在此謹致深深的謝忱。

賈三强

丁酉年秋

目錄

總凡例……………………………………………………………………… 1
來陽伯詩集………………………………………………………………… 1
來陽伯文集………………………………………………………………… 373
後記………………………………………………………………………… 667

總凡例

一、《陝西古代文獻集成》收録範圍，爲傳統近代以前陝西傳世文獻。陝西爲清代版圖所轄區域。陝西文獻概指陝人著述或述論陝事者。

二、本叢書僅收録未經今人整理，或雖經今人整理，然而品質尚有提升空間之古代文獻。

三、本叢書以點校爲主要整理方式，亦有個别作者前期已完成校注本，且有較多史實箋證，於讀者有裨益者，亦適當收入。

四、諸書底本之墨釘"■"、闕字"□"均一仍其舊，空闕或漫漶之字亦示以"□"，部分殘缺之字外框以"囗"。

五、底本之誤，原則上不改，而在校記中説明。一些明顯之常識性錯誤，如古籍中常見"己、已、巳"不分者，則徑改，不出校記。

六、諸書各有特點，且其整理成於眾手，故點校前言、凡例和附録等不强求統一。

七、諸底本中原有之注，用小號字排印，置於原處。

八、本叢書多有一輯多種者，其前後排序按作者之生卒年月。

九、因本叢書諸作之整理完成時間不一，故每十輯爲一批次，按經、史、子、集和時代先後順序編排。

來陽伯詩集

[明]來復　撰
敬曉慶　點校
賈三强　審校

點校説明

明代"三原學派"見稱于黄宗羲《明儒學案》,清初"三秦詩派"獲譽于王鳴盛《劉戒亭詩序》;關隴風流,一時雲蒸霞蔚。來氏世族,同履仕途而政績卓著;詩書傳家,共撰妙筆而文采翩然。来復是三原學派的代表之一。以下僅就《來陽伯詩集》家世生平、詩集内容、價值意義、版本源流、點校事宜,略述如次:

一、家世生平

來復生平事蹟,按《明人傳記資料索引》所載有"《名山藏》卷103/15";按錢仲聯《中國文學大辭典(修訂本)》有"明何喬遠《名山藏》卷一〇三、《列朝詩集小傳》丁集";杨镰《中国文学通典·诗歌通典》亦云:"生平见《列朝诗集小传》丁集下、明人何乔远《名山藏》卷103。"[1]檢《名山藏》卷一〇三所載,應為明初名僧來復(見心),非來陽伯。

（一）家世

來氏為明代三原望族,有明以來人才輩出。光緒六年刊本《三原縣新志》卷四《祠祀志第四》載"鄉賢祠所祀古今八十三人",來聘、來儼然、來復三人均在鄉賢祠祀之列。[2]温純《來氏家譜序》云:

來氏固吾邑故家也,自都禦使公、憲副公、郡丞公,相繼以忠直治行聞,族以此益大。茲譜又當實不溢一語。蓋曰:明昭穆,正支派,今後世可

---

[1]《明人傳記資料索引》,台北文史哲出版社,1978年再版,第301頁;錢仲聯《中國文學大辭典（修訂本）》,上海辭書出版社,2000,第965頁;杨镰《中国文学通典·诗歌通典》,解放军文艺出版社,1999年,第528頁。
[2]《中國方志叢書·華北地方·第五三九號·陝西省三原縣新志》,台灣:成文出版社,1976年,第152-153頁。

傳信云爾。[1]

畢懋康《來陽伯集敘》亦云：

枝裔慶昌，則高華之族；蟬紫輝襲，則世貴之門。太公以名進士歷仕，職方玄勳。[2]

按李維楨《大泌山房集》卷六十五《來職方家傳》[3]，參來儼然《自愉堂集》卷二《先考君小狀》、《明奉訓大夫山東青州府莒州知州前山西大同府同知階朝列大夫碧澗先生來公行狀》，[4]三原來氏世系大致如下圖所示。

來恭事見來臨《叢笙齋文集》卷二《先中丞公小傳》。[5]

來聘事見來臨《叢笙齋文集》卷二《先憲副公小傳》。[6]

來賀事見來儼然《自愉堂集》卷二《先考君小狀》、《明奉訓大夫山東青州府莒州知州前山西大同府同知階朝列大夫碧澗先生來公行狀》。[7]

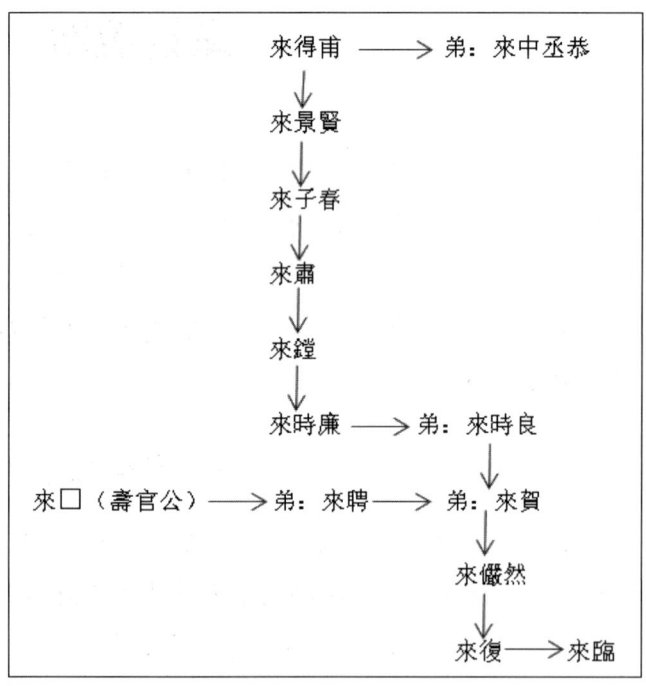

有明三原來氏世系簡圖

《三原縣新志》來復伯祖來聘、父來儼然、弟來臨皆有傳。《三原縣新

---

[1]（明）溫純：《溫恭毅集》卷七《來氏家譜序》，影印文淵閣四庫全書，台灣：商務印書館，第1288冊第560頁。
[2]（明）來復：《來陽伯詩集》，台灣"國家圖書館"天啟金陵刻本。
[3]（明）李維楨：《大泌山房集》卷六十五《來職方家傳》，四庫全書存目叢書，濟南：齊魯書社，集152-118。
[4]（明）來儼然：《自愉堂集》卷二《先考君小狀》，四庫全書存目叢書，濟南：齊魯書社，集177，第368-369頁，第373-376頁。
[5]（明）來臨：《叢笙齋文集》，《惜陰軒叢書》道光二十二年刻本。
[6]（明）來臨：《叢笙齋文集》，《惜陰軒叢書》道光二十二年刻本。
[7]（明）來儼然：《自愉堂集》卷二《先考君小狀》，四庫全書存目叢書，濟南：齊魯書社，集177-368-369，集177-373-376。

志》卷之六中"賢能""來聘"云：

> 來聘，李《志》字安國，嘉靖中進士。以行人擢御史，值朝廷議大禮，受廷杖，左遷丹陵知縣。近邑虎噬人，聘為文告神，虎伏就捕，邑人異之，謂不啻昌黎驅鱷魚也。歷官四川按察使，今按著有《雲峯近稿》。[1]

《三原縣新志》卷之六中"賢能""來儼然"云：

> 《通志》：字望之，萬曆乙未進士，太和知縣。躬行阡陌，勸課農桑，孝弟力田者表其閭。戒飭士子，烝烝向化，期月邑大治。移壽春，尋調曲周，直指為上章請曰："令固訟不罰鍰，賦不染一文者也，愿無調。"因復任太和，擢兵部職方主事。今按，著有《自愉堂集》。[2]

《三原縣新志》卷之六中"賢能""來臨"云：

> 來臨，復弟也。《通志》，字馭仲。博學宏才，能詩，善書法。選貢屯留知縣，潔己奉公，聲著循良。遷登州府同知，益多惠政。剛腸勁節，忤權貴，掛官歸里，優游著述。今按，著有《御風閣集》《叢笙齋集》十六卷，其妻黃氏有《玉香館遺詩》。[3]

另有來鑑、來濬等人，世系不詳，待考。[4]

（二）生平

來復生平履歷，今以錢謙益《列朝詩集》與《三原縣新志》所載最為詳核，《列朝詩集》略謂之云：

> 來布政復，三原人。萬曆丙辰進士，兵部侍郎儼然之子也。為詩文，敏捷如風。為人重氣好客，泛交道廣，有聲薦紳間。起家戶部郎，歷官布政使，備兵揚州。歸田病卒。陽伯性通慧，詩文書畫之外，琴棋劍器百工伎藝，無不通曉。惟未習女紅刺繡。至吳門，學之旬日，吳中女紅皆歎賞焉。同時華州郭宗昌，字胤伯，博聞多能，與陽伯略相似，皆三秦之異人。吳越間多秀才，未有

---

[1]《中國方志叢書·華北地方·第五三九號·陝西省三原縣新志》，台灣：成文出版社，1976年，第297頁。

[2]《中國方志叢書·華北地方·第五三九號·陝西省三原縣新志》，台灣：成文出版社，1976年，第299頁。

[3]《中國方志叢書·華北地方·第五三九號·陝西省三原縣新志》，台灣：成文出版社，1976年，第303頁。

[4] 民國二十三年《續修陝西通志稿》卷一百八十四《金石備考》十四卷系為明關中來濬撰，考訂云："舊本題關中來濬撰，自署其字曰梅岑，不著時代。考太學進士題名碑，陝西有來聘、來儼然、來復，皆三原人。濬豈其族歟？書中有萬歷間潁井出蘭亭事，則是明萬歷後人。又稱國學蘭亭即定武本，則是趙孟堅、柯九思所藏肥瘦二本，尚未著錄流傳之日，其書殆著於明末。"

其比。余於胤伯之奇，知其什五，恨未見陽伯也。陽伯有詩集十餘卷，能詩而不能工，亦多能累之也。[1]

《列朝詩集》選入來復《聽斗谷宗矦琵琶歌》詩一首，部份文字與《來陽伯詩集》略有出入，詳卷六校記。萬曆四十三年（1616）丙辰進士，幾得鼎甲（狀元、榜眼、探花合稱），惜偶有筆誤，誤以"鑽"作"鑽"，故失之交臂。來復曾有詩追念此事，見《余丙辰廷試，卷倖擬鼎元，以半字訛遂實之散列，至今已忘之矣。偶孫君如詞丈賦詩追惜，彌增內赧耳》。

《三原縣新志》卷之六上"名臣"條有"來復"云[2]：

來復，《通志》字陽伯，萬曆中進士，起家戶部主事，陞郎中，提學四川，值奢酋亂后，考校從寬，士子頌之。兵備揚州，天啓七年秋日，巡鹽御史率僚屬為魏閹建祠，躅吉上梁，俟復至同拜。未幾，復一帆競渡，眾拭目竢之，不意別趨海州矣。眾銜之。尋閹敗，得免於禍。參藩大梁，遷山西右布政司，治兵雲中。北虜邀賞，數萬騎突至城下。戎服登陴，指揮戰守，凡七日夜，虜退。惓惓借餉修戰，司農告匱，憂憤成疾，卒於官。溫自知曰：世人稱其詩、文、畫、奕、琴、方脈諸絕技，而不稱忠孝大節，蓋不知公者也。今按著有《詩文集》《清源近稿》《留餘》《閒餘》《勞餘》諸草。

另《泰州志》卷之四《官師志》在論述"海道"職守建制時有云"嘉靖三十二年倭夷犯，順江淮騷動。時撫按建議題準添設按察使司一員，為海防兵備道，分巡提督淮揚、通泰等處水陸官兵，兼理河道。署設泰州"，"來復"係天啟年間在任，評云：

來復，三原人。丙辰進士，天啟七年任。……為人綽有經濟，才雄八面，而守潔四知，苞苴不入，居官惠直，有善政。民德之初，值胡劉二閹踞郡城，搜括欽賍，怙威張誌，輒正色彈壓，不為禮及。二閹忌惡聲至，又抗言拒之，不少挫。未幾，魏璫敗，悉按治其黨羽寘于理，始定。掾吏三月，一分班之令，憲署以內肅然。痛懲鐵狀，令行禁止，治兵善布方略，信賞必罰。時海上大盜王虎子，連年嘯眾數千，有司不能詰。卒中反間，自駭散攜室走江土就執之，奉旨梟焉，捐貲鑿城中市河，悉還桃源柳浪之勝。迄今凌波青雀猶利賴

---

[1] 錢謙益《列朝詩集·丁十六》，清順治九年毛氏汲古閣刻本，第32頁；據《四庫禁毀書叢書》，集部第九十六冊，第643頁。錢謙益《列朝詩集小傳》（古典文學出版社1957年版，第651-652）同此。
[2]《中國方志叢書·華北地方·第五三九號·陝西省三原縣新志》，成文出版社，1976年，第264-265頁。

之。其過化之蹟，最為揚屬商民所思慕。[1]

來氏生卒，向來著述不詳。今檢《來陽伯詩集》卷十三《乙巳元日二首》其一云：

元日空齋獨嘯歌，吾生三十一年過。寸心向暮還堪壯，短髮經憂已半皤。久為塵蹤荒徑竹，近盟良友賦煙蘿。叢花香自尊前足，金石文看架上多。

結合來氏生平行跡，此詩所謂"乙巳"當爲萬曆三十三年（1605年），其時來復已過三十一歲，上推可知來復生於萬曆二年（1574年）。

來復卒年不詳，《三原縣新志》卷之八載云："莊烈帝崇正四年二月，……時來陽伯復備兵河南，聞警即遣親丁策應，"[2] 則至遲來復崇禎四年仍在世。按此說誤，據林樂昌編校《王徵集》考證，此事系年當爲崇禎二年[3]，非四年。一說來復"崇禎三年，卒于雲中任所"，待考。[4]

錢謙益《列朝詩集》云"歸田病卒"，《三原縣新志》則謂"治兵雲中……凡七日夜，虜退。惓惓借餉修戰，司農告匱，憂憤成疾，卒於官"。據來臨《叢笙齋文集》"遙奠先長兄陽伯方岳公文"[5]所錄，以"卒於雲中任所"為可信。

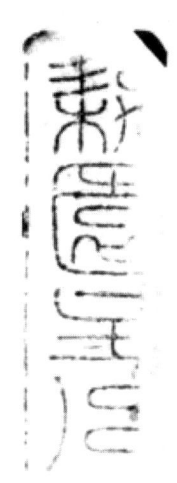

（三）名號

《中國書畫家印鑑款識》"來復"條錄其字號云："字號：陽伯、耦園主人。"款識如右圖，採自崇禎二年（1629年）來復行書詩卷。[6]據此可知來復號"耦園主人"。檢《來陽伯詩集》卷十五"清淵廨舍湫隘屙檐隙數弓，蒔卉數種，便塞滿屋坳矣。春半花開，將邀米仲詔先生，楊奎聚、丘長孺兩丈小飲，作此奉簡"題下其二有"清酌閒碁消歲月，耦園割得小光輝"之謂，后夾註云："耦園，余園名。"另卷十七《題胡含素寄所繪小園山景八幅引》對於修

---

[1]《泰州志》卷之四《官師志》，明崇禎刻本。據《四庫全書存目叢書》，濟南：齊魯書社，史部210-80/82。
[2]《中國方志叢書·華北地方·第五三九號·陝西省三原縣新志》，台灣：成文出版社，1976年，第551頁。
[3]（明）王徵著，林樂昌編校：《王徵集》，西安：西北大學出版社，2015年，第355頁。
[4] 張梅秀《來臨及其〈禦風閣集〉》據來臨"集中《家督學陽伯兄五旬初度奉寄蜀中》"推知"來復生於萬曆二年"，來復卒年該文系年云："崇禎三年，來復卒於雲中任所。"惜未明所據，待考。晉圖學刊，1990-2。
[5]（明）來臨：《叢笙齋文集》，《惜陰軒叢書》道光二十二年刻本。
[6] 上海博物館編《中國書畫家印鑑款識》，文化出版社1987年，第573-574頁。

造"耦園"之來龍去脈，及取名"耦園"之意趣論之甚詳，可參：

　　余築園在丙午春，距今十四年。園址可五十畝，栽植花竹果蓏無虛歲，漸蒽蒨菴藹，可蔽塍階矣。其意中所欲布之亭榭，尚未完也。荒邨多盜，勢必峻樓，陶甓數萬，高十仞以上，始可攜家居之，尚未造也。計余丙午春以記乙卯，歷十年所，中間除客淮揚年餘，但家居日，未嘗不讀書園中。即老大無子，竟未嘗攜妻孥為胤嗣計。巨盜劫鄰警寢，左右色怖，毫不為動。示非避地不靜，不靜不能嵩詣也。其遭遇之窮，悲涼之境，刻勵之苦，可槩見已。囊無贏金，少得即架屋買石，漸積歲月，粗成條理。濬水鑿池，頗饒魚藕。面池有堂，偉然宏敞，可以欵客。石堆既多，山工遠至扶風、富平諸山，覓得奇種如雲、如笏，巘岏崒嵂，青碧掩暎，輪蹄人舁，角力競輸。麓矖農隙，老稚畢致。池邊假山之役，似相逼而起矣。山工南土好手，胸藏丘壑，空中出景，縈回深窅，十丈之內，紆步兼里，有臺、有閣、有亭、有洞、有飛瀑、斷澗、黛嶺、虹梁，可據而飲，可緣而眺，可鍵而棲息。林木疎密，雜卉紛敷，隨地植焉。雖取材不能如穀城之美，闢製不能如謝傅之廓，然謂之非山，不可。

　　社友胡含素，夙工詩文，更善丹青，吟尊遊屐，與余弟取仲、常叔，每攜勝侶，蹟攀久狎，為几案間物，憐余羈宦異方，繪圖遠寄，各綴以詩。披覽神往，怳若躢躋層巔，遂媿北山猿鶴蘿薜之嘲也。八圖宗法河陽叔明諸派，為此山換胎傳神，而狀景更恢侈，似鏿庾信小築，擬之輞川平泉。主人絕不敢任。然而起伏向背，見叶所聞，亦耦園之山之真形耳。園別有搆，含素舍不圖，止撮其最耶。先是，園未取名，以未畢創締，中穿邨路往來，理不可塞，路之南北皆園，跨磴以通，若複疊然，其近址有先人遺田數頃，課穫畜牧，不離其域。時與弟輩問耕佐讀，故命曰耦園，取同氣沮、溺意爾。嗚呼，貧士未遇以前，無代耕之祿，無胝胼之勞，慈哉山畔一下農耳。選地旁拓，消受嘉樹修篁，已踰涯分，矧歸然山也。山之圖可八也，視栽桑浣花，諸君子何如哉。登高無佳賦，月下花前無好句，即培塿竊笑之矣。園垂成，當別有記，聊感韻友誼，每幅命題，系以短句。

　　另王徵集中稱來復有"星海"之謂，如"余社友星海來先生秉憲泰州，日夜焦思"云云[1]，《泰州志》卷之四《官師志》亦云："來復，字陽伯，號星

---

[1]（明）王徵著，林樂昌編校：《王徵集》，西安：西北大學出版社，2015年，第41頁。

海，三原人。"[1]是知陽伯晚年尚有"星海"名號。

（四）著述

來復著述，據清乾隆四十八年《三原縣志》記載，除《三原縣新志》所錄《陽伯文集》《陽伯詩集》《清源近稿》《留餘草》《閱餘草》《勞餘草》外，尚有《南陽活人書》[2]《泰定養生主論》《二神方治瞖目發背》《六壬起例》等書歸入"著述·子類"。咸陽市地方誌編纂委員會編《咸陽市志》亦云："關心醫學，以十年之力，廣求各種醫籍善本，整理和校訂了《奇效良方辨》等數十部醫籍。"[3]

另雍正本《陝西通志》卷七十五《經籍·集類》錄《雲起閣詩草十八卷》，系為"嘉魚知縣三原來復撰"，并云：

> 序曰：宜公屈首窮經，旁涉風雅，其《雲起閣詩草》，讀之習習風生，一種清芬澹遠之氣襲人。本書陳肇曾序[4]

據清乾隆四十八年《三原縣志》卷之十八考證，知《雲起閣詩草》為來鑑所著，與來復無涉。

按張《志》是集前有陳肇曾序，謂："宜公屈首窮經，旁涉風雅。"宜公者，鑑字也。《通志》亦載陳序而誤以為來復著，今更正。[5]

二、本書內容與價值簡介

（一）內容簡介

台灣"國家圖書館"本《來陽伯詩集》收古、今體詩一千一百四十餘首，按詩歌體裁分卷，依次為樂府（卷一）、四言詩（卷二）、五言古詩（卷三、四）、七言古詩（卷五、六）、五言律詩（卷七——十一）、七言律詩（卷十二——十五）、五言排律（卷十六含七言排律）、五言絕句（卷十七）、七言絕句（卷十八、十九）、雜著諸體（卷二十）。

---

[1]《泰州志》卷之四《官師志》，明崇禎刻本。據《四庫全書存目叢書》，濟南：齊魯書社，史部210-80/82。
[2]（宋）朱肱撰；萬友生等點校：《活人書》（人民衛生出版社，1993年，第232頁）："萬曆四十四年（西元一六一六年）徐鎔重校本，系徐氏與來陽伯等人合作，在萬曆十九年初校本的基礎上，重加校正，並由文林郎關中張惟任作序，集資付梓，仍名《活人書》（一函六冊二十卷九行二十字）。"
[3] 咸陽市地方誌編纂委員會編：《咸陽市志》，三秦出版社，2000，第605頁。
[4]（清）《陝西通志》卷七十五，影印文淵閣四庫全書，台灣：商務印書館，第555冊第539頁。
[5]（清）《三原縣志》卷十八，乾隆四十八年刻本，據《中國地方志集成·陝西府縣志輯·乾隆三原縣志》，南京：鳳凰出版社，2007，第508頁。

中國國家圖書館所藏本共八冊，依次為卷一之卷三（四言、五言古）、卷四之卷五（五言古、七言古）、卷六之卷八（七言古、五言律）、卷九之卷十（五言律）、卷十一之卷十二（五言律、七言律）、卷十三之卷十四（七言律）、卷十五之卷十六（七言律、五言排）、卷十七之卷二十（五言絕、七言絕、雜體）。

陝西師範大學圖書館藏《惜陰軒叢書》刻本《來陽伯先生詩集》凡一函共九冊，依次為第一冊：序、總目錄、卷一（樂府）、卷二（五言古）；第二冊：卷三（五言古）、卷四（五言古）；第三冊：卷五（七言古）、卷六（七言古）、卷七（五言律）、卷八（五言律）；第四冊：卷九（五言律）、卷十（五言律）；第五冊：卷十一（五言律）、卷十二（七言律）；第六冊：卷十三（七言律詩）、卷十四（七言律詩）；第七冊：卷十五（七言律詩）、卷十六（五言排律詩）；第八冊：卷十七（五言絕）、卷二十（雜著體）。按陝西師範大學圖書館藏《惜陰軒叢書》刻本《來陽伯先生詩集》疑原為十冊，現第三冊卷六與卷七間有封頁，容為裝訂致誤。

（二）研究價值

對《來陽伯詩集》及其《文集》的點校整理，以及三原來氏文學活動的研究，概言之其價值意義有二：

其一，勾稽來氏文學世家以為家族文學研究之個案。

據清乾隆四十八年《三原縣志》卷十八《著述・集類》所錄，來氏家族詩文創作結集者除來復諸作外，尚有來聘《雲峰近稿》、來賀《類定稿》、來儼然《自愉堂集》、來臨《禦風閣集》《叢笙齋集》、來臨妻黃氏《玉香館遺詩》等作[1]，著述富贍，體系有自，頗具家族文學個案研究價值。

且來氏昆仲文學活動多有結社唱和之舉，亦為晚明文學關西結社活動之有益研究素材。如來復及其諸友訂有長安詩社，名之為"青藜社"。

天家貴子喜文詞，留我開尊索賦詩。帖塌蘭亭書自好，枕藏鴻寶客難窺。久知歆向傳先業，虛比機雲愧盛時。自合青藜同訂約，誰能後世覓相知。王孫尊人、志川，善書能詩。"青藜"乃長安詩社名也。（《飲仲宗王孫宅，其兄子斗、舍弟馭仲俱在座》）[2]

---

[1]（清）《三原縣志》卷十八，乾隆四十八年刻本，據《中國地方志集成・陝西府縣志輯・乾隆三原縣志》，南京：鳳凰出版社，2007，第506頁。
[2]（明）來復：《來陽伯詩集》，台灣"國家圖書館"天啓金陵刻本。

其集社"黨似吾曹寧一世，樽開文社有羣賢"（《送馬涵虛歸里》），盛況一時；其社"春月一舉社，秋更舉"，所謂"賢主盟文計幾經，帝鄉端合產英靈。花時被禊修遺事，秋爽尊罍散列庭。……紛紛雅詠探全韻，勝句誰當播遠聽"（《九日社集勺園分韻二首》。迻錄《聯句二首》其二，以見其集社酬唱之況：

> 地主須教酒似泉泰徵，野園賓至總堪憐陽伯。薇墻帶雨花凝露泰徵，荷沼連陰水沒天陽伯。劍吼蒼龍驚乍合泰徵，槎浮秋漢愧高騫陽伯。相看醉眼過深夜應明，量語青藜未或先陽伯。青藜，諸友社名，因寄故云。[1]

其二，勾勒以三原溫氏、來氏為核心的晚明三原文學創作群體。

從文化地理學視角審視，明代三原文化事業自王恕開創"關學別派"，其子王承裕創辦宏道書院以來，向為其時陝西文化重鎮。尤以晚明溫氏、來氏為核心的三原文學創作為盛。

略檢《來陽伯詩集》，與其時文學名家交往甚密，其陝籍以文名相稱者有溫純、文翔鳳（三水人）、焦淵博（含一，一作涵一）、溫日知、溫自知、胡廷器、梁爾升等人。[2]由三原《溫氏叢書》觀之，溫純有《溫恭毅公文集三十卷》、《二園詩集四卷》，其仲子溫日知有《嶼浮閣詩賦集十四卷》，其少子溫自知有《海印樓文集七卷》，其第四世族孫溫儀有《紀堂遺稿》，其六世族孫溫蕙有《讀書一間鈔四卷》；[3]李錫齡《惜陰軒叢書》刊刻來氏周邊文集有來望之《自愉堂文集》、來馭仲《叢笙齋詩文集》、焦函一《逆旅集》、焦函一《奏議》、梁爾升《元扈山房集》、溫日知《嶼浮閣詩文集》。[4]

溫純返鄉後，來復、來臨兄弟追隨左右，結社吟詠，為溫氏得意門生之一，與溫日知、溫自知亦為好友；而作為明代陝西文學後勁的文翔鳳亦師事溫純，《來陽伯詩集》中亦有與文翔鳳唱和之作。[5]對溫氏、來氏相關著述的深入

---

[1] （明）來復：《來陽伯詩集》，台灣"國家圖書館"天啟金陵刻本。《來陽伯詩集》卷四《題壽圖》小引記本邑商賈王某之"真率社"，亦可據此探析晚明時期商人與士人之間的互動關係。
[2] 胡廷器，《通志》字含素。少喜讀古書，不事帖括，善寫山水，精篆隸。狀貌奇偉，躬耕藪澤，垂釣溪谷，距城才一舍，地名可得聞，身不可得見也。今按所著有《傳響樓集》二十卷，《七扣》一卷。梁爾升，李《志》君旭，美髯修幹，隱居元扈山房，時遊吳越，與知名士相唱和。今按著有《元扈山房集》。自《三原縣新志》卷之六中"隱逸"，第363頁。
[3] 王桂娥《縣圖書館典藏我縣歷代名賢著述簡介（二）》，《三原文史資料（第九輯）》，1992年，第148-151頁。
[4] 王桂娥《李錫齡與〈惜陰軒叢書〉》，《三原文史資料（第七輯）》，1990年，第148-160頁。
[5] 王超《溫純家世與生平研究》，西北大學2010碩士論文，指導老師：賈三強。于溫純家世論列甚詳，可參。

整理研究，將有助于清晰勾勒晚明三原這一文學群體的創作盛況，藉此明晰清初三秦詩派之所由來。

其三，藉此補全明清兩代陝西文學發展軌跡之缺失環節。

通常認為明代陝西文學的高峰以弘治、正德年間的關隴詩壇為其代表，期間經歷了文學復古運動，湧現出了"前七子"中李夢陽、康海、王九思以及張鳳翔、馬理、呂柟、韓邦奇、韓邦靖、王九峰、劉儲秀、張治道、許宗魯等眾多陝籍文學名家。嗣後，以嘉靖關中大地震為轉折，陝西文學轉而進入沉寂階段，延及晚明，為數不多的陝西文學家漸次退出明代文壇主力軍地位，無復前輩之影響。[1]這種相對冷清的文學創作局面，一直要等到三秦詩派登上詩壇，關中詩學方始重回清代文學主流陣地。[2]論者將明清兩代關中詩學由盛而衰、由衰復盛之因歸於嘉靖關中大地震，認為在地震中眾多陝西文學名家一時俱隕，不利於陝西地方文學傳統的延續；同時地震的破壞使得陝西州縣地方失去了教育場所、金石典籍、名儒學子，凡此種種均對當地文化教育事業造成了較大衝擊，對於晚明陝西文學的走向乃至明代後期文壇結構的變化都是值得注意的。[3]這一論述在燭照明代陝西文學由盛而衰的嬗變原因，無疑是周延且有說服力的；但是未能指出晚明以來陝西文學自衰復盛的關鍵環節。冉耀斌在論列"三秦詩派"的過程中，儘管多次談到明代先賢李夢陽、文翔鳳對清初關中詩壇的影響，但亦未能拈出晚明陝西文學復興這一題中之義。[4]

通過對來儼然、來復、來臨等人詩文集的整理研究，可以清晰梳理出一個

---

[1] 論詳劉坡《李夢陽與明代詩壇研究》，2012年上海師範大學博士論文，指導教師：李時人；高璐《嘉靖大地震與晚明陝西文學沉寂之關係考論》，《理論導刊》2012，9。可參閱。
[2] 三秦詩派最早由清人王鳴盛提出，其《劉戒亭詩序》云："三秦詩派，國朝稱盛，如李天生(因篤)、王幼華(又旦)、王山史(弘撰)、孫豹人(枝蔚)，蓋未易更僕數矣。予宦游南北，于洮陽得吳子信辰(鎮)詩，歎其絕倫。歸田後複得劉子源深(壬)詩，益知三秦詩派之盛也。"蔣寅《康乃心及其詩論》認為在清初天下至少形成三個地域性的詩學分區，即江南、山東、關中。載《南京師範大學文學院學報》，2002，4。冉耀斌《三秦詩派及其文化品格》(《文學遺產》2008.5)、《三秦詩派的作家構成與特徵》(《西北師大學報》，2008.3)、《清代三秦詩人群體研究》(南京師範大學2012博士論文，指導教師：陳書錄)對"三秦詩派"多有精彩闡發，可參閱。
[3] 論詳高璐《嘉靖大地震與晚明陝西文學沉寂之關係考論》，《理論導刊》2012，9。可參閱。
[4] "雖然清代秦地作家大多繼承的是明代復古派李夢陽、康海、文翔鳳等關中作家所開創的文學傳統，以杜甫作為效法對象"(第35頁)；康乃心《納齋詩序》亦云："近代北地(李夢陽)、西極(文翔鳳)，雄視萬古"(第50頁)；"錢謙益雖然認為李夢陽、文翔鳳等關中作家大多'亢厲用壯'……"；"明末馮從吾宣導經術、文翔鳳振起秦風，再次掀起了秦地文化學術事業的繁榮"；"康乃心的詩風受地域傳統的影響，秉承了李夢陽、文翔鳳、李因篤等人的'秦聲'傳統"；"明末清初關中詩壇受先賢李夢陽、文翔鳳的影響，論詩大多崇尚盛唐，追步少陵。"冉耀斌《清代三秦詩人群體研究》(南京師範大學2012博士論文，指導教師：陳書錄)。

三原來氏周邊所牽涉的類似溫純、文翔鳳等人而形成的晚明陝西文學圈層，藉此得以補全嘉靖大地震后陝西文學發展過程中的缺失環節，進而釐清明清兩代陝西文學的發展軌跡。

其四，體悟明末關學力行致用之風尚。

如所周知，晚明社會在萬曆十二年王陽明、陳獻章、胡居仁從祀孔廟後，王學在社會生活中迅速風靡開來，嗣後王學左派則迅速發酵膨脹起來，其內在的自然主義和追求自由的精神，漸漸越出了王陽明設定的極限，也超越了主流意識和政治秩序允許的邊界，一時狂禪之風盛行。幾乎在王學左派風行的同時，出於整飭現實社會秩序、保持思想相對統一的需要，儒家內部即亦開始自我整肅。論者一般將關注點投射到始自東林高攀龍、顧憲成等，中經復社張溥、陳子龍等，波及明清之際顧、黃、王諸人的尚實學、重實證、講求經世致用、反對空談心性的實學思潮。[1]而其時關中則有一大批遵循關學學風篤實、注重踐履、崇尚氣節、敦善厚行、求真求實、開放會通精神，"繹其義，陳其數，而力行之"（《宋元學案·呂范諸儒學案》）的文士群體，[2]較少得到學界關注。焦涵一《逆旅集》卷十三對於"西北之文以骨勝"有精彩論述：

噫！得其位者，勳業即文章；不得其位者，文章為勳業。而道德節義則不問位之崇卑者也。太青之見擯時局，陽伯之不拜魏祠，節義固表表哉。李北地疏斥劉瑾，故其文矯矯，猶龍不可馴擾，西北之為文以骨勝哉。崑崙之為羣山祖，以骨勝哉。[3]

這種"以骨勝"之文章歸根結底還是受到了關學崇尚道德節義之滋養而生成。也正是有賴關學滋養，才使得來復、王徵在魏忠賢氣焰正熾之際，獨能自重名節，不拜生祠，致有"關西二勁"之稱。

璫勢漸灼，人爭獻媚。白下、淮陽建祠纍纍，部使者以下，竭蹶恐後，先生（按：王徵）獨與淮海道來公陽伯名復，毅然不往。來公與先生同里同社，同以風節表著，寧觸璫怒禍不測，必不汙姓字於建祠籍中，一時有"關西二

---

[1] 有關明代中後期的社會思想情況多參考葛兆光：《中國思想史》第二卷，第299-326頁，上海：復旦大學出版社，2001年，可參見。

[2] 張豈之：《關學文庫總序》，據（明）王徵著，林樂昌編校：《王徵集》，西安：西北大學出版社，2015年，第5頁。

[3] （明）焦涵一：《逆旅集》卷十三《集文來二公與溫往來文字引》，清道光十九年宏道書院刻本。據《四庫未收書輯刊·陸輯》第30冊，北京出版社，第197頁。

勁"之稱。[1]

來氏父子，不惟氣節著稱，且頗重事功之學，其在任内亦多善政。如前引來聘"爲文告神，虎伏就捕"事，來儼然"躬行阡陌，勸課農桑，孝弟力田者表其閭。戒飭士子，烝烝向化，期月邑大治"，來復"治兵雲中……指揮戰守，凡七日夜，虜退"、"爲人綽有經濟，才雄八面，而守潔四知，苞苴不入，居官惠直，有善政"，來臨"聲著循良。遷登州府同知，益多惠政。剛腸勁節，忤權貴"，不一而足。來復尤"文武長才"，雄于謀略，其守戰制敵，至爲擅長。如：

來復，字伯陽。三原進士。天啓初分巡河東道。文武長才，經濟偉畧。時將多事，預爲城守計，所歷州縣，必驗臨城池，督責修理。後十數年流賊入冒，平陽諸城不爲賊陷害者，皆復之力也。[2]

陽伯道德政事之外，"琴棋劍器，百工伎藝，無不通曉"，僅因"未習女紅刺繡。至吳門，學之旬日"（錢謙益《列朝詩集小傳》）。時人謂王徵"關西傑士，天下英奇"，以之衡諸來復，亦堪的評。[3]

三、版本源流簡介

《來陽伯詩集》，今存天啓刻本，及清道光刻本兩種系統。

（一）明天啓刻本

天啓刻本來宗道《來陽伯文集敘》下書口有"金陵張汝麟梓"，卷1下書口又有"金陵王世貴刻"，知此書刻于金陵。卷前有畢懋康序、來宗道序和馮汝京序，收古、今體詩一千一百四十餘首。天啓刻本臺灣"國家圖書館"有藏，中國國家圖書館亦有藏。兩書應爲同一系統，但中國國家圖書館本（以下簡稱"國圖本"）總體數量少於臺灣"國家圖書館"所藏本。如卷四國圖本無《施太母苦節撫孫詠》《楊母貞節詠》二首，卷十國圖本無《至前一日邀張恭甫熊泰徵王元重集選雲居分得人字》《賦得檀城寒雪夜同泰徵元重用添字》《往金牛山作》《答張羽從文學見贈兼簡張芋田憲使公二首》四題五首，卷十二國圖本

---

[1] （明）張炳璿《明進士奉政大夫山東按察司僉事奉敕監遼海軍務端節先生葵心王公傳》，據（明）王徵著，林樂昌編校：《王徵集·附錄》，西安：西北大學出版社，2015年，第367頁。
[2] 《平陽府志》卷之二十"宦績"，據山西古籍出版社，1998年重印清康熙版，第444頁。
[3] （明）王徵著，林樂昌編校：《王徵集·前言》云："縱觀王徵的一生，他廣交'奇人'，喜讀'奇書'，善製'奇器'，被當時的兵部尚書兼東閣大學士孫承宗為'關西傑士，天下英奇'。"西安：西北大學出版社，2015年，第26頁。

無《獨立二首時仲弟西歸家報生子內二聯春聯也續成詩篇見意》《煖屋梅花詩》《壽制臺王霽宇先生效錢劉體》《檀城元日》《華下郭仲茲東雲駒王幼安訪愚兄弟耦園留讌，邀同含素、君旭、君晉、與恕、與亨汎舟月夜》《園高樓子竣工諸友眺集馭仲先賦余和之還徵詞詠》六題八首，卷十五國圖本無《聞蜀警二首簡張芋田憲使公》《訓鄒靜長年兄見憶之作》《畬倪允昌太史見寄贈章二首》三題五首，卷十九國圖本無《密雲道中馬上作》一題四首，卷二十國圖本無《雲霽漫書四首》《三五七言》《禽言》《和君旭、君晉社兄小園十詠》四題二十三首。

國圖本《來陽伯詩集》卷首有《著者小傳》《作序人小傳》云：

來復，三原人，字陽伯。明萬歷進士，官至江西右布政使，性絕穎，詩文援筆立就。書畫之外，有琴棋劍器，百工藝術等事，著述存詩集十餘卷。

畢懋康，歙人，字孟侯，號東郊。明萬歷進士，以中書舍人授御史，視鹽長蘆。天啓中，累官右僉都御史，撫治鄖陽，魏忠賢以其為趙南星所引，欲去之，御史王際逵劾其附麗邪黨，遂削籍。崇禎初，起南京通政史，歷南京戶部右侍郎，旋引疾歸。工古文辭，能畫，有《西清集》《管涔集》《疏草》。

（二）清道光刻本

清道光二十三年（1843）三原李錫齡《惜陰軒叢書》有《來陽伯詩集》刻本行世。李錫齡（1794-1844）：字孟起，又字孟熙，號星樓，陝西三原人。嘉慶二十一年（1816）舉人，清道光中官內閣中書。後以母病乞歸，遂不復出。李錫齡平生博極群書，喜蓄購古書，收藏之富，甲于一方，所積達九萬餘卷。藏書樓名"惜陰軒"，並撰《惜陰軒藏書目》。別著有《宜蘭室文集》《紫榴吟房詩鈔》《佩實書廬筆記》《關中石刻新編稿》等。精於校讎，所藏之書勘讎精審，擇其精品及稀世罕見之書刊刻《惜陰軒叢書》，收書三十四種，三百零三卷。葉德輝《賣書行》詩稱："連筠與惜陰，同起道光季。北學有南風，矯矯群空驥。齊魯吳越間，轍跡我頻至。獲書捆載歸，充棟無餘地。"今陝西師範大學圖書館、三原縣圖書館均有藏清道光刻本《來陽伯詩集》九冊一函。

《惜陰軒叢書》本《來陽伯先生詩集》大體同台灣"國家圖書館"明刻本，部份文字有異。主要區別有四：

其一，明刻本三篇序文分別為《來陽伯集敘》草書書寫、《來陽伯文集敘》草書書寫、《陽伯先生詩文集引》隸書書寫，《惜陰軒叢書》本均作楷體書寫。

其二，明刻本詩集目錄在各分卷前出現，《惜陰軒叢書》本總目錄出現在序言之後、正文之前，各卷前無目錄。

其三，《惜陰軒叢書》本無明刻本各分卷前校對者信息，各分卷前均作"明三原來復著""邑後學李錫齡校刊"。

其四，《惜陰軒叢書》本因避諱改易字甚多，如"玄"作"元"，"弘"作"宏"，"胤"作"允"，"丘"作"邱"等。

四、確定底本和校本的說明

經比勘現存各版本《來陽伯詩集》，以台灣"國家圖書館"所藏本為最詳盡，確定為校勘底本（以下簡稱"底本"），參以中國國家圖書館所藏天啟刻本，陝西師範大學圖書館所藏清道光李錫齡《惜陰軒叢書》本。

台灣"國家圖書館""古籍與特藏文獻資源"所藏《來陽伯集》具體信息如下：

正題名	來陽伯集
拼音題名	Lai yang bai ji
作者姓名	（明）來復 撰
四部類目	集部-別集類-明之屬
序跋者	（明）畢懋康序 （明）來宗道序 （明）馮汝京序
序跋	序：[來易伯集敘 明天啟元年畢懋康撰]、[來易伯文集敘 明來宗道撰]、[陽伯先生詩文集引 明馮汝京撰]
收藏印記	[國立中央圖/書館收藏] 朱文長方印、[莊圃/收藏] 朱文長方印、[陽湖陶氏涉園/所有書籍之記] 朱文長方印、[曾經滄海] 朱文圓印
版本	明天啟間(1621-1627)金陵刊本
卷數	二十卷
裝訂	線裝
版本行款	9 行,行19字. 左右雙欄. 版心白口,單黑魚尾.上方記書名,下方記刻工
刻工	刻工名 [張汝麟（金陵張汝麟梓）、王世貴（金陵王世貴刻）、二、望、三、正等].
出版地	金陵
出版年（中曆）	明天啟
出版年（西曆）	1621-1627

數量	8 冊
高廣	（匡19.8x13.7公分）
書號	13015
索書號	402.6 13015
登錄號	13015
來源	古籍影像檢索資料庫
現藏者	國家圖書館

本文所用底本系該天啓本縮微膠片。

正題名	來陽伯集
作者姓名	（明）來復 撰
版本	明天啓間（1621-1627）金陵刊本
數量	8
材質	微片轉製數位影像
書號	13016
索書號	13016
登錄號	100752499
來源	古籍影像檢索資料庫
現藏者	國圖代管原平圖古籍微片

中國國家圖書館《來陽伯詩集》收藏信息如下：

頭標區	00490nam0 22001931 450
ID 號	411999030369
通用資料	20050413f16211627km y0chiy50 ea
題名與責任	來陽伯集［善本］：二十卷 ／（明）來復撰
版本項	刻本
出版項	明天啓［1621-1627］
載體形態項	8冊
語言	chi
相關附注	9行19字，白口，左右雙邊。
著者	(明)來復 撰
索書號	18073
館藏	古籍館善本閱覽室

本文校對所用本為縮微膠片。

頭標區	00564nam0 2200205 450
ID 號	002764541
通用資料	20041230e20012001km y0chiy50 eb
題名與責任	來陽伯集［縮微膠片］：二十卷 / （明）來復 撰
版本項	發行片
出版項	北京：全國圖書館文獻縮微中心，2001, 2001)
載體形態項	1盤 ; 35mm銀鹽
語言	chi
連接附注	Reproduction of:
著者	來復 明 撰
索書號	18073
所有單冊	查看所有館藏單冊資訊
館藏	古籍館善本閱覽室

陝西師範大學圖書館所藏道光刻本《來陽伯詩集》資訊如下：

ISBN	（線裝） 價格：CNY15.00
題名與責任者	來陽伯先生詩集［普通古籍］：二十一卷 / （明）來復 撰
版本項	李錫齡校刻本
出版項	清道光二十三年
載體形態項	9冊（1函）
一般附注	扉頁題：陽伯詩集
個人著者	來復 明 撰
全部館藏	所有單冊
分館館藏	長安古籍查閱室

陝西師範大學圖書館所藏道光刻本《來陽伯詩集》索書號為：851.467/214，第一冊內封題"道光癸卯鋟""陽伯詩集""宏道書院藏版"。版本行款10行，行22字，版心白口，單黑魚尾，上方記書名，下方記"惜陰軒"。此次用為主要參校本，簡稱"惜陰軒本"。

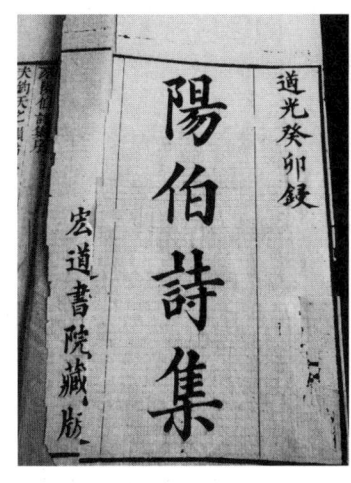
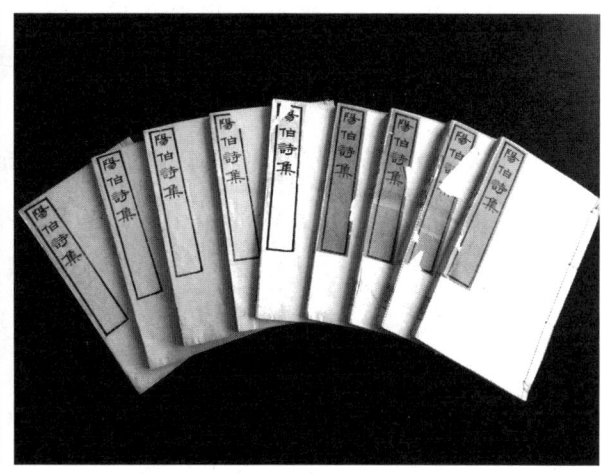

五、其他需要向讀者交代的內容

《來陽伯詩集》系天啟刊刻于金陵，其時據來復之卒尚有數年，來復詩文結集之後的創作，尚有較大輯佚空間。

（一）天啟刻本之後詩文輯佚

明崇禎刻本《泰州志》卷之十多有來氏詩歌，計五題十一首，迻錄于下。

南地暖于北，首春過鴈翼。鴈到秦關時，秦關暖亦□。江梅更早放，香馥和風颶。臘黃檐外舒，綠萼盆中養。却憶家園翫賞時，瓊英雪瓣逞嬌姿。蘂紅已離桃期近，寒重還憐鴈影遲。是時釀酒有百甕，是時製曲有百弄。草漲綠茸蜂課新，溪盡流漸水紋動。經過吟詠富詩篇，幾處友生好伯仲。華下諸子策馬來，不肯到門祇題鳳。只今勝事歇十年，萍梗驅馳霜滿顛。我戴進賢不稱意，君乎豪氣亘霄煙。亘霄煙、捫南斗，飛帆去訪六橋春，停橈共醉吳門酒。神遊和靖卜居前，詩繼韋公題江後。海陵使者吟興灰，芳晨幸遇詞人來。投我南行詩盈帙，取看多于簿領堆。使者唱和筆花開，不覺徒媿大匠斲。為勸諸君且蹔留，嗅梅莫向故鄉求。逢鴈先教繫帛去，須臾柳陌暖風柔。定須劇飲兵廚麯，生盡歸語，華峰驕勝遊。（《長歌行海陵署中贈郭仲滋王季安東雲駒雲離諸詞盟》）

長淮千里水，流過廣陵市。水韻如有情，蕭條咽闤里。我作使君恩未宣，虛乘（舟我）舸娓登仙。却嫌金鼓嘈嘈響，驚起鳧鷗不近船。

水融潮上郭，雪擁浪花白。漕流湖沒堤，愁殺風帆客。兩岸禿楊倒着身，年年稻熟半沉湮。遠賈邨農搔□去，誰知二十四橋春。（《揚州謠二首》）

今歲清明即上巳，纔舒新柳與夭桃。物華經眼憐人遠，水國張筵據勝高。春入菑墟開沃壤，兵環堧海奠神皋。即非吾土逢談笑，短曲鐃歌任爾曹。（《清明日讌王宛委元戎於海陵岳王臺同用桃字》）

種竹方纔三月餘，笋抽盈丈葉扶疏。宜晴宜雨更宜月，隨意簷前把素書。

若無百個只空階，冷落寒梅傍小齋。幸我灌培添遠韻，只愁乾旱斫如柴。署有綠萼梅一株甚盛（《種竹泰州署小詩二首告後之君子》）

一日常餘半日閒，病夫藏拙海壖間。（子血）陽有景王維繽，各出新詩燭下刪。

梨几匡牀千古情，橫牎皓月暎梅清。若無修竹盈階長，那得敲雲颭雨聲。

數弓園址曲籬遮，共醉公然當作家。水旱關心童僕泉，等閒栽徧廣陵花。

□□□希宜地偏，麥登秔秀兆豐年。羮烹菜甲多新種，且覓家常菽水緣。

蒸濕須教頻曝書，珍携名繪卷還舒。書難盡讀聊□爾，繪不逢人且韞諸。（《馭仲弟視余海陵投即景詩十絕時余抱足痛不寐枕上撮其意得五首》）[1]

（二）書法作品輯佚

據《中國書畫家印鑑款識》"來復"條，其款識悉自崇禎二年（1629年）來復行書詩卷，可知來復有手書行書詩卷行世。[2]

據《中國書畫家印鑑款識》"來復"條，其款識悉自崇禎二年（1629年）來復行書詩卷，可知來復有手書行書詩卷行世。[3]

檢中國嘉德國際拍賣有限公司2006秋季拍賣會中國古代書畫專場（2006-11-22）、上海鴻生拍賣有限公司2013年夏季藝術品拍賣會中國書畫、西畫、雜項專場（2013-09-18）、中國嘉德國際拍賣有限公司2015春季拍賣會常任俠藏珍拍賣專場（2015-05-17）、西泠印社拍賣有限公司2015春季拍賣會中國書畫古代作品專場（2015-07-04）、北京匡時國際拍賣有限公司2015秋季拍賣會古代書法專場（2015-12-05）均有來復行草詩卷參拍。其中除中國嘉德國際拍賣有限公司2006秋季拍賣會中國古代書畫專場（2006-11-22）拍品所題詩收錄《來陽伯詩集》外，其餘四首在《來陽伯詩集》中均無著錄。可知來復詩歌散佚甚多，後續輯佚工作尚任重而道遠。為一睹來氏"性通慧，詩文書畫之

---

[1]《泰州志》卷之四《官師志》，明崇禎刻本。據《四庫全書存目叢書》，濟南：齊魯書社，史部第210冊第238-240頁。
[2] 上海博物館編《中國書畫家印鑑款識》，文化出版社1987年，第573-574頁。
[3] 上海博物館編《中國書畫家印鑑款識》，文化出版社1987年，第573-574頁。

外,琴棋劍器百工伎藝,無不通曉"之"三秦之異人"本色,附來復行草詩卷五幀。

右圖"來復行書一"系中國嘉德國際拍賣有限公司2006秋季拍賣會中國古代書畫專場拍品,其詩云:

山到邊頭不記名,千層萬疊儘教生。就中也有輪蹄路,只為程途近帝京。

《來陽伯詩集》收錄于卷十九,題名《密雲道中馬上作四首》,此為其三。

右圖"來復行書二"系中國嘉德國際拍賣有限公司2015春季拍賣會常任俠藏珍拍賣專場拍品,其詩云:

長河半墊湖水侵,蓮花盡謝葦蒲深。逆風打岸午眠足,輕日透窗來我衾。

題識:"寶應舟中口號。書以與亨社丈教之。"《來陽伯詩集》未收錄此詩。

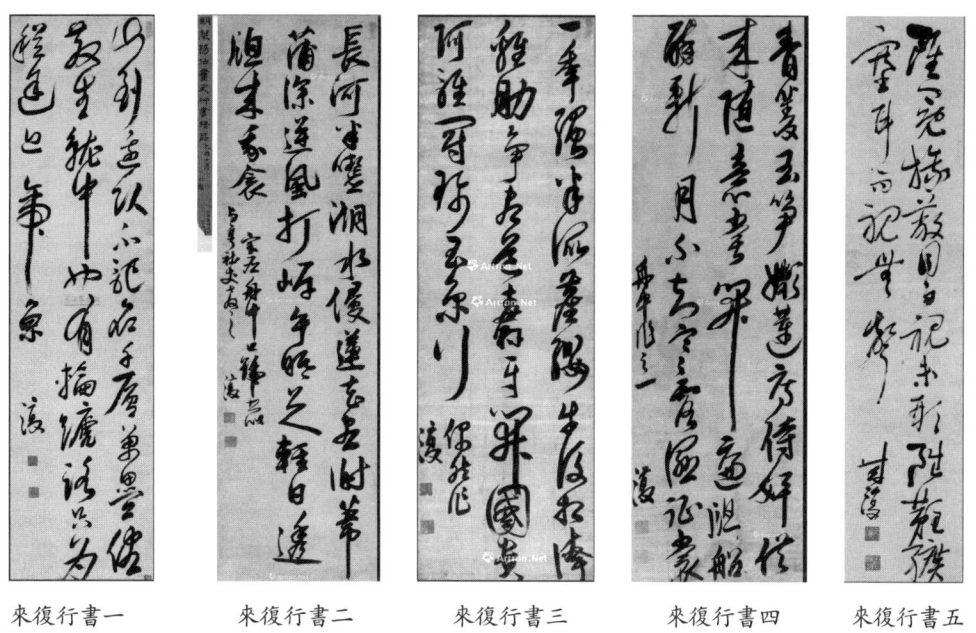

來復行書一　　來復行書二　　來復行書三　　來復行書四　　來復行書五

左圖"來復行書三"系西泠印社拍賣有限公司2015春季拍賣會中國書畫古代作品專場拍品,其詩云:

一年強半混塵纓,牛後相誇雞肋爭。盡道蠹牙開國貴,阿誰冠珍玉京行。

題識:"偶然作,復。"《來陽伯詩集》未收錄此詩。

右圖"來復行書四"系北京匡時國際拍賣有限公司2015秋季拍賣會古代書法專場拍品,其詩云:

青菱玉筍嫩蓮房，侍婢供來隨意嘗。開遍窗船醉新月，不知寒露濕征裳。

題識："舟中作之一。"《來陽伯詩集》未收錄此詩。

左圖"來復行書五"系上海鴻生拍賣有限公司2013年夏季藝術品拍賣會中國書畫、西畫、雜項專場拍品。系化用《資治通鑒》原文所作聯句一幅，其句云："雖冕旒蔽目而視未形，雖黈纊塞耳而視無聲。"其語與《資治通鑒》原文"虽冕旒蔽目而视于未形，虽黈纩塞耳而听于无声"略有出入。

敬曉慶　2017年春

目錄

來陽伯集敘	65
來陽伯文集敘	67
陽伯先生詩文集引	69
樂府目錄	71
卷之一	71
樂府卷之一	73
琴歌	73
攄武師	73
定武功	73
朱鷺	74
豫章行苦相篇	74
擬樂府江南弄二首贈汪浩源葉嘯	74
樂府變五首	74
屯萬艘	74
發丁庸	75
鬧官渡	75
散商舶	75
開強集	75
燕歌行	75
玉階怨二首	75
採蓮曲二首	76

春江曲	76
自君之出矣二首	76
子夜秋歌	76
步虛辭	76
大牆上蒿行	76
何當行	77
前有一罇酒行四首	77
順東西門行	78
白紵曲二首	78
相逢行	78
月節折楊柳歌	78
正月歌	78
二月歌	78
三月歌	79
四月歌	79
五月歌	79
六月歌	79
七月歌	79
八月歌	79
九月歌	79
十月歌	79
十一月歌	79
十二月歌	79
閏月歌	79
燕歌行贈沈仲玉先生入覲	79
有所思	80
憂且吟	80
獨處愁	80
義鵲篇	80
雞鳴高樹巔	81
君子行	81

賦得《僸人攬六著》篇奉贈大冑侯荊谷翁七衮壽_{有引} ……… 81

四言詩目錄 ………………………………………………………… 82
卷之二 ……………………………………………………………… 82

四言詩卷之二 …………………………………………………………… 82
　　別沈仲玉明府先生八首 ……………………………………………… 82
　　送梁君參之廣陵 ……………………………………………………… 83
　　贈人 …………………………………………………………………… 84
　　示中州學子 …………………………………………………………… 84
　　贈曹太翁從祀鄉賢名宦冊 …………………………………………… 84

五言古詩目錄 …………………………………………………………… 85
卷之三 ……………………………………………………………… 85

五言古詩卷之三 ………………………………………………………… 87
　　東門行 ………………………………………………………………… 87
　　抵華陰同胡含素、梁君參、君旭、君晉遊華山 …………………… 87
　　古意二首 ……………………………………………………………… 88
　　園中雀銜蟻飼雛有頃雛墮感而賦此 ………………………………… 88
　　檢書畫畢自嘆兼示社中同好 ………………………………………… 88
　　壽梁夫人 ……………………………………………………………… 88
　　贈別梁君星二首 ……………………………………………………… 89
　　送馭仲弟入細陽 ……………………………………………………… 89
　　白馬篇 ………………………………………………………………… 89
　　言志 …………………………………………………………………… 90
　　遊仙 …………………………………………………………………… 90
　　冬抄二三君子援琴清坐晤言永日 …………………………………… 90
　　贈兵憲劉恩徵先生 …………………………………………………… 90
　　過阿衡墓 ……………………………………………………………… 91
　　詠久雨效六朝體二首 ………………………………………………… 91
　　贈王裕參明府 ………………………………………………………… 91
　　贈屠赤水先生 ………………………………………………………… 92
　　觀書畫扇 ……………………………………………………………… 92
　　邀沈仲玉先生餐英館看菊，時張時佩、梁君旭、高大克在座 …… 92

餐英館講詩限四十韻	92
聞冤詩 京都妖書之變，無辜罹罪者多，聞友人下獄，不知果否	93
貧士詠	93
擬今日良宴會	93
擬涉江采芙蓉	94
擬庭中有奇樹	94
擬迢迢牽牛星	94
擬廻車駕言邁	94
詠史五首	94
送李溫甫少府之任保定	95
同友人遊河中王氏園分體	95
遊仙五首	95
贈祁念東老師	96
抵上郡謁李本寧老師途中紀懷	97
新樂道中大風	97
擬古	97
陳王贈友	98
謝監遊山	98
陶令田居	98
夢華嶽南峯	98
寄劉恩徵梟長先生	99
雪霽登雁塔	99
冬日可愛	99
問崇夢	99
問夜烏	100
送謝日可比部還豫章	100
春日汝謙邀，同伯麟、君肇、季薦、家弟馭仲讌集。 　　是日無從先生以雨不至限招字	100
輓吳鏡南先生	100
追輓王太母金夫人 夫人有《蘭莊集》行世，教其子為名中丞，今曾孫章仲四明高士，能嗣世德	101
環堵花卉雜植盆盎，是伯聞王孫、董、辛、盧三好事所遺者，	

目　錄

灌溉收畜，頗費課理，對之成詩 ………………………… 101
何耔孝社長住小齋清話數夕，語多相益將歸賦贈，兼簡劉叔定 ……… 101
題畫 …………………………………………………………… 101
詠懷五首 ……………………………………………………… 101

五言古詩目錄 ………………………………………………… 103
　卷之四 ……………………………………………………… 103

五言古詩卷之四 ……………………………………………… 106
　題畫贈王子 ………………………………………………… 106
　繪得喬松圖壽蒲太翁 ……………………………………… 106
　寄題龍君御先生瀰園 ……………………………………… 106
　贈寧陵呂叔簡先生 ………………………………………… 107
　贈袁涇陽明府入覲 ………………………………………… 107
　從會寧至安定道中作 ……………………………………… 107
　抵甘鎮作詩代書寄兩弟 …………………………………… 107
　寄館中諸友 ………………………………………………… 108
　對竹作有引 ………………………………………………… 108
　贈譚王谷廣文二首 ………………………………………… 109
　題壽圖有引 ………………………………………………… 109
　憶尹恒屈先生 ……………………………………………… 109
　題大椿圖 …………………………………………………… 110
　題九如圖 …………………………………………………… 110
　追輓曾太翁是太史諱楚卿父 ……………………………… 110
　承楊修齡侍御先生邀同諸公飲海淀李園 ………………… 110
　米仲詔先生勺園 …………………………………………… 111
　贈許槐堂封翁 ……………………………………………… 111
　壽丁太翁七衮同年諱明登父 ……………………………… 111
　甘州公署作 ………………………………………………… 111
　簡胡含素社兄時同寓甘州 ………………………………… 111
　贈松亭翁社友梁君旭父 …………………………………… 112
　以詩代書邀沈澤脾明府 …………………………………… 112
　王濟之羅幼劒刺史同沈澤脾明府過訪邀飲作二首 ……… 112

－ 27 －

追輓潘太母_{同年譚永澄母}	113
上晉國王_代	113
贈別宗兄五雲以戶曹擢梧州太守二首	113
輓孫太宜人	113
孝子王先生四詠	114
廣陵逢何玉長	114
藍田郊望	114
題小繪	115
贈魏太翁_{太史公諱廣徵祖}	115
過邢臺贈王九生趙石書二明府	115
問新樂官舍一樹桃花	115
代新樂署桃花答	115
贈劉明府	116
早坐都城門下遲何大瀛寅長別作	116
贈僚友李季重別兼簡王季木丈二首	116
堂委壩上諸倉收草豆作	116
挽薛節婦	117
題梨花白燕圖	117
書馬圖後	117
題畫	117
陳太母并其子封公節孝詠_代	117
題小繪	117
天啟改元之新正，社友梁君土、舍弟馭仲從關中至密雲分署訪視余，相見喜慰，詩以紀情	118
清源廨作	118
上巳修禊仲詔先生空明館，兼看海淀園燈靈岩文石，共用勺字，限五言古十二韻	118
李汝謙社丈舟過清源辱贈古篇用體酬畣	119
汪質先典客綠雨亭塔松詩，次徐司空韻	119
寄子由太史宗兄	119
清淵遇閔逸之、彭興祖、方仲舉留酌	119

憶道之工部宗兄	120
送徐辰叟社丈之京分體限韻	120
庚申生日自訟_{時榷役竣移居別署作}	120
酬汪明生社丈見贈二首	120
詠唐趨昭母贈姚太夫人	121
壽尹太翁夫婦_{給事諱同皐父母}	121
壽馬太母_{同邑直指諱逢皐母}	121
焦太母姱節詠_{同邑直指諱源溥母}	121
施太母苦節撫孫詠_代	122
楊母貞節詠	122

七言古詩目錄 123
卷之五 123

七言古詩卷之五 124

客中有疑愁甚放歌自遣	124
內子誤服藥	125
老僕嘆	125
仗劍歌	125
羈旅行	125
採綿行_{敘太康野農語}	126
行路難	126
漢方壺歌	126
憶昔行	127
除夕書懷	127
癸卯夏日淫雨傷麥，作田家苦雨二首	127
春谷讀書圖歌贈胡含素	128
題沈啟南溪雲欲雨圖	128
送友人出塞	128
春矓歌	128
春鳥篇	129
上苑落花篇	129
贈梁本初先生	129

通許美人行	130
春雲歌為梁孺人壽_{有引}	130
繪得思邈應詔圖贈徐春沂有道	130
富平侯歌_{謂李溫甫時量移別駕}	131
崇岡春曉圖為張氏母壽	131
寶刀篇	131
新豐歌	132
鴻門行	132
寄宿田家	132
醉歌行贈劉叔定	132
題劉叔定家藏竹林七賢圖	133
朔方歌贈蕭都護季馨	133
贈湘道人還四明	133
喜雨詩	134
壽周太安人_{有序代作}	134

七言古詩目錄 … 135
卷之六 … 135

七言古詩卷之六 … 136

寒士行	136
春日行	137
春閨	137
秋夜長	137
贈陸無從先生	137
賦得秋菊芳為梁鴻臚先生六十壽	137
松亭先生鑿池種蓮，幽香欝發。中一種獨挺檻外，千瓣團團，踰旬不謝。器君、君旭，不佞社友也，邀我醉池上。既醉，援筆題之	138
贈王啟寰明府_代	138
聽斗谷宗矦琵琶歌	138
春郊與諸友同賦限諸體分咏春郊校射	139
寄遠	139
送邑矦張停一先生入覲	139

記事二首 …… 140

繪得雙栢圖贈馮仲好侍御先生 …… 140

壽石太孺人 …… 141

走筆成詩簡館中諸友發笑 …… 141

壽賈太母_{同年譚鴻沐祖母} …… 141

贈晉岡王孫代 …… 141

田家峪見道之宗兄題壁 …… 141

贈許君信光祿 …… 142

題畫 …… 142

從浮丘折而東二里許，即大伾也。日斜遊飲，徧索諸勝境。晚坐僧寮，待月漏深，巨觴嗒然，醉矣。遂成《大伾山醉歌》，簡函一明府，並求和篇 …… 142

贈張督運公恩封三世 …… 142

庚申冬余住檀城，逢歌者郝祥祥時已五十餘矣。侍余旅邸，索詩。古人以何戲為故人而贈之言，瞬息乍逢猶然，況萬里窮邊乎 …… 143

簡李潤叔比部 …… 143

新移杏花數株于廨院同弟友諸子飲其下酒邊成歌 …… 143

冠縣距此止百里，移竹至，葉幹俱焦。偶張仲房文學從安陽舟載五十竿相貽，碧蔚可掬。始嘆水陸生枯不同如此輒命栽灌，占詩為謝。 …… 143

贈潘子 …… 143

探月樓歌為汪會符世兄作 …… 144

薊門七歌別制臺文受寰先生 …… 144

　其二 …… 144

　其三 …… 144

　其四 …… 144

　其五 …… 144

　其六 …… 145

　其七 …… 145

五言律詩目錄 …… 146

　卷之七 …… 146

五言律詩卷之七 …………………………………………………… 148
　靈寶道中遇雨 ……………………………………………………… 148
　新安值晴 …………………………………………………………… 149
　過洛承吳太守、羅少府、王別駕、黃司理諸公招宴酣風軒 …… 149
　宿孟縣懷潘河陽 …………………………………………………… 149
　從衛入滑值寒作 …………………………………………………… 149
　過滑雨，計去濬一舍，將赴焦含一明府之招，作此奉簡 ……… 149
　飲焦含一明府衙齋含一索余書 …………………………………… 149
　偶書 ………………………………………………………………… 149
　贈晉光祿封公同年譚淑抃父 ……………………………………………… 150
　夏日邀沈幼玉侍御、張居白給諫、周汝信兵部遊王園即席賦 … 150
　沙河遇段淑魯明府謁選 …………………………………………… 150
　贈賈職方代 ………………………………………………………… 150
　夏日同公浮來、李渤海二詞丈集何太瀛寅丈宅觀劇並童歌，歸途醉成 … 150
　飲徐高士齋 ………………………………………………………… 150
　飲鏡上人水樓見鴛鴦二首 ………………………………………… 150
　同諸子尋杏灣遂抵楊杜深處二首 ………………………………… 151
　贈張督運公恩封三世 ……………………………………………… 151
　題柏舟詠卷同年曹譚文衡母 ……………………………………………… 151
　乙卯伏旱園居，兆昌索詩，口占三首，既又成三首。
　　雖率爾不工，然情思畧見矣 ………………………………… 151
　惜雨二首 …………………………………………………………… 152
　秋夜開題二首 ……………………………………………………… 152
　癸丑元夕，寓碧雲寺，同王良甫、李元鎮二孝廉，雲州、萬如、
　　愈光三上人觀燈，限山字 …………………………………… 152
　遊西山之鳳凰嶺，同王良甫、李元鎮分韻二首，得冠字、鍾字 … 153
　秋居即事 …………………………………………………………… 153
　雨餘書懷 …………………………………………………………… 153
　偶題二首 …………………………………………………………… 153
　贈楊錫之明府入覲 ………………………………………………… 153
　園中偶題五首 ……………………………………………………… 153

寄藍田沈明府 ···················· 154
途次醴泉贈賀景瞻明府 ················ 154
贈袁熙寰明府 ···················· 154
望昭陵 ······················· 155
永壽書懷 ······················ 155
抵邠州鄭天符戶部招飲同楊巨橋進士 ·········· 155
同含素遊大佛寺在邠州西二十里大道傍 ·········· 155
會寧署中承許白藏明府招飲 ·············· 155
九日清水驛同含素作 ················· 155
過蘭州黃河 ····················· 155
贈衛介泉大參生子賦二首代 ·············· 156
簡薛允執明府 ···················· 156
和社友尊生、長房、廣居三王孫渡渭，枉顧郊園之作次韻 ··· 156
酬長房見贈時長房新出禁 ··············· 156
贈李鶴汀明府入覲 ·················· 156
乙卯冬寒客居，戲效白太傅《何處難忘酒》二首 ····· 156
米仲詔水部先生湛園觀石分韻 ············· 157
袁小修年兄邀同龍君御、楊修齡兩先生遊淨業寺，遂飲湖畔官亭 · 157
喜君御先生至都門 ·················· 157
淨業湖邊詠懷 ···················· 157
輓王徵庭封翁 ···················· 157
壽某太孺人八十壽期重陽 ··············· 157
壽王玉樞封公初度 ·················· 157
壽李封翁 ······················ 158

五言律詩目錄 ····················· 159
　卷之八 ······················ 159

五言律詩卷之八 ···················· 162
　夏日邀廖對鰲、練君豫、李元鎮、祝九如、任敬一、范鑑曲諸丈，
　　時旱後澍雨，遂俱歡飲 ·············· 162
　壽張太翁夫婦 ··················· 162
　壽葉太翁廷堅同年諱天陞父壽期九月 ········· 162

| 寄題思亭為李見復封翁_{同年諱應昇父} | 162 |

寄題思亭為李見復封翁同年諱應昇父 …… 162

壽劉懋先文學同年諱榮嗣兄 …… 163

贈王晦生工部代 …… 163

壽李太母同年諱春燁母 …… 163

贈繼蘭王孫代 …… 163

贈昭潭王孫代 …… 163

贈河東長殿下代 …… 163

贈河東王孫代 …… 163

贈靖安王代 …… 164

壽孫太母同年諱如蘭太母 …… 164

贈五雲宗兄守梧州 …… 164

同熊眉愚藩伯、尹惺麓觀察二公祖，遊米仲詔先生勺園二首 …… 164

贈韓景圭赴淄川任 …… 164

都中別馭仲弟之淮揚 …… 164

喜社友胡含素家弟馭仲同至都門 …… 165

宿固安署步月作 …… 165

贈寶坻王明府 …… 165

贈張念燕戶部 …… 165

辱黃兵憲張民部兩公招飲倉臺，是永平府治最高處 …… 165

贈陸廣文 …… 165

贈王伯真仲實兄弟二首 …… 166

偶題 …… 166

復雨 …… 166

寄竹居宗正二首 …… 166

秋日園居憶弟馭仲二首時弟寓淮揚 …… 166

丁巳苦雨三首是大旱後 …… 167

苦雨 …… 167

山人賈巢雲訪我耦園，山人善琴 …… 167

秋怨 …… 167

西麓二首 …… 167

秋日早發 …… 168

邀潘景芳、韓景圭、郭辰于翰于	168
賀雷明府生子代	168
久不赴會城，偶知厚固招。瀕發，口成二首	168
劉雨化訪耦園留酌，更訂後約二首	168
早春耦園迎笑亭看竹，同郭潄六作，分得亭字二首	169
看園中紅梅次郭潄六詞兄韻	169
客邸送君參之廣陵	169
偶題	169
青柯坪訪還虛道人不遇，道人結屋巖阿石穴，瞰空垂絙出入院中，甃石疏泉，望若僊界，坪中勝槩也	169
秋夜小酌書懷三首	169
田家二首	170
除夕感懷	170
讌集溫園二首	170
寄題任宇蔡公署篆敝邑德政冊代家君	170
志感四首	171
月蝕值陰	171
暮蟬	171
家弟去細陽後有懷四首	171
夢登第	172
少年行	172
早寒有懷	172
秋日郊遊	172
苦雨二首	172
稚子疾乳於外舍	173
君肇席上咏美人彈絲	173
山居感興	173
同梁氏昆季城北習射	173
至日值雪	173
五言律詩目錄	174
卷之九	174

五言律詩卷之九	178
塞下曲	178
閨情	178
恭和家大人退思亭作四首	178
鞏縣道中	179
抵都下辱高可愚先生贈言答謝二首	179
恭酧屠赤水先生過細陽大篇見寄二首	179
憶陸無從先生	179
清尊	179
月	180
植荳架	180
謝君旭惠紫檀印盛	180
落葉詩二首	180
秋旱	180
秋風	180
賦得盆榴初着花效初唐體	181
雨晴郊望	181
諸友應試望捷訊	181
秋園漫興	181
秋水	181
詠美人觀畫	181
遠望	181
憶別	182
愁	182
喜草齋翁過蓬蒿居留住	182
早起送草齋翁歸	182
客至即事五首	182
劉生	183
旅寺遇雨	183
梁君參出海錯飫之，時君參初至自廣陵	183
雨後	183

五月五日訪梁君星，值君星他出坐候，天大雨 …………………… 183
夏日雨後同諸友訪君參法相禪院限高字 …………………… 183
同諸友遊郊外遇李王二君留飲遲歸 …………………… 184
村居友人見過二首 …………………… 184
和梁草齋先生雨水日值雨之作 …………………… 184
春郊與諸友同賦限諸體咏晴灣騁目 …………………… 184
郊居喜雨有感沈明府禱祈屢應 …………………… 184
離城 …………………… 184
睡起 …………………… 185
偶題 …………………… 185
暑夜限雲字二首 …………………… 185
冬日集叔融厓陽山房 …………………… 185
雪夜集季鳳如茨堂 …………………… 185
月夜集伯聞文竹館 …………………… 185
雪齋集子斗具來軒 …………………… 186
集季常博古齋 …………………… 186
望夜同含素、君旭、家弟馭仲譔叔融、季鳳、伯聞、季常、
　子斗諸社長閉門讀書六首 …………………… 186
艷曲 …………………… 187
寓安邑李文學邀仝張比部停一先生遊玉女泉泉出深巖中廻環數十里 …………………… 187
贈劉復一學博 …………………… 187
聞南充黃昭素先生起家之官志喜二首 …………………… 187
過獲嘉候高可愚先生，時先生方清淵差竣，新歸歡讌，
　竟夕始別，坐有徐山人。二首 …………………… 187
途中憶兩弟時仲弟丙午下第 …………………… 188
寒夜效孟浩然體 …………………… 188
寄故園下第即閉關諸君 …………………… 188
聞李本寧夫子以鄜延兵使將過敝邑 …………………… 188
過扁鵲墓 …………………… 188
上郡承白中丞夢山先生招飲 …………………… 188
聞沈仲玉先生訃二首 …………………… 189

輓沈仲玉先生四首	189
冬日保定早發	189
雪	189
夏日二首	190
秋夜二首	190
五日康公孫、胡含素、梁君星諸子讌集二首	190
積雨訊胡含素	190
贈党思興	190
贈王裕參明府	191
謝孟公、仲宗二王孫惠黃楊樹	191
鎮國尉妻張恭人輓歌二首	191
壽梁封公典客公，余邑人，住廣陵。	191
初夏何耔孝社丈邀同潘景芳、韓景圭、郭翰于、辰于、何元矯、 　　梁君旭、君晉讌飲限川字	191
同時佩、允執遇周大克諸社兄遊邯鄲張藩伯先生園	191
己酉除夕涿鹿客舍同時佩、允執、大克小酌	192
贈韓太素太史	192
重陽後承無從先生枉過有贈答謝二首	192
陸無從先生招飲，座有陳巨公、梁君肇、家弟馭仲	192
醉臥偶成	192
飲君肇水亭	192
盱眙書懷	193
甘泉山書懷余於中秋日南下，到政晦夕	193
同無從翁、羡長、君肇、家弟馭仲集謝日可先生二酉堂聽演 　　《牡丹亭傳奇》，同用輕字	193
君參、君肇兄弟邀同陸無從、謝日可、俞羡長諸詞盟及 　　舍弟馭仲飲漵波館，同用行字	193
寓維揚送君參社兄還家，憶社中兄弟二首	193
贈海門王明府擢延慶守	194
贈師希夏移居	194
春日邀冒伯麟、梁君肇、陸季薦小集寓舍分韻	194

目　錄

　　無從先生席上聞雁有感即席成 …………………………………… 194
五言律詩目錄 ……………………………………………………………… 195
　卷之十 ………………………………………………………………… 195
五言律詩卷之十 …………………………………………………………… 198
　　君肇主社賦得潄波館 …………………………………………………… 198
　　春仲同羡長、聞伯、君肇飲閭元之西郊水亭 ……………………… 198
　　花朝汝謙招社中諸君，余晚至被酒獨留，諸君各先後散去，
　　　同用花字座有二美人 ………………………………………………… 198
　　寓維揚值無從先生誕辰賦贈 ………………………………………… 198
　　賦得春雨限西字無從先生席上作 …………………………………… 199
　　贈詹淑正卜居宜興 …………………………………………………… 199
　　淮上張公夫婦同壽詩 ………………………………………………… 199
　　己酉夏杪午睡廣陵寓舍夢中見詩一聯醒續成篇 …………………… 199
　　君參慈君劉夫人誕辰，其外兄王子昆季寓維揚，欲繪丹青為壽西獻，
　　　謀之余，於是延朱振南圖松石芝蘭以寓壽意。其石之皴染，則余
　　　有力焉。既成觀之，景色苍藹，金碧奇炫，非真非幻，亦麗亦莊。
　　　猗與此數物皆人世之所有，而難可比擬者也。正唯不離人世之所有，
　　　乃人世至常久者乎 …………………………………………………… 199
　　客中七夕立秋次無從翁韻 …………………………………………… 199
　　秋日汝謙邀同無從、鴻甫、達生、君肇集天寧寺禪院限鹽字 ………… 200
　　米園讌集 ……………………………………………………………… 200
　　雨後集君參池上賞蓮作限衝字 ……………………………………… 200
　　詠荷池邊柳 …………………………………………………………… 200
　　送段淑魯明府赴西華 ………………………………………………… 200
　　贈胡五嶽 ……………………………………………………………… 200
　　閲兵美何明府初政用其韻 …………………………………………… 200
　　早晴次何學寔明府韻 ………………………………………………… 201
　　詠僧房牡丹 …………………………………………………………… 201
　　陪王鶴朋大行住涇陽福勝寺 ………………………………………… 201
　　辛亥春憂早二首 ……………………………………………………… 201
　　福勝寺同譚王谷廣文竝王氏三文學夜飲援筆成詩 ………………… 201

- 39 -

旱後微雨	201
宿耔孝綠雨山房得通字	202
自去冬至夏旱二首	202
贈劉叔定生子	202
同耔孝、含素、君旭、君晉、馭仲集叔定玉芝館，分得虛字	202
不寐	202
憶青藜社諸公	202
送周汝信進士謁選	203
感遇六首	203
喜雨簡劉澤寰解元	203
賦得雨溢小池	204
雨霽君星邀賞君旭蓮池	204
臘日獨酌	204
對雪	204
送人之塞上	204
聞警	204
啜新茗	204
水竹居	205
聞砧	205
步月	205
讀崆峒先生詩	205
歲晚訊草齋翁	205
送君旭奔繼慈喪	205
新栽桃柳數株生意油然	205
夏日村居六首	206
哭幼女懿兒四首	206
夢汪山人	207
題王母貞節冊　同年譚公弼母	207
壽李封翁	207
壽錢翁	207
漁陽曉發	207

由密入薊途中作	207
殘梅	208
贈盧弘君	208
田在咸世兄以詩繪贈立就短章次韻	208
八月十四夜招集王元重、彥白上人于碧琅園分得藏字	208
訓元重、彥白遊聖水峯亭見憶之作	208
住懷柔周綿貞相招	208
出懷城即事	208
至前一日邀張恭甫、熊泰徵、王元重集選雲居分得人字	209
賦得檀城寒雪夜同泰徵、元重用添字	209
往金牛山作	209
答張羽從文學見贈兼簡張芋田憲使公二首	209

五言律詩目錄 ……… 210

卷之十一 ……… 210

五言律詩卷之十一 ……… 213

壽何太母題圖	213
出郊作	213
蒲平若孝廉過訪山居留酌，平若以慶親即歸故詩及之	213
送高大克孝廉之廣陵	214
送何學寔明府還道州四首	214
志感	214
上元二首	214
亡女忌日感懷	215
靜觀堂詠為馮仲好侍御先生作二首	215
壬子春旱	215
旱後澍雨	215
病卧李園自嘲兼簡韓太史、趙文學	215
壬子郊園池亭成八首	215
蜀琴客周會甫瞽而善音，既訪余里，尋又晤之涇陽梵宇，遂贈之詩	216
野居	216
留別張元起中翰二首	217

癸丑寓燕邸遇張賓王丈邀同白薙衡、蔣盤初諸兄宴集 …… 217

初夏承魏道沖太史招飲作二首 …… 217

園亭小集諸君暨兩弟各賦席上物，余得朱欄既俱賦焉八首 …… 217

七夕日辱館友欸飲，時余下第方歸 …… 218

喜雨有感 …… 218

中秋日同社友釀飲石九鼎館，晚移席龍橋翫月 …… 218

十六夜出城獨居不飲 …… 219

計十七夜當入城飲時佩宅，宜以清謔細飲送秋華詩作觴斜 …… 219

八月晦日同社飲伯聞宅，席上見菊限安字 …… 219

秋夜飲尊生玄對閣賞菊 …… 219

題東憲明墨莊樓 …… 219

訪潘景芳中翰園 …… 219

夏日寄蕭大將軍季馨 …… 219

題杜來儀元戎榮福堂 …… 220

詠杜日章大將軍餐霞閣 …… 220

壽安太翁 …… 220

贈吳氏夫婦 …… 220

壽楊範我太守公 …… 220

壽陳觀察善吾先生 …… 220

李渤海、李為與、莫符情三僚長集小寓 …… 220

承馮少伯憲使邀遊黍谷山二首 …… 221

曉發平谷 …… 221

晚投薊東小堡宿 …… 221

再宿小堡 …… 221

湯泉嶺觀松作二首 是戚大將軍栽 …… 221

過石門驛 …… 221

多睡嘆四首 …… 222

端陽前一日邀顧賓湖、李汝謙、吳聖初、陳克貞、高成之、朱振南諸君汎舟衛水 …… 222

夏日衛居即事四首 …… 222

汪白陽贈詩答此 …… 223

弟輩家書至，謂相知過宦地，憐余心煩、身累、形衰、神疲，惋然嘆焉，悲一生每事不如人也。分詠四首 …………………………… 223
  心煩 ………………………………………………………… 223
  身累 ………………………………………………………… 223
  形衰 ………………………………………………………… 223
  神疲 ………………………………………………………… 223
寄閔逸之丈 …………………………………………………………… 224
聞練君豫年兄調繁山陽 ……………………………………………… 224
新涼 …………………………………………………………………… 224
望雨 …………………………………………………………………… 224
贈朱白民有道二首 …………………………………………………… 224
李生共中翰過訪 ……………………………………………………… 224
生共惠苦釀風味迥異 ………………………………………………… 225
贈徐文孺 ……………………………………………………………… 225
除前一日邀顧賓湖、汪明生、方仲舉、郭漱六、黃羽章、汪會符諸君集衙齋，時仲弟初至。分韻得圍字 …………………… 225
喜馭仲至清源小酌分元字 …………………………………………… 225
除夕清源署作 ………………………………………………………… 225
和徐辰叟工部贈米仲詔先生六奇詩次韻 …………………………… 225
飲王恒石鴻臚宅 ……………………………………………………… 226
早春簡周恒臺給諫、張石林大理兩公 ……………………………… 226
早春仲詔先生衙齋用百五十字牌湊成一律余得三首 ……………… 226
人日喜晴 時郭漱六、舍弟馭仲新至 ………………………………… 227
燈夕觀米周二郎君拳戲即席成 ……………………………………… 227

七言律詩目錄 …………………………………………………… 228

 卷之十二 …………………………………………………………… 228

七言律詩卷之十二 ……………………………………………… 232

 寓都下寄弟馭仲 …………………………………………………… 232
 九日有懷，時丁酉下第歸也 ……………………………………… 232
 華陰廟 ……………………………………………………………… 232
 登華山至日月巖作 ………………………………………………… 232

登華山遇雨	232
寄君肇	233
寄王總戎漢翀	233
得家信	233
旅中七夕	233
木槿	233
秋日齋居三首	233
梁君星兄千里抵細陽從家大人遊，余亦後先至邸，相見甚歡，聯榻五月，余復將西歸，賦二首	234
登華山近峯阻雨下山	234
白雲峯閣	234
月下有懷二首	234
中秋望月	234
櫟陽寺	235
憶君星時君星從遊家君宜邸	235
子斗宗侯屢詩見贈，率爾賦酬	235
秋日別家君細陽感懷二首	235
抵咸陽承王裕參明府枉顧賦謝	235
聞陳州新警後禆將次軍鎮之	235
余同君參南發，含素、君旭、君晉餞余於華嶽之青柯坪，賦此留別	236
詠蘆	236
旅懷	236
冬日憶友	236
盆中荷枯	236
送馬涵虛歸里	236
夏旱二首	237
夏日齋居即事	237
君旭邀賞池中千瓣蓮二首	237
壽張停一邑侯先生	237
晚歸	237
君旭以新詩見投率爾還答	237

秋院閒適述懷二首 …… 238

時光 …… 238

仲秋月夜同友人登城樓小酌援筆五首 …… 238

走筆賦燈下海棠限眠字 …… 239

秋懷 …… 239

感懷二首 …… 239

閒題 …… 239

贈別梁君宿孝廉 …… 239

詠梅 …… 239

遊城西禪林 …… 240

山行 …… 240

小集適值送瓦罇數種，遂即席徧觴諸公 …… 240

感遇 …… 240

冬夜共含素、君旭偶坐 …… 240

花下獨酌二首 …… 240

村居晚興簡胡含素 …… 241

壽鴻臚鶴亭梁公六十代家君 …… 241

仲秋同汝誠、鳴卿、家弟馭仲細陽城外觀荷，兼簡閔逸之逸之雅善丹青 …… 241

硤石道中 …… 241

放舟淮水 …… 241

過田橫墓 …… 241

贈朱汝修保御修竹館 …… 241

逸度丹青入妙，乙未夏，余晤之長安客舍，追遊屢月，別去想憶不置。迨今辛丑，已六載，偶侍大人再抵長安，僦居甫定，即日相把臂轟飲，歡踰於昔。感愴離合，爰裁短詠，且欲於兩人杯酌之頃，形之聲歌，以邕烏烏擊缶之懷也 …… 242

贈吳美成美成雅善繪事 …… 242

逸度席上同家弟馭仲，張恭甫、許寅如二君情意甚洽，輒賦贈，二君故丹青名手也 …… 242

題顧朗哉丈獨倚樓 …… 242

米仲詔先生招飲以促裝未赴，聞座有顧朗哉諸公，兼簡得花字 …… 242

華陰道中遇雨望嶽 …… 242
無題四首 …… 243
贈林山人季偉 …… 243
漫賦 …… 243
九月見荷花 …… 243
秋日沈明府先生邀飲衙齋賦謝 …… 243
菊花詩有序 …… 244
友人下第作詩慰愁 …… 245
秋居憶仲弟 …… 245
喜社友張孺充應鄉薦 …… 245
盆中金鱗南行託友人畜之 …… 245
得酒 …… 246
題秋江漁樂圖 …… 246
謁李衛公墓 …… 246
冬郊 …… 246
釀酒 …… 246
醉中走筆再送君旭之廣陵 …… 246
贈愚谷山人，時山人將之廣陵 …… 247
草齋翁抵敝里張宅視張守君疾，屢邀不至，以詩代書請之 …… 247
冬晴 …… 247
渭北馬上口占 …… 247
夏日聞蟬 …… 247
雲中初月二首 …… 247
獨立二首。時仲弟西歸家，報生子。內二聯春聯也，續成詩篇見意 …… 248
煖屋梅花詩 …… 248
壽制臺王齋宇先生效錢劉體 …… 248
檀城元日 …… 248
華下郭仲茲、東雲駒、王幼安訪愚兄弟耦園留讌，邀同含素、君旭、君晉、與恕、與亨汎舟月夜 …… 248
園高樓子竣工，諸友眺集，馭仲先賦，余和之，還徵詞詠 …… 249

七言律詩目錄 …… 250
卷之十三 …… 250

七言律詩卷之十三 254

    贈張停一先生比部之留都二首 254

    君肇移家廣陵，三年前曾一抵里中，今復有事西歸，相見喜慰 254

    喜君旭歸自廣陵 254

    壽栗庵段公七十二首 254

    送君星之廣陵 255

    贈君參之廣陵 255

    送君晉之廣陵兼懷仲弟 255

    與允執渡渭水 255

    元日雪霽郊行 255

    方南晚歸 256

    詠涼 256

    九日城樓小酌憶君旭 256

    閏九日顧少府公邀飲署中 256

    飲仲宗王孫宅，其兄子斗、舍弟馭仲俱在座 256

    飲子斗社丈宅，時季鳳、叔融、伯聞諸宗侯在座，分得來字 256

    飲董中貴宅卻贈 256

    恭和黃直指先生閏九日對菊留題縣署之作用其韻 257

    再和前韻代令君 257

    挽王節婦 257

    歲暮 257

    除夕 257

    乙巳元日二首 257

    白鵑 258

    黃鸝 258

    朱鳳 258

    翠鳥 258

    壽松亭先生六十 258

    同友人遊河中王氏園代 258

    晝眠 258

    五日 259

    佛日登慈恩寺浮圖 259

目錄	頁碼
壽進父翁宗戾_{宗戾與諸子俱文，故詩皆及之}	259
寄張誠甫	259
春郊與諸友同賦限諸體_{咏燒燭題花}	259
曲江新水	259
元夕侍溫宮保先生觀燈限同字	260
懷顧朗哉丈	260
寄王伯醇	260
寄陸士遠	260
春日飲法相禪院仙樓，時草齋翁並敏吾、葵心諸公談玄於此	260
憲長汝州張公居諫垣時，建議通漕，中州小民免輸輓之苦，相與感德，生祠祠公，公移之先封君鄉賢，先生鄉人遂並祠_{代作}	260
題汝州張憲長公封命冊_{代作}	261
壽段母王孺人八十	261
叔定孝廉會試北上，時尊人健庵先生開府薊鎮，先期省覲二首	261
北上留別兩地社中諸友	261
題王四信卿松鱗館	261
行抵洛陽辱承太守張翼明先生招飲梅花堂作	261
上郡集朱太守先生公廨賦贈	262
北上含素、君星、君旭、君晉、舍弟馭仲、常叔餞別櫟陽寺賦謝	262
上李籲吾房師	262
贈滿震寰明府先生	262
楊修齡先生入覲，器君文弱弟子魏啓元同計偕北上，詩以贈之	262
北上贈邑矦李翀玄先生	262
簡梁君宿、君肇孝廉	262
燕邸除夜同允執社兄小酌	263
贈杜韜武大將軍三咏	263
三教逸史	263
榆谿釣徒	263
五岳草堂	263
春興	263
春望	263

秋日友人見過	263
冬日郊行	264
贈昝明宇使君覲後之順慶任，兼呈太史黃昭素先生	264
早秋君參園同社中諸子讌集	264
贈令君李翀玄先生壽	264
壽楊修齡先生	264
奉和修齡先生新豐送別滿汝揚明府被逮之作二首次韻	264
中秋邀劉叔定入社	265
寄本寧老師二首	265
哀奉節媼	265
寄劉恩徵兵憲先生	265
承南子興先生過訪餐英館留酌，時同王山人晉卿	265
春日同諸子游杏花灣即席賦	266
讀劉傾陽先生都門草及平播露布文賦贈	266
送李維文進士赴選	266
寄祁念東老師分守西塞二首	266
酌酒與故人	266
月下有懷	266
客中除夜	267
聞姜仲文老師謫宦廣西	267
春日張儀仰光祿、元起中舍詣九護軍招飲暢遠樓，索題賦贈	267
贈趙午陽少尹 少尹，山陰人	267
南思受刑部使留都，聞住廣陵，與君宿、君肇、元之諸君遊甚洽，詩以訊之，寓企羨焉	267
偶題	267
上制府李修吾先生二首	267
陸無從先生邀同冒伯麟、李汝謙、梁君肇、家弟馭仲讌集正始堂，分韻得逢字	268
仲夏李順衡中丞先生邀同冒伯麟、梁君肇宴集賦謝，時介弟汝謙孝廉在座	268
贈王光庭先生比部	268

贈嚴州太守汪九華先生 ………………………………………… 268
　　寄梁君宿社兄，時住君宿維揚水樓，數柱尺書，招我北上二首 ……… 268
　　梁君肇讀書楊子橋高太僕園，作詩訊之二首 ………………………… 269
　　維揚雜興八首 ……………………………………………………… 269

七言律詩目錄 ……………………………………………………… 271
　卷之十四 …………………………………………………………… 271

七言律詩卷之十四 ………………………………………………… 275
　　夏日同君肇讌謝友可、曰可兩先生，分得君字 ……………………… 275
　　夏日閻元之社兄園中作 ……………………………………………… 275
　　潘杜若、陸季薦過訪 ………………………………………………… 275
　　九日君肇社集天寧寺了明上人禪院 ………………………………… 275
　　送運長徐公入計 …………………………………………………… 276
　　送楊修齡明府先生觀 ……………………………………………… 276
　　己酉臘月廿九日安肅道中感懷次壁間韻 …………………………… 276
　　元日良鄉作 ………………………………………………………… 276
　　庚戌下第途中作二首 ……………………………………………… 276
　　中秋日雨藍田作呈梁明府 ………………………………………… 276
　　庚戌九日作簡同社諸子 …………………………………………… 277
　　麗人 ………………………………………………………………… 277
　　承尹惺麓太守公貽札省城得雪而敝邑獨無，三冬亢晹，詩以志愁 … 277
　　除夕簡同館諸友人 時仲弟寓廣陵 …………………………………… 277
　　送薛允執社兄之官寧陵 …………………………………………… 277
　　譚王谷廣文柱過有贈賦會 ………………………………………… 277
　　飲潘景芳中舍猗園 ………………………………………………… 277
　　承寧麟閣明府歆宴賦謝 …………………………………………… 278
　　再詠潘園 …………………………………………………………… 278
　　何明府衙舍古槐甚茂，夏時飛花徧地，對之欣暢，予為賦詩 ……… 278
　　壽何在吾邑侯 七月七日誕 …………………………………………… 278
　　承焦許二少府先生招飲賦謝 ……………………………………… 278
　　方南與諸友人盤滄杏林下 ………………………………………… 278
　　至日 ………………………………………………………………… 278

臘日	279
承尹惺麓太守公招飲衙齋，座有琴客胡五嶽	279
贈馬明府壽誕辰為重九日	279
有人從遼海寄石子來	279
夏寒	279
壽梁翁典客七裹	279
雨中乞君參園竹	279
李猗蘭邀同韓太素太史、趙子光文學飲其先敏肅公園林	280
贈龍君御兵憲先生二首	280
贈程參寰司理	280
贈馮璞菴明府調繁咸陽	280
贈李鶴汀明府時公從蒲調繁長安	280
寄魏道沖太史公	280
寄畢孟矦直指公	281
西歸得舍弟家信走筆代書	281
贈譚王谷廣文	281
贈楊荊岫明府入覲	281
承張見平直指公招欸余華下公署，時久旱新澍	281
抵莊浪承兵憲衷宇王公枉過輒辱招宴賦謝	281
贈荊顧吾中丞先生二首	281
冬日馮咸陽、袁涇陽、賀醴泉三明府枉顧郊園二首	282
壽劉太恭人劉恩徵先生母	282
呈君御先生兼簡宋文學宋君不飲	282
簡練君豫年兄	282
壽丁太翁	282
壽孫太母	282
九日社集勺園分韻二首時同仲弟	283
晚投紅門店廢院宿，簡謝孫太素明府兼美憲使孟麟野老師	283
過潞贈王奕蘭明府，兼簡趙學博，二君皆社友，時趙留潞廨	283
贈黃鳳衢兵憲公	283
丁巳元日時余奉使將還	283

壽雷震潛明府	283
憂旱	284
君旭病臥簡訊	284
旱後二首感社友梁君參築石堰人大獲利	284
奉和伯聞社丈夏夜渡渭見訪之作次韻	284
恭贈晉國主殿下代	284
題王季安清華閣	284
劉洞初刑部年兄以解餉入關，枉顧山園。于其歸也，賦贈二首	285
沈澤脾明府病新愈簡慰一首	285
秋日熊泰徵社友、周應明文學訪集山園	285
上元日逢立春，是日承馮少伯憲使攜酌敝衙飲梁君土、舍弟馭仲	285
君土寓衙齋，值其誕日詩以祝之，時舍仲弟同至	285
出關	285
立春日同郭漱六暨諸君集叢笙齋二首	286
咏龍燈同季常、伯聞二社丈暨郭漱六、胡含素、梁君晉、君土、舍弟馭仲、常叔	286
喜季常、伯聞二社丈過訪池陽	286
贈文天瑞禮部 時天瑞入賀便歸省覲	286
砐石遇雨作	286
山中春寒簡洛下諸公	287
焦明府邀遊浮丘山朱石雲年兄園，同邑丞尉學博諸君	287
山強半為園，據其基弘敞可知，作此貽朱兄志美焉	287
簡喻栢鄉年兄 時旱後雨	287
途中漫興	287
新樂署亭見魏道沖、馬康莊二太史留題，忽憶昨歲督餉入里，二公俱有贈言，尚未酬也。益嘆太史才情敏贍而余枯澀甚，作此聊志景慕爾。若尚和嗣當勉成也	287
遊鄭園同吳師每、李為與二寅丈賞並頭芍藥，是日余撝蒲得雄二首	288
簡黃山人	288
同沈侍御、張給諫、周武選觀王園荷花	288
恒山道中	288

目　錄

　　贈新樂陰黃州明府 …………………………………………… 288
七言律詩目錄 ……………………………………………………… 289
　卷之十五 ………………………………………………………… 289
七言律詩卷之十五 ……………………………………………… 292
　　壽張太夫人 _{彭城伯代} ………………………………………… 292
　　公浮來中翰過飲贈詩，和以此篇 ………………………… 292
　　謁祁念東老師宅 ……………………………………………… 292
　　奉贈王玄洲年伯先生由禮曹擢大參作 …………………… 292
　　中秋邀吳載伯、張鳳臺、張巨卿、黃中宜、賀景明諸
　　　子小集，是日見菊分得香字 …………………………… 293
　　霜降節陪祀景陵恭述 ………………………………………… 293
　　入紅門望諸陵 ………………………………………………… 293
　　壽李郡伯七衰，公自號眠鶴山人，是寅長為與丈父 …… 293
　　秋日郊行 ……………………………………………………… 293
　　邀周顯吾兵部，王襄庭孝廉，黃二岑、羅文台、貟監周選士，
　　　吳聖初、師振旸太學遊海淀李戚侯、白石橋萬尉侯二園 …… 293
　　詠萬瞻明尉侯白石園二首 …………………………………… 293
　　九月檀城見菊 ………………………………………………… 294
　　潮河亭子上同馮少伯憲使送王筐石寅長 ………………… 294
　　邀憲使馮少伯公眺遊聖水亭 ……………………………… 294
　　詠遵化湯泉 …………………………………………………… 294
　　月夜邀李世丈小集遂談名理 ……………………………… 294
　　壽蕭玄圃先生_代 ……………………………………………… 294
　　題楊節婦冊 …………………………………………………… 295
　　渡孟津黃河 …………………………………………………… 295
　　密雲道中 ……………………………………………………… 295
　　清淵廨舍湫隘，扁檐隙數弓，蒔卉數種，便塞滿屋坳矣。春半
　　　花開，將邀米仲詔先生，楊奎聚、丘長孺兩丈小飲，作此奉簡 …… 295
　　　其二 ………………………………………………………… 295
　　仲春邀仲詔先生、奎聚寅長集王園作 …………………… 295
　　遼事四首 ……………………………………………………… 296

− 53 −

塞下曲 追憶甘涼作	296
夏仲劉澹尹、宋玄修、趙玄甫三孝廉邀飲馬元躍中翰水明樓翫月	296
上本部李堂翁 尊號桂亭	297
清淵憶南北司僚友	297
憶都中諸鄉紳	297
上本部張堂翁 尊號誠宇	297
簡徐辰叟工部	297
送汪明生丈之雍丘	297
題王楚南都聞漸園	297
擬石隱先生簡石詩，次徐辰叟司空韻 詳在仲詔先生《石交紀牘》刻中	298
擬石答石隱詩	298
自勗一首	298
奉和徐辰叟社兄小築詩六首次韻	298
夏日簡張仲房	299
署中聞蟬	299
余丙辰廷試，卷倖擬鼎元，以半字訛遂實之散列，至今已忘之矣。偶孫君如詞丈賦詩追惜，彌增內赧耳 誤以"纘"作"鑚"，揭此怨艾，兼警子弟	299
清關寄弟二首	300
清源雜興五首	300
雲	300
許孚庭寅丈過清關留酌	301
詠秋月簡方孟旋年丈職方	301
余既詠署中物三十首，偶故人廣陵王葵廷、朱振南皆過清源，二君素善花鳥，為東南巨擘，技政相敵，遂求人繪其半，裝成一帙，羈宦中大快事也。短詠紀之	301
贈仰峯宗兄	301
贈楊奎聚寅長遷平越太守	301
仲詔先生衙齋同辰叟未央虛舟餞別呂介孺吏部，限七言律體，同用拈韻十字二首	302
贈濯洹張公歸隱詩 有引	302

衙居偶成	302
正月六日仲詔先生衙齋觀牡丹	302
又和人日仲詔先生委蛇齋梅下賞牡丹之作次韻	302
春日憶家	303
閏生日君土、馭仲各有贈詩因賦	303
承徐恕藏使君並其弟文學招飲，座有孔明府、龔光祿、彥白上人，用紅字	303
出郊訪徐園作，用紅字	303
懷柔縣作	303
懷柔道上簡周綿貞憲使	303
重陽日同周綿貞兵憲、葉問義職方、萬同原總戎遊聖水峯亭	303
聞蜀警二首簡張芊田憲使公公蜀人也	304
訓鄒靜長年兄見憶之作	304
畲倪允昌太史見寄贈章二首	304

五言排律詩目錄 305
卷之十六 305

五言排律詩卷之十六 307

贈小桐崔山人有引	307
壽鴻臚鶴亭梁公六十	308
挽張節婦代家君	308
贈劉長公	308
和馭仲弟[一]七月十五日夜即事十八韻	308
壽溫總憲先生二十四韻	309
無題	309
雪郊	309
元夕觀燈	310
上巳修禊	310
龍池古栢限六韻	310
尋玄都觀故基六韻	310
夏日籽孝、叔定、君一、含素、君旭、君晉、君土同集蓬蒿居	310
相逢行	310

賦得澄水如鏡	311
贈何耔孝進士二十韻	311
春日樂遊園	311
秋日薦福寺	312
修齡楊明府考績虵封兩尊人，器君孝廉，綸章亦褒及之，志慶一首	312
陸無從先生邀同謝曰可比部、梁君肇孝廉、家弟馭仲齋會興教寺，錢俞羨長北遊，賦得五言六韻，同用聲字	312
人日陸無從先生、李汝謙、梁君肇、陸季薦過飲寓舍，同用人字	312
贈都醼使沁溪徐公二十六韻	312
贈少府許載陽先生並序	313
謝姚視所明府賜椊楔	313
贈趙五視太守公	313
方順橋宣文寺聽寺僧演說二虎禪師功行	314
贈尹恒屈太守公 正月廿日誕辰	314
壽梁母劉碩人五十	314
大人令細陽三載考績得檄封命，生慈背棄不肖久矣，時大人尚諸生也。天語煥赫，褒贈泉壤，不肖私衷，庶用少慰。在堂之慈今所冠帔，而偕大人拜命者，復不肖從母也。情逮於天，綸綍及之。俯念大人奧渫，以有今日慈君靳年而推榮同氣，亦已足矣。值復守先人丘墓，未能侍大人官舍，躬覿盛逢，謹頓首灑酒遙壽，恭賦俚辭以闡私慶。	314
寓檀城課圃種樹作	315
秦國主殿下千秋詩三十韻	315
寄大司馬王霽宇先生三十韻	315
壽楊荆岫明府	316
投贈何耔孝明府	316
大旱禱雨作，簡馮少伯兵使	316
呈祁念東老師二十二韻	316
壽溫翁六十 是社友大昌兄	317
壽李太母 同年譚春燁母	317
輓王太翁 同年譚仕杰大父	317
追輓潘太母 同年永澄母	317

嘆累 ………………………………………………………………………… 317
耦園留泰徵作 …………………………………………………………… 318
輓劉斗隅先生代 ………………………………………………………… 318
賦得李紹夫先生 ………………………………………………………… 318
閔靈道中作簡焦中翰 …………………………………………………… 319
吊楊貞烈婦 ……………………………………………………………… 319
十一夜繕部仲詔先生招諸詞客葆光堂觀燈限蓮字 …………………… 319
壽蕭太翁夫婦六十同寅譚鳴甲父 ……………………………………… 319
斷飲詩有引 ……………………………………………………………… 319
盤石道中作，簡王明弼儲部，劭泰宇、馮少伯兩兵使 ……………… 320
畢孟侯先生西園池蓮一莖雙花赤白二色[一]，芙蓉並蒂者有矣，殊色
　同柯，事所罕覯。先生取明遠賦中語"潤蓬山之瓊膏，暉蔥河之
　銀燭"以實之[二]，善于形容矣。愚謂銀燭止以狀流彩之光燁耳，
　當日未必赤白同挺也。華館陂塘，絕勝天泉玄圃矣。詩以紀人間
　世產此奇瑞爾。 ………………………………………………………… 321
七言排律詩目錄 …………………………………………………………… 322
　卷之十六 ………………………………………………………………… 322
七言排律 …………………………………………………………………… 322
　贈牛丹浦明府時宰泰興 ………………………………………………… 322
　登丫髻山 ………………………………………………………………… 323
五言絕句詩目錄 …………………………………………………………… 324
　卷之十七 ………………………………………………………………… 324
五言絕句詩卷之十七 ……………………………………………………… 327
　題小景 …………………………………………………………………… 327
　懶三首 …………………………………………………………………… 327
　齋坐無題十首 …………………………………………………………… 327
　偶題二首 ………………………………………………………………… 328
　田家二首 ………………………………………………………………… 328
　少年行二首 ……………………………………………………………… 328
　絕句 ……………………………………………………………………… 328
　即事 ……………………………………………………………………… 329

閒居將園中所有一二物各詠一首 ································· 329
  木假山 ··· 329
  餐英館 ··· 329
  舫齋 ·· 329
  柴援 ·· 329
  未開菊 ··· 329
  已開菊 ··· 329
詠春 ··· 329
詠夏 ··· 329
詠秋 ··· 330
詠冬 ··· 330
遊人 ··· 330
麗人 ··· 330
驄馬 ··· 330
枯柳 ··· 330
詠燭三首 ·· 330
館童詩二首 ··· 330
題畫 ··· 331
夏日村居即事十二首 ·· 331
西郊 ··· 332
春郊與諸友同賦限諸體，詠同人對酒 ······························ 332
折梅 ··· 332
煮茶 ··· 332
戲作採蓮曲贈人 ··· 332
戲贈雲姬 ·· 332
題王氏園 ·· 332
採蓮曲二首 ··· 332
斶藥二首 ·· 333
題畫四首 ·· 333
五嶽草堂八景為杜日章將軍詠 ······································ 333
山中 ··· 334

春曉	334
竹下殘雪	334
無題	334
君肇惠香橼吴酒，走筆謝之	334
旅情	334
不寐二首	334
客中送客二首	334
戲題扇頭拙繪	335
悲塵中牡丹四絕	335
入山四首	335
和箕鸞韻	335
贈張琴士	335
三教逸史詩爲杜日章將軍詠四首	336
題畫	336
省試後擬墨三篇呈薛允執社兄覽	336
瓦亭驛早發二絕	336
題繪扇	336
題畫五首	336
題畫	337
題畫	337
題胡含素寄所繪小園山景八幅引	337
沸雲巖	338
岵屺臺 先塋近在	338
碧虛閣	338
鳴瀑澗	338
據秀亭	338
錦潀坪	339
五霧洞	339
萬玉嶺	339
咏署中物三十首有引	339
槐	339

竹 ……………………………………………………………… 339
松 ……………………………………………………………… 339
栢 ……………………………………………………………… 339
杏 ……………………………………………………………… 339
桃 ……………………………………………………………… 339
桂 ……………………………………………………………… 340
蘭 ……………………………………………………………… 340
石榴 …………………………………………………………… 340
紫微 …………………………………………………………… 340
茉莉 …………………………………………………………… 340
玉蘭 …………………………………………………………… 340
茶花 …………………………………………………………… 340
梅 ……………………………………………………………… 340
薝蔔 即梔子花 ………………………………………………… 340
瑞香 …………………………………………………………… 340
木槿 一名舜華 ………………………………………………… 340
鳳仙花 ………………………………………………………… 340
向日葵 原名西番麻 …………………………………………… 341
雞冠花 ………………………………………………………… 341
蜀葵花 ………………………………………………………… 341
盆荷 …………………………………………………………… 341
萱花 …………………………………………………………… 341
月繼 俗作"季"，誤 …………………………………………… 341
玫瑰 …………………………………………………………… 341
錦石 …………………………………………………………… 341
豆架 …………………………………………………………… 341
松墻 …………………………………………………………… 341
朱魚 …………………………………………………………… 341
慧鳥 東齊名曰阿戀，色如土，而斑頭豎毛，好食沙土，拌穀啄之。喂熟，不飛去。
　　秦中謂之土角兒。能學諸鳥鳴與貓犬聲，形小聲少弱，不能遠聞。 ………… 342

和無寄居士舟中紙榻詩十二首 ……………………………… 342

題畫扇 ……………………………………………………………………………… 343

　　題墨牡丹 ……………………………………………………………………………… 343

　　盤山道中口占六絕 …………………………………………………………………… 343

七言絕句詩目錄 …………………………………………………………………… 344

卷之十八 ………………………………………………………………………… 344

七言絕句詩之十八 ………………………………………………………………… 346

　　題畫二首 ……………………………………………………………………………… 346

　　別君星二首 …………………………………………………………………………… 346

　　題畫 …………………………………………………………………………………… 346

　　戲題小畫 ……………………………………………………………………………… 346

　　山中阻雨三首 ………………………………………………………………………… 346

　　題画 …………………………………………………………………………………… 347

　　春鳥二首 ……………………………………………………………………………… 347

　　同賦新雨待美人不至三首 …………………………………………………………… 347

　　無題 …………………………………………………………………………………… 347

　　壽邑侯張元聘先生三首 ……………………………………………………………… 347

　　夢中作 ………………………………………………………………………………… 348

　　出郊 …………………………………………………………………………………… 348

　　雜詩二首 ……………………………………………………………………………… 348

　　戲題小景 ……………………………………………………………………………… 348

　　族伯庭前看菊三首 …………………………………………………………………… 348

　　題畫八首 ……………………………………………………………………………… 348

　　贈別友人君肇孝廉三首 ……………………………………………………………… 349

　　題畫二首 ……………………………………………………………………………… 349

　　宮詞三首 ……………………………………………………………………………… 349

　　冬日漫興二首 ………………………………………………………………………… 350

　　醉成二首 ……………………………………………………………………………… 350

　　挽張節婦三首 ………………………………………………………………………… 350

　　秋思四首 ……………………………………………………………………………… 350

　　花下口占四首 ………………………………………………………………………… 351

　　雨中花架季弟苦謂難題，走筆得六首 ……………………………………………… 351

冬居雜興走筆得八首 ··· 351
題畫四首 ··· 352
春郊與諸友同賦限諸體咏，清詠遲歸 ····························· 352
對酒 ·· 352
聽琵琶 ·· 352
聽法相院禪師講解三首 ·· 353
別沈仲玉先生 ·· 353
濛溪庵避暑三首 ·· 353
定州道中口號二首 ·· 353
舞劍歌 ·· 353
塞下曲 ·· 353
春風引 ·· 354
放歌行 ·· 354
題畫贈祁老師 ·· 354
贈劉叔定續婚晉氏二首 ······································ 354
和七夕伯聞招飲大業堂，時寓長安大雨 ·························· 354
無題 ·· 354
白髮 ·· 354
早梅 ·· 354
題王叔明秋山蕭寺圖 ·· 355
君參客維揚，新納寵姬，尋以試事急歸，作詩嘲焉 ················ 355
硤石道中口號 ·· 355

七言絕句詩目錄 ·· 356
卷之十九 ·· 356

七言絕句詩卷之十九 ·· 358
余入淮上阻風停舟，遂夢還家，夢中得詩二句，醒續成之 ············· 358
席上各賦一物余得石榴 ······································ 358
題閔德美小像 ·· 358
和王雲屺遊杏灣詩四首 ······································ 358
園中雜題六首 ·· 359
過王氏小庄 ·· 359

題松月障子	359
新城謠	359
幼女卒蕐先塋，殯次經過輒淚，詩以慰亡兼用自寬，馬上得六首	359
題畫扇	360
春日園居值風五首	360
菊種向小園頗饒，漸散栽諸好者而余處遂絕。近築鄉落，理塍課僕，欲覔之植菊家，不知能分佳種如余昔乎	360
乞君參處玉簪花	360
乞伯聞園山茶	360
冬日邀友人看竹作二首	361
春日寄潘景芳中翰三首	361
甲寅春遊杏灣有感四首	361
春日邀館友飲賞桃花四首	361
題王幼安書舍，時余將北上二首	362
走筆寄王爾鰲、爾伸昆季訂龍耳山約三首	362
旅寓碧雲寺，值祀竈日，相上人索贈竈君詩，立草以應二首	362
溫兆昌貽紙障口占五絕謝之	362
贈胡金吾	363
孝廉周孔澤之姊未嫁而夫死，遂守節終身，茹素誦經，年五十矣二首	363
丁巳園居雜咏十首	363
遊杏灣作限韻二首	364
寄贈伯聞社丈納姬三首	364
讀穆宗宮人《題湯泉》有"不為人間洗冷腸"之句感賦	364
山中作三首	364
秋日稽稅至梁家淺口號二首	365
和會稽女子詩次韻三首	365
賞諸卉小景援筆成五首	365
秋日禱漳祠雜興三首	366
題米家童慧畫菊	366
孤臺寺晚眺二首	366
密雲道中馬上作四首	366

雜著諸體目錄··367
　卷之二十··367
雜著體卷之二十···368
　題畫扇··368
　絕句二首··368
　春郊與諸友同賦限諸體咏歸途聞漏··368
　經武堂四詠 為杜韜武作 ···368
　題自繪石片··369
　桃林聯句··369
　冬夜聯句，時余將北上···369
　仲冬招張敦夫、郭漱六集權關齋中賞梅花，聯句限墻、陽、忙、
　　房、長五字··369
　聯句二首··369
　　其二··370
　瑞蓮亭共君旭聯句···370
　雪齋漫書四首··370
　三五七言··370
　禽言··371
　和君旭、君晉社兄小園十詠···371
　　游屐··371
　　歌席··371
　　柳幄··372
　　芍階··372
　　畫舫··372
　　朱榭··372
　　藻湄··372
　　花援··372
　　櫻盤··372
　　醒酘··372

來陽伯集敘[一]

　　夫鈞天之韻，伶人不能賡其響；無航之津，蒼兕不能涉其波[二]。蓋境極瑰譎，則託者寡蹤；道妙靈變，則能者遜事。若士雲之嘆而輟筆，君苗之見而焚硯[三]。文雅之途，可擬於斯矣。風帆作于昔賢[四]，馳騖岐于異代；玄黃騁艷，組織競工；逐纖章之巧，爭一字之奇。情欲極貌以寫物，言必窮力而追新。然而壽陵匍匐，終非邯鄲之步；里婦捧心，有異西施之妍。意雖卓爾，而才越所期也。乃如曹家白鶴，獨有凌空之躍；臨平石鼓，不無遠地之鳴。則匠獨照而運斤，尋殊聲而定墨者，蓋有之矣。

　　余友來陽伯，枝裔慶昌，則高華之族；蟬紫輝襲，則世貴之門。太公以名進士歷仕，職方玄勳。既序聲與風翔，高藻奧文，言為世訓，雖不永其年，而道未喪世。陽伯以苞彩之雛羽，食瓊珠之寶樹。江夏慧童，幼擅穿綜；山東英玅，長標洞涉。造庭相賞，元夏成國士之名；鑒品追徂，公業有不亡之譽。至若鐘衛之筆精，曹王之墨誤，甘蠅之觳伏，師曠之災占，緯候之部，鈐決之符，靡不體極藝能，鈎索隱賾。詎止桓君之友賢，能述晉道；揚子之湛思[五]，可以著書哉。萬曆丙辰成進士，英弘徽位，既秩於崇政，譽所統可略而論。乃其志潛一懷，用摛八極。仕優而學，猶有月課之經；詞發於情，不無雲如之句。縱橫于鴻裁之塲，砥持於流制之波。曩窺照于一珠，辨冠城之列樹，既出之以恐盡之，讀不刊之懸矣。爾乃霜蠶色燦，員嶠之美具披；玉膏味馨，丹水之光備耀。鎔裁著矣，意致淵然。會清要之工，極博雅之巧，揚徽於宮商之調，激韻于泉石之和。川吐山含，綺煥理地之文；實翕華舒，貢效雕霞之彩。至於圖狀乾坤，影寫雲物，登山則情滿于山，觀海則意溢于海。擬容取心，婉切流文，雖以研思巧士，未有匠石之工者也。蓋陳思英逸之貌，延壽飛動之勢，安仁吹籥之調，宋玉微諷之稱，兼體其撰，若類其情。及夫義去咫尺，思越江河，子荊綴零雨之篇，休璉作枯魚之詠，擬議斯道，彌見淵通，而烘情入機，動言曲中，蓋亦有焉。可謂遊八埏而龍躍，抗千秋而虎視者矣。《秦風》著於七經，《西都》列於兩賦。楚謠漢風，或得其骨；魏製晉造，每沿其體。衣被詞人，非一代也。

言貴千秋之前，神傳百世之下，故知能為絕節，南荊無寡和之歌；叩以異徵，凜冬有陽回之烈。苟靈變而能通，雖《姤》《復》之可移。若曰紙貴洛陽，語題河朔，猶為里抃之曼聲，都京之鼓吹哉。

天啓元年痾月甲之朝
新都畢懋康孟侯撰

【校記】

[一] 惜陰軒本作"來陽伯詩集序"。

[二] "鈞天之韻"四句，語出郭璞《山海經序》，其云："鈞天之庭豈伶人之所躡，無航之津豈蒼兕之所涉，非天下之至通，難與言山海之義矣。"

[三] "士雲之嘆"二句，陸機輟筆事與洛陽紙貴事相關聯，陸機因左思《三都賦》而輟筆，機，字士衡；機弟雲，字士龍；故此處所謂"士雲之嘆而輟筆"當為"士衡"之誤。君苗焚硯事見《晉書·陸機傳》，其云："機天才秀逸，辭藻宏麗，張華嘗謂之曰：'人之為文，常恨才少，而子更患其多。'弟雲嘗與書曰：'君苗見兄文，輒欲燒其筆硯。'"

[四] "風軛"，惜陰軒本作"風規"。

[五] "湛"，惜陰軒本作"沉"。

來陽伯文集敘[一]

關中文章命世者，北地首唱先秦兩漢之業，以易宋元之習，能令學士大夫靡然從之；後十年，德涵以廷對第一人，為文雄俊自喜，嘗謂，傍人門戶，學步效顰，不鳳鳴而鸚鵡言，陋哉；又二十餘年，南宮第一人景仁，詩文豪宕閎肆，伸紙行墨，滾滾而出，說者以為有司馬子長、太白之風。三公海內實共推之。而德涵多異能，精解音律，占天文，決人生死，岐黃堪輿，六壬太乙之術，無不通曉；景仁則善騎射，談韜略，滿持杯酒，相歡笑，語及北虜，輒裂眥攘臂而起，有登瀚海、封居胥之想，此固其材智有餘，不勝旁溢[二]。抑武功果與世違，仰以自娛；平涼生長邊陲，目擊感慨：亦各有由耳。陽伯為諸生時，關中籍甚，名播京師[三]，無不知有陽伯者。或言其文辭沉古，酷似北地；多技術，似武功；習兵事，似平涼。且三公各不相兼，而兼之自陽伯。人益艷稱之。

余以宗譜之末，丙辰春會于邸舍間，詢之曰："人言君好武，信乎？"陽伯微介於色，似以為非知我者，徐曰："此少年習氣，今棄去久矣。吾輩腐心寸管，應自有經國大業，不朽盛事，何暇分用之為？且軍旅，專門之學，稍不能自信，何敢自誤以誤國家？" 余聞其言而是之已。時相過從飲酒，談笑於凡陰陽、律呂、博弈、醫學，時一及之，然亦借為燕飲談笑之資耳，意實不在是也。迺知向來傳者祇得其形似，而幾失其神情。

蓋陽伯髫年時即肆力古文辭、唐人詩句，歷今三十餘年，用力益專，學益博識，力益充滿，一洗邇來纖靡之習而歸之，蒼然欝然，峩峩喈喈，其意與挽宋元而秦漢者，同夫北地之秦漢。彼時未有為秦漢者也。使在模擬成風之後，亦何有焉。陽伯之視時趨，巋然漢官威儀。此則其返蹤北地而姑舍武功、平涼者[四]。是北地居比部時，抗論外戚，獲罪幾不測[五]，一時直聲動天下。陽伯權關清源，為齊民請命，疏千餘言，竟從寬恤，又何意見符，而遭時獨幸也。然吾聞北地負才使氣、傲睨一世者，人疾之如仇，而陽伯平坦無圭角。退，然与士之最下者等，可謂善用其才矣。余猶憶丙辰供事於廷對時，諸公得陽伯牘，異之，相傳視，以為必擬第一人，既以字畫稍訛置之，咸為嘆息。此特一日之敷陳，一篇之結構耳。茲刻文二十餘卷，詩二十卷，傾波斯之，藏以示人，駭目洞心，其珍重之，更當什百也。雖然，未也。陽伯年方壯，宦游四方，所會心益廣其深入，且未可量，果秦漢邪，唐宋邪？未知與古名家何居，烏可以一代一隅之才局之也。

西陵來宗道題並書

【校記】

[一]"文"，惜陰軒本作"詩"。"敘"，惜陰軒本作"序"。

[二]"旁"，惜陰軒本作"傍"。

[三]"播"，惜陰軒本作"挫"。

[四]"返"，惜陰軒本作"追"。

[五]"是北地居比部時"三句，按《明史·李夢陽傳》："弘治六年舉陝西鄉試第一，明年成進士，授戶部主事，遷郎中。權關格勢要，搆下獄，得釋。十八年應詔上書，陳二病三害六漸，凡五千餘言，極論得失。末言壽寧侯張鶴齡招納無賴，罔利賊民，勢如翼虎。"則李夢陽時為戶部郎中，非比部也。本敘作者或誤。

陽伯先生詩文集引[一]

　　余與陽伯先生習，而始知此道中所至之難料也。聞之司馬子長遊名山大川，而其文章益奇。先生足跡于寰寓名勝[二]，無所不流覽，其崒律澎湃之概，大都會之意，間而驅走之筆下，其雄奇固應爾爾。至夫爛漫汪洋、興酣緒湧，工天孫而富武庫，恣供所用，而且不可勝用，此博極群書所得，非可期之臨池拂紙間也。是猶可極才人之致以窮之也。乃若議想所不到，《丘》《索》所不紀，自辟手眼，別開洞天，幾於丹參黃庭，珠探赤水，綦微綦言矣。又其異者，蒼然鬱然，商鼎周彝，秦碣漢篆，翡翠之班班欲滴，星霞之燦燦為章也；又其異者，悠然冷然，泉韻鏘濤，非絲非竹，松花月露，疑襲疑霏也；又其異者，莊嚴境相，森踞威儀[三]，則象簡貂冠，金章玉佩，葳蕤於瓊樓碧宇，而敲戛於複道飛甍也；又其異者，人天遞換，桑海乍更，倏若岸闊江空，晴現吳門之練，讀之心目一開；倏又若風號霆震，怒驚滄溟之虬，讀之毛骨俱悚也。種種光景，令人領略逼真，復令人應接不暇，凡世界有聲有色，無聲之聲，無色之色，無不入其揮灑中，是何神異歟？

　　蓋山河大地，一切所有皆是。神明結成法象，故不直精靈之物形體，求之勿肖也，即短草細蟲，而萎離蟄蠕，各有生動之意焉。先生於世界洪纖高下，無不契入性命之微，故任其拈取胥曲，肖其胸中化工。彼夫全編所參合，固先生之所不能自已，亦先生之不能自喻[四]，非其能摸合之也。先生每與余遙論人論事，時覺危坐神往焉。已而暢譚其人與事，無不如面見者，則先生之著作可知也。子昂之圖仰臥馬也，以身偃仰床褥間，會其曲拳蹲躍之意，傍觀者逆見床間有仰臥之馬，勢若騰起者，神之為也，余於先生茲集亦云然。

宣城友弟馮汝京撰
池陽逸士馬天章書

【校記】

[一]國圖本無此引，來宗道《來陽伯文集敘》後徑接"目錄"。
[二]"寓"，按當作"寓"，通"宇"。
[三]"距"，惜陰軒本作"具"。
[四]"喻"，惜陰軒本作"愉"。

樂府目錄

卷之一

琴歌

攄武師

定武功

朱鷺

豫章行苦相篇 來子艱嗣，昨夏今秋連生二女，遂廣傳玄意，作此自慰

擬樂府江南弄二首贈汪浩源葉嘯

樂府變五首 己未榷關住清，慨所見而作也。直書事變，非涉諷譏，勢極必返，待後之人耳

  屯萬艘

  發丁庸

  鬧官渡

  散商舶

  開強集

燕歌行

玉階怨二首

採蓮曲二首

春江曲

自君之出矣二首

子夜秋歌

步虛辭

大牆上蒿行

何當行

前有一罇酒行四首

順東西門行

白紵曲二首

相逢行

月節折楊柳歌

　　正月歌

　　二月歌

　　三月歌

　　四月歌

　　五月歌

　　六月歌

　　七月歌

　　八月歌

　　九月歌

　　十月歌

　　十一月歌

　　十二月歌

　　閏月歌

燕歌行贈沈仲玉先生入覲

有所思

憂且吟

獨處愁

義鵲篇

雞鳴高樹巔

君子行

賦得儓人攬六著篇，奉贈大冑侯荊谷翁七袠壽_{有引}

樂府卷之一

關中來　復陽伯甫著
社友俞安期羨長甫校

琴歌

跂玉墀，跂玉墀，閒閒晝漏靜宮闈。邊羽一朝三五飛，我皇南面期有為。趙整赤心見當知[一]，遠託長風祝聽卑。

【校記】

[一]"趙整"句，趙整，生卒年不詳，略陽人。前秦秘書侍郎、秘書監。有《詠棗詩》曰："北園有一樹，布葉垂重陰。外雖饒棘刺，內實有赤心。"詩見《藝文類聚》卷八十七。

攄武師

攄武師，討叛虜。擒夷寨營，骨虀腦鹽。誓除兇讎報千古。

定武功[一]

定武功，全危遼。遼城千官寄，命在昏與朝。奸黨遺患，繼起任焦。勞收殘卒，威信為招。嗟防潰，如團沙，向九閽，而泣號。帝如東顧，三軍投醪。金不捐，延頸戚戚乘。茲洹寒整防，漠北匪億供。寧困奴國，來日大難。願權重輕，誤機永嘆。

【校記】

[一]《晉書·樂志》云："改漢《戰城南》為《定武功》，言曹公初破鄴，武功之定始乎此也。"曲凡二十一句，其五句句三字，三句句六字，十二句句四字，一句五字。

朱鷺

朱鷺振軍容，隼旗孃朝華。騎隊接營圖，車轉絛如霞。班劍將雄戟，川塗森沸麻。令嚴止喧囂，萬舞歡和歌。鐃響出林際，鼓亮發陽和。豈徒鳴愷豫，氣激除兇邪。千墩息警燧，萬里不揚沙。犒師集士女，頒賞堆紈羅。感恩百戰旅，誓死衛皇家。

豫章行苦相篇

來子艱嗣，昨夏今秋，連生二女，遂廣傳玄意，作此自慰。

如何云苦相，女身較卑劣。父母雖鍾愛，長成當出別。出別事姑嫜，他姓延瓜瓞。蓬矢遂罷懸，墮地無歡悅。屢嫁罕子婚，盜不入其門。閨閣慘無光，乳媼費徒煩。報來阿爺側，漸解向笑言。重幃免寂莫，調護樂饗飧。若悟悉妄緣，此身亦非實。身後莫椒漿，鬼不想芬苾。曠觀會常存，終老與天畢。愚人溺姓氏，道化渾太乙。

擬樂府江南弄二首贈汪浩源葉嘯

紗歌激楚流脆聲，含脣片綠高下迎，意先調勻盈席驚。盈席驚，金石裂，鶯嘯憨，車子輟。

卻思梁武龍笛吟，駐風流月喻何深，宛轉吳拍更難禁。更難禁，絃管叢，領宮徵，繚太空。

樂府變五首

己未榷關住清，慨所見而作也。直書事變，非涉諷譏，勢極必返，待後之人耳。

屯萬艘

骯舸胡為，巨如山哉。入流癡重，首不能回。遇旱水落，落且一載。壅集沙堆，運稍之人不知畏。其畏乃在大司空、御史臺，素服茹蔬走黃埃。去年大熱，今年數該。十月舟不南，明歲誤期，不論災不災。

發丁庸

舟滯起剝，沙淤抓河。徵萬夫，聚纖波。排門牽役，州縣點查，櫂不欸乃，勞者不歌。野無餾，漁賣蓑。曳難轉石，竟夜擊鑼。咄咄天乎，到底不雨將奈何。

鬧官渡

借問舟中誰，云俱冠蓋使。不見從南來，都是由北至。攢桅如麻，密如鱗次，撾鼓淵淵一似雷，響器嘈嘈夜難寐。坐守十日不上聞，貴人反遭黃頭誶。旱極那堪霜降餘，三百重船壓頭刺。天河難挽舟難藏，攜家窮冬定安寄。奴氛猶近心惴惴。

散商舶

古云估客樂，寧知估客苦。萬裏買小舟，欲泊物所聚。經年不敢前，垂頭縮如鼠。糧船苟停留，河心橫篙櫓。尚餘泓流寬，相顧徒懊憮。萬民俱有依，孤商獨無主。片舳薄疎林，夜與豺狼處。君不見，今年捉船不知數，萬貨紛紛撒沿路。

開強集

昔設征，輳貨清，南從彭城，北抵上京。只一使者稽簿名，誰為毆散瑠稅行。廿年浚削，居不聊生。市肆晝閉，皇店不停，天閣曠遠，寧鑒茲情。延袤千里，狐鼠亂橫。乘隙要商，梱駄滿盈。司農不禁，守令樂成。奸噉實利，公家醜聲。皇店之司日咨嗟，荒邨列肆千萬籌。巨會成寰國，耕奴化富氓。倍征貽害，哀益不明。吁嗟，什一古制當傚追，有物無稅將任為。

燕歌行

西風颯爽銀漢清，林葉布地群卉零。寒蛩照戶蟬無聲，曲池水落悲流萍。鴻雁翩翩盡南征，君獨何為滯邊城。青鏡芳華徒暗驚，徬徨攬袂涕縱橫。念君耿耿腸迴縈，胸中萬轉不可停。長夜蒼茫北斗傾，何以消憂托哀箏。

玉階怨二首

秋月浸涼露，微步踏蟾蜍。高林動風色，深夜落芙蕖。

開簾視明河，夜色何蒼涼。不厭中宵坐，惱人清夢長。

採蓮曲二首

蕩舟入輕波，波翻濕儂裙。荷深迷去枻，搖曳水中紋。

紅蓮子已實，白蓮多異香。惜香憎午日，留子老秋霜。

春江曲

晴日沙雞睡，煙波荇藻齊。春痕漲新水，落日沒平堤。

自君之出矣二首

自君之出矣，修蛾慘不舒。燕趙多嬌娃，聞與此中殊。

自君之出矣，寒風侵重帷。得嗣趑奴年，阿祖愛孫兒。

子夜秋歌

涼月轉清漢，繁陰護曉霜。妾身共團扇，時過即相忘。

步虛辭

天路多異境，螭駕有駛飛。玉匣丹青降，迎真瑞霭披。步躡二曜轉，冠暎列星輝。芝童薦靈液，妖女製新詞。毒塵暗已失，浮雲寧足欺。

大牆上蒿行

厥惟造化陶物，仁而義成，無假爾藏。始以萌夭，以漸摧戕。信矣，五行之符，日月之令，曾無少輾止之[一]。兒我容隨風搖擾，南逝西馳。厥心茫茫，何為徒苦心含傷。胡不營一汝儀，女有好者，縣當自知。殷殷轟轟，愚鶩盜謀。以須於世，誓匪女求。筴良馬，被韡裘。六博樗蒲[二]，陪列王侯。冠整衣裦，各各有時，不逮窮隅。匪女衷憂，浮榮朝華迅水流。目盻千載間，顧伊何人。亶唯精形，肇茲道身。天不在蓋此為蓋，地亦不因陳而為陳。塊爾肉骨終浮塵。男兒期胸注，尾閭之濤直標萬丈之柱。橫截坤乾，幹持泰否，鬼神恬恬，乃靡告凶。百體晏胥，渾沌其中。叩而曉暢，安作終所。是命靈真，萬襈以不虛女。平繩切直，載觀聖醇。與時而處，龍蛇屈伸。裋褐敝屣，樂我卒貧。嗟哉，富貴懼時昌，恒瑟趙琴上高堂，激羽流商方未央[三]。皇芩陽阿以絕忘，耳聾意煩為常羊。彭李云復返，松喬常在傍。一朝委泥沙，千騎上北邙。云胡閴寂，樂樂以延祥。

【校記】

[一]"軛"，依文義或當作"軛"。
[二]"慱"，依文義或當作"慱（慱）"。
[三]"商"，底本作"啇"。按，"羽""商"均為調名，據改。

何當行

精凝能貫石，衷誠喻明神。詵詵眾庶中，結戀懷所親。亦知貧賤士，志肆會有伸。約身勵坊檢，一敗指如林。我心期如此，爾心嗟不移。乃欲面與爾，此心終不欺。奈何靈始沉，剖心竟難施。

前有一罇酒行四首

載列玉醴嘉觴，賓客如雲滿堂。綺筵華燭發光，乃命歌舞成行，主人細檢客量。

日輪遄遄西馳，流光已去不歸。今日不樂胡為，盈沖盛衰隨時，聖軀賢骨塵泥。

耳不斷兮八音，目難辨兮錯珍。北里妙伎通神，朱唇玉面含春，禮廢纓絕無倫。

主人卒好無尤，情舒極夜將休。朱輪駃騤難留，念此深樂為訕，介爾景福千秋。

順東西門行

步東門，念所之，哀心苦纍纍，曠無自怡時。日月代征行，草木判盛衰。人命有若朝霜，瞬息成睎微。歲時赴谷川，一去不再來。秉燭悟有以，歡宴戀清時。惜費古所嗤，弘仁德之基。人亦有言，佩言如著。生不捨施，含珠何為？一二酒人至，咳謔發華姿。極夜歸情忘，半酣吹參差。竹絲成行，歌舞離奇。意祁祁兮獨赴，情超絕兮盡能叶。取樂今日，安問來茲。

白紵曲二首

徵齊歌，擁楚舞，纖手輕揚色媚嫵。歌聲婉轉還激楚，疊雪輕衫拂炎暑。池香淡淡襲中堂，席上風流小史狂，金罇對月月如霜。

春風妍和天氣明，綺園灼爍發群英。錯紅雜綠效將迎，搦箏弄管恣芳情。重羅深縠麗色多，嬌豔倚醉凝素波，東方漸曙將奈何。

相逢行

相逢狹路間，甲第如雲布。望望見高門，徘徊正延顧。主人出門前，昂藏何健步。我欲問主人，主人不易親。長子侍鳳池，冠珮領朝紳。次子專城守，五馬聲轔轔。三子正少年，出入紫禁闈。滿城咸嘆嗟，一家三朱輪。崇臺列上伎，翠館羅華茵。廣池集鳧雁，萍藻泳遊鱗。堦下樹奇花，風動四時春。東西擁笙歌，瓊琚相雜陳。夕鐘一以鳴，食指千餘人。大婦解吳歙，中婦吹笙新。小婦倚嬌羞，撥得冰絃勻。丈人且安坐，誤驚梁上塵。

月節折楊柳歌

正月歌

微風扇淡和，睡起探群芳，含胎信已多。折楊柳，照見兩鴛鴦，晴沙語相誘。

二月歌

檐日看漸長，重幝夢時簾，不遮梨花香。折楊柳，為問最長條，曾記別離否？

三月歌
人言上巳節，歡遊徧郊園，燦燦芳菲別。折楊柳，撥斜翠雲簪，插花耀儂首。

四月歌
池荷忽已破，林外遲日明，深陰黃鸝坐。折楊柳，新著羅衣裳，輕便郎膝右。

五月歌
牀頭湘簟薄，紗窻獨自眠，梅雨紛紛落。折楊柳，分水東西流，恩情久相負。

六月歌
不禁赤日炎，牙柈雪藕香，玉椀浮瓜甜。折楊柳，對鏡覷容顏，詎得持自負。

七月歌
凉風透羅幔，無限深閨情，矯首望河漢。折楊柳，忒底遠相關，擸門橫在後。

八月歌
可憐皓月前，天上與人間，一樣望團圓。折楊柳，繡成花裲襠，含情多有趣。

九月歌
寒露濕兼葭，鴻雁盡南征，籬菊初作花。折楊柳，絮用同功綿，問郎裝薄厚。

十月歌
凄風送早寒，駛日不停輪，滿目成彫殘。折楊柳，不道繡衾寂，只言更漏久。

十一月歌
木葉脫已盡，白日黯西林，長風莽淒緊。折楊柳，笑把琉璃觴，丹頰映檀口。

十二月歌
寒深歲欲暮，何處看青青，庭前雙松樹。折楊柳，流光邊幾時，那能不相守。

閏月歌
奇分積氣餘，人間紀小月，造化自盈虛。折楊柳，乘除諒已定，悲喜催人老。

燕歌行贈沈仲玉先生入覲

君不見，薊北雲高飛常五色。卷岫排空映漢高，帶煙霏雨連闕直。君不見，黃河水淘淘，東注無時已。會將百絡共朝宗，遠勢蜿蜒極萬里。燕京陌上多紅塵，玉帛車書萬國新。冉駹印笮咸王會，鯷海龍庭稱甸臣。是時繡轂紛交往，琛賮環裘列天仗。共言筴勳厠臨軒，只道薦賢宜上賞。夫子翱翔際盛逢，吏治卻在文章中。織成百里如雲錦，獻得咸秦五袴風。春風今見翩翩起，絃誦聲開變宮徵。一時偕計集群才。半是先生門下士。征軺此日聲振振，自將圭璧領華珍。不知論最承明日，如此風流更幾人。

有所思

飀飀商風來[一]，長林吹參差。井梧覆繡戶，孤月鑒薄幃。薊北羽書急，交河雁影稀。迢遞千里外，寧知妾所思。

【校記】

[一]"商"，底本作"啇"。按，商風，即西風、秋風。東方朔《七諫·沉江》："商風肅而害生，百草育而不長。"王逸注："商風，西風。"據改。

憂且吟

憂且吟，多苦心，苦心當奈何，理我几上琴。琴調手指澀，情凝繁思侵。羇旅日懷千里，市人奔走為樂，不任今余何為牽忡襟。人世自循環，在天有晴陰，及今不樂，沓來如林。

獨處愁

愁來不耐靜，方靜復多愁。含泣理粧梳，獨上百尺樓。迢迢君去路，言在天南頭。昔時莽一訣，區區悔莫周。時序改炎寒，當易衾與幬。淅瀝秋風來，淚下沾羅襦叶。

義鵲篇

余邑何明府，蒞政之明年。爰有乾鵲，飛集樹巔。此鵲從何至，嗟折一爪下垂翹，飲啄大艱。跂鳴我庭次，鳴聲一何昕昕。群鵲相引來，七八各各爭銜食。喂此鵲，數日不去，為義甚察。養成安步群相馴，填河有志古風頻[一]。去無失侶，來不為功叶。抵玉化印，以報主人。多謝主人無覆巢，手驅狐狸遠遁逃。

【校記】

[一]"古",底本作"占",據惜陰軒本改

雞鳴高樹巔

山深雞唱長,起坐夜未央。片時了公案,白者為閒郎。中閨聊辦酌,漏極燭猶光。東烏升且早,衾裯久鋪張。

君子行

君子處世,不辨無有。難馭者心,難憑者口。林防風憾,風集林誘。惟聖知兢,刀劍戶牖。矯偏得修,佐爭執咎。殃身有二:處亂而盡言,不富貴而結友。古人所忌,毋貽嗤於孺婦。

賦得《僊人攬六著》篇奉贈大胄侯荊谷翁七袠壽有引

不佞復久與翁子伯聞,孫元峻昆仲為詩社厚交,素尊事翁。習其心行惇樸,抗宗保家,無世祿豪恣之習,且善禮海內文士,至老不倦。俾子孫皆用詩書著名,其識度遠矣。今沖聖改元之年仲秋吉日,其擎揆晨方躋古稀,步履愈健。覘翁神氣,必遇道術僊流,貽以長生之術,度上壽無疑。聊摹樂府體成詩,從萬里邊城飛使寄獻,寓此祝忱,或可選朱門樂部,被之音律,勸翁進觴極樂。計是時,詩社眾友與余弟臨、恒在,即如遠人厠側也。

僊人攬六著,神侶為博徒。擲捕華坪闊,拂局扶桑隅。頂髮垂熒雪,頰顏如渥朱。駕邀王韓飲,羞與淮南俱。瑟倩湘娥拊,毛女舞前除。築峰羅洞館,樹囿燦瓊珠。金鑄客為履,玉函鳥作書。綺薨煙繚繞,桂棟雲卷舒。五芝佐肴俎,九醖備屠蘇。潢沠通洙胍,周親出曉儒。雅容飭禮席,僊家倣安如。身世泰無憂,玄修契太虛。託祝歔晨風,詞殫臆未攄。

四言詩目錄

卷之二

別沈仲玉明府先生八首
送梁君參之廣陵
贈人
示中州學子
贈曹太翁從祀鄉賢名宦冊

四言詩卷之二[一]

【校記】

[一] 國圖本本卷第一、二頁有句讀。

關中來　　　復陽伯甫著
社友朱惟㸌叔融甫校

別沈仲玉明府先生八首

緬邈崤函，作鎮西極。洽茲庶邦，以分區域。廱廱我矣，南國之式。撫育下土，以卯以翼[一]。

卯翼唯何，錫安貽慶。恩熙載恬，禮劃以正。豈以秋肅，易我陽令。韜之彌密，即之彌靚。

奕奕章甫，儀此令徽。融日杲杲，澤雨霏霏。徵獻誘文，志邁清夷。有彥斯止，有良斯綏。

一時文治，亦既孔章。帝首經術，邦重秩常。於鑠嘉錫，惟爾對揚。言驅皇路，將步承明。

伊余小子，孤蹤遌寄。婁勤訪廬，闓署名位。五載趨承，暫睽蒙思。多慚趙咨，觶巾佐議。

裊裊者蘿，比於修枝。仰高常惕，揣分知怩。敢參禮席，仍陪燕私。敍誼惟父，諄廸則師。

徒隸既從，四牡既踐。榮戟霜交，於旗電轉。風色隨塗，雲山增戀。顧我群黎，有淚如泫。

翛然餞君，太華崇巔。云胡採擷，玉井之蓮。云胡把贈，喬嶽之篇。大人修職，五教攸宣。願垂茂實，惠我華年。

【校記】
[一]"卯"，惜陰軒本作"卵"。

送梁君參之廣陵

有鳥迅發，閑爾翩矣。與子言別，吁其迫矣。悠悠白雲，忽焉過之。清吹迭鳴，與子和之。載肴載蔬，載酹載酬。子有安居，視子嗚驂。春陰羃羃，春華的的。將子無感，春再而覿。

贈人

扶輿之大，谿谷之危。市廛之擾，閭闠之卑。業無猥細，人無賤微。亦有祈祈，亦有蛬蛬。修之持之，瀛島在茲。季主穿履，桃椎草衣。三官何讐，司命何私。原無檢擇，孰生眤毗。抽身穢濁，便非淪迷。逍遙塵界，以迄龐眉。

示中州學子

《禮》著幼儀，《易》端蒙習。匪重藝文，誼行是急。今日童子，他時之儒。諸般砥礪，先餘廉隅。我邁河洛，爾謁盈路。俱言試闈，不與時遷。貧乃士常，學與貧宜。貧即云擯，富賄為誰。凡茲俗詆，禁絕勿說。馳騁先鞭，方是豪傑。秦晉風淳，前軌維效。毋敢宦通，矧伊學校。今見青衿，欲子速成。子文未著，代子而鳴。士懷瑜瑾，衒有靈珠。比珍擬寶，俟盼待沽。奔競成俗，長此如何。吾鼎不愛，厥喪實多。文乃心華，運關斯世。何必炫矜，望風投遞。蕭望應詔，不肯露索。士安守窮，痼疾永託。薪櫋公典，寧容別趣。杜甫王維，吾為詭遇。我願諸生，靜研邃旨。浮念悉捐，朗悟斯起。力破倖邪，責功書篇。處為真士，仕即名賢。

贈曹太翁從祀鄉賢名宦冊

世豔青雲，剎那蔑聞。卑仕落莫，千秋可託。惟德能長，獲享俎芳。或出或處，彌斂彌彰。燁燁俎豆，嚴嚴宮牆。吾道羽翼，前修頡頏。匪具至德，寧遁否臧。懿茲曹翁，清醇天性。孝類茅宮，廉同陶令。式穀嗣昌，是亦為政。身後聲光，依我宣聖。詎與常人，同考終命。遺範在編，披揚起敬。

五言古詩目録

卷之三

東門行

抵華陰同胡含素梁君參君旭君晉遊華山

古意二首

園中雀銜蟻飼雛有頃雛墮感而賦此

檢書畫畢自嘆兼示社中同好

壽梁夫人

贈別梁君星二首

送馭仲弟入細陽

白馬篇

言志

遊仙

冬杪二三君子援琴清坐晤言永日

贈兵憲劉恩徵先生二首[一]

過阿衡墓

詠久雨效六朝體二首

贈王裕參明府

贈屠赤水先生

觀書畫扇

邀沈仲玉先生餐英館看菊時張時佩梁君旭高大克在座

餐英館講詩限四十韻

聞冤詩

貧士詠

擬今日良宴會

擬涉江采芙蓉

擬庭中有奇樹

擬迢迢牽牛星

擬廻車駕言邁

詠史五首

送李溫甫明府之任[二]

同友人遊河中王氏園分體

遊仙五首

贈祁念東老師

抵上郡謁李本寧老師途中紀懷

新樂道中大風

擬古[三]

陳王贈友

謝監遊山

陶令田居

夢華嶽南峯

寄劉恩徵觀察先生[四]

雪霽登雁塔

冬日可愛

問崇夢

問夜烏

送謝曰可比部還豫章

春日汝謙邀同伯麟君肇季薦家弟馭仲譾集是日無從先生以雨不至限招字

輓吳鏡南先生

追輓王太母金夫人

環堵花卉雜植盆盎是伯聞王孫所遺者灌溉收畜頗費課理對之成詩[五]

何耔孝社長住小齋清話數夕[六]將歸賦贈兼簡劉叔定

題畫

詠懷五首

【校記】

[一] 正文目录无"二首"。
[二] "明",正文作"少"。"之任",正文此後有"保定"。
[三] 正文《擬古》以下依次為《夢華嶽南峯》《寄劉恩徵觀察先生》《陳王贈友》《謝監遊山》《陶令田居》《雪霽登雁塔》,與目錄所示略有出入。當為底本影像版掃描錯頁所致。
[四] 正文作"寄劉恩徵臬長先生"。
[五] "王孫",正文此後多"董辛盧三好事"六字。
[六] 正文"數夕"後有"語多相益"四字。

五言古詩卷之三

關中來　復陽伯甫著
社友汪元范明生甫校

東門行

町路去何微,杖策懷遠道。荒徑多古轍,戎戎生秋草。芳華被早霜,夭冶成枯槁。殘柳噪晚蜩,潦池萎萍藻。本是霜露質,焉能長不老。側見真一君,驂螭來瀛島。鳳蓋團格澤,丹顏露鮮好。跪迎挽仙車,碧靄久繚繞。至人無遺物,憫余年華早。授我一粒砂,餐我兩梨棗。頗傳容成術,紫霜以力保。屆期或可延,沉璧矢永禱。雲來霽景塏,雲散群峯渺。我身無羽翼,慚彼銜書鳥。欲往不能從,佇立江天皓。

抵華陰同胡含素、梁君參、君旭、君晉遊華山

寰瀛聳靈域,矗聿頻咸秦。藤蘿斜徑轉,臺觀危橋侵。仰瞻旭日光,俯眺群壑陰。行行穿微竇,望望逾石岑。尋源漱流瀑,緣滑探殘銘。爰酬夙昔諾,遂愜幽深情。談賞諧同好,尊罍集良朋。重襲畏絮薄,申防戒巖傾。白雲聞雞

犬，落日發韶英。修路何崎嶇，咽泉復沸騰。琪樹豔寒葩，石乳滴春冰。飛鳥無疾翩，哀猿多暮聲。屬簦披蔓蓀，吟眺恣憑陵。起伏變縈折，突兀還相仍。雲腰空巨壑，金掌臨滄溟。曠覽小蟻界，飛棧失蜀形。已令胼胝忘，轉覺愁喜並。山中斷鞾鑾，松下饒芝苓。仙人善服攝，白日空岩行。睇形悲凡骨，嬰羅愁天刑。豪華餘塵劫，栖靜知沉冥。鴻鵠有高棲，揮手謝繳矰。

古意二首

長安有大道，迢遠臨九衢。綫綫俠邪路，委曲通城隅。蕭莽蔽日月，廣陌久湮淤。高樓瞰層雲，夐絕碧玉除。瞬目睇前路，無人廻軒車。豈無懷賞心，荒墅寡所娛。但令殷勤意，消此濃華居。

濃華何靡綺，婉變貯長春。浮雲變意態，風雨偪重闉。囂喧無再顧，層臺多荒榛。夕林虎兕號，石塹獝狘蹲。凄其金張宅，嘻哉翟公門。物華良已謝，徘徊思所存。悠然喧寂外，清恬自幽闇。

園中雀銜蟻飼雛有頃雛墮感而賦此

間居窺大化，頗悟物理仍。玄旻亦恢廓，庶命各相乘。形微難自庇，大者恣侵陵。食蟻意無恐，雛墮如有膺。交噬本物態，互報亦恒徵。多殺忤天心，橫逆來陰懲。安恬始無競，蠢哉爾何能。

檢書畫畢自嘆兼示社中同好

齋居絕營搆，沉嗜擷往古。覵余昵荒嬉，開刱耿前武。炎日烈以永，曝曬防蠹齲。袪塵拭敝筍，研品贊新譜。窮士無百軸，便欲敵萬戶。纖雲西北來，恐是丁甲怒。珍奇費彫泐，所直莫知數。沖趣斂色聲，群貴置如土。迂賤貪細娛，錙銖判魚魯。既佐高人觴，復慰索莫苦。任彼陵谷湮，且作一時主。綣言諧賞客，持此勝華組。

壽梁夫人

瀛海聳仙屋，霄塏開陸離。清煇曜朝日，隨地掇丹芝。上有扶桑陰，下有三花垂。玉牏倚曾霄，威鳳厲其儀。列真狎翱遊，躡鯤風雲隨。瞬目徧塵壒，一棋千日移。鬱勃賢媛降，英英西母姿。蒼顏歷霜霰，淑姱膺繁禧。蘭蓀敷堂坳，柔條多嘉枝。顧瞻中情愉，況復樂及時。瑤塏寶瑟靜，璚席蘭膏微。嬉哉獻錯禮，望嶽酹金卮。龐眉戀遐修，夐邁碩人思。徘徊歌白雲，萬壽矢相期。

贈別梁君星二首

瞻望東南雲，涼生夏炎衰。悠悠懷阻修，轅馬鳴復悲。攜觴陟荒崗，言與故人辭。故人壯遠遊，千里期相依。淹留悵暌隔，晨風羨朝飛。觸情心蘊蒸，念欲魂夢隨。[一]

昔日子如淮，謁師遙負笈。余亦眷烏私，後先集荒邑。今子續舊游，云何余羈縶。熒熒渴飢情，欲訴詞彌澀。寧詎疎與親，恩義不相及。鬱鬱當何言，願附如霰泣。

【校記】

[一] 底本"瞻望""悲攜""相依"字不可識，據國圖本校補。

送馭仲弟入細陽

嗟汝長征時，炎蒸未全衰。汝兄三別汝，此別多愁思。愁思苦難排，高堂久暌離。因風短札來，言久思念兒。期當如鴻雁，同作一行飛。汝去拜高堂，跪致別離詞。見汝釋憂襟，和霽映鬚眉。驚顧疑形影，汝兄當何之。舉頭慰行役，低頭念孤違。枳栖小人心，縈牽蒙世緇。所圖既不遠，所即良亦希。哀歌歧路側，寸心已崩隳。千緒結未陳，爾我當自知。

白馬篇

玉驄何翩躚，蹴踏淩春煙。燕趙富奇節，關隴多才賢。慷慨結心知，千金決一然。分義既微剖，復恩還雪冤。睨旹皷珮貴，芥比金張權。醉歌擁小姬，痛哭傾國廊。揮刃如湍急，舉世莫敢言。壯心恥技工，矢功燕然間。夜來綰兵符，橫行歷窮邊。

言志

運化何恢廓,人生自乖隔。道德久淪夷,覷焉惋今昔。而我囿其際,偶然托羈宅。既邈霄漢姿,寧復智愚擇。頗嫌蠟屐苦,深陋鐫核窄。三脯意靡愜,共敝徒咫尺。海嶽為我庾,草木為我帛。沾濡盡垓埏,迎時遂燕適。自捐寡幽思,兼泯報償責。穆然遊聖明,忻踐皇虞跡。

遊仙

塵外出清芬,天邊多異聞。簇羅瞻旛旆,清樂奏白雲。肅肅列真班,中坐太乙君。鷫冠契宿緣,羨門語相欣。攜手同翱翔,歷覽周八荒。授我以玉節,飲我以瓊漿。指點明兩曜,萬宿遙輝煌。重閶疊瓊砌,青蘭發幽光。迷離珠塵中,龍虎儼成行。擾馴解樛曲,驅馬雲衢康。奄忽霹靂奔,群鬼咸摧藏。因思混下界,共謂天茫茫。

冬杪二三君子援琴清坐晤言永日

南山有苞木,滋榮蔭陽丘。北山有好鳥,行呼求其儔。雍雍諧心彥,修好欸以周。片言愜獨得,清琴開百憂。小窻生寒風,濁醪相勸酬。黽勉千年懷,昂藏薄俗謀。睒視盱衡時,一脈斯文悠。咨伊華簪客,卒瘏集繁愁。異哉珠彈雀,敝帚千金求。

贈兵憲劉恩徵先生

太清運恒景,代征偶忒常。白日訊陰翳,慘慘掩朱光。夫子值龍飛,曾空遂翱翔。蒼昊眷西顧,受綏於雍疆。沃若手中轡,旆幰何焜煌。殷雷凜烈鳴,鳥獸知趨藏。沛施而行仁,以貽氓黎康。

谷蘭宜深幽,有芳人不聞。嫣然自紛葩,羞與茅葦群。長楚蔽原隰,霜霰何繽紛。憤惋結百憂,日夕愁難分。皎皎千古懷,沉升寧足論。繁弱扶桑間,長劍列星奔。抗心逾八表,吐辭切青雲。藏器山藪閟,課名入無垠。顯蹤企高嶽,明矩時斤斤。欣哉願可綴,援情述此文。

過阿衡墓

夏癸造不祥，僭侈罹陰殗。有施餌妖冶，窮極滋民塈[一]。責責五就仁，曾不微省識。夏臺果誰氏，妄意肆徽纆。淵魚避戲逐，畔者八百國。巍巍命世輔，撥亂清日月。乾坤再朗廓，赫爗耀殷德。淑志契虞唐，稷卨詎匹敵。至今荒塚上，雲氣浩無極。尚憶蔽冕日，秩穆千官式。即寡金縢疑，師保允安陟。休哉格天功，千禩何能克。

【校記】

[一]"塈"，底本字不可識，據國圖本校補。

詠久雨效六朝體二首

纖纖縷絲密，滾滾歊泉飄。砰訇淩修夜，廻合灑連朝。浮草上砌礎，激浪沒蓬蒿。鼓沉消近漏，梵響混閴鐃。濃雲流座黑，蒸潤沿垣高。頗頹野人屋，漸盈十尺濠。扃柴絕過轍，分蔬濕袘袍。覘弒嗟陽曜，顧窮傷秋農。簷筍解新籜，庭蘭抽紫翹。神孤祇益睡，事稀忻忘囂。冷絃與哀管，幽意對寂寥。

羈阻貧悽乏，沾濡客嘆塗。自溺馬牛跡，疑陷蠏螺隅。屋瓴悟昔喻，翻盆景不殊。既淹楊朱路，益窘阮公途。陶令堪乞食，子美還葺廬。嚴鈎芳餌歇，范舟輕蓑須。倍憐牛衣冷，困倚繩床虛。泣兵嗟慮敵，謠澤俟警予。穰穰民事近，莫識起提淤。

贈王裕參明府

鶂影無捷飛，南鵬有遠託。一抗奮天翻，飛啄何拓落。咄茲百里畿，河壖沿城廓。行陌枉賢轍，卑棲豈騰躍。分在志斯怡，仁寄司無怍。牧謙廣三益，礪岱期片諾。挺身障傾黎，板蕩遂耕鑿。探古剝蝕餘，金石獻窮鑿。標孤雜卉松，姿迥群鷄鶴。詩伴遊觴開，賦每登樓作。緬懷此高風，企修意結約。乃知謝鯤放，始悟阮公恪。

贈屠赤水先生

頹陽寧返馭，衰草無茂荄。迨迨貧賤士，中歲意已摧。阻修悲道路，悵望徒徘徊。取師散群籍，揮斤劚良材。常恐意淪胥，如砥成迂回。中宵覲龍變，煒煥窮埏垓。倏忽運權奇，莫知其際涯。至人握洪造，千古昌期開。金管映奇蹟，綠篆發深埋。大言無始括，精言妙理該。至言言復忘，瀟灑通靈臺。超絕竦形身，毛羽何毰毸。終期希玄詣，訪跡八關齋。

觀書畫扇

暄暄午日垂，菴藹眾芳賁。睠予幽獨情，嘉此良賓至。清言既任放，玄賞兼高致。方看巧製殊，漸見粉墨異。齊紈象月輪，桂兔紛墜地。忽復如羽白，龍蛇走蒼翠。珍茲六法精，悟彼匠心智。無言主人貧，珪璧滿筐笥。不愁長夏炎，懷袖生涼吹。誰忍比蒲葵，當秋任捐棄。

邀沈仲玉先生餐英館看菊，時張時佩、梁君旭、高大克在座

霜風襲深徑，夾館茂秋姿。節物應時改，芳艷良在斯。喆人美黼黻，軒軒著鳳儀。移尊抱露蕊，開笑把繁枝。味能析苦甘，理復辨蘠菭。當花發一言，蘭氣相和滋。欸坐意綢繆，不厭山家葵。片言四教寓，共佩三益施。使君既下賤，多士誠忘微。留頻重展席，爵獻有還巵。竚久車下吏，事託鄰閭兒。喧矣陳平巷，耀哉仲蔚扉。

餐英館講詩限四十韻

吾生當貧賤，囂雜復羈紲。何處探清真，廣益資群哲。罔象窮冥宵，淡玄會怡悅。葵菫氣益充，臠胾味可啜。意揮煙雲改，識蘊草木苗。醍醐飲湛夜，意氣共騷屑。咨余懷組修，惜時或一映。中歲集殷憂，鬱陶中心結。將已抵悠昧，寧直論作輟。卓哉締嚴盟，紓志振媟褻。奕奕四始申，湛湛八體列。共鼓玄風微，再補元精缺。搏捥溮洪濛，天漢揮車轍。手搖群羽旗，刃劃干將鐵。氣變赤城蒸，思湧橫海截。亢厲鄙秦缶，清商薄吳闋。敏效日中賦，巧擬謝庭雪。思玄事窮研，頗共張衡晰。雅音維正變，恥赴吳均節。至道豈弘人，巖壑

姿非蔑。浩汗擷蒐精，煒燦名理擷。家家鴻寶秘，顆顆靈珠潔。遂調發天風，遠景意獨挈。聆音聽未湮，鑑芒情益譎。袚襟資荃露，驅俗備桃茢。華席酒巵盈，靜館名香爇。森森文管淨，疊疊緗帙設。菊籬漸蕭疏，桂月寒凜冽。隔鄰鳴絡緯，空堦叫蜻蛚。感之發長思，意興殊越絕。操翰當雲流，得趣屬耳熱。搆火融硯冰，添膏繼燭滅。肅朗夜象明，迢遞漏聲咽。諧謔見清嗜，證引契稽閱。短篇尺琮陳，長語駛濤泄。風煙回黯黲，峯嶺高截嵲。悟法解妙詮，厠賢參深揭。贈懷屢賡酧，當坐鼇工拙。晶晶睥睨空，英英菁華綴。逍遙建安彎，騰躍恣汗血。坦然周道間，自顧尚蹩躄。

聞冤詩 京都妖書之變，無辜罹罪者多，聞友人下獄，不知果否

禍逆理自召，天罰瘴民塈。嗟哉處堂智，倏忽逢傾殞。白日走群魑，天路成偪側。老士曳長裾，鼓缶歡帝力。眇公吮寸毫，浮沉事酒德。一朝澗鹿馬，投杼不再惑。吞聲亦何言，長吁結徽纆。世無釋之賢，誰為大獄直。滕公逝云邈，壯士徒默默。所悲髪齒暮，脛絕松下食。壽命會有窮，陋彼息夫臆。倘攬廣陵琴，莫變夏侯色。

貧士詠

愚子圖無良，物忌惟全盛。欲知貧士貧，還聽貧士詠。髫年解經書，自率闊疎性。結客四方賢，郡國謠名姓。陋彼樗蒱豪，懶與姸華競。家世本清恬，中更罹妖橫。煢煢視路隅，荊榛復陷穽。陷穽何嶮巇，命也值如斯。有家數十輩，頗有生乖離。其不乖離者，不忍與之辭。童僕乏好顏，妻孥無帛衣。小婢露敝褌，屢被竊食笞。櫪上有瘠馬，念飢首恒垂。出逢怒駒鳴，辟易不前之。自著短布袍，手製一屨履。夏寒即冬裳，冬溫猶夏被。一肉常欷客，有蔬不盈簋。持田量口算，將年扣陽晷。誰言今布粟，不敵昔膏綺。已當破居積，尋言出簪珥。下帷荒村中，誦讀焦唇齒。日暮覽形身，傷哉一貧士。

擬今日良宴會

問言今日樂，乃在王孫宅。錦綺羅朱軒，珍圖耀華席。主賓工度曲，佐歡申所獲。齊播管與弦，高響暢今昔。吾生久賤貧，棘路常慇慇。既憨奮翼志，

不聽轅下迫。何知素心雄，看余飲盡石。

擬涉江采芙蓉

芬馥秋蘭姿，深谷自矯冶。紫蕚間綠英，歲暮香堪把。不知當遺誰，躊躇立中野。暌離寧在遐，咫尺意難寫。

擬庭中有奇樹

西北有異鳥，毛羽何威蕤。一鳴萬井曉，再鳴天下熙。哀傷遠人世，託宿南溟池。豈不醜嘉遯，思彼聖明時。

擬迢迢牽牛星

蕩蕩河漢津，淼淼碧空路。光光七綵衾，汎汎靈鵲渡。隔歲一為歡，東西悲去住。人世惜朝榮，繾綣懷情故。持彼萬載娛，消此百年聚。

擬迴車駕言邁

徘徊怨行役，綿邈萬里邁。煙斷瘠嶺荒，風寒秋草敗。昔為喧市塵，今為潢潦界。造化有遷移，代謝焉足恠。所願保鴻名，遺庥拯彫瘵。誰能同遊萍，一去無根蒂。

詠史五首

浮世慕功名，奔突競赫燁。亨屯理自昭，榮辱判眉睫。頹陽無返轡，結實寧重葉。炎炎魏其門，盈衢表巍閥。失勢委泥塗，堂空寡交接。昔為蚡也倚，今為蚡也驕。日中期不來，四座風沉寥。彼儉胡為乎，激怒事輕豪。不忍半膝席，強畢貴人醪。對簿東朝廷，持論徒嘈嘈。終然渭城市，相死聲勢交。

大恁居太原，清修少能醇。散資累萬千，以周九族貧。匈奴重苟君，相約不入門。卻應驃騎辟，不為中興臣。先帝能惠下，驃騎執法新。安陽魏仲英，被命如不聞。人或勸之行，一一與客陳。後宮不可損，廄馬方駪駪。權橫肆奢虐，出入要路津。生行當死歸，何如江海濱。三復先哲言，貴人先貴身。安劾膏與桂，煎伐徒酸辛。

江都居家時，推論高廟災。草奏未及陳，乃為主父窺。竊書獻天子，多言成禍胎。夏矦困囚執，眭孟亦誅夷。京生抗危言，罪孽不旋時。郎氏善陰陽，覬也承父遺。七事條便宜，有讐不能推。不見下邳趙，妖禁無靈奇。亦有汝南陳，局局老虺頹。俯仰嘆冥茫，蠡管欲何為。穆哉麟經筆，懿規良在茲。

東京當季辰，群貴縚紫闈。中外播喧嚇，宇宙昏日月。呼翕霜露生，推盪山嶽奪。銜憲贅私人，運勢如弦筈。闑珥犬馬施，美女閉香骨。一時希權利，薰子自鶩達。朝收導行費，暮諧西園錢。問誰者為此，獨坐與廻天。宮中相嘻樂，驢蹄山阪還。

物化有終盡，百年返形故。卓哉楊王孫，裸葬臨丘墓。生前備崇養，沒乃嗜真素。趙咨臨終書，勑子意亦屢。偉明守窮約，棄婦之中野。人生志可行，正惟妻子處。嘆息此一言，憨彼千金賵。不知君死時，何以掩霜露。

送李溫甫少府之任保定

幾年君住秦，兩地稱循吏。此日君別秦，秦民擁驪騎。不厭別駕官，但笑遷官事。數舍曳霜蹄，小割羞良器。君看簿牒喧，不到閒官寺。便可怡清孤，兼之遂玩世。

同友人遊河中王氏園分體

凌炎尋清流，捫深到幽閟。初穿萬竹叢，漸訝森林被。領勝搆危基，藏奇刱新置。面亭巖聳陰，廻灌泉遠暨。鳥非平野聲，飯忻山中飤。虛谷答屐音，池魚上芳餌。挹茲雲霞心，敢余山水思。條山發靈蹤，人寰讓深致。嘆賞懷石門，臨川動長喟。整駕倦夕煙，寐精自此始。

遊仙五首

長松託巖阿，寂寂淩春冬。下流太古泉，上搖千里風。舒華蘊疎香，羞比桃李紅。人世競佳冶，為樂閑且充。寵來歌舞麗，事去臺榭空。蕣華本易夕，安事暫時容。生門亦死戶，弱志眾所蒙。去去窮延垓，遺榮昧沖融。超然物化外，後形天地終。

採芝蔥嶺上，洗藥丹谿水。鉛霜轉丹爐，玉液流金匕。證道軒轅君，過邀容成子。五禽恣遊戲，八益剖真理。自言千載間，黃庭得秘旨。至道釋形神，妄緣翳葛藟。且自覓雲棲，虛寂延暮齒。

朝發三神山，暮宿咸池渚。鳳轄渺遲翻，螭飆忽輕舉。自有搏風腋，何用生毛羽。豐隆振仙儀，列缺輝霓炬。瞰峰小如螺，覷水細如縷。二曜原不沉，滄海亦不貯。煙駕廻青涼，永忻謝寒暑。不來上界居，寧知塵寰苦。

西遊謁金母，侍宴瑤池潯。筵中雜踏髓，筵外羅球琛。半酣奏仙樂，命我彈瑤琴。帝女和秦簫，宓妃發楚吟。天鳥喚新曲[一]，靈鼉諧妙音。踏歌會真侶，婉轉步虛心。驅馳嗤周穆，矯首負白雲。

山圖寶靈餌，負局施紫圓。飛步既已捷，疾累皆蒙全。誰知被褐士，究心在冥玄。仙顏老如童，況乃余盛年。盛年顏色好，大藥稊粒間。和鵲無要術，飍採徒紛然。

【校記】

[一]"天"，惜陰軒本作"天"。

贈祁念東老師

西京值末造[一]，文習頹以微。揚苾無嘉風，諧聲稀妙徽。波流既已蕩，浮靡竟何為。夫子式多士，凝然樹偉儀。厥賞在秋實，捵藻洞潛輝。提衡百氏言，期振尼嶧綏。卻言神臯地，寧謝渥窪地。櫪皁一蒙顧[二]，千里騁金羈。嗤余駑蹇足，濫廁上駟材。一朝隨蹕風，盤薄上雲逵。通都詫鑒神，賤質荷遇奇。緬惟接席歡，情禮秩以熙。小坐已畢景，續膏樂非疲。奚但屢執經，至行良我師。感茲鄭重心，軫結惜歲時。願言報明德，保志永不移。

【校記】

[一]"末",惜陰軒本作"未",誤。

[二]"皁",惜陰軒本作"早"。

抵上郡謁李本寧老師途中紀懷

整鞍事邅征,我馬何躑躅。嚴冬霜雪紛,邊路氣凜肅。遙夜指寒芒,仿佛貫斗宿。誰知直北隅,文星亘天燭。嗟茲戎翟窟,未變朴野俗。千山鬱不開,絕澗互回伏。天際列孤城,巖頂辦朝旭。哀壑響暗湍,寒冰注陰谷。里婦逐汨泉,巢鳥無拱木。望望窮胡天,形息心逾逐。借問此行役,尋師擴所欲。自慚溲浡質,濫比苓菌屬。終願容拾薪,息廬畢誦讀。

新樂道中大風

大風揚沙石,瞥捒來長川。勢搖白日動,聲震重林端。去若萬馬陣,來如百丈湍。中疑有神鬼,驅呵長空旋[一]。冱寒憎凜冽,僕夫不敢前。鈴鐸黯無音,蔽幃難自全。但傷遊子苦,敢怨天時偏。家居倚城曲,幪幕逐門懸。門內羅酒漿,不畏風雪顛。遠客多苦顏,況乃徒侶慳。日斜風未息,頓駕即人煙。

【校記】

[一]"長",按,據底本,此字之前為第十八頁,第十九頁始即為《寄劉恩徵觀察先生》,顯為掃描致錯。而此下接第二十頁上半葉則文無扞格。故二葉互乙。

擬古[一]

雨深土脈潤,秋農垂西成。凌晨命鹿車,觀刈復課耕。頹垣來人騎,延坐啓戶迎。茭牧輸獸藁,新賦刻嚴程。涓涓薦盈觴,肴蒩羅前楹。率爾被嗔呵,眼底或見輕。見輕胡足道,使我鄰里驚。不恥小吏侵,但傷窮居情[二]。

【校記】

[一]底本《擬古》以下依次為《夢華嶽南峯》《陶令田居》《雪霽登雁塔》,與目錄所示略有出入。當為底本掃描錯頁所致。今據國圖本調整順序。

[二]"但",據底本,此前為第二十頁上半葉,下半葉接"以釋形神",後接《夢華嶽南峯》,故此下當接第十九頁下半葉"傷窮居情"。

陳王贈友

清晨驚素節，披衣聊行游。槭林被繁霜，灝氣發西飅。綠沼俯長川，飛閣臨道周。顧望感情志，攜手咏方舟。哀絃奏妙指，曲宴繼奇羞。君子愛德業，勗勵懷朋儔。念子儲良器，吐彩如雲浮。譬彼大廈棟，當隨天漢流。願持華國具，以展思皇猷[一]。

【校記】

[一]"猷"，惜陰軒本作"獻"，誤。

謝監遊山

沿流躋勝域，捫葛凌山樊。澤崖滋春幹，絶峯上朝暾[一]。草湮蹊轉迷，風號泉易奔。嶺雲更變滅，夕烟互吐吞。石廬振樵響，酒畔聞哀猿。延睇發長咨，感古思彌敦。息營契幽討，觀化至適存。庶冀梯雲重，筇杖扣天門。

【校記】

[一]"朝"，據底本，此前為第十九頁下半葉，第二十頁上半葉接《新樂道中大風》"空旋……頓駕即人煙"，後接《擬古》，當為底本掃描錯頁所致，此下接第二十一頁上半葉。

陶令田居

晨興晞余髮，荷鋤南畝畇。南畝環近廬，雨餘多荊榛。冷風暢遠陲，秋禾抽苗新。歡言畢農務，偃息茆屋貧。妻子慰我勞，壺觴纔具陳。誰云吾室隘，亦足蔽流塵。歲功訖有時，何必多苦辛。頹然顏已酡，聊以釋形神[一]。

【校記】

[一]"聊"，據底本，此前為第二十一頁上半葉，其後接《雪霽登雁塔》，當為底本掃描錯頁所致，此下接第二十頁下半葉。

夢華嶽南峯

巍巍萬仞峯，濚濚千泉岸。緣絙梯靈雲，登危淩絶棧。緬思十年時，來往何矯悍。三向坪中憩，一住巘崖飯。疾雨龍嶺深，仙掌莽廻盻。飛電繞下方，宿霧霾前院。是時求赤松，仿佛宛如見。因意峭壁滑，沮洳望愁嘆。去阻最高峯，歸恨負夙願。四眺正迷離，山靈悶奇幻。衹今魂夢遊，已無昔時健。境象雖滿前，恐尚非真面。

寄劉恩徵枭長先生[一]

始春霜雁過，遺我以好聲。長跽讀素緘，嬿婉感深情。達人據要津，千載論鴻名。坐控絕塞塵，永戢六郡兵。金湯固左輔，以捍我神京。上善明謙牧，賢士座常盈。豈乏雉膏資，感念歸至誠。文武若夙性，轉盻風雨驚。大物匪虛襲，全材實國楨。咄嗟貧賤士，白髮被領明。有射不穿札，有筆不華英。天寒嗟路難，徒効轅下鳴。中道羞傍人，去去确田耕。但恐日摧隤，出處兩無成。持此報知己，憤懣淚縱橫。

【校記】

[一] 據底本，此為第十九頁上半葉，當為掃描錯頁所致，今據國圖本調整順序。

雪霽登雁塔

步出遠廓門，寥寥浩無涯。豐鎬餘蓬荻，炎漢無故臺。登高散鬱志，虛步浮雲齊。浮雲東南徂，延領懷所思。雪飄瓦沒麟，輕日搖寒姿。簷鈴靜無喧，壁帶遙四垂。凝望際窮域，誰知心悲催。

冬日可愛

林容蕩疎寂，凜風辭遠天。輕輝融素霰，積氣蒸寒煙。不少鳴霽禽，漸著負暄顏。深窺蓬戶幕，久燉虛園田。卻便曝素書，亦自戀寒氊。疑動池鱗蟄，細廻階草姸。恭惟被仁化，偃眠栩栩然。感茲陽和澤，不廢嚴霜前。

問崇夢

孰兆後所慶，孰定宿所惡。夢泥得醉酣，夢雪遭喪素。憑筮考先幾，云是自神露。醒時尚茫茫，寢豈能前悟。此生本不祥，騰簡底須訴。身在欣戚中，幻化汝何怖。

問夜烏

陽烏不夜見，烏呼夜乖常。不能辨毛羽，但啼謂鷃張。以汝聲啾啾，惡汝行蹌蹌。頻來聲非一，所集多懼殃。傳言氣有先，人昧鳥獨明。群鴟性食母，胡難返倡狂。眾耳惡伊音，胡不學鳳凰。家本多艱虞，患生忽厥防。倚伏予自知，鬼物徒張皇。汝公無覆巢，好來馴我堂。

送謝曰可比部還豫章

歲暮旅思繁，臨岐羨客歸。策杖睇遠津，風颷遙四馳。淵淵鼉鼓鳴，駕言遵江湄。凍解流澌消，及春日始熙。嗟君天下材，美名人共推。一發忠讜言，屹然奠坤維。龍潛著隱光，鳳鳴表世儀。擊楫舒逸氣，坐翫廬山奇。同好有伯氏，二陸堪與比。冥搜契象先，高步相追隨。豈以簪紱榮，易此林壑怡。

春日汝謙邀，同伯麟、君肇、季薦、家弟馭仲讌集。是日無從先生以雨不至限招字

微涼發孤館，我居何沉寥。脂車戒僕夫，言赴君子招。君子閒且溫，振纓凌曾霄。欸我以情好，申我以久要。奇羞羅華筵，一一出豐庖。俯榭看飛雨，沾灑連昏朝。綠飜雲浪漲，碧洗柔條嬌。座中吐妙言，麗藻若春藨。眷爾虛左情，良夜望迢迢。嗟余西鄙人，遠慕自垂髫。賦性頗疎率，喜為然諾交。豈無晨風思，念此會合遙。

輓吳鏡南先生

先生有二子，翩翩皆名流。困籍諸生間，多與長者遊。二子交余友，余晚情分投。因之悼風軌，隔世跡相求。家乘載芳行，野史著好修。句章佳麗地，赤堇孕清幽。角巾七十年，管領鏡湖秋。南面擁素書，樂饑復消憂。折衷會群儒，玄賞諧良儔。誰謂江東市，不與華陰侔。余乃落羽客，老大滯南州。雙珠亦棄遺，尚須羅網捄。冠蓋者何人，我輩久沉浮。父也官不顯，同翁俱荒丘。詎爾家學在，貽世竟不譸。

追輓王太母金夫人 夫人有《蘭莊集》行世，教其子為名中丞，今曾孫章仲四明高士，能嗣世德

彩冶慙令儀，貞淑短風雅。江漢化既遙，茉苢委中野。豈無女史才，嗣世誰顯者。云胡徵母文，遺韻如玉瀉。云胡羨母鳌，慈誨食純嘏。遠企鄒母跡，寧厠敬姜下。緬惟才命兼，徽媺良獨寡。矧茲百祾餘，蘭蓀尚堪把。

環堵花卉雜植盆盎，是伯聞王孫，董、辛、盧三好事所遺者，灌溉收畜，頗費課理，對之成詩

中歲慕道術，寧澹寡徵逐。閒愡罷編籍，往來一徑熟。乳雀解忘機，衘菊盡翳䕷。挹此盆中卉，芃蒨被堂隩。長育無春冬，對翫頗娛目。燋畏熯陽暄，蝕恐螻蟓簇。避炎施棚薄，將霜藏邃谷。剪鑷每役躬，灑灌常戒僕。寧知愛與累，反復理相續。念欲棄置之，誰更消幽獨。吁嗟小人務，生趣何碌碌。先達為梗楠，余也友草木。

何籽孝社長住小齋清話數夕，語多相益將歸賦贈，兼簡劉叔定

冶谷幽且紆，澀源抱重岸。長川互通軌，媆風遙相煽。豈乏俊彥材，淵承曠莫援。企予結契久，昌志互無倦。設笋無卮談，對披必新譔。今來蓬蒿訪，屏軫絕囂絢。檢藥每清齋，盡夜非就宴。忘貴未云多，敦尚事足羨。論才數關輔，先猷義無憚。時否嘆蓁湮，冠蓋徒衍衍。去同劉子言，閔勉維一綫。

題畫

山靜發薄涼，晴潭照玉瀉。何處赤日炎，不到松陰下。蘿逕掃塵蹤，雲林結幽社。永縋仲長懷，勞生胡為者。

詠懷五首

我生何勞攘，百事值變更。閒居計已拙，有慮終靡成。蓬風轉天末，身逐浮雲輕。浮雲無定棲，遊子多逗征。去去勿復道，飲此百憂情。

裏徊西北雲，青山何磈礧。落日照白蘋，悲風鳴未已。行藏感今昔，離合殊憂喜。慎言賤菅蒯，日暮終足倚。中情徒縈廻，欲語隔秋水。篋中藏錦字，安効輕薄子。玄化運微權，人生無終否。疑多使人惑，怒家移於市。

中歲躭玄寂，採真終南陲。慧劍驚袤魑，獨醒與世遺。飲添延壽酒，婚匹東家兒。長歌懷白石，廢此式微詩。六翮淩清冥，顧盼風雲隨。揮手揖時人，蓬島以為期。

皜素忌形巇，嚴威逼神嗔。振衣峭岩間，四顧寡所親。大化無擇物，任達會天真。持幅行胡渝，衷坦言有倫。飛雀殪彈丸，梁燕知近人。所以曼倩子，俳優託其身。

大勇畏褐寬，猶龍全舌柔。利匕如折葵，不與遜懮仇。荆王夾短鈹，若敖貫車輈。魚腹遂逆圖，二矢無良謀。束手速防敵，慎作溝壑流。

五言古詩卷之三終[一]

【校記】

[一]底本此处为单独一页，國圖本无此页。

五言古詩目錄

卷之四

題畫贈王子
繪得喬松圖壽蒲太翁
寄題龍君御先生瀠園
贈寧陵呂叔簡先生
贈袁熙寰明府入覲[一]
從會寧至安定道中作
抵甘鎮作詩代書寄兩弟
寄館中諸友
對竹作有引
贈譚王谷廣文二首
題壽圖有引
憶尹恒屈先生
題大椿圖
題九如圖
追輓曾太翁
承楊修齡侍御先生邀同諸公飲海淀李園
題米仲詔先生勺園[二]
贈許槐堂封翁
壽丁太翁七裹
甘州公署作
簡胡含素社兄

贈松亭翁

以詩代書邀沈澤腴明府

王濟之羅幼劍二刺史沈澤腴明府過訪[三]

追輓潘太母

上晉國王

贈別宗兄五雲以戶曹擢梧州太守二首

輓孫太宜人

孝子王先生四詠

廣陵逢何玉長

藍田郊望

題小繪

贈魏太翁

過邢臺贈王九生趙石書二明府

問新樂官舍一樹桃花

代新樂署桃花答

贈劉明府

早坐都城門下遲何大瀛寅長別作

贈僚友李季重別兼簡王季木丈二首

堂委壩上諸倉收草豆作

挽薛節婦

題梨花白燕圖

書馬圖後

題畫

陳太母并其子封公節孝詠

題小繪

天啓改元之新正社友梁君土舍弟馭仲從關中至密雲分署訪視余相見喜慰詩以紀情

清源廨作有引

上巳修禊仲韶先生空明館兼看海淀園燈靈岩文石共用勺字限五言古十二韻

李汝謙社丈舟過清源辱贈古篇用體酬畣

汪質先典客綠雨亭塔松詩次徐司空韻

寄子由太史宗兄

清淵遇閔逸之彭興祖方仲舉留酌

憶道之工部宗兄

送徐辰叟社丈之京分體限韻

庚申生日自訟

酬汪明生社丈見贈二首

詠唐趨昭母贈姚太夫人

壽尹太翁夫婦[四]

壽馬太母[五]

焦太母姱節詠[六]

施太母苦節撫孫詠代[七]

楊母貞節詠

【校記】

[一]"熙寰",正文詩題作"涇陽"。

[二]"題",正文詩題無此字。

[三]"二"正文詩題中無此字。"刺史"正文詩題此後多"同"字。"過訪"正文詩題此後有"邀飲作二首。"

[四]"夫婦",正文詩題此後有"給事諱同皋父母"。國圖本目錄同正文。

[五]"太母",正文詩題此後有"同邑直指諱逢皋母"。國圖本目錄同正文。

[六]"詠",正文詩題此後有"同邑直指諱源溥母"。國圖本目錄同正文。

[七]國圖本無此題及下題。

五言古詩卷之四

關中來　復陽伯甫著
社友朱懷玘尊生甫校

題畫贈王子

青山何合沓，古木相曲樛。歕涌壯宏波，支撑虹梁浮。細覘此圖畫，仿佛蓬島幽。神鹿駕龐眉，白鶴唪吭柔。仙侶笑拍肩，毋乃洪厓流。萬物忻結實，殊異人間秋。問誰解貌此，丁子商隱儔。却躭滄海跡，厭薄五湖舟。挈情貽素交，陋彼黃金酬。

繪得喬松圖壽蒲太翁

莜楸挺古幹，蒼容何修勁。枝留洪濛雲，色與太空映。三湘濯靈根，九疑凝貞性。冱寒操益堅，霜天無肅令。下蔭子孫條，蜿蜒虯龍競。巖澤儲棟梁，單門毓望姓。蒲翁貌似松，山中養深靜。開慶閱嗣昌，煒燁皇家聘。稽首颺帝封，依然大夫命。

寄題龍君御先生灃園

縱鱗愛巨壑，喬幹挺絕巘。名巖韞玉輝，洞牀閟丹產。從來神物居，造化開奇選。楚俗說花源，源深杳難辨。誰知靈境幽，怡人在清淺。湖圻帶廓長，園基莽通衍。禪宇闢階宏，棲真覆茅短。虬松大十圍，枝拂湖烟斷。蘭浴戒香供，松寮具僧飯。鷗鷺竟忘猜，鱣鰷勿登膳。芉眠林薄暝，迤邐平皐轉。風雨動吟謠，雲霞資結譔。鑿嫌謝客迂，嬾非東皋偃。使君名世賢，膚功秩崇踐。揮旄訪山靈，載筆膺簪冕。辟之太空雲，無心自舒卷。荊南一片地，名竝文章顯。太道渾行藏，豈但希貞遯。

贈寧陵呂叔簡先生

憶昔十五時，從人誦大作。不解論其人，披讀但神躍。中歲事探搜，戢志契冥漠。益習先生言，以漸諳里爵。淵深邃莫測，如海挹一勺。嗟嗟大雅淪，篤古鮮通繹。幻者清領書，鄙者鴻都業。豈無禮法談，姝姝啖糟魄。卓哉寧陵公，道廣偏寥廓。宿奇朝紳望，精神千古託。因識皋呂匹，肯屑比管樂。大言扣洪濛，微析解拘縛。悟湛源靡岐，天全理無怍。洪鐘響無沉，何時遂一搏。側望志徒殷，太息坐丘壑。

贈袁涇陽明府入覲

天子當化成，臨軒課百職。雄邑冠方城，簪組亦何飭。池陽懋異勣，九重為改色。我矣益翼穆，德隅宛可即。入貢雖充庭，孰如此功寔。一日旌循良，聲名昭萬國。皇皇勵精朝，簡在作司直。延睇涇滻遙，將無赤子憶。顧余慚駑蹇，胡堪侍綏軾。

從會寧至安定道中作

涼秋整西轡，黯慘臨胡天。行行歷山阪，寥曠希人烟。入望無樹林，景物亦可憐。鄉語漸兜離，穀賤非良田。土室依巖隈，但有牛羊羶。村婦盡谷汲，憔悴袴不完。西水瀉深壑，垤嶺日千攀。天如收真氣，地似漏靈源。憩誰擇惡木，渴難尋盜泉。晨起理郵傳，百感心忿悁。況當出荒陬，千里蹦皋蘭。投軀于豺虎，漫云志疆邊。

抵甘鎮作詩代書寄兩弟

出門方仲秋，到此已十月。歷盡天窮處，人馬骨力竭。欲知地勢高，山雪夏不沒。鎮城開雄圖，平林忽朗越。土濕泉匯流，葭菼皆鬱勃。節鉞制諸邊，百夷限門闥。土民不畏虜，將士喜斬截。應知中國氣，百年不蚍折。踰河走荒沙，衛兵左右列。身侶百夫長，仗劍怒指髮。却笑仞墻間，胡能障衝突。朝偵狼戍煙，夜穿虎豺窟。狗物古所嗤，喪守意彌惙。諒乖四方心，輕發徒咄咄。昔為空山雲，今為任風蓬。動息不自由，飄轉何匆匆。知止猶龍子，杜德蒙莊翁。博愛道寧貴，希世節不崇。高春香酪尊，向夕椎牛饌。風寒邊馬嘶，日落陰雲變。丈夫志不存，媿負上公眷。戎功不可邀，致身憑柔翰。為我同氣言，急還守貧賤。

寄館中諸友

古人稱浪遊，或非邊絕塞。塞上云壯游，當由自握佩。口不談鈐韜，身未蒙鍪鎧。飽食公府中，慚彼千營隊。悠悠驅馬來，回回內縈悔。所悔非遠道，近名乖潛退。挾術干公矣，覺與生平背。故園叢竹間，清尊知己對。籬英尚燦然，芙容正可愛。傾囊事種植，花時人不在。尤媿妻孥言，忍甘自弃廢。散金閱窮荒，亦是狂奴態。為報何所見，胡頭日盈載。

對竹作 有引

余三十以後，始解嗜竹。種竹七八年，始成竹百竿，竿不盈丈。然每見人家有茂竹，多種植不得其地，徒灌腥穢。以投竹癖，竹亦悅其蓁而留之。古人夷門抱關、馬曹良醞廚之間，有賢人焉，苦可知矣。謂此君有玩世心可耳。漢史以渭川千畝比國君之祿，而晉張虜至以數十頃驕，不屑見右軍，人固挾竹貴矣。關中土燥，余邑水泉更深，歲多旱沴，何修而冀享此[一]，亦為百爾君子，置安所免致囚縛，如眼中所見。若若焉，對之相忻快必矣。故余謂三十之後，始解嗜竹，解竹性也。

城中三楹齋，舊植兩叢竹。亘墭界甑鼻，列檐更周覆。抽筍苦難長，篩影半老禿。邨園竹傍墻，炎夏風不續。瀟碧溷埃塵，感焉傷局促。辟之畏熱客，重襲敗絮褥。我來對之嘆，寸心共竹燠。却盡擗此墻，汲灌與君浴。好風四面吹，聽之聲簌簌。公然迎我笑，似解帝梏辱。乃悟龍鍾由，從前過拘束。酹酒祝明年，凌霄蔽茆屋。

【校記】

[一]"何"，惜陰軒本作"河"。

贈譚王谷廣文二首

中澤有蟄龍，弭耳藏茭莾。夭矯翼垂天，羞與蝘蜓伍。漁人視如蛆，撫玩羅杆渚。一夕雷雨急，颯颯修鱗怒。飛作九垓霖，雲霄駭觀覷。蜀國產奇人，鎔今復鑄古。雄文久耀世，名位猶下侶。子猷淹馬曹，季野居牛庾。身卑道自高，聲譽外華組。愚子徒趨逐，何異聚聾鼓。壯年儲巨獻，以表弧懸戶。應識是應龍，升騰翊九五。

崇塔勢凌雲，終南亙相暎。氣從寶鼎長，文與涇瀾競。延綿岷峨來，遙接淵源正。只今毓人文，劭秀皆如性。

題壽圖有引

邑城有賈隱王君者，義俠也。自余束髮，覩君貌，聞君快行，迄今三十年。見君修偉之幹依然，顧髫髮之鬢者半皤然矣。而好施予，追遊賢豪之俠節如故。中間數蹶數起，絕耻為纖嗇，而亦不至大窘如他賈，憤憤不振。晚得令兒，家計日豐益，遂優遊。若王君所稱，儕輩中錚錚者非耶？獨惟君豪宕不羈，然却與其鄰舍呂文學嶽、王文學田善。二子咸椎訥儒也。又有二李子，明易、日盛，暨張子式載者，皆黨中善人。王君與訂真率社，歲時斗酒盤飱娛樂焉，久而彌敦。似有聞于老氏和光、庚桑化里之旨，非一游閒任氣者可能也。君不聞有養生術，喜近內然，酷好山水，遠近人家有一花一石，必挈酒造觀之。或者胸中所得，亦近壽之一端。與同社五人，以君挐挨晨製軸稱壽，亟索余言，聊口占題其上。

古有藏名仙，山圖與負局。往來駐人間，姓名不紀錄。盧敖好遠遊，自謂窮迍躅。一遇汗漫客，始愧徒彳亍。神山亦非東，弱水亦無西。拍肩洪厓難，問道偓佺迷。短短拄杖間，倒視日月低。形同天地終，名與上真齊。多君遺世累，賣履並祝雞。鬥情多細君，鹿門不遣妻。余也昧其術，所以為頑黎。

憶尹恒屈先生

誰言郡績成，義割無反顧。誰言處潤便，至潔有高慕。咲談解纓冕，整此五嶽屢。首途已垂橐，到家囏稅賦。丈夫性難回，非關蛾眉妬。辟彼青田鳥，松露濯吭嗉。至今思勇決，河山俱奔赴。自惟林鑿骨，寵承下客遇。一自隔音徽，遂絕郡城路。幾載閱變更，冠蓋徒如雨。偉名益振熠，群期靖天步。何時邁騑驂，破我烟霞痼。

題大椿圖

人言《山海經》，所載多變怪。異產苟未諳，披覽發一快。莊蒙傳《南華》，人言咸寓詞。椿年似荒唐，物理信有之。煉氣見龜鶴，餌丹復彭期。綏桃與火棗，結實人所知。陶公愛景純，晉賢尚老莊。徒然窺滉瀁，精秘猶茫茫。遊仙並曳尾，塵外寄行藏。莊也非浪談，真事圖中含[一]。想像把《南華》，偃息古蔭下。靜閱天地長，浮世嘆野馬。

【校記】

[一]"含"，惜陰軒本作"舍"。

題九如圖

天保祝純嘏，比類亦何繁。垓埏無遁景，盤薄復騰騫。生綃咫尺中，指點扶輿存。誰知孝子心，搜索入無門。如外欲求如，不在色象論。君看富題詠，何但九如言。

追輓曾太翁是太史諱楚卿父

崦嵫迫匿景，詎信有延晷。課讀期晚穫，造化訓勤耔。矍鑠古稀人，託志在孺子。不必孺子聰，所必福善理。英英鳳池俊，班班天祿史。譽才沸萬聲，訪門結千軌。已見大宗祊，寧止耀蒿里。錦服思彌戚，玄冥視應邇。何處寄文心，雲霞夕矊起。

承楊修齡侍御先生邀同諸公飲海淀李園

勝區幻麗觀，萬綠迷晴川。遺彼塵鞅累，訪茲西麓偏。奇葩紛奪目，千楹沃丹鉛。素士愛冲泊，所異池與泉。主人方選地，咄嗟羅華筵。小史善簫鼓，阿㝵工刺舡。翩翩集綦履，名賢相差肩。罰弛觴却疾，豐庖出好鮮。游陟足欲繭，車從氣如煙。群劇獻難畢，豔日長似年。清讌已縱適，豪會應可傳。

米仲詔先生勺園

已賞市囿清，更此步幽墅。石陂具靈詭，虹梁引深處。簨簴鬱瞻望，鼓枻知枉渚。松已漸成圍，荷從幾時茂。塗遵無正就，廊複多迷戶。屋裡却洑流，山烟入堂宇。開牖弄葍蒲，即境理農圃。吳歙詞客尊，詩觴黃鳥語。林麓本宿存，巧闢快新覩。余亦抱癖同，坐嘯兩神與。

贈許槐堂封翁

意投狎單微，道拂藐貴介。古人有行之，烈風未澌壞。林邊數竿竹，亭中一枰碁。借問往來者，方外訂交期。已安讓產心，胡計求田事。我常心自耕，課兒飽經笥。經笥剖朝珍，猶然清白吏。得之義方言，食貧而翁志。感此慕高懷，頓起黃虞思。

壽丁太翁七裒 同年諱明登父

宿志耽沉寂，無羨甲第族。五經罕滯疑，時並梵書讀。短筴吟江壖，清涼絕塵燠。兔角與龜毛，此義了天竺。顏氏訓可傳，第五名亦宿。請看餘慶人，旋能暢所蓄。翩翩觀省歸，彩罏耀華轂。

甘州公署作

漢家好爭戰，玉門極西開。拓地踰萬里，張掖為庭堦。我來覽張掖，路遠浩無涯。邊外俱荒沙，土寒無草萊。割弃予匈奴，卓矣廟算裁。千門葉早凋，朔風亦何哀。開府凤人望，折衝閒且恢。憲府善籌畫，八年聲崔嵬。新捷表京觀，極望無胡埃。寧知爭戰地，警急久絕來。下榻延韋布，擊鮮佐尊罍。啖鯽類江南，豈但羊豥佳。豐饎傷賤劣，綢繆感下懷。但嗟輕遠遊，頗被猿鶴猜。日夕望喬林，眾鳥相喧豗。欲覓晨風翼，瞬息與俱回。

簡胡含素社兄 時同寓甘州

余何為遠征，君何亦事遠。相隨三千里，相判隔一鍵。歸昌不下轎，仁獸不安圈。疇昔共黽勉，遇詭寧嘉遯。瓦合希世憐，將無金玉損。吾友素昂藏，孤志難一飯。妙藝古可媲，大器成應晚。聯轡來窮徼，一往不顧返。返轡期斯須，歸鞭凌絕巘。計程百日期，成此夷方混。

贈松亭翁 社友梁君旭父

花時正繁郁，陽令屬朱明。紅櫻既薦桸，蘭苴抽蔯英。小塘汲林甃，清韻在前楹。蒼叟領烟霞，苔際藉履聲。坐玩鳥試飛，下覷魚唼萍。釣璜更忘機，芫裘遠俗情。辟彼青田翼，吭啄近仙瀛。逍遙出塵壒，不受虞羅驚。列架多經籍，疑義堪析傾。且呼百壺酒，貽兒一世名。只言愛尊杓，顏色何晶晶。不知駐世術，或是古容成。

以詩代書邀沈澤腴明府

沈侯抱遠懷，胸藏稱隱賾。高名三十年，垂天具異翮。奮飛少滯淫，萬里志不懌。五斗嘆折腰，賦命著頭責。卓哉歸昌鳥，棲啄常自擇。顧慭託契好，片言照肝鬲。中都一分手，秦關久落魄。我射尚稽天，君割已中䏑。數舍邇芳鄰，三年始接席。因迫尚書期，未盡淳于石。如何山陰船，無意剡溪宅。敝廬雖荒蕪，却與市廛隔。四壁羅圖史，叢篠陰深碧。麤飯出中廚，芋笋當烹炙[一]。隨意成笑樂，頗有世外適。良晤苟難伸，將無輕別惜。

【校記】

[一]"芋"，惜陰軒本作"芊"。

王濟之羅幼劒刺史同沈澤腴明府過訪邀飲作二首

共輕軒冕榮，閒來問垂釣。火榴方吐妍，風竹復迎笑。仙驥抗雲吭，山公發清嘯。迂徑扣蘿關，孤琴涼月照。仙驥，鶴；山公，猿也。[一]

十里瀲晴川，嘉林勢交暎。千騎迓使君，雙鳧集仙令。濯纓解塵苛，探書投古性。籟寂驪斯眠，深坐理觴政。

【校記】

[一]"仙驥",《艺文类聚》卷九十引《相鹤经》云:"鹤,阳鸟也,而游於阴。盖羽族之宗长,仙人之骐骥也。"黄庭坚《倦鹤图赞》有云"伟万里之仙驥,玒九关而天翱"。"山公",唐赵璘《因话录·商上》載云:"养一猿名山公,尝以之随逐。月夜泛江登金山,击铁鼓琴,猿必啸和。"因称猿猴为"山公"。

追輓潘太母_{同年諱永澄母}

少嫠承嚴姑,食貧撫弱嗣。整容匕箸間,糠籺作常飤。清霜黃鵠啼,淒雨藁砧淚。未亡經百憂,同穴倏遂志。誰知呱呱者,蔚然廟廷器。辟如韜輝珍,萬鎰酬嘉瑞。錦衣光里廬,黯然憶衾禭。何以報鞠勞,母操官無媿。移孝古有言,此意鑒冥閟。

上晉國王代

伊余東海迂,謬領河東地。仰觀獲間平,千載塤高致。跛踖巍邸間,漸覘林園邃。接棟羅圖書,賢王敦夙嗜。筵樂奏鈞天,豐富出禁裁。不知千乘尊,但荷頻倒屣。感茲思皇心,狗祿慭疚位。

贈別宗兄五雲以戶曹擢梧州太守二首

旅宦寡親交,淒其長安陌。世態多變更,況值始通籍。委蛇清署間,徙倚際余伯。伯也素結歡,先達嫺六翮。雅操具素絲,司農佐石畫。隆望仰朝紳,雲迢邁風迹。吹和箎與塤,庶幾相悅懌。如何動離思,瞬息成乖隔。在君屬奮躍,曰余遠資益。延睇斾與輪,中情劇脉脉。

問言輪安如,遙指鬱林間。嶺表風物殊,道路修且艱。壯懷無萬里,勝遊多躋攀。積勤上賞訓,駟馬意閑閑。和風遍交粵,控馭羅百蠻。德化易文身,威惠溢天關。首途勵貞忱,臨發舒好顏。寧須愁荒澨,大賚洊遐頒。

輓孫太宜人

藐諸未貴時,無以充匕箸。翟珈已耀首,却珍復不御。既為惜福謀,兼成廉吏譽。悲憶課讀年,九族絕周助。安享潘輿迎,含笑藁砧處。旌門閨行高,表墓王言著。貽澤知未量，哲嗣方雲耒。

孝子王先生四詠

人神本無隔，至誠通冥玄。母厭家庭常，視此百行先。上帝畀爾祿[一]，爾祿肇神夢。要知夢即真，顯思揭廣眾。先生事母純孝。一日，友人李觀察為諸生時，夢神告曰："女廩當與孝子矣。"是年，李薦于鄉，先生補其缺。試日，凡卷之號，俱孝字。

母雖安士養，甘臑苦不充。貍奴睨之金，纔足慰固窮。來分何家有，去也躍何從。掘粟與躍魚，異哉千古同。先生孝養備至，偶窘甚無以辦饔飧，忽有猫銜綾帨裹數金委地，甫發視，已失所在。徧問鄰人無遺金者。

蒿里棗久枯，為廬在棗側。手攀血淚垂，滴土長新棘。至今大數圍，指點詫通國。誰云連理奇，敻絕無媲德。母年九十殁，先生廬墓三年。墓近后土祠之傍，棗樹枯久矣，里人謀伐之。先生常至祠中，攀樹痛哭，樹忽發新枝甚茂。聚觀趾錯，皆以為孝感也。

周磐絕公辟，毛義辭再徵。昔日眷廩餼，今茲避弋矰。人言公善讓，我言公善留。春曹名偉興，闡烈快孫謀。先生以仕不逮母，選為明經，竟不仕，其孫玄洲先生褒然甲第，歷秩中外，負重望，異數褒贈，瞬息間事耳。

【校記】

[一]"畀"，惜陰軒本作"界"。

廣陵逢何玉長

隋苑柳初綠，澹蕩風日清。立談委巷間，綢繆感君情。新詩美且都，扣之若哀箏。人生殊材賦，極深以為程。余方滯南天，爾乃復遐征。去住雖異適，交契方合并。努力愛壯年，以保千載名。

藍田郊望

雨涼悅霽壒，出郭散幽步。秋成眾禾垂，川原莽回互。巀嶭王順峯，逶迤輞谷路。日入嵐氣生，千林各成趣。城堞帶嶺長，俯瞰激湍赴。邊山亘路通，西與鄂杜遇。迎面七盤開，奠茲武關固。誰知深宵中，井甿尚無數。謖謖巖松聲，登登山寺暮。石廬寸穴封，人烟絕頂露。念當遺塵紛，一瓢採真去。

題小繪

一片水石蒼，數莖寒草淨。寂寂歷冬春，孤姿自相映。不是避塵氛，懶與繁華競。

贈魏太翁 太史公諱廣微祖

散為聚之基，造化理相仍。其家好儒甚，三世蔑弗興。支粟周比閭，報以式穀徵。延師悅詩書，志業還紹承。何愧力田翁，遂拓魏氏乘。中丞開偉烈，太史復繼升。政猷竹帛爛[一]，文輝雲霞蒸。補疏請貤綸，潛光蒙嘉稱。里人睠幽壤，懿哉此孫曾。

【校記】

[一]"猷"，惜陰軒本作"獻"。

過邢臺贈王九生趙石書二明府

我車遵龍岡，春草被廣路。睠茲趙晉墟，伍回騁遊步。藻思蘊未抒，僕夫戒前鶩。倏然枉干旌，揖讓成嘉遇。風迹鑒各真，咲談迥如素。縱心區外奇，異代恣射注。片晷暢悠襟，四座灑靈雨。輕彼冠蓋交，願言千古赴。清晤邈前期，悵別怦日暮。

問新樂官舍一樹桃花

誰將夭冶姿，閒植此官寺。花開復幾時，將謝值我至。尚有可憐容，輕陰護殘媚。葉嫩翠方舒，紅銷雨滋淚。徘徊一命尊，為惜鎖深悶。不知正開時，曾賞皇華使。

代新樂署桃花答

方春暢群彙，大化回妍姿。薰風晝夜吹，綻我瓊瑤枝。幽馥重戶裏，無言閱歲時。客飯未遑畢，誰肯駐韁綏。聞子開數蹊，常爾醉金卮。胡為輕棄擲，徒然嗟路逵。春花會再值，但恐多負期。

贈劉明府

良吏政雖多，無過于救凶。救凶無殊策，安民先省躬。灾至豈無田，牛種告困窮。常平徒有名，廩困十九空。大旱駭聽聞，前歲之山東。瘠黎既流徙，富民無米舂。商人號山林，道路已不通。卓哉齊東君，起槁有神功。驅蝗中牟魯，買犢渤海龔。操節欽紳弁，調輯慰孤終。誰賜今天日，閭里仍陳紅。豈止祈年應，活萬人者封。《管子》：商者，國之山林也。左氏以老幼為孤終。

早坐都城門下遲何大瀛寅長別作

昧旦涼露繁，軟塵透帷紗。長墉散水烟，崇樓上海霞。審兹嚴扉阻，覘爾如流過。喧喧競入聲，鞠鞠鳴鐸車。擔負既尾銜，載稛亦橫加。方輿力已疲，廣塗肩互摩。笐緔榷正倍，益估及羔豥。如何百役集，攘臂尚無涯。有生寧免勞，曠營柰貧何。矧伊比閭俗，廛市寄其家。余胡跡久羈，君胡涉秋旬。行止固有程，均嬰彭絿戀。君子愛盛年，芳猷棐時見。驅馳諒靡辭，義決豈交戰。

贈僚友李季重別兼簡王季木丈二首

雨歇氣候殊，涼飆浠凛馭。郊稼歜晚熟，霜雁正南避。獵獵來斾旌，離酌緩束轡。秋雲暗夕暉，感焉感同類。宦轍無停輪，瞬息異渙萃。豈寡軒蓋交，誰諧金石志。

俗調多促音，追雅嗟恒難。共君倡詠歌，永矢心慮殫。藻思游天表，振奮五色翰。挽兹中葉微，文塗理彤殘。青齊駢佳彥，精力浩瀰漫。躋趾岱宗上，玉符披函觀。俯睨衰賤子，齵齵塵滿冠。孤響多嘄殺，顧戀徒摧肝。

堂委壩上諸倉收草豆作

晨起漫束帶，離城趨村屯。雙旗聊前導，單車寡囂喧。將達迎數役，始訝入廢垣。坐廈愁傾木，觸塹畏墮窖。何年蓋此倉，云是祖宗初。騋牝字駒攻，法駕資馳驅。以實甲乙方，頗採形家書。剙之具深意，小臣見自疎。庾廩既已坯，刍豆不絕輸。蹣跚諸寺閹，告老來此居。周旋出餚觴，恍若食鬼區。誰言瑬性侶，勢殺恭有餘。責委一衹承，所快無寸逋。

挽薛節婦

弱齡矢烈志，金石讓堅貞。一載為夫婦，千載同死生。重念孤嫠累，愈勸慮彌更。却視貪生人，百歲鴻毛輕。成仁乃全節，赴義寧知名。商於產望閥，阿翁為名卿。乾坤仔笄季，山川有餘榮。黃鵠曲雖慘，戀戀鄙陶嬰。

題梨花白燕圖

恨入昭陽殿，還辭王謝家。願宿玉林月，將身化作花。年年等春至，帶葉舞風斜。美人賞芳樹，一曲好琵琶。

書馬圖後

余曾管大壖，頗稽放青田。圖籍既已沒，吞噬久相沿。馬官不見饒，馬瘠不可旋。刍豆與租入，半供進內錢。瑬瑬自相食，羸騎瘡啄鳶。

題畫

千山顏塗赭，靜日耀午明。瘠田常沃雨，景爽是新晴。攜得幾量屐，袿襪前林行。巖窟吐白縣，處處雲氣生。不知雲即雨，下視溝澮盈。

陳太母并其子封公節孝詠_代

荊溪數望族，無右虞後陳。侃侃柱史興，寵位高文茵。大母堅嫠節，備嘗諸苦辛。厥父抱至性，孝養不離親。腹笥羅百氏，姱修儒行醇。授讀發芬馤，令子遂振振。閭閻被旌美，雲霞蔚絲綸。名言復斐亹，篇篇揚扢真。兩世潛德遠，慈孫闡耀新。披紀羨縣昌，綴續聊可循。

題小繪

丫髻山下土，赭流耀滿山。人馬脚嫌碍，堆棄初上關。持來擂作色，入画成山顏。二種判紅黃，質堅却不頑。巨僧素愛此，石翁覓之艱。俗工塗人目，礬石強與般。寧止資繪苑，醫經不敢刪。

天啓改元之新正，社友梁君土、舍弟馭仲從關中至密雲分署訪視余，相見喜慰，詩以紀情

冰雪凍遠道，匝月理輈綏。我居親爐炭，念此凜難持。經過兵荒地，邑廬益淒其。供應既已惡，無酒勞堪支。報以至日征，春首始抵廨。幸免霜露侵，從役神無憊。吾友骨本清，沉靜無俗絓。家仲保偉幹，潤步萬里邁。行倦會當息，不如引滿解。人世同幻夢，夢中離合殊。離應積愁思，合急尋歡愉。烹雌還脯鹿，鼓琴間樗蒲。夜漏覺乍短，白日如疾駒。主慤鄭莊驛，奴作酒家胡。階前雀勞利，城上烏畢逋。睡起朗吟罷，詩題薊塞圖。

清源廨作

郡置勅使三，繕司、倉司各一，余以權吏厠焉。抵任，問關禁，則橋毀而易以鎖矣；問商籍，十去其七矣；問額數，歲虧其半矣。官如瘦附，事等傳郵。見碻不敢輕議，議出不敢望成。欲避嘵嘵，難禁嘿嘿。害馬未去，九牧徒繁。來子惠之，念欲佐急公之括摓，先須劌自心之壟斷。解網來禽，以風逋散，立條戢暴，用摛社城。度非一職所易辦也，不無望齊魯守土諸公，賦以抒意。

通津輳車舟，風會夙所仰。秉茲肩鐍司，敢謂日鞅掌。東酋耗膏血，荸屍積原莽。發使搜金錢，銖兩實公帑。伊余坐理專，值茲敝頹象。避市咸掉臂，何計障群往。六術晝掩門，云是昔穰穰。隸胥亦厭窮，式賦愁竽鏜。每效尹喜望，誰嗣五千響。差同馬曹閒，却無西山爽。荷巨畏歛急，庭荒圉遐想。為問兩河監，何如五湖長。

上巳修禊仲詔先生空明館，兼看海淀園燈靈岩文石，共用勻字，限五言古十二韻

以燈認園看，奇制像厓略。怔石產深嶅，何來位几閣。喆人夙鑒裁，靈心具巧鑿。亭榭晃珠光，巘岏聳盆勻。招歡值令晨，持供筵賓樂。圖幻燭暎岩，石邃縮園矱。曲詭理摻幽，繽紛目相錯。澄庭如乍闢，奮身入丘壑。春芬襲繡

茵，竹風透湘薄。答景無虛觴，清嘯且再作。停輪淹漏終，忘茲宦味惡。所憖靡佳賓，徒負勝賞約。

李汝謙社丈舟過清源辱贈古篇用體酬盦

愴昔久流寓，淹頓在廣陵。所遇多俗頑，憤結常填膺。抗情軼世表，契志託良朋。徒藻謂非真，崇實意兢兢。荷君屢招接，彪然文會興。閫坫寧借黌，大約固無繩。安筵選花塢，訪勝均茵憑。去今將踰紀，相見始再曾[一]。金臺淋雨館，衛水買舟榤。譚深燭易跋，髩邊霜各增。瑤華彩耀目，精詣余謝能。細聆慷慨論，至德益邁升。願停思歸棹，念別醉如澠。

【校記】

［一］"曾"，惜陰軒本作"增"。

汪質先典客綠雨亭塔松詩，次徐司空韻

昔余遊河東，名園策杖至。入庭四本栽，團旋像塔意。再見綠雨亭，取名詫無異。似松仍似栢，執辨如癡寐。疑有甘露生，多非閻浮出。樹性直且孤，主人骨不媚。神理感斯通，不然何由致。葉放隙月墮，尖射空雲悷。四時伴高標，連楹圖史備。松耶得所哉，況共詞人醉。

寄子由太史宗兄

游泒判秦越，累世逢聚歡。都因宦祉接，情聯閥桓桓。吾兄擅白眉，南北幟文壇。吞霞復吐鳳，高步鳳池端。羅廣蒐賢遠，門清求掃難。鶴吭止清露，松性無霜寒。嗤余怩怩質，強欲振飛翰。無才命仍蹇，螭螗技空殫。一淪在泥塗，去為笭箵官。益遭涸竭歲，日夜抱憂酸。升墜各異境，側望泪汎瀾。

清淵遇閔逸之、彭興祖、方仲舉留酌

逸之擅眾藝，余也兩世交。名聞遍南北，豈徒毫穎豪。重見思愈湛，似厭紛駁殽。形老胡足悲，相惜空二毛。二子摠吳彥，文腕發英韜。繩祖有等筆，嗣父無劣毫。鼓瑟調雖工，恥向侯門操。大業解玄晤，繼代神能招。青齊一片地，擢擢光燄高。當歌相知樂，為具數斛醪。

憶道之工部宗兄

吾兄負才辨，無屑炙輠名。吐詞悉玄秘，洪鐘鈞鉅聲。每鄙余辟支，無生難證明。其言侃以切，其神湛而瑩。相形真自穢，肉鴨數韓生。九頓扣真詮，尚俟投體誠。秦越數千里，倏判如流萍。命遇蹇知止，世慮近愈輕。君亦淹郎署，塵視纓紱榮。二師合異姓，何況骨肉情。悵憶東南隅，懷人念忡怦。

送徐辰叟社丈之京分體限韻

在齊煩喧紛，文翰曠以殘。蘭馨韞幽閟，求叕良獨難。與君夙締結，幸邇託重歡。室鄰訪不厭，道廣盟亦寬。米家煙駕整，之子雲旂蟠。下引我頑蒙，疾追常坐嘆。揚扢甫三時，歌詠盈簡端。玄景彫霜葉，鴻雁避北寒。壯志苟欲訓，決眥無呼韓。此身一許國，何地不可官。因君邁高翮，頓使慶彈冠。分襟御三爵，揮手輕路漫。人遠精魂近，陳思言可觀。

庚申生日自訟_{時榷役竣移居別署作}

簡書膺滿期，訾尤諒同積。課錢寄我身，誰知身亦寄。逢蒥欲完公，憂心日如醉。却不藉河流，萬貨駄輓致。下令苟怫欲，忻輸能負矢。遠毀弭何從，土居庶不棄。自嘆幻身苦，愁職灑宵淚。政施無十奇，食外有三費。齊俗與性宜，安茲舒緩吏。我辰倏再過，幸竣算籌事。簿書不在傍，衡權不入視。躧履殘雪階，弄琴栢亭寺。快擬解縶羈，真身清涼地。貧樂倘可希，道腴況夙志。宛轡圖墅舒，寂蔑謝賓贄。雖罕青精餐，肢骸有餘眸。

酬汪明生社丈見贈二首

往余始摛翰，跂君文譽隆。息影華之陰，振策躡層峯。佳句標危閣，山水破鴻濛。蹇余駐修路，參差嗟未逢。廿年結痞寢，忽值清源中。卜宅逼河埯，時起截流虹。下榻趣延娛，神形一朝通。道廣徧秦土，角墊頟林宗。南趙既久要，余弟盟茲邦。慭君抱精詣，端約緒無窮。冥鴻運遠翮，豈在背與胸。_{南思受趙子函也。}

轡弛周道湮，原隰莽榛衍。赴古藩未捫，惑今風競扇。奧籍苟深披，繹述難嘉撰。試誦幕席作，徐陳堪再見。遊覽並唱酬，浮夸畢芟遺。綴以哀時謠，偉哉樂府變。良史紀野真，靈文不虛禪。懿此和未成，怦營欲投硯。始音保猶存，白首勉無倦。

咏唐趣昭母贈姚太夫人

士也欲知名，必由異聞成。架上無素書，黃金空滿籯。前史述賢媛，課兒囊可傾。以方姚母烈，千載媺與并。淵淵中秘學，文采燁且英。孝先既腹笥，甯越身已榮。感茲墨幩訓，并觸趣昭情。

壽尹太翁夫婦_{給事諱同臯父母}

至貴屏人爵，名儒毓象賢。歸田五斗免，訓子十奇傳。恒嶽偉靈近，石樓真岷連。蒼松顏後老，玉樹放尤鮮。諫草稱移孝，看雲遂叩天。大年頻閱世，皓首喜駢肩。王霸慚兒賤，龐公癖隱偏。市朝更林壑，父子福臻全。

壽馬太母_{同邑直指諱逢臯母}

年耄神愈湛，就途攬遠綏。晉絳久怡養，燕京留令儀。名儒躋朝貴，被親屢恩貤。白髮照晶日，珈褕何委蛇。桓桓御史驄，送母六傳馳。凡子羨且慚，潘輿遜榮輝。

焦太母姱節詠_{同邑直指諱源溥母}

縈哉稚首兒，呱呱未亡恃。墾畎豈供饘，網戶將瘞祀。軋軋機照星，矮矮壁浸雨。誰知藐諸奇，三冬足文史。立擢上第名，益邁循良軌。截鬒感時賢，還鮓勵清仕。英聖開彙征，惠文彈稱旨。旌媛尋表廬，隆養孝伊始。堪繹范逵言，此母生此子。

施太母苦節撫孫詠 代[一]

藐諸嗟失天,煢煢甫十歲。哀號依王母,母久乖伉儷。寡仍喪子娨,弔影牽孫袂。老遭此奇殃,遺悲在兩世。忍死撫弱齡,膏火伴砥礪。砥礪期亢宗,劭質果聰慧。孝符感芹生,幼解執硯涕。耿耿虞謟懷,貴達旋嘆逝。袖中陳情書,視李謂不逮。賢母昔烈媲,文孫振胤系。詞哀動陛階,揚徽播海裔。朗耀曉瞳新,誰云九泉閉。

【校記】

[一]國圖本無此詩及下首。

楊母貞節詠

伊余四方人,往來華陰道。華陰多知交,楊君中最好。君少著才名,巍科致身早。息駕拜君堂,堂上贈言藻。曰嘆母節奇,撫孤在襁褓。百千其苦辛,百千其懊惱。紅顏忍死心,鬢髮今皓皓。昔也延宗祊,忻茲門更造。花封令譽聞,綸恩褒上考。潘輿擁褕珈,咲脫荊與縞。太華何足崇,婺光等蒼昊。士紳共獻觴,願母後天老。

七言古詩目錄

卷之五

客中有疑愁甚放歌自遣

內子誤服藥

老僕嘆

仗劍歌

羈旅行

採綿行

行路難

漢方壺歌

憶昔行

除夕書懷

癸卯夏日淫雨傷麥作田家苦雨二首

春谷讀書圖歌贈胡含素

題沈啓南溪雲欲雨圖

送友人出塞

春矓歌

春鳥篇

上苑落花篇

贈梁本初先生

通許美人行

春雲歌為梁孺人壽

繪得思邈應詔圖贈徐春沂有道

富平侯歌

崇岡春曉圖為張氏母壽

寶刀篇

新豐歌

鴻門行

寄宿田家

醉歌行贈劉叔定

題劉叔定家藏竹林七賢圖

朔方歌贈蕭季馨大將軍[一]

贈湘道人還四明

喜雨詩

壽周太安人

【校記】

[一]"蕭季馨大將軍",正文詩題作"蕭都護季馨"。

七言古詩卷之五

關中來　復陽伯甫著
社友閔文逸逸之甫校

客中有疑愁甚放歌自遣

家園勝樂事,客裡多疑愁。疑深愁轉劇,使我生百憂。百憂欲解不可得,一腔哀怨無窮極。思時神鬼甚機關,愁來天地無顏色。愁之來胡為哉,太虛黯慘層雲埋,縱有千尺長劍割難開。吁嗟,無邊孽海自煩惱,塵踪阻隔奢摩道。

千重黑暗苦中過，一夜霜華催鬢老。宋玉秋來愁已深，況復南冠生滯淫。日暮遍灑阮生淚，伏枕呫呫還越吟。越吟情何苦，它鄉雖好，不如吾土。我有郭田之黍可以釀醴，三楹之屋可以蔽雨。葵藿之盤、蓬蒿之居可以容與。即有緩急，卒得其所。噫嘻悲哉，汝情何哀志何腐。君不見，擊楫之逖鑿河禹。亂世匡扶獨有愁，安能啶啶女子伍。又不見樓蘭戍卒湖南商，年年歲歲宿風霜。萬金家信求烽火，百年生死託邊疆。我今作客濠梁日，骨肉天涯聚一室。彩衣的灼動尊罍，荊樹扶疏覆蓬蓽。已供薄技自怡愉，兼付餘閑於刪述。惜時駐日欲揮戈，酒酣拔劍生悲歌。男兒思落天地思無盡，愁通今古愁愈多。麟閣何人獨姓名，貂裘落日徒蹉跎。吁嗟眼前造化任安排，即使攢眉愁死復如何。

內子誤服藥

有藥病可除，誤藥病還生。病除病生本一藥，却緣病病激病成。天地陰陽易玄象，匡扶氣運幹消長。癰堵愛網蔽如愚，培養誰知摧折俱。起仆甦僵自心手，翻令千載思淳于。只今物序轉悠忒，窮崖顛踣半蓐食。安得和風遍春色，百藥不用神農識。

老僕嘆

老僕從外來，當門坐嘆息。取婦垂十年，費盡拮据力。主人廕養五十餘，分將強半充中廚。丁年有疾足，衰賤當門閭。夏雨薄涼剛夜半，篝火喚婦供朝爨。不愁朝爨難，只愁主人朝食不喜歡。婦年纔三十，顏色半凋殘。初秋巴江具舟艫，我若去時看汝苦。

仗劍歌

仗劍長歌兮霜葉飛，橫望天涯兮思遠離。日隱空壘兮童僕飢，黃金用盡兮妻孥嗁，駕鹽伏櫪兮壯心悲。

羈旅行

征馬東南嘶，滿目生春草。男兒困頓猶蓬飄，年來三走洛陽道。洛陽車馬踏紅塵，朝朝陌上逐行人。風雨問程顏色改，魚服幾欲迫龍鱗。前程迢遞愁起遲，却憶故園高臥時。故園皋陸平如砥，那知今有山川危。昔時渡水常自驚，只今數傍寒沙行。深林曉霧開山縣，晉塞秦關杳難見。春雨霏微暗虎牢，秋風寥落悲梁苑。將軍名姓蝕殘碑，鄭衛河山經百戰。此地曾勤城下盟，門闕勢本逼王京。唇齒相倚還相噬，可憐歲歲西行成。強弱吞齧事已非，行人來往泣斜暉。平臺漠漠禾黍熟，北邙日暮牛羊肥。荒郊古蹟總丘墟，幾度傷心一腐儒。惟有當年堤上柳，歸來歸去拂行車。

採綿行 敘太康野農語

去年雨少綿滿地，今年雨多綿太稀。南凹北凹來野婦，顏色憔悴愁夕炊。秋空一望塍壟平，荒沙土寒穀不生。綿多入市米價減，綿少入市米價騰。官府日榜掠，皮膚燋爛無完征。縱有城北萬頃綿，不如南原百畝之良田。吁嗟，種綿綿成穀可望，近時農家無積倉。

行路難

咄嗟危哉，崎嶇嵯岈，迢迢險路，亦何經萬里而綿緣。前列九疑之峭壁，後伏蒙汜之虞淵。木客魑魅既飛舞以嘯傲，虬龍虺蟒爰蚪結而回旋。白日噬人石耆途湮，癘風陰火颯颯燐燐。暗三光之輝曜，玩造化之威權。咄嗟危哉，深若滄海蚌珠出焉，峻如崧嶽人躋其巔。少翁挾術攜共探天，周穆鞭駿瑤池事傳。白衣蒼狗云多態，太空暫翳明常懸。未如行路險，使人坐地愁難前。千羅萬罟方四列，橫戈豎戟何森然。慣令金谷成荊棘，頓使寒灰得更燃。如砥忽驚千仞坂，北途誤駞南轅鞭。巢許無耕陌，鴟夷滯放舡。塵埋關路淹牛背，水沒浮槎阻仲連。浩浩乾坤霾霧合，日月錯代愁奔川。安得東風一夜吹盡崚嶒天地坦，江山不動遊遨便。

漢方壺歌

野人嗜古本天性，茅堂三楹傍城側。布袍品鑒真贗分，滿堂徧作商周色。何物精靈解靈聚，奇器翻從市中得，獸吻平銜雙耳環。素質青純間剝蝕，上有千年土花斑。瞥見薈騰散雲黑，殷翠鋪毛朱點血，射眼撲眉宛如拭。寘之几上清有餘，風烟軒塏晴窗虛。回視名珍盡欲却，舊藏三壺皆不如。彝鼎拱璧不可致，連城十萬非吾圖。壁間掛有石翁繪，與爾朝朝雙美俱。

憶昔行

君不見，阿房宮闕齊雲漢，金史甲第如星燦。自矜綺麗盛豪奢，轉眼礎甍齟鼠竄。又不見，璜溪垂老人蕭蕭，太玄初成文寂寥。異代欽名搜隱跡，千載恍惚如一朝。容華底須論長逝，細檢吾生安拙計。區區假合嗟勞生，不有精英亙天麗。千卷名山氣鬱蟠，繽紛抽出烟花細。因茲白眼日含杯，長裾恥向侯門曳。吁嗟步兵縱酒時愁發，長卿跌宕亦俠骨。笑看簪紱青雲客，巉說窮巖意渺忽。

除夕書懷

九月下第還故園，自甘長作耕漁人。眼底歲華已云暮，物意忻候明朝春。我有新詩續新業，燈下檢書徧箱篋。兩兩稚子笑牽衣，指點聒人聲嚅囁。顧此方將慰眉睫，眉睫看來愁喜俱，淮西杳杳斷雙魚。癡頑更遠陶公訓，迢遙三載空躊躇。牢落支離意已灰，莫論世事且含杯。君看此日以前日。盡逐寒風去不回。

癸卯夏日淫雨傷麥，作田家苦雨二首

累年遭亢陽，麥穀皆天傷。去年雨淋瀝，麥穀不結實。流離滿道周，十家空九室。今年夏田好，岐穗何矯矯。沃壤既已獲，斥鹵亦蓐草。刈穫共雲興，場圃多積藁。父老占歲時，天運謂更造。門前曰未除，大雨如傾壺。野雲蔽天黑，長日昏郊墟。鬪龍蕩腥沫，兩兩相追趨。匝地飛蟊蟦，積穰生綠蕪。居者仰天嘆，在田愁沾濡。既虛耨耔力，復閒困廩儲。垂成朽敗尚如此，茫茫播種知何如。

尺幅一以定，織女無巧功。此器量盛升，一斗不可容。靡草當夏死，松柏茂寒冬。鼪鼯藏尺隙，蛟龍亙大空。物情良已判，天賦嗟難同。富貴恣所為，驕奢垮素封。日椎千蹄羊，夜撞鼎食鐘。踽踽貧賤士，千慮徒填胸。茆廬常不改，欲炊無夕舂。井瓶易輻甆，鴟夷却善終。屯會蕳仍頻，行踏凶復逢。君不見今年種麥麥滿叢，耕歛家家稱上農。試將口量粒，餘粒誇田工。却思買南市牛北市驄，多染絲與布，兒女個個要深紅。天雨十日灑場圃，禾頭綠芃長尺許。妻孥飢餓仍依舊，加賦新租正排戶。

春谷讀書圖歌贈胡含素

春谷裡，窈窕山多奇，谷中有人人不知。春來天地盡回媚，嬌紅嫩碧紛陸離。春風刮屋屋角動，春月照山山亂披。縈溪紆領自開闊，片雲輕霧相奔飛，山人睡起書聲遲。有時把書行水湄，坐愛潺湲無盡時。潺湲出谷春滿地，吟春繪春谷邊事。憑將三萬韶光春，都入腹中成文字。

題沈啓南溪雲欲雨圖

家藏相城真蹟五，其一花卉四山水。此卷點綴三丈餘，久矣珍傳遍鄉里。老翁模古妙入神，落紙種種皆逼真。間看倔強人頗疑，遠宗巨然近大癡。欲雨命題仍古意，縱橫錯出高米思。翠竹陰林一萬叢，岵岈光怪如神閟。明沙赤岸剛透天，怒颶狂飆忽墮地。溪上之雲從溪起，升騰原是溪中水。濛濛帀布昏山市，想像殷雷深溪裡。楓枝忽作嘯雨聲，江頭潮水三尺生。便須喚此漁舟至，棹我滄浪簑笠行。

送友人出塞

絕塞陰森霜雪繁，塞頭風日易黃昏。胡騎奔騰隣塞垣，千營列陣如雲屯。男兒生就封矦骨，手挽蠻弧向明月。俠氣還須百戰強，許身寧諱窮荒歿。文淵仰視飛鳶苦，伯宗幾載迫驕虜。諒為壯士當如斯，後有疏勒前銅柱。單于尊官左右王，輕兵近駐焉支傍。鳴鏑躍馬誇驍勇，東連鮮卑西氐羌。明君瘼寐求飛將，嫖姚萬里窮旃帳。稽落追奔號令明，北鞮飲馬軍聲壯。古云從軍問從誰，今行知不久勞師。莫愁邊地風霜惡，徒老雕蟲爾豈為。

春曬歌

連朝有雨不上砌，去歲寒少麥早青。繞援野花自生息，山中丈人埋姓名。春風倚仗時矖目，煖日長畛萬草綠。新漲決渠剛趂田，前林深平好飯犢。平頭奴子採藥歸，採得蘼蕪雜江蘺。出門荷笠穮荒麓，游絲飛絮爭牽衣。馴馴雉雛鳴芳甸，黃鳥聽盡聲百變。四野濃華望轉深，萬畝春雲看不倦。南山檀柘獲滿車，三時豪家科厚租。我之磝确環茅廬，有秋一頃蔬一區。但使讀書供歲儉，強半輸官不願餘。

春鳥篇

怪將天上五色霞，剪作東園千樹花。千花媚目香爭散，倚檻拂薨舞輕緩。可憐嬌鳥啼嬌春，一聲嘶嚦腸先斷。腸斷碧烟正飛絮，間關為聽千般訴。翠羽翩翩力尚微，遙天漠漠來何處。纔聞囀葉密，忽見移柯頻。試浴潭水猶驚影，貪乳新雛不怕人。長安三月櫻桃熟，菜子結時滿郊綠。青草洲邊陣陣過，月明枝上雙雙宿。雙宿春光春迷薈，為君巧舌風前弄。綺筵旖旎勸歌聲，深閨婉轉遼西夢。陽和天氣化蒼鷹，平明避彈越平陵。如何峻卯孤翔去，猶罹弋人萬仞矰。

上苑落花篇

帝城三月花如霞，亞枝萬朵瓊瑤徧。誰收勝事付夕陽，誰放狂風入深院。狂風西來千丈塵，吹烟送雨聲振振。柔條綰春春不住，幾片飛來愁殺人。辭柯翻憐顧盼時，膩容嬌態靚愁思。殘蕤不禁天上露，曉紅猶挂萬年枝。紛紛御堤流脂水，瞥見沾泥點苔紫。偷窺翠館禁垣重，偏聚長門深巷里。長門明月向人圓，夜夜幽窗人可憐。流屏香暗流塵上，玉管音諧玉指妍。過盡黃鸝知春暮，題成團扇覺秋還。驚看點綴疑飛雪，傳說歡娛競豔天。豔陽天氣日暄和，百子池頭樂事多。却言張樂臨流水，挤盡年華笑裡過。年華一度一番新，花開花落萬年春。鏡裡看春春漸棄，朱顏不肯隨花至。萍葉應須逐逝波，霜梧那更廻蒼翠。憑將爛熳天邊花，一夜吹散千人家。眼前零落送春去，總使無愁亦嘆嗟。

贈梁本初先生

先生今當八十期，雙眸如玉齒如兒。野史作傳存直筆，又為先生賦壽詩。隱逸盜名不知數，朝市朱門走如鶩。老翁閉關自得趣，有室如斗臨官路。長貧耻作牛衣泣，南山有田聊自給。興豪裂綃作大畫，乃是宋元真氣習。邇來公然向我道，仙術近在原非奧。枕裡藏書寶玉函，窗前添火烘丹竈。平生不信方士傳，十年浪迹塵世緣。先生有言皆妙詮，使我一旦信神仙。終當攜手出門覓靈藥，兩人長嘯崑崙巔。

通許美人行

沙風吹樹梁城低，返照過磧征馬嘶。主人揖我坐空庭，暮窗冷落親寒雞。喚婦婦出供客飱，四兒呱呱逐相啼。美人便衫面無粉，坐地滌器足衝泥。男兒常貧貧已矣，謀生乃倚當壚妻。君不見大梁城頭雄老烏，啄食喂雌雌將雛。

春雲歌為梁孺人壽有引

孺人，典客公嫡配也，家秦而吴寓。首月初度，伯季孝廉既多致名言，佐酒為壽。仲君君星住秦，南望稱慶，徵余為歌，祝之曰："唯吾黨之有足下，其以姻戚之於慈君也宜言，其以莫逆於不肖之與慈君也宜言，言成寄遠，將亦以厠諸名言之列焉。"余謝非任，然而重君星命，於是為制《春雲之歌》，歌曰：

春雲煇煇，春華霏霏。上摩層霄，下鑒庭闈。眾有咸被，群息因依。維茲雲之發，獨與春光而明媚。爰霮䨴靉靆。籠九疑、下蒼梧，作繡錦之屏障，復空濛靄壒。摽頹霞、攜密雨，普潤物之生意，朝焉暘谷夕濛汜，變幻晴巒度海水。團成車盖何油油，倏忽結為九莖之芝商山頭。閱盡世態輕與浮，卷舒天地還巖幽。驕臥吳山眷佳麗，絪縕草木滋蘭蕙。眼前種種炫雲英，丹穴之羽淮南桂。西北高樓望者誰，天涯遊子觀容儀。遙識賓從如雲集，金柯玉葉紛離披。絪縕輪囷滿嘉氣，綠翹翠鬌照玻璃。此日瞻雲慶蒼翠，垂天之翼覆兩地。須知千古肇祥瑞，前身精魂帝鄉吏。

繪得思邈應詔圖贈徐春沂有道

六朝爭戰何紛紛，四海窮黎半彫瘵。刀圭那得徧龍鍾，山林却笑紱簪絓。華原老叟真仙身，山中避隋如避秦。避隋避秦非避世，五十年餘聖人際。手把丹書應詔來，廣成羡門均非儷。臣生不知爵位權，願辭諫議容臣還。至尊開顏賜第宅，一時師事仍英賢。范陽才子來賦梨，欲探方書已惡疾。推步陰陽會髓精，指顧天人意冥密。靈液不救潁水厄，千載癲鬼空啾唧。磊落徐公西入關，聲華仿佛倉俞間。二十下帷飽靈素，藥成垂白如童顏。大材事事窺玄要，却說聖童伎未妙。袖中兩疏將上陳，欲續絕學開荊榛。憶昔醫和醫緩皆在秦，於今領受嗟無人。蠱生穀伏乾坤裏，眼底匡扶賴一匕。安車來訪九華雲，攜得陽和佐天子。

富平侯歌 謂李溫甫時量移別駕

咄嗟富平侯，三晉之英雄，坐籌百里提花封。花封坐有神明吏，雷擊雨潤皆如意。數載政成馳報書，上帝貲汝承明廬。世路悠悠際偪側，山鬼嘯天天昏黑。胸中飽識千古事，他人未知三不惑。上谷風烟控北塞，眼底車書會王極。有粟亦陪二千石，腰下綬色恰換墨。十年一調調不遲，猶勝三世徙官時。我把丹青寫行色，寫出世路皆崄巇。靈物變幻在呼吸，萬里青冥風習習。觸天雷雨滄波起，神龍上天山鬼泣。

崇岡春曉圖為張氏母壽

春霞炫爛春風吹，春山綴萬片胭脂。上有讒削崒嵂鬼面之怪石，下有蜿蜒糾結如虬之松枝。呦鹿相喚山之湄，唳天孤鶴時翩飛。又有玄猿吟古木弄清漪，此中歲月常不移。張家阿母玄圃姿，雲羅霧縠何陸離。慣飡沆瀣淩熹微，腳踏日月鞭赤螭。見此春岡愛春霽，飛步上採仙人芝。獨立最高一長眺，蓬瀛路近塵凡小。

寶刀篇

君不見，延津精化為雙龍飛入水；君不見，沛郡鐵散作飛星飛上天。神物無翹足，又無魂魄通上玄。一旦耀靈異，人間視之空茫然。此物亦未嘗入地上天，忽乃在烈士蓬蓽間。陰風颼颼吹雨乾，界破壁上如流泉。貧士踽踽何所用，狂恣敢歌食魚篇。腰間櫑具不斷蔬，也乃高著進賢冠京都。奸兒白日殺人探，赤白丸鹵遮小民。乳虎橫磔，法不盡伸。俠士顧之怒，一揮皆齏塵。此物所居雷電親，上接飛猱，下斷迅鱗，猛獸不敢夜食人。軹里術窮軻蠢死，枉殺孤嫠並豎子。玉裝金縷徒紛紛，千辟萬灌竟何似。丈夫負義實可哀，神物有匣常自開。便須持此一排萬，盡使絕塞無氛埃。嗚呼烈士登仙寶刀去，冤鬼啾啾愁鄉路。

新豐歌

乾谿官庸費無數，驪山工徒泣滿路。隆準奮戈虎狼仆，營中紛紛獻牛醑。敖倉成皋策已獲，幾年喧豗困京索。鼎上之翁來新宅，雞犬聲中鄉夢夕。沛碭悠悠千里地，五色難移天子氣。大風歌罷兩行淚，千秋萬歲精魂至。文叔柔道終始存，酒酣諸母歡且論。父老願蠲租十年，南頓春陵同聖恩。

鴻門行

山空日落風滿河，崤函道上衰柳多。青蕪被野樵者歌，昔日戰場今荒沙。荒沙漫漫迷晴渚，感慨經過淚如雨。霜氣空瞻天上雲，英雄久赴北邙土。當時割據重胗封，四塞群稱制馭雄。時移運改桑海變，江山萬里禾黍中。禾黍風正悲，江山終古在。早知爭戰事全非，座上舉玦應須悔。

寄宿田家

北山培嶁環清流，深樹密密匝道周。此中有村曰成市，村外有田皆沃區。泉源出谷清於玉，禾黍抽苗碧似油。十里潺湲列水碓，幾群鷗鷺戲汀州。今年夏旱熱如燠，他處未登此處熟。平疇不斷藏人烟，茂菱儘可容畜牧。頻年課耕住村社，村翁幾人相識者。開門洒扫咲問予，經歲不來豈相舍。脫吾巾兮飲吾馬，科頭便坐清林下。

醉歌行贈劉叔定

問余戚戚胡為乎，四十窮愁豈丈夫。腰間久負空同劍，懷裡濫抛明月珠。與君意氣稱交好，幾年俱困長安道。青袍羞逐軒蓋游，儒冠已伴紅顏老。灼灼紅顏劇幾時，吁嗟哀怨空爾為。黃金不戀粗豪客，詩名頗遭貴人疑。但惜君才志，高選耀華族。暫時戢鳳翼，與我同雌伏。相逢直須咲拍肩，樽酒定儲千百斛。百斛亦不醉，醉來亦不眠。豐廚繼羞晝仍晝，狂奴故態年復年。侍君雙童貌如玉，捧觴勸酒回微妍。因有主人鄭重筵，潦倒不敢多周旋。君不見十五靈芸被寵詔，石葉香迎同歡咲。朝看荊布混人間，夕貯瓊宮冠群妙。又不見班姬才貌真絕倫，百年嬌寵許同心。一朝積毀閉香骨，長信鐘漏徒沉深。時來鱣鰍弄滄海，時去泥沙埋鼎鼐。南山變霧縱有時，東海高蹤豈相待。舞長劍，邀天風。殘月墜，曉日紅。莫咲白頭終浪迹，從來屠釣隱英雄。

題劉叔定家藏竹林七賢圖

愛君橫軸十尺長，文錦為緣青縹囊。花階塵靜敞蘭室，忽驚滿几雲煙出。竹竿掩暎千萬條，碧蔭穠稍亂雲日。參差貌出名賢姿，衣帶飄飄真散逸。支頤咲傲各有致，細玩亦稱能事筆。茅茨低隘斜透林，飜嗟諸公愁褌蝨。冰縵和間歌調高，鵾絃當牖聲嘈嘈。興酣滿浮白玉斝，是時伶也先酕醄。小阮鯨吞大阮嘯，嵇生箕踞向生咲。就中兩人似尚醒，別有清韻懷廊廟。我尋軌跡不易尋，風流人代成陸沉。嗣武紛紛有八達，玉麈雄談氣飛越，銅駝天外蓁荊闊。

朔方歌贈蕭都護季馨

朔方城外沙草枯，朔方城中日備胡。天昏套虜自出沒，落日氣壓胡塵孤。賀蘭山前刀斗陳，受降城外黃雲驅。憶昔逆酋變倉卒，紛紛殺將如搏雛。是時片壘抗大師，上郡名家媿與夫。然明抱志邊疆久，疏勒獲全部署殊。櫜街縣餘論高爵，金印遠錫天一隅。丈夫生就封矦相，有子況拜執金吾。休屠讋名氏羌遯，錦袍插羽堦前趨。三門掌中饒秘署，十道座上行兵符。只擬將軍膽力麤，誰知落筆勝文儒。漢家鄧祭漫橫戈，近代戚李無訐謨。龍淵慷慨舞向客，流犂滿酌千百壺。黃金擲盡不為家，匈奴未滅家不須。英雄要蕩膻腥盡，直收崑海作皇圖。

贈湘道人還四明

趙君耽畫竹，竹癖老不休。落筆真妙間，氣骨蒼且遒。大幅貌長竿，密葉寒颼颼。有時寫遠勢，慘澹瀟湘秋。可憐千軸向人傳，滿屋淋漓墨未乾。白頭買舟棹東海，東海雲山俱相待。杖筴山陰萬竹叢，疑將君添君畫中。竹乎有靈為虬龍，篩翼迎爾乘天風。

喜雨詩

陽精烘地地欲焦，金虎愆候祝融祟。只愁生類盡炙烙，快雨泱瀇來何自。少女颼颼雲寸舒，誰鞭玄冥淹日車。銀河倒瀉玄綆續，山河大地來方諸。沒堦濕礎仍注屋，尺波橫地奔決渠。怒蛟躍蜺霹靂鬭，燕舞睢歡魚噞捄。豈但應時名濯枝，萬里回枯起僵仆。我聞郡中賢府君，步禱重繭踝血殷。又見邑循令，日走群望常端正。父老感泣環灌壇，精裡響應通靈聖。飛廉揮旗導列缺，騰簡磨牙疫鬼嚙。朝隮眺遠郊曬明，萬禾戎戎農務列。農家坐田笑相語，十年不見今年雨。不緣誠雩安獲此，報哲長生何足數。

壽周太安人 有序代作

太安人，周少尹公母也。佐其夫子為彰名，令有聲，封孺人。已，夫子別駕重慶，封安人。最後夫子以敍州少府致仕，卒，安人稱太。於是，太安人日夜督少尹公學。學為名儒，人謂成就當軼敍州先生而上。竟厄於文戰，伍首向選人，得今職。匹馬秦關，搔首楚地，覷衙舍之喧卑，厭折腰之傴僂。出感毛檄，養靳潘輿，區區殉祿，非其志也。不佞學愧鄭虔之廣文，而公已庶幾少陵之司戶。顛頓風塵，共集同地，莫逆之餘，謬承折節。因覘公器量志操，原當求之資品之外。當事者業浸浸捊孤鶴於群雞，擷芳蘭於眾卉矣。夫錐處革囊而欲脫穎，士當棘樓而欲行志，亦足憐矣。公有丈夫子數人，其二為名諸生。三世所蓄，諒闡於茲。太安人家居，既洽含哺，復把瓊枝，于于崦嵫，全年之上事也。輒成俚篇，以肇發祥。

明興山川氣不泐，磊落倔彊楚風直。有士懷瑾志永堅，薄宦方將竭胸臆。堂上雙鬟暎皓髮，七筯還聽歌舊德。昔迎五馬窺三巴，今覩丸熊意悽惻。君不見大悆却赴公府辟，孟博居貧亦小吏。一時聞望沸人寰，聖君賢母知其志。莫言瓠落志無成，報母期不忝家聲。秦川魚笋可遠致，清渭淬劍寒光明。傳家牀頭富經籍，中有貴顯人不爭。膝下異種麟峋出，猶勝珍鼎列充盈。異時奮鬣飛神鯨，龍淵乃在周氏之階庭，神母顧笑風泠泠。[一]

【校記】

[一]國圖本此後有"七言古詩卷之五"字樣。

七言古詩目錄

卷之六

寒士行

春日行

春閨

秋夜長

贈陸無從先生

賦得秋菊芳為梁鴻臚先生六十壽

松亭先生鑿池種蓮，幽香欝發，中一種獨挺檻外，千瓣團團，踰旬不謝。器君、君旭，不佞社友也，邀我醉池上。既醉，援筆題之

贈王啟寰明府

聽斗谷宗矦琵琶歌

春郊與諸友同賦限諸體分咏春郊校射

寄遠

送邑矦張停一先生入覲

記事二首

繪得雙栢圖贈馮仲好侍御先生

壽石太孺人

走筆成詩簡館中諸友發笑

壽賈太母

贈晉岡王孫

田家峪見道之宗兄題壁

贈許君信光祿

題畫

從浮丘折而東二里許，即大伾也。日斜，遊飲徧索諸勝境。晚坐僧寮，待月漏深，巨觴嗒然醉矣。遂成《大伾山醉歌》，簡函一明府，並求和篇

贈張督運公恩封三世

庚申冬余住檀城，逢歌者郝祥，祥時已五十餘矣。侍余旅邸索詩。古人以何戡為故人而贈之，言瞬息乍逢猶然，況萬里窮邊乎

簡李潤叔比部

新移杏花數株于廨院同弟友諸子飲其下酒邊成歌

冠縣距此止百里，移竹，至葉幹俱焦。偶張仲房文學從安陽舟載五十竿相貽，碧藹可掬，始嘆水陸生枯不同如此。輒命栽灌，占詩為謝

贈潘子

探月樓歌為汪會符世兄作

薊門七歌別制臺文受寰先生

七言古詩卷之六

關中來　復陽伯甫著
社友朱懷韇季鳳甫校

寒士行

燕京道上逢寒士，自稱生長商水濱。家世奕奕仕宦族，仕宦不達常清貧。阿兄赴選攜輕裝，探丸俠子何紛紛。先攖白刃邯鄲廓，至今枯骨委荒榛。竄身千里訴官府，道路往往見殺人。囊空屢遭逆旅辱，天寒白日無交親。邂逅衣貌不粗醜，此情反覆無乃真。我同鄉井指歸路，欲語嗚咽涕沾巾。嗚呼，寒士

行，多苦辛。

春日行

平疇颯颯春風切，飛盡楊花千片雪。太液池邊草碧鋪，杜陵川外花明滅。新鶯弄舌不忍聽，觸目雲山拭畫屏。聖代登庸咸俊乂，愚氓自合竄郊坰。

春閨

暖烟霏霏銜水低，遊絲過院縈香泥。海棠搖風嬌向人，合歡滋雨露新荑。桂眉雙上青鸞月，寶瑟羞彈烏夜栖。繡几拈香纖指齊，東風澹蕩拂羅袿。咲倚層樓臨大道，復移華館御堤西。年華正戀芳顏日，此處藏春春亦迷。紅粉憐伊不解愁，夫君新拜大長秋。

秋夜長

玉露下寒砌，晴霄流雁音。月明照幕涼浸骨，鴛機札札清漏沉。誰家砧聲入庭戶，落葉亂飄蛩自語。展轉孤牀勞夢魂，雞塞鶴關路幾許。秋夜長，秋風威，緘情掩恨還香閣，自拂香塵怨薄帷。

贈陸無從先生

陸公富德業，當代稱大儒。少小知名今老蒼，英雄睥睨文壇孤。我從觸翰託末契，問遺珍重勞素書。白塔水深淮路遠，青草彌天鴻雁晚。苦心只欲効前驅，盡刈荊榛闢文苑。憶昔文章豪盛年，信陽北地何翩翩。一時倡和盡名彥，風氣渾覬開元天。泰陵雍熙洽且深，隆平歌詠無澆音。百年公左為劉祖，千里余懷御李心。傳聞著書江海上，八十猶看志愈壯。避世虞卿肆典墳，閉門玄宴躭恢放。巨斧分披別豫章，長風驅駕排層浪。南州四時花月新，採擷瑣細嗤隋陳。廣陵雄濤日夜注，奇峰疊巘吳楚垠。已向賦中迴瀠漭，還將筆底鬪嶙峋。風流佳勝扼其會，山水盡幻茅堂春。茆堂驕卧卧亦好，琴書優游堪自老。

賦得秋菊芳為梁鴻臚先生六十壽

江南草木弄春輝，冶葉繁華滿玉枝。繡戶雕窻不忍放，清歌嬌唱紛離奇。

倏忽流光易涼燠，秋月秋花復相續。獨有叢菊逞豔芳，窈窕春花謝何速。叢菊擎秋秋未老，秋容到處添繁好。杲日瞳瞳醖淡香，野烟靄靄扶夭嬌。苦霧濃霜漫蔽天，嚴威只解枯百草。千疊黃金色正蒼，年華猶似矜春早。幽香幽韻宜貞人，清日清尊對錦茵。風流高賞常如此，俗殺人間富貴春。

松亭先生鑿池種蓮，幽香欝發。中一種獨挺檻外，千瓣團團，踰旬不謝。器君、君旭，不佞社友也，邀我醉池上。既醉，援筆題之

東風吹霞落深院，涼樹閒亭恣游讌。青油遮送十分陰，綠漪涓涓照人面。淡粧幽韻醖清和，萬態千嬌轉時變。清疑洛女弄柔波，舞愛潘妃踏玉殿。一枝衹艷異群芳，千瓣高簇瑪瑙瓣。不信三春擅國色，誰知挹水有姚黃。燕昭空種長春樹，南浦虛傳十里香。灼灼仙姿自綽約，邢妃出來尹姬却。堦前並蒂隱鴛鴦，暗裡輸香透羅幕。主人種柳曲池邊，嘶雨牽風更可憐。點綴園林會成趣，大隱能竟醉中天。有子欲作文章伯，翩翩諸姪皆才賢。陰森玉樹暎花立，王謝風流何過焉。花晨高賞開尊酒，勸我碧筒落日前。醉爾深盃若不題佳句，恐使名花低頭向長烟。

贈王啟寰明府 代

淼淼涇流帶春綠，稔歲桑麻徧疃陸。襜帷憑軾干旄肅，甘雨和風告清淑。是誰真敵漢循良，洛陽才子貌如玉。才子意氣青雲蠱，手握綱維化風俗。百里勳庸已炫爛，九重旌帛方優渥。奇政能令陌上傳，文章又許佳兒續。試論年少耽詩禮，想像伯魚異聞獨。

聽斗谷宗矦琵琶歌

我與宗矦相遇時，乃在長安客舍裡[一]。宗矦弱冠我尚幼，相留夜宿常同被。是時來生對彈碁，屢慙負進訝技師。兩三青衣善絲竹，日來勸酒向客屋。手抱琵琶不敢彈，為有倫摯正當局。宗矦手取抽撥續，徐把安膝笑轉軸。長拂小撚兩三彈，涼風滿屋聲謖謖。為我一彈鷓鴣曲，轉聲促軫音更悲。恰如百指按絃聲高低，大絃如濤小絃雨。鶯雛鳳鷇相喚飛，曲聲婉轉復激楚。云是古傳吳葉兒，餘韻嘈嘈凝不散，多少宮商絃上換。忽聽千兵赴陣甲馬行跚跚，轉似

隔壁幾個好女傷春坐愁嘆。矣家第宅東城偏，父子兄弟皆好賢。邀我幾醉如澠酒，兄弟列坐鳴管絃。坐中搊箏兼吹笛，聲聲倚和真的歷。摠道同經內府傳[二]，纔說琵琶皆不敵。回首長安已幾年，三春老盡杏花天。近時二三友人探春信，復與宗矣相周旋。一聞此聲意俱醉，歸乃謂余之言然。誰知枯木嬌如語，誰知雅弄將琴侶。河間虛對三雍宮，定陶枉摘銅丸鼓。銅丸摘鼓聲鼕鼕，樅金戛玉徒雍容。只好七閩查八十[三]，近時京都李瞎翁。天工一夜推送三人音，弄入我手使我一彈一飲自廢蓬蒿中。

【校記】

[一]"舍"，錢謙益編《列朝詩集・丁十六》作"食"。
[二]"經"，《列朝詩集・丁十六》作"徑"。
[三]"七閩"《列朝詩集・丁十六》作"新安"。

春郊與諸友同賦限諸體分詠春郊校射

瑤尊飛雕榾設，賓鵠端帷帟列。寶弓試敵繁弱強，忘歸剛煅從革鐵。楊當穿而肘近，鳥避弦而趖折。誰知儒服壯軍容，意義猶能橫海截。忘歸，矢名。

寄遠

草黃露寒凝不流，錦裯羅幌驚素秋。煢煢愁思空閨裡，鶤鶋哀怨聲啾啾。人言金線河中水，近接葳䔠勢迤邐。錦字頻將倩雁傳，幾度浮沉憑素鯉。不問君家歡愛誰，不問君家何日歸。但言遼海經行路，夢到君邊得幾時。

送邑矣張停一先生入覲

沍寒莽蒼孤雲布，飛塵遠遮重城路。千樹萬樹離顏開，城中之人走相聚。使君為政經幾年，雞犬不驚清晝眠。彼時四民尚樂業，官租未增力未竭。不堪饑饉值厄屯，更愁吞噬將償骨。一帶淒涼烟火稀，嗷嗷之民半捍卒。忻逢中牟如重造，還驚渤海能清盜。五袴常歌來暮詩，神君閴起一時號。訢訢氣象倏迴新，他方視此獨陽春。誰知寇轍不再顧，誰知葉梟不再住。彤墀筴勳錫玉環，野棠戀主思霖雨。失怙深懷分手情，難绳更憶追芳步。噫嘻小民纍纍抑何悲，造化普徧物情私。文星卷曜西鄙暮，衣鉢渺渺愁皈依。只今淪落江湖濱，擬同國士徒逡巡。林邊歌送聊商音，悲風淅瀝天地陰。雲霄會合有夫子，巖藪期甘憲也貧。

記事二首

日晻晻兮西馳，悵冥冥兮莫之。魂浮游兮不定，意恍惚兮如癡。生不逢福兮值厄，願計時日兮多違。唯五行之兆機兮，吾默識其所窮。嗟遁匿之無術兮，羌恚懣而填膺。知骯淫之不爽兮，固自絕乎天瑕。嘆網罟之重罹兮，詎賤極而甯逢。人欣豔陽兮咸趨，我獨蹙額兮一區。傷我幼子兮棄抱，奄忽永訣兮難呼。唯爾五歲兮靈異，每見父母兮牽裾。家得爾聲兮生譁，客既見爾兮慰余。共撫明珠兮墮地，豈期隕命兮黃墟。嗟哉念爾兮腸肝裂，淚血已盡兮心仍吁。

貧得山妻兮十年九病，暫時顏怡兮託子為命。一子娛生兮病初瘳，哭子病劇兮將滅性。顧此懷傷兮啼淚潸，我獨何心兮天地間。天地恢恢兮扣不聞，寸心抗鬱兮抑難馴。我本飄飄兮烟情水心，思為羽士黃冠兮鹿友鶴群。胡為窘我兮樊棧，使我竟沉結兮死彝親。憶漢皇之遊仙兮，方等妻子於敝履。乃貞白之潛修兮，亦終鰥而是止睇。鳴雁之嘈嘈兮，何如遠飛之孤雉。悟寡調之獨樂兮，難諧情於里耳。乃深閨之號咷兮，余始走之中野而不忍視。嗟中野之沉漻兮涼風暮發，坐促膝而扃戶兮霜寒透骨。青山改容兮踰十里，水聲鳴咽兮當三月。念欲強適兮出遊無馬，別我弟兄兮酒不得下。傳聲琴調兮哀難瀉，歌曲未終兮淚盈把，今茲未閱兮遑問來者。

繪得雙栢圖贈馮仲好侍御先生

誰將雙古柏，種到長安古寺裡。寺久柏蒼不記時，枝幹皸瘃長苔紫。何來儒服集滿林，講業紛紛比槐市。共擁真人坐說經，森然如瞻御史庭。不為逃禪撫雙樹，兼因飡露寄獨醒。柏香月影地清越，月下弦歌對柏發。我貌奇形托興真，恍見離奇歲寒骨。柏乎有靈生綃邊，筆底仿佛騰雲煙。人言此物聽經後，化作神龍每上天。

壽石太孺人

貲郎不可薄,弱冠不可量。丈夫處一世,才志各有嚮。及時致孝思,所貴在色養。縉綸邀袞章,窮經慰墨帳。欣欣翟褕人,白髮神應王。君不見石家兄弟具英姿,才品聲名已日上。

走筆成詩簡館中諸友發笑

我年差比盧郎小,女貌幾堪媄母名。更費囊金買雙婢,禿鶖解作鸚鵡聲。丈夫所如不得意,屢戰不利兮耳目不聰明。衂辱百折胡足道,攜家將課織與耕。差喜情人非碧玉,兼幸東鄰無宋生。莫將粉黛嗤伊假,直須夢蘭慰我情。

壽賈太母 同年諱鴻沐祖母

常人弄孫常含飴,大母愛孫課文詞。血汗之毛五色羽,傍觀尚憐況阿祖。賈氏之虎偉彪怒,昂藏賴汝揮門戶。堂上耋年意栩栩,君不見承明堦前試居五。

贈晉岡王孫 代

休明奕世文彬彬,橫被帝紘極八夤。河山盤薄雲氣聚,文雅自多鍾周親。豫章諸宗解詞賦,七子翩翩復起秦。伯時不作孟頫遠,丹青能事虛無人。羨君好手善摹古,窮工極態兼有神。生綃一出人爭覩,林泉變幻雲霞新。有時振衣松桂裡,倏然孤鶴飄秋旻。遂疑君家有道骨,寄情汗漫超無垠。何時貌我出塵相,杖筴五岳尋吾真。

田家峪見道之宗兄題壁

空山纖水流,葉脫萬林秋。居人共解指山口,盤山頂路由茲走。驅車到此不遑登,又無風雨又無冰。塵奔俗慮對之歎,自慙不敢見山面。吾兄才大與世違,謫窆窮邊心事非。題詩空館暫徘徊,浩氣直與山雲飛。雲飛山青境空闊,何日相將上巉崿,大叫狂飲兮千峰豁。

贈許君信光祿

人生彼蒼寄窮達，窮達之中分毫末。惟有文章氣自豪，不受造化之逼拶。余走長安三十年，許君詩名南北傳。論年余尚投交晚，意氣何必不形先。君乎侃侃重信義，囓臂孝誠動天地。久困文場志益振，長安鉅卿爭延致。乞得一官今幾春，醞儲斗酒日沾唇。老驥會伸千里足，高才纔綰半通綸。我今重來君暨假，著作焜煌光欲射。丈夫業成不論官，醉把瑤篇抗造化。

題畫

有園傍水，有卉盈園。汲泉篘釀，烹笋佐飡。峯盤螺而當牖，樹走虬以覆門。玉階涼兮舞孤鶴，芳草綠兮迎王孫，此中避世兮不必桃源。

從浮丘折而東二里許，即大伾也。日斜遊飲，徧索諸勝境。晚坐僧寮，待月漏深，巨觴嗒然，醉矣。遂成《大伾山醉歌》，簡函一明府，並求和篇

突然有石黎城東，靈氣變幻常無窮。我咲童然止培塿，誰知洞壑含龍螉。主人愛客恣遊讌，山腳闢基方數弓。褰衣緣危鬭捷足，數盤曲折尋路通。跨澗之橋回翔寺，截開石洞平如礱。曠望無垠起長嘯，海月影動來天風。爵觴巨細行百斛，興豪滿斟杯常空。眾客自醒我自醉，頹然神往洪濛中。羨子政閒官似隱，嗤余奔迫首如蓬。安得移家住深渺，結契幽岩松桂叢。

贈張督運公恩封三世

義士素志恥苟淂，他人染汙彼如浼。揮鋤不顧是何人，還金金去心無悔。亦有慷慨魯連才，拯危扶顛亦快哉。里隣忍作溝中瘠，賑窮洗橐仍恤災。三晉惇風未離樸，父子同德聲矗矗。用儒振興詎偶然，却闢良田蔭嘉穀。儵看甲第拓宗祊，遂羨升階貴級榮。章甫焜煌督轉使，王言斐藹九天旌。一時異數沾重閟，金石鴻章泐嵓巖。媿彼勞勞貪競徒，所得孰多空妄覬。

庚申冬余住檀城，逢歌者郝祥祥時已五十餘矣。侍余旅邸，索詩。
古人以何戡為故人而贈之言，瞬息乍逢猶然，況萬里窮邊乎

二十年前以歌名，今日之歌變新聲。抑揚雖然分巧拙，細尋腔板無變更。昔聆爾音余尚少，秦中獨爾諳南調。今來侍我白檀邊，滿腹名詞仍記全。我亦髮白厭聽曲，經夜閒談換銀燭。孤客尚且童僕親，何況爾是解音人。沙風度雁月光白，塞水潺潺自按拍。

簡李潤叔比部

潮河風冷飛塵埃，邊地三月無花開。浪言春至在何處，徒聽過雁鳴聲哀。歲晚逢君憐契厚，某興詩情各自負。大旱祈榮走官師，竟少尋春一杯酒。君乎古貌羲皇人，冠紱名家冠浙鄞。一官坎坷不配才，白頭就選常苦貧。青蓮播遷夢得謫，何人堪作高蕢客。單車山路色蒼涼，曠野牽裾情睍睍。

新移杏花數株于廨院同弟友諸子飲其下酒邊成歌

莫將凡花易此花，邊地苦寒三月始芽。狂風吹開轉眼謝，今朝暎日綴明霞。恨無及時雨洗塵沙，我不移植俗哉官衙，含尊賦詩天之涯。吁嗟四載不還家，且與同心痛飲兮送春華。

冠縣距此止百里，移竹至，葉幹俱焦。偶張仲房文學從安陽舟載五十竿相貽，碧藹可掬。始嘆水陸生枯不同如此，輒命栽灌，占詩為謝。

余也十年只栽竹，栽竹之區數畝綠。君園延袤若許圍，分淂修篁玉簇簇。扁舟經旬撐旱河，日潑衛流常數斛。敷陰葉潤過淇門，截管枝長儗嶰谷。衙階局促礙廣步，却恐此君嫌煩燠。笑余榷關孤可憐，君亦病起客清淵。愛竹會篩鸞鳳影，醉吟風雨且酣然。

贈潘子

老儒倖一第，勞君物色過。許我必大元，我自半字訛。君術非不靈，其如

薄命何。睦孟善卜不庇身，管輅射覆梳作筥。呂公雖神偶中耳，赤帝雲隨尋不迷。古來豪傑轉造化，咄嗟風雷歸叱咤。咲余骨相自凡庸，每事讓人甘居下。鄉里小兒眼不寬，多將得失論文價。且其嘅惜更甚余，誰知浮名易代謝。百年事業無窮心，雪霜颼颼雙鬢侵。若得楊雄奇字腹，任君指貌嘲滯淫。

探月樓歌為汪會符世兄作

君家庭屋鬱嵯峨，更起層樓雲之阿。雲裡安梯眺真遠，樓上月比階前多。階花蔓架月分照，春葐秋英盡含笑。蔦蘿千尺直繫樓，帶月翩翩帶雨嘯。縹緗芸帙同晝看，不用偷光鑿鄰窾。皓魄全舒玉樹芬，主人美才更年少。我來兩駐訪君鞉，酌酒如泉月似潮。憑欄高舉凌風袖，空際揮絃還弄簫。便欲醉中踏倒景，東海僊人信手招。

薊門七歌別制臺文受寰先生

榆關天險一千里，赤縣神皐聚城市。鐵嶺東邊鎖石門，背環障虜排雄峙。坐控遼陽堂奧閒，荷校孤藩歸拊髀。嗚呼一歌兮歌始揚，大海茫茫空在望。

其二

逋餘醜酋豕犬姓，羞談與我玄黃競。戰死雖憐骨似麻，慘屠蠢爾乖天命。黃塵毒霧長蔽空，掃滌腥羶有時淨。嗚呼二歌兮歌將放，極目河山今正壯。

其三

赫濯制府氣淩雲，親提虎旅聲震聞。枕上行師掌中陣，芻糧億供神鬼勤。臣心如水身如鐵，諫草箋書千古文。嗚呼三歌兮歌停曲，溿蕩潮川濤滾綠。

其四

廟伐雪耻新運奇，疾驅丁壯彤且笞。大城枕籍長已矣，百雉擾擾欲何為。寒冬冰凍衝打弱，奴若過河計安之。嗚呼四歌兮歌聲懊，亂哭飢魂月皓皓。

其五

千溪瀑飛雲晝黑，風雨征東方未息。乾坤半壁公所存，芃芃秋禾正愁賊。抗旌忽傳汝騎秣，白叟黃童不下食。嗚呼五歌兮歌轉哀，空攜倚天長劍來。

其六

豫章樛樛國之楨，樹植多年庇蒼生。東海浥注難取竭，淋漓恩膏被八紘。白面握國任易置，飼虎填盡天下兵。嗚呼六歌兮歌且吁，恢土何日能誇胡。

其七

書生成名已遲途，更礙戈鋌軼翰愁。相對賦詩飲酒與世違，耳厭喧場自甘退。談傾碣石辨誰知，別憶招賢館空在。嗚呼七歌兮歌思越，露白煙橫雁天豁。

五言律詩目錄

卷之七

靈寶道中遇雨

新安值晴

過洛承吳太守諸公招宴酌風軒[一]

宿孟縣懷潘河陽

從衛入滑值寒作

過滑雨簡赴焦含一明府[二]

飲焦含一明府衙齋含一索余書

偶書

贈晉光祿封公

夏日邀沈幼玉侍御、張居白給諫、周汝信兵部遊王園即席賦

沙河遇段淑魯明府謁選

贈賈職方

夏日同公浮來、李渤海二詞丈集何太瀛寅丈宅，觀劇並童歌，歸途醉成

飲徐高士齋

飲鏡上人水樓見鴛鴦二首

同諸子尋杏灣遂抵楊杜深處二首

贈張督運公[三]

題柏舟詠卷

乙卯伏旱園居，兆昌索詩口占六首[四]

惜雨二首

秋夜聞題二首

癸丑元夕，寓碧雲寺，同王良甫、李元鎮二孝廉，雲州、萬如、愈光三上人觀燈，限山字

遊西山之鳳凰嶺，同王良甫、李元鎮二首[五]

秋居即事

雨餘書懷

偶題二首

贈楊錫之明府入覲

園中偶題五首

寄沈澤腴明府[六]

途次醴泉贈賀景瞻明府

贈袁熙寰明府

望昭陵

永壽書懷

抵邠州鄭天符戶部招飲同楊巨橋進士

同胡含素遊大佛寺[七]

會寧署中承許白藏明府招飲

九日清水驛同含素作

過蘭州黃河

贈衛介泉大參生子二首[八]

簡薛允執社兄[九]

和社友尊生諸王孫枉顧郊園作次韻[十]

畲長房見贈[十一]

贈李鶴汀明府入覲

乙卯冬寒客居，戲效白傅《何處難忘酒》二首[十二]

米仲詔水部先生湛園觀石分韻

袁小修年兄邀同龍君御、楊修齡兩先生遊淨業寺，遂飲湖畔官亭

喜君御先生至都門

淨業湖邊咏懷

輓王徵庭封翁

壽某太孺人八十

壽王玉樞封公初度

壽李封翁

【校記】

[一]"吳太守"，正文此後多"羅少府、王別駕、黃司理"。

[二]"過滑雨"，正文此作"計去灣一舍，將赴焦舍一明府之招，作此奉簡。"

[三]"贈張督運公"，正文此後有"恩封三世"。

[四]"乙卯伏旱園居，兆昌索詩口占"，正文此後作"三首，既又成三首。雖率爾不工，然情思畧見矣"。

[五]"遊西山之鳳凰嶺，同王良甫、李元鎮"，正文此後作"分韻二首，得冠字、鐘字"。

[六]此題正文作"寄藍田沈明府"。

[七]"胡"，正文無。

[八]"二首"，正文此前多"賦"字。

[九]"社兄"，正文作"明府"。

[十]"尊生諸王孫"，正文作"尊生、長房、廣居三王孫"。

[十一]"會長房見贈"，正文後有"時長房新出禁"。

[十二]"白傅"，正文作"白太傅"。

五言律詩卷之七

關中來　復陽伯甫著

社友朱懷紶不羈甫校

靈寶道中遇雨

行隘猶愁滑，攜家計總非。水浮人胻過，雲切馬頭飛。館杏紅留客，原苗綠暎衣。明朝如雨歇，應覩萬山輝。

新安值晴

山盡午迎暖，雲開豁望眸。絮飛楊葉暗，金布菜花稠。繞澗流何咽，辭關路正修。遠遊冠不歝，兼減陌塵愁。澗，水名，經邑城北。

過洛承吳太守、羅少府、王別駕、黃司理諸公招宴酌風軒

繼譾擇歡地，亭新適搆成。春階邀履過，夏枕想襟清。隊鶴窺人立，林花入眼明。郡繁多暇晷，寅亮見治平。

宿孟縣懷潘河陽

城枕大河脣，余來令值春。雨添晴后麗，花倍月中新。拓闢周京路，風流六代人。閒居吾且賦，拙宦並君貧。

從衛入滑值寒作

途長行旅倦，旌斾怨寒風。官冷炎如避，妻驕病益工。氣沉叢柳色，春損爛花紅。四牡慙星使，羈孤賦路窮。

過滑雨，計去濬一舍，將赴焦含一明府之招，作此奉簡

驅車來奧衍，春雨滯郊望。歲瑞應岐麥，治成已樹棠。紫金光抱幰，白馬水屯鄉。頗欲因君醉，消茲會合良。紫金、白馬，山名。

飲焦含一明府衙齋含一索余書

庭檐能見遠，城址半銜山。簿領才無滯，琴尊趣自閒。千觴論釀汁，數里問躋攀。書技羊欣拙，深慙露一斑。

偶書

新詩隨處覓，短夢在輿成。筵曲翻朱鷺，林音變囀鶯。憐春寧逐豔，味淡匪尊生。偶遇故人醉，頗聞留飲名。

贈晉光祿封公同年諱淑扑父

三晉強原舊，君家盛與俱。簪纓三世燁，甲第幾輪朱。榴砌初開酒，桑園每憶弧。佳兒仍貴蚕，薦獻比天廚。

夏日邀沈幼玉侍御、張居白給諫、周汝信兵部遊王園即席賦

長夏鳴蟬夕，荷亭遲客初。風前千丈柳，雨後萬塍蔬。勝地遺塵累，高懷坐月虛。為憐幽嗜合，歸騎幸徐徐。

沙河遇段淑魯明府謁選

磻嶺狂飈起，征徒意欲灰。三春鄉國夢，落日故人杯。刖屢愍余售，讒消見爾才。數程如砥近，岐路莫須哀。

贈賈職方代

掉臂尋花竹，誰知舊省郎。十年清禁夢，千載大還方。樹玉看森砌，蹊桃可薦觴。盛名難自晦，尺五杜韋鄉。

夏日同公浮來、李渤海二詞丈集何太瀛寅丈宅觀劇並童歌，歸途醉成

乍聆新曲好，遂訝遏雲流。子夜龘成調，南風颯作秋。興酣憐燭短，情狎快醪投。崔瑗原賢主，非關樂部留。

飲徐高士齋

閒齋散緗帙，湖水即侵欄。山暝疑含黛，荷嬌正破丹。感時頻說劍，老隱且投竿。隣釀無煩貰，槽流響似湍。

飲鏡上人水樓見鴛鴦二首

秋早澄湖漾，孤蒲入望齊。何緣雙錦翼，不肯離禪栖。浴瀨塵無染，眠沙夢弗迷。維摩多病累，羨爾泛東西。

流觀波容灂，依欄詫有知。啄呼覺草裡，穿戲淨蓮時。去住雖無定，虞羅自不施。想游功德水，日日照琉璃。

同諸子尋杏灣遂抵楊杜深處二首

春閒游自愜，不必待花開。路任短長去，朋携三五來。藏林霞未吐，附幹粉猶胎。恐到芬菲日，繁華景易催。

愛水頻逢水，經村又入村。地偏滋柳竹，戶每傍山原。鳥道妨行蓋，人車媿野飧。沖虛吾至性，蘿薜夜深捫。

贈張督運公恩封三世

理鰓公家急，泉刀借貴臣。處膏操益潔，報最績猶新。君已榮三世，人方羨半綸。貤恩如賜袞，雨露夜臺春。

題柏舟詠卷_{同年曹諱文衡母}

靡他更防患，方護藐諸成。筴訝清時雋，人高上國名。天飛猶野屬，坤範已朝旌。吊影屏居淚，都消錦服明。

乙卯伏旱園居，兆昌索詩，口占三首，既又成三首。雖率爾不工，然情思畧見矣

生逢災沴地，氣毒更歊蒸。草木應枯盡，塵氛徧野騰。菰搖方憶冷，壑遠未來冰。新作層樓好，傷時不忍登。

明農勞望歲，素產少污邪。噗雨難憑酒，占天欲問蛙。追涼西蔭柳，斷賞半池花。食指兼多累，愁長未有涯。

十年九憂旱，三伏絕雲雷。夏稅輸方苦，秋苗望轉哀。買田無宿積，擇業咲寒灰。嫠緯縈迂抱，中宵悶不開。

驕陽比霜烈，偏薄甫成園。溪涸流湮道，沙明招卸痕。獨吟星月徑，無味竹松軒。却憶居南土，涼波日泛門。

鸛鳴空在垤，魚噞枉穿萍。石燕翔忘社，林螻穴上庭。秋深涼且伏，雲重氣無靈。風葉聲交亂，時時作雨聽。

計拙戀林丘，昏朝但飯牛。名教諸弟取，生有野人憂。暘若應分過，吾儕昧省尤。誰關民隱切，步禱荷賢矦。令君楊荊岫先生誠雩，聞之黯慘，不遑寧處。

惜雨二首

可惜連朝雨，來蘇悵一方。未能驅旱虐，差得益秋涼。有草空滋野，無禾可入場。周垣百堵舊，荷鍤理堤防。

傳道初秋日，蒼龍趣雨師。河浮千纜進，壇蒞百靈隨。雲物來何自，災祥近可移。毒塵蔽陽景，應已洗天逵。長安久旱，運河涸，人洊饑。天子暨東宮露禱，勅百官齋宿。七月七日澍雨。

秋夜閒題二首

忒陽枯百草，微雨愜清襟。觀物自得性，行園却嬾吟。鶴鳴偏露下，蛩語切秋深。不用開圖畫，燃燈影竹陰。

同人方聚讀，散去罷書聲。扃戶情何極，持醪醉不成。照懷天際月，着眼樹中瓊。霜雪經時歷，騰驤想振纓。乙卯梁君參、君旭、君晉、君土，溫兆昌，家弟馭仲、常叔俱住園。時值鄉試，寄屬望意。

癸丑元夕，寓碧雲寺，同王良甫、李元鎮二孝廉，雲州、萬如、愈光三上人觀燈，限山字

踏月憐塵客，喧遊惱八關。烟中生萬柳，燭裡照重山。梵吹隣歌席，曇香拂醉顏。却因對寶餤，共訝衣珠還。

遊西山之鳳凰嶺，同王良甫、李元鎮分韻二首，得冠字、鍾字

巖石奇如笏，山雲岸若冠。帝輝凰欲下，法嶺鷲同看。春弈邀孤賞，閒琴坐一彈。登臨凝望近，烟靄接長安。

倚仗過危磴，春苔破紫封。水光搖樹碧，雲裔暈山重。片石鷥邊鏡_{山有鏡石}，斜陽雁外鐘。天風來衣袂，半醉撫長松。

秋居即事

陰積前山暝，邨灣夕漲聞。雨檐竹滴翠，風壑樹流雲。宿莽操鎌入，寒花戴笠分。野居諳種藝，農牧喜為群。

雨餘書懷

涼日復何事，畏人常掩門。竹中貪坐雨，籬外不知昏。素室調琴韻，珍林辨鳥言。萬竿方出沐，百卉總如髡。

偶題二首

只言開快閣，却自費躋攀。臺畔重交草，庭陽勢欲山。籬齊花作桁，檻峻竹為閑。藜杖過蹊暝，畬田種藥還。_{時取石將疊山。}

耽閒赴幽賞，吟嘯意無窮。竹裡偏宜月，花前正要風。泉期秋潦漢，園放夕烟通。習靜方詩禁，其如戀化工。

贈楊錫之明府入覲

美政垂成日，清名重聖朝。來將陽橋避，去候鶴書招。時警山河慘，君行保障遙。為憐盈路眾，無計挽征軺。

園中偶題五首

却笑長貧者，園成亦可憐。齋居吾對我，工作歲仍年。改徑花全蔽，培堵

竹善緣。四時生意好，點綴野人前。

今夏頻沾潦，偏宜種植勤。移松陰結盖，抽筍勢干雲。襏襫衝飛雨，壺觴送夕勳。雖勞高士駕，不遣小童聞。

美人潘右史，示我石工奇。傾橐謀何拙，為山勢不虧。良朋多妙藝，兩弟總能詩。荷放池邊醉，爭知倒載誰。

屏妓仍離室，清孤頗似僧。時從魚悟道，愛與竹為朋。古韻千林響，書聲半夜燈。喧遊城市好，憊矣病無能。

結茆孤亭就，宛是一山林。糾曲蘿門暗，蒙茸菊圃深。驅炎風浙浙[一]，傍水霧沉沉。來此彈棋罷，悠然抱膝吟。

【校記】
[一]"浙浙"，按或當作"淅淅"。

寄藍田沈明府

暎玉寒峯近，拖藍谷水長。闢基山縣寂，問俗土風良。興以閒情適，文寧吏事妨。懸知詠名勝，是處勒詞章。

途次醴泉贈賀景瞻明府

莫謂彈丸地，名區古跡傳。大才聊百里，世德出名賢。酒醉孤征客，談深欲暝天。情真牽別意，迢遞問窮邊。

贈袁熙寰明府

久被循良化，丰容晉接親。授餐沾旅子，寵禮媿畸人。樂土歌盈邑，秋郊穰過鄰。政成論最日，譽望見彌新。

望昭陵

廻合園陵路,峻山護閟宮。樵蘇松柏盡,兵燹畫圖空。鐵馬高原暮,珠襦王氣通。只疑龍馭近,扈從尚群雄。

永壽書懷

秋晚山樊霽,城閭逐望低。言尋榆谷路,方出穆陵西。天遠鳴孤劍,寒添換敝綈。故園有松竹,悔別媿清谿。

抵邠州鄭天符戶部招飲同楊巨橋進士

相逢憐接袵,浪跡漫彈冠。雲漢騫堪易,江湖路正難。談天輸爾辨,中聖恣余歡。何處尋狼乳,秋原望裡寬。

同含素遊大佛寺 在邠州西二十里大道傍

西林香剎邃,飛棟梵天新。金寶開龍象,山河幻法身。空巖超色界,塵路閱迷津。為示三乘教,周疆侶聖人。

會寧署中承許白藏明府招飲

君才軼許惇,初政美無倫。蘭省貽芳近,桃花讓錦新。白頭延樂少,綠酒感交神。詞客金城路,班荊喜得隣。桃花,邑山名。

九日清水驛同含素作

可嘆黃花節,邊城悶掩扉。風欺頭上帽,寒重授時衣。山月隣砧響音,秋宵候雁希。一尊對朋好,鄉淚欲交揮。

過蘭州黃河

吞廓洪濤猛,衡流鎖纜奇。勢如排嶽潰,天自限華夷。注海應難障,窮源詎可期。驕胡飲馬地,拓闢敢忘思。為中丞田公拓新邊逐虜。

贈衛介泉大參生子賦二首 代

君家原世德，今日喜充閭。事詫高年得，歡偏臕仕餘。明珠來接掌，秋實耀前除。遙憶華筵盛，春醽百甕儲。

定有非凡質，條山近毓靈。羊環傳異報，鳳穴產奇翎。振足應千里，承家賸一經。芝蘭氣芬郁，常自繞軒庭。

簡薛允執明府

三年隨里選，十載未成名。入貢叨前輩，同驅畏後生。干時岐路淚，射筴兩闈情。獨有方歅在，憐余伏櫪鳴。

和社友尊生、長房、廣居三王孫渡渭，枉顧郊園之作次韻

吟深不入市，盟重有如河。凡鳥慙余是，應門詫客過。霜天花落盡，寒夜酒儲多。燈下看新句，聊為擊節歌。

畲長房見贈時長房新出禁

拘幽踰十年，詞賦漸堪傳。難解方慙友，才成合動天。恩同湯網日，名抗惠文前。自此青門外，從容理舊田。

贈李鶴汀明府入覲

傲吏原奇骨，循良復抱文。名同鳧舄集，彩與鳳皇分。磊落三年政，治平兩地勳。民情西鄙急，當使九閽聞。

乙卯冬寒客居，戲效白太傅《何處難忘酒》二首

何處難忘酒，冰檐溜注長。暖銷孤舍火，風透獨眠床。幃外頑童倦，燈殘老讀妨。此時無一盞，更漏恨茫茫。

何處難忘酒，出門雪滿途。泥淹輕足馬，霜上未皤鬚。烟冷三家市，炊沉

百里廚。此時無一盞，愁殺日將晡。

米仲韶水部先生湛園觀石分韻

奇石疊深秘，迥然天劃餘。好偏惟水部，坐久似山居。群玉羅牕秀，層雲吐几虛。不須攜勝具，千里訪巫閭。

袁小修年兄邀同龍君御、楊修齡兩先生遊淨業寺，遂飲湖畔官亭

初地僻因寂，沿流淨始名。柳風侵座近，鳧影點波輕。思濯除塵冕，忘情到化城。周顒孤好在，將此學無生。

喜君御先生至都門

昔曾傳著作，如得古人書。乍晤驚奇骨，叨陪接後車。半酣揮兔穎，偉志在狼居。試數西征績，班揚遜美譽。公額正起肉珠如丹，胸生偃月骨，真異表也。

淨業湖邊咏懷

城隅千頃碧，遠榭出林奇。步屺妨松偃，窺波坐石危。雲連光並曳，荷暗夏偏宜。禪寂聊相對，空明是導師。

輓王徵庭封翁

莫謂青編易，宜方鴻寶傳。英雄雌伏日，父子鳳騫年。追養思雖爾，為儒效決然。朝紳詠式穀，喜達夜臺前。

壽某太孺人八十 壽期重陽

耋年不問杖，鬢色詫雲鬟。甲第朱輪並，深閨墨帳閒。樹瓊知種異，餌菊久容斑。蒼玉鏗朝佩，堦前佐舞還。

壽王玉樞封公初度

共知文令子，誰信父兼師。六衮今方貴，三旬古似饑。膝前修養備，肘後著方奇。花月邀朋好，終宵興未疲。

壽李封翁

不擬孫登嘯，名根斷已深。極星高傍斗，月旦眾同心。靜几開群籍，閒朞隱茂林。枌榆耽社酒，寧屑御冠簪。

五言律詩目錄

卷之八

夏日邀廖對鰲、練君豫、李元鎮、祝九如、任敬一、范鑑曲諸兄[一]，時旱後澍雨，遂俱歡飲達旦[二]

壽張太翁夫婦

壽葉太翁[三]

寄題思亭[四]

壽劉懋先文學

贈王晦生工部

壽李太母

贈繼蘭王孫

贈昭潭王孫

贈河東長殿下

贈河東王孫

贈靖安王

壽孫太母

贈五雲宗兄守梧州

同熊眉愚藩伯、尹惺麓觀察二公祖，遊米仲詔先生勺園二首

贈韓景圭赴淄川任

都中別馭仲弟之淮揚

喜社友胡含素家弟馭仲同至都門

宿固安署步月作

贈王明府[五]

贈張念燕戶部

辱黃兵憲張民部兩公招飲倉臺[六]

贈陸廣文

贈王伯真仲實兄弟二首

偶題

復雨

寄竹居宗正二首

秋日園居憶弟馭仲二首

丁巳苦雨三首

苦雨

山人賈巢雲訪我耦園，山人善琴

秋怨

西麓二首

秋日早發

邀潘景芳、韓景圭、郭辰于翰于

賀雷明府生子

久不赴會城，偶相知固招[七]。瀕發，口成二首

劉雨化訪耦園留酌，更訂後約二首

早春耦園迎笑亭看竹，同郭漱六作二首[八]

賞園中紅梅次郭漱六韻[九]

客邸送君參之廣陵

偶題

青柯坪訪還虛道人不遇[十]

秋夜小酌書懷三首

田家二首

除夕感懷

讌集溫園二首

寄題任宇蔡公署篆鄜邑德政冊

志感四首

月蝕值陰

暮蟬

家弟去細陽後有懷[十一]

夢登第

少年行

早寒[十二]

秋日郊遊

苦雨二首

稚子疾乳於外舍

君肇席上咏美人彈絲

山居感興

同梁氏昆季城北習射

至日值雪

【校記】

[一]"兄",正文作"丈"。

[二]"達旦",正文無。

[三]"葉太翁",正文後有"廷堅"。

[四]"寄題思亭",正文此後有"為李見復封翁"。

[五]"贈",正文此後有"寶坻"。

[六]"倉臺",正文此後有"是永平府治最高處"。

[七]"相知",正文作"知厚"。

[八]"同郭漱六作",正文此後多"分得亭字"。

[九]"賞",正文作"看"。"郭漱六",正文此後有"詞兄"。

[十]"不遇",正文此後有"道人結屋巖阿石穴,瞰空垂絙出入院中,甃石疏泉,望若僊界,坪中勝槩也"。

[十一]"有懷",正文此後有"四首"。

[十二]"早寒",正文此後有"有懷"。

五言律詩卷之八

關中來　復陽伯甫著
社友朱懷彧季常甫校

夏日邀廖對鰲、練君豫、李元鎮、祝九如、任敬一、范鑑曲諸丈，時旱後澍雨，遂俱歡飲

多貰長安酒，相期河朔杯。濯枝占稔歲，倚玉媿凡材。促席憐宵短，歸途待曙開。院花經雨潤，幽賞約重來。

壽張太翁夫婦

耆英推社長，下澤自逍遙。丘壑潛光久，雲霞煥彩驕。鹿門方誦里，駟馬遂題橋。遙憶稱觴日，衿紳列玉標。

壽葉太翁廷堅_{同年諱天陛父壽期九月}

療腹祈神祐，全親犯賊營。羲軒方解讀，孝禮史垂名。黃菊堦前壽，金泥膝下榮。共知騑駟日，彌切眷烏情。_{漢趙孝、趙禮兄弟陷賊並免。}

寄題思亭為李見復封翁_{同年諱應昇父}

悲風動拱木，哀思徧三楹。廿載招魂泪，經時薦藻情。簪綟泉壤被，甲第里門更。題額應親慰，恩貤帝錫名。

壽劉懋先文學同年諱榮嗣兄

不值衰微日，何從見友于。鶺鴒欣並啄，華萼遍相扶。鳳彩騰三輔，篪聲滿上都。懸知不改樂，採藥駐顏朱。

贈王晦生工部代

明時邁吏績，巖邑荷賢矣。霄漢方馴鳳，春風已化鳩。扶羸將殉國，雩禜感靈湫。雖拜清郎貴，循良賞未酬。

壽李太母同年諱春燁母

昔人稱畫荻，賢母憒書幃。佐讀燈前紉，勞生夜半機。倚門三刖泪，得路九霄飛。薦慶饒珍錯，褕裳暎綵衣。

贈繼蘭王孫代

恠底耽幽寂，端居抗志清。風臺乘遠目，月沼避塵纓。香襲蘭缸燄，歌酣桂醑傾。數過屏小隊，深愜倦遊情。

贈昭潭王孫代

大晉維城固，封疆四塞高。通矦能磊落，結客獨賢豪。鳳轄淹行騎，龍脣動雅操。醉君臺館屢，虛薄媿旌旄。

贈河東長殿下代

劭年驚異質，大國更殊風。音解將丸摘，文堪就日中。藏書多恠牒，有客盡人雄。虎殿趨朱綬，雍容梓俯同。

贈河東王孫代

無言綵嶺奇，寂寂發參差。仙吹丹臺雜，高筵翠盖移。歡娛工度曲，獻享每稱詩。五字長城在，蕃屏翊盛時。

贈靖安王代

裂地膺金璽，真分六瑞榮。樹屏依祖德，詔爵配賢名。珍囿千林邃，旋臺縈疊成。興豪飛翰墨，沾灑及儒生。

壽孫太母 同年諱如蘭太母

上壽已稀有，兒孫並貴難。趨顏三組服，列宴五鯖盤。霜髻含尊意，雲謠佐客歡。褕珈擁座日，爭作婺星看。

贈五雲宗兄守梧州

百粵馴王化，專城制馭嫻。帷襆行桂嶺，帆過詠君山。官柳搖旌影，卿雲逐馬班。分襟當旅舍，倍自動離顏。

同熊眉愚藩伯、尹惺麓觀察二公祖，遊米仲詔先生勺園二首

覽園知主品，擇勝慰賓來。嘉樹無虛列，環流更巧回。寫襟通靜趣，破俗出新裁。庾信卑棲意，隣山小築開。

複廊多奧跡，難繪夙曾聞。屐散旋相失，林遮迥不分。池中花勝錦，方外客如雲。兼有佳絲竹，乘酣樂右軍。仲詔先生善書畫。

贈韓景圭赴淄川任

兩闈名籍並，同志更無如。紫陌聯鑣後，青齊綰墨初。廉知人共謝，政必史堪書。奇沴憐東土，來蘇竚趣車。

都中別馭仲弟之淮揚

聚歡消客恨，遽別苦南征。江海高文價，風雲護劍精。為家憐歲晚，營窟念謀成。舊識多蕭索，酣尊若共傾。

喜社友胡含素家弟馭仲同至都門

名成飜偃蹇，賴得咲談陪。孤客未辭苦，所思寧易來。時驚千態換，賦過五噫該。感慨有如此，且傾燕市杯。

宿固安署步月作

候館憐蕭寂，霜堦踏月虛。程仍周道直，水是帝波餘。竟歲惟懷刺，中宵此檢書。何時遂遊覽，載句滿柴車。

贈寶坻王明府

北平駈迅足，上邑晤人雄。莫樂新知日，相投片語中。近畿皇澤暢，兩地美譽同。飜恨分睽易，行踪類轉蓬。明府調繁此邑。

贈張念燕戶部

左輔兵戎地，盧龍最上遊。領符督轉使[一]，分控東諸矣。灤鯉書堪漭，陽山句好留。載知憂匱乏，平子本多愁。

【校記】

[一]"領"，底本字不可識，據惜陰軒本補。

辱黃兵憲張民部兩公招飲倉臺，是永平府治最高處

近廓山當目，城中復有山。蹬長輸老健，筵重擁儁班。冰壓河干氣，塵迷海上關。屏騶深夜坐，愁苦話時艱。

贈陸廣文

雄文兼烈志，名字重皋蘭。赭馬無千里，青氊且一官。難經多士屈，玩世寄情寬。節使旌尤異，應先借羽翰。

贈王伯真仲實兄弟二首

關中王李往，吾道欲沉淪。追古思先輩，同趨俟後人。過時余殆老，託志爾方新。從此商風雅，詩篇豈厭頻。

翁當清宦日，經藉課真良。已擅機雲藻，而無王謝狂。琅玕淩爽並，血汗騁途長。余弟亦能賦，俱悲髩有霜。翁禮曹王玄洲先生也。

偶題

十年潛白屋，歲晚笑名成。竹裡開尊屨，苔邊曳杖行。青編閒補葉[一]，白髮近添莖。倍念幽棲處，松筠繫別情。時余將北發。

【校記】

[一]"編"，惜陰軒本作"偏"。

復雨

乍晴忽復雨，孤杖眺荒臺。近岫雲偏晦，連宵月未開。尊前高士阻，門外水禽來。未卜陰晴定，天心劇可猜。

寄竹居宗正二首

種竹愛成林，朱門滿綠陰。潢清通溉遠，龍偃結根深。映架涵虛影，臨風和嘯吟。傳家稱路叔，大業遂幽尋。

余癖或相似，手栽今被園。護持此君譜，巨細世人論。共對應如友，幽居好避喧。他時訪梁苑，為許萬竿捫。

秋日園居憶弟馭仲二首時弟寓淮揚

入宦難少事，村園住却多。中秋涼始得，南地夏如何。草暮蛩啼急，霄空雁影過。花前對儔侶，惆悵憶關河。

燕吴風色異，久客素心違。鄉訊逢人寄，愁詩對酒揮。架間芸帙舊，階長藿苗肥。種林垂成矣，重陽定擬歸。

丁巳苦雨三首是大旱後

晨昏皆是雨，起作總無聊。簷挂常飛瀑，川生不退潮。雲屯龍久鬬，陰重日難消。炎烈已傷稼，寧堪妨晚苗。

秦隅秋易雨，雨苦此番淫。蔓草還餘濕，池蛙亦避深。農耕倉早竭，邨屋爨俱沉。自是天難問，明時燮理任。

豈有秋成日，連綿一月陰。雖宜避客意，不敵望禾心。到枕先叢竹，登樓失近岑。誰憐孤獨者，寒夜伴蟲吟。

苦雨

官微空歲穫，百口日添憂。泥滑田方馬，槽閒窨戚牛。果經炎盡損，蔬亦曝纔抽。短髮看零落，頹然怨暮秋。

山人賈巢雲訪我耦園，山人善琴

雅曲和燕市，重逢憐二毛。笑余指久澀，恠爾調彌高。竹室添清籟，風廊動古操。秋來桑落熟，彈罷飲能豪。

秋怨

秋氣未能肅，泉枯木早凋。有雲炎即減，但雨暑應消。蟲已先霜盡，陽仍載夏驕。不堪城外望，千畛晚無苗。

西麓二首

跨河西麓地，嘉穀此中偏。遠峙晴開霧，陰林綠接田。塗洳防度馬，秋淺尚鳴蟬。咫尺荒居在，蕭條不共天。

萬民聞赴愬，旱久稼俱傷。密谷分泉近，平疇吐澤長。凌秋繁果蓏，被野委資糧。令急催逋日，完徵爾一鄉。

秋日早發

未櫛戒轅駕，歸途侵露瀼。旭微雲復結，林暗雨猶藏。秋半禾方拆，天高歲屢荒。經過墟里舊，零落總堪傷。

邀潘景芳、韓景圭、郭辰于翰于

座喜名賢並，文章氣不孤。曙筵燈尚燄，春盎酒能需。厠侶慙珠玉，評書畏董狐。尋盟如許再，我欲問詩逋。

賀雷明府生子 代

茁茁芳蘭茂，輝輝玉樹明。貌真華國器，啼是亢家聲。賀客叢千履，高筵列五鯖。還聽百里頌，清吏獨經篇。

久不赴會城，偶知厚固招。瀕發，口成二首

驕臥深林寂，中宵車騎催。近名嗟自伐，多事畏群猜。沙岸冰初結，霜雲凍欲頹。到時集冠蓋，應喜酒人來。

久作舊京客，朋交茲地多。宵分猶列席，醉後屢賡歌。病以勞生積，官如近俗何。欲詢塵世跡，為視髩邊皤。

劉雨化訪耦園留酌，更訂後約二首

竹據山園勝，君來賞獨偏。醉憐姿是鶴，狂任吐如泉。逸韻林爭響，幽芳晚共搴。子猷原舊識，重造定留連。

邑士聞招集，連朝未解酲。懸門高藝在，墊角眾心傾。野蔌隨貧薦，寒花帶笑迎。談詩因借問，此至敵誰勍。

早春耦園迎笑亭看竹，同郭漱六作，分得亭字二首

叢篁移植久，陰滿覆孤亭。酒沁風枝碧，階穿草色青。月來光欲滴，琴入籟同聽。客過王猷賞，搜詩夜戶扃。

琅玕富小亭，萬玉傍欄青。簷影添風嬝，溪根沃水泠。身閒冠自製，徑邃杖知經。若藉園花豔，誰驕眾木零。

看園中紅梅次郭漱六詞兄韻

手種春花囿，惟茲早露紅。根斑龍欲躍，香豔麝初烘。額瓣含鮮蕾，脣朱上玉叢。蹊桃慭作伴，不敢放時同。

客邸送君參之廣陵

同作他鄉侶，相依千里程。纔挱十日飲，又送故交行。莽蒼長征路，蕭條異國情。懷人應不寐，斜月晚涼生。

偶題

幽思動鳴琴，清颸激羽音。有書供坐臥，愛閣且登臨。園竹棲朝雨，林花靜暮陰。倏然驚物候，欲賦白頭吟。

青柯坪訪還虛道人不遇，道人結屋巖阿石穴，瞰空垂絚出入院中，甃石疏泉，望若僊界，坪中勝棨也

擘石通玄觀，緣蘿近紫虛。抽添丹竈藥，歲月石牀書。放鶴招仙侶，驂鸞謁帝居。無田探鈔訣，欲去倍躊躇。

秋夜小酌書懷三首

幽意愜清賞，羈懷慰濁醪。靜便寬禮數，謔語雜風騷。夜色連星白，霜華帶月高。不辭三斗醉，吾意在揮毫。

荏苒歲華晚，高秋當奈何。傍人寒菊落，穿竹野螢多。習嬾因成癖，躭詩似有魔。酒酣灑雙淚，天地一悲歌。

昔人喻植學，吾道卜青山。委頓餘三刖，驅馳試百艱。全真聊綠醑，久客賴酡顏。憑語天南雁，征人未擬還。

田家二首

樹合廻溪眩，天懸野屋低。荷鋤寒壠外，駈犢夕陽西。尊老新醪熟，占年萬黍齊。野園高樹靜，角角一聲雞。

坐盡林邊鳥，吟殘澤畔松。炊薪連嫩葉，分蜜護新蜂。客至矜村禮，徭完推上農。柴門清晝寂，睡足日高舂。

除夕感懷

罷茲柏酒會，歲晏寸心暌。重以厭人事，兼之理病妻。時光不肯住，憂樂自難齊。坐覺餘寒退，喧啼隔歲鷄。

讌集溫園二首

幽地晝常暇，名遊願不孤。勝臨復選地，日夕更移廚。高閣新題遍，奇花古譜無。醉知歸路短，明月任人扶。

愛客偏賢主，疎狂一任余。尋詩過遠水，得意會潛魚。晉代人堪並，江南景不如。野畦黃獨滿，擬共把春鋤。

寄題任宇蔡公署篆敝邑德政冊 代家君

聞君臥治日，和雨醞芳晨。約法無三月，荒城散曉春。郗生何異政，葉令本親民。更說柴桑里，絃歌滿四鄰。

志感四首

宇宙空寥廓，嗟余環堵中。疑當三至得，詩喜忤時工。疎瀾吾生分，崎嶇世路窮。不知渾璞器，何據擬山翁。

文物江東最，風流此地湮。清狂差免俗，嗜酒且怡真。波靜蛟龍蟄，天昏木客嗔。幾年臥環堵，不敢貢比鄰。

飄泊陵陽涘，惋煩平子愁。物情迷幻夢，勳業媿陽秋。玉案勞相贈，明珠忌暗投。滄江有知己，好去狎群鷗。

望望名山裏，千年舊業存。未應猜玉樹，錯恐改金根。似黨寧須辨，逢人莫重論。日斜愁思苦，不語一凭軒。

月蝕值陰

薄暮侵陰度，中天霧色橫。似中光暫缺，暗裡過從更。豐蔀旻天德，冥通聖主誠。依然清曜永，金鼓不須鳴。

暮蟬

撲面塵埃裏，幽柯爾自安。衣輕拂露濕，聲苦咽秋寒。新雨千泉出，斜陽萬樹殘。閒窓人獨坐，蕭寂覺衣單。

家弟去細陽後有懷四首

爾還無多日，三月夢中看。慰別飲無筭，長談書懶攤。秋來烟草遍，人去暮堂寒。悵望關山道，風烟幾百盤。

別時猶自可，別後念彌狂。驚看曾著屐，獨倚對眠床。曲檻花從發，空簷日轉長。更堪秋夜雨，點點送新涼。

閒窻余貢枕，何處爾嚴征。山菓寒多損，陽炎毒未平。食應童僕記，先任路人爭。地苦中原日，哀歌詩易成。

病久賓朋絕，相逢盡日依。愁看孤雁度，分作背鳧飛。嶽色侵關路，淮流接帝畿。羸軀餘聞寂，倍覺世情微。

夢登第

喧耀枕邊意，歡騰柯裏身。却將百年事，判取片時真。籟靜沉沉雨，香廻孃孃春。始知冠冕客，盡作夢中人。

少年行

寶鋏襯珊瑚，金鞭耀錦襦。屠埋邀對博，百萬判呼盧。擊筑每過市，殺人曾避吳。昨宵駞駣卒，一戰走單于。

早寒有懷

西隣蟬去時，露下天風悲。願拂看心在，情疑遇物思。故鄉人似客，惜別淚應知。悵望高山色，時名信易卑。

秋日郊遊

翠歛山容澹，鳴風灌木蒼。平田千井潤，斜日萬禾長。野興收殘景，新詩搜大荒。關情搖落候，莫緩飭秋防。

苦雨二首

十日秋霖急，廉纖暮轉多。勢應催敗葉，寒恐滯農禾。彌甚攤書卷，頻妨野客過。惟餘山徑裏，清蒨滿烟蘿。

挾風霜氣合，零落過山家。奔壑激流瀑，沿溪會淺沙。非烟常戀樹，似霧欲籠花。不盡東籬興，衝寒酌紫霞。

稚子疾乳於外舍

移汝西隣去，空庭慘不譁。瀕行知戀母，默坐憶呼爺。調藥黠能解，癡情癢欲爬。何時了婚嫁，吾意急丹砂。

君肇席上咏美人彈絲

香散綺羅風，光搖列炬紅。按歌嬌帶怯，纖指競輸工[一]。調笑絃時錯，傳眸意已通。不知席上客，誰入夢魂中。

【校記】

[一]"輸"，惜陰軒本作"輪"。

山居感興

落落疏狂客，絕營野搆幽。清時慙隱豹，白眼任呼牛。縱酒頻過市，看山獨上樓。揮金萬餘盡，慷慨不知憂。

同梁氏昆季城北習射

草盡平原濶，淩風試挽強。迂儒矜俠氣，秋鶚避蒼茫。怒裏層雲黑，愁中大漠長。誰能賦羽獵，白首漢貲郎。

至日值雪

暝色雲邊重，冥茫散玉林。萬方占地瑞，一氣轉天心。迴合排空勢，氤氳結戶陰。此時灞陵客，滿酌佐高吟。

五言律詩目録

卷之九

塞下曲

閨情

恭和家大人退思亭作四首

鞏縣道中

抵都下辱可愚高老師贈言賦謝二首[一]

恭酹屠赤水先生過細陽大篇見寄二首

憶陸無從先生

清尊

月

植荳架

謝君旭惠紫檀印盛

落葉詩二首

秋旱

秋風

賦得盆榴初着花效初唐體

雨晴郊望

諸友應試望捷訊

秋園漫興

秋水

咏美人觀畫

遠望

憶別

愁

喜草齋翁過蓬蒿居[二]

早起送草齋翁歸

客至即事五首

劉生

旅寺遇雨

梁君參出海錯飤之，時君參初至自廣陵

雨後

五月五日訪梁君星，值君星他出坐雨[三]

夏日雨後同諸友訪君參法相禪院限高字

同諸友遊郊外遇李王二君留飲遲歸

村居友人見過二首

和梁草齋先生雨水日值雨之作

春郊與諸友同賦限諸體咏晴灣騁目

郊居喜雨有感沈仲玉先生禱祈屢應[四]

離城

睡起

偶題

暑夜限雲字二首

冬日集叔融厔陽山房

雪夜集季鳳如茨堂

月夜集伯聞文竹館

雪霽集子斗具來軒

集季常博古齋

望夜同含素、君旭、家弟馭仲譧叔融、季鳳、伯聞、季常、子斗諸社長

閉門讀書六首

艷曲

寓安邑李文學邀同張比部停一先生遊玉女泉二首

贈劉復一學博

聞南充黃昭素先生起家之官志喜二首
過獲嘉候高可愚先生二首[五]
途中憶兩弟
寒夜效孟浩然體
寄故園下第閉關諸君[六]
聞李本寧夫子以鄜延兵使將過敝邑
過扁鵲墓
上郡承白中丞夢山先生招飲
聞沈仲玉先生訃二首
輓沈仲玉先生四首
冬日保定早發
雪
夏日二首
秋夜二首
五日康公孫、胡含素、梁君星諸子讌集二首
積雨訊胡含素
贈党思馨[七]
贈王裕參明府
謝孟公、仲宗二王孫惠黃楊樹
鎮國尉妻張恭人輓歌二首
壽梁封公典客
初夏何耔孝社友[八]邀同潘景芳、韓景圭、郭翰于、辰于、何元矯、梁君旭、君晉讌飲限川字
同時佩、允執遇周大克諸社兄遊邯鄲張藩伯先生園
己酉除夕涿鹿客居同時佩、允執、大克小酌
贈韓太素太史
重陽後承無從先生枉過有贈答謝二首
陸無從先生招飲，座有陳巨公、梁君肇諸子[九]
醉臥偶成
飲君肇水亭

盱眙書懷

甘泉山書懷二首[十]

同無從翁、羨長、君肇、家弟馭仲集謝曰可先生二酉堂，聽演《牡丹亭傳奇》，同用輕字

君參、君肇兄弟邀同陸無從、謝曰可、俞羨長、舍弟馭仲飲淥波館，同用行字[十一]

寓維揚送君參社兄還家，兼憶社友二首[十二]

贈海門王明府擢延慶守

贈師希夏移居

春日邀冒伯麟、梁君肇、陸季薦小集寓舍

無從先生席上聞雁有感即席成

【校記】

[一]"可愚高老師"，正文作"高可愚先生"。"賦"，正文作"贈"。

[二]"蓬蒿居"，正文後有"留住"。

[三]"坐"，正文後多"候天大"。

[四]"仲玉先生"，正文作"明府"。

[五]"先生"，正文後多"時先生方清淵差竣，新歸歡讌，竟夕始別，坐有徐山人"。

[六]"下第"，正文後多"即"。

[七]"馨"，正文作"輿"。

[八]"社友"，正文作"社丈"。

[九]"諸子"，正文作"家弟馭仲"。

[十]"二首"，正文無。

[十一]"俞羨長"，正文後多"諸詞盟及"。

[十二]"兼"，正文無。"友"，正文作"中兄弟"。

五言律詩卷之九

關中來　復陽伯甫著
社友胡廷器含素甫校

塞下曲

殺氣照寒山，騂弓象月彎。夕烽傳羽急，落日射鵰還。死別長征際，愁顏轉轂間。陽春原有信，判不過邊關。

閨情

厭見柳條鮮，慵心整翠鈿。低頭深有恨，永夜未成眠。腸斷春鴻渺，愁添皓月圓。始知歡會處，別有豔陽天。

恭和家大人退思亭作四首

僻壤流離後，使君安撫時。獨兢叢政治，不敢廢思維。小搆聊吾好，屏居畏所司。千年夷聖在，重得見真師。

亦名懷晏息，席枕未云便。五載經營夢，遐隅灌溉天。於今慶地祉，共訝得春偏。因憶甘棠蹟，流傳詎偶然。

小子趨庭日，親將退食聞。得閒初興豁，念過復憂分。未異循良傳，真逢魯卓勳。殷勤命亭意，赫矣即銘文。

為喜搜茅易，旋成矮屋牢。宦情兼覔隱，幽思間揮毫。即會林泉趣，無嫌種植勞。階花滿千樹，發發向人高。

鞏縣道中

鞏洛經行客，崎嶇嗟路難。秋泉溜墻濕，野木映山繁。喧散三家市，腸縈一竇盤。楚雲迷岫曲，行矣集憂端。

抵都下辱高可愚先生贈言答謝二首

沉埋倏老大，憔悴愴形容。麗玉搖光滿，寒灰得焰重。旨承清帳祕，高訏仞墻逢。遂使深冬日，春和散地濃。

匹馬過燕市，酣歌起壯音。風雲入思苦，天地貯愁深。踪跡疑難決，文章力未任。敢忘贈笈意，終愧據鞍心。

恭酬屠赤水先生過細陽大篇見寄二首

夫子遠遊日，高華想像聞。烟霜逐雄劍，天地剖靈文。雁影來秦塞，珍書下楚雲。不知蓬戶裡，明月落紛紛。

瀾廻東海濶，萬里驟晴霞。日月輝昭代，文章屬大家。窮侵憐鄭子，意合有任華。一感鄒君吹，春生黍谷賒。

憶陸無從先生

遙憐草堂迥，盡貯廣陵春。南國烟花舊，名山事業新。激揚多後進，偃蹇老波臣。何日滄江棹，花溪近德隣。

清尊

清尊集鄉曲，樂事桑麻前。毒霧迷初日，和風暢遠天。為農堪此足，孤意入林偏。未夜聽多籟，空庭已寂然。

月

素質窺人凈，千家夜不冥。出雲明欲破，惜影曉猶停。利涉經清漢，橫天沒大星。愁邊起砧杵，淒緊未堪聽。

植荳架

閑營笑拙事，蕭索灌園心。碧蔓托高寓，華滋冒久陰。短籬荒徑合，清蔭晚涼深。此下安磯石，還能抱膝吟。

謝君旭惠紫檀印盛

珍檀工製作，贈我太殷勤。依矩雕瓊玉，為衣染赭雲。擎來滿香氣，韜處秘奇文。稱意茆齋裡，龜駝貯一群。

落葉詩二首

秋宵驚落葉，飄蕩動愁懷。早見吟風榭，旋憐委雨堦。點流同泛梗，供爨伴枯柴。誰念歡遊日，深陰曲水涯。

肅爽天邊氣，千巖風怒號。滿空飛亂綠，一夜淨林皋。院靜聲如雨，飆回捲似濤。亦知迫代謝，不敢怨刁騷。

秋旱

連綿長夏雨，毒熱反秋時。已值禾將實，垂成勢豈虧。近塘群鷺渺，避日野蟬悲。旱潦倏然事，瞻天冀望私。

秋風

不厭貧廬坐，達觀意自然。秋風浮爽氣，夕日漲孤烟。道入千容變，思玄至賾全。誰能將愁淚，搖落問高天。

賦得盆榴初着花效初唐體

含萼輝幽砌，開跗當夏風。夭矯裙鬭色，翕赽酒如紅。低陰雲氣綴，滋雨土膏同。遙識珊瑚軟，傾珠碧盌中。

雨晴郊望

可憐郊望際，正值雨晴時。禾色嬌殘日，林陰被遠陲。關山千里目，離別萬端思。薄暮歌聲發，蒼凉秖自知。

諸友應試望捷訊

槐路市雲去，秋花的的高。得人急盛世，必勝見吾曹。天馬來西極，神珠出漢皐。相看錦里日，一為戀綈袍。

秋園漫興

晴郊聊散步，秋色上衣輕。林棗垂朱實，庭蘭茂紫英。避名新舍拓，謀食歲功成。且可消縈抱，濁醪與客傾。

秋水

秋水連天白，瀰漫會眾流。亦知秋似水，還見水生秋。添雨痕平岸，隨風冷浸樓。此身憐漂泊，相對兩悠悠。

咏美人觀畫

欲知畫似真，對映兩精神。學媚添新韻，含嬌拂素塵。羅裿同巧製，翠黛共拖春。試看簾前影，疑分鏡裡身。

遠望

秋時好望遠，望遠易悲思。寒岅千山氣，風消萬木枝。一竿孤獨影，橫笛短長吹。零落夕陽裡，能堪住許時。

憶別

迢遙苦行役，淒斷憶離情。哭以憂方永，愁當恨未平。暫兼估客樂，自製腐儒行。新得崝函訊，壺觴試一傾。

愁

我愁復如何，愁來信已多。老大寄人下，半生嬰襁羅。當眉三道蹙，入髮幾莖皤。欲識愁中苦，還聽醉裡歌。

喜草齋翁過蓬蒿居留住

座上經旬酒，眼前八十翁。春花迎笑燦，丹艧比顏紅。探景詩情詭，開蒙道法公。日閒山戶寂，一為扣洪濛。

早起送草齋翁歸

日生星漸小，漏永曙初遲。送客緣稀事，高眠誤半時。經營閒作息，歲月慰孤危。坐嘆喧喧者，塵勞滿路岐。

客至即事五首

藏霧王官谷，拖嵐白鹿原。好開蔣詡徑，還擁稚珪尊。探古心方銳，論盟志已敦。坐深仍續燭，此日得清言。

近日忘棊局，頻年絕弄絃。每於邀道侶，只是課詩篇。搜象已無類，悲窮各自憐。須知清冷趣，不與世爭權。

繞屋林成援，沿流扉是柴。留塒因鶴舞，下榻為賓佳。借爾離塵調，清吾出世懷。愁來見天地，飄蕩盡風霾。

林泉看氣象，不失野儒迂。竹篳簪頭好，蘿裳掩膝鑢。新醅酻綠醑，春蕨佐離胡。只可閒楹畔，清真與客俱。

幽棲物外地，煖日靜中天。興至旋拈筆，詩成各命篇。任添憂思惙，不奪道情專。若使論功課，追隨已有年。

劉生

烽火夜臨邊，雕鞍控繡弦。傳飡圍上郡，突騎保居延。羽飲龍城下，髐鳴虜陣前。酧恩原壯志，不為勒燕然。

旅寺遇雨

作客興仍惡，驅馳倍自憐。却因半日雨，來叩暫時禪。幻妄燈前夢，虛無象外天。鄰僧初學吹，煩惱五更眠。

梁君參出海錯飣之，時君參初至自廣陵

舊友忻新合，南珍餉北人。所思在蓬島，托興亦鱸蓴。稻蟹歲年計，盤飡吳越春。何當滿尊酒，欲取蕩醒脣。

雨後

雨後草含碧，開簾拂素衣。青山來爽氣，野日弄新輝。千響晴交澗，輕寒暗上幃。道人生意好，籬外藥苗肥。

五月五日訪梁君星，值君星他出坐候，天大雨

飛雨滴堦滿，閒庭靜不譁。主人高臥處，翠幌入烟霞。稀潤蒲觴醉，招邀野興賒。坐來寥落甚，一起楚臣嗟。

夏日雨後同諸友訪君參法相禪院限高字

共來訪幽暇，廢地集人豪。雅調琴中和，禪情醉裡逃。新涼當暑得，深樹隱雲高。野外多風物，長天寓目勞。

同諸友遊郊外遇李王二君留飲遲歸

今日郊原裡，雲蘿手自捫。迢遙深夜路，真率野人尊。興遠堪忘倦，詩成可細論。空天意俱寂，夕月下關門。

村居友人見過二首

清爽茆堂夏，高林都蔽虧。我偏扰杜好，客有薛蘿思。探綠先開釀，烹鮮更折葵。却憐麋鹿性，宕佚總相宜。

屏居人事絕，客至慰蕭疎。共咏野田雀，群看種樹書。山光當戶變，日藹過簷虛。不用臨流濯，塵襟已自除。

和梁草齋先生雨水日值雨之作

共覩方春雨，迎時慶化工。薄威猶帶雪，輕陣早搖風。雁影江波外，年光草色中。新題更佳句，愧爾八旬翁。

春郊與諸友同賦限諸體咏晴灣騁目

芳酣春半日，瞻眺意如何。一水穿林近，千山入座多。縈絲新柳媚，蒸日野烟和。即使愁心易，誰能醉不歌。

郊居喜雨有感沈明府禱祈屢應

廣野沾嘉澍，重城淨毒塵。淙淙千水接，藹藹眾禾勻。暫緩憂時計，同為慶歲人。幾翻看雩禜，知荷使君仁。

離城

散步北窻下，陶然捫腹時。閒心共春適，拙學與幽宜。古壁涎蝸篆，陽林逐雁兒。自將兩物意，續作離城詩。

睡起

睡起郊園靜，蕭條杖屨俱。行田時物變，課業此生迂。風去樹皆嘿，雨移山忽無。柴門一以望，前嶺下耕奴。

偶題

齋坐意無競，萬函忻在茲。漸能消世法，還以淡心期。長日來蟬始，炎天穫麥時。過從有朋好，取醉野人卮。

暑夜限雲字二首

旱久仍炎赫，微茫累夕雲。況兼城似甑，復此氣如焚。坐永靜群籟，天廻佃緯文。愁情與繁思，深漏轉紛紛。

孤亭差散熱，有友復同群。談笑尊迎月，高華劍劃雲。盤冰消大火，軫玉韻南薰。猶有清涼曲，將秋入夜分。

冬日集叔融厔陽山房

逶迤殘雪徑，芳館向東披。暈日浮蘭氣，淒風上柏枝。論交新故在，高賞古今期。共解憐騷雅，維衰值此時。

雪夜集季鳳如茨堂

僻地閒軒牖，群賢此晤言。禽魚仲長思，孤獨稚珪尊。業就無中駟，名齊有伯昂。爭雄敢自負，同詣約初敦。

月夜集伯聞文竹館

不辨烟霞路，琅玕夾砌長。濃霜凍碧石，皓影散金塘。燭引前溪隊，香嬌後院裝。主人工製曲，一似魏陳王。

雪霽集子斗具來軒

久矣推才彥，嶙峋玉樹明。每來慙倒屐，博好慰同聲。詠雪詩初就，談時劍復橫。眼中誰薛漢，疎薄負高名。

集季常博古齋

季常懿心性，相與亦多年。矮几面閒局，寸心通妙絃。煩憂吾志苦，深嗜爾居偏。向晚開歌席，嬌華劇可憐。

望夜同含素、君旭、家弟馭仲譙叔融、季鳳、伯聞、季常、子斗諸社長

珍重貧家席，雍容宴上公。月輝珠翠暖，歌發畫梁空。玉座邀星近，雕輪駐漏終。却驚天揖貴，詞賦并能工。

閉門讀書六首

柴門一逕窄，數折入幽偏。漸喜臨長日，無營好晝眠。簷花四時態，鄰舍幾家烟。鉛槧生涯在，相依判卜年。

清孤本儒素，不敢厭明時。課業寧吾好，看踪與物遺。齋心頻斷酒，習靜誤搜詩。恰好名山裡，千秋作者期。

一室諧長往，窮來氣益豪。斥浮節信論，不偽奉高操。楷葉吟風細，籬花計日高。避名未全得，時有問蓬蒿。

有弟資如友，得朋誼似兄。共憐騏驥志，俱作鳳凰鳴。風色窻前暮，霜華鏡裡生。閒琴不愁思，彈出古人聲。

墐戶曾他日，烟蘿愧不深。志隨年暗去，病與嬾相尋。迫促浮生理，婆娑玩物心。周磐多世慮，腸斷汝墳吟。

思至抱筆札，沉空念復迷。愚幾數馬足，夢忽墮雞啼。介愧陽城僕，貧思萊子妻。薄田供歲儉，也自飽羹藜。

艷曲

底事翠眉顰，肝腸託所親。好花宜別院，飛鳥解依人。明白千年約，差池兩地春。幾翻開錦字，字字見情真。

寓安邑李文學邀仝張比部停一先生遊玉女泉 泉出深巖中廻環數十里

山塹縈縈合，泉流汨汨長。攬風行柳暗，蒸日野雲黃。到此同趺坐，就奇得舊狂。主人還媚客，分赴小池塘。

細流逢不斷，新草長仍閒。我來把美酒，恍若蘭亭間。看喜碧如玉，濯羞塵滿顏。至今訪疏鑿，想像見惟艱。安邑，大禹故都也。

贈劉復一學博

宦達憑誰致，如君亦廣文。檄知孝子屈，祿許酒鄰分。磊落琴書在，清華翰墨聞。贈余歌曲好，一唱一停雲。

聞南充黃昭素先生起家之官志喜二首

太史文章伯，聲華映漢高。峨眉橫霽色，巴峽捲春濤。素業裁彤管，雕輪擁絳袍。竚看禮絕席，調爕莫辭勞。

去深龍臥處，來領鳳池班。群喙泡隨滅，無心雲與閒。道將持玩世，年豈合歸山。日使滄江士，目窮青靄間。

過獲嘉候高可愚先生，時先生方清淵差竣，新歸歡讌，竟夕始別，坐有徐山人。二首

寥濶頻年別，重逢解鬱陶。里中瞻錦繡，門下愧青袍。永夜星文轉，橫談劍氣高。征途殊偪側，暫此息塵囂。

飄泊憐孤梗，天涯獲所親。香氳寒避席，燈焰冷消晨。北海如澠酒，南州似玉人。不知老馬倦，驅筴尚諄諄。

途中憶兩弟 時仲弟丙午下第

升沉原幻跡，首路寸心遲。憶坐空齋靜，相憐舊業微。此時入異地，常日出同衣。霜雪關山暗，應知晝掩扉。

寒夜效孟浩然體

風起綺牕暮，含悽理繡幃。枕欹香自散，夢永漏仍稀。曲戶迎霜入，孤燈映月微。忽思邊塞苦，前日寄征衣。

寄故園下第即閉關諸君

復此三楹地，藏名共惜陰。莫徒凭几案，深自嘆銷沉。倦夜呼尊興，長廊把卷吟。有懷同調侶，頓損壯游心。

聞李本寧夫子以鄜延兵使將過敝邑

厭指旌旄北，還敷憲府霜。雄文歸正始，盛代借輝光。道大身堪拙，讒來畏不忘。軒車傳欲過，多士走如狂。

過扁鵲墓

虢地經秦客，洭原吊越人。玄池靈已寂，金匱授猶珍。腊毒狂淫俗，干戈疫癘民。有魂招不盡，鍼石恐難神。

上郡承白中丞夢山先生招飲

愛客真無已，諮詢到隱淪。劇談憂國志，垂老餌朮身。笳管羌胡曲，屠蘇塞酒春。却忘霜鉞凜，頻作幕中賓。

聞沈仲玉先生訃二首

忽報燕臺信，分明指祟端。失顏驚僕輩，投箸廢朝餐。恍對陰靈近，真成再晤難。却攜國士淚，猶及一憑棺。

淚灑空山陌，愁煩旅夢驚。歌來聊當哭，腸斷不成聲。盡省羈棲恨，緘書下榻情_{公秋日有書，望余應薦北上，云掃榻相候。}修文甫浹月，因恨未遄征。

輓沈仲玉先生四首

令德今如此，蒼天詎可親。尊生翻益疾，久視果何人。為國憐傾棟，遭時嘆積薪。有靈知憶舊，愁恨浩無垠。

三吳歸望族，美政普家聲。稚子馴遺化，諸儒拜老成。久馳循吏譽，纔博省郎名_{公內擢禮曹尚未即真}。紀蹟貞珉在，應多峴首情。

嘆息攜謙度，忘年託契曾。知稀絃可絕，身在贖何能。衫積懷恩淚，魂飄旅客燈。平生檢奇遇，特達愧難勝。

懸知春凍解，丹旐泝江湄。竝價餘雙璧_{公二弟俱甲第名儒}，中幃尚二嫠。雲迷潞水潤，風振冀林悲。瘞玉空山遠，南尋定幾時。

冬日保定早發

曉日烟山道，排風萬柳垂。驚飆狂自散，倦鳥凍難移。驕馬客多醉，負擔行且悲。近瞻雲五色，常護萬年枝。

雪

玄陰一夜合，飄灑滿庭除。寒重沾冰易，光紛暎月虛。風橋疑浪捲，林野作花舒。鄭榮吟情在，郊邊興不疎。

夏日二首

夏日虛園爽，陰森草木齊。映窻榴實靜，拂檻芰荷低。過雨迷前浦，輕雲抱曲谿。醉來欹枕簟，高唱白銅鞮。

日長真少事，快閣坐風便。性放非關酒，愁生一任眠。詩方嘲熱客，時已逼涼蟬。點檢虛名誤，徒驚華髮年。

秋夜二首

秋來嘆搖落，入夜倍淒涼。遍地蟲聲起，誰家砧韻長。寒霜玄菟塞，明月碧鷄鄉。辛苦懷緘素，無由遠寄將。

近濕螢常度，衝雲雁每雙。葉聲聞雨砌，竹影亂風牕。寂寂閒三徑，悠悠老一邦。醉欹烏帽坐，明滅任銀缸。

五日康公孫、胡含素、梁君星諸子讌集二首

招攜當盛夏，蕭爽坐風園。地以留題勝，筵因弄笛喧。蒲形抽劒直，榴意作裙翻。不用仍懸縷，深憑酒績魂。

相看俱舊裔，重晤惜衰容。簪盍室猶邇，人來節復逢。陽林藏燕密，風畹遞蘭濃。座有探珠客，何慚是蟄龍。

積雨訊胡含素

聞汝憂霖潦，柴門常日關。琴書知定濕，妻子作何顏。短髮莖莖白，窮途事事艱。却嫌秋草色，滋暢野田間。

贈党思興

少年通俠烈，中歲事漁鹽。解飲客盈坐，栽花香滿簾。經湖塵可濯，倚市賈能廉。自有謀身術，何須白髮添。

贈王裕參明府

北燕原烈士，三輔號神君。筆湧波濤壯，威驅虎豹群。積薪官未達，捧檄孝應聞。渭首花盈岸，年年作意芬。

謝孟公、仲宗二王孫惠黃楊樹

玉樹仙家種，移來庭砌幽。坐深香自吐，擎處碧如油。密葉偏承露，霜園竟不秋。小山饒異卉，鎡畚許相求。

鎮國尉妻張恭人輓歌二首

饎田昭閫範，披莽締崇基。侯貴今伊始，女師良在斯。如何歡翟韍，旋自泣靈帷。祖奠饒豐膳，王孫擁祿資。

背郭開荒壠，依原茂柏林。簫聲悲鳳去，月影泣鸞沉。氣慘雲迷野，天寒雪布陰。為看哀誅眾，彌起悼媛心。

壽梁封公典客 公，余邑人，住廣陵。

暫時輟侍從，來戲甓湖綸。適越原從漢，移家匪避秦。煉砂經物護，下食見龍馴。況近泥金訊，祈氂益貴人。公二子已先捷，次君學成，應鄉試舉。計誕期已放榜數日，定高選矣。

初夏何籽孝社丈邀同潘景芳、韓景圭、郭翰于、辰于、何元矯、梁君旭、君晉讌飲限川字

鶯語初聞日，天深柳暗川。荻風門外水，麥浪眼中田。客醉爭彈局，余齋畏擊鮮。如雲列僕馬，取次仰君賢。

同時佩、允執遇周大克諸社兄遊邯鄲張藩伯先生園

野興邀同侶，名園緩步尋。幽庭分地勝，曲徑帶林深。柳色悲行役，山容長道心。叢臺直北近，一眺最高岑。

己酉除夕涿鹿客舍同時佩、允執、大克小酌

南遊志不適，北鶩歲猶遄。謁帝餘三舍，休程是次年。寒辭村醞裡，春逼野梅前。共羨聯鵷鷺，明時諸子賢。

贈韓太素太史

相聞即相識，地接況身逢。供奉人間貴，宏辭學者宗。高騫忻覯鳳，困蟄媿非龍。獻賦還他日，應瞻柱下容。

重陽後承無從先生枉過有贈答謝二首

秋來難作客，計拙嘆何成。為有詞盟在，能令歸思輕。香萸還入酒，籬菊尚舒英。醉語相期事，逾牽萬恨生。

江關霜欲下，客袂倍添秋。作賦開心賞，相過慰獨愁。臨城懷庚月，對水悟莊舟。亦病諸緣妄，難陳此浪遊。

陸無從先生招飲，座有陳巨公、梁君肇、家弟馭仲

詞客聚詵詵，相娛意各真。尊開千里夢，交洽十年神。語佛聞蓮舌，探詩視燭身。廣陵佳烟月，管領白綸巾。_{陸公深佛理。}

醉臥偶成

一牗俯空塹，天昏滅水光。吟尊深佐苦，客漏似添長。鼯鼠啼行壁，流螢飛遶床。吳綿亦自暖，尚覺不禁霜。

飲君肇水亭

樓外有閒亭，亭閒夜不扃。月同秋水落，眼竝曉山青。客解論茶訣，童能侍酒醒。已多飄泊思，厭說聚池萍。

盱眙書懷

愁絕征行路，能堪思黯然。臂侵三日雨，身托幾家烟。水國隄防缺，南隅氣候偏。勞生吾自愧，好便賦歸田。

甘泉山書懷余於中秋日南下，到政晦夕

秋老江淮路，征行疲馬鞍。草淒蟲聒夜，霜落雁啼寒。失意易離苦，強顏尋故歡。到時叢菊好，應得帶愁看。

南邁無多日，行行路幾千。雨衫不浣淚，塵履但餘穿。歷宋聊懷古，經淮一扣舷。甘泉山上月，消盡故鄉圓。

同無從翁、羨長、君肇、家弟馭仲集謝曰可先生二酉堂聽演《牡丹亭傳奇》，同用輕字

乍逢寬禮數，慷慨見交情。月暎瑤尊滿，春依錦席生。舞長流影捷，歌孃入雲輕。試語思鄉恨，猶堪製北聲。

君參、君肇兄弟邀同陸無從、謝曰可、俞羨長諸詞盟及舍弟馭仲飲淥波館，同用行字

月夕照宜水，亭虛流復清。窗看舟子過，酒藉麗人行。良會諧三雅，叨盟預老成。還同渼陂泛，敢竝二岑名。

寓維揚送君參社兄還家，憶社中兄弟二首

屏居故園日，吳越羨君行。今值余南下，如何爾北征。咄嗟同失計，去住異含情。一唱別離曲，羈人先淚橫。

殘柳拂官閣，蕪城冬氣和。鄉心絲管裡，客橐簡編多。典學饒同舍，明庭做四科。當令造物者，無奈固窮何。

贈海門王明府擢延慶守

名吏饒經術，儒臣筅秘機。文風騰海曲，兵氣散春輝。月動專城雉，帷褰刺史緋。忻將葉縣舄，遙指帝城飛。

贈師希夏移居

市門不碍隱，拙計況今時。差快延儒士，羞稱是賈師。橫橋舟亂渡，曲巷柳爭垂。宅相無煩卜，寧馨有令兒。

春日邀冒伯麟、梁君肇、陸季薦小集寓舍分韻

纖雨濕幽砌，薄寒春氣微。野梅知傍酒，鮭菜媿烹肥。客路驅馳暮，貧居契合稀。幸因談笑接，暫得忘思歸。

無從先生席上聞雁有感即席成

底事徵君席，淒其涕獨垂。春時鴻信早，南地客歸遲。月暗群難進，雲迷語更悲。他鄉稻粱計，飄泊重愁思。

五言律詩集卷之九終

五言律詩目録

卷之十

君肇主社賦得淥波館

春仲同羨長、聞伯、君肇飲閻元之西郊水亭

花朝汝謙招社中諸君，余晚至被酒獨留[一]

寓維揚值無從先生誕辰賦贈

賦得春雨限西字無從先生席上作

贈詹淑正卜居宜興

淮上張公夫婦同壽詩

己酉夏杪午睡夢中見詩一聯醒續成之[二]

壽君參慈君劉夫人 有敘[三]

客中七夕立秋次無從翁韻

秋日汝謙邀同無從、鴻甫、達生、君肇集天寧寺禪院限鹽字

米園讌集

雨後集君參池上賞蓮作限衝字

詠荷池邊柳

送段淑魯明府赴西華

贈胡五嶽

閱兵羨何明府初政用其韻

早晴次何學寔明府韻

詠僧房牡丹

陪王鶴朋大行住涇陽福勝寺

辛亥春憂旱二首

福勝寺同譚王谷廣文竝王氏三文學夜飲[四]

旱後微雨

宿籽孝綠雨山房得通字

自去冬至夏旱二首

贈劉叔定生子

同籽孝、含素、君旭、君晉、馭仲集叔定玉芝館[五]

不寐

憶青藜社諸公

送周汝信進士謁選

感遇六首

喜雨簡劉澤寰解元

賦得雨溢小池

雨霽君星邀賞君旭蓮池

臘日獨酌

對雪

送人之塞上

聞警

啜新茗

水竹居

聞砧

步月

讀崆峒先生詩

歲晚訊草齋翁

送君旭奔繼慈喪

新栽桃柳數株生意油然

夏日村居六首

哭幼女懿兒四首

夢汪山人

題王母貞節冊

壽李封翁

壽錢翁

漁陽曉發

由密入薊途中作

殘梅

贈盧弘君

田在咸世兄以詩繪贈立就短章次韻

八月十四夜招集王元重、彥白上人于碧琅園分得藏字

誚元重、彥白遊聖水峯亭見憶之作

住懷柔周綿貞相招

出懷城即事

至前一日邀張恭甫、熊泰徵、王元重集選雲居，分得人字[六]

賦得檀城寒雪夜同泰徵、元重用添字

往金牛山作

答張羽從文學見贈兼簡張芋田憲使公二首

【校記】

[一]"獨留"，正文後有"諸君各先後散去。同用花字"。
[二]"午睡"，正文後多"廣陵寓舍"。"之"，正文作"篇"。
[三]正文无此詩題，以敘代題。
[四]"夜飲"，正文後有"援筆成詩"。
[五]正文詩題後有"分得虛字"。
[六]國圖本以下四題目錄、正文俱闕。

五言律詩卷之十

關中來　復陽伯甫著
社友朱懷撖長房甫校

君肇主社賦得淥波館

寂寂城隈路，虛亭傍水閒。暎池欹竹色，分漲亂苔斑。畫艇循欄泊，宵遊待月還。波澄時自照，孤客奈愁顏。

春仲同羨長、聞伯、君肇飲閻元之西郊水亭

林皋隱曲榭，城勢帶崇岡。遵渚遙尋渡，為臺近接梁。密籬橫碧砌，暗水溢春塘。和日壺觴醉，相携采眾芳。

花朝汝謙招社中諸君，余晚至被酒獨留，諸君各先後散去，同用花字 座有二美人

月上城烏靜，高歡屬貴家。杯深浮砌竹，春暝隔籬花。詞客離前席，嬌香載後車。獨憐燈下舞，爛醉影欹斜。

寓維揚值無從先生誕辰賦贈

南北交期合，緘書費遠將。那知親道範，更及慶春觴。偃臥名愈重，禪棲機已忘。驚看新句滿，為卜壽彌昌。

賦得春雨限西字無從先生席上作

霡霂乘陽候，田膏被綠齊。近谿通溜小，侵戶放寒低。含霧縈花外，携烟過竹西。山家聽更好，遮莫醉衝泥。

贈詹淑正卜居宜興

相對蕪城酒，班荊意氣親。攜家言卜地，垂老事依人。圖瓵罨溪畫，香供陽羨春。更餘皇索腕，誰謂阮家貧。

淮上張公夫婦同壽詩

耄耋人間少，同躋事更希。鹿門稱並跡，鶴髮儼雙闈。綺席移遲月，華燈綴蚤菲。為看貽后緒，一係簡編韋。

己酉夏杪午睡廣陵寓舍夢中見詩一聯醒續成篇

獨居悲地遠，新爽上絺衣。累重先親割，名成漸侶稀。析薪肩自媿，伐木響多違。誰使余留滯，惟從夢裡歸。

君參慈君劉夫人誕辰，其外兄王子昆季寓維揚，欲繪丹青為壽西獻，謀之余，於是延朱振南圖松石芝蘭以寓壽意。其石之皴染，則余有力焉。既成觀之，景色菴藹，金碧奇炫，非真非幻，亦麗亦莊。猗與此數物皆人世之所有，而難可比擬者也。正唯不離人世之所有，乃人世至常久者乎

欲會堅貞意，宜從松石看。時移操不變，日久轉真難。黛影彌天蔭，雲根大地蟠。更餘芬馥遠，巖下長芝蘭。

客中七夕立秋次無從翁韻

巧夕悲遊子，逢秋淚更多。涼生流大火，露苦湛明河。飛鵲驚前浦，吟蟬戀一柯。小樓宜望遠，思歸意如何。

秋日汝謙邀同無從、鴻甫、達生、君肇集天寧寺禪院限鹽字

空林尋勝侶，清寂意俱恬。筵喜隣香供，尊看破戒嚴。詩情天外象，禪味水中鹽。向夕添森爽，虛明月在簾。

米園讌集

閣敞斜隣闕，臺平望轉悠。春雲回妙曲，清吹引歡遊。竟日親杯酒，分宵事唱酬。鯖盤供客饌，厭向五侯求。

雨後集君參池上賞蓮作限衝字

馬蹄凌曉發，浚谷遂遐蹤。客慣習池醉，香疑洛浦逢。陰林容鳥占，風戶向花衝。預恐歸懷促，勅奴衾簟從。

詠荷池邊柳

欹欄風裊處，烟靄骨香匀。弱質妒青女，窺波愛洛神。眉舒臨鏡曉，舞媚倚紅新。忽起江南思，嬌歌近水濱。

送段淑魯明府赴西華

芳年圖一令，色喜是中原。豈少供寒素，其如急清溫。治隣古潁地，客訪舊夷門。饉歲勤民望，知君撫字存。

贈胡五嶽

尊酒留連夕，檐頭菊欲斑。興乘山月上，醉踏石梁還。訪嶽圖親製，聆音譜自刪。幾將塵世思，消却雅琴閒。

閱兵羡何明府初政用其韻

及霜論武備，談笑運鈐韜。雲陣兵威集，星門戰氣高。誓師蒐井牧，饗士宴林皋。保鄣資新署，賢侯控制豪。

早晴次何學寔明府韻

霽遠初澄霧，星疎祇辨明。鳥啼驚聚散，籟動雜征行。驅犢徐觀野，科頭嬾入城。旭牕覲萬卷，貧樂更誰京。

咏僧房牡丹

灼灼瑤台豔，何因淨域窺。似知同鹿供，不但悅僧祇。悟法香成幻，依雲謝自遲。應憐殿春色，欲住覺花姿。

陪王鶴朋大行住涇陽福勝寺

軼嶺尋幽刹，風烟開靜娛。節臨閴寂地，飯具染空廚。宿契經塵劫，消煩且息途。皈君宰官相，聞偈得醍醐。

辛亥春憂旱二首

塵霾連七月，滴雨絕簷廬。龍蟄應忘奮，風盲只自如。窮增食指在，祿乏歲耕虛。閒理林間釣，傷心枯澤魚。

禖起驚兵氣，陽愆籲帝休。花顏損殘幹，麥穎悴荒疇。社鼓村村寂，官徭戶戶愁。物華與生事，倍自感郊遊。

福勝寺同譚王谷廣文竝王氏三文學夜飲援筆成詩

龍藏月澄霽，珠林春淡和。文談追兩晉，居士演三摩。山意琴能寫，人歡鳥解歌。涇流供醉眼，塵外見恒河。

旱後微雨

微雨不濡地，枯苗豈潤荄。屯雲徒靀靀，輕日易皚皚。坤腹應愁渴，天心未厭災。誰能訴真宰，江海怒鞭雷。

宿籽孝綠雨山房得通字

林迥天俱綠，環門水氣通。竹吟常帶雨，蕉舞況兼風。削壁圍垣固，憑高據屋雄。卯醒起長嘯，旭日半輪紅。

自去冬至夏旱二首

眼看絕雨雪，寒暑歷三時。春穫嗟無望，秋耘恐失期。褰裳涉涇渭，雩祭走官師。川嶽饒靈澤，雲龍何處私。

貧國仍災疫，高田屢亢陽。毒交巴晉虐，氣過隴秦當。賦甲添丘筭，搜金括穴藏。哀吟雲漢罷，中夜視槐槍。

贈劉叔定生子

多君雄起日，恰有慧兒生。環異占羊祚，毛殊育鳳成。一經原舊德，七業自家聲。因憶漁陽地，含飴望遠情。_{時叔定尊人開府薊鎮}

同籽孝、含素、君旭、君晉、馭仲集叔定玉芝館，分得虛字

秋筵高會夕，疊鼓宴酣餘。逸韻方群和，心期豈久疏。荷飜風葉亂，尊映月華虛。良醞知無數，終宵樂任余。

不寐

憂來不成寐，起視夜茫茫。獨立忘吟苦，中宵託興長。籟成方續響，颸至忽添涼。此際悲生事，消魂淚萬行。

憶青藜社諸公

文酒真高會，相違已判年。愁俱消壯志，幸不廢詩篇。孃孃香蘿逕，娥娥紅粉筵。池頭荷正茂，泥飲近誰賢。

送周汝信進士謁選

大物知君重，頻年苦歷嘗。還家仍素泊，筮仕必循良。羽檄偵遼海，兵戈役瘴鄉。士生感遭際，行矣見時康。

感遇六首

漸漸憂端重，絲絲白髮侵。空囊廉吏後，屢刵敝裘心。計拙慙三窟，家貧戀舊林。却憐年少日，一笑擲黃金。

豈忘豳風詠，山田不耐耕。妻孥羞薄奉，童僕慣添丁。禾黍收難料，牛羊字未成。年來行隴疃，旱潦每關情。

茲邑當高阜，雲雷作雨希。泉深應賦下，山遠定靈微。雩祀禋空在，茅齋汗幾揮。文園深病暍，伏枕正歔欷。

崔瑗賓筵侈，陳遵書牘多。譏嘲知未免，敏捷媿難過。至性有如此，浮名可奈何。舊遊半已達，誰復問蹉跎。

才技真何補，清虛道所臧。荀君勞闇解，殷浩厭經方。蕉鹿言寧幻，犧牛喻暗傷。莫令彼其子，為笑應人忙。余素嗜音樂，近又為醫術所苦。

小築無丹堊，同群只二三。竝行忘後長，一食每分甘。彌起干時志，常為秉燭談。醉歌憐意氣，想像見圖南。

喜雨簡劉澤寰解元

電轉層霄上，飆廻驟雨過。炎空不作暑，塵陌迥成河。膏潤沾田足，華滋被物多。長卿應病減，蕭灑臥菴蘿。

賦得雨溢小池

飛雷來如瀑，歕池捲若雲。未應忘谷受，轉喜與塍分。浪沒堨漚影，風侵砌草紋。鱗遊防溢岸，蛙響阻宵聞。

雨霽君星邀賞君旭蓮池

柳外風颸細，池頭晚霽開。地偏香復淡，興至客能來。語燕撩花過，游魚怯餌廻。為憐玉樹暎，長日坐深杯。

臘日獨酌

寒色凝簷重，冰花暎幕繁。窮途雙白眼，心事一清尊。幽壑潛蛟蟄，蒼林野日昏。誰知環堵裡，香蓺氣廻溫。

對雪

雪勢亂狂飆，隆寒氣正驕。挂林輕似絮，觸岸捲如潮。莽蕩連天合，霏微入夜遙。寂然人境外，愁思杳難招。

送人之塞上

眼底尚戎馬，那堪塞路長。功名羞郡邑，志士在邊疆。慷慨尊前語，驍騰馬上裝。當須空毳落，奚但虜名王。

聞警

攘攘疑人事，悽悽嘆不辰。學書空閱世，結客豈宜貧。薊北烽猶急，閩南捷未真。身慙苟大恁，何計庇周親。

啜新茗

沸沸膨鐺穩，纖纖紫筍芳。祇將幽客共，不混酒人嘗。旗勢攻詩悶，松風引嘯涼。何當攜百籠，卜宅近陂塘。

水竹居

林邊水竹居，皓月映蕭疎。曲岸前通渚，叢陰漸蔽廬。帶雲為雨易，長夏宛秋初。自可角巾客，乘閒樂有餘。

聞砧

亂砧觸興苦，急切響秋庭。訴咽悲風淅，愁深遠別經。三更駕枕過，斜月雁行停。何必窮邊外，胡笳不可聽。

步月

幽然人語寂，滿目素光浮。永瀠乾坤變，霜驚髩髮留。堦花欲碎影，羅襪暗知秋。更嘆南飛鵲，棲枝處處愁。

讀崆峒先生詩

赤幟趨群彥，清時值孝宗。斯文還狎主，有喻謂如龍。滄海千嵐紫，崟眉積雪對。雲烟高北地，旗鼓許相從。

歲晚訊草齋翁

憐翁近八十，筆硯可能親。天許雙眸炯，胸留太古春。無營真晚計，近事是添貧。大藥知垂就，生來野鶴身。

送君旭奔繼慈喪

君携冰筍思，千里哭幽冥。異路淹南國，荒程逐曉星。霜承丹旐重，秋傍素驂停。野木聲難靜，臨風莫漫聽。

新栽桃柳數株生意油然

疎柳已舒綠，夭桃復吐妍。非茲報窮塞，何以見春天。經歲雨無望，連朝風甚顛。急呼尊酒醉，粧點小牕前。

夏日村居六首

　　溪流環矮屋，溪樹接比鄰。已减城中暑，兼逃陌上塵。投閒人意寂，過雨物華勻。野老壺觴易，頻來戀葛巾。

　　暫坐觀場圃，追凉更擇林。有時栽異卉，鎮日聽幽禽。窻積西山氣，池招南畝陰。小穰供歲計，好慰力耕心。

　　旭霽披衣立，風凉散帙宜。塍田分水脉，樹藝訪場師。遠澗籠新藥，山廚薦露葵。閑來弄筆札，多著隱居詩。

　　平生城市裏，都是醉中過。懶仍勞應接，貧復嘆蹉跎。住此心長澹，對尊顔但酡。亦知車馬客，不肯到烟蘿。

　　一室有灑掃，深衷託靜琴。歸風忽送遠，大雅本希音。夢永日方轉，思來天半沉。咽蟬與飢雀，何事噪空林。

　　凫鷺近相狎，松筠久見容。比身慙樸樕，濟世付夔龍。覆戶饒叢棘，行田信短筇。幽園無事臥，易得到高春。

哭幼女懿兒四首

　　我年三十八，育汝九齡初。擇配頻占易，憐聰為授書。每飡必後母，無暇不隨余。詎意横霜霰，蘭摧愛總虛。

　　禍邊眾咸驚，相違止一程。歡言五日別，痛哭滿家迎。短服施靈座，童魂據奠楹。此時腸寸斷，鬼使若為情。

　　東西方識位，誰與引行遊。衣食未諳作，弱齡何處求。道塲資願力，冥福託緇流。清淨原兒性，天花可忘愁。

汝父貧無賴，憐伊袖每穿。教持曹女誡，撫過小樊年。<small>小樊，元微之女也，死而元哭之痛。</small>憂遣多憑醉，情癡未割緣。益深伯道恨，孤淚夜牕前。

夢汪山人

枕上故人語，淒其獨損神。持來雙鯉素，誇我五湖春。杖屨經過跡，乾坤着處身。齊雲叢桂發，耽賞句應新。

題王母貞節冊<small>同年諱公弼母</small>

三十貴稱皁，艱哉母歷經。雁悲機上月，雲變鬢邊星。汎水舟為柏，行園幃作亭。旌書下朝陛，媲烈史垂青。

壽李封翁

未老解冠紱，高踪仕隱間。買童教飼鶴，攲枕臥看山。子以遺編貴，容知大藥還。七閩多宦達，仙李羨難攀。

壽錢翁

入穀鷹揚薦，低頭云滯淫。聊酬懸矢志，不忘好文心。跨蹇邨關路，開觴桑柘林。名儒成令子，容易列朝簪。

漁陽曉發

塵陌趨人騎，堪憐侯吏忙。紛來領敕使，遙見曳旌長。春淺霜橫白，暝開月墮光。時危資祿仕，踪迹信窮蒼。

由密入薊途中作

春寒尚拂面，征軫敢言疲。蹀躞控班馬，逶迤轉畫旗。遇山慙徑去，侍役惱偏隨。苦憶故園日，踏青方此時。

殘梅

孤牎春色半，素質玩堪嗟。疎葉含新綠，攲枝挂晚葩。魂殘香減馥，瓣久玉生瑕。音信秦關杳，花時倍憶家。

贈盧弘君

才士類能達，盧郎官獨卑。玉懷空泣刖，枳在且棲枝。風雨鳴琴夜，山川控馬時。荷參多逸壻，應賦自嘲詩。

田在咸世兄以詩繪贈立就短章次韻

客囊盛紗句，來訪白檀賒。題柱名應並，談詩悟日加。字堪唐的派，繪逼宋當家。几上驚光恠，天邊墮彩霞。

八月十四夜招集王元重、彥白上人于碧琅園分得藏字

邊城秋近半，園景早蒼涼。招隱詩方啟，怡禪道與藏。未論明夜月，先賞欲圓光。借擬為儴吏，名蔬薦酒芳。

訓元重、彥白遊聖水峯亭見憶之作

異鄉佳侶似，無着與天親。山以臨流淨，詩因騁目新。寒鴻投浦亂，秋葉下尊頻。強欲同登眺，愁傷旅客神。

住懷柔周綿貞相招

寂寂夜無漏，昨朝山市曾。因緣孤室榻，魂夢短擎燈。綏佩身何苦，虹螺屐欲登。賴同公瑾醉，鄰賮興堪乘。<small>虹螺，山名。</small>

出懷城即事

霞落山銜日，晚涼風滿裾。臂弓隨僕御，怒馬走郊墟。漲澗產魚蟹，窪田繁菓蔬。供蒭聞派戶，中使正驅車。

至前一日邀張恭甫、熊泰徵、王元重集選雲居分得人字[一]

戶外堆峰巧，每於此酌賓。林花咸裹凍，雲物欲回新。密幂先溫氣，窮邊見故人。醉憐談說壯，倚劍傲胡塵。

【校記】

[一] 圖本無以下四題五首。

賦得檀城寒雪夜同泰徵、元重用添字

荒塞少薪爨，那堪冷驟添。林迷愁暮羽，冰重壓虛簷。氣奪行觴煖，聲沉永漏嚴。遼兵聞露宿，逆醜幾時殲。

往金牛山作

出遊非遠駕，郊潤耐寒侵。五十危邊吏，終年餉士心。暮空連雪合，古戍隱林深。正是歸家路，將離嘆滯淫。

答張羽從文學見贈兼簡張芋田憲使公二首

維揚多朋侶，睽別十餘春。重話舊遊地，如逢鄉里人。邊城飛雪暗，憲府釀醪醇。載筆成高詠，瑤華即景新。

啓帝方延俊，燕王舊有臺。鵷鶵名日著，騏驥價能來。入幕商兵略，聽笳感壯懷。孟公門自邃，留客不輕開。

五言律詩目録

卷之十一

壽何太母題圖

出郊作

蒲平若孝廉過訪山居留酌[一]

送高大克孝廉之廣陵

送何學寔明府還道州四首

志感

上元二首

亡女忌日感懷

靜觀堂詠為馮仲好侍御先生作二首

壬子春旱

旱後澍雨

病臥李園自嘲兼簡韓太史、趙文學

壬子郊園池亭成八首

蜀琴客周會甫瞽而善音，訪余里中贈此[二]

野居

留別張元起中翰二首

癸丑燕邸遇張賓王邀同白薙衡、蔣盤初宴集[三]

初夏承魏道沖太史招飲作二首

園亭小集諸君暨兩弟各賦席上物，余得朱欄既俱賦焉八首

七夕日辱館友欵飲，時余下第方歸

喜雨有感

中秋日同社友醵飲石九鼎館[四]

十六夜出城獨居不飲

計十七夜當入城飲時佩宅，宜以清讌細飲送秋華詩作觴斜

八月晦日同社飲伯聞宅，席上見菊限安字

秋夜飲尊生玄對閣賞菊

題東憲明墨莊樓

訪潘景芳中翰園

夏日寄蕭季馨大將軍[五]

題杜來儀元戎榮福堂

咏杜日章大將軍餐霞館[六]

壽安太翁

贈吳氏夫婦

壽楊太守範我[七]

壽陳觀察善吾先生

李渤海、李為與、莫符情三僚長集小寓

承馮少伯憲使邀遊黍谷山二首

曉發平谷

晚投薊東小堡宿

再宿小堡

湯泉嶺觀松作二首

過石門驛

多睡嘆四首

端陽前一日邀顧賓湖、李汝謙、吳聖初、陳克貞、高成之、朱振南諸君汎舟衛水

夏日衙居即事四首

汪白陽贈詩答此

弟輩家書至，謂相知過宦地，憐余心煩、身累、形衰、神疲，愴然嘆焉，悲一生每事不如人也。分詠四首

心煩

身累

　　形衰

　　神疲

寄閔逸之丈

聞練君豫年兄調繁山陽

新涼

望雨

贈朱白民有道二首

李生共中翰過訪

生共惠苦釀風味迥異

贈徐文孺

除前一日邀顧賓湖、汪明生、方仲舉、郭漱六、黄羽章、汪會符諸君集衙齋，時仲弟初至。分韻得圍字

喜馭仲至清源小酌分元字

除夕清源署作

和徐辰叟工部贈米仲詔先生六奇詩次韻

　　詩

　　文

　　書

　　畫

　　賞鑒

　　印章

飲王恒石鴻臚宅

早春簡周恒臺給諫、張石林大理兩公

早春仲詔先生衙齋用百五十字牌湊成一律，余得三首

人日喜晴

燈夕觀米周二郎君拳戲即席成

【校記】

[一]"留酌"，正文其後有"平若以慶親即歸，故詩及之"。

[二]"訪"，正文其前有"既"。"中贈此"，正文作"尋又晤之涇陽梵宇，遂贈之詩"。

[三]"燕邸"，正文其前有"寓"。"張賓王"，正文其後有"丈"。"蔣盤初"，正文其後有"諸兄"。

[四]"石九鼎館"，正文其後有"晚移席龍橋翫月"。

[五]"季馨大將軍"，正文作"大將軍季馨"。

[六]"館"，正文作"閣"。

[七]"太守範我"，正文作"範我太守公"。

五言律詩卷之十一

關中來　復陽伯甫著
社友梁爾升君旭甫校

壽何太母題圖

潘輿迎養日，褕翟映童顏。堦燦琪為樹，衣明錦作斑。簫中疑鳳駕，潮外接神山。筵際觀圖畫，仙踪近可攀。

出郊作

未厭南駈苦，塵微暑亦收。秬穜齊得歲，塲圃早登秋。新水聚群鶖，暮原耕一牛。貧家忻晚熟，農畔慰行遊。

蒲平若孝廉過訪山居留酌，平若以慶親即歸故詩及之

節物近重陽，開尊共醉芳。君聽擊缶調，我愛接輿狂。嶺側鵞峯秀，湖南雁路長。遙知歸棹疾，欲及慶親觴。

送高大克孝廉之廣陵

俗緣憐爾我，先後廣陵遊。振筴長征易，空囊烈志羞。拏舟問江寺，攜友醉闌樓。須記公車日，纔餘一著裘。

送何學寔明府還道州四首

廉吏出關日，群驚畏路寒。高名百里小，數月一官難。骨傲應逢怒，裝貧僅奉歡。泥金新耀里，猶作錦旋看。

嘆息弦歌化，需時志必伸。延儒通切要，約法見經綸。才大原鍾楚，家移豈避秦。四留難暫借，深媿寇公民。

遞路音塵杳，追攀別思多。但愁成阻絕，寧慮暫蹉跎。擊楫過青草，囊琴問綠蘿。姑臧無長物，何計醉湖波。

投劾存吾直，飄然三至間。謝敫饒物望，彭薛愛身閒。漢水流冤氣，君山識壯顏。九天終聽邇，準擬鶴書還。

志感

去歲悲劉子，今春悼伯梁。死生同幻影，天地竟蒼茫。書卷留殘業，勛名失眾望。勉成桑扈誄，歌罷淚千行。

上元二首

紀歲初圓月，歡遊九陌喧。鼓多催漏盡，宿密避燈繁。角抵群工伎，芳香冶女魂。應知兆豐稔，膏粥祀千門。

車出南隣競，筵傳北里奢。燈光欺夜月，火樹引春花。靜域為喧市，紅塵入紫霞。不須行秉燭，接影照還家。

亡女忌日感懷

強自寬愁抱，年來痛不忘。汝容如在眼，我淚動盈眶。設果憶曾嗜，焚錢資買香。沉寥春雨後，墓草定新長。

靜觀堂詠為馮仲好侍御先生作二首

夫子橫經處，三楹卜築偏。靜中無我相，觀外獨知天。大業期方遠，諸儒集屢千。異時驄馬貴，翻倚素書傳。

著述富盈架，言言作道看。因懷仰止切，信愜靜觀難。趣得乾坤隘，機忘几席安。楷花不敢發，應是畏霜寒。

壬子春旱

作苦園居客，行田憂甫深。頻年穀益價，三月雨如金。蒸濕占行蟻，晨明聽噪禽。彌天塵沒骭，花節罷招尋。

旱後澍雨

猛風號不散，結陣亂雲陰。灑砌空飛雨，翻波水注林。枯苗沾地德，生氣轉天心。里父看歡極，應催賽社金。

病臥李園自嘲兼簡韓太史、趙文學

香砌晴兼雨，鮮庖夜繼晨。遊尊虛地勝，遲月暗園春。太史留題罷，才人觸興新。祇餘消渴者，羸劣笑花神。

壬子郊園池亭成八首

平生論勝地，先要近潺湲。築室荒邨外，穿池數畒間。鳴渠聲亂澗，愛水性過山。頗自耽閒寂，城居動不還。

炎曦背屋角，涼榭枕池脣。裁矩如盂拭，開明耀鑑新。東皋聊自適，濠濮見吾真。泳藻游鱗上，相忘狎釣綸。

常爾凭朱檻，林空石磬清。雨添浮面浪，風捲半邊苹。夢草同康樂，吟湘陋屈平。喧卑深遣絕，近益畏時名。

數折柴垣隱，壖虛蘿薜賒。微風低掠燕，靜夜上鳴蛙。返照銜空影，鄰山借落霞。定知遲明歲，荷放滿池花。

貧自安環堵，吾年四十遒。薄開梁棟搆，難得竹花幽。展席平鋪砌，縈觴故遶流。人言菱荇裡，須作小漁舟。

抱書防步岸，搜句坐深燈。鏡裡驚衰疾，天邊訝倒昇。已多涼送暮，最喜月添澄。守拙甘棲泊，縑緗事可憑。

性嬾滋堦草，名捐忘署楣。為園聊復爾，勝築待來茲。農圃分泉日，兒童灌井時。畜魚不嗜殺，可作放生池。

驕語貧仍富，惟憑樂遣窮。千條寒玉映，列障錦幢工。變幻蛟龍窟，陰森虎豹叢。濯纓還礪齒，遙媿考槃風。

蜀琴客周會甫瞽而善音，既訪余里，尋又晤之涇陽梵宇，遂贈之詩

經由山水路，琴韻本知嗟。指下聲齊寫，揮時眼莫加。榮期彈自樂，邢律照原賒。倘悟均明暗，應宜幻物華。

野居

奴指歲方益，鶴糧倉僅餘。逢人多問稼，久住為甘蔬。秋氣催園變，明時媿業虛。將邀二三子，題句徧吾廬。

留別張元起中翰二首

異國羈棲久，相親感別多。酒無三日廢，歡比舊時過。客覔知隣是，歌留奈漏何。歲移指庭樹，頓長掛巾柯。

有悟能齊物，身窮恥俗憐。君聊金馬隱，余任敝貂還。靜性緇塵竹，畸人散地便。祗愁家釀熟，敵飲更誰先。

癸丑寓燕邸遇張賓王丈邀同白薙衡、蔣盤初諸兄宴集

帝城留滯日，零落事成非。人許同心合，春先失意歸。謳吟含韻切，簫管動情微。勝地將高賞，應知和者希。

初夏承魏道沖太史招飲作二首

何來遇清賞，風榭一披襟。鷺杓行筵久，龍門倒屣深。朱榴疑火綴，玉李貯冰沉。敢擬占星會，猶慙問字尋_{公贈詩有問字語}。

吾道衰微日，才人振起秋。刺懷名未滅，車訪轍教投。秘閣文章大，名家採輯幽。敬倫通似父，奚但鳳毛留。

園亭小集諸君暨兩弟各賦席上物，余得朱欄既俱賦焉八首

亭檻前瞰水，翠檻面池開。樹雜陰常覆，簾疎風故回。平看荷接掌，俯暎月臨杯。客醉嫌秋燠，無人不凭來。
右朱欄
密坐行觴罷，纖衣候釣遲。柔膚輕粉澤，曖臉嫉蛾眉。桃李嗣宗詠，芙蓉張翰詞。越聲謳北曲，傳自上都師。
右小史
莎渚容修禊，飛觴且限詩。蜿蜒龍下飲，明滅漢低垂。溜喜斜穿竹，奔憐必赴池。幾番防岸囓，一鍤泝流隨。

右曲水

巧藉虁襄製，溫通君子心。秋塲宜畜聚，幽谷想陰森。高處疑天籟，鳴時是鳳音。貧筵無鼓吹，愛此助清吟。

右簫

苹芰漣漪淨，鱗游未許遮。浮頰方躍錦，沉彩忽流霞。出沒窺難定，江湖意已賒。悠然似莊惠，相與樂無涯。

右文魚

緗葉凌朝露，紅蕚吐晚妍。香芬長榭遠，妝靚曲池邊。窈窕江南弄，飄搖洛浦仙。却思初種日，水面幾田田。

右蓮

玉液南和釀，仙膏晉絳春 今之襄陵。方傳有秘授，理妙實通神。勝地何煩引，泥封故不貧。每同嗤杜甫，愛與蜜醪親。

右新釀

熱辭風肅颯，雲晦潦沈淫。潛潤蒼苔色，愁添墮葉音。和烟迷曲折，隨暝入荒深。客醉留凉夜，裝綿有薄衾。

右秋雨

七夕日辱館友欵飲，時余下第方歸

誰憐搖落候，書劍媿還鄉。泥息塵車倦，秋添雨席凉。星河低拂樹，花竹暎傳觴。無羨天邊夕，人間會亦良。

喜雨有感

邑枕高原上，占年旱屢經。入邦禾發發，得歲雨泠泠。雩祀徒鄰域，登秋藉地靈。令君坐安穩，福德應天星。

中秋日同社友釀飲石九鼎館，晚移席龍橋翫月

橋喧新漲瀑，月肅正圓秋。桂影香尊滿，蟾輝伎席留。迎歌牝谷響，遲曉子城遊。歡夕臨天鏡，衰顏不上愁。

十六夜出城獨居不飲

辭囂言靜適，坐翫月仍圓。剛斷尊中好，復尋詩裡緣。清池停皓彩，翠竹照蒼烟。徙倚成孤賞，嫦娥應倍憐。

計十七夜當入城飲時佩宅，宜以清謔細飲送秋華詩作觴斜

輪缺明還減，虧盈又一年。露濃青草變，霜近白頭憐。會合忻同地，陰晴恐異天。欲消更悄悄，須嚼酒涓涓。

八月晦日同社飲伯聞宅，席上見菊限安字

綺席分秋艷，瓶香對客安。淡黃欺酒色，深膁照顏丹。氣早應留暖，霜遲欲遁寒。莫辭旬日醉，直接菊期殘。

秋夜飲尊生玄對閣賞菊

頗忤疎慵客，叢英種似蔬。碧枝勞剪鑷，濃蔭費澆鋤。色燦星羅席，開齊錦覆除。詞筵動幽賞，興續困醪餘。

題東憲明墨莊樓

試上樓頭望，悠然萬象虛。壁開名罨畫，架列舊藏書。夕月光窺牖，南山色染裾。主人深避俗，吟詠恣三餘。

訪潘景芳中翰園

總碍幽蹊步，千蘿覆密關。池盈前引峪，石好近分山。奇卉搜求僻，平林布置閒。宴游方信宿，清樂隔人寰。

夏日寄蕭大將軍季馨

燕頷威名宿，龍旂控馭雄。九邊推獨步，左輔靖神功。超距營門氣，揮毫幕府工。遙知共賓客，避暑水亭中。

題杜來儀元戎榮福堂

第開昭舊德，爵顯比通侯。志矢平胡後，恩看上賞訓。玉函曾鳳降，綠篆竝雲浮。偃武原成訓，憑詒百世謀。

咏杜日章大將軍餐霞閣

凭欄迎霽旭，五色照幽襟。伴石供仙饌，流徽瀉素音。吐光憐筆彩，結綺見文心。應訝高筵際，觸觴海氣深。

壽安太翁

浪言三島跡，誰論五禽傳。養息真遺世，無營合大年。龐眉原長社，健噉足腴田。何以怡遲暮，公車令子賢。

贈吳氏夫婦

里閈淳風在，賢夫更義妻。賃春襴解舞，饁野案能齊。歲月家緣淡，風霜墓草萋。有兒書記俊，孝思慰名題。

壽楊範我太守公

通儒出巨閥，上第領專城。瑞表淹前漢，霖飛徧舊京。進觴和石髓，鍊藥斸黃精。為慶蓬弧志，開筵泛菊英。

壽陳觀察善吾先生

高文兼異學，莫比七閩才。玉筍香名遠，汀源秀色開。神皋甘雨徧，憲府霽霜來。萬里訓懸矢，靈晨舉慶杯。

李渤海、李為與、莫符情三僚長集小寓

三徑有栽植，寧知癖是真。隘堪車馬客，交忝鳳鵷親。貧笥開玄賞，醨觴緩夜巡。燈前對長劍，共許白頭新。

承馮少伯憲使邀遊黍谷山二首

山徑容騎馬，步徐指點真。水涓周寺汲，石恠向人蹲。谷似愚公鑿，林仍鄒子春。夜寒醉孤月，忘却隔重闉。

勢障午方日，陰多寒驟添。不期漠北苦，尚得林泉淹。寺口開山腹，峯身插殿簷。胡巢看近是，登望欲窮尖。

曉發平谷

山翼斗城隈，疇平勢忽開。露分灘水潤，嵐雜宿烟來。稻少供難辦，兵經地復災。撫綏有清令，徧野詠于罷。

晚投薊東小堡宿

冬和尚未冰，頮舍冷難勝。王事方于役，嚴程欲半增。城池幾時設，修葺竟無能。朗月堪高賞，樓危不敢乘。

再宿小堡

來往不離此，塵緣妄亦常。既然行畏路，何處避垂堂。枕夢添鄉思，鈴巡當夜防。銜尊望天表，依舊月如霜。

湯泉嶺觀松作二首 是戚大將軍栽

裹石土原瘠，千松那長成。沿岡憑上下，蔽日不分明。奮壑爭虬舞，依泉沸水聲。巨材留絕徼，大樹豈虛名。

中峰獨飲樂，鼓吹列高墉。縹碧歊泉響，濃陰覆嶺重。快風來濯罷，前路嘆塵封。候騎催人發，淹留易夕舂。

過石門驛

夾嶺試躋攀，陰森古成關。石形如礱砌，險呃欲梯艱。凍樹間殘綠，淒風彫壯顏。征遼千萬士，到此淚俱潸。

多睡嘆四首

來茲常晝寐[一]，寐久屢魂驚。一榻身邊侶，三春夢裡更。只言耽靜好，誰信積愁生。頗覺官翻累，難尋栩栩情。

自媿成虛曠，高眠非曝書。北牕陶令嬾，便腹孝先如。時值多憂日，生憐久困餘。起看羲馭夕，每恨誤居諸。

就簟方交午，昏燈直接明。八磚門外影，五漏夢中聲。久別思鄉國，無資斷爻生。黑甜趣摠隔，破悶賴微醒。

肩重神應憊，眉攢頭易佁。中魔甘類死，兼慨囈驚妻。顛倒思多妄，荒唐境半迷。鹿麋原野性，適意在山棲。

【校記】

[一]"晝"，惜陰軒本作"瘖"。

端陽前一日邀顧賓湖、李汝謙、吳聖初、陳克貞、高成之、朱振南諸君汎舟衛水

沙岸慍猶鬱，沿林久住橈。流纖龍礙競，日烈午先驕。蒲酌留新月，絺衣灑晚飆。續騷咸有筆，裁賦約明朝。

夏日衙居即事四首

散髮以逃暑，卑棲暑正增。因花多命酒，但雨即親燈。褦襶嘲猶至，簿書裁未能。何方將汶水，化作滿溪冰。

冰來不可常[一]，且遜長安良。鹵多烹擇淡，泉淺汲難涼。蔗汁寧醫渴，瓜時好剖漿。秦川百尺井，一歃凜如霜。

平生惟浪跡，不解布牙籌。才拙錙銖計，官憐筦庫羞。無農辜鳥紀，可豢咲龍柔。令急征難繼，陽城僕亦憂。時清淵久旱。

家居原抱癖，癖是好栽花。樂此遂忘客，久之將滿衙。香縕偏入釀，文思對抽霞。蔭藾須臾事，明春徑可遮。

【校記】

[一]"常"，惜陰軒本作"嘗"。

汪白陽贈詩答此

潁亳間名士[一]，知先於晤言。已兼詞翰妙，寧但典刑存。東岱住吟杖，青齊開社尊。願同追六逸，搖筆抗高論。

【校記】

[一]"亳"，惜陰軒本作"毫"。

弟輩家書至，謂相知過宦地，憐余心煩、身累、形衰、神疲，惋然嘆焉，悲一生每事不如人也。分詠四首

心煩
鬱陶橫臆久，失御笑天君。萬慮燈前淚，微官鏡裡勳。憂來真似醉，旱久欲如焚。何以消愁緒，長歌且獨醺。

身累
不思身是假，尚欲奉身多。架上堆圖繪，房中着綺羅。名纏偏作祟，劍佩不驅魔。已自忘溫飽，妻孥可奈何。

形衰
五旬將迫矣，猶抱少時心。白髮滿梳下，青雲非足任。近因痰每藥，聊藉酒成吟。無計還丹液，從他老日侵。

神疲
元亮從何釋，猶戯若計珍。醉時雖暫續，夢裡竟迷真。嬾散終窮骨，駏馳

已倦身。吾生不了業，意氣強須振。

寄閔逸之丈

都門一見後，踪迹各參差。南客飜秦寓，邗江矢我為。夙同耽古癖，可辦買田貲。穎亳多文物，賡遊樂莫支。

聞練君豫年兄調繁山陽

君才非百里，理劇借通儒。境近民風習，名高父老趨。舟喧湖嘴市，城疊水襟孤。舊踏王孫路，慙余詩尚逋。余曾住淮，欲賦漂母韓淮陰詩，竟未成。

新涼

秋愆十日至，無雨亦生涼。驅暑風繽厲，升宵月倍光。親燈將理卷，追蔭免移牀。但頓琴尊穩，貧衙窄不妨。

望雨

共盼秋當雨，如何益杳然。白龍池涸湫，黑馬峪迷泉。萬里淹儲運，經年斷課船。關征新有疏，敢覬聖明蠲。

贈朱白民有道二首

小隊扣禪關，悠然識道顏。乍疑身是鶴，來此自何山。季野名原著，桃椎跡莫攀。對君如有失，佛日且耽閒。

宿習聞俱斷，函三信大儒。禁詩防綺語，貌竹比清孤。離垢逃徵馴，飜經辨野狐。猶憐獨醒者，皆醉厭吾徒。是日與楊寅長劇飲。

李生共中翰過訪

昔年燕市醉，落羽媿干時。東土勞相訊，南遊出好詩。輕橈難遽返，飛蓋不辭追。繼夜淹清樂，寒更坐易移。

生共惠苦釀風味迥異

酒經原重苦，俗醞只能甜。方法傳何處，清孤韻已兼。松醪浮珀影，泉瀨汰膏粘。每酌興不厭，呼兒深夜添。

贈徐文孺

重君才品異，似得南州神。中聖已玩世，辭家將採真。素書窺秘典，把劍睨高旻。結客何須廣，交投不醜貧。

除前一日邀顧賓湖、汪明生、方仲舉、郭漱六、黃羽章、汪會符諸君集衙齋，時仲弟初至。分韻得圍字

臘暖梅先白，燈明春借輝。酣歌犧飲放，密坐獸爐圍。歲暮尋交寡，家遙念聚稀。明宵期守歲，筵罷換袍緋。

喜馭仲至清源小酌分元字

豈期秋夏約，到日近正元。歡具家常酒，愁將官況論。笙歌無用聒，童僕解相存。細及種花事，知余憶故園。

除夕清源署作

暫息當關役，頻呼守歲盃。俗牽詩尚課，孑處弟新來。添炭烘花綻，占雲候斗回。但愁霜雪鬢，春至拂難開。

和徐辰叟工部贈米仲詔先生六奇詩次韻

劭年甲弟日，賦句已無如。屢閱新宗變，堅盟不離初。景真仍得趣，才大豈關書。若上鍾嶸品，中興功有餘。

右詩

汎濫嗟時好，雄篇氣骨高。購藏多自秘，涉獵未云勞。雅擅西京體，堪稱無韻騷。更將封奏讀，豈獨以文豪。

右文

楷工驚絕技，狂草更掀然。寸股亦難似，千金不可傳。訣由被兒底，意在筆之先。草木何免黑，因君好乃全。先生嗜種花木，能若其性。

右書

襄陽灰堆耳，君習數朝人。已寓詩和字，還兼草與真。探微後代祖，摩詰前身因。侍史傳貽法，生綃世競珍。

右畫

爭言能愽古[一]，微妙幾人參[二]。非是兼長手，寧將眾技諳。貲空質尚數，眠抱夜經三。如此閱身世，不妨癡並貪。

右賞鑒

纍纍盛滿器，追琢紀嘉名。鑒覈崇家擇，藏多對客傾。化形沿削巧，左顧見祥呈。金石流傳久，頻期譜早成。

右印章

【校記】

[一]"愽"，按當作"博（愽）"。
[二]"妙"，惜陰軒本作"少"。

飲王恒石鴻臚宅

兩醉如澠酒，深宵清樂多。肉絲忽近遠，圖畫靜摩婆。愛客筵彌重，伸情禮不苟。猶憐迂吏苦，滿酌慰蹉跎。

早春簡周恒臺給諫、張石林大理兩公

春雪纔融濕，津樓日漸長。常將官舍掩，絕少簿書妨。才短資三益，時危倚重望。楸枰對壺榼，好共話離腸。

早春仲韶先生衙齋用百五十字牌湊成一律余得三首

晴芳妍態好，燦采隊工追。蟾影淡中轉，風筠穆矣垂。選喉優逐捷，品釀晤留辭。解轄鍾恒換，歡塲起更羈。

晤歡快餐際，晴霽亞嫣芳。馥影圍缸好，妍腰立釀傍。書探牙選品，河轉采垂蒼。君解工詞燦，嫌余角矮塲。

歡鍾羈去轄，快起好彈緌。隊轉工妍態，塲圍泥選喉。橘纍答釀馥，芳淡導邛留。亭際灑筠影，探辭乃角優。

人日喜晴_{時郭漱六、舍弟馭仲新至}

早起窺天色，新晴慰令晨。絕無風雪妬，已到柳梅春。犮是論心友^[一]，人為同體人。東氛雖未息，卜吉祝微臣。

【校記】

［一］"犮"，惜陰軒本作"友"。

燈夕觀米周二郎君拳戲即席成

俱自荀陳種，何期晤宦遊。年齠方摠角，指小會藏鈎。五夜嬌燈彩，雙珠吐燄尤。嗤余幼了了，才盡老堪羞。

七言律詩目録

卷之十二

寓都下寄弟馭仲

九日有懷，時丁酉下第歸也

華陰廟

登華山至日月巖作[一]

登華山遇雨

寄君肇

寄王總戎漢翀

得家信

旅中七夕

木槿

秋日齋居三首

梁君星千里抵細陽從家大人遊，余亦後先至邸，相見甚歡二首[二]

登華山近峯阻雨下山

白雲峯閣

月下有懷二首

中秋望月

櫟陽寺

憶君星，時君星從遊家君宦邸

子斗宗侯累詩見贈，率爾賦畣[三]

秋日別家君細陽感懷二首

抵咸陽承王裕參明府枉顧賦謝

聞陳州新警後裨將次軍鎮之

余同君參南發，含素、君旭、君晉餞余於華嶽之青柯坪，賦此留別

詠蘆

旅懷

冬日憶友

盆中荷枯

送馬涵虛歸里

夏旱二首

夏日齋居即事

君旭邀賞池中千瓣蓮二首

壽張停一邑侯先生

晚歸

君旭以新詩見投率爾還答

秋院閒適述懷二首

時光

仲秋月夜同友人登城樓小酌援筆五首

走筆賦燈下海棠限眠字

秋懷

感懷二首

閒題

贈別梁君宿孝廉

詠梅

遊城西禪林

山行

小集適值送瓦罇數種，遂即席徧觴諸公

感遇

冬夜共含素、君旭偶坐

花下獨酌二首

村居晚興簡胡含素

壽鴻臚鶴亭梁公六十

仲秋同汝誠、鳴卿、家弟馭仲細陽城外觀荷[四]

硤石道中

放舟淮水

過田橫墓

贈朱汝修保御修竹館

贈張逸度[五]

贈吳美成

逸度席上同家弟馭仲、張恭甫、許寅如飲[六]

題顧朗哉獨倚樓[七]

米仲詔先生招飲以促裝未赴[八]

華陰道中遇雨望嶽

無題四首

贈林山人季偉

漫賦

九月見荷花

秋日沈仲玉先生邀飲衙齋賦謝[九]

菊花詩八首[十]

友人下第作詩慰愁

秋居憶仲弟

喜社友張孺充應鄉薦

盆中金鱗南行託友人畜之

得酒

題秋江漁樂圖

謁李衛公墓

冬郊

釀酒

醉中走筆再送君旭之廣陵

贈愚谷山人[十一]

草齋翁抵敝里張宅視張守君疾，屢邀不至，以詩代書請之

冬晴

渭北馬上口占

夏日聞蟬

雲中初月二首

獨立二首。時仲弟西歸家，報生子。內二聯春聯也，續成詩篇見意[十二]

煖屋梅花詩

壽制臺王霂宇先生效錢劉體

檀城元日

華下郭仲茲、東雲駒、王幼安訪愚兄弟耦園留讌，邀同含素、君旭、君晉、與恕、與亨汎舟月夜

園高樓子竣工，諸友眺集，馭仲先賦，余和之，還徵詞詠

【校記】

[一]"登華山至"，國圖本無。

[二]"君星"，正文此後有"兄"。"相見甚歡"，正文此後多"聯榻五月余復將西歸賦"。

[三]"累"，正文作"屢"。

[四]"觀荷"，正文此後有"兼簡閔逸之"。

[五]"贈張逸度"，正文作"逸度丹青入妙，乙未夏，余晤之長安客舍，追遊匝月，別去想憶不置。迫今辛丑，已六載，偶侍大人再抵長安，僦居甫定，即日相把臂轟飲，歡踰於昔。感愴離合，爰裁短詠，且欲於兩人杯酌之頃，形之聲歌，以邑烏烏擊缶之懷也"。

[六]"飲"，正文作"二君情意甚洽，輒賦贈，二君故丹青名手也"。

[七]"顧朗哉"，正文此後有"丈"。

[八]"未赴"，正文此後有"聞座有顧朗哉諸公，兼簡得花字"。

[九]"仲玉"，正文作"明府"。

[十]"八首"，正文作"有序"。

[十一]"愚谷山人"，正文此後有"時山人將之廣陵"。

[十二]國圖本此下六題目錄、正文俱闕。

七言律詩卷之十二

關中來　復陽伯甫著
社友朱誼㵾伯聞甫校

寓都下寄弟馭仲

痛飲長安作酒狂，春風日日據胡床。腰間謄有青萍劍，馬上羞稱白面郎。千古荊卿悲易水，當年靈運咏池塘。故園春到花如錦，應把芳尊對海棠。

九日有懷，時丁酉下第歸也

故園秋老一銜杯，此日霜清朔雁廻。千里風塵驚落魄，百年詞賦愧登臺。青霄囘首空成笑，藂菊經殘莫漫猜。寄語餐英楚公子，好將詩句當栽培。

華陰廟

百疊晴巒倚檻開，團團松影隱層臺。草侵琬琰空廊暗，日照旄旗夾道廻。帶廓峯陰連水竹，平堤關路入蒿萊。千年興廢留陳跡，搔首風烟萬壑哀。

登華山至日月巖作

群峯乍豁闢無垠，路入圭巖勢已馴。出沒自旋雲外影，氤氳不散洞中春。平鋪黛色天門霽，一抹青山海氣勻。欲吸精華叅帝座，朝來拋卻未閒身。

登華山遇雨

山雨霏微景色深，攀緣剛喜披層陰。澹林滅沒迷春色，烟壑空濛失翠岑。

著屐不辭石徑滑，穿蘿轉覺寺鍾沉。好詩滿眼收無盡，應放奇思入暮林。

寄君肇

聞道烟蘿近卜居，靜將天地識乘除。聽鶯憶爾懷清禁，彈鋏慙予臥敝廬。浮世頓隨風物改，深交寧訝歲年疎。三都賦就聲華遠，全壓相如舊子虛。

寄王總戎漢翀

曾聞驃騎按邊州，旋擁旌旗據上游。滄海羽書勞聖慮，東南草木仗奇謀。虛名此日悲駑足，文藻當年識虎頭。遙想幕中多上客，坐談誰為借前籌。

得家信

出門荏苒已三月，家書飄渺時一來。黃口小兒解人語，平頭奴子鋤禾廻。登臨著屐我自放，徙倚看鴻尊且開。欲寄尺書憑問訊，新雨好花將無栽。

旅中七夕

銀漢迢遙亙大荒，佳期天上遂相望。彩虹影落迎天仗，玉珮光寒殢晚粧。目斷雨雲秋似水，夢廻枕簟冷如霜。遙憐故國中宵恨，亦學穿針耐夜長。

木槿

南國槿樹大如柳，花開千朵晴霞寒。斜刺竹松照眼白，遍簪兒女滿頭攢。月冷乍歡香蒂合，容銷翻恨舜華殘。朱顏日暮愁相對，只可幽人習靜看。

秋日齋居三首

風寒庭木日蕭疎，靜掩柴關萬慮除。野水浸塘開逕竹，青山過雨長園蔬。楚天雁度廻巒外，南國蟬鳴落日餘。坐弄閒琴聊自得，一簾松月入窓虛。

幽軒午日蓺爐烟，散帙聊尋靜裡緣。談世自能捫蝨語，耽閒時作曝書眠。新詩未老江淹筆，舊業仍傳揚子玄。莫怪購書添萬架，弓裘三世在餘編。

醉憐起色倚樓寒，芳草迷烟道路難。萬斛商颷凋鳳葉，一瓢秋水煮龍團。種苔遶砌通松徑，斫竹編籬護藥欄。地圻齊梁饒古意，凭虛斜日好盤桓。

梁君星兄千里抵細陽從家大人遊，余亦後先至邸，相見甚歡，聯榻五月，余復將西歸，賦二首

一尊湖海嘆相親，千里重逢感慨新。江表壯遊高氣象，會稽孤客出風塵。和歌色變林中曲，郢雪晴廻靜裡春。期汝長途欲贈策，莫令人笑秦無人。

濠上城闉映水分，坐來池館俯斜曛。讀書花落燈前雨，伏枕山空夢裡雲。劍浦光寒星動影，邗江霜白雁呼群。向平實有俗緣累，無那長懷玉樹芬。

登華山近峯阻雨下山

雨過蒼龍山路悶，盤盤歸嶺漲空濛。嶇岈回首雲霞外，丘壑關心杖屨中。涼帶仙人擎處露，香來玉女浴時風。解知造化留無盡，遮莫全抛九仞功。

白雲峯閣

飛道微從石竇披，虛堂雲出故遲遲。蒼巖縋冷千尋鐵，磴嶺耕餘老子犁。咫尺似通呼吸氣，憑陵下瞰子孫奇。夕陽矯首三峯近，一嘯天風倒竹皮。

月下有懷二首

良宵籟寂夜何其，寥落空廊月自移。南國霜寒人去后，楚江楓老雁鳴時。秋來有恨非關別，境入無言未是癡。自可閒情消漏永，幽人何地不委蛇。

涼堦散步影清癯，一笑依然覺故吾。香落尊前風淡蕩，詩成檻外月平鋪。壤開帝里饒真氣，人近高陽即酒徒。橫槊頓憐感慨壯，城頭多少夜啼烏。

中秋望月

露湛煙高暑不驕，晶晶皓魄逗霜宵。孤輪金散青天桂，萬里銀翻陸海潮。永夜懷人時自語，他鄉看汝倍無聊。更憐七夕寒香影，不放清光過鵲橋。

櫟陽寺

到來城廓俯斜暉，古道招提畫掩扉。說偈曇留雙雁塔，散花香漬五銖衣。幾家僧舍鄰禾黍，千疊空王駐翠微。即向塵緣論去住，天涯佳節幾人歸時九月十日也。

憶君星時君星從遊家君宦邸

別來何事慰沉淪，坐倚烏皮舊業尊。竹裡有歌常命酒，窗前但雨即關門。開簾草樹迎千岉，搖筆煙花盪一軒。預信康成東去后，更看衣缽賴誰存。

子斗宗侯屢詩見贈，率爾賦酬

春風披拂豁煩襟，詑意南鴻更好音。瑤翰皇苓賡未得，朱門青草夢難尋。仙壇語落雲陰變，藝苑盟要歲月深。已淬侯生匕似鏡，稜稜長照許君心。

秋日別家君細陽感懷二首

極目荒塵歸路長，白雲回首已蒼茫。頻年客老離時淚，千里人餘斷後腸。桑柘幾家惟野色，菰蒲斜日自寒塘。旅魂忽漫添蕭索，始覺今宵是異鄉。

孤城疎柳送征鞍，秋入千林木葉丹。遮道官儀矜氣色，推烏父老盛盤餐。橋停駟馬名仍媿，器假繁纓禮未安。憑語市兒休辟易，十年湖海一儒冠。

抵咸陽承王裕參明府枉顧賦謝

幾年淪落老樵漁，折節重勞駐使車。敢謂德星占太史，深慙上客禮相如。香分花氣明霞外，清入朱絃夜雨餘。卻望門牆多國士，難將淺薄借吹噓。

聞陳州新警後裨將次軍鎮之

風塵狼虎自縱橫，搔首欃槍落日明。魚鳥雲深埋殺氣，干戈秋急飭荒城。一氈湖海青無恙，萬犗農禾勢已平。莫向烏聲占聚散，驃驍新勒五家兵。

余同君參南發，含素、君旭、君晉餞余於華嶽之青柯坪，賦此留別

一尊開處雨初收，極目黃雲暗自愁。鴻雁西來迷柳色，關門東去逐河流。停盃不盡盧敖興，題壁新偕謝朓遊。別後更煩高處問，真源倘許得相求。

詠蘆

孤煙一望翠全空，寒倚陂陀低暮叢。寶筏依微滄海外，琵琶蕭索淚痕中。新凉綿冷鴛鴦被，落日歌停欸乃風[一]。怪底枕邊聲最苦，一川寒雨宿征鴻。

【校記】

[一]"欸"，按當作"欸"。

旅懷

出門沉困斷情思，馬上鎮日厭厭眠。何處採蓮歌孃孃，誰家社鼓聲淵淵。霜華滿面酒無力，犢角一編書有緣。翫世幾年餘故態，猶堪吟弄縮風煙。

冬日憶友

沍寒霜淨遠崔嵬，三楚風高雁未來。舊事飄零悲幻夢，何人湖海解憐才。文將煙月時相暎，尊向江梅日幾廻。正值飄蕭木葉盡，無勞吟望獨登臺。

盆中荷枯

不堪零亂委芳姿，愛爾曾從池底移。香淚滴殘驚雨過，宮腰老去怯風吹。卻疑憔悴繁霜後，猶憶離披深夏時。初服十年仍未改，何時玉井遂相期。

送馬涵虛歸里

清春官路草芊芊，忽動離愁思渺然。黨似吾曹寧一世，樽開文社有群賢。風煙黯淡胡天迥，沙漠蒼涼野日懸。十載談兵憐伉浪，因君復欲訪開邊。時西鎮議築塞垣。

夏旱二首

去年天旱穀不熟，今年五月天時乖。火雲煇煇不肯過，九閽漠漠誰能排。那堪畏熱行螻蟻，實有陰巖聚虎豺。雲漢歌來愁思永，乾坤何處付餘骸。

餘骸挤盡底須悲，北極還瞻涕淚垂。飛輓此時添歲額，中原赤地輸兵資。炎空路絕千山氣，落日煙荒萬井炊。夜語槐槍莫犯座，深居天子正無為。

夏日齋居即事

深院無營夏轉凉，嗒然人自到羲皇。經旬謝客驕貧病，盡日高眠愛畫長。雨洗蒼茫天更碧，花隣煙火葉先黃。殷勤為向紅塵語，好逐軒車大道傍。

君旭邀賞池中千瓣蓮二首

妖花翠荇映相鮮，面水閒亭列綺筵。幽地流連人共醉，舊家風物爾稱賢。香魂斜月留清粉，碧葉寒塘靜晚煙。幽賞狂歌原我輩，不妨名倚酒杯傳。

珍從名苑看奇種，移近山家拂玉床。歌滿煙波空淡蕩，香來高閣有清凉。光團淨捧空王座，浴罷秋生楚客裳。坐惜嬌華易消歇，莫教寒露欺新粧。

壽張停一邑侯先生

六傳星軺出帝京，文章西國舊聲名。民甘瓠脯人如父，官應雲霞瑞是卿。河嶽已懸千古色，滄桑空說幾迴更。無煩海外求仙侶，人世還看採藥行。

晚歸

薄凉生處露華溥，徙倚空林野色寬。漸漸蟬聲添密葉，微微螢火上雕欄。卻愁酒後渾如病，轉覺詩成不耐看。迂拙自應甘隱約，天涯誰復恨途難。

君旭以新詩見投率爾還答

筒來忽訝走雲煙，漫拂中郎五色箋。得御步甘從李後，捫心名已媿王先。

縱橫風向歌中變，瀲灧春應調裡還。乘興不妨頻命駕，滿園花竹待流連。

秋院閒適述懷二首

短短疎籬映粉墻，微風凉送荳花香。著書滿卷太任意，得酒長歌還自狂。巢後梁泥辭社燕，食當妻案思河魴。閉門十日添搖落，處處關愁秋葉蒼。

清時孤客自幽阿，荒徑叢遮護薜蘿。身世此生書裡誤，歲年強半夢中過。避人約畧成嫵隱，姤靜分明有俗魔。忽漫書空天正碧，冥鴻落日意如何。

時光

時光荏苒閱年芳，消盡浮生百歲忙。漫謂隙駒真易過，即論幻夢已嫌長。關情今古興亡恨，誤認賢愚得失場。千日仙醪殊未覓，洞柯壺隱嘆茫茫。

仲秋月夜同友人登城樓小酌援筆五首

高旻入夜動晴光，寒倚層樓愜遠望。尊酒不從落日盡，青山猶帶暮雲長。賞遊方外堪迂濶，歌向曲中聽渺茫。不淺庾公清興發，千年風軌未淪亡。

夕林浮動攬長飈，半醉攜壺續勝遊。月敞煙嵐樓閣靜，天廻空潤塞垣愁。中原野色昏殘霧，大漠深寒結素秋。多暇自堪供引眺，好將詞賦坐銷憂。

閑從新月跨前楹，清入詩腸醒薄醒。高倚危欄疑帝近，虛飄風袂覺身輕。南通驛路孤燈見，西掛銀河北斗傾。江海鼓鼙喧落日，預慙叔度保荒城。

零落秋容惱仲宣，故鄉此日卻淒然。南鴻淚引傳書夢，野菊愁生悵別天。宿霧低從山塹漲，昏鴉嬌共柳條眠。莫嗟兩地今宵月，萬里清光擬共圓。

劇談清咏慰相逢，籟入天真感激同。盡訝毫端能幻彩，敢當雞口獨推雄。人探玄象塵緣靜，月動明沙境色空。歸馬無煩愁漏永，柴門東去一灣通。

走筆賦燈下海棠限眠字

玉堦裊娜領春煙，斜映蘭膏火欲然。乍曉迎風初破面，含羞照影卻驚眠。輕勻紅粉腮腮嫩，細吐瓊珠顆顆圓。亦有幽香自披拂，月明芬馥到尊前。

秋懷

風林淅瀝動深愁，白屋花殘野色收。座客幾年貧自散，瘠田百畝食無謀。長天水涸神龍靜，絕塞雲寒戰馬秋。滿目容華驚易老，江湖誰為緩新憂。

感懷二首

音書渺渺滯鄉關，千里浮雲萬疊山。醉入酒樓調笑坐，獨從隣舍看花還。清宵淚灑驚心夢，故國愁凋悵別顏。安得遂乘緱嶺鶴，逍遙南北往來閒。

衣冠西國舊儒生，到處尋詩欸叚行。曾向禁城干象緯，恥從霄漢借聲名。知希漸驗潘安拙，玩世翻嫌屈子清。更值風波悲震蕩，欲將蹤跡卜君平。

閒題

自弄窗前一曲琴，無營村巷轉添深。天清木脫經霜葉，晝煖鳴閒負日禽。浪跡頻年憐顑頷，新詩扶病獨沉吟。驚時漆室仍多淚，江海誰知倚柱心。

贈別梁君宿孝廉

離翻鴻雁嗟難尋，矯首雲山春晝陰。賴可尊前成共醉，不堪花下別同心。孝廉遊冶仙相似，吳楚繁華盛至今。如此客途原自好，每經勝地有高吟。

詠梅

清空皓月靜涓涓，澹落冰姿朔雪天。姑射凌波偏皎潔，蘂珠呈色獨鮮妍。林邊香鬱浮煙動，江畔春逢信使還。幽意向人誰會得，婆娑窗下伴孤眠。

遊城西禪林

招提寂寂獨相尋，古木寒松氣鬱森。僧梵依微超夜壑，禪燈明滅隔花陰。諸天界淨西來法，罔象愁搖落日心。悟卻十年蹤跡幻，忍教髮白嘆浮沉。

山行

杖屨翩翩興不收，半山風露薜蘿秋。如雲恠石當人立，百道鳴泉入地流。囊貯籙圖神物秘，筆橫煙霧秀巖留。憑誰喚起今康樂，得與青蓮一夜遊。

小集適值送瓦罇數種，遂即席徧觴諸公

歲晏山家野蕨盤，汙樽剛喜佐高歡。當筵風即羲皇世，鼓腹人歌帝力寬。茅屋清供添上品，濁醪滿酌為頻乾。亦知文舉堂中客，不竝東隣犀玉看。

感遇

茫茫天地劇愁生，匜布陰氛氣正橫。落日鼙笳孤客淚，幾年杼軸萬方情。驚看正月繁霜下，共指西人采服明。躭隱幼安貧自可，南巖早晚遂躬耕。

冬夜共含素、君旭偶坐

憐予磊磊厭時態，之子相看清倍生。雲霞入心錦歷亂，詞賦到世名崢嶸。即境長吟道眼白，無言永漏寒燈明。共傳六逸逸蹤在，恣賞歡招意未輕。

花下獨酌二首

自把村醪酌滿罍，好懷消盡暫今開。幾株桃樹花初放，前陌垂楊青又回。別有繁華天外得，更無欣戚此中來。閒情暢洽聊終日，彭澤先生雅快哉。

晴郊習習布袍風，薄暮荒煙萬里通。話到農桑憐歲晏，愛偏山水媿詩工。桃霞映綠全生紫，日暈銜雲半失紅。種樹鬻牛貧事足，敢將蹤跡托君公。

村居晚興簡胡含素

日夕林邊水竹澄，千花送煖氣猶蒸。山蜂課業頻將蜜，群蟻思家競下藤。野戶未眠防盜夜，茅堂半滅讀書燈。春城咫尺頻遊賞，如我淒涼憶未曾。

壽鴻臚鶴亭梁公六十代家君

人間怪有長生樹，三殿常閒侍直臣。清飲乞來金掌露，名香分得御爐春。筵開大脯麟珍出，篋貯奇書鳥跡新。共識鳳飛凌彩翼，為看丹穴羽毛馴。公三子，二褒然鄉薦，一為名諸生。

仲秋同汝誠、鳴卿、家弟馭仲細陽城外觀荷，兼簡閔逸之逸之雅善丹青

香淡橫塘粉未殘，追遊狂發盡同歡。寒干堤柳重陰濕，水接長淮秋際寬。客興慣堪無賴飲，野人驚作未聞看。雲邊尺素長康遠，何日風流寫筆端。

硤石道中

滿目寒煙生遠村，客懷向夕不堪論。雨宿秋陰雲半黑，天街洛水氣猶昏。識途匹馬能忘險，候節山禽各有言。我欲凌風歌數闋，自將旅泊慰孤騫。

放舟淮水

泊岸長波撼曉行，微風吹送片帆輕。高歌自擊中流楫，一鏡初開萬里晴。細斫新鱗添饌美，豪傾濁酒又詩成。東瞻泱漭濠梁近，想像蒙莊曠適情。

過田橫墓

爽秋急雨震荒陂，為憶當年廐舍時。義重亦縈真主慮，數奇遺恨假王資。一身窮島風猶烈，萬里同心死不辭。歷下自昭歸漢智，須知頻抗楚人師。

贈朱汝修保御修竹館

幽人避俗結深居，手種琅玕蔭有餘。亦許疎狂來笑傲，真看一榻入清虛。高吟壁滿名公蹟，奇購囊探異代書。不泯斯文憐契合，十年今識李膺初。

逸度丹青入妙，乙未夏，余晤之長安客舍，追遊婁月，別去想憶不置。迨今辛丑，已六載，偶侍大人再抵長安，僦居甫定，即日相把臂轟飲，歡踴於昔。感愴離合，爰裁短詠，且欲於兩人杯酌之頃，形之聲歌，以鬯烏烏擊缶之懷也

尺書幾載慰加飡，握手重憐行路難。河朔興酣頻中酒，薊門秋老一彈冠。厭將失意尊前論，喜有新詩畫裡看。感慨和歌深夜起，稜稜長劍向人寒。

贈吳美成 美成雅善繪事

片語論交海嶽輕，風流今見古人情。揮鞭恥逐東城俠，搖筆平添萬壑聲。遶屋春留香藥裹，籠花煙煖沸茶鐺。疎狂我自同嵇阮，願借香醪解宿酲。

逸度席上同家弟馭仲，張恭甫、許寅如二君情意甚洽，輒賦贈，二君故丹青名手也

燒燭良宵興轉添，疑看丘壑坐清恬。共翻子夜謳吳曲，必有群星應德占。抵掌掀髯天正濶，呼盧賭局醉堪兼。明朝尺紙傳雙美，顧陸筆成愧二閻。

題顧朗哉丈獨倚樓

仙人逸興白雲端，高結丹梯勢欲騫。為喜著書淹皓髮，時憑曲檻醉青天。元龍隱處憑誰覓，王粲愁來只自憐。解說幽棲稱獨倚，如何容我嘯歌還。

米仲韶先生招飲以促裝未赴，聞座有顧朗哉諸公，兼簡得花字

客心一夜動悲笳，萬里寒霜拂劍花。慣醉玉壺憐興在，忽吟嚶鳥覺人遐。綺園香藹重樓靜，紫陌春歸五柳斜。想像高歡席上客，未堪遊子說天涯。

華陰道中遇雨望嶽

亘地陰連十萬家，奔溪野澗帶城斜。真源此日憑誰覓，失路吾生轉自嗟。千笠共攢雲外頂，長莖高吐霧中花。悲來滿目浮沉事，大麓衝風起暮沙。

無題四首

翠帳金屏夜捲雲，粧成窗下逗氛氳。最憐桃葉能題扇，何處翔風巧解文。舊事歌殘悲逝水，多情春暮怨離群。吳宮秦苑俱陳迹，驟雨斜風不忍聞。

高高寶髻墜雲偏，十五女兒嬌可憐。採菱直入深港去，度曲會舞春風前。啼鶯語燕態初轉，隱綠藏紅情惘然。月明不管領愁思，自坐小樓鳴夜絃。

繫將寶馬掛金鞭，白日樓頭深醉眠。玉饌芳筵買樂事，嬌歌艷舞送花天。羞將季布援知己，多有侯家推上賢。興酣欲和鴛鴦曲，自製新詞綺瑟前。

相携相憶駐微曛，翠袖纖纖靜縠紋。深院春酣雙燕過，綺筵歌動曉鶯聞。楚腰燕臉爭朝日，洛襪湘裙蹙暮雲。自有天邊簫史曲，虛傳人世蕙娘文。

贈林山人季偉

風塵遠入帝王州，寶鋏輕裝壯俠遊。攀嶽自臨仙掌路，尋詩正及渭川秋。幾年作客愁無定，異地逢人醉一留。好是茂先博物在，能將剝蝕認商周。

漫賦

秋來無日不大醉，醉後留人還命尊。黃花野竹解人意，細雨鳴蟲消客魂。東廓居士餘穿履，玄晏先生常閉門。擊筑彈琴可獨坐，灌蔬種樹亦行園。

九月見荷花

淺淡紅粧向晚成，澄塘如練色盈盈。欲滋泫露凌風驟，卻避初寒望曉晴。冷艷徒誇菊蕋好，繽紛已過桂葩榮。何如飄渺逢仙子，乍舉霓裳舞袖輕。

秋日沈明府先生邀飲衙齋賦謝

大賢為政日冲融，樽酒委蛇每自公。饌出錯珍驚野客，身當吐握見卑躬。月如玄暢樓頭色，花比河陽縣裡紅。幾度感恩雙劍在，誰言意氣盡途窮。

菊花詩有序

　　屋後有地畒餘，閒居搆小齋三楹，樹柴為垣，足以扄人。環齋栽菊百本，敞其牖，可盡望見。抵秋花發，小有幽致。追唯此花，先君子布衣日好之，蒔藝唯勤。及在細陽得之，寄遠以屢。前歲家禍兆而紫英忽變白華，去歲主人殂而滿園皆不放色，豈物固慨心於知己，抑妖祥實肇於人為也。今者覩花在目，輒興悲於賞期，以花重芬，妄希泰於否後。夫運回則野穀旅生，德修則拱桑夜仆，豈風夕月夜，果無幻彩之花神吊影招魂，可少回生之韻筆。矧友石盟松，各率情性，競閒嗜外，頗宜幽潛，彼可棄我，我不可棄彼矣。聊憶花因，列欵分賦：一徧植，二遠寄，三紫英變白，四滿園不放，五營齋，六重茂，七窺牖，八凌霜，九憶別，十囑人。得詩十首，追往紓哀，即景導志，自知心灰之子，愈益消魂之事。然亦淚盡之餘，強為讀曲之歌也。

　　主人少小愛幽芳，手種寒叢五尺強。葛帽布袍荒徑裡，清樽閒酌短籬傍。時時課僕施花鑷，夜夜尋詩坐草堂。開徧堦前看不足，更從鄰里覓栽忙。
　　右詠徧植
　　憶昨風流典邑時，映堦環榭滿霜姿。兒童箇箇通花姓，邀賞年年費酒資。珍重枯荄千里至，喧傳新蕋百家移。即今幾處矜佳品，半棄園中舊有枝。
　　右詠远寄
　　東風吹出紫霞標，忽報白頭憎寂寥。挺處當昏入眼易，枝間留月一莖饒。非關霜露催容改，自識乾坤有木妖。荒屋疎林秋正老，袨粧和雨泣清宵。
　　右詠紫英變白
　　翠雲朶朶匝蹊生，繡錦看時辨豈明。難返貞魂人已去，忍舒嬌靨淚初橫。共驚羯鼓催無應，可惜黃金煉未成。蕭索閒園生意歇，歲寒空負竹松盟。
　　右詠滿園不放
　　葺茆為屋近花陰，繼好言尋地下心。盡敞幽牎通座迥，還親玉貌貯瓶深。趨庭有學聞難再，手澤興思淚不禁。倘罷修文過故里，層霄悵望翠旗臨。
　　右詠營齋
　　淡黃嫩白鬬妍芳，發發寒依處士堂。素質不妨稱國色，秋容仍見欵春光。仙成換骨新生態，夢起薰衣別有妝。一氣化工生意裡，重憐剝盡又回陽。

右咏重茂

小牖當秋秋意勻，秋來此牖轉相親。忽看近坐如偷眼，靜吐幽香故撲人。侵箔狂風欺亂影，隔沙細雨淨流塵。野夫為惜韶光暮，移住三楹已一旬。

右咏窺牖

戶外長林葉正蒼，陸離那得滿塍芳。輕寒陣陣搖歌扇，繁露朝朝洗靚妝。玉珮久凝天上步，金鈿亂點月中黃。繞欄芍藥培無數，只可柔情媚艷陽。

右咏凌霜

花神也自解離情，感舊懷人太恨生。悵望雲箋爭勝句，斷腸閒履步蹊聲。潁川遼海他年跡，碧落黃泉萬里程。濕露沾霜無限淚，欹風炫日為誰榮。

右咏憶別

霜前勝事又將休，會得無言幾段愁。總向色空論幻相，不辭衰謝任商颺。傳芳須信宜當眼，歡賞還知要到頭。若使籬邊能好句，年年為爾發深秋。

右咏囑人

友人下第作詩慰愁

十年夢遠曲江湄，共道聯翩及壯時。公等才高猶泣玉，誰人雲外慣攀枝。早寒上柳蟬聲咽，秋色當天雁羽遲。只喜歸來近重九，登高且作賞花詩。

秋居憶仲弟

秋盡平林煙霧多，空堂無寐獨悲歌。急難天地經時淚，愁絕生涯此日過。賴有廣陵儲酒好，可令遊子每顏酡。郊園青霽饒環堵，好共消心咏蓼莪。

喜社友張孺充應鄉薦

天門激浪接千津，風雨朝來解轍鱗。露索場中辭苦夕，霓旌隊裡作仙人。漢家四制輕文學，吾道千秋倚賤貧。從此繁華雲路隔，不應采菲忘綸巾。

盆中金鱗南行託友人畜之

留將幾箇尾離縱，甚愛當窗泳藻時。即謂纖鱗托命日，將無食口累君為。三春堪饜須萍葉，北地多寒畏凍澌。待得歸來窗下臥，仍看煦沫浪花吹。

得酒

堵花初發月廻廊，高管繁絃夜未央。座有來賓從醉酗，人當失意尚詩狂。留春殢歲興初轉，眩綠迷紅情暗傷。卻惜陶公甘寂寞，一尊只覓野籬傍。

題秋江漁樂圖

細雨斜風滿釣竿，無邊蒼靄逐人寒。誰買小舟來矮屋，忽看素壁動長瀾。鳴秋鳧雁媚前渚，叠翠峯巒通近灘。欲辦壺觴結野伴，空林無路水漫漫。

謁李衛公墓

天將衰亂厭槐檟[一]，瑞應重開日月光。千載玉符歸鳳表，一時韜畧見龍驤。銅馳行馬輝蒿里，羽葆輼輬泣路傍。今日蕭條俱泯沒，空餘流水咽斜陽。

【校記】

[一]"亂"，惜陰軒本作"醉"。

冬郊

秦塞迢遙值落日，南冠蕭索悵離魂。雪光霽嶺林皆曉，風浪廻沙水沒痕。睡起雙鴻忽下遠，詩成太華正當尊。無端前陌吹橫笛，驚落梅花處處繁。

釀酒

黏南秫米錦雲高，釀得名醪比玉膏。已辦十鍾青甕色，卻看一線瀉春濤。新成賒市同嘗品，幾度留賓待壓槽。會發騷思仍劇飲，興來山嶽是丘糟。

醉中走筆再送君旭之廣陵

淮揚鹽鐵如堪問，不道為儒萬里蹤。重鏤寶刀隨浪跡，還愁匹馬度寒冬。思經舊路增淒楚，新有詩篇是正宗。杖屨懸知尋大雅，老雄南服獨無從無從，陸君弼也。

贈愚谷山人，時山人將之廣陵

蹇驢衝雪遠馳驅，買貯囊中五嶽符。南浦依人聊下賈，西原結社盡名儒。藏身自以愚堪隱，念學還悲歲易徂。幾載犢禪貧轉甚，不須調笑酒家胡。

草齋翁抵敝里張宅視張守君疾，屢邀不至，以詩代書請之

纖流咫尺往來通，不到貧家看竹叢。多為主人偏繾綣，定將仙藥起罷癃。甕頭正壓香醪美，社裡新吟句法工。把酒談詩多野客，當筵要箇白頭翁。

冬晴

散步中林孤興清，深冬和日散窗明。罷搜稟粟閒童僕，恰買鮮鱗過友生。馴鶴對人忽弄影，寒花偷煖尚舒英。亦知浮世矜榮寵，難返疎慵歲月情。

渭北馬上口占

自領清郊匹馬春，布袍穩稱白綸巾。沙邊往往見孤鶴，陌上飛飛來素塵。十年愁苦長安路，落日蒼涼渭水津。極目終南堪隱跡，莫令泉石久嘲人。

夏日聞蟬

炎空何事乍生秋，斜雨殘煙可自由。聲咽層陰凌露重，飛當叢棘弄風柔。幾行綠柳浸堤濕，欲暮青山入座幽。讀罷駱詩感慨甚，橫塘渺渺不堪愁。

雲中初月二首

漾漭層霄積靄橫，纖纖孤魄隱初晴。即妨萬里婆娑照，轉透輕綃的歷明。剛喜素華窺酒畔，卻愁深黑黯山城。坐看陰翳排空上，誰把朱旗淨玉京。

鎖霧籠烟倍自嗟，涼堦人杳玉鉤斜。舞鸞塵起春山暗，藥兔光生桂殿賒。紈扇悲情依繡幕，蛾眉顰色駐胡沙。深閨何限刀頭思，幾見飛沉閱歲華。

獨立二首。時仲弟西歸家，報生子。內二聯春聯也，續成詩篇見意[一]

獨立空廊意轉悲，窮冬短日靜難移。人稀雀啄于殘雪，味淡朝羹只露葵。二十年來成幻夢，三千里外報生兒。明春桃李開應早，到日傾囊辦酒資。

萬軍幸有好容顏，拙吏無營常楗關。日每午衙唯放水，時從露隙去看山。羈縻滿虜繒頻市，犒賚遼師詔屢班。默默天心終厭殺，何時征戍解圍還。

【校記】

[一] 國圖本無此下六題八首。

煖屋梅花詩

一枝塞上便傾城，那得隆冬暎雪明。嬌韻微烘香體閏，暗塵重障素粧成。栽移庾嶺南炎種，影透關山夜月清。若待春臨橫路發，几摠插遍有何情。

惜時晨盥守嬌芳，簾外風寒着意防。溔爾倩魂來點額，不辭燃桂日催妝。香流繞壁猶爭白，瓣落鋪茵不惹霜。室媿芝蘭正幽獨，同心為爾感山陽_{同心，梅名。}

壽制臺王霽宇先生_{效錢劉體}

控弦十萬夾輪飛，肪玉晶晶暎蟒緋。春日已回諸路煖，寒風遙布九邊威。請行充國朝無右，應兆姜牙事本希。塞酒滿浮頻致祝，柳梅天氣凱歌歸。

檀城元日

今年元日久交春，飛雪旋消不厭頻。吹笛友過鄰數舍，摵箏聲怨憶三秦。雲屯士馬方安堵，地扼京陵免脫巾。不學楚囚空下淚，清尊狂酌慰勞臣。

華下郭仲茲、東雲駒、王幼安訪愚兄弟耦園留讌，邀同含素、君旭、君晉、與恕、與亨汎舟月夜

野園清寂晝常關，詞客招携一破顏。履徑求羊不啻盛，衰門謝陸豈能班。

文章氣轉尊前語，木石圖成月下刪。身世百憂渾未盡，且搖小艇聽潺湲。

園高樓子竣工，諸友眺集，馭仲先賦，余和之，還徵詞詠

山傍崇築勢猶侵，百尺樓成遁跡深。下接田疇無萬畒，平看終華出重林。五旬薄祿閒居日，十載攜家卜地心。倡詠句中添景色，窓嵐檻月待賡吟。

七言律詩目録

卷之十三

贈張停一先生比部之留都二首

君肇移家廣陵，三年前曾一抵里中，今復有事西歸，相見喜慰

喜君旭歸自廣陵

壽栗庵段公七十二首

送君星之廣陵

贈君參之廣陵

送君晉之廣陵兼懷仲弟

與允執渡渭水

元日雪霽郊行

方南晚歸

詠涼

九日城樓小酌憶君旭

閏九日顧少府公邀飲署中

飲仲宗王孫宅，其兄子斗、舍弟馭仲俱在座

飲子斗宗侯宅[一]，時伯明、尊生、季鳳、叔融、伯聞、季常諸宗侯俱在座[二]，分得來字

飲董中貴宅[三]

恭和黃直指先生閏九日對菊留題縣署之作用其韻

又代一首[四]

挽王節婦

歲暮

除夕

乙巳元日二首

白鷴

黃鸝

朱鳳

翠鳥

壽松亭先生六十

同友人遊河中王氏園

晝眠

五日

佛日登慈恩寺浮圖

壽朱進父翁宗矣[五]

寄張誠甫

春郊賦得燒燭題花[六]

曲江新水

元夕侍溫宮保先生觀燈限同字

懷顧朗哉丈

寄王伯醇

寄陸士遠

春日飲法相禪院仙樓，時草齋翁並敏吾、葵心諸君談玄於此[七]

憲長汝州張公居諫垣時，建議通漕，中州小民免輸輓之苦，相與感德，生祠祠公，公移之先封君鄉賢，先生鄉人遂並祠

題汝州張憲長公封命冊

壽段母王孺人八十

叔定孝廉會試北上，時尊人健庵先生開府薊鎮，先期省覲二首

北上留別兩地社中諸友

題王四信卿松鱗館

行抵洛陽，承太守張翼明先生招飲梅花堂[八]

上郡集朱太守公公廨賦贈[九]

北上含素、君星、君旭、君晉、舍弟馭仲、常叔餞別櫟陽寺賦謝
上李籲吾房師
贈滿震寰明府先生
楊修齡先生入覲，器君文弱弟子魏啓元同計偕北上，詩以贈之
北上贈邑侯李翀玄先生
簡梁君宿、君肇孝廉
燕邸除夜同允執社兄小酌
贈杜韜武大將軍三咏
　　　三教逸史
　　　榆谿釣徒
　　　五岳草堂
春興
春望
秋日友人見過
冬日郊行
贈昝明宇使君覲後之順慶任，兼呈太史黃昭素先生
早秋君參園同社中諸子讌集
贈令君李翀玄先生壽
壽楊修齡先生
奉和修齡先生新豐送別滿汝楊先生被逮之作二首次韻[十]
中秋邀劉叔定入社
寄本寧老師二首
哀奉節媍
寄劉恩徵兵憲先生
承南子興先生過訪餐英館留酌，時同王山人晉卿
春日同諸子游杏花灣即席賦
讀劉傾陽先生都門草及平播露布文[十一]
送李維文進士赴選
寄祁念東老師分守西塞二首
酌酒與故人

月下有懷

客中除夜

聞姜仲文老師謫宦廣西

春日張儀仰光祿、元起中舍詣九護軍招飲暢遠樓，索題賦贈

贈趙午陽少尹

南思受刑部使留都，聞住廣陵，與君宿、君肇、元之諸君遊甚洽，詩以訊之[十二]

偶題

上制府李修吾先生二首

陸無從先生邀同冒伯麟、李汝謙、梁君肇、家弟馭仲譙集正始堂，分韻得逢字

仲夏李順衡中丞先生邀同冒伯麟、梁君肇宴集賦謝，時介弟汝謙孝廉在座

贈王光庭先生比部

贈嚴州太守汪九華先生

寄梁君宿社兄，時住君宿維揚水樓，數枉尺書，招我北上二首

梁君肇讀書楊子橋高太僕園，作詩訊之[十三]

維揚雜興八首

【校記】

[一]"宗侯"，正文作"社丈"。

[二]"伯明、尊生、季鳳、叔融、伯聞、季常"，正文作"季鳳、叔融、伯聞"。正文無"俱"。

[三]"宅"，正文此後有"卻贈"。

[四]"又代一首"，正文作"再和前韻代令君"。

[五]"朱"，正文無。

[六]"賦得"，正文作"與諸友同賦限諸體咏"。

[七]"君"，正文作"公"。

[八]"承"正文此前有"辱"。"梅花堂"，正文此後有"作"。

[九]"太守公"，正文作"太守先生"。

[十]"滿汝陽先生"，正文作"滿汝陽明府"。

[十一]"平播露布文"，正文此後有"賦贈"。

[十二]"詩以訊之"，正文此後有"寓企羨焉"。

[十三]"作詩訊之"，正文此後有"二首"。

七言律詩卷之十三

關中來　復陽伯甫著
社友梁希淵君晉甫校

贈張停一先生比部之留都二首

金陵千古美山河，地擁都城王氣多。花拂禁垣迷曉騎，人趨棘署動鳴珂。六朝荒草悲風起，一枕清江暮雨過。兼有使君能感慨，停杯落日意如何。

循良功勳上楓宸，平允清時合有人。會見帝鄉回雨露，寧教百里駐陽春。尊邀省月官如隱，座入吳山屋未貧。自是習文多戀錫，不將執戟擬沉淪。

君肇移家廣陵，三年前曾一抵里中，今復有事西歸，相見喜慰

憶爾西征載筆年，長卿詞賦萬人傳。重廻蕩漾江頭棹，又作風流天上仙。把酒喜看來勁敵，檢名終要傍詩篇。故園景色猶堪賞，恰好花前共醉眠。

喜君旭歸自廣陵

舊路蕭蕭匹馬來，風塵相對壯顏開。携將競爽千篇玉，好共論文八斗才。幻彩山川拂袖入，添愁花鳥慣君猜。正憐聚散難憑甚，豈可日無一舉杯。

壽栗庵段公七十二首

依然涇渭老龐公，手種芝薇玉圃中。令子久看訓冀足，明農兼解賦豳風。經旬人醉長春酒，三月香敷百卉叢。卻笑網羅深更密，雲霄軒翥自冥鴻。

藤鞿葛帽稱迂疎，倦倚花塍杖鐵扶。滿地玄精仙子餌，百年牛酒老人脯。縱橫麗日春霞透，飄渺神山海色孤。可是歲星能玩世，欲看聲木幾回枯。

送君星之廣陵

憐君歲歲要南歸，不把青袍換敝衣。但遣愁心消醉別，肯輸意氣向人微。寶韜未第妻先死，曲逆當貧貌自肥。得勝山頭書卷在，還須散髮掩荊扉。時君星有鼓盆之變。得勝山在廣陵。

贈君參之廣陵

蜀岡岡上萬花春，去與名山作主人。浮世憨予空歲暮，白頭因爾感交新。巨先自許心能烈，孟卓人稱行更醇。燕舠吳舠多上客，好從談笑結芳隣。巨先，源涉也[一]，素急人難。孟卓，八廚中之一人也。

【校記】

[一]"源"，按當作"原"。原涉，字巨先，《漢書》有傳。

送君晉之廣陵兼懷仲弟

去去遐征骨肉俱，同言行役此情殊。路將啼泣多岐徑，城為凄涼盡綠蕪。舊社未荒須訂約，揚州雖好不宜儒。到逢馭仲論相憶，問有西陵近作無。

與允執渡渭水

望裡煙含水氣高，坐看鼓枻下漁舠。群鷗驚棹飛棲數，往蹟愁人指顧勞。疎樹入雲連遠滙，荒沙夾岸限平濤。與君共恥明時棄，為訪非熊問六韜。

元日雪霽郊行

野梅破臘已驚年，殘雪消時開遠天。雪花着地地呈瑞，梅蕊逢人人命篇。十里郊邊安客計，萬家喧外結春緣。薄寒尚自欺新醖，為續鑪煤冷後煙。

方南晚歸

如弦遙識指城闉,落日香殘陌上塵。不道飛花能送客,故應春色解留人。駛輪聲斷城頭漏,素袂寒消醉後身。歲歲迂予雙屐跡,繁華一別一傷神。

咏涼

一聲淅瀝下空微,爽氣旋憐上絺衣。即有輕風消燠熱,還隨新露怯朝暉。歌臺玉冷笙初澀,南陌陰寒柳漸稀。秦塞榆關勞悃望,天涯蕭索雁橫飛。

九日城樓小酌憶君旭

清時潦倒城頭宴,曠望野壑心悲哉。蒼煙苦霧擁秋樹,嫩菊新萸浮酒杯。吹帽興酣別駕醉,登臺賦好浚儀來。寥寥吊古同群在,遙憶疎狂作賦才。

閏九日顧少府公邀飲署中

厭將佳節再登臺,來醉如澠座上杯。不到簪頭叢菊好,難逢笑口使君開。人當清樂秋偏爽,歌向知音調轉哀。已矢銜恩同紀異,揮毫還有巨山才。

飲仲宗王孫宅,其兄子斗、舍弟馭仲俱在座

天家貴子喜文詞,留我開尊索賦詩。帖塌蘭亭書自好,枕藏鴻寶客難窺。久知歆向傳先業,虛比機雲愧盛時。自合青藜同訂約,誰能後世覓相知。_{王孫尊人、志川,善書能詩。青藜乃長安詩社名也。}

飲子斗社丈宅,時季鳳、叔融、伯聞諸宗侯在座,分得來字

盛代真生子駿才,客遊難自比鄒枚。剛追飛盖園中日,即有雄風座上來。覆局讀碑當既醉,劇談清咏佐行杯。亦知幸舍多豪傑,恓為夷門虛左哉。

飲董中貴宅卻贈

雍雍相國黻衣明,盡說天家寵不輕。當面好山作雲勢,迎門流水學琴清。可知今日秦聲變,未羨他時蔡紙行。久矣博綜推物望,相逢空愧鄭虔名。_{中貴}

善琴。

恭和黃直指先生閏九日對菊留題縣署之作用其韻

萬里寒威傍使車，凌霜冉冉見黃花。卻驚詞賦追江總，別有風流勝孟嘉。旅雁聲中鄉井夢，崇臺近處野人家。為言再醉茱萸酒，尤勝分甘酈水涯。

再和前韻代令君

六傳初停漢使車，笑拈簪筆賦黃花。徘徊閏節人開笑，點綴秋光事可嘉。戲馬句工懷孔令，白衣尊在愧陶家。卻分憲府旌頭雨，遍灑河陽未有涯。

挽王節婦

此身殉子是從夫，辛苦安劉意竟孤。一脈不昌天莫問，重泉有約久難渝。成灰貞石猶含恨，喚侶哀鴻更引雛。千載陶嬰曲可薦，年年伏臘為神娛。

歲暮

蹉跎十載悲生事，歲暮棲遲更可憐。養學木雞空郭落，心如眽望未騰騫。張衡思遠詎諧世，邊孝腹便惟好眠。眼底兵戈滿天地，可無良策卜涇汧。

除夕

守歲家家興未闌，茆堂聊試五辛盤。撩窻寒氣初回烈，帶雪新芳已耐看。紀曆節華空去住[一]，推遷世事異悲歡。年來宵盡還扃戶，老大羞簪學士冠。

【校記】

[一]"曆"，惜陰軒本作"歷"。

乙巳元日二首

元日空齋獨嘯歌，吾生三十一年過。寸心向暮還堪壯，短髮經憂已半皤。久為塵蹤荒徑竹，近盟良友賦煙蘿。叢花香自尊前足，金石文看架上多。

冬時劇暖未成凍，元日黯慘天低陰。愁看悾偬宇宙色，詎測感應蒼冥心。已知憂杞世情拙，尚爾著書春興深。小窗亦不厭寒雪，欲借餘光照夜吟。

白鵬

孤姿皎皎可憐生，雪散纖毛百浣成。疎徑尾閑拖練細，澄潭影落照雲明。招來筆底西都重，換得窗前白璧輕。知是天家珍貢遠，嶺南迢遞數王程。

黃鸝

春風兩兩坐陰森，百囀誰知出谷心。調出巧簧驚玉指，粧成新樣縷黃金。飛過麥隴田將熟，到近蠶天桑滿林。早已深閨多夢思，隔簾偏訴別離音。

朱鳳

應離作瑞四靈儲，千仞懸知攬德餘。集殿卻慚疑鶡雀，避門還咲祀爰居。飛依帝女秦臺暮，舞下薰風舜日舒。一自聽殘歌鳳曲，琅玕老盡碧梧疎。

翠鳥

蜀隴天清瘴癘除，故應鸚鵡色難如。秋波掠去嬌眉暗，雙羽棲時斂髩初。上苑競傳司馬賦，越南欣貢尉佗書。為愁滿地虞羅急，卻羨親人燕乳廬。

壽松亭先生六十

修髯蒼蒼鶴氅明，驕臥避名非世情。自可一丘藏大隱，還於五斗解餘酲。賢良懶赴公車詔，婚嫁將為採藥行。垂老行年知伯玉，當門通德表康成。

同友人遊河中王氏園代

名園遠叠障山畬，檻外分泉古木疎。雲砌廻簷留月霽，香林交翠動風虛。屐窮條麓千尋壑，釣接東湖萬畝魚。潦倒裴生詩句在，風流何似右丞初。

晝眠

閉門長日影蕭疎，短髮慵將對客梳。病後詩程多自廢，魔來茗椀總難除。

羞於便腹稱經笥，醉倚匡牀是曝書。砌竹簷花風韻裡，吟蟬語燕夢魂餘。

五日

尋涼早夏愜風園，蒲葉榴花照眼繁。水際舊傳龍競渡，茆堂也自艾懸門。求仙言採名山藥，有賦難招楚澤魂。小麥上場農務急，催人布穀又前村。

佛日登慈恩寺浮圖

莊嚴金界亙西維，雁影玲瓏瞰碧池。度隙靜聞靈籟響，御虛疑切法雲危。憑陵晴嶽開仙掌，指點春城偃雨枝。誰讚化身逢令日，青蓮重吐道林詩。

壽進父翁宗矦 宗矦與諸子俱文，故詩皆及之

豈無湯沐盡膏腴，雅向明時下澤車。愛客東平唯樂善，傳經中壘老耽書。室封丹藥芝初產，樹映朱門玉不如。閱歲無勞探秘術，藏名原自近清虛。

寄張誠甫

數年南北慰朋簪，老去人窺烈俠心。拼向山中稱石隱，卻從詩裡見風襟。川長舟楫洪河渺，日暮蘭蘅楚澤陰。翠嶺丹梯空在望，煙霞何處遂相尋。

春郊與諸友同賦限諸體 詠燒燭題花

群玉岡頭已暝天，有人呼笋惱花眠。添來蠟焰莽原隰，報爾瑤章芳歲年。倩笑知矜題後韻，春腸嬌作別時妍。卻慙歡讌淹終日，實乏新詞過傅玄。

曲江新水

春陂濺濺古流泉，積水添痕漾大川。廢苑千年餘瓦礫，濯潾重見是龍淵。五陵花氣寒煙外，二塔鐘聲落日邊。江海宴游尋往事，獨將淪落愧前賢。唐進士多汎洲游宴於此[一]。

【校記】

[一]"洲"，按或當作"舟"。

元夕侍溫宮保先生觀燈限同字

七香塵裡萬家紅，寶燄參差暎上公。鳩杖肯逢村社酒，蒲輪亦逐陌頭風。月前簫鼓鳴時泰，門外衣冠挹道隆。初服更便行樂意，人言懷抱兩疏同。

懷顧朗哉丈

人來投我潞河書，白髮驚君患難餘。作客耻揮岐路淚，携家聞給故人糈。魚龍困臥天常窄，豺虎狂蹲怒未除。春艇飄飄桃浪發，吳江回首賦歸與。

寄王伯醇

維揚才彥擅名譽，早有新詩遠寄余。幽興幾探瘞鶴跡[一]時伯醇讀書焦山，開函驚見換鵞書。春江帆影定何處，日暮柴關空索居。卻媿近論功課事，未將虛薄厭公車。

【校記】

[一]"瘞"，惜陰軒本作"痊"。

寄陸士遠

陸君妙技師探微，黯慘雲山手自揮。不朽丹青期獨步，幾年聲氣遠相依。花繁江岸犧尊好，風斷南天雁字稀。郊圃坐深春半去，正飜殘簡嘆知希。

春日飲法相禪院仙樓，時草齋翁並敏吾、葵心諸公談玄於此

真僊雅好本無拘，結搆危樓寶刹隅。丹卷誦時和梵唄，長生尊好比醍醐。臕前龍象諸天度，望裡神山玉闕孤。新雨天桃花爛熳，親看定水繞玄都。

憲長汝州張公居諫垣時，建議通漕，中州小民免輸輓之苦，相與感德，生祠祠公，公移之先封君鄉賢，先生鄉人遂並祠 代作

生前報德汝墳祠，更遡淵源慰孝私。滿眼艅艎千里渡，孤村棗脯四時思。迎神卻共歌天保，顏像還忻侍履綦。應遲建牙過里日，陰旗憲節總人疑。

題汝州張憲長公封命冊代作

憲府風高赤羽翻，秦關舊識惠文尊。清時已羨承恩使，累世仍將異數論。到處經營名宦跡，兩河冠冕大臣門。鷺車熊軾沾春早，蘭蕊蓀枝裛露繁。

壽段母王孺人八十

堂中褕翟映朝暾，香澤難消舊日溫。閱歲只疑飡有藥，忘憂不待種成萱。眼看式穀能貽子，自喜含飴晚弄孫。詞客璚筵侈樂事，無勞幻蹟繪瀛崐。

叔定孝廉會試北上，時尊人健庵先生開府薊鎮，先期省覲二首

休論四十尚公車，天子方今願治初。工賦夙傳元正慧，憂時知抱賈生書。市成駿足無邊路，海上龍旗近帝居。筍脯薦觴春信早，鐃歌聲裡百花舒。

憐予聲籍久書生，把劒看君意氣橫。博古獨令公府重，寧親真副孝廉名。犁庭節鉞開雄鎮，沙塞風煙擁上京。千里壯遊添偉抱，好陳方畧佐承平。

北上留別兩地社中諸友

辭友離家遠上書，寒霜萬里拂征車。目經板蕩悲歌夕，人被薪樞感激初。短棹詩情春水路，孤城琴韻夜燈廬。交深共惜年華邁，不獨工文羨子虛。

題王四信卿松鱗館

小開華館近城隅，坐弄南山氣色殊。山上松枝虬影直，種移清地翠陰敷。風生涼牖傳聲遠，月散霜霄照節孤。緗帙千年吾道在，白頭不恨著書迂。

行抵洛陽辱承太守張翼明先生招飲梅花堂作

暫拂紅塵緩去程，重堦馹馬濫逢迎。縱橫贉倚腰間劒，虛薄終羞世上名。竹葉色分尊酒綠，梅花香發使君清。懷中縱抱干時筴，前席應難比賈生。

上郡集朱太守先生公廨賦贈

延州門外野雲平，刺史庭前萊草生。但使一尊消磊落，何辭五馬駐山城。當筵客傍寒花醉，絕塞風高夜角聲。況對清涼巖下水，滿川孤月照同明。

北上含素、君星、君旭、君晉、舍弟馭仲、常叔餞別櫟陽寺賦謝

不堪孤劍對驪歌，旅寺蕭條別淚多。嶺外斷鴻驚歲月，天涯積雪暗關河。卻慚綏向尊前結，未有眉如髩裡皤。慷慨贈言千古誼，誰將去住嘆蹉跎。

上李籲吾房師

迢遙雲路幾消魂，愁試霜蹄夜月昏。敢謂懷投和氏玉，何期身厠李膺門。百年未墜箕裘業，萬里常銜拂拭恩。老大功名知努力，無為天子正臨軒。

贈滿震寰明府先生

沴滅何論狂豎焰，轉圜深見聖君恩。掛冠未遂腰間骨，竹馬旋迎去後轅。矻立風塵吾道在，西人杼軸幾家存。明光論最天威霽，強項還能一扣閽。

楊修齡先生入覲，器君文弱弟子魏啓元同計偕北上，詩以贈之

弱冠賢郎供退食，升堂弟子聽鳴絃。誰期飛舄瞻雲地，喜遇聯鑣賦杏天。韋氏一經堪自秘，揚家奇字已爭傳。聖朝彩翮和鳴處，不數西京五鳳年。

北上贈邑矦李翀玄先生

風雲莽蕩護神京，循吏清時上計行。萬井方輿饒戶口，頻年水旱達民情。應圖騄駬傾都過，入貢球琛照眼明。疎薄自憐丘壑性，空慙公府借聲名。

簡梁君宿、君肇孝廉

北征隨例賦長楊，歲月沉淪愧雁行。燭裡憶尋牛渚夕，臺邊初試馬蹄霜。舊家貧業餘千卷，漢代通儒詠二梁。月近上元風色麗，吾儕何處踏清光。

燕邸除夜同允執社兄小酌

虛傳京國椒花頌，客子寒觴苦自悲。燈下故人千里夜，酒邊僧臘一年期。令廻斗極瞻雲近，風亂霜天破凍遲。不識春光來幾許，如何轉入上林枝。

贈杜韜武大將軍三詠

三教逸史
雅從緗素擅名聞，即是桓桓舊冠軍。為史恥尋章句學，大言橫釋泒流分。玄機久具陰符畧，丘索寧殊貝葉文。他日勒勳蒲塞遠，不妨儒服禮聃君。

榆谿釣徒
湛湛谿流繞漢回，坐看汧漰氣雄哉。時驅天馬臨城飲，猶有神鯨擁釣來。幾處雲含魚鳥色，千行樹像水犀開。須知幽渚垂綸客，仍是中流擊楫材。

五岳草堂
葺茅春廊愛林青，列嶂參差抱一亭。時向琴中聽眾響，卻憑窗外見真形。金箱玉笈人間秘，珠洞瑤壇萬古靈。怪得向平生遠興，床頭近日玩羲經。

春興

幾載蹒跚高興盡，何緣春日尚關情。為園裏露分新蕊，近陌鳴風愛早鶯。自有雅琴和怨寫，豈無佳醑對朋傾。年年曳杖追遊地，依舊夭桃的歷明。

春望

望中楊柳翠煙平，柳外叢花遮近城。擇水鳧鷺翻羽過，銜泥燕子入林輕。地經百戰山容改，日下千村雨氣生。屈指故人牢落甚，淮南燕北兩含情。

秋日友人見過

積雨秋堦十日寒，茆堂今日合清歡。不妨籬外尋花徑，隨意泉邊把竹竿。暖暖香醪浮玉斝，纖纖新摘上蔬盤。酒酣睥睨風塵夕，未許沉淪笑鶡冠。

冬日郊行

風斷霜空破早陰，孤笻十里散愁心。疎林黯黯旌旗色，鴻雁嗷嗷關塞音。行繞纖流村路熟，別開茆屋晚寒深。即妨雨雪來前麓，縱把壺觴亦苦吟。

贈沓明宇使君覲後之順慶任，兼呈太史黃昭素先生

五馬驕嘶野日斜，重迎郭伋慰攀遮。丈夫萬里心原壯，王會千年路豈賒。棧閣雲生遙入幰，巴江秋漲好乘槎。時危聖主勤明詔，勸駕知過謝傅家。

早秋君參園同社中諸子讌集

萬樹重開作舍宜，園環四水更饒奇。細分花徑通魚沼，遂有紅葉映槿籬。遠勢盡供吟眺外，薄涼不到酒酣時。招携滿眼皆朋好，今日歡遊勝習池。

贈令君李翀玄先生壽

西京今日見循良，譽望真看竹素光。門外桑弧酬志遠，誦中松栢喻恩長。籬華定出河陽種，筵醴疑同沆瀣嘗。幾度戴崇蒙引接，愧無詞賦管絃傍。

壽楊修齡先生

英年冠蓋領儒紳，絕勝君家執戟臣。馴雉田間禾並異，飛梟天上雀同神。桃源艷奪綏山色，蘭畹香廻碧海春。已慶公車方令子，不應仙籍更詞人。

奉和修齡先生新豐送別滿汝揚明府被逮之作二首次韻

赴闕孤臣嗟路難，西風蕭颯動江干。琅鐺忽報長秋過，雞犬群驚落日寒。未似楊綖威洛郡，先同鍾子泣南冠。惟君牽袂綢繆處，多少秦民掩淚看。楊綖磔宦官王甫屍，史論其太慘。

慷慨憐君意氣長，交情今日豈茫茫。訟冤飛騎書千里，弭變清宵淚萬行。秦缶擊殘虞楚調，柳條攀後憶荷裳。他年窮鳥如堪賦，好記愁辛渭水陽。漢趙壹以友人脫患作《窮鳥賦》感之。

中秋邀劉叔定入社

長安並馬追遊地，詞賦賡歌萬古情。諸子襟期還我輩，兩人肝膽況平生。彩毫此日凌秋爽，鴻雁中宵過月明。不獨唐家遺盛在，天開北地肇隆名。

寄本寧老師二首

清曉雲飜晉塞旂，并州今日亦雄畿。雁門閱武遊還壯，石室藏書願不違。自是文芒寒斗極，非關憲府秉霜威。此時矯首看江漢，淼淼橫波眾壑歸。

憶昨皋比擁座尊，飛揚千古片言存。受經自幸彭宣遇，著籍人盈蔡叔門。鷄肋未捐塵世思，馬蹄猶阻雪霜繁。憂來咄咄吾生事，倚劍深慚國士恩。

哀奉節媍

奉節婦者，富平貧民妻也。撫遺腹子垂五十餘年，事苦行潔。今其子貧而孝，思有以報母，百方詣縉紳學士，求表揚，或乞力，或乞言。來子見之慨焉，既達之督學使者，復為詩表之。

地下夫君應未餒，椒漿貞婦薦常餘。曲裁黃鵠心逾烈，塵掩青鸞恨不除。絕筆有人題墓道_{孫冢宰先生為文表節婦墓}，旌門無路達皇居。遺孤已大雙孫育，千載靈魂抱轉舒。

寄劉恩徵兵憲先生

建旂擐甲古諸矦，坐擁雄關最上游。嵐谷祲消河套靜，白登霜落塞門秋。崇城遠眺歌詞就，橫海先聲鼓角收。幕府坐應閒阮瑀，帳前親見欵旃裘。

承南子興先生過訪餐英館留酌，時同王山人晉卿

徑斜深巷滿荒苔，天際遙瞻使節來。垂世君為真太史，叨陪予自愧非材。探幽燭引池頭步，近座星搖花下杯。更識周行千古義，襄陽寔恐戀蒿萊。_{晉卿好飲酒，忘仕進意。}

春日同諸子游杏花灣即席賦

晴郊十里翠如茵，萬柳千花散遠津。恰有片山遙透樹，轉憐輕日不欺春。水邊絲管調新曲，臺上尊罍擁麗人。到此追遊多歲月，向來林木半為薪。

讀劉傾陽先生都門草及平播露布文賦贈

才藻寧論賦五噫，平蠻功在羽書知。江河重覿宣威後，兵甲全消竟句時。郤縠能文還破敵，陳琳善檄復工詩。試從琬琰探雙美，經濟真堪萬古垂。

送李維文進士赴選

伐鼓喧闐震路衢，林邊彩仗五花駒。繁香的的緋相映，草色青青綬不殊。酬國肯辜懷內策，出關猶識弃時繻。潛夫久抱煙霞癖，何事因君拭湛盧。

寄祁念東老師分守西塞二首

飛傳迢迢絕域遊，干城原自屬公侯。提兵青海旌旗改，乘障祁連鼓角秋。天上威聲歸部落，月明詩思在邊樓。酒泉西去無多路，不獨葡萄杯滿浮。

孤懸萬里起山城，西望烽煙朔氣明。臂斷匈奴空遠塞，赭流天馬照行營。材官麾下月支飲，憲府旌頭豹尾橫。銷甲屯耕諸將在，不知誰是趙營平。

酌酒與故人

勸君劇飲歌君前，浮世悠悠漫自憐。客至尚留塵滿座，窮來那免雪盈顛。風林天慘怨落羽，原隰氣孤悲寒蟬。匹馬頻能扣剝啄，相與細話西谿田。

月下有懷

高天湛露上羅襦，萬象陰森動月孤。興廢井廬環眺望，悲歡世路異馳驅。驚群塞雁聲嘹嚦，飛集城烏尾畢逋。強欲安排百年事，虛名終恨半生迂。

客中除夜

故園此際猶愁緒，此際天涯淚暗垂。多病易看成醉臥，衰顏畏說到春期。一年萍梗拋殘日，兩地椒盤悵別時。萬里江天雲物換，鏡中應有鬢添絲。

聞姜仲文老師謫宦廣西

耆舊銜恩兩世情，自將感激薄功名。亦知張禹當朝重，猶謂梅生去國輕。荔浦草芊春瘴暖，潯江波靜暮潮平。尚方留得嶙峋氣，折檻俄看聖主旌。

春日張儀仰光祿、元起中舍詣九護軍招飲暢遠樓，索題賦贈

碧豀春逕間紅芳，尊酒樓頭日正長。山吐夕嵐橫座入，松含輕靄拂雲蒼。近筵囊隱彈棊處，西第人喧蹴鞠場。兄弟長安推孟卓，寧論連騎五侯傍。

贈趙午陽少尹_{少尹，山陰人}

彈棋染翰擅兼能，真隱何妨戀一丞。自許寸心清比玉，人憐官舍冷如冰。甘棠坐蔭分民頌，茂宰行春託副乘。亦有秦山勞應接，不須鱸鮊憶張鷹。

南思受刑部使留都，聞住廣陵，與君宿、君肇、元之諸君遊甚洽，詩以訊之，寓企羨焉

寒江疊鼓動千艘，斗絡星連法署高。逆旅主人多舊友，觀風使者更詩豪。杯前近接三吳秀，句裡橫飛八月濤。勝地淹留歌舞席，誰憐故國鬢刁騷。

偶題

城上秋陰暎水分，林邊快閣含氤氳。誰家鼉鼓動江滸，何處鴻音入夜雲。自知艱澀今遠涉，空送流光此夕曛。醉來欲聽江南弄，宛轉縈愁不忍聞。

上制府李修吾先生二首

淮揚控扼二京同，天錫名臣制馭雄。沉璧載勤洪水日，搖旌還靖海沂風。已看柂櫓千艘動，久斷鯨鯢巨浪空。幾歲東南歌撫輯，芧湖懇盡即田工。

朝廷採權憶紛然，猰貐狂蹲勢可憐。共喜消氛清帝里，真期廻日向虞淵。名山已副文千卷，寶鼎堪書勳萬年。磊落太原聲並偉，一時南北賴名賢。太原，謂魏見泉中丞。

陸無從先生邀同冒伯麟、李汝謙、梁君肇、家弟馭仲讌集正始堂，分韻得逢字

迢遙秦越嘆孤蹤，獨幸頻親有道容。老向鹿門裁薜服，客過玄洞破苔封。方春柳吐金絲細，永夜杯浮琥珀醲[一]。仰止十年今慰藉，天涯清淚惜難逢。

【校記】

[一]"醲"，惜陰軒本作"釀"，出韻。

仲夏李順衡中丞先生邀同冒伯麟、梁君肇宴集賦謝，時介弟汝謙孝廉在座

隆閥臺臣綺席留，南冠遊子緩春愁。直聲久向都人播，折節憖當國士收。霜栢棲寒消白墮，雲旗部樂鬭清謳。為看伯仲偕高賞，玉樹真難世並求。

贈王光庭先生比部

直道途堙歲月侵，披萊高臥著書深。潘仁未厭園居久，安石終將國事任。緩轡帝城懷古恨，孤鳴天表覽輝心。雄飛暫借含香署，簿領於今豈滯淫。

贈嚴州太守汪九華先生

邗江日暮泥歸人，使節東來跱望頻。彩鵲衝波迎駟馬，襜帷行部領三春。地標嚴瀨流風古，景入餘杭夾路新。政暇名遊知紀勝，紫微太守是前身。

寄梁君宿社兄，時住君宿維揚水樓，數枉尺書，招我北上二首

同作離家事遠遊，君何慷慨我淹留。春來上苑多鶯語，日落江關自客愁。到處掃塵憐郭泰，隨居栽竹憶王猷。緘書讀罷孤懷壯，目極風颿遡瀨舟。

住君樓上過三春，應接公然作主人。悔向南遊生計拙，媿聞燕地結交新。城邊鳥語喧花砌，牖外蟯鳴競水濱。小羨時來深夜醉，轉從第五憶丰神。

梁君肇讀書楊子橋高太僕園，作詩訊之二首

古渡南橫千竹林，重樓靜掩碧蕭森。已添湛湛新塘水，況有關關好鳥音。散髮從驕離世態，閒窗誰識感時心。翛然寥廓乾坤裏，此際著書應許深。

紫筍綠葵已滿灣，燒香烹茗侍童閒。鶴醒常伴雞鳴月，犬吠先知客扣關。羨爾好脩無俗抱，慙余曾訪是塵顏。驚雷海上千潮立，早擬探珠罔象還。

維揚雜興八首

誰遣南隅作寓公，無端終歲嘆飄蓬。千金已散非酬士，百口為家不易窮。稍喜良朋貽宅穩，間勞姻婭問囊空。可憐故國妻孥在，猶自安閒肉食中。

京口櫻桃久不熟，未見鰣魚江上來。小院看花底須數，孤吟老儒真可哀。豈少群書避客讀，懶將鄉信憑愁裁。吾生悠悠每岐路，深夜但親潦倒杯。

隋苑迷樓蹟已荒，玉鈎春盡怨斜陽。江流自傍千家轉，蜀嶺空盤萬里長。梅樹見存東閤閉，木蘭閒發四天涼王播游揚，貧居木蘭院。蕃釐頹廢名姝去，環珮徒懷月下妝。

樓邊南望即邗流，不斷帆檣日夜浮。競渡黃頭幫槽過，喧天金鼓貴人遊。探奇歷徧懷司馬，課業荒蕪媿汗牛。魚服江鄉悲歲晚，何時星駕勸南州。

一爾公門事曳裾，塵勞應忘鑿坯初。噬臍空自聽三令，借面無端候上書。彈雀拋珠憐失計，藏珍愛鼎愧成虛。百城豪富盈緗帙，阿閣誰存敝屣餘。

孤儒敢慕俠豪名，暴露經時恨不平。風雨一身鄉思渺，煙霜萬里旅魂驚。依然魑魅揶揄過，耐可豺狼道路橫。凜凜新垂京兆法，朗然日月本常明。

煌煌制府鎮名賢，喬嶽東南倚賴偏。地重頻年心最苦，時危四海望尤懸。坐消腥穢清皇路，獨厭波濤濟巨川。雷電自神日自照，書生感激覆盆前。

欲知留滯太非情，咫尺三吴未擬行。幾為愁深惟醉臥，多從夢裡覓詩成。丈人肯屑論風雅，才士重勞蒞會盟謂無從、鴻甫、羡長、伯麟、汝謙、達生、君肇、季薦諸公先後同社。歸橐雖貧貧不俗，篇中煙月向人清。

七言律詩卷之　終

七言律詩目錄

卷之十四

夏日同君肇譾謝友可曰，可兩先生，分得君字
夏日閻元之社兄園中作
潘杜若、陸季薦過訪
九日君肇社集天寧寺了明上人禪院
送運長徐公入計
送楊修齡明府先生覲
己酉臘月廿九日安肅道中感懷次壁間韻
元日良鄉作
庚戌下第途中作二首
中秋日雨藍田作呈梁明府
庚戌九日作簡同社諸子
麗人
惺麓太守公札示省城得雪而敝邑獨無[一]，三冬亢旸，詩以志愁
除夕簡同館諸友人
送薛允執社兄之官寧陵
譚王谷廣文枉顧有贈賦畣[二]
飲潘景芳中舍猗園
承寧麟閣明府欸宴賦謝
再詠潘園
何明府衙舍古槐甚茂，夏時飛花徧地，對之欣暢，予為賦詩
壽何在吾邑侯

承焦許二少府先生招飲賦謝

方南與諸友人盤飡杏林下

至日

臘日

承尹惺麓太守公招飲衙齋[三]

贈馬明府壽

有人從遼海寄石子來

夏寒

壽梁翁典客七襄

雨中乞君參園竹

李猗蘭邀同韓太素太史、趙子光文學飲其先敏肅公園林

贈龍君御兵憲先生二首

贈程參寰司理

贈馮璞菴明府調繁咸陽

贈李鶴汀明府

寄魏道冲太史公

寄畢孟侯侍御公[四]

西歸得舍弟家信走筆代書

贈譚王谷廣文

贈楊荊岫明府入覲

承張見平直指公欸飲華下公署[五]

抵莊浪承王衷宇兵憲公枉過輒辱招宴[六]

贈荊籲吾中丞先生二首

冬日馮咸陽、袁涇陽、賀醴泉三明府枉顧郊園二首

壽劉太恭人

呈君御先生兼簡宋文學

簡練君豫年兄

壽丁太翁

壽孫太母

九日社集勺園分韻二首

晚投紅門店廢院宿，簡謝孫太素明府兼美憲使孟麟野老師

過潨贈王奕蘭明府[七]

贈黃鳳衢兵憲公

丁巳元日

壽雷震潛明府

憂旱

君旭病卧簡訊

旱後有感社友梁君參築石堰成二首[八]

奉和伯聞社丈夏夜渡渭見訪之作次韻

恭贈晉國主殿下代

題王季安清華閣

劉洞初刑部年兄以督餉入關[九]，枉顧山園，于其歸也贈此二首[十]

沈澤腴明府病新愈簡慰一首

秋日熊泰徵、周應明訪集[十一]

上元日立春[十二]

君士寓衙齋值誕日祝之[十三]

出關

立春日同諸子集二首[十四]

咏龍燈[十五]

喜季常、伯聞二社丈過訪池陽

贈文天瑞禮部

硤石遇雨作

山中春寒簡洛下諸公

焦明府邀遊浮丘山朱石雲年兄園[十六]

山強半為園，據其基弘敞可知，作此貽朱兄志羡焉

簡喻栢鄉年兄

途中漫興

新樂署亭見魏道沖、馬康莊二太史留題[十七]

遊鄭園同吳師每、李為與二寅丈賞並頭芍藥，是日余挐蒲得雄二首

簡黃山人

同沈侍御、張給諫、周武選觀王園荷花

恒山道中

贈新樂陰黃州明府

【校記】

[一]"惺麓"，正文此前有"承尹"。"札示"，正文作"貽札"。

[二]"顧"，正文作"過"。

[三]"衙齋"，正文此後有"座有琴客胡五嶽"。

[四]"侍御"，正文作"直指"。

[五]"欷飲"，正文作"招欷余"。"公署"，正文此後有"時久旱新澍"。

[六]"王衷宇兵憲公"，正文作"兵憲衷宇王公"。"招宴"，正文此後有"賦謝"。

[七]"明府"，正文此後有"兼簡趙學博，二君皆社友，時趙留潯廨"。

[八]"有感"，正文作"二首感"。"成二首"，正文作"人大獲利"。

[九]"督"，正文作"解"。

[十]"贈此"，正文作"賦贈"。

[十一]"熊泰徵"，正文此後有"社友"。"周應明"，正文此後有"文學"。"訪集"，正文此後有"山園"。

[十二]此題正文作"上元日逢立春，是日承馮少伯憲使攜酌敝衙飲梁君土、舍弟馭仲"。

[十三]"值誕日祝之"，正文作"值其誕日詩以祝之，時舍仲弟同至"。

[十四]"同諸子集"，正文作"同郭潄六暨諸君集叢筐齋"。

[十五]"詠龍燈"，正文此後有"同季常、伯聞二社丈暨郭潄六、胡含素、梁君晉、君土、舍弟馭仲、常叔"。

[十六]"年兄圍"，正文此後有"同邑丞尉學博諸君"。

[十七]"留題"，正文此後有"忽憶昨歲督餉入里，二公俱有贈言，尚未酬也。益嘆太史才情敏贍而余枯澀甚，作此聊志景慕爾。若尚和嗣當勉成也。"

七言律詩卷之十四

關中來　復陽伯甫著
社友朱誼汴子斗甫校

夏日同君肇譙謝友可、曰可兩先生，分得君字

清沼浮筵散鬱熅，雨堂涼樹背斜曛。接來簪紱尊前色，談出珠璣座上文。河朔賓朋多曠達，永嘉兄弟舊知聞。追隨淮甸淹叢桂，真自端居耻聖君。

夏日閆元之社兄園中作

長日晴郊散遠襟，蒼涼灌木動風吟。亭侵綠岸嫌新漲，臺枕崇巖俯夕陰。勝地遊便公子席，青天眺望旅人心。年華挤向交期過，不使歸風怨素琴。

潘杜若、陸季薦過訪

蒿萊欲上野人堂，蹇拙誰憐滯一鄉。談入煙霞孤劍合，酒浮湖海舊醅長。竹西路近風廻韻，瓜渚山秋雨薦涼。絲管滿前慵度曲，悲來猶憶少年狂。

九日君肇社集天寧寺了明上人禪院

去年兄弟南來後，衰謝牽愁又此辰。客裡偏驚聞雁日，天涯重憶插萸人時舍弟歸家，余獨留。黃花滿眼凄涼地，白社關情去住身。隴樹依稀鄉國渺，不須游目益傷神。

送運長徐公入計

使君蒞政淮揚日，正值東南困極時。清見處膏心獨苦，坐憂民瘠瘡先知。趨程輓急霜橫落，邊海田荒草易滋。端賴明光條對切，如綸恩詔慰瘡痍。

送楊修齡明府先生覲

一尊驪下欸征鑣，風起長河雪未消。言籍方輿充遠貢，載馳關輔領諸僚。酬功玉闕清華地，敷奏龍顏拜舞朝。旦夕預愁難久借，非關去後繫思遙。

己酉臘月廿九日安肅道中感懷次壁間韻

羸馴棲遲嘆客裝，如流歲序促人忙。若無晦日逢年盡，可少清尊慰路長。臺貯千金仍市駿，篋懷七發異遊梁。塵顏短髮公車後，羞對恌恌白面郎。

元日良鄉作

客罇元日奈狂何，勝侶顏開共一酡。近帝五雲輪囷出，尊王萬國賮琛過。霏微禁籞舒金柳，想像天衢散玉珂。杲日初融霜氣薄，春風忽被九垓和。

庚戌下第途中作二首

杏白桃紅萬樹新，柳條垂綠拂車塵。髯蒼空羨摘髭侶，衣冷猶逢禁火辰。賴有王凝諸弟長，不妨戎昱在家貧_{戎有"在家貧亦好"之句}。誰言逐客無行樂，郊野宮城總一春。_{是年叔定、允執、修之皆登第。}

去去輪蹄逐暮春，壯顏幾載損風塵。雙眉半脫愁應劇，同病相將酒未親_{時共涇陽段修敬同行}。對面妻孥羞故我，窮途生事媿依人。放餐高枕身何補，碧水迢山倍愴神。

中秋日雨藍田作呈梁明府

密雨秋堂下積陰，客留華館自長吟。中宵尚遲窺林影，南畝猶牽餉黍心。雲暗玉峯連寶氣，谷飜滋水漲潮音。為緣地主饒供具，願訪王丞鹿苑深。

庚戌九日作簡同社諸子

九日天風吹雨凉，高樓瀟灑振衣裳。歲饑欲斷千家火，林慘俄驚萬里霜。病起登臨神似健，詩成吟賞老何妨。幾年故友籬邊酒，吹帽今看髩各蒼。

麗人

寶釧雲衣曳靚妝，玉肌柔澤粉無光。牡丹姿艷矜春最，巫女魂輕託夢長。歌扇態新時理曲，浴蘭窻曉自拈香。狹邪醉訪環車馬，獨解求詩問老狂。

承尹惺麓太守公貽札省城得雪而敝邑獨無，三冬亢暘，詩以志愁

三載經冬俱不雪，出門井里徧紅塵。可堪盜賊橫行日，況值蛟龍困蟄晨。卜歲麥秋愁失望，凌春梅萼黯無神。郡城咫尺呈佳瑞，冲漠應知感格真。

除夕簡同館諸友人_{時仲弟寓廣陵}

兩年除夕正離家，今夕家居弟復遐。話到功名俱是淚，閱餘衰謝倍堪嗟。帷深燭影星潛動，院靜春籬暖不賒。嫩劣課疎慙短髮，嗅梅獨坐送年華。

送薛允執社兄之官寧陵

羨子青雲振羽儀，同翔短翮嘆低垂。文堪貴達非關數，才擅經綸合用時。地止彈丸臨大道，民防瓠子接新飢。膏霖引領同甘露，願趣單車莫遣遲。

譚王谷廣文枉過有贈賦酬

有客敲門車馬闐，墙東日上正酣眠。獨慙匿跡非顏闔，卻喜高名遇鄭虔。叢篠牽風行藥處，蔓花縈暖闘茶天。未須渾黑愁歸騎，自有明珠可夜懸。

飲潘景芳中舍猗園

盤流回嶂座中望，點綴無非水石蒼。砌草香承花雨潤，園籬寒引竹風長。甫田得主初開玉，一舍為隣幸接芳_{余家去園三十里，正一舍也。}勝事邀賓飛翰墨，自堪鬖髮厭明光。

承寧麟閣明府欵宴賦謝

願醉瓊筵過夜分，交談今日見神君。嗜琴宓子神情暇，愛客臨邛禮數殷。比壤沾濡河溢潤，荒郊黯慘野如焚。貧囊旅舍無煩問，宵警經時靜不聞。

再咏潘園

可將丘壑主人論，更訪名題憩此園。橋架回塘初叠石，林開散地曲通門。白鷗黃鳥嬌閒晝，綠筍朱櫻給客飡。長夏風生冰簞怯，乘涼猶指暮臺存。

何明府衙舍古槐甚茂，夏時飛花徧地，對之欣暢，予為賦詩

拂署搖階碧蔭同，陰森炎夏作涼風。柯滋綠蘚虬千結，蕋散幽香桂一叢。植近辟雍喧似市，生當官舍寵如宮。訟餘坐翫鋪金玶，豈比三春怨落紅。

壽何在吾邑侯 七月七日誕

欲問靈晨產嶽魂，初秋弦月映弧門。共持儉歲豚蹄祝，莫報回天瓠脯恩。馭有鶴乘同葉令，製成雲錦類天孫。謳吟千載傳奇績，不獨民思去後論。

承焦許二少府先生招飲賦謝

淮上諸矦黻服鮮，多慚曳履厠賓筵。觴酬東道瓊瑤列，歌出西林花竹偏。雨過轂前行白鹿，日間城外訪丹鉛 冶西有鉢池山，相傳王喬煉丹處。功名未值橋邊叟，空記窮途進食年。

方南與諸友人盤湌杏林下

尊前千樹遶潺湲，坐弄春林十里煙。知節新鶯初變語，媚人繁萼乍回妍。歌時據地莎茵軟，花裡看山乳竇懸。何必勝遊誇往昔，諸賢佳句盡堪傳。

至日

至日江天風色晴，飛葭吹律應緹城。自將首歲占雲物，卻以三微識曜明。破臘疎梅凌雪放，弄暄嬌鳥換春聲。新醅酌罷還閒步，不羨趨陪玉珮鳴。

臘日

沍寒景色莽蕭蕭，野日初晴照綺寮。賦就感時吾自醉，閒來避客臥常驕。繞舍蕉青舒綠甲，近簷叢竹長新條。定知宸極祈農事，千載豳風誦聖朝。

承尹惺麓太守公招飲衙齋，座有琴客胡五嶽

政簡清衙鳥不喧，人從解榻揖高論。叨陪飜訝章縫貴，折節何妨露冕尊。饌玉香羹過竹徑，焚蘭秋濕避琴軒。貽秦豈但翁歸化，風雅宏開正始存。

贈馬明府壽誕辰為重九日

雨過天晴秋未闌，瑤筵高會出雕盤。尊前樂奏雲和曲，檻外鳧飛水月寬。鍊就大丹顏自駐，種成叢菊錦同看。未論仙令原仙籍，循吏名高已不刊。

有人從遼海寄石子來

萬里孤槎下海門，支機幾個離雲根。正憐五色矜天巧，忽有群星映座繁。驅罷祖龍遺舊恨，煮成仙子慰加餐。一盆瀲灧清無滓，想像青鷗白鷺翻。

夏寒

空庭六月涼氣侵，叢篁碧草映陰森。有時燃燭遲明坐，自覺匡牀深素衾。檻外容光倏歲序，天邊孤客倍憂吟。蚊雷蛙鼓饒相聒，寂莫山城漏欲沉。

壽梁翁典客七襃

為耽山水久徜徉，鳩杖忻留吳越鄉。未願泥塗師絳縣，從看卑宦老顏郎。桂邊訪藥饒丹餌，菊月開尊熟稻秔。層漢覽輝窺鳳穴，當筵下食盡龍光。

雨中乞君參園竹

瀟碧竿長解籜時，難逢春雨密如絲。捎雲正少橫窗影，帶露能分出檻枝。新葉葳蕤看騫鳳，孤根詰曲想蟠螭。他時定擬清陰下，濫醉同君倒接䍦。

李猗蘭邀同韓太素太史、趙子光文學飲其先敏肅公園林

初夏名園萬木稠，半看亭榭竹林幽。堦前履跡悲苔沒，檻外杯情指月留。雲石礙人欹徑隱，風花鋪錦碧池浮。禽言對酒爭相勸，歌管何勞弄曲柔。

贈龍君御兵憲先生二首

建牙青海控連營，兩見燉煌太守迎。憲府臨戎聲震疊，詞曹揮羽氣縱橫。饌供蒲塞兵全息，文勒燕然手自成。豈但封侯有骨相，酒泉原可醉鄉名。

斗絕孤城闢赤斤，檄傳絕域響奇勳。千群龍種嘶秋草，十丈霓旌捲朔雲。蓮幕于時誰借箸，秀才今日欲從軍。玉關天外縈魂夢，搔首清霄塞雁聞。

贈程參寰司理

奇文南土播譽同，乘遽秦川挹望隆。酉室玄探千帙破，蓝珠清籍萬人雄。霜秋棘路疏冤氣，曉日槐衙照社叢。祇為巡行陪攬轡，驅馳終歲採民風。

贈馮璞菴明府調繁咸陽

北海名家世德悠，飛鳧肯集舊秦州。通儒試宰才難盡，內地移官望益收。花岸四時迎水照，春舡暇日傍城遊。山川千古興慷慨，雄賦應消清渭愁。

贈李鶴汀明府_{時公從蒲調繁長安}

憶昔曾襄汶水波，地連尼嶧土風和。卻瞻丰采思王佐，豈獨才名重制科。千載治蒲同異政，一時良宰盡難過。長安形勝雄關輔，文酒登臨興定多。

寄魏道沖太史公

樂昌才子擅名譽，西掖詞臣盡不如。猶想鱗池聽佩玉，曾過鳳閣覓藏書。花時徵飲勞酬和，竹下焚香注起居。頭白儒生耽著賦，趨承無計意躊躇。

寄畢孟矦直指公

巡方節使達天聰，滾滾威稜十道中。盡謂澄清靖皇路，誰提文雅作民風。栢臺想見掄材地，藿食何緣託味同。安得建牙推久鎮，首倡岳牧意無窮。公試仲弟文，奇其才，厚加獎賞。

西歸得舍弟家信走筆代書

灑淚窮途白石歌，敝車炎日陌塵多。林迷落羽飛知倦，歲暮游魂髩益皤。訊罷平安仍到竹，目經荒歉倍憂禾。長卿未遇心煩苦，聽賦白頭愁若何。

贈譚王谷廣文

巴州騰有讀書臺，萬卷龍山遲爾開。名起圖南聊北伏，人從化蜀入秦來。游鑣四野誰堪賦，薄祿三秋好作醅。更詫芳晨高飲日，諸生雲集總英才。

贈楊荊岫明府入覲

政傳茂宰發新硎，家學師承仕有經。已見楊琳成異瑞，豈同巫馬坐深星。雲開鳧舄雙飛遠，歲穰蠶桑四野寧。入貢對颺方物備，獨慙虛薄厠充庭。

承張見平直指公招欵余華下公署，時久旱新澍

使車臨處運重回，蓮嶽飛霖應祀來。問俗盡看諸部肅，延儒僅見一尊開。賦裁彤禁曾簪筆，吟上霜秋獨眺臺。給札久隆蘭署望，濟時還倚挾天才。

抵莊浪承兵憲夷宇王公枉過輒辱招宴賦謝

西河險絕鎮孤城，憲府風威薄萬營。旅舍卻驚承劍舄，使君原自世簪纓。醖開白墮行瑤席，獵獻黃羊佐玉羹。時事多艱資偉畧，敝裘關塞笑書生。

贈荊籲吾中丞先生二首

漢帝聲靈暨玉關，雄邊受脤寵誰班。才兼文武謀猷壯，威讋華夷指顧閒。飛檄定知澄瀚海，捷書先報破松山。秋防初撤千營隊，振旅忻聽奏凱還。

九月霜高五郡寒，虎符昨夜下山丹。馬饒西極渥洼種，兵半單于當戶官。蒲類箭稀旗鼓偃，祁連烽息牧芻寬。儒生欲紀從軍樂，頭白追遊媿據鞍。

冬日馮咸陽、袁涇陽、賀醴泉三明府枉顧郊園二首

千年箕穎有孤操，荷鋤躬耕未憚勞。每為問泉迂杖履，空慚訪谷駐干旄。濃霜色暎寒扉白，永漏聲連夜柝高。曲巷那堪容小隊，手披三徑剪蓬蒿。

邨醅新篘瀉百壺，池頭列席照顏朱。當門實媿任棠伏，上客驚逢子晉俱。水潤塵清循吏境，松蒼竹碧野人娛。竭來雅集還玄賞，點綴山林一畫圖。

壽劉太恭人 劉恩徵先生母

屏除膏沐髻蒙茸，子貴寧忘素泊風。珠樹依然圍古石，翠翹猶自當孤鴻。潘輿游倦清齋久，應嫗祥奇世澤隆。想像香筵真侶集，雙成冉冉下雲中。

呈君御先生兼簡宋文學 宋君不飲

秦關夢憶遙天月，北邸親披列戟霜。千古交深飜爾汝，一時樂極動悲傷。熟聽未審新聲奏，倒載寧知故態狂。錯比灌夫憐俗眼，公榮應對酒人忘。

簡練君豫年兄

憐余華髮通籍日，同侶高名得舊歡。獨向盛明慙步武，從知詞賦重衣冠。青天對酒歌頻發，長日看花興肯闌。見說移居因避客，莫教吟苦帶圍寬。

壽丁太翁

檀越依然渡葦身，定山高臥厭紅塵。風煙到處雙芒屩，丘壑常餘一葛巾。庚楚築居機久息，彥方化里道應真。南宮剛報泥金訊，斕服堦前別樣新。

壽孫太母

德門高宴瀉流霞，九十春光景正賒。萊舞錦翻七綵色，桃顏紅駐九還砂。

聯科接武人難並，五世同堂事可誇。陶母辛勤應媼福，知于造物取精奢。

九日社集勺園分韻二首 時同仲弟

燕薊風高霜早零，名區草樹尚留青。安排筆札詡佳節，多少詞人駐遠坰。水氣薄林凝素籜，花英滋露泛新醽。天涯良會應開笑，落日含杯雁序停。

賢主盟文計幾經，帝鄉端合產英靈。花時祓禊修遺事，秋爽尊罍散列庭。籬徑欹行迷水曲，松臺登望挹山青。紛紛雅詠探全韻，勝句誰當播遠聽。春月一舉社，秋更舉。

晚投紅門店廢院宿，簡謝孫太素明府兼美憲使孟麟野老師

息車禪剎拂塵容，列栢穿幽把炬從。宦路衣冠身是夢，禁城鐘鼓聽偏慵。風寒杵急千家響，月上廚炊百里供。行旅安眠消夜警，憲符分道破妖封。

過潊贈王奕蘭明府，兼簡趙學博，二君皆社友，時趙留潊廨

舊京盟社憶人豪，才劇憐君小試刀。相別幾年俱白首，獨嗤四十易青袍。征驂躑躅封彊盡，置驛倉皇地主勞。客欸臨邛交契久，風塵重見慰香醪。

贈黃鳳衢兵憲公

名聞北地趨庭日，誼重南雍結社年。鍾阜風煙千古秀，敬亭靈爽一時賢。褐消烽壘旌旗靜，防逼驕胡鎧甲鮮。仰止天涯憐會合，不堪悲喜酒尊前。

丁巳元日 時余奉使將還

旅吏元正笑掩廬，和風杲日動徐徐。瓶梅護凍留殘蕚，觸栢浮春佐野蔬。皓首醉歌稱大隱，清郎閒臥是新除。二三雅侶懽相對，縱使思鄉且晏如。

壽雷震潛明府

槐衙芳夏綺琴閒，賓客添觴對霽顏。玉界仙流初試宰，彤庭高步仰群班。嘉禾不羨珠為樹，馴鳳疑來海上山。清美譽如筵際酒，建康聲價杳難攀。

憂旱

夏旱如何每歲時，周人雲漢動歌思。田蕪重悔圃園潤，河渴寧辭岸溜虧。極目萬家俱斷火，累人千指正供炊。披衣揮汗頻搔首，水鸛鳴鳩怪爾為。

君旭病臥簡訊

不禁久旱毒炎炙，起坐林園望碧空。矮榻孤尊屏粉倩，縵床柔臥笑髯公。游神實恐詩篇累，驅使寧關草木功。宦味已消猿鶴侶，煙霞棲隱趣應同。

旱後二首感社友梁君參築石堰人大獲利

雷鼓無聲赤日荒，半犁新雨頓生涼。十年辛苦為園計，永日遊便託興狂。課畢春農倉未羨，耕仍舊業氓無傍。手栽松竹憐憔悴，隄堰初成灌不妨。

袤延堰嶺障洪波，義士捐金普澤多。相勢平疏稱上善，決渠遍野聽群歌。未論泥濁宜禾黍，難得炎歊潤蟪螺。陵谷眼前寧固料，添池重欲種菱荷。

奉和伯聞社丈夏夜渡渭見訪之作次韻

敲扉深夜託林坰，駛駕鳴驪薄遠汀。草踏王孫乘興路，蘿開孤客避人亭。嘯吟波際行依月，點檢槽頭起戴星。話久憂時感慨壯，頓憐中壘戀明廷。

恭贈晉國主殿下代

天朝首錫介圭年，奕葉桐封寵賚偏。如帶黃河三晉永，挾霜鴻烈八公傳。蘭宮作賦雄風發，兔苑追遊夜雪前。醉醴躬披金路儼，回翔清禁似登仙。

題王季安清華閣

馮虛獨坐膝翻經，市遠人稀戶每扃。竹葉入尊全占色，芙蓉當面更分青。階前生態西來法，几上絃聲水際聽。塵客頓慙棲息穩，枕餘清夢醉堪醒。

劉洞初刑部年兄以解餉入關，枉顧山園。于其歸也，賦贈二首

柴扉深夜掩煙蘿，結駟留君挤屨過。星曜光分西土近，白雲晴落曉窓多。數條竹徑藏亭塢，六月風筵傍芰荷。驕臥經旬詩思嬾，欣聽雅調向人歌。

自釀郲醪比鬱金，醉移湘簟坐長林。摩婆圖史離塵想，指點山川縱筆吟。策杖紆徐窮嶽路，拏舟飄渺憩湖潯。卻因會合愁分袂，鱗羽何時託好音。

沈澤胆明府病新愈簡慰一首

驅炎飛雨乍涼天，病起休文態可憐。禱應群望知報德，訟清山縣好高眠。軒渠破悶書從展，服食怡神酒最先。嗤我憲貧兼杜癖，閉門長日縮吟肩。

秋日熊泰徵社友、周應明文學訪集山園

清秋文翰萃中堂，灑墨尊前興未央。乍聽新歌飜子夜，久居鄙墅媿庚桑。掠簷飛雨低叢篠，遶砌纖流赴小塘。不厭蔬盤供具薄，淹留信宿有胡床。

上元日逢立春，是日承馮少伯憲使携酌敝衙飲梁君土、舍弟馭仲

春來恰與令晨并，邊地歡騰簫鼓聲。圓月光含新草綠，迎郊仗傍綵燈明。煙霏氣煖開歌席，笛奏篪吹慰宦情。相對何須羨遊陌，文尊滿酌漏深傾。

君土寓衙齋，值其誕日詩以祝之，時舍仲弟同至

蕭然孤劍歷邊疆，俠志應知在四方。孝子茲晨多悵愴，人間不朽是文章。繞過春半風回煖，漸逼花期柳吐黃。遙憶秦關望燕薊，異鄉賓主盡同鄉。

出關

峻嶺橫看與嶽參，輿圖東去尚崤函。封丸霸業誰能覓，乘傳書生恐不堪。河浪逼春飜似雪，桃霞蒸暖吐如嵐。白頭幸免窮途淚，弔古高情寄一酣。

立春日同郭漱六暨諸君集叢笙齋二首

竹裡銜杯靜不譁，新高春月滿山家。摘來菜甲留賓薄，添得蘭膏樂事奢。眺遠微妍回柳色，搴芳新草露萱芽。預憐後夜疎狂處，燈火千門列似麻。正月十三日。

旬滿寒消春至賒，春盤懽集野人家。酒邊叢竹新含碧，簷外孤梅已謝花。敲局續燈身是隱，感時看劒鬢添華。融融霽暖占豐稔，籌釀農郊興未涯。

咏龍燈同季常、伯聞二社丈暨郭漱六、胡含素、梁君晉、君土、舍弟馭仲、常叔

簫鼓喧迎滿路聞，依然爪[一]蠪躍絪緼。玉輪近照含珠彩，赤燄橫飛透甲文。先蟄初疑能逐電，乘宵卻恐徑騰雲。巧工角觗星橋度，尤詫長虹飲水濆。

【校記】

[一] 底本、惜陰軒本俱作"瓜"，核上下文意，当作"爪"。

喜季常、伯聞二社丈過訪池陽

翩翩譽望重詞賦，未合祗稱王子矦。冠蓋自憐窮巷隘，車徒豈易遠圻遊。秦藩出郊禁嚴，二丈以假至。年深別緒談增劇，寒後文盟醉裡修。分日春醪延樂事，交懽歸轄不須投。

贈文天瑞禮部 時天瑞入賀便歸省覲

髫歲文章氣已振，應無珠握尚迷津。名高執戟寧稱貴，思至拈毫類有神。清橐潤携南國秀，彩衣光暎使軺新。自憐頭白甘頹放，減盡才情媿故人。

硤石遇雨作

囘合岡盤木末登，野雲低接濕猶蒸。谿添遠漲危橋沒，夜碍征行怩石崩。舊穀歲荒多未熟，春苗寒重恐難勝。無嗟路滑淹車馬，風雨千年自二陵。

山中春寒簡洛下諸公

客子出門換絮衣，郊園早杏已芳菲。千山積雨侵征幰，三月深寒透薄幃。向老趲程嗟興減，携家就祿媿官微。故人宦洛俱賢達，會合天涯事卻希。

焦明府邀遊浮丘山朱石雲年兄園，同邑丞尉學博諸君

登登山徑遠村深，數疊為丘近水潯。堞暎帆檣常隱日，園高臺榭欲陵岑。筵前花竹嬌堪把，望裡雲煙沛作霖。莫謂鳴騶惱奇勝，四時几案狎相尋。

山強半為園，據其基弘敞可知，作此貽朱兄志羨焉

鼓吹高臺列隊喧，入林春霽萬花繁。自然開地盤為磴，不用編籬塹作樊。門外眾山琴振響，天涯尋句杖仍存。主人吐欲風煙久，許我狂吟盡一罇。

簡喻栢鄉年兄 時旱後雨

前年同侍大司農，紫陌遊鑣許屢從。冠佩輝煌家傍闕，風雲淡蕩氣如龍。分符輦轂隨甘雨，轉餉輜軒類斷蓬。百里莫言羈驥足，陸沉金馬正愁儂。

途中漫興

老嬾辭家念遠離，暫將行樂慰愁思。小童按拍諳南曲，侍女臨池解誦詩。驟雨緇塵消受慣，濁醪龗檽佐餐宜。每吟羅綺雖貧句，訪洛誰追白傅詞。白太傅有"羅綺雖貧不外求"之句。

新樂署亭見魏道沖、馬康莊二太史留題，忽憶昨歲督餉入里，二公俱有贈言，尚未酬也。益嘆太史才情敏贍而余枯澀甚，作此聊志景慕爾。若峀和嗣當勉成也

孤亭爽塏亞沙津，小卉紜紜靜領春。翰藻常新瞻鳳侶，明珠曾贈感鮫人。同心易散踪無定，欲去仍看意獨親。衰賤駈馳何足道，從容獻納羨詞臣。

遊鄭園同吴師毎、李為與二寅丈賞並頭芍藥，是日余擗蒲得雄二首

晴欄群藥殿春芳，驚見奇葩吐艷陽。孤萼舊同稱國色，合歡端可紀花祥。因知名侶能調鼎，故遣嬌姝并捧觴。賭墅清時傳盛事，遊人休擬少年場。

萬朵紛敷挺最珍，供來面面露華勻。只疑江渚逢神女，不羨沉香獨太真。解舞因風分向背，穠妝對月鬥精神。筵邊勝采階前鼓，都佐名花勸酒頻。_{鼓曲有《紅芍藥》。}

簡黃山人

憐君善病復耽詩，可奈搜詩病臥時。夢裡山川家自近，筆端花鳥靜相隨。抗踪湖海名逾上，觸目歌吟調豈卑。燕酒頗清儲滿甕，來澆磊塊勝于醫。_{山人有時人誚其近詩調卑之語。}

同沈侍御、張給諫、周武選觀王園荷花

入林蔥蔚夏炎微，正值蓮時賞不違。似惜粉容遮翠蓋，群嬌新霽曝仙衣。橫塘涼榭風初起，淡月香魂晚共依。拚約重遊消爽晝，忍教芳瓣到秋稀。

恒山道中

連歲飛蝗趙衛俱，山川黯慘戶全逋。春來槐柳家家飯，雨後桑麻處處租。行卷漸堪吟傳舍，貧緣先自減庖廚。此身隱見王畿路，伏櫪誰知本識途。

贈新樂陰黃州明府

彈丸誰遣滯才雄，徒控車書一線通。撫字政成閒傲吏，呼孫讀罷快阿翁。征驂暨爾休甘秩，南雁來分咏澤鴻。詢岳定須旌異績，恆山新市古淳風。_{明府有數孫，皆知學。}

七言律詩目錄

卷之十五

壽張太夫人

公浮來中翰過飲贈詩，和以此篇

謁祁念東老師宅

奉贈王玄洲先生由禮曹擢大參作[一]

中秋邀吳載伯、張鳳臺、張巨卿、黃中宜、賀景明諸子小集，是日見菊分得香字

霜降節陪祀景陵恭述

入紅門望諸陵

壽李郡伯七襃[二]

秋日郊行

邀周顯吾兵部，王襄庭孝廉，黃二岑、羅文台、貟鎮周選士[三]，吳聖初、師振昜太學遊海淀李戚侯、白石橋萬尉侯二園

咏萬瞻明尉侯白石園二首

九月檀城見菊

潮河亭子上同馮少伯憲使送王筐石寅長

邀憲使馮少伯公眺遊聖水亭

咏遵化湯泉

月夜邀李世丈小集遂談名理

壽蕭玄圃先生代

題楊節婦冊

渡孟津黃河

密雲道中

清淵廨舍湫隘，戾檐隙數弓，蒔卉數種，便塞滿屋坳矣。春半花開，將邀米仲詔先生，楊奎聚、丘長孺兩丈小飲，作此奉簡二首[四]

仲春邀仲詔先生、奎聚寅長集王園作

遼事四首

塞下曲

夏仲劉澹尹、宋玄修、趙玄甫三孝廉邀飲馬元躍中翰水明樓翫月

上本部李堂翁

清淵憶南北司僚友

憶都中諸鄉紳

上本部張堂翁

簡徐辰叟工部

送汪明生丈之雍丘

題王楚南都閫漸園

擬石隱先生簡石詩，次徐辰叟司空韻

擬石答石隱詩

自勖一首有引[五]

奉和徐辰叟社兄小築詩六首次韻

夏日簡張仲房

署中聞蟬

余丙辰廷試，卷倖擬鼎元，以半字訛遂實之散列，至今已忘之矣。偶孫君如詞丈賦詩追惜，彌增內赧耳

清關寄弟二首

清源雜興五首

雲

許孚庭寅丈過清關留酌

詠秋月簡方孟旋年丈職方

余既詠署中物三十首，偶故人廣陵王葵廷、朱振南皆過清源，二君素善花鳥，為東南巨擘，技政相敵，遂求人繪其半，裝成一帙，羈宦中大快事也。短詠紀之

贈仰峯宗兄

贈楊奎聚寅長遷平越太守

仲詔先生衙齋同辰叟未央虛舟餞別呂介孺吏部,限七言律體,同用拈韻十字二首

贈濯洹張公歸隱詩

衙居偶成

正月六日仲詔先生衙齋觀牡丹

又和人日仲詔先生委蛇齋梅下賞牡丹之作次韻

春日憶家

閏生日君土、馭仲各有贈詩因賦

承徐恕藏使君並其弟文學招飲,座有孔明府、龔光祿、彥白上人,用紅字

懷柔縣作

出郊訪徐園作[六]

懷柔道上簡周綿貞憲使

重陽日同周綿貞兵憲、葉問羲職方、萬同原總戎遊聖水峯亭

聞蜀警二首簡張芊田憲使公_{公蜀人也}[七]

訓鄒靜長年兄見憶之作

畣倪允昌太史見寄贈章二首

【校記】

[一]"王玄洲",正文此後有"年伯"。

[二]"七衾",正文此後有"公自號眠鶴山人,是寅長為與丈父"。

[三]"鎮",正文作"監"。

[四]"二首",正文無。

[五]"有引",正文無。

[六]正文該詩在《懷柔縣作》之前。"作",正文此後有"用紅字"。

[七]國圖本以下三題,目錄、正文俱闕。

七言律詩卷之十五

關中來　復陽伯甫著
社友朱誼㳽仲宗甫校

壽張太夫人 彭城伯代

萬石家風世不渝，姆儀更復百城圖。膝前侑箸輝纓冕，堂上開顏擁翟褕。喬木斜盤凝翠黛，考鐘歌舞進羅襦。為看誦美名篇眾，戚里如雲未易俱。

公浮來中翰過飲贈詩，和以此篇

才盡憐余鬢雪侵，晚投同好託交深。煙雲幻彩千篇就，風雨捫蘿百遍尋。藜杖幸分良夜照，漆園終抱離塵心。酒酣激烈狂歌發，雞署渾忘久陸沉。

謁祁念東老師宅

白頭簪紱媿騰驤，雌伏川岩歲月長。千里豈云驅遠道，十年今始快升堂。壤開奧沃黎陽渡，城帶晴沙瓟子傍。共指豕韋原鳳穴，飛雲六翮見翶翔。先生器君，稱名士必世其家。

奉贈王玄洲年伯先生由禮曹擢大參作

南去旌旄引馹騑，才嫺文武望攸歸。清時禮樂宣王化，憲府風雷護帝畿。塞上羽書傳燧警，秋深鎧甲凜霜威。長安尺五無勞憶，霄漢常期日月依。

中秋邀吴載伯、張鳳臺、張巨卿、黃中宜、賀景明諸子小集，是日見菊分得香字

秋爽晴飆生薄凉，盈輪皓彩散清光。桂痕難翳金天鏡，菊蕊疑分玉界香。萬里照寧嫌小院，同心杯不負他鄉。年年華髮看明月，依舊終宵酩酊狂。

霜降節陪祀景陵恭述

凉夜星階列炬明，離離山殿唱呼清。御衣罷設留嚴具，尚食憑誰問大牲。馳道草深閒履跡，密林秋茂斷樵聲。聖躬侍祖經征伐，近望長陵並愴情。

入紅門望諸陵

乍瞻瓊闕繞崚嶒，仿佛遊仙海嶽澄。有待地形千禩秘，平分王氣九龍乘。空山松栢淒霜露，半夜英靈下裸烝。一自今皇耽靜攝，扈臣不復紀園陵。

壽李郡伯七袠，公自號眠鶴山人，是寅長為與丈父

杖履林泉嘯傲餘，國程未至早懸車。松喬友是階前鶴，旭素神為腕底書。梅巘當窗供變幻，榴花對酒照軒渠。阿戎器久稱公輔，徵徧名言頌九如。

秋日郊行

斜日凝寒枯野萊，蕭條木末見荒臺。地收禾黍新飢後，客任逍遙緩轡來。乍落清霜疑雪霽，忽逢丹樹似春廻。經年淚灑征鞌盡，搖落寧關宋玉哀。

邀周顯吾兵部，王襄庭孝廉，黃二岑、羅文台、貢監周選士，吳聖初、師振旸太學遊海淀李戚侯、白石橋萬尉侯二園

首夏風和芍藥時，長郊滾滾喜連綏。鳳臺金穴原相埒，湖水松林各擅奇。供給自憐郎俸薄，笑談猶共少年追。安排借榻留歸騎，況有香醪醉莫辭。

咏萬瞻明尉侯白石園二首

帝闉煙靄接通莊，湛綠門前御水長。勝地弘開堪駐蹕，貴家新搆遠過唐。

竹叢時下仙人鳳，松露寒凝帝女漿。屢許老迂迁蠻至，坐邀明月步蒼茫。

南北園名不用添，趣幽聯額詎多籤。客因頻往馬能慣，主既工文僕亦兼。地錯竹花輝暮景，林疑風雨墜晴簷。京塵十丈逃無計，遙憶吾廬媿久淹。

九月檀城見菊

極目秋旻捲暮沙，孤吟倍起旅臣嗟。寒叢亦自名為菊，邊地何嘗賞此花。橫嶺霜雲迷北雁，高城晴月慘胡笳。園籬千蕊邀賓醉，誰念凄其誤歲華。

潮河亭子上同馮少伯憲使送王筐石寅長

滿川秋到水初寒，入眼難窮景色寬。渡口久停船穩穩，筵頭遙指路漫漫。故人惜別頻添酒，絕塞多愁強作歡。祖帳排郊無限思，三年美政此時看。

邀憲使馮少伯公眺遊聖水亭

入望石亭半嶺懸，回縈深谷別開天。共攜方外平生好，且覓窮邊暇日緣。雙澗泠然憑嘯答，群峯勝處遣杯先。興酣滿酌淹宵漏，十里川原踏月還。

咏遵化湯泉

天遣沃焦池液分，鑪燃萬古盪氛氲。避寒玉伏回冬燠，陽燧珠飛暎日曛。餘潤化為松上露，騰蒸常亂嶺頭雲。自憐願洗塵情盡，投宿禪宮沐更熏。

月夜邀李世丈小集遂談名理

邊城列席乍霜寒，長漏深燈發笑歡。子自談經推上座，余方慨世厭為官。換鵝共辨山陰跡，酌酒還乘塞月寬。強憶少年功課苦，筆花今落竹編殘。

壽蕭玄圃先生代

晴洲燁燁五花雲，坐暎麟袍寵賜新。嶺表勝遊歸史筆，朝班儁籍冠詞臣。笑看瓊玉羅前席，自有笙歌娛後賓。獨忝升堂侶諸子，憖無嘉頌寄江濱。

題楊節婦冊

山矗芙蓉倚碧峯，坤輿靈氣嘆媛鍾。忍需九死看兒貴，快向重泉叶鳳雛。悲咽金川雲黯淡，愁迷玉壘雪蒙茸。清芬冉冉凌霄漢，艷絕千春賁管彤。

渡孟津黃河

莽蕩洪流極目望，雄哉萬古注湯湯。飜濤澎濞連天動，吐氣蒙騰混日光。脊慣中條常絡地，派攜四水去尊王。桃花雨過添新漲，有客乘風擊楫狂。

密雲道中

潮河川上路橫分，太堡庄前日已曛。松蔭高嶺鶴飛下，溪藏數村牛吼聞。山頭巧作螺盤髻，垣砌生成龜坼文。無限春花幾時放，邊頭生意日紜紜。

清淵廨舍湫隘，闢檐隙數弓，蒔卉數種，便塞滿屋坳矣。春半花開，將邀米仲韶先生，楊奎聚、丘長孺兩丈小飲，作此奉簡

沉璪嚴扉嘆蟄封，留春聊弄蕊蒙茸。自多野興同長統，欲墮垣遮擬嗣宗。帝德未訓憨寸草，冷衙頻鬧喜群蜂。花天名侶經遊賞，不負東齊寄宦蹤。

其二

樓邊畦闢土膏肥，買費囊金笑屢揮。種衆頓和香撲幕，客來先恐刺鉤衣。官貧樂在應無改，夢覺看時卻似歸。清酌閒碁消歲月，耦園割得小光輝。<small>耦園，余園名。</small>

仲春邀仲韶先生、奎聚寅長集王園作

橋西柳岸隱幽亭，蘿逕松關屨徧經。斐亹玄譚橫座吐，驂驔列騎溢閒停。供筵歌吹傳京氣，平野山川接岱青。半送春光愁夢裡，追歡今日破沉冥。

遼事四首

東方撤守是何年，女直驕橫本自天。羯犬暮年猶瘦毒，蠻王下令比山堅。失疆都護身無恙，新集官僚死可憐。今日空驚飛羽檄，先臣防患有遺篇_{李獻吉詩有}"女直外連憂不細，急將兵馬備遼東"之句[一]。百年前已抱先見矣。

分符四道耀旌麾，十萬連營共誓師。胡騎去來風雨驟，賊巢艱阻鬼神疑。已憐撫順真羞國，新報渾河慘集屍。幾度徵兵驍壯盡，千年餒鬼泣荒陲。

眚災久不軫宸情，天變今時嘆迭生。妖孛亙空虹貫斗，營頭墜地血環城。宿名大將騈膏莽，好武書生竟結纓。百戰未能張漢幟，腥羶誰遣久諳兵。《漢書》云："營頭之所墜，其下覆軍殺將，流血千里。"乃黑氣也。去春今春皆然，占者謂：黑沙晝晦，誤矣。大將：杜松、劉綎、王宣是也。書生：潘宗、顏道臣也。

朝議伸威允繽疏，只言勦伐便訏謀。恨堆雪霰迷蹄軌，誤輓金錢當糈餱。燓狢未知焚可捄，扣閽猶恐覆難收。孤懸一綫援枹絕，大角烽高大海愁。_{大角山，海關左山名。}

【校記】

[一]"李獻吉詩"，語出李夢陽《秋懷》："大同宣府羽書同，莫道居庸設險功。安得昔時白馬將，橫行早破黑山戎。書生誤國空談裡，祿食驚心旅病中。女直外連憂不細，急將兵馬備遼東。"

塞下曲_{追憶甘涼作}

天閉腴區路更脩，古狼深夏雪花浮。城邊驅飲真開窟，陌上橫旃半是酋。壯士裹糧探虎穴，夷風酹石祀羊頭_{羊頭，神名，壘頑石為之。}月明絃管聽新曲，寫出淒涼絕塞愁。

夏仲劉澹尹、宋玄修、趙玄甫三孝廉邀飲馬元躍中翰水明樓翫月

東眺煙霏晚霽澄，望舒平挹透林升。光浮漲水千艘影，醉倚飛欄萬井燈。

坐盡漏籌歌曲靜，斜嚴觴政王賓勝。柳陰竹色堪供賞，惟戀凉風最上層。

上本部李堂翁 尊號桂亭

喉舌弼辰法象高，祝鳩籌國未辭勞。清勤名久聞中禁，摠攝推將徧六曹。流水令常駞急鞔，如山群倚鎮紛囂。遐方小吏慙奔走，叵侍班聯首重搔。

清淵憶南北司僚友

詵詵冠紱滿清班，每日公餘馬喏還。燕市千觴饒鼓吹，春明一別邈河山。帑儲匱竭新捐祿，津吏蕭騷晝掩關。何日追趨鵷鷺後，靜看墀樹干陰閒。

憶都中諸鄉紳

每羨中朝廁後塵，別來彌覺故鄉親。合離無定原浮世，盈縮關情歎遠臣。王粲不禁羈旅思，陳咸傷絕入京神。雖同憂國才慙拙，終華尋將寄角巾。

上本部張堂翁 尊號誠宇

劍履巖巖負鉅望，西京耆舊挺靈光。尚書數長瞻雲日，執法無撓凜雪霜。多難忠看憂國髩，疏儲人頌濟川航。當關小吏逢時詘，竟阻驅馳媿服箱。

簡徐辰叟工部

憂旱牢騷每闔扉，非關避客賞心違。整冠倒屣筵初秩，長晷深燈汗幾揮。即苦飽餐難濯熱，忍教炮炙向炎威。清秋雨過階花靜，來往壺觴莫放希。

送汪明生丈之雍丘

狂炎赤日汗如漿，匹馬何緣問遠方。叔夜興來偏憶呂，虞卿老去漫遊梁。渡河快擊中流楫，揮賦知盈五嶽囊。旅吏關頭勞悵望，迷離煙草路茫茫。

題王楚南都閫漸園

架籬築屋漸幽深，位置誰知靜者心。老去菟裘聊偃蹇，客來剝啄費追尋。几平似掃燕然石，句好多成大樹陰。秘閣旃檀開士供，醉逃許我一登臨。

擬石隱先生簡石詩，次徐辰叟司空韻_{詳在仲韶先生《石交紀牘》刻中}

滂論漢紀載車專，三丈誰誇樹海邊。亭長督郵封秩小，吐霞作雨巨靈權。歡迎致祝題緘屨，欲往仍停道路傳。一辱出山無反顧，淀園只在玉泉前。_{應劭紀泰山有石，用五車載不能上，因置山下為屋，號曰五車石。又《晉書》，伍曜在海邊得石樹，高三丈餘。皆與先生事合。}

擬石答石隱詩

感君世好別青山，千古深交遇自慳。骨幹已妨隨世轉，風塵不傅此身閒。久將必字書胸內，何用驅鞭入禁關。丘壑舊朋俱割席，夢迷鄉路永難還。_{蘭池玄石剖破，中有必字。}

自勗一首

釋儒昭代雙來復，紀載千年兩伯夷。浮世姓名原自幻，幾番來去竟誰知。文章真宰從收散，煙月閒情誤絆羈。榮利未辭溫飽媿，茫茫何路扣三師。

余與元詩僧見心同名，僧被聖祖戮，人謂不詳，欲令更之。丙辰將具牒，大宗伯添"陽"字，會期迫，未行，尋亦濫收計，今通籍四載矣，作此自勗。猛悟功名外，有着腳處也。素評紫陽解《中庸》"性""命"字，認錯精粗，不知人止有一性，脩此便了。若我之形質，是天之予我者，畢竟要還他，故謂之命。惟性則百劫不迷不壞，所以聖人不言命。子輿言立命，又以口鼻四肢之類，謂命可思而淨也。蓋盡性即與天齊，性命合一矣，性盡即命至矣，命在此身卻是形下，而性形上。以命為玄眇，俗儒拘見也，每語學人，駭不敢信，留此俟開士評焉。

奉和徐辰叟社兄小築詩六首次韻

園就文人便可誇，一花一石匪虛加。濟陰買石多名石，吳地來花盡異花。童子階前論藝植，主人筆底散煙霞_{辰叟善繪事。}司空第宅堪羅雀，卻做幽棲隱士家。

凌晨玩竹喜平安，布置重遮另作看。睍睆鳥鳴林乍籟，漣漪風過沼回瀾。

案頭理帙驅魚走，壁上名題灑瀋乾。清讌摘來新果熟，不嫌梅實薦盤酸。

即是巢由不買山，袁閎土室底須關。流雲出岫原無繫，拄杖行塍每獨還。叢菊採時憐境寂，白華吟罷賴身閒<small>辰叟服始闋</small>。悠然趺坐無言際，藤似枯兮石似頑。

比閭安業俗猶龐，開社尋鄰意氣降。錦里交深餐可共，素心人近侶常雙。器陳周漢盈層閣，風入羲皇傲北牕。文物他年傳勝蹟，東齊耆舊在茲邦。<small>"錦里""素心"一聯，以辰叟比李杜也。</small>

擬君徐幹政相堪，中論書成今古參。海勢貯胸翻巨浪，岱宗迎戶送晴嵐。博搜盡譜園中卉[一]，玩世偏收物外譚。潦倒慙余頻命駕，逶迤蘿徑夙曾諳。

扃門久息漢陰機，褊性還嗤杜甫非。每向讀時望早膳，雖傳客至嬾披衣。搆營得趣知能幾，冠蓋中人事此希。時警未容高臥日，且須閒卻釣魚磯。

【校記】

[一]"博"，底本作"傳"，據惜陰軒本改。

夏日簡張仲房

經時炎燠劇愁思，新雨柳條方毿毿。欲逃午熱止憨睡，時強高朋來快譚。憐君消渴身仍客，貽我泥尊飲數酣。衛岸汶源添尺浪，相將鼓柂興能堪。

署中聞蟬

嘒嘒聲來夏欲殘，孤吟如訴蛻塵難。放衙吏散聽愈靜，卑署陰疎爾自安。潤倚露枝憐薄翼，饑窺夕鳥避危冠。自慙高潔鄉思切，愁響閨砧擣夜寒。

余丙辰廷試，卷倖擬鼎元，以半字訛遂寘之散列，至今已忘之矣。偶孫君如詞丈賦詩追惜，彌增內赧耳<small>誤以"纘"作"鑚"，</small>

<small>揭此怨艾，兼警子弟</small>

雖媿廷收誤俊羅，遇窮點畫亦成訛。等閒詞賦惟頭責，一墮風塵恨腕魔。

破俗高情勞惋惜，榷關雄志半消磨。自嘲若廁石渠選，三豕應書去渡河。

清關寄弟二首

津頭鎮日仰天愁，通會河乾斷二流。文物寧殊吾土俗，彫殘不是古方州。幾年作宦憐無補，百口留家賴有秋。園景漸添林漸茂，祇應孤枕夢同遊。

平安新寄十行來，羅雀交情死后灰。文變莫孤三虎譽，篇多猶待士龍裁。時危抗疏訕微祿，地重分憂賴巨才。願息虜氛皇路靖，汶波舟上一尊開。

清源雜興五首

靖西門外眺儂家，鰲嘴迤南日放衙。茶酒榷來供上稅，舟航珍似望傝槎。琉璃井在空堙草，歌舞樓傾罷賣花。雷雨夏秋俱斷絕，魚龍僵困委泥沙。

倉空京國哺堪憂，元老持籌駐上游。實有闌隉能滯漕，久無小漲可承舟。眼希阿堵貧何累，民接奇飢病未瘳。風景倍憐成五盡，哀鴻渺渺恨難收。五盡見《呂覽》。

報陷開原事異哉，嚴城自啓萬師摧。鹹俘計日名雖偽，來去如飆詭莫猜。死守誰同汧督壯，驕酋寧拜令公來。只須震怒祈明主，多散黃金築隗臺。汧督見《文選》潘安仁誄。

不將駑足嘆駈馳，始願多違驗數奇。卻媿田郎題柱日，猶當趙過括農時。兵戈屢募關河阻，冠蓋新添道路疲。未卜摧殘天地虐，近聞中土又流離。

一時關輔競詞翰，千古盟深詎肯寒。書斷竟難分薄俸，田荒空自笑為官。論兵未解披軍志，出世尋將禮竺乾。衰颯鬢毛秋更短，月明清泪灑闌干。

雲

層層疊巘徧旻蒼，細灑橫飛冪下方。萬里卷舒憑尺寸，無心變幻盡文章。

散時未測歸何岫，陰處先宜翳烈陽。經歲旱乾禾半稿，可能攜雨夾龍翔。

許孚庭寅丈過清關留酌

河亭面面敞秋光，水氣侵堦絺袷涼。不淺心交叨後轂，暫留星使盡離觴。聽譚時局紛如奕[一]，坐障雄邊扼似阬。莫以狂氛愁夕燧，歡迎鐵騎凜成行。

【校記】

[一]底本，惜陰軒本均作"奕"。核上下文意，当做"弈"。

詠秋月簡方孟旋年丈職方

誰傳秋帝礦金方，夜礉通明擬太陽。鵲羽靜棲汀樹穩，桂芬伍接院花香。潤流翠竹疑含露，涼照澄波欲墮光。苦旱舟淹星使節，可因好雨漲漁梁。

余既詠署中物三十首，偶故人廣陵王葵廷、朱振南皆過清源，二君素善花鳥，為東南巨擘，技政相敵，遂求人繪其半，裝成一帙，羈宦中大快事也。短詠紀之

閒郎寧敢隘貧居，長夏蕭騷步短除。話到種培憂稍釋，事堪圖詠樂無餘。珍攜墨寶長相對，色恐鉛華尚不如。筆底精妍真競爽，近邀邊呂遠黃徐。

贈仰峯宗兄

四十年餘住帝城，羞從濡削說功名[一]。開筵客縱千場飲，談劍風驚滿座生。列閥阮家貧媿北，論年驃騎齒推兄。近聞週甲神愈健，每起盧敖五嶽情。

【校記】

[一]"從"，惜陰軒本作"泛"。

贈楊奎聚寅長遷平越太守

天涯剛喜聚同官，月席花觴每盡歡。南北押司清望久，舟車盈載積儲寬。帷襃滇國夷新殄，圖指銅崖路豈漫。萬里壯遊司馬志，忍將初服易朝冠。

仲詔先生衙齋同辰叟未央虛舟餞別呂介孺吏部，限七言律體，同用拈韻十字二首

神許才名未見時，宦成東海羨新移。調同乃是真同爾，清樂寧須覓樂為。今夕何夕聚復散，欲行不行心自知。酣尊雅曲供玄侶，千古文盟結遠期。

河洛靈開產異人，彌天盤薄切星辰。清通有譽方龍躍，隱見如余媿蠖申。勝地桀秋添遠色，良逢借別羨詩因。幾年賞拔多佳士，好句應傳汶水濱。

贈濯洹張公歸隱詩 有引

公趙之安陽人，以高科兩令西鄉、南和，值權璫橫派，力爭挂冠，臺使題留，自請就閒部，除應天學博，蓋優敘也。尋擢蜀司理，不赴。返服歸里，結二陶庵自適。朱元介太史、余集生職方，皆尊禮詠歌之。其子仲房，中州名士，晤余清淵，學足傳經，孝能養志，揆公清樂，視元亮暮年，諄諄述祖德，以訓梨棗，諸兒相倍蓰矣。詩不足摹其高致，從仲房請作徵言諸鉅筆之先資耳。

飄然解組歲時深，賢達難囬高尚心。五斗陶潛無戀志，千年張翰有同襟。栽松種菊園成趣，釀液餐英老不侵。洹水景幽三徑闢，驅車他日要相尋。

衙居偶成

矮舍三層無片綠，今年東土仍旱暘。林宗到處除塵徧，杜甫經時覓種忙。竹自遠移寧擇惡，花從雜植不分行。兩河報涸慘無色，猶追新陰開吟觴。

正月六日仲詔先生衙齋觀牡丹

嬌朵垂垂照賞杯，新英裹凍自燕來。共疑綵勝千層簇，喜伴黉祥六莢開。雪霰正飛應惱蝶，色香橫吐摠欺梅。春光早領憑賢主，三月天工巧奪回。

又和人日仲詔先生委蛇齋梅下賞牡丹之作次韻

飛寄鮮枝冷不妨，娟娟魏紫領初陽。晴薰恰好逢人日，珍重先經賞帝王。豐瓣幻神嬌霽雪，叢梅無語斂孤芳。高齋共醉宜春酒，為洗流塵酹艷妝。

春日憶家

四十余年耽隱身，四時寄好只三春。桃紅杏粉常攀手，柳絮楊花任冒巾。好鳥佐觴芳樹密，良朋賡句臭蘭親。時從西陌遊東陌，但得花隣願結隣。

閏生日君土、馭仲各有贈詩因賦

一年兩度逢生日，虛閱春光負令晨。邊地花稀寒不去，案頭書在夜常親。拈詩互答有佳趣，秫酒新篘不怕貧。堂上咄嗟了官事，依然丘壑一綸巾。

承徐恕藏使君並其弟文學招飲，座有孔明府、龔光祿、彥白上人，用紅字

綠楊池上翫蓮紅，秋草階前遲月中。兼有清談來惠遠，不辭倒載醉山公。崔嵬近眺蒼巖霽，蕭爽涼披夜壑風。安得遂消烽火急，邊城文酒友朋同。

出郊訪徐園作，用紅字

夏盡秋初雨不住，好農滿眼郊之東。禾交畛畝離離長，棗透深林纂纂紅。已多茆垣頓矮塢，可少匹馬穿幽叢。景到中元正蔥鬱，野園皎月會橫空。

懷柔縣作

晚禾得雨喜農穰，秣馬山城野日長。不改土風仍密地，頗偏秋熱舊溫陽。牛欄漕暎帆來往，象嶺林深塔渺茫。卻望鼎湖攀馭近，淒煙泫露灑衣裳。

懷柔道上簡周綿貞憲使

石嶺黃花屯牧通，萬禾垂穎草茸茸。織成地上青黃錦，費卻天邊風雨功。胡馬不嘶鉦鼓靜，羽林新出鎧戈雄。如雲列嶂原憑險，更快乘秋布大風。

重陽日同周綿貞兵憲、葉問義職方、萬同原總戎遊聖水峯亭

新晴風柳知霜秋，池水潺潺漾碧流。勝水令晨來訪勝，愁懷落日不禁愁。盃斝邊酒浮香蕋，樂雜胡音逗巧喉。幕府駐兵烽火靜，誰能作賦壯軍猷。時王大司馬行邊募兵，期滅東奴。

聞蜀警二首簡張芋田憲使公公蜀人也[一]

千年全蜀奠西坤，兵火狂傳列郡屯。羽檄來稀脩路梗，衣冠橫戮幾人存。豈容錦水成腥血，定向巴山避亂魂。痛絕諸公征討疏，半從棧閣半荊門。

【校記】

[一] 國圖本無此下三題五首。

共危調募苦無休，滅虜遙憐倚藺酋。仗義徒憑石硅女，何人能獻呂嘉頭。那堪東顧添西顧，願採群謀作廟謀。愁殺窮邊羈餉吏，非關益部使星留。

訓鄒靜長年兄見憶之作

兩人只合弄文詞，時紲偏除錢穀司。暇日藻蒿勞問訊，老來蓬矢負心期。清操夷甫名原著，博學禪之里共推。踪迹將分重訂約，黃山白嶽慰離思。

畬倪允昌太史見寄贈章二首

痛飲燕吳非浪遊，一經分散倍離愁。暮年只願交尋舊，雄長唯憑醉是矣。虎觀異同方罷講，蠙珠錯落更先投。仰看仍是長安月，出院鳴驢何處留。

雪後山城刁斗沉，燈前好句幾回吟。吾憎水鏡慙新命，家遠圖書憶故林。葛藟空牽河滸恨，花門頻感杜陵心。側身西望岷沱水，欲濟無梁駭浪深。

五言排律詩目錄

卷之十六[一]

贈小桐崔山人

壽鴻臚鶴亭梁公六十

挽張節婦

贈劉長公

和馭仲弟七月十五日夜即事十八韻

壽溫總憲先生二十四韻

無題

雪郊

元夕觀燈

上巳修禊

龍池古栢限六韻

尋玄都觀故基六韻

夏日籽孝、叔定、君一、含素、君旭、君晉、君土同集蓬蒿居

相逢行

賦得澄水如鏡

贈何籽孝進士二十韻

春日樂遊園

秋日薦福寺

修齡楊明府考績馳封兩尊人，器君孝廉，綸章亦褒及之，志慶一首

陸無從先生邀同謝曰可比部、梁君肇孝廉、家弟馭仲齋會興教寺，餞俞羨長北遊[二]

人日陸無從先生、李汝謙、梁君肇、陸季薦過飲寓舍，同用人字

贈都醝使沁溪徐公二十六韻

贈少府許載陽先生

謝姚視所明府賜棹楔

贈趙五視太守公

方順橋宣文寺僧演說二虎禪師功行

贈尹恒屈太守公

壽梁母劉碩人五十

大人令細陽三載考績作[三]

寓檀城課圃種樹作

秦國主殿下千秋詩三十韻

寄大司馬王霽宇先生三十韻

壽楊荊岫明府

投贈何耔孝明府

大旱禱雨作，簡馮少伯兵使

呈祁念東老師二十二韻

壽溫翁六十

壽李太母

輓王太翁

追輓潘太母

嘆累

耦園留泰徵作

輓劉斗隅先生

賦得李紹夫先生

閿靈道中作，簡焦中翰

吊楊貞烈婦

十一夜繕部仲詔先生招諸詞客葆光堂觀燈限蓮字

壽蕭太翁夫婦六十

斷飲詩

盤石道中作，簡王明弼儲部，劭泰宇、馮少伯兩兵使

畢孟侯先生西園池蓮一莖雙花赤白二色詠[四]

【校記】

[一] 本卷目錄有二，一為"五言排律詩"，二為 "七言排律詩"。

[二] "北遊"，正文此後有"賦得五言六韻，同用聲字"。

[三] "作"，正文後有："得檄封命，生慈背棄不肖久矣，時大人尚諸生也。天語煥赫，褒贈泉壤，不肖私衷，庶用少慰。在堂之慈今所冠帔，而偕大人拜命者，復不肖從母也。情逮於天，綸綍及之。俯念大人奧渫，以有今日慈君龂年而推榮同氣，亦已足矣。值復守先人丘墓，未能侍大人官舍，躬覯盛逢，謹頓首灑酒遙壽，恭賦俚辭以闡私慶。"

[四] "詠"，正文詩題無。其後"芙蓉並蒂者有矣，殊色同柯，事所罕覯。先生取《明遠賦》中語'潤蓬山之瓊膏，暉蔥河之銀燭'以實之，善于形容矣。愚謂銀燭止以狀流彩之光燁耳，當日未必赤白同挺也。華館陂塘，絕勝天泉玄圃矣。詩以紀人間世產此奇瑞爾"。

五言排律詩卷之十六

關中來　復陽伯甫著
社友梁應圻君土甫校

贈小桐崔山人<small>有引</small>

　　山人，中州人也。携琴入關西。辛丑春杪，余晤之長安寓舍。拂拭龍唇，焚香默坐，備指一弄，五音叢鳴。始夏，厪山人杖屨訪余，蓬蒿山居，新蔬清茗，操縵竟日，幽然秘旨，蓋拙學所不能似焉。瀕行，勉賦俚言識離合之緣，且以訂後約云。

　　旅舍挑燈夜，飄然會性情。沖閒匣裏思，爾我意中迎。賞節心無外，安絃韻屢更。難窮山水興，酷似鳳鸞鳴。哀樂尊前色，松泉象外聲。昵柔嬌女語，振激厲兵行。未信廣陵絕，無虛叔夜名。抑揚嗟至理，專一有吾生。尋好學慙贅，得人道轉明。幽懷終大墅，盛世老愚氓。倒屣吾堪主，論音汝作兄。蓬窗鶴唳月，樹裡鳥喧晴。共語瓠巴意，頻醒阮籍酲。獸罏烟自裊，雀乳滴能清。

拂石雲和靜，披風慍懊輕。詎忘來去幻，深惜鄙淫萌。何處著芒屩，疑聞入帝城。三秦看變俗，兩地照傾誠。愁瀉相思調，千年曲再賡。

壽鴻臚鶴亭梁公六十

乾坤廓大域，千冶麗宮袍。水陸揚州宴，飛揚北海豪。珠塵迷屋角，蓬島接江皋。仙子青蘭佩，尊生白玉膏。自賡雲外響，莫悉耳中璈。捧籙長天秘，開函五色高。驂驔鹿作駕，合沓丘為槽。薦醴看斑服，奇姿是鳳毛。舞槃迎屈曲，燭影見秋毫[一]。廚勅青精饌，賓題大核桃。靈晨初甲子，華祝值吾曹。鸑信期方即，椿蓊事可操。他年訪真隱，倘許碧山遨。

【校記】

[一]"影見"二字，底本漫漶，據惜陰軒本補。

挽張節婦_{代家君}

辛苦衾裯後，零丁節義任。竝時瘁玉淚，三載斷金心。永合離中得，長生死裡尋。舞鸞清影暗，翠羽曉妝沉。孤鶴惜雲翮，哀鴻愴夜音。雪霜寒黛閣，粧澤罷絣絍。樹闕貤明詔，哀辭綴士林。首陽名共烈_{節婦不食死}，易水恨何深_{節婦，趙人}。千古松楸地，行人指墓陰。

贈劉長公

折節欽公子，娛賓寧眾同。存儀獨右質，片語見由衷。綺席重珍出，徵聲列技工。九微寒燄徹，六博客心雄。兩醉鬱金酒，如遊碣石宮。忘形有陳孟，貽笑自山翁。傲骨憐孤耿，泥途倚固窮。從教麟閣閟，寧問駿臺空。倚柱歌頻發，服箱意轉恫。物情鄙元道，巍闕噫梁鴻。義激風塵裏，談深契合中。帝城虹正結，楚畹味潛通。飛屑言成玉，添醽漏滴銅。頓慙稷下智，遂覘季然風。菅蒯蒙無棄，瓊琚珮在躬。馬蹄能念故，一為候牆東。

和馭仲弟[一]七月十五日夜即事十八韻

秋意在梧桐，秋容朗魄中。漸知出樹杪，倐見過籬東。令屆涼猶薄，陰盈暈不空。行天驕暑匿，承露眾芳同。水旱衡邊象，勞饑閭左窮。劇愁吟虺蜴，稽世想洪濛。暘若天恒嚜，祈年驗未工。荒畦無奧草，碧沼雜枯叢。豈爾冰輪度，不將銀漢通。西淵有日馭，南極更箕風。欲叱雙車駕，旋看倒曳功。灑余深院滿，極目萬濤雄。森爽寒如慄，煩冤勢已融。膏淋起憔悴，耕耔慰孤衷。跼蹐憐高厚，憂危並弱躬。哀鳴雲外雁，啾唧草間蟲。中夜聽愈苦，長談念益忡。清尊愁不御，愧負月玲瓏。

【校記】

[一]底本作"仲馭弟"，據目錄迻改。

壽溫總憲先生二十四韻

累葉雍熙日，清朝夾輔臣。山川疏氣象，稷卨讓經綸。天入中臺峻，霜回憲府勻。帝方念喉舌，人謂產星辰。絕席昭隆遇，峩冠領縉紳。近墀蒼玉儼，繞室秘圖親。吐握思恒切，鈞衡望轉新。經時心有赤，憂國鬢如銀。調燮雖三獨，安危本一身。虞淵深取日，遐域遍敷春。傴僂風儀在，沖夷道術醇。文章煇繡袞，鞭笏邁麒麟。秩已姬公貴，清兼子阿貧。德門只舊德，珍席詎華珍。瓜薦逢初伏，莫彤記九晨。雕柈法膳列，丹陛賚金頻。宴宴勤鳩杖，闐闐會軿轔。太常仍致祝，東館正寅賓。有士長窮約，觀生劇苦辛。感殷寧一顧，恩重比高旻。久識庚桑化，忻同尼嶧隣。皈依即在眼，衣鉢豈斯人。瞻處天當北，歌來曲是秦。還期工瞽誦，留為武公陳。

無題

翠館琉璃箔，芳華玳瑁筵。啟唇方笑語，斂鬌忽蹁躚。香奪華燈焰，春欺積雪天。吳歌調宛轉，楚舞影輕嬛。玉爵安頭巧，金蟬束帶便。乍前知赴節，媚韻託調絃。新樣斐初整，含羞態轉鮮。裲襠奇卉雜，條脫火齊聯。豪客傾醽醁，王孫贈綺篇。白駒愁控紲，青草怨流連。色授停觴疾，眸通藉曲宣。亦知持重思，轉盼為求賢。

雪郊

乾坤愁凍氣，黯慘薄前林。素色梅邊重，寒英鬢上侵。澗深宿草合，村寂爨煙沉。作勢排清野，搖光晃暮陰。柴肩邵公思，丹鏊杜陵心。見說縈泉胍，還能杖筴尋。

元夕觀燈

皓魄動清霄，天衢靜麗樵。星臨春戶曉，龍出絳雲驕。綵繡迎塵暗，輪蹄逐望遙。濃華隨地值，光氣雜香飄。嬌影佳人舞，喧歌蕩子簫。追歡極今夕，拾翠遲明朝。

上巳修禊

新柳明春岸，新煙照水妍。碧山對城闕，桃浪湧江天。情散饒形勝，時和遂靜便。濯纓臨渭首，望遠得崇巔。觴咏逢同好，驕輕媿少年。游鱗驚洗爵，好鳥佐鳴絃。不染心為水，高吟興欲仙。粉容與花態，隨意綠茵邊。

龍池古栢限六韻

翠栢猶擎鐵，荒池罷躍龍。灰移憐物換，樹老壓雲重。昔上詞人咏，應經異代封。呼嵩疑駐蹕，臨水見朝宗。遠嘯聞斜日，難凋後萬冬。開元殘碣在，探賞共情鍾。

尋玄都觀故基六韻

碧山環秀障，荒草暗層原。野燒疑丹火，霜林想紺垣。隣香宮並歇，厭勝阜空存。牒散鐘聲寂，壇湮斗氣昏。崩流千古恨，疎柳幾家村。莫戀夕陽裡，重傷異代魂。

夏日籽孝、叔定、君一、含素、君旭、君晉、君土同集蓬蒿居

十載論交日，憑消素髮中。過從意不厭，出處道還同。中聖人堪健，談詩句轉工。舞行分柳態，酒色暎榴紅。共酹東隣月，兼披小院風。主人原自傲，下榻為豪雄。

相逢行

相逢兩意長，相對酒盈觴。離席俱申怨，當歌尚自狂。山川回黯淡，歲月

付蒼茫。燦燦星方列，喧喧樂未央。雅琴霏夜雪，孤劍拂寒霜。北里調新曲，前溪簇錦行。夢同宵漏短，愁任醉時忘。世態憐今昔，朋情嘆喪亡。片言輕義諾，轉睫化剛腸。華管寧同偶，蕭朱本異量。幾年知己淚，萬里腐儒裝。擁塞愁修路，艱危滯一方。覽輝慙鳳野，邁跡憶龍驤。誓共追雲陌，同吟伐木章。

賦得澄水如鏡

木脫秋光淨，陂深雨氣衰。浮煙朝灝灝，墜露晚綏綏。萍面輕含翳，冰心本不緇。塵清群動入，波定靚妝窺。暎月紛相射，呈形巧作規。止應懷坎信，搖豈等盂移。臨照方疑浴，因風恐混媸。飛鶯驚影日，柔櫓破圓時[一]。溜瀉雲虛漲，菱開蔓碧滋。藕枝藏腕玉，蓼蕊點唇脂。對閣臺欹立，觀身象倒垂。雖云慙白髮，明湛更無私。

【校記】

[一]"櫓"，底本漫漶，據惜陰軒本補。

贈何耔孝進士二十韻

英杰果難料，貴來人始驚。懷珍看易溺，器大受難盈。憶昔諧同志，忘年分似兄。片言必古訓，孤好厭時名。風鶚層空擊，霜蹄萬里輕。羽奇翻北搶，跧伏阻南征。衣敝書空上，緩懸劍失精。窮途知守黑，濁世汝偏清。奮疾才逾健，遭時淚轉傾。尚之原物望，安石竟弓旌。褐想菟裘恨，檄看斑服情。冠紳新氣焰，文彩舊隆聲。顧我青霄隔，於今白髮生。長貧同杜甫，一室類袁閎。敢謂孤倫鑑，徒傷棄聖明。曩交忘忝竊，茲別愧同盟。秋日宜官路，雲邊即帝京。躊躇瞻馹馬，踟躕返空城。鐘鼎還清廟，詩書亦滿籯。行藏俱道在，大業會須并。

春日樂遊園

出郭尋春事，每於勝地偏。山川平似錦，棟宇莽棲烟。曲砌分幽草，橫陂認汨泉。花疑張翠幙，鶯憶佐歌絃。佳句矜傳日，前朝極盛年。寂寥千載後，仍續醉遊還。

秋日薦福寺

匹馬行初霽，幽懷避六塵。曇雲籠法樹，慧日照迷津。古剎碑全蝕，荒臺草自新。鶯飛岩嶺暮，龍去曲池湮。塔影同僧定，堦烏與鴿馴。鐘懸韶奏日，旛想御遊晨。前矖牛羊下，環郊禾黍勻。紺垣飄赤葉，廢徑接空闉。人代憐消歇，禪機悟福因。停杯繞松桂，朗月照愁人。

修齡楊明府考績貤封兩尊人，器君孝廉，綸章亦褒及之，志慶一首

壯歲神明宰，賢臣譽望奇。勞人州郡職，偉器劇繁宜。狂虐滋權豎，深謀庇孑遺。地仍古京兆，人起舊瘡痍。詞賦班原並，循良史所推。淵源欣有託，父子自相師。異政中都播，家聲聖主知。泥封垂漢藻，雲檢下天墀。寧取承王制，真堪愜孝思。于公善貽厥，文若又佳兒。隱曜關龍德，猗蘭肇鳳儀。觀光日未遠，隆貲帝無私。錦就霞生袂，觴來喜溢眉。冠褕駢壽日，華袞報恩時。葛令砂空貯，王喬鶴漫騎。俱看顏似玉，況未鬢成絲。尚俟躋三省，盈朝共祝禧。

陸無從先生邀同謝曰可比部、梁君肇孝廉、家弟馭仲齋會興教寺，餞俞羨長北遊，賦得五言六韻，同用聲字

消心初地淨，詞叟四禪明。步徑來幽響，敲鐘理梵聲。杉松親定水，芊筍薦香羹。客路三千界，孤帆五兩輕。錫飛論妙諦，金斷感離情。懸識談天口，追遊滿帝城。

人日陸無從先生、李汝謙、梁君肇、陸季薦過飲寓舍，同用人字

地偏驚異地，人日聚同人。萬里晴雲媚，長天白屋貧。繁華俗自競，風雅道應親。觴泛椒花舊，盤行菜甲新。纖光簷際月，生態草邊春。忝竊余雖媿，朋來慰令辰。

贈都鹺使沁溪徐公二十六韻

天柱分雄峙，雲夢接巨川。芳和蘭水潤，靈氣玉臺偏。德降還光嶽，修嫻

諒紉荃。威儀恆抑抑，才學日淵淵。甲第西陵舊，衣裳三楚賢。持平仙署靜，秉憲使車騫。宦路行將徧，官階久一遷。東南重財賦，天子問鹽田。法弊勞匡擘，時危賴鉅肩。荆吳督轉數，帑府漏卮千。犴狴新論罪，豺狼彌肆權。逋亡多上賈，困阻盡諸邊。渠展忘齊制，舟輸異漢年。鹺丁瘵手作，斥鹵帶愁煎。操定清如玉，調均運似泉。羹餘梅鼎味，盤止水精鮮。安撫行裝集，寬仁動地傳。積勞桑氏絀，擢拜耿公先昭代名臣耿清惠公，正統間，曾官是司。志士憂貧日，驚逢失意天。殃魚空抱恨，飼虎更誰憐。哀比嘶風馬，寒同咽露蟬。片言蒙獎借，一顧釋迍邅。短服嗟過市，編氓媿受廛。送春扃白板，臥病戀青氈。盆覆雖難照，簪遺未欲捐。歌來理長鋏，彈向孟嘗前。

贈少府許載陽先生並序

先生余父執也。睽別幾二十年。己酉夏，余客淮上，值先生從下邳來謁直指，相晤旅舍，劇談移晷。念先生官淮上有年矣，督河之役，厥績偉焉。功成身疲，未老病衰，人咸以不即顯擢為恨，而不佞青衿浪遊，命遇無幸，雖用舍相懸，其淹蹇之大致一也。短什輸悰，以當惋嘆。

誰遣天涯合，牽裾各自驚。值君舟尚纜，顧我跡如萍。失喜尊前話，衰顏別後情。病來翻君子先生以瘠羸，俠在是儒生余會以不平，理之官府。署冷宜潛攝，民歡卜宦成。河堰留潤澤，漕輓播隆聲。已重驅馳義，無嗟體骨清。因勞軒駟訪，肥貌媿陳平。

謝姚視所明府賜桿楔

宅卜江潭似，名虛峴井前。已多口腹累，敢望品題偏。表德叨仁里，旌門媿昔賢。任棠空倚戶，王渙化經年。樓隱從交陌，編氓足一廛。他鄉逢知遇，長鋏未須憐。

贈趙五視太守公

法鈕紛殽日，群奸驕恣時。望霓深跂足，來暮動歌思。恩雨熊旛引，威風駟駕隨。龔公愁盜靖，廣漢劣民綏。梟化緣和布，珠還應節奇。官稱真刺史，人起舊瘡痍。束矢冤皆理，求材讓自施。儒迂遭最苦，位大聽恆卑。一旦披公牘，無何釋久羈。禮優全傲骨，鑒遠走妖魑。敝履因難棄，餘膏尚可私。昔乎殊鬱鬱，今也正訑訑。貧去當亡害，生還賴有期。千年感激淚，幾為灑江湄。

方順橋宣文寺聽寺僧演說二虎禪師功行

日沉香域靜，塵息古林深。業白學人習，燈燃眾相臨。影堂西晉鉢，寶刹上方金。有悟鈴能語，無生虎不侵。平橋施法渡，流水寄禪心。因念三塗縛，空慙玄度尋。

贈尹恒屈太守公_{正月廿日誕辰}

帝輝熙令首，軒曆紀寅初。解水方通氣，陽旬甫二除。星箕看降嶽，蓬矢慶懸盧。鳳吐占雲後，龍翔照燭餘。峨眉齊巨望，崤塞滿嘉譽。盜靖犢馴甿，仁祥鹿夾車。論年強仕載，課祿專城居。衡鉉思躋始，流光賸晏如。絕倫高治行，偉業寄詩書。西顧天貽祚，長驅志益攄。身遊循吏國，春象入華胥。

壽梁母劉碩人五十

賢閥貞筓字，嘉譽永結褵。鳴空下鸞鳳，夢閣兆熊羆。清苦河東教，詩書嶧母慈。練裙十載恨，斕舞半生怡。高行旌標格，崇臺慶主知。精蟠金嶽氣，風播栢舟詩。盛際初青女，祝封各酹犧。天香氤壽域，寶籙閟仙期。簇疊瑤筵重，聯翩玉步移。鳳鼉喧鼓吹，黿鯉饌匏胏[一]。孝思參也篤，世澤阿戎奇。湘女空泣竹，巴清漫擁貲。坐看萱草色，和日正分披。

【校記】

［一］"黿"，底本不清，據惜陰軒本補。

大人令細陽三載考績得檄封命，生慈背棄不肖久矣，時大人尚諸生也。天語煥赫，褒贈泉壤，不肖私衷，庶用少慰。在堂之慈今所冠帔，而偕大人拜命者，復不肖從母也。情逮於天，綸綍及之。俯念大人奧渫，以有今日慈君靳年而推榮同氣，亦已足矣。值復守先人丘墓，未能侍大人官舍，躬覲盛逢，謹頓首灑酒遙壽，恭賦俚辭以闡私慶。

三載荒城裡，春棠帶雨生。琴聲疏鬱懟，經術飭休明。貧更腰肢懶，迂兼宦味輕。民思寇公借，歌續虞庭賡。玉匣層霞捧，天書列宿迎。十行初拜賜，異代即同榮。重瞳燭隱伏，窮陬達丹誠。大海流餘潤，遙沾及庶氓。卻將戴天意，長觸眷烏情。

寓檀城課圃種樹作

事稀宦有暇，容與遂閒心。數畝自須耨，高城聊可臨。門迎五柳闢，溪放浣花深。町灌漸添綠，栽勤乍獲林。布袍屛從至，秫醖携朋尋。抱癖過張薦，忘機類漢陰。便堪鮭味飽，難卻竹花淫。架屋搜貧橐，償傭割俸金。夏時資廠榭，春日囀山禽。耽靜坐拈句，每來揮雅琴。兵戈疆域急，賴有鉅公任。

秦國主殿下千秋詩三十韻

寶籙詒洪緒，瑤函邊錫昌。脈膰開社廓，神祖蔭宗強。周召原親冑，豐岐寔帝疆。雄基侯甸重，坐鎮本支長。啟宇拓封大，朝儀樹國望。蘭香天特界，嶽誕兆釐康。龍浴諸靈喜，虹流滿室祥。元辰五德始，春令百昌王。芍藥調金鼎，松醪薦玉觴。宮懸瞻禮域，擁衛彩衣光。金璽提西表，雕輿準尚方。招賢開兔苑，聯戚宴芝房。鳴德咸池奏，娛顏萬舞行。繡輿橫壁帶[一]，結綵綴珠囊。蓋轉飛琪樹，帷深遞異香。芒繁輝殿閣，翠羽集池塘。地總疑仙禁，遊真到樂鄉。享豐山列俎，體貴道資糧。善數東平最，書同鄴下藏。音聲竟陵察，方術八公良。有赫曦初永，彌隆壽未央。瓚圭榮命賜，弓矢耀彤張。嵩岱憑如礪，蓬瀛近指瑲。侍臣看扑祝，下士媿携將。物色曾丹壑，華筵更錦箱。賦風非宋景，感遇侶枚唐。叨坐親珠咳，乘酣索醴嘗。穆如王有度，幸矣寵難忘。添竿邀河漢，延芳倩麗陽。兼參工謦誦，願續抑之章。

【校記】

[一]"壁"，疑當作"璧"。

寄大司馬王霽宇先生三十韻

瞻禮雖新覯，懷欽實夙年。族知同岱著，名習共星懸。王謝留芳軌，平韋世象賢。隆章榮璽綬，累葉續貂蟬。科第吾家物，清廉自昔傳。三公階荐陟，司馬寵愈專。詔下人皆慶，朝端望正延。截肪腰玉映，被藻錦衣鮮。時事勞千慮，安危判巨肩。有容衷坦坦，多學意拳拳。志畧淹前傑，精神攝九邊。已消玄兔熢，漸息白狼煙。京觀誇新捷，稱臣遂計便。帝嘉功勛懋，天喜賚恩全。方叔經綸備，汾陽倚賴偏。阮陳徒佐末，頗牧願趨前。稽射猿號木公射法絕世，談兵劍吐泉。飛營遣驃騎，橫海勅樓舡。夷夏謐公爾，朝廷荷晏然。著書文莫並，挹德測尤玄。自媿遭淪棄，寧期謬見憐。慰存牢落後，留歆促歸先。鄭重曾貽玖，提攜已贈鞭。靜棲空有翼，酬遇恐無緣。愚讀嗟朱穆，窮愁滯伏虔。勞生從結網，困守未忘筌。踪迹卜詹尹，佯狂類善卷。青霄勤悵望，白髮伴憂悁。感尚思樓月，依知託幕蓮。滄江企鍾鼎，吟頌寄銘篇。

壽楊荊岫明府

高騫屬上第，茂宰出名家。璧曜精應降，河源氣復遐。溫然人比玉，美矣政如花。明錦搖青綬，珍琴照赤霞。通才聊小試，令譽久彌加。佛紀偏崟臘，仙飡共薦麻。仁郊來瑞草，冬日肇春芽。樂室吟梅摽，甄材咏兔罝。感人石作肺，聽政樹為衙。無羨緱山鶴，誰論勾漏砂。貽休滿關輔，相與祝無涯。

投贈何籽孝明府

塵路來紆軫，言尋曲沃君。山灣藏野聚，林薄帶霜雲。邑僻官知冷，徭多慮必殷。土宜纂棗美，物望素絲聞。鸞鳳棲應暫，龍蛇道已分。祇堪持稗管，異績紀新文。

大旱禱雨作，簡馮少伯兵使

冠塵拂未淨，春起怯時寒。徒步祈靈澤，通城禮灌壇。盲風眯滿目，昏霧愁千巒。在職敢辭罪，交談慘不歡。穄穜春種失，菽豆海帆難。遼薊金堪食，閭閻肉已剜。天心如厭亂，兵洗使君灘。

呈祁念東老師二十二韻

壯歲兼儒俠，違時守蓑蓑。光埋雷煥劍，鐵澀呂虔刀。髮短顏全改，袍長色半凋。深慙賈虎怒，無復阿龍超。塞域趣裝日，川原緩轡朝。行軍徒躍馬，傳檄豈題橋。狐嶺泉何咽，狼墩燧未消。遐方逢譯貢，數仞障天驕。都護新菟獵，提兵罷野燒。隊嚴齊虎豹，將勇盡驃驍。大羽咸彀箙，鑱鋒各在腰，衛途張似翼，踰險疾如飆。妖祲旋應滅，河魁氣不搖。必爭張掖沃，用武酒泉要。玉塞原歸漢，流沙已被堯。孤懸雖若綫，勝注欲屏梟。憲邸風雲擁，旌旄海日標。勳庸天子紀，威惠遠夷謠。觴進蒲桃暇，材牧竹箭饒。片長堪曲獎，一介荷相招。負笈迂雙履，贏囊事遠鑣。秋陽瞻霽近，幽谷望吹遙。

壽溫翁六十 是社友大昌兄

夏曆綿花甲，堯塔瑞筴蓂。歌聲和擊壤，足跡徧圖經。好客聯裘馬，吟詩感鶺鴒。為兄不改樂，有子更寧馨。附郭耕長疄，臨流搆一亭。隱名飜耀里，酒德上關星。筵以錯珍重，車因下鍵停。計君尚矍鑠，吾友仕明廷。

壽李太母 同年諱春燁母

績紡虫鳴夜，丸和燭冷宵。霜蹄跉伏久，雲翮奮飛遙。歷塊方傾市，搏風已薄霄。倚門來錦服，耀里控金鑣。慈節留叢竹，歡悰御翠翹。慶晨高宴接，羽蓋正翛翛。

輓王太翁 同年諱仕杰大父

峨眉毓奇士，孝友自天成。獨抱詩書癖，而兼奧博名。垂髫傳妙句，白首長文盟。蓬戶寒冬歷，鱸堂夜月清。曠懷謝組綬，林野寄旰衡。几上來山色，琴中韻水聲。貽謀昌有後，式穀獲偏贏。橋梓凌雲發，蘭蓀蔭阨榮。層霄方接武，兩世動哀情。彤管詞人紀，綸章巴里驚。巋然琬琰烈，照彩滿佳城。

追輓潘太母 同年永澄母

節烈人間有，誰同苦歷嘗。一生安齾齚，百計悅姑嫜。夜雨鳴機淚，青天泛栢觴。鴦塵顏日改，雁侶死同行。穴鳳原殊種，胎珠久露光。蕆諸今貴達，泉路好徜徉。

嘆累

平生常患累，累重自投中。四十猶難悟，茲年並集躬。驅馳矜節氣，牽縛嘆英雄。衣結將如憲，尊盈欲效融。杜機空檻狁，挾技本雕蟲。指粟飡寧贍，年登困未豐。無兒因畜媵，有侄半垂鬖。羅綺爭能著，甘肥近不充。一時生疾病，俱要扣家翁。緩急呻吟候，焦勞藥餌同。性原耽靜攝，志欲久磨礱。厭俗園興版，逃名戶掩蓬。搆營金已竭，廓落地猶空。草木搜皆遠，栽培法半通。課成疲步履，惡嬾杖兒童。十載索彌切，三春蔭已叢。竹添千個碧，蓮襯滿池紅。弋釣方長緄，詩書媿臥龍。旱時迁水脈，耕日奪農功。過眼還成幻，吾生況有窮。低回防止足，抱道味虛沖。將與喬松侶，逍遙駕翥鴻。

耦園留泰徵作

西郊風雨夕，雅詠舊盟尋。物既弄生態，人兼絕市心。談雄消劇飲，嘯發振高林。掃石邀拈筆，扃柴靜課吟。盤行寒果薦，牕影綠篁侵。真樂屏絲竹，連宵興自深。

輓劉斗隅先生代

異質天綿祚，高文世襲珍。名緣深斷想，書癖老隨身。宿學服人久，侯方領士詵。霜蹄淹市駿，燒尾困修鱗。州郡乖初願，林泉喜遂真。衣山絃誦處，劍閣憩游晨。宦路聲華戀，儒宮俎豆新。鳳毛譽更著，神胄業相因。影組符圖讖，綸章荷帝仁。籯金寧得計，素卷未全貧。奕世論交密，同朝令子親。無煩慰風木，千載視貞珉。

賦得李紹夫先生

巴蜀出真隱，江鄉安固窮。芸窗掞藻思，逢掖翊經功。一室修倫備，層霄注目空。珪琛羅講席，蘭桂郁香叢。量濶如依憲，時淹少薦雄。卜居憐杜甫，授學老王通。卵翼青冥種，搏翔厚力風。珂鳴天沼鳳，彎攬帝城驄。佩服鱣庭日，發攄虎觀中。栢臺多直諫，椿府誨輸忠。更際西隅急，群看陟秩崇。夏夷瞻正切，彈壓望猶隆。經緯堪垂石，勳庸已錫弓。殊恩奕世燁，皇制寵章鴻。春普寒楸路，光回永夜宮。崔嵬甲第改，侈羨黨閭同。寄語繩振嗣，詩書信可攻。

閿靈道中作簡焦中翰

壯流闊岸潤，十里散春光。陑嶺紛紅杏，山城遶綠楊。魚腥時上市，鳧泛每過梁。處處堪攜酒，家家可引塘。氣真龍不散，雲恀鼎疑藏。訪史烏號蹟，橋陵卻異鄉_{橋陵在陝之中部}。

吊楊貞烈婦

讀書寧女誤，女可不知書。曉義趨庭日，方贒博籍餘。藁砧悲訣絕，荊布耐居諸。誓臂文何烈，求宗死暫舒。戀親因忍就，殉穴肯渝初。荼苦遭誰並，從容古罕如。性情凝鐵石，父叔偉簪裾。流恨看雙誄，欽風定溢閭。千年彤史紀，羞誦琰昭譽。

十一夜繕部仲詔先生招諸詞客葆光堂觀燈限蓮字

燈從旬始燃，讌賞自宜先。事襲人爭聚，宵良節可前。繁星疑墜下，騰燄不昏天。樣別工輸巧，圖真景盡全。風催灰燧柳，火變濩湯蓮。曲度腔新按，篇成座徧傳。排辰儲綠醑，好客薄金錢。破鏡掩霞彩，群珠吐寶烟。歡長如漏短，流勝在清淵。

壽蕭太翁夫婦六十_{同寅諱鳴甲父}

憶昔長安飲，追隨極夜歡。據鞍筋力健，盡石酒杯寬。鼎盛推巍閥，貤綸被考槃。貴兒方備養，天爵不因官。大別頻雙屨，長江老一竿。黛閨賢與匹，白首並尤難。子舍衣何炫，賓筵酒未闌。千年漢陰地，重作鹿門看。

斷飲詩_{有引}

酒最忌甜，謂善滿中兼得喊，古著鬲縣之嘲[一]。然《酒史》有甜酒一種，少陵亦云："不放香醪如蜜甜。"釀法，雖有以蜜，米者味變甘為上。以蜜比甜，少陵鬲脹，當非牛脯白酒一時致病矣。秦酒上者，釀而甜，秦中飲徒卻不甜覺也，取其疾醉。余飲秦酒幾二十年，雖量不大，而好以巨觥角雄，計腹中貯甜汁合數千百斛矣。將四十，始揮甜不下，念醇醪不易得，嘗釀苦數十甕豪酌。近名酒在北南和、河津、蓟州最著，南和亦微甘，賴清旨不梗喉。都城則老趙家、吳氏松竹居、蘇氏流霞館，人人競沽矣。抵檀城任，酒卻不甘而酸，酸善收，其碑塞兩間一也。檀去蓟三百里，而近盤山，腳底險峻，擔夫倚息坐嘆。及買至，卻大遜昔時。蓋賈寡婦沒，張氏繼之，其名衰矣，實庸傭也。造化之理，甘極必酸，相勝者制耳。秫粘而甘，人食之，腹作酸噫。南和、河津俱用秫，而能變酸質，通神化矣。夫麴蘖玄理，匪夷所思，擇水擇工，陶汰滓盡，方可合變。吻唇慧賞，詎易云哉。京沽有朱寡婦酒惡甚，而低其直。縉紳包席，諸役多陰取渠以充有名數家。雖詈，止之不更也。苦哉苦哉。賈嫗若存，當禮之懷清臺，無媿余波流人也。雖不敢効灌夫之酗，每易墮延年之狂。人不勸，即鄙近。飲剛勝十杯，儕好習其退弱，率罵陣角量，十便九負，常起厭離想，藉酸措大本色。止吾貪，是吾骨鯁直友已，病良藥也。作短言謝閏鎮麴生。

　　經旬斷此物，悶坐白檀城。諸雅久希御，延歡空復情。踐余止酒誓，謝卻濫觴名。令節將花負，天寒覺絮輕。卻愁遇良醖，忍遠聖人清。

【校記】

[一]"古著"句，按宋王楙《野客叢書》卷十《青州從事》："徐彭年家範，其子問人：稱酒為青州從事，謂何？曰：《湘山野錄》云：昔青州從事善造酒，故云。僕考《世說》，與此說不同：桓公有主簿，善別酒，好者謂青州從事，惡者謂平原督郵。蓋青州有齊郡，平原有鬲縣。言好酒下臍，而惡在鬲上住也。從事，美官；而督郵，賤職，故取以為喻。"

盤石道中作，簡王明弼儲部，劭泰宇、馮少伯兩兵使

　　言理蓟門役，遂過名勝前。但林皆出果，純石少耕田。複壑迷回徑，崩岩溜暗泉。勢盤名不易，峯詭狀難宣。西隙照東日，上方迤下川。單行揮導隊，索馬息輿肩。嶂合原遮虜，根靈盡抱燕。問邨知啓路，覷塔上隣天。古跡牛傍草，僧寮松際烟。同官逢夙契，分治廁多賢。兩地人諧約，三春花放妍。願攜新醖至，狂嘯共躋巔。

畢孟侯先生西園池蓮一莖雙花赤白二色[一]，芙蓉並蒂者有矣，殊色同柯，事所罕覯。先生取明遠賦中語"潤蓬山之瓊膏，暉蔥河之銀燭"以實之[二]，善于形容矣。愚謂銀燭止以狀流彩之光燁耳，當日未必赤白同挺也。華館陂塘，絕勝天泉玄圃矣。詩以紀人間世產此奇瑞爾。

澤芝原異種，感氣擢奇芳。並舞各穿袖，同心改紉裳。朱霞璆玉暎，皓月絳葩傍。素豔香齊吐，娉婷色背揚。臨風憐競態，照水自相將。纖幹怯承露，紛荷恐混粧。金鬚光散衣，珠實產隣房。大士法神幻，文人舌廣長。總同無染性，寧訝豫章祥。

【校記】

[一]"二色"，卷首目錄此後有"詠"字，無"芙蓉并蒂"以下諸句。

[二]"潤蓬山"二句，出自鮑照《芙蓉賦》，照字明遠。

七言排律詩目錄[一]

卷之十六

贈牛丹浦明府
登丫髻山

【校記】

[一]底本于卷之十六末別立"七言排律詩目錄卷之十六",收録"《贈牛丹浦明府》《登丫髻山》二詩。疑爲排版有誤。惜陰軒本卷之十五卷末、卷之十六卷末兩見,亦誤。今姑從底本。

七言排律

關中來　復陽伯甫著
弟來臨馭仲甫總校

贈牛丹浦明府 時宰泰興

靈毓叶禎井野間,翩翩僎格上清班。摽來玉筍聲華奕,綰就銅符氣度嫺。彌盜尹翁方域靜,延年葛令大丹還。庭前鶴即楊州鶴,望裡山爲海島山。上洛逍遙廻燠暑,羅浮杳藹遂躋攀。政成閭閻歌康阜,退食翻書道訣刪。

登丫髻山

　　雙螺陡峙鎖絪縕，每歲喧闐醮禮勤。俗競出都惟夏日，我來無伴正斜曛。險多下馬穿輕屐，磴峻扶筇脫短裙。工有神輸難對搆，擘疑鬼斧乍中分。髣看浸水常梳石，鬢是橫空不斷雲。簀土亦無松合抱，道人不見磬先聞。拾薪炊飯為供僕，汲水烹茶屢漱齦。長鎖即攀西嶽路，高禖冥應碧霞君。往來十里神猶健，徙倚長林酒半曛。奇勝堪題行載筆，摩崖紀勒媿斯文。

五言絕句詩目錄

卷之十七

題小景
懶三首
齋坐無題十首
偶題二首
田家二首
少年行二首
絕句
即事
閒居將園中所有一二物各咏一首
　木假山
　餐英館
　舫齋
　柴援
　未開菊
　已開菊
咏春
咏夏
咏秋
咏冬
遊人
麗人

驄馬

枯柳

咏燭三首

館童詩二首

題畫

夏日村居即事十二首

西郊

春郊與諸友同賦限諸體，咏同人對酒

折梅

羑茶

戲作採蓮曲贈人

戲贈雲姬

題王氏園

採蓮曲二首

斸藥二首

題畫四首

五嶽草堂八景為杜日章將軍咏

山中

春曉

竹下殘雪

無題

君肇惠香櫞吳酒，走筆謝之

旅情

不寐[一]

客中送客二首

戲題扇頭拙繪

悲塵中牡丹四絕

入山四首

和箕鸞韻

贈張琴士

三教逸史詩為杜日章將軍咏四首

　　止善齋

　　存真館

　　觀空精舍

　　經武堂

題畫

省試後擬墨三篇呈薛允執社兄覽

瓦亭驛早發二絕

題繪扇

題畫五首

題畫

題畫

題胡含素寄所繪小園山景八幅[二]

　　沸雲巖

　　岵屺臺

　　碧虛閣

　　鳴瀑澗

　　據秀亭

　　錦潚坪

　　五霧洞

　　萬玉嶺

咏署中物三十首

和無寄居士舟中紙榻詩十二首

題畫扇

題墨牡丹

盤山道中口占六絕

【校記】

[一]"不寐"正文此後有"二首"。

[二] 正文此後有"引"。

五言絕句詩卷之十七

關中來　復陽伯甫著
社友溫日知與恕甫校

題小景

孤嶼藏深霧，春流會淺沙。波光迷釣艇，雲杪識仙家。

懶三首

徒倚茅堂迥，匡牀慰索居。就幽聊覓枕，得酒且拋書。

齋坐忘人境，連朝未著冠。陶公原傲骨，莫怪折腰難。

偃蹇客常謝，棲遲我自安。山花開十日，未去石欄看。

齋坐無題十首

豈意絕人境，清時好獨偏。野夫甘落魄，不受世人憐。

幾葉書看罷，一張琴弄餘。呼童荷短鍤，園後整新蔬。

蓬戶蟲痕蝕，青苔屐跡微。頗有寂寥意，良朋近日希。

環堵饒風物，迎秋盡欲殘。西隣出古木，夜夜攜尊看。

忘卻紅塵道，掉臂巡簷行。日下幽林碧，暮蟬時一鳴。

貧屋自須矮，荒籬不用賒。弄笙與吹笛，深夜惱隣家。

朝望西山中，茅垣隱清嶼。卻恨住城隅，時人半知處。

莫易荒蕪地，群雄得暗通。酒闌人不散，顏赭訴柸空。

日閒花自落，雨過苔忽齊。寒月上簷竹，時有雙禽棲。

吟詩消歲月，得酒續形魂。醉臥詩還就，蕭蕭獨掩門。

偶題二首

入秋夜柝肅，新雨蛩音多。明朝清晝靜，但恐俗人過。

野人詩思苦，得酒嘗解圍。云何一斷酒，便覺詩思微。

田家二首

日夕村戶扃，寒風透薄絮。策杖獨徘徊，大兒城中去。

處處經遊地，傷心暗自嗟。淒涼看野色，不是舊田家。

少年行二首

煜電紫騮過，錯愕萬人顧。回見邯鄲生，欹段春郊路。

共醉新豐酒，平生帶礪心。酬恩雙寶劍，報母千黃金。

絕句

汛汛波間萍，將生向風寄。不辭隨風勞，但恐嚴霜至。

即事

所志良不厭，消憂覽芳菲。閃灼麗日中，一雙鴗鵑飛。

閒居將園中所有一二物各咏一首[一]

木假山
問言假與真，乃是木非石。云何有雲生，變幻風雨夕。

餐英館
種菊十塍餘，窺窺當楚旬。我自把芳尊，公子何曾見。

舫齋
野園平似水，園屋倣舫安。翠篠為汀草，秋淋作怒湍。

柴援
繞舍書聲閒，夕陽照孤獨。為問籬邊苔，何如輞川鹿。

未開菊
紛披秋意淺，裊娜翠枝凉。欲試經時蕤，先凌滿地霜。

已開菊
抽白當蒼雪，舒金有嫩黃。陶潛尊酒在，日日向籬傍。

【校記】

[一]目錄及正文均無明顯起訖標識，故不能確定所云"所有一二物"究為何物，本稿依詩意姑定為"木假山"至"已開菊"六首。

咏春

震極熙陽令，元風扇淡和。寒從衣絮減，色入草痕多。

咏夏

飛雨靁鳴迅，重陰鶯囀聞。觸炎回日暈，揮汗撫南薰。

咏秋

已整蓐收馭，旋迎青女旗。目瞭皋林日，心驚塞雁時。

咏冬

氣凝天外色，威重陌頭風。慘慘日車冷，熏熏獸炭紅。

遊人

鬭綺出交術，爭春邁紫闈。軟風三市酒，落日五陵塵。

麗人

定是阿誰家，春風滿俠邪。至今猶有恨，玉臉半扉遮。

驄馬

映手青絲鞚，分題白玉羈。怒來直北鶩，不肯飽王畿。

枯柳

村燧瘵身日，金河偃影疎。枝將人別後，葉是黛消餘。

咏燭三首

幽光欺落日，高興夜遊時。纓絕忻忘罰，題分競刻期。

寶瑟金尊夜，輝光與色爭。如何寒餤永，亦照讀書明。

綺筵九微動，千屋盡嬌春。不知窮巷裡，尚有覓螢人。

館童詩二首

欲得酒人興，歡娛意正投。主人無限事，解作兩眸羞。

嬌歌正夕陽，矮矮施匡牀。一夢登天後，三千空艷妝。

題畫

汩汩水雲淡，籠籠竹樹齊。枯藤走虯影，掩映月高低。

夏日村居即事十二首

道人有野圃，門枕北山陲。山色多幽態，對之生遠思。

長夏茆簷窄，清風亦自多。繞林聲淅淅，半壓曲池荷。

觀書每熟睡，睡起又觀書。我自無程束，終朝且晏如。

跣足蒲葵扇，移床樹底眠。卻憐道上客，向我嘆神仙。

今年耕穫好，農畝歲需餘。好從山市上，買木架新廬。

遠樹接蟬響，虛園振鳥啼。吟邊佳思湧，一醉使詩迷。

如何隱逸去，每夜城中還。地偏方寸遠，大隱不歸山。

生涯已貧極，雖貧復自怡。消憂有綠蟻，資歲得蹲鴟。

樹下餽妻叟，陌頭驅犢兒。試與言人事，還如邃古時。

池邊雙柳樹，嫋娜日牽風。樹底開尊坐，寒生絺葛中。

離城為避客，復有客相訪。卻愧沈鱗生，如市差山上。

禦暴戒隣頻，隣烟落日斷。年來雞犬聲，白晝常驚散。

西郊
西郊聊引望，極目草芊芊。此中有古墓，多於可耕田。

春郊與諸友同賦限諸體，咏同人對酒
且喜飲花人，薄遊成遠致。只談花前樂，不談花外事。

折梅
莫輕寒艷色，寄我存心賖。塞上無春到，憑伊報歲華。

貢茶
玉瓢分溜碧，短竈引風長。攜得盧仝椀，邀來陸羽嘗。

戲作採蓮曲贈人
採蓮江南池，池中多蓮子。綠水遠含波，鴛鴦兩兩起。

戲贈雲姬
朝來見雲飛，暮來見雲飛。雲意年年好，何時行雨歸。

題王氏園
園外無流泉，園內有流泉。遠援千行樹，樹深泉亦然。

採蓮曲二首
香散波上風，紅妝映白練。共戲深荷中，長日無人見。

花冶比儂顏，儂顏花出浴。十五粧梳成，還能唱新曲。

勵藥二首

採藥山上雲，洗藥山下水。藥氣蘊奇香，蒸蒸當午起。

携得珍藥還，一筐直錢千。城中人買藥，城外人長年。

題畫四首

問訊幽芳動，微風春氣和。王孫楚畹近，紉佩意如何。

彩袖暎波紅，霓裳浸雲綠。淡蕩夕烟中，誰唱江南曲。

寒霜漸威重，凜日又光垂。不忘丹心苦，還驚唱曉時。

何遽莽淒清，繁華事未昔。籬下覷孤英，含情抱貞石。

五嶽草堂八景為杜日章將軍咏

巉巖幾片石，寂寂流雲細。屹作雄峙形，而含萬里勢。右像嶽峯

天碧草色暎，池清山照孤。俯覷澄瀾中，只疑倒景圖。右影嶽池

所思在佳山，欲往愁修路。日斜步層臺，聊解烟霞痼。右望岳臺

幽棲時引望，海嶽曉霞明。試踏琅玕石，鏗然杖屨聲。右禮岳石

望秩千年典，微臣為祝釐。九邊烽燧息，封禪可無儀。右祠岳亭

靈域披圖覽，神遊縱筆歌。將山比詞賦，變幻復誰多。右咏岳軒

乱峯挿徑深，數折穿林靜。酌罷一掀髯，自覺非人境。右醉岳林

夢接泰山君，是真非恍惚。乃知英雄人，自有神仙骨。右夢岳處

山中

陰崖匿白日，夏嶺發春花。居人疑歲曆，寒暑紀曾差。

春曉

嬌臥不禁春，薄寒風悄悄。何處攪花眠，一聲林外鳥。

竹下殘雪

熒熒積素質，偏愛暎琅玕。春風消不去，留伴小窗寒。

無題

鬢斂仍含媚，歌嬌轉愴神。解伊頻授意，碧玉是情人。

君肇惠香櫞吳酒，走筆謝之

果香能滿室，清釀解餘酲。不堪鬱抱內，又起感君情。

旅情

風霜樓外急，獨夜一酣歌。厭見門前水，歸舟日夕多。

不寐二首

秋夜寒廻枕，蛩啼復近床。自然愁緒亂，不是為思鄉。

為客艱虞裏，經年無了休。日中殊擾擾，遙夜倍生愁。

客中送客二首

西日猶懸照，風秋草易衰。紅亭看別意，卻似在家時。

不須悲浪迹，來往視還輕。若到歸家日，都忘客裡情。

戲題扇頭拙繪

烟林迷鳥夢，霜圃澹花情。領畧須芒屩，為聽唽嚦聲。

悲塵中牡丹四絕

誰奪花王艷，三春似不春。如何對尊酒，吹送尚香塵。

妝懶無新沐，流纖止潤趺。不堪車馬客，把折遍長途。

南國矜奇種，環提畏水浸。因憐枯槁地，清潔負檀心。

此花稱國色，亦自號天香。豈有因塵濁，開時遂不芳。

入山四首

家臨城西隅，喧聒使人苦。一入空山陲，鎮日無人語。

莫說山中閑，山中多幽事。尋泉北斗巖，看松白雲寺。

山隈松子熟，仙院黃精肥。花飛迷鳥道，雲過濕人衣。

問山高幾許，春雪何飄蕭。白雲飛不去，日日鎖山腰。

和箕鸞韻

籟寂慮與歇，星繁庭較明。明時皆覺性，歇處是禪聲。

贈張琴士

多少操縵流，一往直彈去。道人解彈琴，能到無聲處。

三教逸史詩為杜日章將軍咏四首

坐談攝名理，都來歸玉柄。靜裡羅八荒，森然見吾性。
右止善齋
萬形悉成假，獨此存者真。世間皆攘攘，靈動是何人。
右存真館
捏目徒生翳，虛空本自虛。還當問逸史，止觀法何如。
右觀空精舍
堂集四方賢，鐃吹開珍宴。鎮日講韜鈐，誰知非樂戰。
右經武堂

題畫

潑泵過雲白，如黝歆石淰。怪木浸巖流，日見渴虹飲。

省試後擬墨三篇呈薛允執社兄覽

憑將鮫室淚，投贈得珠人。願分照乘影，拔我出迷津。

瓦亭驛早發二絕

絕微嶔崎路，侵晨匹馬登。菊期猶未到，霜重早成冰。

空山獨宿處，慘淡幾家殘。蔫起西風凜，崆峒夜送寒。

題繪扇

石將烟骨露，烟隱石皮蒼。晚色迷群動，虛微接渾茫。

題畫五首

霜濃萬華落，秋實纍纍垂。吉了默無言，巧辨何如癡。

秋葉變丹翠，積水明琉璃。小舟穿巖谷，來往竟無時。

返照留山椒，川光入屋邃。芳餌繫針頭，漁翁有機事。

拍翼相和鳴，煦然愛水綠。但借一枝安，無心效黃鵠。

層林濃如墨，山黛色與和。花馨沿壁近，泉溜繞堦過。

題畫

毿毿柳迷岸[一]，暎日灑晴烟。長夏無炎熱，榜人來繫舡。

【校記】

[一]"毿毿"，底本首字漫漶，據惜陰軒本補。

題畫

雲山兩無辨，跨木出亭奇。穿雲梯磴陡，天半去題詩。

題胡含素寄所繪小園山景八幅引

余築園在丙午春，距今十四年。園址可五十畝，栽植花竹果蓏無虛歲，漸葱蒨蓊藹，可蔽塍階矣。其意中所欲布之亭榭，尚未完也。荒邨多盜，勢必峻樓，陶甓數萬，高十仞以上，始可攜家居之，尚未造也。計余丙午春以訖乙卯，歷十年所，中間除客淮揚年餘，但家居日，未嘗不讀書園中。即老大無子，竟未嘗攜妻孥為胤嗣計。巨盜劫隣警寢，左右色怖，毫不為動。示非避地不靜，不靜不能崇詣也。其遭遇之窮，悲涼之境，刻勵之苦，可槩見已。囊無贏金，少得即架屋買石，漸積歲月，粗成條理。濬水鑿池，頗饒魚藕。面池有堂，偉然宏敞，可以歓客。石堆既多，山工遠至扶風、富平諸山，覓得奇種如雲、如笋，巑岏崒嵂，青碧掩暎，輪輦人昇，角力競輸。麓疃農隙，老稚畢致。池邊假山之役，似相逼而起矣。山工南土好手，胸藏丘壑，空中出景，縈回深窅，十丈之內，紆步兼里，有臺、有閣、有亭、有洞、有飛瀑、斷澗、黛嶺、虹梁，可據而飲，可緣而眺，可鍵而棲息。林木疎密，雜卉紛敷，隨地植焉。雖取材不能如穀城之美，鬪製不能如謝傅之廊，然謂之非山，不可。

社友胡含素,夙工詩文,更善丹青,吟尊遊屧,與余弟馭仲、常叔,每携勝侶,躋攀久狎,為几案間物,憐余羈宦異方,繪圖遠寄,各綴以詩。披覽神往,恍若蹁躚層巔,遂媿北山猿鶴蘿薜之嘲也。八圖宗法河陽叔明諸派,為此山換胎傳神,而狀景更恢侈,似餙庾信小築,擬之輞川平泉。主人絕不敢任。然而起伏向背,見叶所聞,亦耦園之山之真形耳。園別有搆,含素舍不圖,止撮其最耶。先是,園未取名,以未畢創締,中穿邨路往來,理不可塞,路之南北皆園,跨磴以通,若複疊然,其近址有先人遺田數頃,課穫畜牧,不離其域。時與弟輩問耕佐讀,故命曰耦園,取同氣沮、溺意爾。嗚呼,貧士未遇以前,無代耕之祿,無胝胼之勞,慈哉山畔一下農耳。選地旁拓,消受嘉樹修篁,已踰涯分,奚歸然山也。山之圖可八也,視栽桑浣花,諸君子何如哉。登高無佳賦,月下花前無好句,即培塿竊笑之矣。園垂成,當別有記,聊感韻友誼,每幅命題,系以短句。

沸雲巖

堂面舊平疇,層雲忽對峙。峻勢夾池開,疑從水蒸起。

岵屺臺_{先塋近在}

蕭然束引睇,日暮來緊風。淒其響不定,多在白楊中。

碧虛閣

瀟碧參天長,色與山黛爭。凌空試遊眺,如破碧煙行。

鳴瀑澗

一壑洞盤幽,界岩飛溜直。作雨灑檐階,升騰人不測。

據秀亭

改磴散崎嶔,携罍窮景過。足疲懶登躋,且來共環坐。

錦潴坪

平鋪千錦爛，頳鱗並粉蓮。既同濠梁樂，復醉玉井邊。

五霧洞

雖慙棲豹地，逃俗臥常驕。捫尋迷咫尺，不必倩公超。

萬玉嶺

高下綠森森，循蹊頓茆屋。雨中與月前，就君醉且宿。

詠署中物三十首 有引

關署童然淨也，即無莎青鋪砌，野蔓縈簷。前此非少幽尚者，率以階址狹而棄。以代期迫，而忽己未濫竽，旱久舶絕，吏散事稀，寄情藝植，春夏無幾，蓊蒨滿前，貧不能開園歙客，聊對此如良友焉。時危祜薄，索居獨吊，非藉不急之務，無以解悗煩耳，遂悉目中所列，一一詠之。

槐

濃蔭惟槐好，移根最護持。他日追涼坐，無忘蔽芾時。

竹

清淵只叢篠，其長與牕齊。月下弄清影，涼風入座低。

松

抽針當夏長，裹鱗經霜硬。莫將數尺欺，已具徂徠性。

栢

有松兼有竹，可少栢樹枝。詰曲守堅貞，歲寒志不移。

杏

芳林分艷蕤，腮冶逞嬌鮮。枝頭即帶實，倍愛黃金圓。

桃

夭桃繼杏開，殢雨含珠淚。東風娉立時，憐汝無言意。

桂
余昔住淮南，淹留未得託。嘉爾伴仙曹，幸來長百藥。桂為百藥之長。

蘭
遞馨十步內，能吐四時芳。珍從閩地遠，不忍浴為湯。語云：十步之內，必有芳草。

石榴
炫爛盈林綴，珊瑚間碧滋。只愁當夏日，化作火燃枝。

紫薇
偏耐經時對，清郎戶晝扃。雨餘憑几處，灼灼婿紗櫺。

茉莉
瘴方蔓野籬，北寒好相競。香添鴛枕清，色與玉簪並。

玉蘭
三冬保芳英，迎春噴玉滿。翫之欲品題，慚之裁詩管。

茶花
濃葉舒沉綠，艷葩盈幹敷。靚開雪霰裡，姑射新點朱。

梅
素質怯寒重，香浮靜室溫。夢餘清枕畔，招得美人魂。

薝蔔 即梔子花
曇地優鉢羅，此花珍堪埒。鬱鬱惱炎階，驚看冒枝雪。

瑞香
蘊香麝避烈，棲露珠凝寒。百卉輸春早，枝頭粉未殘。

木槿 一名舜華
莫言舜華促，不聽小兒愚。無心任開落，便可了榮枯。

鳳仙花
託根殊眾草，蜂蝶不敢輕。一上秦女甲，試聽雲外聲。此花蜂蝶不近。

向日葵 原名西番麻
番種本粗莽，重爾因傾陽。低首當斜日，也應憶故鄉。

雞冠花
半曉窻前望，隣啼漏尚催。葢頭紅似血，疑自鬭塲來。

蜀葵花
雖傳衛足知，卻共藜藿生。清吏少梁肉，葉花將採烹。

盆荷
碧縹團團葉，香擎淡淡風。莫恠榮華少，蹄涔水易窮[一]。

【校記】

［一］"窮"，底本漫漶，據惜陰軒本補。

萱花
鳳味初銜絲，赭紅舞奕奕。潘輿媿未將，悶遣憂寧釋。

月繼 俗作"季"，誤
孃娜牽風細，緋容暎粉墻。勸君頻進酒，日日衒新粧。

玫瑰
刺密鳥難窺，瓣繁蜂喜簇。摘擷瀹露膏，美人資湯沐。花可作露浴妙。

錦石
尚有欝林癖，無云拙吏清。堂前雲淰淰，莫非此石生。

豆架
葦棚曳綠蔭，障炎仍薦盤。感茲主人覆，何恨芟烑闌。

松墻
挿援境添邃，葳蕤生晝陰。家園長百丈，憶爾欲抽簪。援，去聲，樊垣也。見《謝靈運集》。

朱魚
羈宦愁關籥，囚鱗苦瓦盎。何如遂素心，縱情江湖往。

慧鳥東齊名曰阿戀，色如土，而斑頭豎毛，好食沙土，拌穀啄之。喂熟，不飛去。
秦中謂之土角兒。能學諸鳥鳴與貓犬聲，形小聲少弱，不能遠聞。

他鳥開籠放，畜汝聆巧聲。憐無鸚鵡羽，混跡市人輕。

和無寄居士舟中紙榻詩十二首

吾身幻無寄，偶然寄此船。船亦偶寄紙，無寄來宴眠。

紙榻無二觀，寧判冬與夏。湘竹與繩條，皆可為紙者。

古井局腳牀，入舟恐未安。不如千疊褥，穩下風波灘。局腳牀，賈誼井中出。

良友須好文，與結無言契。誰謂舟中孤，同居有待制。

踞臥入浦溆，苔岸正相宜。清夢同漁叟，應憐敝網時。古有苔箋，蔡倫以網作紙。

長短恰巧施，代彼斧斤作。不愁管寧穿，寧畏裴遐墮。

昔人舟行紀，即事滿百篇。知君書好句，不索羲之箋。

維舟遲好月，牽纜涉長風。此時靸枕秘，寢食忘其中。

人則曰紙耳，我言欲曬書。塵上任鼠跡，腹中駐蠹魚。晉簡文好牀塵鼠跡。

蘆亦可作被，紙亦可作障。將來與榻叁，是謂三清尚。

欸乃當聲歌[一]，蓬牕當廣廈。頓眠當美人，客路何瀟灑。

生男臥牀上，原期在四方。遠楫志遊覽，應添竹素光。

【校記】

［一］"欻"，按當作"欸"。

題畫扇

院月同分白，林光淡染緋。棲鳴日百遍，不肯放春歸。

題墨牡丹

嬌倚沉香醉，三千莫並姿。如何稱國色，正在淡粧時。

園栽饒異種，爭賞殿春花。醉來灑墨瀋，疑是暝煙遮。

盤山道中口占六絕

居民住深山，不知深山好。男樵女浣流，髩髮空皓皓。

再過不入山，雲遮示山鄙。每嘲利名人，誰知自身是。

決厭車馬客，非關為喧囂。奇態總不見，疾驅愁路遙。

高下石形殊，臥立紛無數。欲坐古林傍，嵐翠窮朝暮。

從僕莫肯助，可知緣尚慳。花時若再負，誓曰有如山。

欲作盤山圖，何處可下手。石疊綠沉顏，赭塗坡與阜。

七言絕句詩目錄

卷之十八

題畫二首

別君星二首

題畫

戲題小畫

山中阻雨三首

題画

春鳥二首

同賦新雨待美人不至三首

無題

壽邑侯張元聘先生三首

夢中作

出郊

雜詩二首

戲題小景

族伯庭前看菊三首

題畫八首

贈別友人君肇孝廉三首

題畫二首

宮詞三首

冬日漫興二首

醉成二首

挽張節婦三首

秋思四首

花下口占四首

雨中花架季弟苦謂難題，走筆得六首

冬居雜興走筆得八首

題畫四首

春郊與諸友同賦限諸體咏，清詠遲歸

對酒

聽琵琶

聽法相院禪師講解三首

別沈仲玉先生

濛溪庵避暑三首

定州道中口號二首

舞劍歌

塞下曲

春風引

放歌行

題畫贈祁念東老師[一]

贈劉叔定續婚晉氏二首

和七夕伯聞招飲大業堂，時寓長安大雨

無題

白髮

早梅

題王叔明秋山蕭寺圖

君參客維揚，新納寵姬，尋以試事急歸，作詩嘲焉

硤石道中口號

【校記】

[一]"念東"，正文無。

七言絕句詩之十八

關中來　復陽伯甫著
社友朱存坻元峻甫校

題畫二首

白雲片片度高樹，小窗慣受天風香。長頦道士窺元化，一嘯峯頭雙袂涼。

洞門深護莽蕭蕭，獨鶴蹁躚下紫霄。仿佛緱山春正滿，吹笙何處覓王喬。

別君星二首

送君千里路漫漫，惆悵關河淚未乾。一路曉霜紅葉落，許多秋色馬頭看。

繫馬荒村楓樹寒，長征勸汝好加餐。男兒腰繫蓮花鍔，莫信人間行路難。

題畫

參差松影自濃淡，變幻山光時有無。朱輪不識煙霞路，只逐紅塵入帝都。

戲題小畫

南國榕陰覆千廈，誰把移來近蘭若。行人只疑老龍蟠，風雨不敢憩其下。

山中阻雨三首

春日石臺蕩夕曛，微飈下處暗山文。樵子慣尋高下路，居人解卜陰晴雲。

不妨夜雨掩松關，更愛巉巖枕碧灣。記得坡公詩句好，幾人能識雨中山。

上山山晴下山雨，山中闃寂不可住。蒼茫天地自陰晴，明月依然山下路。

題畫
翠栢陰森萬丈長，孤亭高結峻岩傍。艤舟坐愛林丘好，山色開晴下赭光。

春鳥二首
閒園日暖艷芳菲，盡日山禽啼不歸。寂寂石欄花信早，看他將子課新飛。

自調巧舌日千囀，閒整新衣時一雙。粧點濃華春有伴，儘教來去近山窓。

同賦新雨待美人不至三首
妖嬌五月石榴裙，爛熳芳姿映水文。忽訝朝來新雨歇，定於何處慣行雲。

碧梧深院乍生秋，樽酒彈碁事事幽。驀起薄涼清夢足，巫山十二好相求。

飄蕭羅襪踏層波，日暮遙聽子夜歌。賦就陳思多懊惱，驚鴻落雁定如何。

無題
名花妖冶值芳晨，惹得天香玉女身。已見珍奴承妙訣，門前空自戀青春。

壽邑侯張元聘先生三首
閃閃霓旌引大賢，春風百里韻鳴弦。製成雲錦疑龍字，接得瑤函倩鶴傳。

棄繻終子玉符分，茂宰聲華帝里聞。和雨初廻清峪潤，春紅遙映海西雲。

坐籌新令民無恙，大澍甘霖禾已平。京兆多恩深愛訓，陽平有祝報長生。

夢中作

繡篋金屏事巧施，蒨花歷亂綴胭脂。春風一夜零丁夢，占斷繁香是阿誰。

出郊

野岫雲開霽色空，分行密葉遶溪通。前村山淨鳥聲寂，秋在高天古木中。

雜詩二首

入秋天氣常多陰，北隣南隣砧杵深。清怨不隨寒漏盡，更邀孤月照鳴琴。

藹藹香沉篆傳山[一]，疎窗矮榻隔人寰。西風蝴蝶來幽夢，識得形骸一枕間。

【校記】

［一］"傳"，按當作"博"。

戲題小景

晴曛芳馥錦茵鋪，透出春嬌似玉扶。條覆清煙迷雀夢，萼捎黃粉染蜂鬚。

族伯庭前看菊三首

落日叢金絢錦茵，風流大阮未全貧。怪他萬朵同含咲，曾侍東籬舊主人菊種移自小齋。

夏艷春嬌各渺茫，孤芳寂寞向人長。幽情不願移豪室，獨抱寒霜傍草堂。

卻記毒炎五月時，幾莖零亂獨撐持。栽培滿眼饒多種，雨露西隣合有私。

題畫八首

漠漠煙籠錦樹齊，雲開斜日萬山低。荒村境寂野色暗，人在空濛春晝迷。

萬里松陰覆戶茅，翠侵晴嶂碧雲交。拭琴更鼓松風曲，怪有江濤落遠郊。

落日煙荒漁火遲，隔溪遠燒過荊籬。孤舟來往寒江路，處處鳧鷗是故知。

二月春桃盡著花，上方樓閣抹晴霞。不知境入仙源裡，更有瓊株十萬家。

陰森幽壑自回縈，峻嶺層巖拭畫屏。濟勝有人貪覓句，卻憑彩筆鬪山靈。

霜樹蕭蕭萬葉紅，孤煙南望尺波通。興亡千古人間事，判盡幽人一語中。

太平丘壑付漁樵，綠水青山日見招。塞老底須譚禍福，莊生原自樂逍遙。

谿山雪霽空江白，長松半洗青亭亭。睡起匡床午鷄罷，風吹酒寒天地醒。

贈別友人君肇孝廉三首

蕭蕭楊柳綠初生，黯淡春郊落日情。淮海鶯花饒領畧，可忘幽聽及嚶鳴。

二三兄弟雅知名，豪舉疎狂體骨成。詩出一人須共和，酒無三日不同傾。

嶇崎畏路紫氛高，雲際翩翻自鳳毛。迂我林泉安下筴，瘠田耕耨不辭勞。

題畫二首

古木層陰萬里晴，野人探句隔林行。千峯不斷撲天色，猶讓新詩一段清。

院外寒流沸石根，野煙斜日淡荒村。往來清嶼盤雲路，處處莓苔印屐痕。

宮詞三首

新月高時御水凉，夕煙晴鎖柳條黃。依稀夢覺羅幃暗，疑聽笙歌入未央。

青草蒙茸輦路微，百花香煖乳鴉肥。御前傳出房中曲，隊隊爭裁金縷衣。

鴨鵝聲中萬戶空，綿延春恨浩難窮。憑將寂寞長門淚，灑盡閒堦一夜風。

冬日漫興二首

盈虛百變眼中移，矮屋孤衾學太癡。麈尾蒲團添得好，博鑪羲帖換來奇。

身同物朽從伊朽，意比寒灰猶更灰。惟有詩情降未得，頻邀花月寸心來。

醉成二首

湖海人酣金屈卮，屠蘇欹倚錦屏移。狂來獨自傞傞舞，忘卻燈前肉與絲。

誰家彩鳳白雲堂，中列七十二鴛鴦。飛觴坐送斗星轉，擊缺唾壺春興長。

挽張節婦三首

天地悲看赴谷川，百年齦齦迫虞淵。不有貞珉擎萬古，長明日月為誰懸。

二八青衫血淚絕，逐夫從容人世別。至今並蒂隧花香，兩兩鴛鴦叫同穴。

何處仙魂散彩霞，玉龍西極挽香車。同遊仿佛追湘女，絕筆終然仗李華。

秋思四首

霏霏凉露滿山城，檻外星河湛湛明。靜倚空廊愁不寐，自拈簫管作秋聲。

槐柳葉黃荷芰枯，連天蕭索長蘼蕪。秋蟲向晚鳴無數，人對山堂夜月孤。

雲陰又漲芙蓉水，雨濕徒繁桑柘林。衝寒雁羽苦飛越，即有尺書何處尋。

秋至豪家氣轉紆，綺筵分日醉清酤。蓬窗頻惱寒風烈，只解淒其裋褐儒。

花下口占四首

此花不負今宵開，此酒今宵何處來。為有春情留艷色，好風好雨集荒臺。

春來憐我醉模糊，辜負繁花似玉扶。暫對花前聊借問，可能留醉主人無。

春日春情渾未暮，好花仙路喜叢遮。多情春鳥能饒舌，日日笙簧傍彩霞。

城裡紅塵逃未得，枕邊宿酒苦難醒。驚見繁華清興起，新詩今日幾篇成。

雨中花架季弟苦謂難題，走筆得六首

漢宮粉黛約三千，都向長門寂莫眠。驀起愁心深巷永，幾行清淚落花天。

宿霧凝煙玉蘂寒，驚春泣月晚粧殘。羈栖班枕多幽思，清夢巫峯有合歡。

並立娉婷逐隊齊，前溪綺繡舞肩低。蘭湯出浴香芬郁，寶絡斜分露筍荑。

慘淡芳魂怯素秋，秋容愁鎖一簾幽。不教彩艷凌晴日，忍使繁華逐水流。

露濕春絃拂錦襦，嬌情酣困倩人扶。阿誰意裡牽縈甚，卻立空堦獨自吁。

招侶邀親醉玉房，伸情欸怨坐籬傍。三春嬉樂當修禊，深院迢遙事洗粧。

冬居雜興走筆得八首

要知冬日好生涯，摹帖觀書更煑茶。卻為曉風添凜冽，新醅幾盞破紅霞。

短榻曲曲畫屏安，布幃蕭蕭不上寒。滿頭裹得幅巾穩，何似當年側注冠。

彈琴曲長寒澀指，弄毫濡墨費鑪烘。翛然襆被韶光透，朵朵黃芽散煥風。

是誰敲門攜酒來，侵晨壺榼向梅開。良朋會詠冥鴻曲，一曲歌成酒一杯。

風塵黯慘晝生陰，殘綠飄蕭瘦萬林。種得孤松纔數尺，窗前獨見歲寒心。

留客茅齋共咏詩，藏鈎賭賽坐燃藜。群豪正欲探新句，就把當筵事事題。

為園手種藥苗成，綠甲緋英絢目生。怪底泥融冰乍解，滿林和日似春晴。

雪壓檐前高樹枝，刷毛獨鶴映孤姿。吮毫自繪瑤池色，凍縮乾坤點綴時。

題畫四首

幽亭隱隱帶橋賒，水抱山環野客家。一夜峯頭新雨過，不知春色綻桃花。

斑竹作牀雲母障，睡起看山開新釀。月明深水長游魚，鄰人夜夜來擊榜。

四野垂雲着意低，荒沙鷗鷺伴人栖。秋風仿佛覃懷路，積雨長堤草樹迷。

不戴接䍦不杖筇，老作商顏採芝客。詩成驢背破洪濛，愁殺青山滿頭白。

春郊與諸友同賦限諸體咏，清詠遲歸

非弦非竹興堪紓，消盡酣觴日半梳。煙壑廻連狂屐遠，模糊天外覺春虛。

對酒

強半詩情對酒豪，興豪酒復向詩消。詩成尊在將輕放，啼鳥嬌花不肯饒。

聽琵琶

朝歌一曲馬頭翻，聽罷蕭然悵別魂。毳帳迢遙紅粉歇，空教青草泣黃昏。

聽法相院禪師講解三首

萬營消盡悟函三，瀟洒還聽出世談。簷外曇花輪佛果，堦前定水繞龍龕。

蓮花香裡法輪明，鷲嶺遙看寶樹生。金牒已宣七覺遍，信根初解六塵輕。

舒金布地化城西，鐸韻經聲起日低。巀嶭好將廬岳並，菴蘿新築遠公棲。

巀嶭，山名，近禪院。

別沈仲玉先生

崇蔭扶扶匝道周，宦途回首此并州。當車父老饒離思，猶慰為郎未白頭。

濛溪庵避暑三首

連年每於夏日旱，城中無地不炎蒸。狂尋靈域轉風磴，踏遍陰巖千歲冰。

坐愛濃陰凭石几，有時開閣拂雲煙。隱隱暮鐘峯外寺，飛飛群鷺水中田。

松枝藤蔓沿溪冷，玉瀑澄流繞舍通。雨氣簷前昏日月，只疑洞裡尚洪濛。

定州道中口號二首

中山城中無酒嘗，中山城外風更狂。人生作客那得好，苦憶槽頭百甕香。

定州塔外風送陰，恒嶽峯西白日沉。蒼茫四望暮天淨，吹折長堤霜樹林。

舞劒歌

醉把青萍斫地呼，簷前重洗血糢糊。莫言寶氣沉埋久，曾退陰山十萬胡。

塞下曲

馬上鳴髇射獵歸，天寒殺氣繞城飛。忽傳挿羽徵兵急，半夜銜枚度鐵衣。

春風引

御陌垂楊金鏤絲，家家桃李曉風吹。自憐意氣傾都市，不是尋常遊俠兒。

放歌行

世路崎嶇那可問，盟邊帶礪總難尋。黃金散盡客仍在，想像當年季布心。

題畫贈祁老師

萬仞蒼巖蔭薜蘿，鳴泉百道匯洪波。醉開雙眼支頤坐，閱盡浮雲變態多。

贈劉叔定續婚晉氏二首

繡幕金屏宛宛陳，葡萄衾上九華新。鳳駕即邀緱嶺鶴，天台放出館娃春。

自有瑟琴歌江汜，豈同邢尹鬪妍粧。香廻小院雙羅綺，一任峨眉畫得長。叔定有二寵姬，望晉以不妒。

和七夕伯聞招飲大業堂，時寓長安大雨

但使名園絲竹在，從教清渭浪掀風。卻將天上難逢夕，挤盡吾曹杯酒中。

無題

繫卻金鞍白鼻騧，意錢賭賽閧狹邪。可憐嬌靨解意氣，醉同上馬遊名花。

白髮

白髮那能共愁至，不是愁人偏得斯。但信隙駒容易擲，縱令如漆有多時。

早梅

一枝寒艷蕤蒙茸，仿佛仙姿天上逢。雪裡詩工搜萬象，堦前淡淡認春容。

題王叔明秋山蕭寺圖

松蔭前谿日半曛,蒼巖萬疊靜生雲。泠然孤鶴秋林遠,應有鐘聲下界聞。

君參客維揚,新納寵姬,尋以試事急歸,作詩嘲焉

淮揚麗色少迴妍,靜態濃妝總可憐。春到鑑湖真足戀,惱人偏是剡溪舡。

硤石道中口號

夜半長征徒侶稀,馬頭狂雨共雲垂。誰憐此際空山道,正是家園臥穩時。

七言絶句詩目録

卷之十九

余入淮上阻風停舟，遂夢還家，夢中得詩二句，醒續成之
席上各賦一物余得石榴
題閔德美小像
和王雲屺遊杏灣詩四首
園中雜題六首
過王氏小莊
題松月障子
新城謠
幼女卒蕋先塋，殯次經過輒淚，詩以慰亡兼用自寬，得六首[一]
題畫扇
春日園居值風五首
菊種向小園頗饒，漸散栽諸好者而余處遂絕。近築鄉落，理塍課僕，欲覓之植菊家，不知能分佳種如余昔乎
乞君參處玉簪花
乞伯聞園山茶
冬日邀友人看竹作二首
春日寄潘景芳中翰三首
甲寅春遊杏灣有感四首
春日邀館友飲賞桃花四首
題王幼安書舍[二]，時余將北上二首

走筆寄王爾鏊、爾伸昆季訂龍耳山約三首

旅寓碧雲寺值祀竈日，相上人索贈竈君詩，立草以應二首

溫兆昌貽紙障口占五絕謝之

贈胡金吾

孝廉周孔澤之姊未嫁而夫死，遂守節終身，茹素誦經，年五十矣二首

丁巳園居雜咏十首

遊杏灣作限韻二首

贈伯聞社丈納姬三首

讀穆宗宮人《題湯泉》，有"不為人間洗冷腸"之句感賦

山中作三首

秋日稽稅至梁家淺口號二首

和會稽女子詩次韻三首

賞諸卉小景援筆成五首

秋日禱漳祠雜興三首

題米家童慧畫菊

孤臺寺晚眺二首

密雲道中馬上作四首[三]

【校記】

[一]"得六首"，正文此前多"馬上"。

[二]"幼安"，國圖本作"福生"。

[三]"密雲道中馬上作四首"，國圖本目録并正文皆無之。

七言絕句詩卷之十九

關中來　復陽伯甫著
弟來　臨馭仲甫校

余入淮上阻風停舟，遂夢還家，夢中得詩二句，醒續成之

雨打舡舫橫夜陰，雪翻驚浪泊前林。三更枕上還家夢，歷盡風波幾許深。

席上各賦一物余得石榴

塗林移種昔曾聞，擘向離枰萬顆分。不獨暎尊翁艷並，還堪鬬色美人裙。

題閔德美小像

褒衣緩帶四方蹤，座上丰姿畫裡逢。他日逢人憐皓髮，只須重展此時容。

和王雲屺遊杏灣詩四首

乳燕來時飛乳鴉，杏花開半復桃花。馬蹄踏遍三春路，猶問籬株是阿家。

遊時且莫問昏鴉，愛花來眠十里花。開徧城中還未覺，可知春落野人家。

連枝接葉暗藏鴉，遶水環山盡是花。共把瓊英深淺色，還疑五色近仙家。杏有五色六出，是仙人所食者。

林邊嬌靨髻如鴉，早領春光貌敵花。要識百壺公子席，即為千騎使君家。

園中雜題六首

數株高柳蔭成灣，引水疏溪勢曲環。六月風凉炎日避，一亭宜揷水中間。

野園數畝太荒涼，只喜篁稍半過墻。坐愛背村林豁處，尊前常恐礙山光。

雨洗層峯暎坐前，貧家省得買山錢。春初秋暮還堪咲，徧乞花栽似募緣。

南北名花不到地，水澤經旬此處無。勾卻繁華省眼力，免隤穴蟻並藏蛄。

携書出郭散愁心，驚見殘春柳色深。卻記十年遊賞地，對花日醉日狂吟。

厭離塵市闢園扃，遙揖河山四望停。不獨城中輸眼界，也無如許鳥聲聽。

過王氏小庄

涓涓泓水面閒庭，小築茅垣倚翠屛。解識主翁能遠俗，當門奇石撲人青。

題松月障子

黛色經霜晚節存，風濤帶月潑雲根。若將匹練疑流瀑，深夜蒼虬飲海門。

新城謠

共築長垣欲備胡，官曹日日募丁夫。莫將叛虜疑元昊，千堞初成野骨枯。

幼女卒塟先塋，殤次經過輒淚，詩以慰亡兼用自寬，馬上得六首

生時不省離重閨，腸斷孤魂暮壠栖。小髻鬖髿無盥婢，朝朝應自喚爺啼。

春條綴露疑垂泣，殘瓣飄紅憶棄脂。郊遠斷煙松栢冷，夜長風緊月昏時。

憐余早孤汝生晚，祖父母面未曾窺。今日九原扶侍得，馴柔應喜好孫兒。

章句數篇雖解讀，女紅巧性似尤通。藤針柳線雲為錦，一任天邊刺繡工。

一世九年漚影幻，重泉彌月夢情離。生前依戀緣何事，只索傷伊幾首詩。

塵鏁寢房燈罷焰，戲消諸弟院無譁。唯餘常愛三棠樹，寂寞春來放幾花。

題畫扇

夕陽掛帆風正輕，山根帶樹雲陰平。眠鷗浴鷺滿汀渚，落日半江秋色橫。

春日園居值風五首

前日池冰泮復凍，當暖不暖添蕭騷。已驚春雪排空墮，更訝寒風作陣號。

新植花林纔灌畢，當牕翠竹也無多。不是短垣圍護得，揚沙拔木奈狂何。

清峪灣頭桃杏枝，年年二月競遊時。臨開幸不逢風妒，頗厭陰寒花信遲。

顛風振林連晝夜，塵霾蔽日春無光。羔裘老農坐相語，凍縮抽苗綠稻長。

接囏路迷蒼兕吼，古墳林慘怪禽啼。閉門獨夜吟詩坐，淡蕩空郊白屋低。

菊種向小園頗饒，漸散栽諸好者而余處遂絕。近築鄉落，理塍課僕，欲覓之植菊家，不知能分佳種如余昔乎

不愛陶家但菊叢，憶曾分植奪天工。只今若個貽新種，得與當年棄舊同。

乞君參處玉簪花

為喜素容香淡淡，栽隣秋砌混蘭風。更憐滿眼抽簪好，欲挿諸花霧鬢中。

乞伯聞園山茶

土垣園裡曲池開，誰報先春花信來。欲玩深紅如點血，肯貽數顆續寒梅。

冬日邀友人看竹作二首

買來叢竹約千竿，風緊霜淒葉未乾。正好開尊同候月，碧煙看漲暮園寬。

幽林遠豁靜堂坳，竹裡為亭正束茆。已愛冱寒棲雪霰，更憑長夏掃炎歊。

春日寄潘景芳中翰三首

複壑晴瀠春漲濤，名園詩思幾人豪。山工取石成巖嶺，應並門前巨岸高。

今歲春寒雨亦稀，牡丹芳信故應違。開時想像千重錦，可許攜尊看飽歸。

荼蘼海榴買絕無，垂楊新栽夏易枯。此物猗園仍賤品，宜須各覓兩三株。

甲寅春遊杏灣有感四首

眼見春灣杏萬株，半經斫伐貯重籲。不愁華萼摧殘盡，材大于今解用無。

憶昔喬林燦似霞，暎山遶谷勢猶賒。新枝的的何年種，已自成圍滿眼花。

歲歲遊情步野津，催歸風雨每愁人。梁園忽自開花竹，竹外看花別樣春。梁君參築園此地。

水際浣脂飄素練，林邊奪目照含杯。阿誰新句題遊賞，不負探春此一廻。

春日邀館友飲賞桃花四首

新接紅梅小小開，桃林菩蕾暖仍催。東皇也自輸消息，可少詩人酒一杯。

杜甫堂前只五株，裴休作賦嗜猶迂。滿蹊無語如相問，也似堪消酒一壺。

花叢漸漸出週垣，煙灑風顛怨日昏。香芬好藉莎茵坐，恰有牀頭酒一尊。

栽竹將枯雨不滋，舒金嫩柳尚低垂。獨憐數舡妖桃色，一樹宜傾酒一巵。

題王幼安書舍，時余將北上二首

欹徑深堂面面開，宵遊秉燭故人來。功名頗厭長征苦，纔見蕉團念已灰。

吾園種竹愛新成，爾種新枝劇有情。醉把琅玕起長嘯，前身應是竹林生。

走筆寄王爾犛、爾伸昆季訂龍耳山約三首

自住燕山作壯遊，白雲孤鶴結盟幽。朅來只欲離城市，寤寐龍山最上頭。

龍耳峯尖指點真，杖藜二月領山春。汾陽王氣難消歇，千載精靈合有人。

名山蘭若歷塵灰，二華風煙截地來。聽徹四時禪誦好，大慈應遣慧心開。

旅寓碧雲寺，值祀竈日，相上人索贈竈君詩，立草以應二首

搜奇訪學遠離群，苦行應知上宰聞。香積燎沉鐘動後，也隨清梵禮真君。

萬靈香界坐如雲，天眼平臨善惡分。不是勞生猶世法，忍將淨域染多葷。

溫兆昌貽紙障口占五絕謝之

寒雪迷郊氣不分，疎牕暎目白紛紛。忽將素障開虛室，雪際重添一片雲。

縮項耽吟趣自知，斑牀石枕稱寒肌。垂幨半晌梅花夢，絕勝袁安困臥時。

清敵冰綃奐似錦，睡來深秘傲風前。菊蕊枕邊香不去，蘆花被底暖猶偏。

誰繪孤梅數朶開，支頤坐玩興幽哉。推簾斜月能回照，為送堦前竹影來。

花裡曲房曾住君，蕭然矮榻誦聲聞。若捫薜荔重相訪，滿幅應書太素文 兆昌喜書。

贈胡金吾

宿直承明步玉墀，金張席上醉峨眉。羽林欲選投超士，千騎營中拔健兒。

孝廉周孔澤之姊未嫁而夫死，遂守節終身，茹素誦經，年五十矣二首

三十餘年未字人，布衣梵唄志猶新。已超色界業因苦，為證菩提離垢身。

倚柱不須同漆室，哀歌何用羨陶嬰。但拚金石無移轉，秋雨春花總不驚。

丁巳園居雜咏十首

萬曆四十五年夏，數月不雨炎日狂。已見風霾焦麥隴，更無禾黍入秋場。

閘峪疏流遠引渠，甃深空自轉河車。青蔓綠莎渾欲盡，卻同霜後景蕭疎。

園百牡丹栽費錢，幾番插柳暮垂煙。含嬌猶自飜風葉，脆質那堪赤日前。

百花萎落傷猶可，未忍篁稍萬個乾。吟葉敲枝聲颯颯，只疑驟雨灑琅玕。

恢園敞榭嘆囊空，消渴原謀避祝融。黯慘終南迷眺望，旋塵十丈陌頭風。

欝煩思雨盻新涼，一雨村墟化水鄉。剛喜鳧鷖來碧沼，飜憐木葉近秋霜。

蚊蚋燈前不撲幃，懸知草死盡無依。陰陽撥轉須臾事，鳴蚓啼蛩苦未希。

農耕廣溥儲無米，食指游閒繁有徒。不是行田愛鄉野，版曹親欲步輿圖。自嘲。

籬菊催戕色已凋，池荷花盡見魚跳。惟應常掃臺階靜，明月秋空醉幾宵。

自嘆棲遲匪遠圖，園成多累不如無。猶憨人指蛟龍窟，截海風雷起一隅。

遊杏灣作限韻二首

馬蹄十里路知津，萬樹搖風吐萼新。卻賴餘酲扶遠興，薄寒猶閉幾分春。

深林淺紅更輕霧，春信已到無人來。似是花神解相惜，一枝橫綻故迎杯。

寄贈伯聞社丈納姬三首

妙曲嬌歌樂未央，風流詞客放情狂。樓前遠嶼池邊柳，可似吳姬新樣妝。

金鈿寶靨曉妝齊，樂事新移大第西。調笑忽聞花外語，三冬已自聽黃鸝。

秘愛張倉延老術，侈同熙載過江時。賞詠王孫憐彩筆，麗情應續向來詩。伯聞賦麗情詩甚佳。

讀穆宗宮人《題湯泉》有"不為人間洗冷腸"之句感賦[一]

侍蹕香銷灑墨新，空山長駐翠華春。卻憐得句深宮女，抹殺留題軒冕人。

【校記】

[一]"不為人間洗冷腸"，按，謂此句為明穆宗朱載垕宮人所作，係作者誤記。清·史夢蘭著、張建國校注《全史宮詞》錄《宮詞》云："詠絮簪花並擅長，新隨雕輦幸漁陽。溶溶一派溫泉水，好為君王洗冷腸。"後簡釋云："《彤史拾遺》載，王妃，順天人。能詩，工筆劄，以才色為武宗所幸．嘗侍上幸薊州溫泉。命妃為詩，妃手自書之，刻于石。詩云：'塞外風霜凍異常，水池何事暖如湯，溶溶一派流千古，不為人間洗冷腸。'"。清·唐英著，張發穎、刁雲展整理《唐英集·古柏堂雜著》錄《明武宗幸湯泉詩》云："明武宗幸湯泉，賜宮人詩曰：'滄海隆冬也異常，小池何止暖如湯。溶溶一脈流今古，不為人間洗冷腸。'"一謂此係明武宗朱厚熜之王妃所題，一謂武宗所賜。

山中作三首

入山只合多攜酒，堆列肥濃總未宜。急遣從騶須嘿嘿，山靈不怕導呼威。

老僧槁項走相迎，馱水修房搬石耕。自笑養嬌筋骨嫩，雙扶下嶺嘆難行。

雖媿王維老畫師，常憑几案費幽思。縱然筆墨疏文理，變幻難窮三面奇。

秋日稽稅至梁家淺口號二首

二水經年欲斷流，籌邊空厪司農憂。何當盡馳諸關禁，狼戾民間萬貨稠。

官設雖專法盡無，羞從狡獪較錙銖。龍擾鳳筱非初願，雲表秋鷹詎可呼。

和會稽女子詩次韻三首

新嘉驛有女子題詩，詞調宛愴，好事者爭和之。或憐其才，或恐其死，或詈其武弁。惟袁小修兄詩不倚韻，而嘲謔甚快。余最愛女子首句"銀紅衫子半蒙塵"語，其慘淡不得意景象便寫出矣。長孺示余，索和，輒成付之。

嫁日紅衫不浣塵，詩中寫出旅愁身。可憐世上癡頑女，羅綺堆箱強貯春。

諧偶難同比目遊，差池天道本悠悠。才人亦每房無匹，妬婦偏教老到頭。

絕命詞成哀萬古，吟過莊舃更餘悲。應知傖父厭厭氣，尚惜拋金嘆橐垂。

賞諸卉小景援筆成五首

買得名花繞屋栽，芳趺嬌暖襯莓苔。巧形糾屈咸堪畫，映燭盆分二本開。

南種精奇北種強，新條夭瓣趁春陽。白頭也自稱僶吏，無語佳人解勸觴。

苦憶家園最護持，水陰山穴長華滋。僕童一二通花性，急洗塵沙噀葉兒。

玉疑是白寶為紅，烏角先生自不窮。滿室香浮風習習，將無酸士蒞珠宮。

豈少芳林高樹枝，狎觀惟以小為奇。若能縮小真丘壑，几案應將五嶽移。

秋日禱漳祠雜興三首

半載祈年兩扣神，的知官是不祥人。竭來獨坐孤樓望，憂劇當關二水津。

水津何故斷秋源，萬里艅艎此半屯。漕使屏騶勞計畫，師興倘許雨飜盆。

獨憐茹素走郊坰，四眺層雲也自靈。只道岱宗膚寸合，誰知未了眼中青。

題米家童慧畫菊

風憐質冷振霜葉，天許神全鑄臘黃。自昔還童丹訣少，輸伊筆底駐年芳。

孤臺寺晚眺二首

茆舍夕炊透樹層，蕎花盈隴豆盈棚。空山道上揚鞭客，孤寺松前破衲僧。

大水峪前烽堠多，挿雲天壽欝嵯峨。龍藏暎日成虹影，寶氣噴珠散御波。

密雲道中馬上作四首[一]

日落雲飛兩足橫，枝頭少女動微聲。空山廢廟無人住，任意青苔繞砌生。

並馬橐韃選二人，彎弓如月獸袍新。書生幼日非猿臂，一石強弧挽是真。

山到邊頭不記名，千層萬疊儘教生。就中也有輪蹄路，只為程途近帝京。

出門恰遇桃李時，上山下山雲氣滋。但得邊疆緩烽燧，忍無卮酒使春悲。

【校記】

[一] 國圖本無此一題四首。

雜著諸體目錄

卷之二十

題畫扇

絕句二首

春郊與諸友同賦限諸體咏歸途聞漏

經武堂四詠為杜韜武作

題自繪石片

桃林聯句

冬夜聯句，時余將北上

仲冬招張敦夫、郭漱六集榷關齋中賞梅花聯句，限墻、陽、忙、房、長五字

聯句二首

瑞蓮亭共君旭聯句

雪霽漫書四首[一]

三五七言

禽言

和君旭、君晉社兄小園十詠

  游屐

  歌席

  柳椏

  芍階

  畫舫

  朱榭

  藻湄

花援

櫻盤

醳酸

【校記】

[一]國圖本以下四題，目錄、正文俱闕。

雜著體卷之二十

關中來　復陽伯甫著
弟來　恒常叔甫校

題畫扇

黯慘滄江路口，清幽方外人家。客去慣尋鷗鷺，舡廻只載雲霞。

絕句二首

野水撲烟微綠，秋花帶雨初長。已賭棊中勝負，更降茶裏旗槍。

移榻茆簷待月，芸蹊荒圃分泉。倦起半抛長晝，銜尊且閣清編。

春郊與諸友同賦限諸體咏歸途聞漏

晚香一二新飛，逐我蕭蕭暮歸。廣陌紅塵馬足，疎林涼月春衣。

經武堂四詠 為杜韜武作

臍起徒強一域，衛霍不讀兵書。何待野謀獲勝，只消賭局自如。右抒籌幄。

轵里枉矜俠烈，荊卿空淬劉鋒。養就鵜膏虹影，直須截猱斷龍。_{右說劒臺。}

飛榭傳營倚馬，親裁露布揮戈。軍士喧傳奇事，阮陳束手難過。_{右草檄軒。}

塞上毳旄遠遁，堂中冠珮委蛇。已將留犁勸酒，更酌胡頭催詩。_{右敦詩館。}

題自繪石片

踏遍薊東薊西，山形或背或向。皴紋疎密淡濃，幻態陰晴開障。南地鑿削瘦奇，北方頑癡迆放。長康思遠筆靈，伯苑烟屯風颺。分付滿路青山，都來看伊模樣。

桃林聯句

和日照明霞，西郊爛漫花_{陽伯}。鮮風廻遠浪，羅袂益叢葩_{不器}。睍睆鶯聲巧，參差玉面遮_{馭仲}。賡吟憐道在，倚醉覺途賒_{君土}。應否深源裏，有無避世家_{常叔}。目臨野渡外，豪落玉山斜_{不器}。留月窺妝晚，簪頭愧髮華_{陽伯}。虛窻深顧盼，遲載七香車_{馭仲}。

冬夜聯句，時余將北上

冰檐凝永夕_{陽伯}，爐暖閤深扉。戀別重牽袂_{子斗}，留歡暫歛騑。長歌銷絳燭_{伯清}，雅調動金徽。傍座瓶梅馥_{仲宗}，添觴醑桂飛。月華噴凍色_{叔汛}，雲彩逐春輝。明發臨關路_{季通}，無嗟知音希_{陽伯}。

仲冬招張敦夫、郭漱六集榷關齋中賞梅花，聯句限墙、陽、忙、房、長五字

梅影印新墻_{敦夫}，開時擬豔陽_{漱六}。憐香疎牖閣，恐謝賞尊忙_{陽伯}。有讌過蘭署，無蜂到蕋房_{敦夫}。正看芳意早，隣笛怨徒長_{漱六}。

聯句二首

匹馬迎君却自憐_{陽伯}，邨園閴寂景悠然_{應明}。竹緗架破盈千卷_{陽伯}，芸葉牎寒

十二年泰徵。陽伯下帷此園，一紀始第。峨巚時驚雷雨夕陽伯，吳歈新對嘯歌前應明。滿籬菊藎皆延賞陽伯，地主須教酒似泉泰徵。

其二

地主須教酒似泉泰徵，野園賓至總堪憐陽伯。薇墻帶雨花凝露泰徵，荷沼連陰水沒天陽伯。劒吼蒼龍驚乍合泰徵，槎浮秋漢魄高騫陽伯。相看醉眼過深夜應明，量語青藜未或先陽伯。青藜，諸友社名，因寄故云。

瑞蓮亭共君旭聯句

凉風到禾黍，灌木隱亭臺陽伯。上客酣筒碧，奇花照水開君旭。尊前群籟息，天表素輝來陽伯。短榻淹清漏，賡吟興劇哉君旭。

雪霽漫書四首[一]

三見瀝瀝呈瑞，陰寒不礙晴暉。日下冰花亂舞，山頭雲葉爭飛。

茆屋烘爐搜句，茶鐺烹雪解醒。句寫憂時心事，醒澆鄉思萌生。

數武檐前炙背，如拳石上留情。應聲老鶴學喊，護凍盆花冬榮。

郊外雪深幾許，營軍添集數千。山已草埋妨牧，竃憐薪斷無煙。

【校記】

[一] 國圖本無此下四題二十三首。

三五七言

帝京遊，雄邊使。馬上旗，山頭幟。嚴更驚夢身，五載思家淚。可憐鄉路望迢迢，秦塞于今虜更驕。

翠帳暗，流塵多。鎖深徑，嚬青娥。樂府歡聞曲，習池銅鞮歌。繁絃快飲夜仍夜，烏兔升沉奈我何。

禽言

泥滑滑，泥滑滑，急整汝綏楗汝轄。羊腸路險，一跌難拔。更有陷穽在平地，君不察，泥滑滑。

提胡虜，提胡虜，青白看來俱糢糊。自家好直世好諛，我弄巧，人咲愚。不如獨對酒一壺。提胡虜。

行不得哥哥，行不得哥哥。行人滿途皆荷戈，白晝囕人豺虎多。蜘蛛至死守網羅，累我者眾難載馱。前面難過是愛何。行不得哥哥。

不如歸去，不如歸去。花放綿，柳飛絮，門前多少山河助。回頭尋個安身處，何為寂寥守空署。不如歸去。

布穀布穀，新沾霢霂。日出易乾，挽轆轤續。五月蠶簇，八月禾熟。完得加派，釜中無粥。布穀布穀。

看哇看哇，芳草始芽。北山採蕨，南山採茶。六時兩乳，替抱者爺。馬須夜喂，兒饑則那。隨之田野，以安绷車。五十得子，期世其家。看哇看哇。

阿彌陀佛，聲亮不吃。淨域是依，以避矰繳。願力所攝，何擇異物。祝聖壽兮億萬，自飲啄兮勝僧飯。余與敝邑諸友約遊京師萬壽寺，時將午矣。聞樹上鳥聲喚前四字，真如人語。審其音顒而靜，悟法慧羽也。寺為李太后建。宏麗冠京都，神宗剃度僧住此。

和君旭、君晉社兄小園十詠

游屐
花牆柏牆覓徑，山路平路破苔。腿酸強芒屨健，朋至借短笻陪。

歌席
筵邊雖設絲管，無處得商玲瓏。調喉童子解習，囀樹鶯兒甚工。商玲瓏，唐善歌人。

柳堰
風蕩曳煙成縷，日融吐雪飄綿。不用緹城紫障，成行結蔭相連。

芍階
輝砌英舒名種，醉欄顏破嬌姿。堪供歆賓和味，最怕將別贈詩。

畫舫
滿艇可容十侶，平頭鼾睡炊餘。莫咲載舟水淺，纖流十里分潴。

朱榭
敞榭開成數處，大抵河邊趣幽。待月納涼從占，采蘭拾草停遊。

藻湄
池鏡點荷香潤，浪花翻荇泬回。安得鴛鴦知此，人言翡翠曾來。

花援
小園遮護曲折，多斫脩篁編垣。生客總難認識，無煩巖鑰妨門。

櫻盤
色匀萬顆鳥窺，鮮貯盈筐啖足。微官日祝寢園，再任驚心西蜀。_{時遼、蜀並急，余除文衡命，將入巴川矣。《芍階》句末，亦見此意。}

醳醆
非因嗜苦作甘，清旨就時可參。正似韻流禪衲，宜邀丘壑孤談。

來陽伯文集

[明]來　復　撰
　丁俊麗　點校
　吳敏霞　審校

點校説明

　　來復生平，前之《來陽伯詩集》所言甚詳，不再贅述。來復著述頗豐，有《來陽伯詩集》二十卷、《來陽伯文集》二十卷、《耦園圖咏》（不分卷）、《李何今體詩選本》七卷，并整理和校訂了《奇效良方辨》等數十部醫籍。來復倡導作詩作文應師古不泥古，并且爲文要經世致用，反對空洞無物之八股文，認爲"爲文須極力闡發，方議通融"。其詩文"文辭沈古"，頗具先秦、兩漢之風。

　　《來陽伯文集》二十卷，包括序、墓誌銘、狀、碑、傳、記、牘、祭文、啓、跋、雜著等，題材廣泛，内容豐富，如關中文學風貌、治理水利、維護邊防、節孝義行、醫書醫術等，皆有概述。來復重實學，關心民生疾苦，其文中較多治理地方、乂邊之策略以及造福百姓之政事。來復交友廣泛，且多當時名流，在其文集中亦可見一斑。來復文集具有重要的文獻價值和史料價值，從中可考察明代陝西地方政治、經濟、文化、思想、文學等情況。尤其是研究明代關中地區的人文風俗、社會風貌，來復文集是不可多得的珍貴資料。

　　清道光二十三年（1843），三原藏書家李錫齡校刊來復文集，有宏道書院藏版，現藏於三原縣圖書館、陝西師範大學圖書館、清華大學圖書館等，又收入《明别集叢刊》第五輯第五十册。來復文集僅見此一種版本流傳於世，目録書甚少著録，本次點校整理即以宏道書院藏版爲底本。這次整理無對校本，亦無可資參校的本子，對明顯的異文訛字，作簡單本校和理校。本次整理保持底本原貌，不重新編次，凡遇異體字即改爲通行規範字，俗體、簡體字則不予改動，漶漫不清之字即以方框（□）代替，不妄加推測。但原本總目無詳細篇名，不便讀者查閱正文，故本次校勘重新編輯總目置於卷首，以便讀者檢索正文，原有總目仍予保留。

丁俊麗

2017年夏

目錄

來陽伯文集總目錄 ·············· 397

來陽伯文集卷之一 ·············· 399
  序 ······················ 399
    送邑侯停一張公入覲序代家君 ······ 399
      又代家君 ················ 400
    贈大邑侯蘊所沈公膺封命序 ······· 401
    郝節婦遺稿序 ·············· 402
    贈大邑侯蘊所沈公入覲序 ········ 402
    陝西武舉鄉試錄序代 ··········· 403
    贈邑侯沈仲玉先生膺封命序代 ······ 404
    定園集序代 ··············· 404
    陝西同年序齒錄序萬曆庚子科代作 ··· 405
    公餘考訂引 ··············· 406
    重刊杜工部全集序代 ··········· 407
    奉贈邑侯吳江沈仲玉先生內擢序 ···· 408
    贈邑侯沖寰李公以初政膺上考序代 ··· 409
    養生主論序 ··············· 410
    贈大邑侯李翀玄先生榮膺恩命序 ···· 411
    贈司理瀋宇王公考績榮膺封命序代 ··· 412
    朱元峻制義序 ·············· 412
    刻瘡瘍神方序 ·············· 413

  恭贈邑侯楊荊岫先生入覲序 ………………………………… 414
  薊鎮邊政書序 …………………………………………………… 415
  贈密賢侯瑞陽田公榮遷銓部序 ………………………………… 416
  密田侯政績序 …………………………………………………… 416
  制臺文受寰先生宦蹟引 ………………………………………… 417
來陽伯文集卷之二 ……………………………………………………… 419
 序 ………………………………………………………………… 419
  贈郡丞聞寰杜公以考績報最榮膺薦書序 ……………………… 419
  贈郡侯寰津李公以考績報最榮膺薦書序 ……………………… 420
  顧朗哉先生遺稿序 ……………………………………………… 420
  李生共詩刻引 …………………………………………………… 421
  夢游五嶽詩序 …………………………………………………… 421
  凝神解小序 ……………………………………………………… 422
  張敦夫詩集序 …………………………………………………… 422
  賀楚襄郡司理學海洪公奏最序 ………………………………… 423
  梁君旭集序 ……………………………………………………… 423
  社中三子同登序 ………………………………………………… 424
  壽昝封翁序 ……………………………………………………… 425
  傷寒捷徑序 ……………………………………………………… 425
  秀巘閣詩序 ……………………………………………………… 426
  南陽活人書序代 ………………………………………………… 427
  自知篇序 ………………………………………………………… 428
  震潛雷公制義序 ………………………………………………… 428
  題朱元峻詩草序 ………………………………………………… 429
  奉賀大中丞楊楚璞先生考績序 ………………………………… 430
  題趙乾所吏部五色雲見記序 …………………………………… 431
  杜大將軍征鎮疏報稿序 ………………………………………… 431
  胡含素詩序 ……………………………………………………… 432
  李何近體詩選序 ………………………………………………… 432
  三原縣學尊經閣藏書引代 ……………………………………… 433
  藏珠編引 ………………………………………………………… 433

朗月篇引	434
叢笙齋集序	434
壽丁太翁七表序代	435
易衣吟引	436
刻太華山詩小引	436
關帝祠募緣引	437
清源近稿小序	437

來陽伯文集卷之三 ... 438
序 ... 438

壽三峰張公六十序代家君	438
壽王母逯碩人八十序	439
恭贈大邑侯停一張公榮膺封命序代家君	439
贈邑侯象蒙郭公奏最榮膺恩命序代	440
贈邑侯停一張公喬擢比部序代家君	441
春松篇贈鴻臚鶴亭梁公	442
壽節婦伯祖母李太夫人六十序	443
賀儀昭張子舉婚序代	444
贈興平侯任公母太夫人壽序代	444
壽石太孺人六十序	445
壽耆隱望庵師公序	446
何母太孺人姚氏壽序	446
贈虛庵袁公六十壽序	447
鍾龍源先生集序代	448
贈馬母李太夫人壽序	449
同華造士錄序代	450
壽待封耆隱對城張翁七十序	450
二郎廟募修娛神樓小引	451
游杏灣詩引	452
郝從敬解墨引	453
題溫與恕墨卷小引	453
賀松亭梁翁七十壽序	454

賀王伯子生孫序 ·· 455
贈石九鼎社兄舉子序 ··· 456
希驥鳴引 ·· 456
賀劉太母百歲壽序 ··· 457
壽宋慎吾太翁初度序 ··· 458
充閭慶言引 ·· 458
蟠桃記小引 ·· 459
贈少伯馮君擢密鎮憲副序代 ·································· 459
題張鉅卿詩草引 ··· 460
奉賀九如徐君榮擢東協副戎序 ································ 460
太宰王三渠先生集序 ··· 461
南玭社六子詩序 ··· 462

來陽伯文集卷之四 ·· 463

志銘 ··· 463

明贈奉政大夫陝西西安府同知伍翁暨配龔宜人余孺人合葬墓誌銘 ······ 463
誥贈奉直大夫四川嘉定州知州雨峰李公元配太宜人羅氏合葬墓誌銘 ··· 464
明儒官梅亭梁公暨配碩人王氏合葬墓誌銘 ······················ 466
義官栢亭楊翁暨配張氏墓誌銘 ································ 467
孔母胡碩人墓誌銘 ··· 468
明師母党碩人墓誌銘代家君 ··································· 469
段處士暨配王碩人合葬墓誌銘 ································ 470
處士張公夫婦合葬墓誌銘 ···································· 470
明處士豐泉王公暨配碩人張氏墓誌銘 ·························· 471
明潛德壽堂張公暨配李碩人合葬墓誌銘 ························ 472
明藩史通衢張公暨配碩人潘氏李氏合葬墓誌銘 ·················· 474
文林郎慶雲縣知縣易軒陳公墓誌銘 ···························· 475
梁徵君暨配兩孺人墓誌銘 ···································· 476
明待贈西臺安翁暨配晁氏梁氏合葬墓誌銘 ······················ 477
明勅贈文林郎河南汝州郟縣知縣遷渠張公暨配孺人王氏合葬墓誌銘 ··· 478

來陽伯文集卷之五 ·· 480

碑文 ··· 480

目　錄

明奉國中尉朱進父先生暨配馬安人神道碑 …………… 480
明邑賢侯張停一先生去思碑 …………………………… 482
少府間寰杜公生祠碑 …………………………………… 483
按察使胡充寰先生生祀碑 ……………………………… 483
明中大夫四川參政楊元夫先生墓表 …………………… 484

來陽伯文集卷之六 ………………………………… 486

狀 …………………………………………………… 486

先考承德郎兵部職方清吏司主事小澗先生行狀 ……… 486
明處士順齋員公行狀 …………………………………… 490
太保溫亦齋先生小狀 …………………………………… 491
給事中張玉坡先生小狀 ………………………………… 492
光祿卿馬谿田先生小狀 ………………………………… 492
孟淑人行狀 ……………………………………………… 493

來陽伯文集卷之七 ………………………………… 495

傳 …………………………………………………… 495

先司馬小傳 ……………………………………………… 495
丁母郭宜人傳代 ………………………………………… 496
張仲公家傳 ……………………………………………… 497
梁本初先生傳 …………………………………………… 497
贈邑侯張停一先生榮膺恩命頌 ………………………… 498

來陽伯文集卷之八 ………………………………… 500

記 …………………………………………………… 500

華陰縣重修西嶽廟記代 ………………………………… 500
汝侯體寰劉公生祠記 …………………………………… 501
汝州三山靈應宮創建廣嗣樓記代 ……………………… 502
汝州創修甀城記代 ……………………………………… 503
邑侯獲嘉高可愚先生生祠記 …………………………… 504
陝西壬子科題名記代 …………………………………… 505
可日亭記 ………………………………………………… 506
題岫雨樓名記 …………………………………………… 507
適園記 …………………………………………………… 507

― 381 ―

- 社祀張公廟記 …… 508

來陽伯文集卷之九 …… 510

祭文 …… 510

- 公祭李封翁文 …… 510
- 公祭戶曹玉峽方公文 …… 510
- 祭蔣安人文代 …… 511
- 祭李太夫人文代 …… 511
- 祭王封公文代 …… 512
- 三週祭先繼母文 …… 512
- 祭蘭亭梁公文 …… 512
- 祭友槐宗室文 …… 513
- 祭王封翁文代 …… 514
- 祭少保李漸庵先生文代 …… 514
- 祭劉太翁文 …… 514
- 祭李約吾文同社公祭 …… 515
- 祭徵仕郎槐軒梁公文 …… 515
- 祭行一姪文代 …… 516
- 祭馬孺人文同社公祭 …… 516
- 小祥祭先考君文 …… 517
- 祭棠谿郝公文同社公祭 …… 517
- 祭仇姑丈文 …… 517
- 祭先考君文 …… 518
- 祭先考君文 …… 518
- 祭先考君文 …… 519
- 祖奠先考君告文 …… 520
- 祭外舅對山王公文 …… 520
- 祭徐元虛直指文代 …… 521
- 公祭李晉吾房師文 …… 521

來陽伯文集卷之十 …… 523

祭文 …… 523

- 祭別駕張雪松公文代 …… 523

祭秦女姪文代 ·················· 524
先司馬入鄉賢祠祝文 ·················· 524
祭張太翁文同邑學士太翁猗氏張亭一先生尊人也 ·················· 524
先君三週忌辰告文 ·················· 525
祭王封翁文代 ·················· 525
祭族叔近峰公文代族伯等 ·················· 526
祭湛川張少府公文 ·················· 526
祭孫志曾社友 ·················· 527
祭亡從弟中齋文代從伯公祭 ·················· 527
建文昌閣祝土神文代 ·················· 527
祭王廣文槐庵先生文 ·················· 528
祭沈仲玉先生文 ·················· 528
祭沈仲玉邑侯文代 ·················· 529
祭溫太保公文代 ·················· 529
祭溫太保先生文同諸門下士 ·················· 530
祭崇吾宗侯文 ·················· 531
祭兵部尚書劉健庵先生文代 ·················· 531
禱雨祭神文 ·················· 532
祭王光庭比部先生文 ·················· 532
祭丁翁文代 ·················· 533
祭段栗庵封翁文 ·················· 533
祭王肖坡文 ·················· 534
祭常封翁文 ·················· 534
祭岳母張碩人文 ·················· 535
祭薛封翁文同社公祭 ·················· 535
第後歸祭先塋文 ·················· 536
祭螟蝻文 ·················· 536
誄大座師劉復齋先生文代 ·················· 536
祭先司馬祠文祠在山海關 ·················· 537

來陽伯文集卷之十一 ·················· 538

啟 ·················· 538

候座主啓代	538
啓總憲溫公代	538
謝直指唐公啓代	539
啓王駕部代	539
建橋邀邑侯沈仲玉先生啓	539
先子入祠鄉賢邀令君啓	540
答巡撫顧公啓代溫宮保公	540
城外建文昌閣請邑侯啓代溫宮保公	540
諸生應試祭門請令君啓	541
上余大鄆光祿代	541
辭李次山制府啓代	541
賈撫臺回制府啓代	542
撫臺謝制府啓代	542
賀總憲及泉李公啓代	542
賀龍江沈公入相代	543
賀金庭朱公入相代	543
邀沈仲玉先生小啓	544
邀沈仲玉明府啓	544
賀楊修齡明府考滿受封命啓	544
寄尹惺麓太守公啓	545
秦國主啓	545
邀沈春曹先生啓	545
文觀察先生啓	546
啓宵麟閣明府	546
啓大司馬王齋宇先生	547
寄宵明府啓	547
邀社友賞杏花小啓	547
壽袁明府啓	547
邀楊荊岫明府啓	547
請諸年伯啓	548
請諸社友啓	548

目 録

公請户部諸公啓 ································· 548
邀同宗啓 ······································· 549
候宋座師啓 ····································· 549
請涇陽三原張雷二明府啓 ························· 549
公邀雷振潛明府啓 ······························· 550
邀龍君御諸公小啓 ······························· 550

來陽伯文集卷之十二 ······························· 551

啓 ··· 551

寄長安馬明府啓 ································· 551
寄蒲城徐明府啓 ································· 551
答延綏董翼明大中丞啓 ··························· 552
答李紅西明府啓 ································· 552
邀本部同年啓 ··································· 552
答馬岫旭明府啓 ································· 552
答張翼明兵憲先生啓 ····························· 553
候寧夏撫臺臧九岩老師啓 ························· 553
候劉警圓兵憲啓 ································· 554
答延綏董撫臺公啓 ······························· 554
答楊華毓憲使啓 ································· 554
候撫臺李夢白先生啓 ····························· 555
候王方伯啓 ····································· 555
答李撫臺公啓 ··································· 556
賀督餉少司徒李夢白先生啓 ······················· 556
又 ··· 556
送端午節啓 ····································· 557
答馮月禎方伯公啓 ······························· 557
賀按臺陳中素先生啓 ····························· 557
答米仲詔先生小啓 ······························· 558
賀按臺姚世所公啓 ······························· 558
迎儲文曙年兄 ··································· 558
賀按臺陳中素先生元旦啓 ························· 559

元旦答直指啓	559
請諸友泛舟衛水小啓	559
元宵小啓	559
答永平守項鄧林丈啓	559
賀撫臺喻養初先生冬節啓	560
請關臺申華封公啟	560
答撫臺喻養初先生啓	560
候大司農王憲葵先生啓 代	561
賀總臺王希泉先生啓 代	561
送撫臺年節啓	561
壽撫臺啓	561
壽臧九岩老師啓	562
啓撫臺李念塘先生	562
賀大司馬崔振峰先生啓	562
賀大司馬張翼明先生啓	563
侯經臺熊芝岡先生啓	563
答撫臺胡充寰先生啓	563
擬迎葉相公啓 代	564
迎張芋田兵憲公	564
擬候相公啓 代	565
賀鄒靜長太守	565
邀沈仲玉明府啓	565
告請上眞清辭	566
邀令君李翀玄先生小啓	566
答寧夏撫臺臧老師啓	566
寄牛丹浦明府	567
答李環津州守	567
請省城社友啓	567

來陽伯文集卷之十三 ·················· 568
　牘 ·················· 568
　　答雒錫禹 ·················· 568

答張憲使公代	568
與于廣文	569
與君旭	569
答屠赤水先生	569
上大中丞健庵劉公	570
上溫總憲老師	570
寄溫無知丈	571
寄顧朗哉丈	571
寄陸無從先生	571
又	572
寄社中諸友	572
寄館中諸友	573
寄族黨尊卑書	573
寄省會諸友	574
答魏啓元司理書	574
寄金陵徐春沂翁	574
答長安青藜社諸友人	574
上溫總憲先生	575
寄南玄象太史先生	575
寄梁君宿	575
寄梁君肇	576
寄閻元之	576
寄南思受比部	577
寄梁君宿君肇二社兄	577
寄黃太史昭素先生	577
寄顧朗哉丈	578
寄陸無從先生	578
上李本寧老師	578
又	579

來陽伯文集卷之十四 ························ 580

牘 ··· 580

與劉叔定	580
與楊修齡先生	580
答武暘峪吏部先生	581
答無從翁	581
寄楊修齡先生	582
答祁念東老師	582
啓穆象玄直指先生	582
與昝明宇憲副公	583
謝少宗伯翁青陽先生代	583
謝本兵李霖寰先生代	584
謝葉相公代	584
寄李順衡中丞先生	585
答尹恒屈太守公	585
上溫總憲先生	586
答熙庵族伯憲副公	586
寄劉學博復一	586
答杜將軍日章	586
寄座師李育吾先生	587
答王肖洲司理先生	587
爲先司馬求挽詩小札	587
寄馮仲好侍御先生	587
寄南太史子興先生	588
寄祁念東老師	588
答李介石憲副公	589
答祁念東老師	589
寄史蓮勺侍御先生	590
答趙子嶍社兄	590
答康公孫社兄	590
答子斗社兄	591
答總河王太蒙先生	591
別撫按牘	592

答大司馬王霽宇先生 …… 592

答王康宇禮部公 …… 592

來陽伯文集卷之十五 …… 593

牘 …… 593

答方伯書寅丈 …… 593

答米仲詔先生 …… 593

答姚震宇直指公 …… 593

答練君豫年兄 …… 594

寄韓景圭年兄 …… 594

簡李爲與寅丈 …… 594

寄濟南司理張年兄 …… 594

寄親友 …… 595

與王尹愚廷評 …… 595

答李元鎮年兄 …… 595

答劉環江寅丈 …… 595

答袁滄孺大參 …… 596

簡程用智 …… 596

寄朱雲石年兄 …… 596

答阮澹宇寅丈 …… 596

公候房師李育吾先生 …… 597

答祁念東老師 …… 597

答魏道沖太史公 …… 597

與南二太世丈 …… 598

答潘懷魯寅丈 …… 598

與吳青芝年兄 …… 598

寄王子燁明府 …… 598

與張懷一少府 …… 599

答董撫臺公 …… 599

寄方伯書寅丈 …… 599

答劉環江寅丈 …… 599

答余集生職方 …… 599

與汪明生社丈 …………………………………… 600
　　與邱長孺社丈 …………………………………… 600
　　答儲文曙寅丈 …………………………………… 600
　　寄襄陽令易南虹年丈 …………………………… 600
　　答林澹生年兄 …………………………………… 601
　　答憲長王玄洲先生 ……………………………… 601
　　答王康宇丈 ……………………………………… 601
　　答方赤城年兄 …………………………………… 601
　　寄阮澹宇太守公 ………………………………… 602
　　答直指陳中素先生 ……………………………… 602
　　寄練君豫韓景圭二年兄 ………………………… 602
　　答張獻松侍御公 ………………………………… 602
　　答何在吾明府 …………………………………… 603
　　答楊明宇明府 …………………………………… 603
　　答汪心燭寅丈 …………………………………… 603
　　答撫臺獻我薛公 ………………………………… 603
　　答王筐石寅丈 …………………………………… 604
　　答薊州道邵泰宇丈 ……………………………… 604
　　啓制臺文受寰先生 ……………………………… 604
　　啓撫臺王岵雲先生 ……………………………… 604
　　又 ………………………………………………… 605
　　寄王季木丈 ……………………………………… 605
來陽伯文集卷之十六 …………………………………… 606
　牘 ……………………………………………………… 606
　　寄尚寶卿熊思誠先生 …………………………… 606
　　上堂翁張誠宇先生 ……………………………… 606
　　答宋南樂年兄 …………………………………… 607
　　簡譚王谷丈 ……………………………………… 607
　　家書寄兩弟 ……………………………………… 607
　　答孫君如金吾 …………………………………… 608
　　答張仲房 ………………………………………… 608

啟姜仲文老師	608
又啟	609
簡米仲詔先生	609
與朱白民	609
答大司馬王霽宇先生	609
答吕豫石司理公	610
答撫臺王岵雲先生	610
與諸寮丈書	610
候撫臺李夢白先生	611
德州倉林寅丈	611
寄杜韜武大將軍	611
寄昝鳴宇大參公	611
寄楊華毓憲長	612
寄楊荊岫明府	612
答李茂嶼觀察公	612
答李生共中翰	612
寄都中諸縉紳書	613
答楊奎聚寅丈	613
答徐辰叟工部	613
候座師孟麟野先生	614
寄王季木丈	614
答陳石龍寅丈	614
與朱白民	614
贈胡子	615
寄雷震潛明府	616
寄大京兆王麟郊先生	616
部堂稟啟	616
答魏平原	617
候聶銘源房師	617
又	617
啟魏道沖太史公	618

寄蕭大將軍季馨	618
寄杜大將軍韜武	618
答汪明生丈	619

來陽伯文集卷之十七

牘

寄都中相知書	620
謝客書	620
寄家中親友	620
寄二三四弟	621
啟李堂翁	621
又	622
寄文太清吏部	622
寄館友書	622
寄梁君參社兄	623
答莫符情職方	623
答王筐石丈	623
答焦涵一丈	624
寄祁念東老師	624
簡馮少伯丈	624
答米仲詔先生	625
候都中諸老書	625
答莫符情職方	625
啟魏道沖太史	625
啟李堂翁	626
答徐雲瞻年丈	626
寄常卿姚益誠先生	626
簡路然太史宗兄	627
答薛龍阜年兄	627
答林符卿	627
寄楊文弱丈	627
寄少京兆邵上葵先生	628

答左蒼嶼學臺公	628
啟制臺文受寰先生	628
啟畢孟侯先生	628
寄余集生職方	629
寄顧八翁	629
啟制臺文受寰先生	629
答大司馬王霽宇先生	630
寄都中諸相知	630
寄阮集之諸丈書	631

來陽伯文集卷之十八

牘

答關臺華封申公	632
寄路然太史宗兄	632
賀通州撫臺王麟郊先生	633
寄鄒靜長年兄	633
答尤參戎	633
答王孝廉	633
答大司農汪澄源先生	634
候大司馬王霽宇先生	634
候許維衡太史	634
候制臺文受寰先生	634
候易州道蔡元履先生	635
候祁念東老師	635
啟制臺文受寰先生	635
候祁念東老師	636
又	636
答天津撫臺畢白陽先生	636
答憲使蔡元履先生	637
又	637
候堂翁李桂亭先生	637
寄焦涵一丈	637

寄督學文太清丈 ……………………… 638
　　寄大司馬王霽宇先生 …………………… 638
　　寄文制臺先生 …………………………… 638
　　啟制臺王霽宇先生 ……………………… 639
　　寄周綿貞兵憲公 ………………………… 639
　　答施雲翼寅丈 …………………………… 639
　　寄諸社友 ………………………………… 640
　　辭長安求醫札 …………………………… 640
來陽伯文集卷之十九 ………………………… 641
　跋 …………………………………………… 641
　　冬月施湯疏跋 …………………………… 641
　　跋熊泰徵春感詩 ………………………… 641
　　跋伯聞社兄自題山林詩 ………………… 642
　　跋眼科神方 ……………………………… 642
　　跋奇效良方辨惑 ………………………… 643
　　梅貞卿先生課士錄跋代 ………………… 644
　　庚辛草跋 ………………………………… 644
　　跋朱元价太史贈徐季恒書卷 …………… 645
　　朱奉議《活人書》跋 …………………… 645
　　鐫輞川圖跋 ……………………………… 646
　　畫册跋 …………………………………… 646
　　坐隱快譚册跋 …………………………… 646
　　跋朱有道解語 …………………………… 646
　　司馬先生詩文集跋 ……………………… 647
　　自繪石卷跋 ……………………………… 647
　　唐伯虎桃花庵圖跋 ……………………… 648
　　戴文進萬松圖跋 ………………………… 648
　　跋黃中宜詩 ……………………………… 648
　　淩幻寄鐫章跋 …………………………… 648
　　仲詔先生自書游靈巌詩跋 ……………… 648
　　邢子愿遺剳草字跋 ……………………… 649

勅建報國大慈仁寺住持潤公雲州和尚洹泥三塔跋 ·················· 649

　　南州園圖跋 ·· 649

　　跋名公書後 ·· 649

　　閔逸之墨竹跋 ·· 650

來陽伯文集卷之二十 ·· 651

　雜著 ·· 651

　　約好 ··· 651

　　十反 ··· 651

　　自警 ··· 652

　　看花説 ··· 652

　　心箴 ··· 653

　　定箴 ··· 654

　　書素障 ··· 654

　　吴用卿贊 ··· 654

　　梁君星繼室員碩人贊 ··· 654

　　袁玉華像贊 ··· 654

　　潤上人小像贊 ··· 654

　　賀景明小像贊 ··· 655

　　孫君如金吾小像贊 ··· 655

　　顧郎哉像贊 ··· 655

　　蔡鴻洲小像贊 ··· 655

　　沈相如像贊 ··· 655

　　師聞伯小像贊 ··· 655

　　白衣大士贊 ··· 656

　　松柏齋詩紀贊 ··· 656

　　汪明生小像贊 ··· 656

　　連環古硯銘 ··· 656

　　酒杯銘 ··· 656

　　蓮葉杯銘 ··· 656

　　酒杯銘 ··· 657

　　史論 ··· 657

史論 …………………………………………………… 657
省會暨忠諫椁楔玉坡張公獨逸通學請補名呈文 ………… 660
公賻王學博先生約 …………………………………… 661
三原闔學請添科舉人數呈文 ………………………… 661
公舉專祠溫太保先生呈文 …………………………… 662
本業日修語數款 ……………………………………… 663
與張芊田憲使公約語 ………………………………… 664
彥白上人小像 ………………………………………… 665
晉唐小楷古塌贊 ……………………………………… 665
題諸清之小像贊 ……………………………………… 665

來陽伯文集總目錄

卷一
　序 二十三首
卷二
　序 三十一首
卷三
　序 三十四首
卷四
　墓志銘 一十五首
卷五
　碑 四首
卷六
　狀 六首
卷七
　傳 四首
卷八
　記 十首
卷九
　祭文 二十五首
卷十
　祭文 三十首
卷十一
　啟 三十七首

卷十二
　　啟 五十一首
卷十三
　　牘 三十首
卷十四
　　牘 三十三首
卷十五
　　牘 四十九首
卷十六
　　牘 四十一首
卷十七
　　牘 三十五首
卷十八
　　牘 二十八首
卷十九
　　跋 二十五首
卷二十
　　雜著 三十五首

來陽伯文集卷之一

明三原來復陽伯著　　邑後學李錫齡校刊

序

送邑侯停一張公入覲序代家君

歲乙未，不佞視政司馬門。是時相與拱揖司馬門計若而人，而所私相友善，則有思城熊公、爲溪李公、停一張公二三君子其人者。我國家限制選人，各分隸南北以治。熊、李籍屬南，例不得之北。而公實晉人，距秦不三百里，且以次當令。會不佞奉上命轉餉西塞，當便道過里。而吾原以缺聞，因戲謂公：聖天子不棄荒裔，允太宰請一時宜於格度，亡踰公。某，今者公晜弟也，他日公子民也。儻遂得控竹馬、偶兒童迎公，幸甚。抵家，語里中人，則人人喜曰："唯唯僻邑，恐不足辱公。"亡何，啟視除目，果予吾原。原中士庶聞之，相與大譁，而不佞之喜可知也。公之下車也，除去一切迂緩，晡宿邑署中，旦已坐廳事受事。諸黠民目眹公少年耳，而咸心懾公。公摘其一二首惡抵罪，諸黠民則人人惴恐，頭搶地請死。未浹旬而聲譽隆隆起，咸稱神明。公顧听然而笑曰："吾非能搏擊桲棒神明邑中也。且以鬼蜮術溷吾赤子，吾不忍爲旦夕坐廳事受事如故。"而邑中稱健訟善誣人者，漸相引匿，遁不敢窺。官府扶吏民數不過十，而堦下悉凜。治垂二載，案無累牘，民不飭奸，獄鮮滯俘，農有餘耕。公直用十二于官，以其八縱獵古文辭，每燕坐，輒手一編不釋。遇所訴合，食寢都忘，若不自知其受三尺爲吏者矣。夫仕與學殊，事毋論，業易隳於榮膴。有司毛舉諸務以次辦，而諸使者以委調。公移日迫其間一左右顧，不牢騷失措即已，胡得以其餘畢之哉。古稱文學飭吏治，公其噢用文學之精以窾解之者耶！秦風粗猛，邑士視旁都邑即少振飭，然其文大都不能爾雅恬適，澤於沖澹。公力爲闡明，因諸士所至劑量之，諸士則靡不人人厭意去閒。時諸士出所夙構政，公至，溢於簿領，人方苦公。公據梧徐取校閱，意殊懌，不爲苦也。今以例入計，與海內墨綬課績，天子倘臨軒策諸吏殿最，不佞誠不識海內稱最者有幾，然漢治二千石以下敏給綜覈者不乏人，至史臣傳循良而所稱以文學飭治，獨一釋之。京兆今試進諸吏治行與公上下，固未有政弗苛而民咸畏，用十二於官而績爛然媲古如公者。他日漢使有奉玉帛璽書旌高第令知，必公無疑。不佞辱公雁行，且公子民也，拭目俟之矣。

又代家君

我國家憲典：諸外服臣，上至左轄以及二千石邑令而下，咸得以三歲會同京師。蓋實倣古三年五年之制而少裁抑云。諸外服臣各以其職述縣官，以備黜陟。而銓部稽牒，按狀臧否，數千里外，諸臣若指諸掌。昭代制外之典嚴矣。顧外臣久或兩經考績，近至任不數月，夫治狀踰一載，梗概見矣。中丞臺直指諸使，則有牘移銓部，故得與久任。臣同詣闕下課殿最，彼數月任者則胡當也。乃余伏覩明興二百餘年，聖天子跨御海宇，玉帛車書達於夷貢，即在牂牁、越嶲諸邦，咸被禮樂。士生其間，且幸得北偕計吏以竊窺聖治。矧畿輔犬牙之地，身圭爵而臣者哉。若爾，則國家三年之典，義亦取狀漢官朝朔威儀，而安得遍徇諸外臣焉！張公以乙未成進士，即以其歲授余三原令，已二載於茲。今且以例當觀，公之僚丞鄭君倅、趙君先期請余言贈公，不佞自惟於公既辱同籍兄弟，而余復後公得僻邑，以去束於限制不獲。近隨公於上都，然而於公之爲令與公令之所以異於他令，則余知之矣。夫令，易行意即易見德。諸使者廉覈令最詳，其所扃鑰令甚嚴。然其後先上銓部諸牘，固未見掩其賢而被之以不肖名。何也？令非自弛於資，必不儳仉。以此爲稅駕所轡之築基，期固則易承耳。故余見銓部淪棄十七，皆限於資格之人，非甲第令之獨蒙私宥也。外束於部使所廉覈扃鑰，而內不以此自畢。據見德之勢而欲固後日之基，此銓部所以多善狀耳。故令視二千石以上卑而其政最易達，則其地然也。公愿樸肫，誠不求詿上。宦途捷徑具非公有，而二載以還，薦書在銓部，視他令獨優，國家即以用他令意用公，亦當右公者矣。借令內外諸臣人人愿樸肫，誠以風勵仕進，何患世不師濟？區區取威儀，具文藻潤太平，視之末矣。公行，聊以此言爲敘。至公治行，不可殫述其概，則具余應諸學士敘中。

贈大邑侯蘊所沈公膺封命序

　　侯，吳江望族也。先世皆以高第至尊官。乙未，侯復與其弟懋所先生同舉進士。海內有目之人亡不視爲祥麟威鳳者。侯初除淄川令，期年而民大治，幾有刑措風。尋以太孺人憂去。服闋，補高陵令。踰月，又劇移吾三原令，其劇移蓋以淄川故原去高陵一舍地。侯之來原也，邑中大喜過望。乃高陵民則自怨薄祜，失賢使君，不得蒙謐休。淄川若三原，何爲者以一舍地不勞而奪人慈父，必如憲制四載乃遷，將積使君爲淄者三以施之原，幸何如乎！侯故與先君子稱同籍兄弟，不佞復得以子姪禮謁堂下。侯不鄙夷，數與語曰：夫淳駁異誼靜躁殊俗者，非民能爲之，上之人爲之也。夫城峻則崩，崖疏則阤，余知之矣。使余而鷹擊毛摯，以與民從事三尺，故甚具也。毋亦雍雍於德讓間，相暴以心，妍苛紃僞，貽民無事之樂之爲得乎哉。吏治如甯成、周陽由輩煩繞極矣。獵名者藉而鼓聲，然事益多，民巧法，古人非之。嗚呼！巧法生規避，規避生刑罰，捶楚之下，何求而不得？其奈何以民命易吾名也！是故工爲民者，權民利。工爲己者，權己利。以民生多僞，陶以淳猶將駁，鎮以靜猶將躁，乃巧法貽之乎。賊善禍良弗敢爲矣。或者以淄僻而事簡，原繁而民謫，政未可以概論。侯聞之，听然笑曰："嗟，斯言也。此又爲徒法能自行而君子必易民而後治也。且吾安忍不以待淄者待原也乎！"於是著誠以明信，廣惠以宣仁，沖退以符禮，眩詳以審智，藹和以近情，勤迪以貞教，廉靜以堅節，而發奸以揭義，恥爲一切鉤棘鉊筲術。然則一曲一直已銖別而寸較之矣，即亦無俟語次尋繹及他陰伏相參考。然則某也心君子，某也心小人，某也常爲某不法事，咸當實不爽如照肺腑矣。蓋侯無所不諳練，無所不博綜。然不欲侈然見長，所爲政極周密任勞苦，然外無一鋪張跡不與鄰封賢僚爭功名。推其志也，豈不閣然食舊守貞君子哉。部使者顧最侯，攝侯兩地績奏之天子，爰有嘉錫以旌循吏，亦既彰彰上逮矣。此所謂無意近名名自隨之者也。來復曰：余讀尹子心傳，竊甚鄙其《誡子書》仕務巧宦銛劌以立威名，意爲赫奕震攝，可聳聽遠播矣。世乃又多飭政，以地易之說以爲權宜，政奈何以地易？惟地乃以人易耳。侯之在原也，猶其在淄也。今日之政，亦何原之不淄也。彼揭揭者科條雖陳，以語仁賢清淨簡易之化，奚啻愧色已哉！

郝節婦遺稿序

節婦，蓋吾鄉光祿卿谿田馬先生女也。谿田先生家居，常親授子弟學。節婦未十歲，已從戶內聽之成誦。先生甚憐愛，遂教以古內則、女史及博士家經書。節婦能一一習會，將解章句爲文矣。往歸爲郝氏婦，郝氏故有家，節婦即善爲家。郝氏故有舅姑，節婦即善侍舅姑。井臼之暇，不閑誦讀已，郝氏夫夭，節婦最善，哭其夫，又能推古禮制自範衛，其瘁身內政，期無隳婦績也。師古敬姜，皭然矢志之死靡他也；比古陶嬰，保其一子，終身得不墜郝氏之緒。老又好涉獵歷代史書，不肯釋卷。猶追謂人曰：「吾固恨爲郝氏婦早，不能多聆光祿公訓耳。遲一載字，余可以肆然觚翰間矣。」節婦蓋自傷所遭不偶，多以忽雜悲楚廢學也。卒後遺近體詩若小辭曲僅十餘首。大抵節婦身既煢孤，又少莊谿田先生貞懿之教，故於吟花嘲月、流連光景之詩不忍形之楮墨，而獨存一二弔亡愴別之音以自見。篇中非歎夫則憶子，牢騷鬱憤，若終身無以解憂，亦可以想見其性情哀怨之正矣。即未能離粉黛習氣真涉其際，庶幾所謂婦人之言不踰閾者乎。悲夫！《蝃蝀》風靡，《茉莒》化澌。侈僭之家，琴心緘素；縉紳之口，膾炙黽淫。其爲節婦，罪人可勝道哉。不佞故論著之，知節婦所重不以此也，然使觀者亦益知節婦之所以節也。

贈大邑侯蘊所沈公入覲序

我國家酌古功令，三載會同：四方諸侯脩筐篚，蠻夷長獻方物，岳牧諸臣率大小僚庶，各以其職，貢之天子。而諸省會先後所選士數千人，咸待對公車，曰偕計吏，蓋窮足跡所及，風教所被之地，咸輯志怵心，輻輳闕下。於是宗伯秩序，典客掌儀，銓司論黜陟，揚媺摘類，迄無遺典。若親指百工之素，而使亡敢遁，洵公且嚴已。維上之三十一年，郡國復當大計。先是，儲宮冊禮新成，疏慶伊始，闕下諸臣，歡忻有加。時吾原沈侯當行，邑中人曰：今天下夷虜剿絕，大本建寧，四海翕然望更新。倘聖天子臨軒課績，以臺省諸司待外服鞅掌之吏，侯之行，其將永貽我去思也，奈何？或曰：襲名者大張聲，巧進者先取捷。故君子之守，反拙於馳逐之子。以他人獵譽侯自晦，他人競嗜侯自恬，吾恐鼎鑾公鍊爲彼宵窺伺物也。乃不佞則謂不然，事有處其極重而必返者，今日是也。今日之方域，所稱虛耗困罷，舉天地渾凝之氣潰散無餘者；今日之民，所稱駭目震耳，動懼網罟，如失真父母而懵懵莫之者。夫猛摯以立威，戕民以博名，何異以人命爲土苴？鬼蜮之使疑畏，愚幻之使瞀瞀，何異以聽讞爲射覆。且以秦西鄙地，十年以來，織室未停，礦權之使橫起。群猾憑城社，率以原爲泉會，紛然奪邑民刀布食貨之利。烈焰在前，關械在後，民始憪憪重足立矣。使侯居此，不爲計劃圖永安，更快心于三尺以加瘡痏之赤子。嗟斯民也，斃於豺虎與斃於虐政，亦何異焉？故不佞謂今日之民論今日之治。倘當事諳大體，通移易之規，其不以苛察先渾厚搏擊先撫摩也明矣。

陝西武舉鄉試録序 代

萬曆癸卯十月，又當武試期，有司合諸道之士以進。至期，不佞飭諸共事列校分職三試如已。事先以二日試騎射而十得五已，閉闈試方略而十得一。蓋諸士之踴躍振奮於武，而卒自縮匿於文者常八九也。夫國家既以武名取士，武試之足矣。顧乃不任武而任文，豈決拾命中之技有不勝收而當事者之所獨重意有在耶！不佞故以文學發跡，覘國家所重則請極析古昔制兵審將之微明，諸士之真效用於朝廷者以豫異日將相之略，使天下不以武武諸士可乎爾？諸士日服韜鈐無最於尚父，至今考《六守》之略，且自仁義忠信而次勇於五，乃《文啟》、《文伐》謀專靜謐，未嘗以果勢攻擊之事爲善計。善乎昔人之言曰：兵，危道也，然有禮焉。諸士，秦人也。爾之先臣五羖大夫、蹇叔嘗用之矣。當晉之背穆河外城而殺丕鄭，秦怨深矣，無乘晉饑，反施乞糴，曰救災恤鄰道也。乃杞子潛師之請，兩人堅不可而竟以逆知其殽之敗。兩人者之所以爲武，可知已降。此則爾之先臣李藥師靖常用之矣。其言曰：兵家先正後奇，先仁義後權譎。高麗之役，兵少地遙，欲操正勝以比武侯之縱擒，此又藥師所以建勳貞觀以佐龍興之概也。諸士生長西地，偏得天地勁氣，史稱安定北地上郡西河諸處迫近戎狄，修習戰備，高上氣力，以射獵爲先。始知論士於秦不患無武患無文，又不患無文，患其有文而勦襲章句，無裨於當事之所重。不佞聞仁義無挫師，公忠無餒氣，以正爲率無叛卒。結於心而達於事，貞於始而篤於終。無實功上者，廟堂樽俎制勝以神，其次亦伐原示信，蒐蘆示禮，無契威嚴，以附古彊國興霸之遺。此所謂立於不傾操其不可勝上將之偉業，而爾之先臣之所從事者也。今天下不稱無事，在廷諸臣亦未嘗諱言武。乃武吏日齗齗束文法，世亦漸薄其名稱巧行規避益濟，不肖儻葛頑訐，恬不爲恥，直倖一決之勇以爲過人。猥云武不必行,其民間輕俠、良家豪、材官蹶張之輩目不知書,冒没輕儳,偶以功中率且朝在人下中而暮陳,擁衛習聞見者心安之久矣。不佞獨惓惓以方册聞人望諸士,誠爲諸士,今日始進變易之機正在此也。夫士亦何常言武,而武則武矣。合文武而修之用之,則文武一矣。倘諸士心迂,不佞言自憚途遠無正就,謂觥飯不及壺飱乎。恐畫戟雕戈等在握也,强弧利矢等在攜也。建戲秉抱,挾經搢鐸,非乏於陣也。藺石渠答,坑塹木樵,非弛於防也。數者皆古若而古名將之效於國者不少。概見諸士試思古人,豈有異手足哉!故曰:一人善射,千夫決拾。言變易之易也。今日之謂矣,諸士自力。

【校記】

[一]"豪"下,據本句前後語意当脱一字。

贈邑侯沈仲玉先生膺封命序代

謂國家賜秩旌功之典,以爲足異乎哉,然而非也。以爲非異,然而王言也。夫王猶天也,其言陽和雨露也。天無不覆,無不陽和雨露,汙邪沃壤被之,即日益滋息軋茁者,乃确磽荒蕪之地同被造化潤澤。顧卒無益於确磽荒蕪,何也?則以天無私,人所受天者,其質異耳。考憲制,諸外服臣爲治三載,臺使部使常一列薦書,與夫錢穀獄訟諸務稍無恙,即得以秩領璽命。事雖仿古報最意,然制滋濫矣。今歲春首,三原令仲玉沈公以滿績獲封,原父老學士咸侈其事,願得一言壽公。夫以公之才品治行,謂宜蒙古褒帷食邑之賞以旌卓異,乃僅僅隨例共天下墨綬吏徼一命以競。公獨守墨,而後乃知經術文章間自有吏治矣。此亦一治也,彼亦一治也。變四載小戎之俗,登之樽俎,揖讓且不難,洋洋江漢汝墳之化不幾以人興乎哉?原巨族諸梁率多文學禮讓君子,其服習公治化深矣。佽公之事益甚,若旦夕不可舍公者。夫滿績環召之先也,借寇無幾永思奈何?竊恐原人服習公如諸梁,不少相與卧輒交衢期近矣。

定園集序代

《定園集》者,大中丞劉公之所著也。公品望風猷,媲美古人,不獨爲三晉冠冕。少篤古,於書無所不窺。隨耳之所聞,目之所觸,以迄中庸之所感發,無不筆之於詩。皆文從釋兵,湟中歸閒居十餘載,益肆志學問,父子自相師友。兹集固長君閒居時彙輯命梓者,詩文凡若干卷,諸體犂然備矣,洋洋乎巨觀矣。不佞某卒業擊節歎曰：自功業之軌遠，而圭爵之士身可通庸敠黼，斯愧甚。且文武異宜煩簡殊適，即功業中能否判矣。自文章之途廣，而操觚之子議論則合實用，斯昧甚。且月露不登於廟堂，韶夏不塃乎淫竈，即文章中能否判矣。嗟嗟，難言哉！然使才士之摩挲必妨事務，臺閣之體裁必出鼎臣。是文章果屬鞏悅功業，亦屬贅疣，得此必妨彼，兼攻斯兩傷。山林廊廟，絶跡背馳，相笑而不相爲，無已時矣。古顧有勒燕然，磨盾墨，傳異域而泣鬼神者又何篤也。當公之怡惶也，爛然勳勳，遍溢青海。聖天子特簡授脤榆塞填撫之略，永垂久遠。不佞某猥奉屬車以來，覘其部署清寧，内外乂安，桀虜解辮，甌脫無虞，規劃所著毋論功業之士竭蹙而不能辨，即置之古社稷臣中如唐李郭、宋韓寇諸公，亦不多讓。乃其發爲詩文，夷雅淹博，華實並贍，語不剩意，意不侵法。撫辰命賞，則金石戞其音節，煙雲吐其點畫。籌時謀國，則搖筆即光重河山，矢吻即貽休經濟。允矣，辭林之高標，學士之邃致也。夫隙駟易徂，道術各詣，意不並鋭，事不兩隆，兼而有之，不綦難與。公以其所得酬之功業，功業著酬之文章。文章顯而要之，二者猶不足以究。公藏此誦讀，莫覘阿衡。梁甫未槪，卧龍風人難狀。夫方叔而兼長叵測於郅穀也。古人不云乎"德彌盛者文彌縟，中彌理者文彌章"。是以君子聞識博而辭不爭，智慮微達而能不愚，故曰："言之不文，行之不遠。"蓋言文與行之非二也。《詩》曰："左之左之，君子宜之。右之右之，君子有之。"其謂公乎。公聲名被區夏，朝廷方倚重如山岳，行當晉位公孤，潤色皇猷，持此以往，裕如矣。聊弁數語簡端，愧闡揚之無能。然毋敢貢諛，辱海内具目也。

陝西同年序齒録序_{萬曆庚子科代作}

不佞猥臨關中，既以所比士若而人應大試。使者循已事録，六十五人名獻公車矣。諸士自惟萃渙合異，於一日間驊然同姓洽與，於是循循敦讓明齒以昭永好。舉世代里第姓字昆季以及孥息無不筆之於書，書成而以序請不佞。夫諸士業以淳厚雅誼，聯一時遇，毋止藉不佞語，束爾盟矢，俾不替耳。顧前人所斤斤申玆事者，不啻衆矣。旨譎宇獨赴者意反同爲異，旨和光卑疵者又以同爲同，同之義紛紛各出而未有竟。余不暇與諸士迭引宏喻以飭不根，惟諸士既以同升故洽交，以洽交故修禮，則同不可無言。乃均一同而大同，和同亦同，雷同亦同，同又不可無辨。夫樹藩分町，徧見隘圖，薄夫之陋行耳。戈盾生室，纖腰成妒，婦寺之穢德耳。有激者至，等其心太行孟門而避卻之，冀諸士必不有此。顧諸士之所謂同，毋亦異日奮庸天路，寅亮匡維期共效，微彰柔剛期共調，六正六術期共剖，緇布棧輅期共風，鞭弭靡鹽期共驅，邱壑朝市期共趣，而詎其直沿非襲舛，背公害義，硜硜執小亮以效市兒結納之歡。夫百人操觿不可以言固結，千人謗言不可以言直聲，萬人比非不可以言顯士。士至以比非爲同，而同之害事滋甚。善乎，昔人之言曰："上交者不失祿，下交者不離患。"諸士莫逆，伊始於今。不佞固將謂以善樹人可功成而即，不傾而必不願諸士徇同之名以陰戾其介，而令人目爲患根。今國家脊脊多事，士君子日欲以和衷弭釁。伺而聲附影從者，至援黨熾私標旗鼓以抗衡。公論遂令太同和同之風邈不可覯，然則同正和衷分馳之理也。諸士將奚從焉。倘其公眾爲翊異日者，一如馬蚿之足之輔而不以其眾市。此其同蓋天下可友，千古可偕矣。即又何論六十五人哉。諸士愼旃。

公餘考訂引

博士家之有傳注，猶匠之須斤，工之須墨，不可廢也。紫陽根本六經，嫺然正始。昭代胡、楊數家，益廣葺群說，篇牒繁富。今其書領之學宮，無論起雅還淳，紫陽嫡裔即議有互存，旨取旁證，要亦不失紫陽之忠臣已耳。近世如莫如吳如蘇如陸，更數十氏不過本胡、楊所輯，損益參訂而止。故操觚之士遵爲功令，毋敢顯悖棄之矣。俗士沾沾新說，語必戾注爲奇，逞一察闇大較耳食者是之踵偏襲訛，醜途百出，居然大雅罪人。嗟夫！持此道以爲制舉之文，無異操鈍芒以斷臅脾，離繩墨而爲方圓。蓋嚮者婁埵諸人環顧而笑其拙者也。永城君以明經起家上第。暇日進永城，士課之，遂出帳中，祕與諸士訂紕謬，命曰《公餘考訂》。其言簡意該，不恢語、不勦說者曰有胡、楊數家在，毋取反射而剿虜之。不逐句帖括、不隨章藻繢者曰莫、吳諸家之談，今學究輩業能口誦之也。是故片辭據要著獨創也，約思研幾括文詣也。斯帙出，蓋傳注之體又一變矣。昔劉孝標注《世說》，不區區分解而意自會，有不言之妙，高似孫稱爲詁訓之法。近時元朗、敬美諸公極好其書，謂古今差比肩者惟裴松《三國志注》耳。永城君其亦有當於中，故以之用於經義間耶，抑其體裁陰有合耶。觀者以此帙之簡，參之諸家之繁而互證焉，當不但專士家筌蹄已。

重刊杜工部全集序代

工部詩流傳海內者數十百家，世本訓醳，龐雜訛謬，愈衍愈失。宋夢弼取唐宋諸本參校彙集，編次歲年仍嘉興魯氏之舊。黃仲實氏稱其詳實，良是弘正間邵文莊注全法。紫陽注《毛詩》，顧品摘數析不便披閱，且附排於古，非體。鄠郡吳孟白詩紀出，亦既別體矣。其中又間有遺誤，亦其欲博收全唐諸人，故不暇兼錄訓注。且說分數本第取成帙，故題贈游宴諸類叢收於各體中，而舊本編年之意亡矣。余惟工部詩淵然爲風雅宗匠，蓋自當時微之、昌黎之評出，而千古以爲定論，何俟余言？乃工部既產於杜陵，天寶之際，獻賦待制親受，主知長安，貴人比之揚、馬。遭值禍亂，困躓窮謫。今考秦州諸什，想像窘窶之苦，至其觸目感慨，發之聲歌，傷板蕩而厭化離。如《新安》、《石壕》諸篇，不獨詩法精深，夔州以後所不能得，而慨然憂君愛民、惓戀京國之懷，若不能旦夕少置。即晚年流寓荊蜀，此念不倦，史稱其情不忘君，人憐其忠。是則公之神情寤寐，終身糾結於長安者殆非他地比已。不佞觀風茲土，覽終南白閣之勝，訪赤谷隴首之墟，以求工部遺蹟。緬然追慕其人，感時撫事，間託篇咏。因格合唐，因唐合杜，亡不一一爲此公心折。念工部群集轉相鋟播於他處，獨此地亡有梓以傳者，貞魂有知，亦竟何以副地下眷戀之懷也。因出篋中舊本，參以諸家本，逐體銓次，正其豕亥，剖其疑似，互存者標之，逸散者補之，要於分體中不失編年遺法，使讀之者由各體以詳按軌則之變，亦即由各體以究稽歷履之實，衡驗諸本。此其近便或者工部志也。夫浣花草堂，先生旅泊所耳。好事者至重構舊址，勒其遺詩於壁，以視來往。蓋思其人則低回其地，弔古懷賢意有若此。矧先生蹤跡游寓於秦，又何如哉。明興以詩雄關中，如北地華州、武功諸公，咸律準於杜。而北地猶稱善摹，是故氣格情景，即杜亦不能有外於唐，而北地總能不失其爲杜。嘉隆諸君子起，欲攘臂而據其上，而北地之氣格情景，今海內卒不敢廢。夫廢北地之氣格情景是廢杜也，廢杜是廢唐也。山川如舊，斯脈孔延，秦之學士不乏，寧無興於後先聲氣之感者乎。是編之輯不知有當與否，爲捐俸受梓，貽三原令吳江沈畹、臨晉李棲鳳最工告成事。

奉贈邑侯吳江沈仲玉先生內擢序

不佞讀范史至宋叔庠，慨然歎其人長者。建武永平之際，吏治刻深，公獨崇尚寬和。其言曰：吏能弘厚，雖貪汙放縱猶無所害。至於苛察之人，身或廉法，而巧黠刻削，毒加百姓，災害流亡所由而作，信斯言也。此豈以廉吏爲不必爲也。抑果貪墨敗檢驕居民上者，真無害也。毋亦厭巧法文致之苦，而輕重以權其害耳。且即公守九江時，胡肫肫下記務退奸貪至急於猛虎哉。乃孔姑臧爲政得民，自甘菜茹，朱桐鄉居官不苛，餽絕束脩史，豔然重之，是則渾厚廉平，殆循吏之懿範焉已。原邑夙稱易治，邇時習漸浮虛，群猾緣爲奸利，議者稍稍欲以嚴繩之。仲玉先生來撫余邑獨不謂然。先生學本世承，識諳體要，語溫而辨，法簡而明，事貞而有禮。他人憤激，先生恬愉。他人督責，先生解弛。是故我不迫而糾紛者自調，我不擾而喧者自定。貌以衷著，恩以誠施，而黠儈猾讕之夫有不忍逆我。以保善剪惡，以永賴任怨，而閭閻小民皆知其受利我。弔喪問祭，賑窮恤孤，而淳厚之風培我。隆尚賢之交，拔幽韻之士。絨冕有不拘，公禮有不格，而雍讓篤爾之化崇我。絕贖鍰賤，寵賂戔戔之節皎然儒素。而里閈綺靡浮薄之漸，抑優之柔之，煦之摩之，埏之埴之，理遣之，情恕之。桁楊夏楚，總屬祥刑，離舍鄉亭，一皆棠憩。甚者簿書檄牒，公委日繁，短札長箋，代及共事。腹笥百獵，書郵四馳。任勞殫思，酬給餘暇。夫且意忍色安，纖芥不露人迹。先生臥閣成治，不知先生實少高枕時也。是故原民始而易，繼而信，既而愛且敬，藹然若赤子之於慈母。嘻喜！惟意而不能已其戀慕崇事之懷。甫一載，治化遂大行。昔隨會爲政，盜自奔秦。虞芮入境，讓心自生。以先生推之，事固不誣。故子貢非臧孫之猛法，美鄭僑之善政。要以準約常經，籌符古訓，不以拯弊，遂長戕殘，彼豈不知鉗鑽峻酷之可以暫自快也。先生於此稔計之矣。先生在原五載，己巳初夏，拜禮部，命屬方仕途淹壅，省臺久鰥，今秩酬上考也。得報後，聖天子偶發溫旨。長吏徵諸公車者察其上考，以次補省臺。嗚呼！先生遇矣。即邇者天子每抑言事之臣，省臺之除，猶然叵測。先生當從容蘭省間敦典敷教，右文秩儀，所以隅德則民本化，邑之仁禮而無不合。嗚呼！志伸矣。先生瀕行，衣無增帛，篋無留俸，郤及一錢潔隃留犢甫脫錢穀之司，即虞閒局之泊皭白已甚，棄及圖書。向所愛敬先生者，至是而愁而泣，而繪圖而紀德，而攀遮於數百里外，舉前此令原者，均不能邁焉。此所云清掩朱孔而譽茂循良者也。以蕞爾之邑，數十年得弘厚君子播寬仁之化，以轉移其粗戾武猛之氣，斯已幸矣。乃更廉介守節，貽民無窮。古稱儉不偪下，貞不絕俗，淑人君子斯人有焉。不佞謬篤古幾載，公門陪侍教議，慶茲躬覿忻慕樂道之嗣，且搦野管述實以求太史採錄，豈敢阿私爲溢美辭也！

贈邑侯沖寰李公以初政膺上考序代

蓋漢中壘氏之言曰："吏稱其職則事治，事治則利生。"夫事上之務也，利下之獲也。詎非精勤所以懋績，恬安得於無擾與，故善吏者不營事營職，不便己便民，持其靖不可搖以煩，鑒其蠹不可蔽以惑。故耳目不亂而官府肅，諸役辨日業，不妥牘理，黠吏猾卒竄避威法，而我拱手，而子方域之氓，此之謂稱，此之謂治，利孰大焉。原民半賈游，亦聚四方雜賈俗，稍稍靡其有家者絕不敢公扞三尺。而市中一二游閑子不無陰睨上，操縱以行其頑奸，見繩束急相引解散，否則逞遂令近日當事者謂原民悍，實非也。李侯以三晉英儁掇上第，來撫余原，顧不悍原民，下車受事，無弛無激，摘發嘗法者數人。群奸股慄，餘斯按綱以緒目，因頓以築成，鋒穎鈷劉不爲橫割，察悉隱伏不捐長厚。非薄虛說，謝斥謁問。對兩造，兩造審；值公委，公委副；督積逋，積逋完；省簿領，簿領清；穢包甌，包甌絕，以時啟事，以事脩職。不從職外求事，不從事外求治。推誠御下，持簡鎮囂。不數月，邑中大治。士安其學，工安其業，農安於野，商安於市。即宿碩慎重之士勞瘁經營，不能卒覩其效，侯以憪然坐鎮，無不畢舉矣。邑中風氣開霽，多士蒸蒸，篤於文事。侯政間則數進多士，屢試之，獎拔激勸，悉中程品。蓋吏治文章，不獨窺梗概於初政而已。部使者行郡邑，署侯上考，以不及薦期，遂首下勞書衷侯。夫最課顯擢，自侯他日應爾，此何足重侯然？亦足見循良隨地隨時無不遇也。邑多士儕輩推得遇於侯，以幸侯得遇於上。思侈其事共廁，三博士來徵言於余。余惟今日之事，既不足重侯，矧余言令侯重，雖然始事也。善播者碩其始，思厥終；愛其人者爲始榮，爲終慶。然則多士侈侯遇也，正以最課顯擢，自今日馴致故耳。夫令之職，職近民者也。業使原民得其爲原民，即以立治經可矣。古人稱四民均則王道興，而百姓寧獨可施之百里而已。余其何以益侯哉！余其何以益侯哉！

養生主論序

　　世之醫皆知有衮痰圓，而實不能製衮痰圓。即能製衮痰圓，而不能用衮痰圓。夫痰之爲病，百端不可窮，而粗工至十診而不得其一。乃耳食者聞知痰病之有百端也，舉一切非痰之症，妄謂之曰痰。遂投以千緡控涎，及不依法製之衮痰圓，致令病者危殆。又有誤認外感爲痰，亂投前藥，其悖彌甚，其禍人猶速。余所親見往往而是，常不惜齒牙娓娓，曉諭無如，病者與治病者俱懵昧，何也？元王隱君《養生主論》專論痰，其證治方法纖悉明備，而要以衮痰圓爲主藥，中間豁痰、敗毒、斗門、龍腦諸劑，皆衮痰圓佐助藥也。其說簡，其所括富，其辨在痰，其所分析亦在非痰，淺深虛實、先後次第之間有數存焉，未易言也。俗醫讀其書而不能通，任意採綴數條，列之類書，訛謬遺脫政自可笑。金陵春沂徐公取隱君原本，手爲刪定，更逐節訓醳參補，不厭繁猥。舉世之所不敢用者，而教之使用，而不得妄用之意宛然可味於字櫛句比之中，其悲憫庸愚亦篤且切矣。不佞復自承教後，此圓歲製二十斤，雖活人不能如隱君之多，而厥費亦得隱君之半。尋常痰藥臻效，無論曾活禁口痢，二腿糜爛，一皆隱君之祕法，而徐公所面授之者也。近頗與此道瞭然，不但能諳方藥，亦且漸窺造化。恨爲制舉義纏束，未獲十年。究我夙志，又與公睽離日久，疑惑蓄積質證無從。今歲冬初，辱公遠念，寄我一册，即命不佞弁序。其首公，昭代劉張也，名在海內，不佞且託之以傳矣。來子曰：嘗稽往籍所紀述聖明御宇，每加惠黎元如所云，遣使者巡行致醫藥，與夫藥監藥局之設昭昭可考。當時學士大夫多攻其術，如唐之狄梁公、宋之文潞公、林蘇二學士輩，皆深契軒岐妙旨。故神良之工一時輩出，俗方僞師率不得售。倡和感應之理，薰染雅化之功，烏可誣也？國朝設法建規，非不嚴重，而上醫視前代最弱，循名責實，堪登方技，傳如徐公者蓋亦寡矣。即如江東新安，亦良史筆也。其所襃稱尚有可言，他如僞書災木布滿天下，砥針礪石，駄囊持匕之子，至於目不識丁，足跡所及，不挾刃而殺人，長沙所云"冤魂塞道路，死尸盈曠野"之語，可慨也。推其故，則縉紳先生不談醫，居平以小道視之。一旦有疾不解，推擇委身以聽庸思，迄死而卒不悟。此郭涪翁所以不效於富貴之人，張戴人所以譏笑於推原補法篇中也。以余所聞，近日縉紳中能醫者，寧陵呂叔簡先生、臨潼武叔卿先生、金陵焦弱侯、朱元介兩先生，其他不知者尚多。金陵，公里也。交接之餘，上下論議當不難嗣美狄文諸名公，或者此道弱極而勝之一會乎。余不佞即椎鈍，敢不欣然起奮然願追隨也。

贈大邑侯李翀玄先生榮膺恩命序

不佞伏覩昭代督束外臣之功令，抑何嚴且密也。縣令非尤異，及奉法無過，即不得列薦剡尤異矣。奉法無過矣，孚於下不獲於上，不得列薦剡，上下交得，聲譽隆隆起矣。不踰期不完催科，猶需後時也。期踰催科完，揆之例合矣。諸臺使後先報命，脫與令蒞官日不相值，或諸臺使有他故不得報命，即其薦亦廢閣不行，凡此銓部輒覈誓當實，俟考績條上，某某當予封，某某不當予封，以嚴重鉅典云。說者曰：朝廷恩賚用以旌賢，且以作仕進之氣，俾愈砥礪樹後效也。吏斤斤奉法無過，求售上官，輒得循次拜封，乃一二卓軼吏布奇政偉績，若雷轟電曳之不可遏。上之人敬憚之，下之人稱頌之，徒以臺使報命，稽延縈歲月不得酬最績，銓部亦無敢格外議。聖天子急褒卓軼吏，毋論待尤異之典范，其於丈夫仕進之氣不少鬱乎！邑侯翀玄先生英年甲第，撫土授政，迨五載所數月，人稱神君。期年而境內大治，宵小中傷不能間上官之信，將調劇邑不能奪小民之請。偶臺使以憂去，廢舉剡，更一載始以例膺璽命進秩，並兩尊人內君被華袞焉。邑之士民隨先生嵩呼已，則亡不喜其至，又怨其遲也。曰：若侯者，其與同事諸吏等乎哉。且豈少斤斤無過者得蒙循次之遇先我侯也哉！侯尤異者也，謂公道何？不佞聞之，曰："否否。慶遇者無後先，得君者無遲速。故借聲而實不副，不可以據；務華而根已虧，不可以基。有基斯植，可據斯久。持此以孚上下，達明廷，乃景爍之業，不仆之理，爾何遲速焉。先生履實固基，不沾沾於可喜，不屑屑於詭遇。初政如是，政成如是。至於邑民不能旦夕舍，鄰封賢令不敢媲美，而先生曾不見有惰政弛務露勤怠之一毫，此其心固五載勞瘁如一日視之矣。"不佞復侍先生有日，覘其於廣漢之鈲箚，延壽之伺察，甯郅輩之橫立威名，俱無所有。而刑簡盜息，民愛士附，藹爾疆域，若豐歲之得天煖羲之煦檐。又若游華胥極樂之邦，姝姝煦煦，人人自怡也者。何以得此哉？蓋先生以實心運大才，所謂卓軼偉政，咸從無心立異致之。故上下曉達，一時從政皆瞠乎不可及耳。上計伊邇臨軒課績諸先，先生列薦剡者，不無色赧而退銓宰，且虛臺省左席以旌，尤異人徒知璽命。及先生之遲，不知徵書召先生之速也。不佞方從士民後預抱去後之思矣！先生其能割五載赤子之愛，遂漠然奉徵書而去乎哉！

贈司理澹宇王公考績榮膺封命序代

我國家憲制重臺使之職，至稱曰代巡，言代朝廷巡狩也。臺使體尊，與諸屬吏隔而其視民也遠。所共臺使上下諮議，以陰施於政事。下逮諸吏民，則司理也。司理與臺使無所不趨承，至其署官獨稱曰理刑。是臺使所忐慎者治獄之條，而司理所專主者決讞之務。毋論民命攸關，即諸屬吏曷敢有侵且撓者乎？關以西幅員寥闊，計西安所隸將半。彼七郡，余所覯澹宇王公數載驅馳方域，蓋席不暇煖焉。中間匡建劑畫，焦心殫力，以與臺使爭可否者不知幾何事。其洗冤釋滯多所平反，以造福犴狴之囚者不知幾何人。積效紀績，銓宰用臺使薦最之天子，有今命焉，然余則唯司理等職耳。人非甚頑，窵寡廉隅，遇事百將不一爭，可否乎？且好生惡殺，人情也。桁楊夏楚之間，寧不一愀然動念，而獨唯唯據成案，不思所以平反之謂盡人哉。故爲司理者，於文法無害，其得以成制綰章服被綸綍之光者非少也。顧以之論王公則否。公用積學高第來苡茲秩，悉本樸素純誠之心以壹初終。舉人世之綺靡，風波之鼓盪，皆不足以亂其素定，故皭白之操卓然如立萬仞，而非沽名；牘牒參錯，解棼披竅，招不來麾不去，而非固執；值所矜原立脫桎梏，禁絕一切毛擊鑽鑿之令，而非倚喜；巨憝逃法，大猾匿奸，雷霆所壓，亡不立折，跡其摘發主名沮遏強禦，若又一法令也，而非倚怒。竭蹷於靡鹽不言勞，樹德於郡邑不言功。恥陰陽伺，瞰爲鬼蜮；姍鶩權市，重爲妾婦。由屬吏小民以達於臺使，由臺使以達於銓宰於天子，皆以誠素之心爲之，無有二也。故與臺使爭可否，與獄囚致平反，或與人同至，其可否平反之時，一念無所爲而爲之，心則未可以易《易》言矣。《易》稱議獄之中孚，《書》稱時敘之盡遜，公其有焉。兩世寵賚必受命如公者，方無愧於職，以無愧於心，而更無愧於璽書所褒予之言。余不佞承乏西土，謬忝公同官之長，聊持年來竊窺公之衷曲者，綴辭爲公慶，非飾說也。即以之示諸屬吏小民無不孚耳。

朱元峻制義序

常謬謂古文之中無童孺，時藝之中無老宿，蓋古文之質幹墨守猶可。若夫以歲月成見用之時藝，士之所以多皓首而卒窮也。兩榜雋士非無由久困而伸者，然其人必不自謂老宿，而多善下英年巧捷之侶，實陰受切劘之益焉。若自恃其老宿，而牢執老宿之文以試日隳之道也。余自束髮習制舉，言幾三十年，目覩文體變易如棋陣之無定局。曩猶更科而變，近且科科變矣。毋論窠臼濫觴之語不敢出，即蒼莽奇肆之言亦不得逞。國家功令主司風教，世運休明，人文極盛，畢效於此時矣。顧本朝制義體裁，政與唐八句律似，嘉賓先生之言先得我心，觀其取王孟爲應制之準，而又左袒襄陽布衣，其時藝之好尚可知，以此風士不可爲不端也。余常味先生之言而私議之，夫士苟欲赴功名，必且擇已售之技而習之矣。如以售則沈宋之學之遇，千古孰能過之者。輞川徼倖鬱輪，襄陽放歸以老，當時遇合已自極艱，矧光焰萬丈之大家，皆不由科第致身耶！奈何以此繩士趨使無惑焉。今之言詩者必曰盛唐，盛唐作者其精神色澤視初唐數公稍薄矣。迨至大曆貞元而降，詩人愈多，其最著者首稱錢劉，然以視盛唐諸人又何如也？余極愛近時之合作，而未嘗不深惜近時之氣格，恐亦浸浸流爲中晚之音也。所關豈獨文哉！文自丁未以後一大創革，海內人士翕然服膺。先生之指示恨不即脫聲聞緣，習之累之爲快。先生毋乃知江河不可復返，故順而導之耶！嗚呼！時藝非垂世之物也，而杞憂如是，來生迂矣。元峻王孫之英年者也而好學。聖天子雖弛禁開科，尚沮格未行，而元峻搦管爲制義日甚。日延名師就正，童而習之，長而彌篤。余雖不敢言老宿，然已向伯魚受學矣。天朝本支有才如此，忍不刊布四方，其反覆以詩喻者。而翁伯聞詩人也，亹亹談詩必法沈宋，余敘其集已詳。論著之誠能以而翁之上法爲文，即悖時好，吾必附之正始矣。

刻瘡瘍神方序

近世醫苦無神良者，而外科爲甚。時醫多不解文，醫瘡者並不解字。《內經》云："膏梁之變，足生大丁。"又云："諸痛癢瘡瘍皆屬心火。"是瘡毒所因多富貴驕逸過勞內熱之人也。乃委身於不解字之醫，不可悲哉。不佞常欲上溯軒岐，中述長沙，闡明醫派，以闢此道之邪說。但功用浩博，檢釋爲難。惟瘡瘍一門差簡捷，歷覽諸家所著，多龐雜無倫。河間戴人稍揮霍之，以合古汗下之法，然尚滯於方之內也。十餘年前，數晤太學修庵尚公與其館甥王孝廉良甫，爲余言廣陵人有善神燈照者，療渠發背，神良已得其禁方矣。余領之。歲己酉，余客廣陵，偶胝腫於股，招所爲善療者照之，不膿而愈。客歲館友胡含素發背，大如覆盂，神憒憒憒矣。忽憶此方曩傳關中，但尚公即世已久，或冀良甫能記之，不意良甫以刻本見示也。是時延瘡醫束手，待肉腐糜，方徐以膏長肌耳。問其術，曰："止此。"問其候，曰："百日果。"如其說，含素之半背烏有背何地哉。恐背此背者亦烏有矣。急同館中弟友輩按法治之，一日痛止，二日神清，如脫桎梏，釋重負。不月餘，膿日盡，爽然起矣。肉瘇如盂者，日縮而小，並未嘗腐糜也。奇哉！不表而汗，不針而潰，不灸而陷，舉不補而實不下而毒盡。至理歸於易簡，大道本在目前，所謂不可思議者也。古今道術入妙者，皆此類也。《內經》所謂知其解者，一言可了是矣。及詢刻本所由，即良甫貽一醫付王都闖刊布者。良甫，仁人哉！但原本繕刻未精，友人咎和之文雅博通，慨然欲命剞劂，遂索余敘其緣起。敘成，念友人尚文伯才而工書，為求一書拙敘。文伯，太學尚公子也。

恭贈邑侯楊荊岫先生入覲序

曩取道獲嘉從邑士，後謁余師高可愚公於家，問荊岫先生治行，咸亟稱之。公笑謂曰："而知而父母之賢也，亦悉其尊人參藩翁卓犖之績乎。而既覲而父母能官之效也，至其家世作善為德之概，不可不聞也。"語縷縷甚具，不能枚舉。大都參藩翁守戶曹郎二十年，而橐不加饒。天子與公卿亦皆知其操，數以冊封大事，取辦倉卒。睥睨中貴人如孤雛腐鼠，而中貴人憚且服。超拜顯秩，翩然投老，屢起不應。近於龍德之不可測，而介弟以布衣也而賢，諸子侄孝廉文學也而俱賢。楊氏之族侈誦於鄉里者，不但以科第貴盛而已。不佞復聆其言，每秣馬覃懷低回通德之門，不忍遽去。益知我侯荊岫先生種種善政，得之指訓，成之家修者然也。原風尚素浮，多五方賈，土著民師之，率冒設游閒去家，逐什一之末，謂猗陶之業可立致。自榷稅法行，浸牟四出，江淮困於鹺，嘉湖、蜀漢諸處困於刀布絲枲。邑之商於外，與外之商於邑者十貧其九，百堞之內蕭然殘弊極矣。先生鎮以寧謐，與之休息。賈豎無輸公之累，市門絕胥役之擾。自高貲輕俠與屠沽菜傭，皆願以其直日俟官家一索，而終歲竟不及也。流寓者樂歸，稍稍始務農畝，連不得歲，而先生則需其穫餘緩征之。民驟貧計絀，互相齮齕。為平其盈縮，喻以止足。怨家不至疊傾，井閭墟畝之間，遂為逋夫安居矣。他如讞訊之明允，編審之均速，贖鍰之蠲釋，黠猾之懲汰，河渠之濬治，退食之清悶，無不左右咸宜，如明習素諳，自無阻於驅馳也者。至夫興士右文，不但採搜為勤，晉接聲容，皆具禮樂。故濟濟巍科，總屬賞駿，闈中收拔，無忝知名。凡數年內，使澤鴻有託，蓷苻不驚，善良安枕，多士奮袂，咸仁侯渾厚中條理，安靜中作爲，有以貽之。原之士民，若一日不可無使君矣。屬者最績已上入計，屆期部使疏其卓異，考功紀其勞勤。是行也，逆知朝廷虛台省左席留先生，原人且愁以一日不可無者，而將爲永思可奈何！余不佞，則言此彈丸也，原不足久淹名賢也。以先生世德隆而方熾，盛位處而不矜享受，宜遠大一令之建樹，其鼎鉉堅固上綱之基耳。惟是商民群聚州處，無忘省事息爭以體先生保護拊循之意，至後進之被化者兢兢望前軌而是趨，則先生恩澤時時在也。辟之拌水既定，勿復搖之斯澄；積帛襀成，勿更裂之斯完。若猶然以詐虞而虋，以困寠而噬，以久伏而逞，以教遠而惰，則殘弊之後不堪再弊。即士風之陋弱隨之，吾恐原他日思先生者非一端矣。先生安能舍廟堂之宏鉅而顧我！

薊鎮邊政書序

漁陽星土，屬天漢津，自漢唐迄勝國，用武必爭之區，史稱其俗悍而喜鬭，則介冑橐鞬之士，爲國家熊羆以捍衛疆域者，性使然也。余常數經其域，覩形勢環拱，屹奠金湯，黃崖鐵嶺，龍池栝河，隱隱在望，已而踰石門，登盤山，萃葎紆衍如翼如屏，慨然歎夷夏天險之防也。神皋東闢，臂京陵而控關隘，定鼎無虞，中主不墜，必此地也。承平既久，邊備盡疏，干戈慘至，虜患剝膚，羽書滿塗，烽火照夜。大臣銜命紛出，整六師，申九伐，悉海內兵欲撲滅奴歟不可得，而士馬之骨成山，遼人已椎結矣。當是時也，薊門精銳半空，自山海以西三協之山川要害，處處議守，處處難守。酋種乘間，挾之侮之，抄遮之甚，則嚮導而綴之，全薊之憂，甫益深耳。監司大參邵公素，以天下事爲己任，宰邑榷關，皆著異績。初蒞茲邦，輒繕城砌橋，一切蘭渠苔布矛鋋凱仗之具不移，而廉念重地危鎮，非慎聚不官，非勑法不邊，毅然本真誠悃愊，排德怨之口，孤行己意。單車巡訪於羊腸鳥道歐脫塹砦之間，悉其利病，汰其猥冗，臚列款晰，筆之成帙，皆殫精磨勘，宛如走章亥隸首於掌上，胥吏拱手受成而已。余得披閱之，服公用世良才，而更擊節加意，錢穀一條爲得籌邊之肯綮。軍志先餉而後兵，餉絀則兵虧，餉濫則兵匿。懲濫斯額，額何有絀。鏡匿斯核，核何有虧。以之戰守，營伍盡驍敢而轉挽無虛靡，是以餉撮也，即以餉勸也。倘諸邊不憑尺籍而憑口算，慳於弁齧而豐於功實。即司農何必仰屋，而窮荒何必積屍乎？余餂吏愧眎瞶無以綜詭冐，空念漏卮，貽主計長慮，將奉此鑿然之式以入告矣。

贈密賢侯瑞陽田公榮遷銓部序

丙辰，南宮捷同籍兄弟中與瑞陽公更同觀政司農署，束角趨班，聯榻清話，殆踰半載。彼時覘公器局坦遠凝莊，片言不輕，一介不苟之操已露其概。憶為余言讀書恒忘溫飽，居家不避勞辱。每服膺自怍不及，且知公必以循良發硎究，必以天下已任。去之三年，不佞復叨理計儲與公共事，相見失喜，而公固安，並此地卓異之績偉然爛然矣。密，京陵腰脇地也。邇年東西虜訌，徵繕供應，十道倍出。自制撫以至巡方諸臺，各以功令成憲督促。胥吏抱牘如山，求頃刻峻，非核即殷，非敏即課。公以次治辦，舉賢智，張皇而不足者，坐廳移晷而決矣。若剔蠹宿蠱，驅斥黠豪，本源清而抇濁自潔，害馬去而踶齩不奸。責逋惟寬，租入蠲羨。不惟蠲羨，且能持撙汰盈縮，所留抵來年歲課數千金。里閭既免新餉加派之苦，益人人受額內輕斂之賜矣。檀城萬山之中，虎狼逼處之域，兵荒交集之日，嗟玆子遺尚訢訢。耕者、市者、操作者、絃誦者得偷享太平煦濡之樂，咸公一身顯貽默轉之也。邑土沙确力開水利，汙邪穰獲，教士力學勤導婉誘，文風翕變。以余目覿公，汪茹以收郤，縷晰以出任。萬物取酌，而資不竭，而神不傷，當路薦書首褒可以車載。期滿，銓曹命下，邑學士暨父老挽留，無計則群走。不佞階下乓言，冀闡公治行，其纚纚指數筆不勝書，咸又以愛戴無已之意而為公過計，曰："邑侯長者，今日之銓難言哉。"余進之曰："諸士聽旃，工倕不以方圓滯其巧，后夔不以琴竽亂其音爾，疑職守判輒作用殊耶。"今夫銓部，職知人者也，古稱知人之法有八觀六驗四隱，術綦審矣。而要之約己，約己之道無過，節嗜去智，歸樸守一，如是者靜而神可應變矣。乃能舉錯以數，取與遵理，讒人困窮，賢者遂興，故曰中情潔白不可量也之數者不越爲令而已。裕異日重臣事業照映史乘，蓋自恒忘溫飽不避勞辱，時規模定耳。公介弟雙南先生，以名直指晉陞顯，卿子侄孝廉文學，蔚起辭林，宇宙之共酌。公家者靡際，余竟奚以測其宏深哉。

密田侯政績序

昔遷史傳黃穎川云：以禮義條教喻告化之。犯法者，風曉令自教[一]。化行,至道不拾遺。余讀而有味其旨,夫教喻風曉令也,有令之先者也。其始以至誠不苟,苾下而不敢虐民,一念貫於永久,衆感孚之,愧恥甚於刑誅,則禮義之用神耳。密僻在萬山窟中,軍民雜處,五方聚貿,說者率謂宜先毛擊以待奸宄。而田侯獨坦平寧靜,撫摩恤矜,惇惇愷悌,德意直登赤子於衽席而疾苦之。二載之間,惠治風揉,封內愛畏如真父母,不忍欺,不忍離矣。侯對余言曰:令無他術,只持此大小無敢慢之心,居家居官以之允哉!此侯之所以治成也。夫不敢慢禮義也,禮義由衷出誠也。以誠令實,令以不令矣。意當時潁川化民,權輿於此,史稱宣帝下詔褒徵,由京兆尹至丞相,率以禮義爲治。則霸之禮義不改,非飾而出之者,其感人,故應爾。不謂千載同符,乃有田侯。侯素善,下避聲譽。邑士紳蹟實績數款,若積金肆千餘,代民歲賦及他約,省金錢不下累千。若開水田清圖圉,若息爭訟募丁壯,若革胥猾辨誣盜,皆侯清操確守著爲愛民善政之見於外者。而其精神感化不可言喻之境,直上追古循良,下掩一時卓異之吏。醇厚所貽甚遠,慨世者亹亹樂談之也。侯名實上逮已內召去,不惟功業不可量,即覷兹密人尸祝已百世傳矣。

【校記】

[一]"教",《史記》作"殺"。

制臺文受寰先生宦蹟引

先生以少年甲第起家,計部主餉天津,儲糈裕給,拜濟南守。清操如冰,擒猾鋤奸,豪强遁跡。備兵潼關,屹立嶽峻,輯驅深目,逆種數千,不敢犯境。移寧前道,值憨酋糾衆二十萬搶挾。時大將偶病卧,中丞檄至,領兵拒堵。先生擐甲持矛,傳飧馬上者七日夜,竟以數千疲卒遏其狂鋒,至面黧齷漏,尫然壯歲而老人矣。徵撫雲中時,卜素驕悍,屢以諜慢,且欺其城孤軍少,數肆憑陵。先生秣馬厲士,宣布朝廷恩威,酋凜凜懷畏。不數月,結七年講賞之局,至今免血刃之慘,詳見撫雲疏刻。其調停謀畫,周晰詳備,竟恥陳勞勩,未紀賞典。然聲名赫奕,朝寧借重。督撫下車,肅清紀法,汰革濫冗。薊遼東西烽火,日駭月警。調募防禦,百端補罅。挽車支廈,莫喻其難。拯溺救焚,未比其急。拮据鞅掌,三年於茲,乃款滿明諸酋。不費多鏹,而阻其無厭。鎮山海彈丸,嚴禁逋逃而優其道殣。數十萬將士,數千萬芻糧,皆從一人心手經過，即百身難分其任。先生不動聲色而已，下令於流水之源矣。快逢兩朝覃恩增秩，廕嗣差酬功績於百一，先生猶謙讓不自居其有也。洵稱夙夜匪懈，鞠躬盡瘁之社稷。臣己某等叨廁屬員，目覩盛美，爲地方萬姓侈揚奇遇，謹摭剔歷之概，冀昭代大宗匠採擇命篇，傳播千秋云。

來陽伯文集卷一終

來陽伯文集卷之二

明三原來復陽伯著　邑後學李錫齡校刊

序

贈郡丞閒寰杜公以考績報最榮膺薦書序

先時上御化之四十一年，宛州閒寰杜公以保定別駕視餉懷隆。比及三年政成，考最，臺使列其狀，上聞天子，爲褒嘉特詔，封其父母暨配如其官。未幾，主爵者以公久借邊疆，遷兩淮運副。軍民無慮，數千人咸卧轍呼號，撫院會疏保留，則又以新銜受事者二年。越戊午，直指周公奉命巡行宣大，事竣，公復列薦章，假令漢元狩、神爵之間，凡良二千石以久任報最，至賜爵通侯，則杜公之于今日也，秩綦重矣。惟時幕史李如桂等，濡斯沫斯，如饑而受哺，渴而飲醇也者，快公政成，咸思謳吟歌咏之，余不得卻其請，乃歎曰："嘻！難哉！夫士非筮仕難，始終一節難，亦非矯然飭節難，秉心純白爲難。好名之士失聲于破釜，自畫之夫寥心于止簀。"公自莅官守職以來，飭廉隅，勤幹理，信於士伍，浹於當道，纍纍薦牘，遠播朝宁。自非羔羊冰蘖之操久而不渝，則先後激揚之典恐難以獵得。然而余之多公尤有進於此者。不佞承乏司農，曩歲奉命督餉永平道，經燕趙諸邊，嘗廉其一二主餉吏簿書登耗之煩，非一州一邑比。蓋一州一邑之司止於州邑而已，若餉吏則自監司而下不過一二人而止耳。朝視篆於此，夕移檄於彼，有守令之親而無其專，分丞倅之勞而叢其責。此固龔太守賈內史之所不能辦，而君以樸茂醇謹之資，獨任之而有餘。其卓犖才器詎易能哉！方今宇內多事，夷虜交橫，使三輔絕徼盡如公輩，直之行間爲主計，運祕籌而布飛挽，必緩急得肯，輕重無觭，所在倚爲長城矣。昔漢武帝晚年輪臺自悔，知海內四盡三空，於是特拜搜粟都尉巡行民間，以講殷阜之實炎祚迄促而復延。今邊庭無衛、霍諸人，而海內虛耗過之決裂之慘不知其底，內外諸臣嘖嘖之議多在於餉。餉即辦理餉者須審其人，而諸胥始無侵牟之虞，甄檢已試之品，將物色及杜公矣。如桂等聞而驚詫，曰："子大夫奈何欲奪吾儕庚桑子也。"

贈郡侯寰津李公以考績報最榮膺薦書序

蓋衛幕李子娓娓為余言余邑寰津公善政也，治保安久，業陟郡丞矣。父老走控當道挽留，不聽，去遂疏如級而治保安如故。更二載，為今戊午，直指周公更列公薦書高第。於是循良之譽益騰，而邑博士暨諸士民踴躍甚，介李幕徵余言。夫不佞嘗里居，覯公家食之操，已知必辦此矣。邑之難務雖不一而足，顧其鉅者無過於訟於賦，訟求鈷筲毛鷙之吏託焉，賦嚴催科乾沒之吏匿焉。公念郡俗以貧澆兩造間衷法於情，多釋而不鍰，久之獄訟衰減，公庭閴寂，類以官隱者。田瘠稅易逋，其逋則以丁糧淆雜，故公一一釐析之，於是詭灑巧避之弊杜。訟既清矣，為平盜賊；賦既均矣，為興水利；人事盡矣，為祈年稔。喬山漆水之區汗邪備提閼，而谿麓寧雞犬，天不為災，地獲嘉穎，熙熙咸賴賢刺史之貺。其績效所臻，即以方古循吏何愧色焉。古稱孔子對哀公取人法，曰："毋取拑者，毋取健者，毋取口銳者。拑者大給利，不可盡用。健者必欲兼人，不可為法。口銳者多誕而寡信，後恐不驗也。"公以真誠端重之品，三者不處其一，乃試之壤土之事而坐，即於理整其幅員而不煩，更造寬挺文法而奸偷消。此豈鋪飾於為官之日耶！抑其素具嫺耶！故曰：徒華者根枯，啖名者實漓。培根崇實以固厥基。漢劉向亦云：德厚者士趨之，有禮者民畏之。言忠信之可行也。慎斯術以往，豈但勝方州之寄已耶！不佞明桑梓，知厚其立快，覯故人之宦通也，掇鄙辭以當灑酒之慶。

顧朗哉先生遺稿序

余辛丑會先生長安，先生春秋高矣，猶豪於詩，豪於酒，豪於意氣。齊梁綺麗，燕趙悲歌。時時於座上筆端橫發，令人且曬且避。是時先司馬甫內遷，愚兄弟俱伏草間，一見詫為異人，遂稱莫逆。尋訪先司馬榆關，值大故，痛惜視含斂焉。別之年餘，聞先生遭螫破家，走潞河已。攜家留都，皆有書詩問訊。愚兄弟之幽憂，先生之厄苦，兩地脈脈關心，更兩相弔也。今先生殞且踰紀矣，物外道義之交，斯文臭味之合，未有如余數人一時者。蓋先生閱人最多，其交余最後，而其推許契結也似獨深。今余髮且禿，媿悠悠末世於古人，三立無一有也。權役清源，遇先生孫文學君，出其手録先生稿數卷，謂從散佚中搜得者。讀之體正辭爽，愷愷雕雕，類其爲人。然晚年爲不佞父子倡和詩並曾示近著詩，多遺漏不收。則辛丑以前年力强盛，時計帙中寥寥篇目不過存什一於千百耳。嗟夫！先生老而厄，不能存其家，並不能存其文，甚哉厄者之毒也，雠及翰墨矣。幸文學君善自豎使海内交而祖者，喜豪傑後嗣不替也。

李生共詩刻引

余初晤生共燕市，數過清宴，與之譚知君能詩。別去數年，聞君遨游吳越，躡三山，渡江遍訪虎邱、西湖諸名勝。意君必不可無詩。今歲權役住清，去君里十舍，而近未見其人先見其詩，則南游紀行篇也。各體具存，率清真取韻，而一種躍躍快往之氣露於言辭之表，意其胸中凝結刻畫已久。一旦目覩奇觀，恍然入區異境，故應接不疲，精神勃發，性靈抒寫盡與山光水色偶會無隔。遂盡洗癡濃牽累之語，獨悠然就事敷真，隨境模態，杖底雲烟，杯前花鳥，冉冉的的，悉佐歌吟。有言盡而趣不盡者，可謂暢域外之遐覽，契四始之微諦矣。余向意生共此游必詩，不意能得佳詩如此。謂君料詩而游，胡能肖所在之景。謂君詩因景成，胡能琢鍊如一。想君積久快往之神，即翩翩無聲之詩耶。詩不可無情，强索實然。余贈君過訪詩有云："東土勞相，訊，南游出好詩。"亦實然。

夢游五嶽詩序

欲脱離人世之拘累，無過於游。游不嶽不大，不五嶽不能暢游之情也。顧有游興，有游具，有游侣，有游資。俗侣紛紛競事攀躋，有具有資，興不存焉。山靈厭絶似封其奇勝而驅之疾下，惟文人韻士吐欪雲烟，追探恢詭。神在屐先，詩隨想就，巖洞佐其結撰，草木供其菁華。嶽與人兩得，而每苦於糗糒不充，重趼難達。故文人韻士宜游而不能游者，苦於資也。嗟夫！尚方金錢檀越布施，貂璫財虜之擲揮，市羽妖髡之乾没，阿堵如山捐於溝壑者何限，而山靈招隱之流獨艱。尺寸之裏無代足之車，終老不識名山面目，嶽神亦大懊悶矣。詩人方胥成先生固宜游而不能游者也。不能游而託之夢，夢而闡之詩。每嶽三律，揭祕肖形奔逸雄傲以寄。其攬控八荒騰淩千仞之志，巍巍大觀哉，與五嶽爭高矣。余交先生子仲舉，詩類其父。持是詩示余，讀之，山在眼，涼在袂，我神已由詩飛上諸峰絶頂。想先生當日拈筆時，其披霧躡雲不可一世之豪思何如。先生果夢耶？非夢耶，夢遍游耶，游假夢耶？總之數首詩成，謂不夢而夢可，夢境即真境。可試以問曾游者，五嶽竟何物，能說出先生詩中景否？

凝神解小序

訓詁誤人，政在循行數墨，泛濫龐雜而不知要裁。其矯之者，又好爲超脫玄渺之談，學人耳目無主，群然趨之，墮於塹谷而不可出，其誤視訓詁腐相一也。了凡先生素善授受爲舉子業，所議過於所就，亦由淹習淬礪，視此道如飲食起居之不離，自有一番真嗜獨悟，可自怡而不可與人言者。海內制舉士尊之爲導師，其心折當不止一二欸縈語致然也。寶坻季太學君，乃先生高足弟子，篤學，工文辭，埋首下帷，屢躓愈奮。訪余清淵，出《四書凝神解》一部示我，曰："余師所珍爲家祕而不肯輕貽人者。其中多講席間授受語。靜抽則緒不棼，見定則旨彌約，衷理闡精，刪繁撮會，不但爲士子闢通徑之榛蕪，直可爲千古聖賢重朗中天之日月矣。"余唯唯，略啟帙讀之，視邇時醳解諸家迥異，非從神凝後，即了凡先生安能鹵莽有此？遂謂太學曰：君當刊部海內，使制舉士益知尊慕先生。余猶憶先生自孝廉以迄通籍所著譚藝諸書甚多，後起縉紳私淑以取青紫亦不乏矣，況心口衹承者乎。吾又卜君特此終必售也。

張敦夫詩集序

余交敦夫在清淵，一見其人，豪爽直諒，凡與游者，無不稱爲益友已。出其詩盈帙，讀之，沖雅和平。人之所有，我不必無，絶不爲近時險澀語。愈信此君胸中坦易，城府町畦，嗒然俱化，故能作詩和平，作人直諒。夫舍和平烏能直諒乎？不和必不能直，不平必不能諒。乖生枉，跛生闇，理也。衷甲藏劍之人，試之聲而譙殺甚矣。詩可以觀，其謂此與聞敦夫泊居蘭若，突有時不黔。顧酒德詩情，對景勃發，引滿無算，篇隨屢成，人不惟不妒敦夫才，並不厭敦夫醉。此時覺茂秦謗友，次梗罵坐，關在檢押，不堪傍觀。即太初放浪，伯虎輕夸，亦添出一種怪象矣。敦夫年正茂，騁其詣習，追風人之玄致當靡弗屆。不佞持論卑卑，胡能爲茲刻軒輊也。

賀楚襄郡司理學海洪公奏最序

余同年友洪公，以麟經擢上第，出爲襄陽司理。今及瓜當報政，兩臺使者念公勞苦功高，因署上考而奏之朝，盛典焜煌襃袞，徵書旦夕在道。比當檄下，公屬衛幕。某某等加額相慶曰："吾儕之獲安職業，不虞束濕，則以大賢在宥也。何敢忘報乎？" 亟介使乞余言爲壽，余惟理法官也。乃世儒論治，猥云："任德不任刑。"然治莫盛於唐虞，固宜純任德已。迫舜命皋陶作士，不啻三令五申，至若命稷命契命夷夔，胡亟亟也。即大禹逢世，尸功平成，溯其推轂皋陶，津津不置，而有虞風動，獨以從欲多皋陶，繇斯以譚刑措之風，詎易言耶！上睠於勑法，倘所稱平明之治，民協於中，馬齒雁行，孰與洪公上駟。夫春秋刑書也，公引經治獄，惡惡短而善善長，如其情諸小辟遞從末減，其在大辟無赦，猶若閔焉。故不訾九淵，吞舟不漏。不程九鼎，關說不行。甚者劓蘮尾跋狼，胡勿恤也。於是所部率倚之聽直，即楚旁郡邑，亦就質成焉。余夙習公之期許，動以鄉之先達王端毅、王康僖、溫宮保諸君爲法，固知勤思表暨已非一日。即襄爲楚劇郡，方域中譚形勝者則曰：跨荊蜀，控南北，扼關洛，接宛許，地且綦重。記風習者則曰：江漢好游，慓悍廣猾，踏歌信鬼，俗且綦囂，不易爲理。自公蒞事三年，而士歌於庠，民狃於野，墨吏望風解綬，城社斂跡匿形，舉豪右文亡害之流，皆凜凜神明重足，恐千文罔三年如一日。全楚咸謳歌之，咸謂公之言行剛直髣髴狄梁，公之廉察髣髴白香山，公之恬澹髣髴彭漳州，公之勤事不倦髣髴韓忠獻，公之決斷精敏髣髴蘇文忠，公之雪冤肺石髣髴錢宣靖，而宰相才髣髴呂文穆。之數子者，鴻烈炳烺，豔絕來茲，然皆發軔司理。公實伯仲，抑何卓犖至此哉！邇時三韓跪脆，九徼騷然，主上方寤寐真才。公最書報可，主上且慰勞公。而俾立交戟之下，佩囊簪筆，封駁糾繩，則寧獨瑣闈臺綱跂足以俟。浸假而九列，浸假而三事，直拾級耳。若夫疏榮奕世，即盛典尚不足言公前茅哉。

梁君旭集序

文章大業，有創有因，有創絕而創，實創中之因，有以因爲因，宜即因爲創。西京往代無論已，如明朝獻吉創也，華下、武功、沒祠諸君子因矣。然獻吉志挽元宋積習，而上法漢唐，謂創中之因，非乎。若夫有其因者，顧徒繩趨尺步顰笑，幾難自主，則帝梏之縛矣。故曰即因爲創，善因也。秦自嘉隆後，詩道墜矣。先司馬墨識潛修，獨嚮往北地信陽，詩必摹，摹必肖。時語愚兄弟兼以諸弟子論說，其功在因創之間。吾友梁君旭，則講席白眉也，工制義，尚未售分其强半識力。爲詩若文，渾樸質莊，殆嘔心鏤肝，繼日夜不寐而得。每談詩意，不由弘正而溯唐不止，曰司馬先生遺教也。不佞常戲謂曰：不有唐以上諸家乎。曰：姑求肖獻吉而可矣。何獻吉非初盛衣鉢耶。且弇州氏有言獻吉擬古體，魏以下有絕似者，然不如自運滔滔㵼㵼也。斯可以得獻吉已，是先司馬因北地，君旭因師，以因北地更賈其勇，不妨創卓然善學古人擅一家名言矣。君旭業不可量，不佞託至契，姑評今日所就云爾。

社中三子同登序

邑文社無眾且久，于吾社者其眾則漸益之，必雋才始入也。自甲午迄今，起家者七人，人是以奮久而約不解也。今年乙卯，同舉又三子焉。敬甫梁子是余社二十餘年祭酒，科名少淹矣。從敬郝子遂掇元年，視余輩雁行。與恕溫子社中最少者，亦褒然舉從敬之才，而冠敬甫宿學也。而售與恕英妙也，而售其事奇矣。豈但同藝兄弟快之哉。先是，壬子寥寥無興者，懼其以衰隳也。得三友連袂而接青雲之上，方將挽壇壝中之崦嵫而迴照中天。吾黨有引年隤者，恃年犒者，久抑荒者，暫蹶憤者，見三子異閱而同遇，咸灑然釋駸駸然振矣。錦旋日，同黨致賀，謬推不佞復一言。夫肝膽之交既久，以心與矣，何須言。然吾黨業以言屬余也，何敢不言，姑以言余心所欲言可乎。余少嘗過有所感，妄謂"天道無親，常與善人"之說不驗已，歷歷覩作惡之人與乖迕失睦之家，又率不旋踵而獲禍，心蓋疑之。年踰四十，行不出里閈，所見里閈士大夫者獻多矣，求其真心爲善者，何罕覯也。人之君子，天之小人，浮譽可邀，冥宰可欺乎。邑有溫少保先生者，大臣而爲德于鄉者也，其功不可悉數，總之所爲在名外矣。不佞素師事之，領披衷之談甚信。又有郝文學棠溪、梁藩甥渭溪兩翁。郝翁則沖素，課子不逐榮利。梁翁則簡靜，循禮一介必嚴。皆以高年世德，推重月旦。而梁翁春秋尚無恙，不佞奉長者杖屢有年矣。意此三君子皆無詐善之心，方可謂之善人，天之所必錄也。敬甫、從敬、與恕適爲之嗣，故福善之說至此而驗與。或謂梁、郝二氏之興，如櫝璞初啟，美穀方茂，其蘊蓄固已久已。若夫少保先生宏闡其祥，取精造化奢矣，而厥後輝映，不俟木拱，何天道若有私屬乎！來子曰：亦各自食其善耳。善積誠多，囊有贏金，用之難盡。應氏七葉，杜家五世，亦何延也。與恕可自堅矣。味嬰母之言雖云知足，然崛起者何必皆公族？敬甫、從敬可自堅矣。總之，天人可憑，止有一善。吾黨素約行檢相規，不入敗類之種，亦俱可以自堅矣。倘翹然自有其善，又援先世之燉，以責報于不可知。毋論非余旨其有愧於邑中三君子，不既深乎。闊略文藝，刻畫蒼茫，不自量其迂。

壽沓封翁序

自余髫歲，則沓先生伯仲名鵲起。兩先生齒倍余，余不得交。顧常從家大人後得侍兩先生顏色已。取兩先生所製博士家言讀之，未嘗不抑心下也。久乃知兩先生尊人沓翁行。翁愿樸任質，博學強記，少年為博士弟子。有聲，屢以數奇不偶，人無不為公憐。公漠然少不為動，獨好著書，有詩賦及近體、樂府數卷行于世以見志。所居闃寂，遠囂闐，葛帽野服。偶野人談農桑，日靡旃不倦，類有道者至。督兩先生學，不殊嚴師，曰：而父竟齋志老矣，所不盡畀而小子。小子幸終成而父志。今長公褎然領上第，稱名執法，浸浸貴顯。仲公計偕公車，靡知稅駕。翁亦以長公貴徵，例如長公官蓋，齠齔扼腕于布素，垂五十年始以子故列名宦籍，可謂艱且苦矣。乃余覘翁逍遙林莽，恬然不殊。向時寒素若不知有今日者。此直足以窺公藏哉。攝生善道，無以踰此也。夫以翁式穀厥子，得壽理，頹仰夷猶，境泰情適，得壽藉，靜居寡營，葆和頤真，得壽實，此三者，翁所以不緇貴盛偶增之根，亦所以常裕貴盛不盈之享。寧惟能不朽，亦自不得朽。顧實可自得，理與藉不可力預。翁安能牽戀于不可預，而易吾得且而誠自得。其何知不可力預之，可以貴我贍我，而役役為此牽戀。為則翁壽固自有道，而不必有泰適之境之在前，則其不得于兩先生可知。顧翁壽即不得于兩先生，有兩先生足大。翁壽以若較彼修短不敵，形夫修而益修，其修如接，修而實無，修即修速已。則翁于今日不斤斤以年重矣乎。

傷寒捷徑序

醫以功敵相實，惟陰陽氣運委諸躬，而以調燮幹旋法參合掌股間。古重論之，乃近世攻其業愈眾，而取效愈艱。毋論世土苴視之，即自顧不勝跼蹐一扣，其藏率不啻胡越人對語其上者。株守成法，膠彼從我以倖一試，試不值陰錯別法嘗之病已，則引以自功。其數窘于劑脈不相類，而耗精爍氣授人以斤不少已。余蓋三紀以前得南野公于家大人口已。獲其人，視所爲箴砭諸難易，證與所論古今離合通變，診攝瀉補之宜詳哉。快人齒頰也。踰十年而公自老，謝一切應酬。而子名益藉甚，青囊所至，人業伺以延寸晷之暇，日所診人妻十。其道不取繩意以便立取父傳而恢之，而衷所獨信。時出偏至奇勝之術，倏忽變化若精銳之師，直擣深壘，令人莫敢睥視。評者共起青冰譽，乃復元謝不居日。余不佞諸所法，法豪舉耳。先子深遠若谷，不佞分其淺眇以出，故耽耽效目前捷也。蓋人有所露其長者，有所窮于短者也。遂出南野公所著《傷寒捷徑》一卷并附以已餘議示余，余得卒業，則目舉款，列引援，刪潤要，取易曉。至餘議發明未罄鑿可傳，蓋亦上繼長沙奉議派者也。復元則更謂先子以《捷徑》言曰：梗概爾。至若盡變則非也。雖然，亦足見一斑矣。昔人有言：得兔忘蹄，得魚忘筌。筌、蹄，器也。非筌、蹄，無魚、兔。即沿是編以瘳人霜露之憂，成效立見。豈與近代諸標竊偽書如入門指掌回春醫按之類同哉？夫傷寒即不足該病，而其暴烈危急，呼吸屢遷，毒無踰此。公獨惓惓發揮于是證也。又足硯公父子救援之仁矣。敢謀之殺青，以共同好。

秀巘閣詩序

藩伯王蓮洲先生先有長春圃詩，長仲二文學君刊而行世。其幼子文學又搜其逸并已刊者，彙爲卷，名《秀巘閣詩》。詩不滿百而兩稱名，紀先生吟地不敢忘也。先生負奇才，早得科第，又返服最久，少接其族大父允寧先生之派，而復與其介弟蓮塘太史日相賡和，所著當不止此。諸子則曰：從逸中得也。若先生不屑屑徒以詩知名云爾。夫詩不在多，要於可傳。伯玉必簡，開三唐之户牖，而篇帙寥寥。後之名家不敢睨視，彼豈不能務爲繁夥如今人哉。覽先生諸體詩，沖和質樸，不軼格，不傷氣，士大夫之詩也，亦詩人之詩也，即此已可傳矣。余不佞聞之先輩云：關中自北地倡始，一時崛起如華下、武功、沒翎，皆以文章成一家言。當其聲氣投合，互相揚挖，竿牘郵筒，訂質大業，相距比鄰之邇，託志千古之上。西京風雅，庶幾丕振，嗣武繼響，不無人焉。海內爭豔慕之。華下，即允寧先生也。今學士大夫流風餘韻稍稍衰矣。先生歿，令人益起典刑之歎，太史遺稿久播人間。先生少弟信卿孝廉，才名夙著，諸子姪咸篤雅能文，毋論科第。君家故物即風雅一事，累世不絕。關中仕族罕儷長春秀巘，實聆訓步趨所焉。諸子弟不敢忘名者，詎獨以吟。先生一身承先啟後，厥功偉矣。

南陽活人書序代

自朱紫陽訓醫爲小道，儒者率卑瑣置之而不談。不談則不習，習醫而獲名稱者，皆業儒不成者也。然一旦疾病，則延素所卑瑣者不惜捐厚貲託生命以尊禮之。夫術至于託生命，則醫非小道矣。惟夫緩急卒不可倚，于是舉世惑厭。謂我命自天，而藥餌眞屬可有可無之物，即取而用之不過，曰：謂其能療疾苦耳。若然，則以爲小道，亦宜不知命，蓋難言矣。使吾命當生，非藥所能生也，則吞毒藥亦可以不死耳。舉世賢智之儒不深究詰，委身庸愚，亂投金石草木，或輕信而自戕，或勢過而咎尤，徒知一定之難挽，不思人事之有缺。試以吾宣聖準之，其所諄諄言曰：有命，命矣。夫之類似乎夭壽修短不可强者，顧何以必慎疾也。不輕嘗藥也，誅許止以弒也。孟子輿氏亦以立巖墻下爲不知命，實後先同旨。若使人生此息徒懸之蒼茫而毫不能移，則疾不必慎，而藥可漫嘗矣。許止孝而巖墻下可立矣。由是則軒岐誕矣，神農怪矣，伊尹箕仲鑿矣。箴砭刀圭，湯液醪醴之事一切可廢矣，何以古今相沿必設也。若夫但取療疾苦之言，亦不經見天地間六淫七情之所發動，輕則疾苦，重則危殆。能得治法與治之，先時危殆化而爲疾苦。不得其治法與治之，後時疾苦轉而爲危殆。豈有二哉！不佞素不敢薄爲才技，近與吾鄉來陽伯氏接譚，聆其論議，先得我心之同然。及覩評校諸醫籍合數十部，而此書其一。其言曰：世間眞醫難，能校鑒籍者等難，正言業儒者多不諳醫也。陽伯所推許千百載醫不數人。總之，不詭于內難者爲是。南陽之仲景闡內難者也，有宋之奉議闡南陽者也。內難之體具俟南陽而用彰，南陽之辨精得奉議而理暢。倘是書不出，即成聊攝之明理，與夫河間戴人諸書俱無所因襲矣。矧近代種種剽竊之僞書乎。然則南陽軒岐之曾孟奉議，南陽之功臣。學者循此眞派以見古人面目。而篇中一二少悖之微疵，自可變而通之矣。陽伯今通籍宦途，頗厭離此道。余懼其久而佚之也，謀於鄉紳慨然同好，遂醵資付梓以廣其傳，乃陽伯則自有遠且大者，無俟此爲名高也。

自知篇序

　　蓋余從弱冠解文時，便自《自知》名篇也。當其狂騁自喜，或傅調於古，或結譔於獨。多者不肯薙，亢者不肯抑，疑者不肯通，即文柄諸鉅公遏止之不少變易。數厄於場屋，始遽然覺業制義而不循其繩，何異之燕南轅。稍稍降心帖括，亦攟拾坊刻一二語，自潤飾，視庚子、癸卯之間體局一變矣。丙午，濫籍鄉書會闈，遂豪故態露焉，而淪落如故。中間奔馳流寓，支吾挺捐，欺負荷而傷式微，本業幾半蕪。然或奮激清夜，或紬繹規言，或檢要領於繁帙，或悟淡旨於厄辭，或從熱場退決，或揮阿堵不顧，食口共顧頷，相尋生事，與流光日頹。而一意響學邁任之懷，獨與夢寐食息俱切。中間責零境於寸毫，勒箴戒於偶得，醒眛眛於紛說，計從庚戌園居，廢定省蒸嘗之禮，捐妻孥骨肉之愛，六載于茲矣。而所就斤斤止此，未嘗不恚賦性之拙，而詫才技之末之難成也。嗟哉！來伯生當其縱橫染翰，睥睨曹偶，謂大物且在掌握，常驅策風雅，吞吐綺繡，筆端昌披有無窮之思。迨顛躓踵至，好與時乖，雄鷙宏佚之氣閟塞而不敢發。于是庋閣名籍，禁絕嗜癖，訪勝寂寞之墟，求益後進之彥，似覺肺腸盡滌，獨繭之絲漸抽其緒也者。據刻行之文可與否，俱不可知。顧非自知病根，力化宿習。舍已萎之榮華，尚共趨之篡組。竊恐十年前文章，面目不可示人審矣。夫向也屬辭琢句，自知其學之所近而聽於才，已而虛己察變，自知才之難憑而聽於時。今則粗了制舉淹苦，自知遠遜南宮諸名家，而聽都人士之評騭，且不欲違初意，命曰《自知篇》云爾。若曰人或有不知自能知之，則吾豈敢！

震潛雷公制義序

　　不佞性椎鈍，尤于制舉文，筆禿思窘，若有物障之者。久誦先輩言，文要尖圓透脫，每覺此四字最難摹。戊丑失利，屏居理業，以此法求之坊藝，百不得一然。其人率已收其文，乃選刻者也，不圖今科讀震潛公制義爽然，快吾十餘年之搜括，雖未能詣也，猶及見之公爲文，似不用古而絕不綿弱，似不用辭而絕不枯澀，似淺似近，似斤斤於格法而其趣無窮，其境轉邃，變幻位置之巧，即之而莫可捉摸。人借藻繢飾觀，公獨以本色露。質人屢言之難，碎公一矢口，即中細翫之。是此題應有此文，發覆剖藏，俟公搦管而義理揭然矣。基之射，僚之丸，若見爲無所事力也。忽不知其何以至此，試效而作之，不免稽天轉石耳。因歎見道之人隨地賞心，雖斷山涓流，於真性有會。好奇者厭以爲目前不顧，乃驅車訪勝于重淵牝谷之中，不覺墮於坑塹而難出也。辟之拙工制器，舍自然式度而恣情添設。學書畫者，舍羲獻而尊旭素，舍人物而圖鬼魅。總之皆迂癖想耳，何當焉？海內人文彬彬稱盛，密傳玄習，各襲其珍。顧必如公文始可言尖圓透脫，而尖圓透脫之解，余于公文始悟，曰：不待遠索飜得題中妙旨，撮出題面要字庶幾近之。若夫四字之義不盡于余言，公之文又不盡於此四字，則余不侫自椎也，鈍也，障如故也。知止此矣，請以俟深于此道者之評騭。

題朱元峻詩草序

今習制舉家與習詩家鮮不更相笑也。令甲以經義取士，士持排比爲羔雁，非其規不入縠。士有能于制舉業，有深心則功名之途盡是矣，聲律幾無所用之。若夫幽人韻客，感遭值而撫時運，酬倫物而寫衷懷，以言寄詩，以詩寄興，追嗜之切，至忘寢食然。有思殫推敲而悟乖名理，故于月露則長，帖括斯短，良以軌轡既分，驅鶩各異，聞見偏詣，兼領實難，亦勢之所就使然耳！嗟夫！必若此兩家之趨也。舉業非真舉業，詩亦非真詩矣。夫以言事理則均事理也，以言性情則均性情也。豪傑具千古邁往之氣，意所振奮，方將鎔鑄經史，弋獵百氏。方圓準度，虛實轉生，文章之內，具金石之鏗鏘；比賦之中，豎道義之坊表，爲文而文，爲詩而詩。寧復作差殊觀乎！吾友朱元峻宗尉也，顧好攻制舉之文。其文自髫年顓師究變搜微，不悉與名士對壘已，則合文詩兼攻之，先後付黎棗盈帙。余得卒業，怪其時未脫厄也，而氣則和。身處世祿也，而趣則澹。埋首經學也，而悟獨超。蓋優然抱兼長者。此其才固可深惜，而其毅然上法嚴錮鋼，而不可移之志，在昔豪傑之士猶難之矣。嗚乎！方域之廣，誦習之眾，如元峻者豈更無人哉！然元峻豈直以名高而爲之耶！總之人不可以無士，趨士矣不可以不學，學矣不可以無成。甯越不云乎"人將休吾將不休，人將臥吾不敢臥"，故學十三歲而周威公師之，元峻之所可爲者如此。若夫禁網雖弛，偏隸其鬱，心軼曹伍，遇阻興期。材擬梁棟，不逢郢氏之斤。志託青雲，難望無類之教。以目前論之均之，藩派在中州已貢之秩宗，而長安尚擯于芹泮，即均之關中。在平涼多彙征之吉士，而會省有無罪之楚囚。此自操文柄者責耳，元峻何容心焉。余姑語元峻，亦爲制舉業如故，爲詩如故而已。

奉賀大中丞楊楚璞先生考績序

　　最陝之邊鎮，無重于朔方者。朔方負險襟河，擅魚鹽之利名，視他鎮饒，而地鄰强虜，飆迅難禦。每歲套酋入犯，即旌旗刀斗，相望於郊壘。延平固靖之間，騷然爲敵衝矣。非賴節鉞，臣彈壓而籌度之斤斤。勒部曲率將士以弭瑕補釁，慮無不挫且頓者，其地又數反覆。自拓跋繼遷、元昊諸梟雄相沿成俗，以逮哱劉之亂，瘡痍甫戢。窺伺未消，縣官餉賷給予不時，士馬彫疲，憂不能一飽。河雖粳田，而幅員有限。赤鹵視沃壤較多決渠之利薄穫，近甸，至鳴沙、寧安一帶暴漲，瞬至隄淤立潰。每值山黑雨來，居民相對愁歎。當事者外怵于制勝之難料，内迫於噢咻之難周，欲紓朝廷西顧之憂，奈何其易言之也。楚璞先生以冏卿重望，簡撫茲土，下車則乘障賀蘭，以截虜出没之路，已擊楫洪流，以遏虜革罌飛渡之勢。遂巡視墱堡，相其版築鍤畚之勞逸，與夫藺石渠答之便利，乃進文武將吏，語之曰："以蕞爾西夏，方闓三邊而委近寇，吾不能襲弊承陋娖娖焉，莫保其朝夕。其與若輩約：靡可強也，替可振也，儲可預也，方略可講也，兵氣可勵也。"于是善疏鑿，及時蓄洩，而灌溉之利倍于昔矣。絶不虛事脩磽，廣拓隴川，但使墾者不湮爲疲兵，愛養筋力，而行伍之懽聲如沸矣。豐其芻餽，詢其疾苦，整飭其甲仗械具，而在所營陣森然改色矣。首倡素絲之節，無念不殫竭公家，而材官蹶張亦躍然奮矣。蓋以其不可撓者絜之爲憲格，而以其不可測者調之爲威惠。行之期月，諸酋長震懾，咸咋舌遠遁。戰士得安枕卧，牛羊布野，望之迥一樂土矣。自先生撫西夏，曾兩張怒伐，碩畫祕略，所當立破殺戮，首功以千百計，稱近代罕覯。然皆任其鳥獸聚散，曾未嘗偵羅前鉢，輕挑變端，叛則拒絶，款不弛防而已。今且慕義解辮稽首塞下者，幾遍夷落。嗚呼休哉！即古李郭之在唐，韓范之于宋，何以過焉！會值報政期，銓宰疏其累勳以上，天子嘉之，爲進秩，廕子如制。一時由朝紳以及西人外夷，無不揚詡其盛，咸知先生崇勳偉伐，載在竹帛，匪久且還朝，秉樞大造海宇矣。乃人從西塞來者，則私謂朔方安可一日無先生也。雖然朔方一隅地耳，今朝廷之上安可無先生也。自不佞復束髮習世事，覩中外中丞臺鎮撫要地，率雍容委蛇，坐銷祲沴于聲色之表，彼時鈐鐸無警，甌脱晏然，閭閻享安靜之福。而今何時也，窘於黔，羸於遼，薊卒瘠於宣代，即内地郡邑摽掠。公行諸臺使，至瑣科條勤督責猶不能禁。嗟乎危已！此其決裂隱禍，寧必在窮邊諸路耶。往不佞度河抵張掖，見列鎮介胄尚桓桓有敢戰之氣，謂中國巨患斷不在松山古狼之區。頃乙卯，虜眾數萬，蹂延綏，薄西夏，大將軍率部將擊走之，斬首過當，即先生神武之所卻也。此其功効明著，行且以其小用于朔方者，更幹旋于喉舌之地，用以憲萬邦作霖雨，使天下外不苦強虜，而內不苦大盜，祖宗社稷實式憑之矣。諸公卿蒿目時艱，咸虛席以待。故曰朝廷讓齋可無先生也。鎮守蕭大將軍，戮力公家，為一時虎臣，慶先生寵錫之榮，彌感同舟提挈之誼，徵不佞復一言為幕府壽。復後進，下吏也，安敢橫頰言天下事。獨以耳目所悉西塞近事，謬託于知先生，而藉以揄揚其概。乃先生所挾經濟之大，所謂由一隅以運于天下者，復何足以知之。

題趙乾所吏部五色雲見記序

雲恒在天，變而成彩。人且異之，況乎五色。五色即書史所稱慶雲也。慶雲在望，異之異也。若居然覆城雉，冒門廬，輪囷霏微，凝而不散，菴藹留停，昭示耳目。嘉此玄貺，豈無專屬而然哉？按圖記其下乾所趙公宅也。公宰滕異政，不可枚舉。方之古循良，尚猶過之。晉陟銓曹，孤行己意，刻勵廉隅，無何以與世柄鑿，拂衣歸里，事太夫人，至孝居喪，哀毀踰情。卓然制行，素孚于人，豈有不素孚于天？祥顯真寧，偏傍德里，在彼蒼有不言之示，在卿雲非無心之來，斷乎可知。即公遜謝不自任，而通邑老稚，鄰封士紳得于聞見者，咸已歡走而傳之繪之，紀之歌咏之矣。公抱大經濟，方試而斂，遺佚田畯，自甘瓠落，其所蘊光華不可磨滅者，幻為瑞應，如煙如蓋，盤礴于太虛之表，更以其餘靈鼓舞人士，使之傳之繪之，紀之歌之而不倦。此其際夫豈能掩之，豈能強之耶？總之有天在焉，司用人之柄者，尚思有以會天意哉！

杜大將軍征鎮疏報稿序

余不佞內交韜武杜公，自其為冠軍時，韜武豪于著述，傳播海內，體遍軼繁，彙輯歲益，橫出古人所不有，而力騁思塗所必赴。身僻處西北之絕徼，海內操觚士想韜武為人，爭願摹寫其胸中之奇，懼無能似且盡。公即在文壇，固已桓桓萬人敵矣。幼以世家將種用，戰功奮起，佩印登壇。年甫三十，國家視各鎮緩急，借公控馭。西夏延綏之間，倚為長城。臨陣馳縱，為士卒先。好披白獸，鎧跨白騾。衝突虜營，疑鳥疑神，虜目為白彪。將軍相戒遁避，前後經百餘戰，遇敵敢深入，未常挫衄，常截擊套虜，困其長吉能，鹹滿都什，賴所殺掠過，當首功累二千餘級。有猛克什力者，吉能部中鷙鷟酋也，久爲邊患。自公鎮榆，數寇皆失利。又數按兵挾重賞，竟不爲動。酋愧懼，率其眾悉降。疏中所縷陳臚列，密偵諜而備征繕，破惑撓而圖方略，奇績不一，此功其最著者也。當酋之議降也，朝論防其忸忕黠譎，恐卒反覆難馴，謂聽暫時羈縻，須償積賞不貲。竟仗公威信，款局苴盟，省金錢三十餘萬，而悍酋帖然內附。願比麛張之役，兵不俜刃。單于解辮稱臣，餘以貢市罷兵者至三千餘部，不亦偉烈與哉！昔徒料韜武緩帶雅歌，昭代文將不知其文則元凱，武斯穰苴也。且吾聞活萬人者，當封款成夷漢所全何可勝數？史稱飛將不侯，武安齒劍，皆由殺降。即軍志亦忌之審爾，行望韜武茅土而爵矣。公春秋正富，聞欲解謝重權，託志塵表，詎以西陬宴然，遂可事五嶽游耶。目前束釁慘裂駭不可測。嗟夫！匈奴未滅，何以家爲？雪恥除凶，是在人傑。宵旰孜孜，左輔知旋，當以急借矣。

胡含素詩序

含素，余不佞直友也，于文于行俱然。少年便好讀古人書，好丹青篆籀，妙得其解。身廁博士籍中，席門陋巷多長者車轍。虎顴偉幹，口呐呐不善款曲，遇事直折其非，恥婩阿伈儑，介然孤行己意。居常屏處草間，摩挲鉛槧，布衣蔬食泊如也。當世鉅公一見，知其非長貧賤者。而余每許其有高士之風，相與朝夕講論評騭，若丹堊傅彩不可離焉。傍人則止知其爲密友而已。獨怪含素制舉之大，與其人相肖而搦管，爲詩卻純雅平和，取格正而造意澹。中間流寓入蜀，蒯緱游燕，其佹離悽楚之情一寄之詩。詩境駸駸邃進，非窮不去。含素固有資于窮矣。余池陽文社名能詩者合有數人，含素齒先，而稱詩亦最久。不佞自束髮耽聲律之學，幾與制舉分功，愛我者皆有旁騖之憂，皓首奮迅，倖獲桑榆。尚有兩弟馭仲、常叔，若梁君旭、君士，若含素，淹諸生行，其以期語堅之木天石渠之侶，豈由他途選乎？而謂具不素閑也。

李何近體詩選序

明詩勝于弘正，猶唐由初之盛也。語曰："至音不叫，大匠不斲，大豆不具。"弘正諸公有之，而李、何稱最。夫驚物金玉貴其渾璞色，則貴之貴，貴其自出也。若夫盡變纖巧以復渾璞者，獻吉、仲默倡之變，而嘉隆不敢知矣，矧今之時稱詩者乎！學者學詩，定須先律。李七律純，杜五律則雜用初盛唐音矣。何律調多中，顧七律擬杜者繁有篇也，因氣少弱，故輸李一籌。選李微多，何比擬亡或參錯，豈何不足果以年耶！篇須一篇無疵始收，佳聯者割求全瑜也。吾以巧拙論思今巧也。揆其大與巧而鑿，毋寧質而真思。固不可詖，與餘體俱不選，謂近難古易。非古易，妄綴者騁塗易。非近難，虛夸者尋雅難。二公敵體以近，若夫諸古並文，何更遜氣矣。李文亦遜詩千秋，拾遺、供奉重案也。

三原縣學尊經閣藏書引代

西京，文獻地。乃文獻，則諸郡邑無右原者。先是，溫宮保先生念學宮傾圮，慨然捐貲議修葺，更移書中丞臺直指使者。中丞臺直指使者各捐貲，下記勒縣部調官庸，不得費民間一鏹。不數月，由儀門而廡而堂，咸更新焉。堂則隆棟崇楹，屹然中奠，視昔不啻麗已。最後鼎創鉅閣，閣闊可八武，高十餘尋，嵌以雕鏤，施以丹堊。重檐疊砌，巖巖堂堂。綺陛飛甍，如拱如翼。工成，顏其額曰"尊經"。先生遂發篋中名籍若干卷，更屬意順天巡撫曹公、陝左藩王公各發書若干卷，並邑先達涇波雒公，先貯學宮書，悉庋置其中，曰："此余建閣意也。"夫不書胡閣，不閣胡尊，不經胡書，若是者即危樓千尺，止侈觀耳。縹緗萬帙，止覆瓿耳。先生之意雅，欲藉此扶教化、作人文，故望閣則目聖真，檢書則惕聖言者，此夫深于尊者也。因外以觸內，因所見聞以及未見聞者，此夫能習經者也。是故先之經傳所以崇正，次之頒賜諸書所以遵制，次之諸子史百家所以大蓄，備列簿領所以示守，封題印識所以昭度。先生嘉惠來學，功寧一世而已。顧經牒既已散淆，二酉要取充棟，增厥未備，庶幾閱藏然則善通。先生之意奈何？曰："嗣起者人益其編，不至濫以戾正書可矣。"書益矣然則善酬。先生之意奈何？曰："人人修明經術，以期經世，使天下謂此鄉文獻。"先生建旗鼓而學者卷甲從之，直以上復西京之業，則孰謂博士弟子中之不有當此閣而興者哉！宮保先生業上景鍾，文垂竹帛。不佞椎不能述，顧此一斑，亦足見其他矣。

藏珠編引

藏珠編者，鎮國元配張恭人之挽章也。恭人子長房甫弱冠，即于諸王孫中稱能文。是時，不佞初交吾社季常伯聞，而長房與焉。長房體不勝衣，然好附古節義，動稱引昭代規制。每切齒世祿之氣勢陵替不振。及見其儕輩，或偃仰自卑，首下尻高，向人前囁嚅者，不啻芒刺在背，鄙爲無謂，恨不戟手其面而誶之。先司馬之變，長房弔慰殷勤，不在賓客之後，來子感焉。無何，長房以罹法被執。其罹法也，儕輩無賴者磔人至死，怨家列長房名上，不得辨，故忍而就獄。悲哉！當夫數千人攘臂過市，千夫舉瓢，無不立破，是爲難首禍始。君子所避，乃竟以口舌招殃，至不密以失身。吾惜其素孱弱者，抱美才者，挺然負俠氣者，能不爲世祿闆茸氣習所染著者，究與諸無賴同敗也。嗟嗟！郭解之客殺人，解不知，而竟以解坐，千古冤之矣。使長房能見幾遠禍，折節爲善，益雍容于《詩》《書》六藝之圃，固吾黨中之捷足也。長房罹法踰年，恭人卒。長房奔至家，躃踊柩前，旋受犯禁之笞而不辭，甘秋荼如飴，亦可悲憐其志已。長房即罪繫，不能没其一念之孝，又何能没恭人之賢。然以長房之才，而陷身幽窨。以恭人之賢，而壽考未臻。母子間均不得于天，讀諸公篇中語，令人酸鼻矣。

朗月篇引

客歲，沈相如比部舟過清源，投贈瑤華，知爲才士解維。後會米仲詔先生，始悉世德家學，劭年擅譽，兼長眾妙，扣之無窮。蓋先世青霞先生父子以忠孝掩文章，至相如乃能以文章發忠孝。余自愧訪戴于千里，而失友於交臂也。相如著作合數十種，久刻布以傳。是編乃屬和留都諸公贈別之什也。依體依韻不詘於數，覘蓄之富不軼於規，覘思之馴不縛於押。字覘境之通，雖一斑哉。實會眾有而騁，獨詣泂其難矣。夫留都衣冠文物之奧藪也，相如狎與之游，諸工文之士，爭託之聲詩以明相知。余顧曾失之交臂，咏慚琨諶，興逐秬鬯，來子陋矣。

叢笙齋集序

學詩如學道，然道虛無恍惚，非有非無，名相不著。苟能食息夢想，凝念熏修，則陰陽瀸合玄默通矣。詩理與道妙頗似，世不乏綴文之士，而一搦管爲風雲月露語，便覺頭面易向，才情頓盡。謂道不在形內不可，而認形即誤；謂詩不與文通不可，而傍文即非。解人惺慧，括遠研微。豈惟山峙水流，鳥嘨花落，皆供吟咏。時之結譔，即俚俗諧隱拈成風雅，枯槁沉荒立被澡繢。若抽文中妙景于唇舌間，而不知者自不知也。試起曹、劉、沈、宋、李、杜諸君子一詰其胸臆，當千古同悟。而平時運思鑄意，取精用物，九垓八紘，几席眉睫，無慮寢食所必游焉。追琢參求之久，而後宇宙之大無不可攝之筆端，以爲我用。單辭聯偶，快賞迭呈，豈易言哉？仲弟馭仲，自十五歲諸生，後輒學爲詩。無何，從先司馬官衙宦途，益喜爲詩已。客淮揚，客燕薊，著作日多，屢科厄抑，置乙榜者三。諸名公咸賞識而憐苦之。鄉黨後進騁銜綮，先躍不得其故，而馭仲能以一切鬱悶侘傺之懷寫之于詩，日楗關拭梧，發祕笥，逐古人所作，位置讎訂，時哦歎，時雋咀，要欲古人開我，我傳古人，必法必正，必工必響，神情酣溺，如食跖千而猶若有跂，非往軌不由，非心信不出。近習之新聲，側調長短，頡牾而無度者，不足以變亂所守也。樂府五七言，古近體諸什，由漢魏以迄開元以上，俱摹若賦其所寸晷成者。余不佞與弟少年侍先司馬，聽說詩戒不作宋人話頭，曰：先輩有言，寧爲大雅罪人，毋爲楚冠而胡服也。故集中無降跌語，恪遵正始之塗已耳。余謬謂仲功名所自有，遲速不必論。若詩似與生俱來，而爲詩已有欲罷不能之機。馭仲之年彊盛，寢食此中而不倦，悟境正無窮。異日進乎其技，寧知詩非即道也。

壽丁太翁七表序 代

邑侯丁公，東海巨冑也。曩余守濟時，侯以童子試褒然高列。余詫其年劭穎軼，因詢所從受讀，知嗣徽家學，得之太翁庭訓者素也。翁少負雋才，知名當時。顧數奇不遇，僅以明經選。羈縶一氈，乃翁不謂其卑而鰥，厥官日進，多士程之，先質行，後文藝，士斌斌以賢良文學著者甚眾。居恒所不得志，責之後人董率督課無虛晷，侯遂以弱冠連掇甲第。余固始號汝南劇邑，襟淮控楚，頗據水陸都會，事繁俗靡，治者難焉。侯下車煥然更新，有姑臧萊蕪之廉而非矯，有士元巨先之敏而不夸，有蕭景周紆之明決而恥鉤棘，奸猾屏匿，善良顯遂，虻畯樂業，圜土空虛。退食，則入子舍，跽請曰：曩大人教兒若若，今見之行若若。一秉太翁之指訓，罔敢隕越焉，休哉。嚮惜翁不獲大用，今悉以用之子，是太翁已用矣。邑福矣。翁今年春秋七十，蒼鬢頳顏，故曄曄王也。邑薦紳父老感侯之德，因感侯之德之自，冀有以報太翁。于翁擎撲晨走薊門，徵不佞言爲壽。余言何能闢翁致壽之由耶！妄意壽有境適，有情適，有假方術修，有不假方術修。如以境，則世不無瀞瀡滿前，綺縠盈筐，醹醴頤和，絲竹陶寫者矣，與壽無當。如假方術，世不無寂守岩竇，絕嗜淡營，高談珍攝，梟俗蝯躩者矣，與壽無當。姑試譬之。今有人于此膺腬仕，御厚享，備極人世懿鑠矣。回視膝下一經無傳，門閭削色，縱背鮐齒齯，其志必抑鬱不快，鬱則神槁。神槁者，夭閼之理也。太翁學可經世而齎志，試用鞠子爲循良，而其志無不試，生平結轖暢矣。暢則神恬，神恬則氣守。以鬱對暢，以槁對恬，翁之壽思過半已。且身觀子之品與古名賢侶，即已精游千載之上。身觀子躋位通顯，益發攄其經濟，即已大酬真儒之抱。，其綿延不朽，詎直年哉？攦綴數語以大翁壽，或者尤進于九如之祝也。

易衣吟引

具區施成之儒行賈游，年正劭，置身欲在隱見之間。客歲，余在清淵，諸辭客爭賦耦園八景詩。成之盡五七言，體俱和，語語清妙，有詩才，余器重之。一日，示余《易衣吟》編，則成之共其弟侄倡和作也。二子余未晤，然其情思婉美類成之。而成之則自吳調中伯兄也。以視其侄，則亦我詩當作汝詩之父矣。囊編客笥已踰歲，時一日悶坐，檀城烽火之際，家口盡遣文侶，又稀檢是編批點。一過恍然，如在汶水舟中，鼇磯衖內，與之周旋也。自歎邊吏孤苦，何如山林吟咏之樂。曩者清淵以仕兼隱，而不知享用，踰分暴殄哉。具區三吳奧宅七十二峰，飄緲舟前，經秋水漲，橙橘薦香，令人應接不暇。其中巨族名家，逸人韻士，管領烟霞，超脫名利者往往卜居，猶踰于桃源避秦故事。今兵甲滿天地，征調遍閭閻。洞庭一片水，果追呼？徵發之擾，所不到乎？來子將攜八口終老焉。成之肯爲我聲氣依倚之鄰否？青蓮之素心人，少陵之朱老月，夕花期共咏名勝，筆墨知益躍然豪矣。

刻太華山詩小引

太華生于關門孔道，每爲輪蹄之塵所苦。猶幸僻在西土，游覽者少。即游覽而解題咏，不辱山靈者亦少。然漢唐建都時，名賢輩出登眺，不知其幾，而篇什亦僅僅，何也？豈嶽形崔巍，勝蹟紛錯，神思不能圍，筆底不能殫，故一覯目而易頇然沮抑耶。古人賦江賦海，挂漏貽譏。然臨巨境而敢中腕命篇，亦伯昏無人登高履危之膽矣。聖簡馮郡伯治聲卓犖，擅一時循良之譽。政暇攀躋，直至絕頂，連章疊韻，屢賡互答，有睥睨三峰之雄概。郡中諸文學爭慕好之，鐫梨以傳，殆將與古名賢題咏同不朽，郡伯其不負西土宦游矣夫。

關帝祠募緣引

平谷縣東二十里，大沙嶺梵刹內有關帝祠。余入而瞻禮之，見其屋隘像陋，雜處於僧寮香積之間，心悚然不安。念神之靈亙古不磨，隨在顯異。雖香火遍華夏，不區區于窮荒深窅之域然。此路曲盤峻絕，甃石鋪成，當風雨飄搖，冰雪凝凍之時，亦薊北一蜀道孟門也。況盤山首路，關戶干。茲直北障邊，屹然天塹。明興二百餘年，居者委積，行者絡繹，微神默爲保翊不及。此山中僧眾合數十，馱汲火耕雲樵，夜唄闃寂恬憺之際，卻能拓基，事農施飲。濟喝頑慧，各殫其功。能冬夏不輟其願力，此必有卓錫老宿闢常住法門，永垂耆婆善行者也。遂進僧議之，僉謂寺門三楹，可建祠祀帝。巍然顔貌，南面如赤日行天，人人快覩。計工量費，不過數十金可就。余小子三世奉神，感錫奇夢不啻再三，愧墮落不能興起。雖伏薄宦，置身在隱見間，每追夢寐，接遇景象，覺英爽鬚眉猶動於目前也。敢倡捐貲義舉，以告共事一方君子，知，同此敬承之忱焉耳。

清源近稿小序

余不能著書而謬嗜古。自束髮親鉛槧，興遇所觸，非詩即文。顧爲制舉，屢困兩闈九科。無端帖括，妨我專詣者不啻半矣。生命厄窮，故寸情難暢。酬應紛沓，故性靈終淆。雕蟲已慚，矧夫卮賸言不合道雖多，奚爲敝篦未詮之業，不敢姝姝一家言播也。于役清淵，歲值奇祲，閉門兀坐，隨意成篇。相知間索謄寫，頗苦漫付剞人，特爲拙遲書記省腕力耳。嗟夫！釋屩居官，絕無適志，感聲啾發，局於遽廬，鄰夫小人之怨矣。然憫時思挽，末趨值難，尚圖興事，履素安常，滯而能導，微吟清咏，樂寓於貧，亦庶乎不失性情之正者也。他一切舊稿與年來無韻之文，篇類繁蕪，未遑審訂。非避世入山，胡克勉畢技習，就正有道與。

來陽伯文集卷之二終

來陽伯文集卷之三

明三原來復陽伯著　邑後學李錫齡校刊

序

壽三峰張公六十序 代家君

歲乙酉，不佞蓋與雪松張公同薦於鄉云。先是，公之兄三峰公以貲雄淮揚間，海內稱巨賈，敵素封指一二屈。不佞稔聞之，而更稔聞其人追古所稱渾樸沈毅，富而附仁義者已。交雪松公，歲彌渝情，彌敦，即其人孫而節質而嫺於禮。不佞於二三兄弟中最捫心下焉。遂益習三峰公之素愈。曩所聞未戌之饑，穀三歲不生，關輔民半無黔突，半連鼠死。千金之家，縱薄有居積，相率鼠匿，猶虞不得安坐食。有司皇惑計無之期，以粥饘活民已，持券而貸，有家者之財遍閭閻卒亡有應也。公慨然出粟二百粥民，曰："庶幾緩吾民。"一旦命乎，輒又慨然以千金應有司之券，曰："吾與積而以益吾橐中有，毋寧損吾一人，餘以周百千人之匱。且人以貧貸，我復冀異日者之償與，此貧人手是卒以貧與耳。"更願謝貸名，蓋有司高公義侈，譚其事傳之古人，至以爵爵公，持觴觴公，而公不色喜坦如也。凡公之身日所賴以舉火屢百人，歲所分給人可屢百金。至他捐金佐橋，手創家祀，祀先一規之制，諸細行未易更僕數。此不佞既獲交雪松公，所熟得之耳聞而好為稱說者也。今搢紳學士家澤躬道德，不欲儗衛賜下，母亦曰此猶市心也。跡其為，迺陽避名，而陰嚮利大者利藪千乘。而其末至漁，尺寸以自溫，有猗計諸人所羞稱。饑饉薦臻，公家告急，微公樂施，即割數鋌，公家者鮮矣。公縱不獲回天厲而陽春，夫寧少食公惠而延以有今日者，身聚而身散之，義以急難與無所期若公者，固未易以儒賈間論也。公今年滿六袟，不聞有吐納引導術而神倍王，履倍矯，說者為好生一念，陰造之不可知。然第歷數公所全活與一隅所，且暮仰給公，則雖公常存可也。遲異日肇揆，晨持此說，往足爲公壽，而公壽亦即在是矣。

壽王母逯碩人八十序

婦人之義不越閫，即短長無專有之。蓋專則子代之矣。其以長見者丁阨困而激成之也。常上下數千載所凜凜經史者，即代不乏人。然妃后宮嬪而外，其以母兼父儀，則自公父文伯之母見稱孔子，所寥寥繼起者孟嫗、柳媼數氏而已。夫婦人至以父道顯，固大不幸。然使身在父責時而其子乃以失嚴，故隕聲墜業至不能立門戶，人亦有以窺其母而臧否出矣。故婦人嫠居以後，子得以代其專，而不得少代其臧否之聲處，此亦極難耳。余家居時則交史長君。君善揚人美，而復不能匿人瑕。常以月旦公評直中人臧否，而獨稱逯碩人與其子之賢。蓋碩人之喪其夫，子子某甫七齡，云：是時家不過擔石之儲，僅足供歲時粢盛。睥睨者方陰利其蓄等之不然之燼，曰：寧渠以盛年抱呱呱之嬰，躬親諸務，取辦內外，而能存者，此橫裂可啖物也。然十王氏不足委人涎，少濫出無辦，家可旋壁立矣。碩人星作星入，以其身婦而夫，母而父。凡四十餘年，而其子拓基倍篠其父，置其身于仕籍，課其子爲名諸生，王氏浸浸著矣。入而捧一觴，慰母曰：兒少煩，母以煦濡。長煩，母以督迪。而有今日，母既盡貽之矣，可少寬諸已。碩人拒不受，曰：不可，夫勤事之集也，敬勤之昴也。勤成而怠享之中蹶之理也。吾不忍銖寸于始，而末弛谿壑之防，小子亦知汝之所以今日矣。余即常如少年時勞苦不益可乎。于是戚黨聞之，咸曰：善王氏如綾之緒，碩人延之也。則庭屺之瓊玉蘭蒸，碩人開之也。則衍悠固柢，昭守藏規，以長有其有，亦碩人成之耳。余夙聆史君語，而更質之戚黨所稱說盡合，方心，禮碩人躋古賢婦，而益服信史君臧否人當實不誣。今歲碩人春秋八十，戚黨咸欲祝碩人百歲，以文徵余，夫此固不必別有言也。疇昔所聞，足壽碩人矣。勤與敬，引年之術也。文伯母處世祿之族，老而不忘其業。孟之機，柳之丸，抑何勤諄不倦也，推其事終身以之矣，皆不聞短折也。何疑碩人哉！

恭贈大邑侯停一張公榮膺封命序 代家君

侯蓋蒞余邑三載，政成，諸部使攝侯諸最績，上之考功。考功爲廉覈其期，期盈錢穀國課之額，額充勞書薦書之數，凡累十而悉冠諸令，咸於制亡害，遂疏以聞，上可其奏，下詔褒美，錫侯今命云。侯兩尊人太翁太母俱在養，而太翁故常別駕蜀郡，未迄奏績而返初服，今始與太母用侯封如制，冠紱綸綍焜映一時。蓋析擔之盛，遇章縫之極樂也。邑中人無大小，由縉紳先生以及輿臺畎畯，亡不幸公治獲上逮可旋致銓省，而諸學士衿韋之徒漸被鳴絃，淑滌樸械，人思劾祝頌謳吟之私，張侈其盛而未有當，乃摭攬侯三年之蹟，介以三學博書徵言於千里外，豈以余言可鄭重公耶！余卒業政蹟，既自退屈，且陰有以自悲也。追自末歲附驥，後與侯後先同綰令符，窮陬拙吏無善狀可聞，亦徼聖天子浩蕩，得同侯拜寵命。顧余邑櫛賈鱗販夾水而堞處以千炊，可十敵細陽。而旅飼轉輸之供，望塵負弩之勞可五敵細陽。乃訊讞稽勘，侯以片言，余以百覆。簿領案牘，侯以簡敏，余以繁拙。侯精力方銳，距執經為諸生以迫釋褐，不一載而懋伐殊勳，掩鄰封疾，足首列上官之剡以需不次。而余齒半踰侯，凡四上公車，括其耳目所得以試之政，厭厭寄人廡下無一奇，自暴以稍露囊錐之穎，此亦安足等公行。且太翁太母垂白堂上，頤志鼎烹，方身被章黻之榮。而不肖兩尊人除地松楸已拱，觸目風木，即欲咏靡鹽不可得，安望軿輿儗迎娛樂膝下如侯者耶。由前則余遜侯才人之嗇也，由後則余囏侯遇天之嗇也。人嗇尚可筴勵，天嗇則蹶趍有不待，此不肖所旦夕灑淚，重豔侯之今日也。諸學士不必更有祝頌謳吟也。知余黯然於今日，即侯槃舞捧卮以慶今日。可知唯侯帝賚西賈清澥之間，颺手瑤函而後眾浮白進，曰：孰堉爾基樹侯之望？孰眷私恩齊侯之慶？暘谷之烏，距濛汜而遙，礚礴中天，為樂未央。今而後侯將割大官之膳以漸致庭階，盡吾輩莫與京而後侯之喜，且大進於今日已。倘聖天子念外服靮掌之臣，太史採民風而上之若語，固真詩之逸也。侯之治行不益彰彰著哉。

贈邑侯象蒙郭公奏最榮膺恩命序_代

關中人蓋有以理學著名薦紳間者為蒙泉先生。公，先生子也，少有駿聲，弱冠列鄉書高第，歲乙未成進士。兒輩幸甚得執鞭弭，其後已借重鄠邑，積三載為今庚子。蓋報政天子，得膺綸命如制云。某曰：余蓋目稽公治行，而知古循良之概也。時異勢殊，各難沿合，即往志所紀撮其歸耳。學者溺於隅見而闇大較猥，稱之曰：其寧疏闊以予百姓敦大耳，而不知德於何懷，威於何畏，寬於何成，則弛張失用，而一念愛民之心，亦因以壅格而不行。夫守定於畫一志便於遠法，吾噬腊以戢奸，仁恕以宥過。時忍其一以遂吾不忍之百，如是者真循良也。公爲人溫和坦易，望之者樂就，口吶吶不爲厲聲激語。其政則主之以寬，而嚴行之泊乎。韋布之素，庶幾伯起再起關西，以無忝家學。故日與邑之人接夷如也，日與簿領錢穀相對愀如也。里中某某故黯獪[一]，善侵虐善良，以蔑三尺；諸役中某某故工爲伺瞰，以舢厥法。公廉其狀，亟加搒掠，各得其辜。期月間，遠近之人，悉加手誦神明矣。邑僻而罷悍，號不易理。上之人計培植則難於桔拲擊鍛之威，計整肅則妨於和煦覆育之心。明以澄心，廉以申威，簡以鎮囂，公以符仁夫然後行也。以公用桔拲擊鍛，於黠獪伺瞰者，則悍折蕩和煦覆育之心；於邑之善良，則罷起悍折可以還淳，罷起可以成庶[二]，寧直易理一邑焉。夫培植，心之幅也；整肅，體之製也。完體以施心，卒以逢吾仁允哉，循良何以踰此？不佞罷歸田里久矣，親覿龔黄卓魯之規，無異身游文景之世，少選更覿漢使者捧玉帛玄纁，迎高第令而加之顯擢，又從子民中爲公轅下人矣。

【校記】

[一] "黯"，按據下文"於黠儈伺瞰者"，或當作"黠"。
[二] "罷起"，此下似脱二字。

贈邑侯停一張公喬擢比部序_{代家君}

維上之二十九年，郡國數上三原令善狀，爲關以西最當得顯擢。乃先是主上沈斷，宸思叵測，省臺重寄，不欲輕以予人。郡邑吏其最淹者，滿九載始得内召召矣。銓司籍其功次，若若臺，若若省，咸疏以聞，旦夕候明詔疏，屢上屢廢者三載矣。今臺省諸員視舊制十之二三止耳。國家憲典此其一變，當事者惜外服奔走之臣，又念其中嗛嗛自守泊然素行，或不無人計有以償其勞苦，乃伏見主上邇時所置應臺省吏，深懼以若償得錮。錮即守素者視外服時愈困，於是諸郡邑吏積數載治行無害，咸得以次遷用諸曹，遇北即北，北員又壅，即亦可以暫南，當事者蓋憐其苦而欲亟予之逸耳。以故吾原停一張公，亦得南，比部云：公治原五載，覲天子者二，考績者一，先後使者數十薦書，必以公冠績效彰彰人耳目。是行也，邑人不色愉，咸謂朝廷待公薄矣。余曰不然。夫事寧措之難，掣肘之難，政寧剷冗之難，不得於心而强赴於同之難。故措掣肘之事者，是猶馭絕輈脱輓之輿也，無如推而棄之。赴不得於心之政者，是猶偃幽士脂韋市肆中也，無如避而卻之。朝廷以三尺倚刑官，憲紀凜赫，鞫訇愗慎，義甚嚴重矣。顧公議在下，獨制在上，勢莫可幹，振法持典之衷有不得行；同必可據，反覆推詳之見曠不能試。脫其知方指圓，坐溷正邪，追效故局，取傅成議，寸心觗厄，顧將奈何？竊見國家飛霜覆盆之冤，或不盡無剖心碎首之誠。時出難料，忠義之士有扼腕頓足，憤結於職業未得，以得去爲快者，即浮沉於散冗可也。且南不有南之職耶。讞獄之理與宰邑之理無二，故語慎刑則曰：明克允，乃庭無宿俘之哲已當之。語持平末減則曰：創義引經，乃澤枯振朽之仁已當之。語肅公則又曰：無覆翼大憝，無趨嫌寵甌，乃棧車緇布之操已當之。務簡而勢無阻，獄詳而意可申，所云掣肘之事，不得於心之政南，蓋寡也。知公心安之已，至其取次顯擢，待公繁劇之司，即當事者推今日逸公之心，衡材而簡畀之，爲國家授能之，公則然。公寧觊心也哉。不佞忝公同籍，知公最深，敢銓次爲敘若此。

春松篇贈鴻臚鶴亭梁公

蓋世稱草木繁殖，晻薆咇茀，以吐芳光，則言雲夢。其稱豫章摩日被蔭，萬丘玉柯，纚屬纖葉，離靡夜戀，箭蔘之狀，則言鄧林。當夫陰翳俲池千秀競，時宇宙之氣浩灝醞煦，以暢彙物物之生意，蓋亦可挹也。於是剞者思憩，睇者凝眸。冶游娛賞之子惜其濃倩，卜鄰築室之人倚其蔽虧，而珍禽異獸亦時時出沒吟嘯其中焉。然無幾何，而羽獵樵蘇之事舉矣。惟磧歷嶢嶒之巖，谽閉幽窅之谷，長松生焉。枝拂寒霜，根漱流水。振鱗哮攫乎風雨，老螭毒龍畏其碣礋。糾曲紆盤而靜峙，木客魑魅望而奔潰。含黛上參則千揭太常，團蓋下週則百駐廣輿，永貫四時。貞毅孤挺之概，蒼鬱蓊葱之氣，未之少易而比春時也。華榮澤卉，勃而益著。下瞰雲夢之繁殖，見其卑泚弱，葧靡靡於案衍壇曼之處而已。俯矚鄧林之陰翳，見其雜輯茈虒，爭勝於荒蓁叢棘之間而已。試使獲夷之徒鑱刃在操，風斤思效，方且計絕於扪臍之無因，心灰於玃㹢之難至。是則非松獨以冬異，物稱異物，正以春也。物之時難保攝，即方春無能自主，是松則獨能於春自怡以全天也。夫《子虛》《上林》之說，意取詼張已爾，不足深信。乃世傳夸父事，抑何謬妄也？地不乏材，長松千尋往往有之，要以交衢廣陌，平原闊澤之地，處勢不足以衛生，故不免與凡木同畏。惟乎居高而絶摧拉之患，斯四時之質，臏於春專萃焉，地使然也。吾觀鶴亭梁公，身襲豐溫，弗屑少縈騖，逐凝然澹慮和衷，以飴天和，盛世含道茹醇君子矣。非層巖宵谷之松，與長君裔裔如玉偉乎。用世才，公車非久淹所也。仲季執經，不佞習其才力。季也已追風伯氏逸足，乃仲氏啾喧，志決超乘，可俟識者以河東三子目之。公值其時，倘伴以游儲與扈冶之境，一切戕伐無得加施，所稱華榮澤卉，勃而益著者非乎！懸弧日，時寓維揚，其仲氏松亭、梅亭兩君問言，不佞援筆數語爲贈。屬意不文，聊以寄欣艷之思云爾。

壽節婦伯祖母李太夫人六十序

蓋小子復束髮至今三十，習太夫人內行久且詳也。往余伯大父憲副先生與太父郡守先生頡頏，一時來氏浸浸稱盛已。憲副先生卒，貽子無厚產，太夫人年二十即主家柄也。叔氏少知學，爲延師教之，叔氏又不肯竟學，爲親摘章句抶而督之。憲副先生子三，余一伯氏兩叔氏。太夫人所出一，瓜分其田不過百畝。歲時給家眾十餘人饔飧，且恃以佐不時之需，洵窘以急也。太夫人身率眾耕穫，鉏荑斤欘，靡不關心。兀然野茆三楹，棲遲其下，以殫場事。面垢不浣，衣敝不易，脫粟鮭菜，引而安之，期振我憲副先生門閥于蕭然羅雀之後。俾叔氏以纖儉自裕，揖讓學士大夫之林，蓋朝夕念之矣。至今農圃耕斂之事，叔氏有不知者。權制出入蒸嘗宴飲之禮，未嘗不舉，叔氏有不問者。癸卯仲春，太夫人屬且六十，其勞瘁于家，政不少弛。叔氏感太夫人功德，顧謂余小子推母氏之與不肖孤三十餘年矣，孤于今日宜何以報耶？母備純節于憲制允合，倘得徵國家之旌録，公勸也；得徵士論之揚詡，義舉也，與不肖孤何？故惟是國家之旌節禮者，節之所示者言，禮以著行，言以發微，母氏其不泯乎？子盍圖之。小子既受命，曰：嘻哉！概觀今之節婦，得聞于當道者，何寥寥也！即聞之當道，乃慨然見之施行者，又何寥寥也！當憲制甫定，時朝廷惓惓節義，是重歲發採風使者摭拾民間事實，上聞天子，不吝金錢綸綍之錫，且藉以稽風俗淳澆焉。時變日趨，閭閻貧賤之家有堅守從一，白首無涅司世教者，數視爲細事寢閣者多矣。婦必節，始旌節矣，又必得年始旌，旌何易易也。節而不能待旌者，天靳之，其節能待旌而不得上聞，人又靳之，爲節婦人者不亦難乎？以太夫人節于年，小子得從諸生後舉之當道，必有以處太夫人。僅掇復聞見聖善侍賓客，暨余叔氏稱觴言壽，且爲異日上請之的據云爾。

賀儀昭張子舉婚序 代

吾鄉蓋有湛川張公者，其人力學純行。少年居于鄉，爲名儒，已而宰邑佐郡爲良吏。材能既裕出，以研苦肆篤古之餘力，旁及于方伎圖讖諸外家之說，人稱其分刌度數，窮極幼渺。一時諸文士不敢偶旅媒黷傲以所不知，而里中語孝友純備真足不忝古人，必首歸公。論士于今，此所謂學行全者也。仕晉概多異勛，嘉譽燁然，當事者亟欲大用。偶感疾，浩然西歸。歸坐籃輿中見客，見必人爲寒暄語。于是戶外屨常滿，而尊中之酒亦復不空。蓋公居官二十餘年，不能謀三楹之室以妥八口，歸而聊儗屋居，而獨能倒囊賒酤酒，以供賓客座上之費。有弟子又能逆意承志，解作倒屣，主人亦既豪矣。維某日將婚其子儀昭，座上客喜有令子行將繼公爲名儒，又喜子之婚行將衍仁人深厚之澤，共來徵不佞一言益之，不佞亦何以益子哉！古人不云乎"富貴在身，而列士不譽，是有狐白之裘而反衣之也"。是故以賢難得之故，因曰"事不待賢"，以食難得之故，而曰"飽不待食"，惑之甚者。由此思之，蓋古人自束髮來未嘗不與人，即又未嘗不慎所與矣。子婚後禮當在成人列，不佞聞成人者，援正以押躬，擇人以廣益，虛受以涵德。是故臨事思義，飲食思禮，在宴思樂，在樂思善。夫樂不忘善，食不忘禮，則其相與宴樂飲食之人所爲砥礪，規勉戒惕縱而遠孔壬意可知已。且子抑何俟？不佞諓諓此說，爲其亦以子之父湛川公之客，客以湛川公之資，客以爲學之學，學即座上往來，常如今日可耳。至夫肇基刑于克端，內則自有義方之訓，在知子習聞之矣。

贈興平侯任公母太夫人壽序 代

興平自昔彈丸地，邇時用絀民困，冗散彫羸，視昔倍焉。瞻槐里之冷落，覽茂陵之蕭條，所以歌鴻雁咏雲漢者，慨然人耳目。乃橫煩之役在所辜較，而以彈丸地委輸，方他劇邑詭責之苦甚於鈔遮民，于是企足愷悌之人日益切爾。任侯以河汾望姓起家上第，甫下車，睟然咨嗟四境，遂即振飭頹敝，計畫乂安，本之誠厚，出之溫寬。于是乎不爲垢箄鉤致以立威名，而邑大治，四境之內謐如也。即而視其羸瘠勃如也。時太母就養邸舍，侯退食之頃，跽而告所爲爲民之事。太母色怡已，勅家人進修毳。侯以孝子之色熙然，太母七箸間未嘗旦夕離側。凡邑之縉紳學士以及閭巷小民，皆知侯之所以事太母矣。太母擎撲晨，侯稱觥堦下，邑中子民各奉卮酒爲壽。余不佞從學士後載拜致祝，退而自唯曰："有是哉。侯之能政于余邑也。"蓋古人有誦詩至汝墳之十章，慨然棄韋帶而仕，夫非其欲，以時致養于親也耶。善養親者，于人不暴，在物無忤，靜以從意，動以思志。故不疑好生崔寔善績，古人稱之。彼固以立身之義不虧所生，遂曲體親欲，及之民物，乃爲孝也。寧直以口體而已。夫誠者致養之根也，內者基外之符也。身親之間本非矯飾，厚薄相懸，理難悖施，故孝也者，德愛仁惠之所從出矣。有是哉，侯之能政于余邑也。邑當重困之日，室家不保，望賢使君而稍稍更甦，其所全活何止京兆平反？且興平，漢之右輔，如弱翁子慇之輩爛然簡冊，顧未有數月得民如今日者，即史稱子真之政體吏才，又何論焉？偉哉！侯之政也，其能孝也。侯之孝也，其能政也。如此則邑人祝太母無疆者，其與侯之著績于余邑共永久可也。

壽石太孺人六十序

世率稱婦人德不踰閾，無非無儀。故譚家政於里黨，咸略內範而侈口，丈夫不知。丈夫從四方觀廖廓氣象岸然，乃所爲齗齗纖芥，沒身守慮，即粉黛輩且嗤笑之。而其上者又多陽予陰取，動希顯名厚利。至夫巧計之所營獲，勢燄之所依附，亦妾婦之道耳。以余所聞見如石太孺人者，蓋天性行義婦人而丈夫者也。太孺人初歸夫子，夫子家不踰中人產。既身理內政，家漸饒貲，比部君稱雄里中矣，竟不忍妄費一粒一帛。夫婦間相戒飲食衣服不求豐羡，獨時時爲姑上甘毳，而又時時佐夫子赴人之急。夫子故常輸金，常解友厄，常恤親故，貧而周之粟。又常憐貸者貧，盡裂其券。諸戴夫子德者同戴太孺人，知太孺人素行義，里中著聞也。及夫子見背，益毀容，不事鉛粉，縞衣素裳，親事澣濯，爲家人先。家計愈振，太孺人不少驕奢。每進諸子，課之曰：爾母不願多財貨，爾輩苟能砥志修行，附青雲之士，垂不朽之業，以恢先人遺緒者，乃令子也。石氏兄弟三人，長君慕卜鄭之行，入貲縣官爲郎。積有善政，別駕巴蜀。朝廷推恩，尊人太孺人已身食其報，翠翹霞褕，亦既貴矣。次、季二君爲名諸生，摩天擘海，瞬息間事。人皆羨石氏有子，即莫不詫石氏令子成于婦人之手。蓋太孺人目覩詩書，而行合矩度，知顯名厚利不必他求，而夷然揚粃課實于濟濟子姓之間。此其天性慷慨，舉事詳重不偉丈夫之行哉。肇揆之辰，別駕君從蜀致錯綺爲壽，而堦下諸賓客半皆向者，戴德之人畢集稱觥，與仲季周旋，咸謀曰：吾儕與壽太孺人以儀，毋寧壽太孺人以言，或者博堂上一顧之歡乎？仲季色喜，太孺人亦色喜。余鄉鄰張子來言其事。來子曰：賢哉！向所傳石母子相課勉事，信夫！此亦附青雲垂不朽之一端也，遂次其語畀之。

壽耆隱望庵師公序

往余弟仲馭、友人梁君旭後先從維揚來，爲余屢道望庵公有令子。而里中諸豪少年與余接杯酒，指數南中可與飲者，則必引希夏，曰：若人不但飲而已，即飲無逾德。余聞而慕之，知其人即君旭、仲馭爲余稱說者也。望庵公家居，課仲子儒，已爲諸生。希夏則承先志，不墮基業，而益拓大之，俱儈心計十餘年無失步。嘗觀貨吳越，吳越饒族，服其善賈。今年望庵公初度，能先期請陸無從先生暨友人君旭文，爲親重已。又以君旭徵言于余，余謝不敏，然益知若人不但飲而已。來子曰：學者槪知諱言封殖事云，迂談仁義，于世則堅瓠，比身則寒蟬，困泣牛衣，逮將終身使婦無禪袑，不知愧斯其事可驕語之耶。乃食悷猛鷙，厚營窟宅。不知多財乃近禍樞，其尤縱者鑄山煮海，連騎鼎食，關通游俠，結納權貴，身之不戢。以武犯禁之數者，其于仁義又缺如也。原邑彈丸地耳，薄有家者輒廣屋綺服，崇侈靡相高至，與吳越、淮揚諸處同習尚。望庵公身履諸處，卻厭彼風氣澆薄，恂恂雅飭，慎絕儻莽。身無巇行，手無妄援。敞廡豁堂，取容饗享。四時葛裘，不忘素約，里黨歸其篤厚。則希夏挺然超流輩見稱學士之口，其有以貽之與，乃人則又言希夏濟人緩急，著信義久矣。其拓家也，能出奇；其承志也，能先意。以禮行富，父子間相與勉成之語曰：庶人將昌，天與令子若此者，殖富亦殖德耳，亦何惡於多財貨也？無從先生推公壽行，君旭侈公壽遇。余不佞從二君子後表公慎約爲壽理，賢公子爲壽之無窮，諸豪少年屆期稱觴，其以余言足闡師氏父子乎。

何母太孺人姚氏壽序

何太孺人者，友人何籽孝母也。籽孝長余十餘歲。壬辰之夏，結社長安公署，籽孝從眾中見余文，便引爲忘年友已。與籽孝俱落莫，各讀書山中，歲不一晤，晤則必商確所就及橫論古今人物之變已。即謀數斗醉，醉或擊缶狂歌不竟日，極夜不休，兩人意氣不與年遇，同落莫也。越十五年爲丙午，籽孝始與余同舉於鄉。今年丁未，余下第，籽孝連掇甲科。聞其以太孺人壽期在初秋，乃不俟館試，請告歸里爲壽。其姻婭楊孝廉來乞余言，曰：必子言可藉以觴太孺人，此何公意也，亦子十餘年知友誼也。來子曰：余故以籽孝故知太孺人內行，云是可慶，是壽且無疆。君試先數之孝廉，曰：古稀之親，簪紱之子，兩相歡值，慶在斯乎？曰否。此人世所矜豔徼時者，所可得遇令籽孝竟坎坷不脫韋布，將思以怡母者必有在，豈等夫踐踐之儒，行不出千里，閒無術以彰親令聞也哉。曰：人情志拂，則鬱意得斯，暢前約後，侈頤養道，備壽在斯乎。曰否。全于天者不資於人，宅於澹者不逸於靡。籽孝未第之前，太孺人何以壽有今日？可卜益算延齡無關於貧富之數也。當太孺人佐幕君爲政，以及籽孝爲名諸生時，家計侵盛。迨幕君亡，籽孝塌翅且久，耳目頓改，人情中變。於是戚者以疏，親者以遠。蛛絲在門，蝸螽在堦，是時能挺然振起於學者，蓋亦鮮矣。而籽孝無隳志，無戚容，每對余言曰：不佞得以憂生之餘，安然讀書山中者，有老母訓誡，且爲不佞力任其勞也。籽孝博綜大雅，諳練世務，未第已爲名儒，已第且爲名吏，經綸學術，兼而有之，收是士者詫爲得人，識其面者咸聾隆名。非科第能重籽孝，籽孝重科第耳。故有籽孝子也者，則人當爲母慶，而母之壽更躋於人世期頤之外，壽以籽孝之人也，非但以有科第之籽孝也。倘非然者，世之衣紫垂組，奉盤匜羅拜，以祝白髮者豈少哉？昔陶侃之母湛氏居約，能委曲爲其子款客，千古樂傳其事，謂跡此一事，則當時朝夕補綴，令侃之得爲侃者，可思也。斯與何氏母子若相似然，乃籽孝他日猶當不讓陶公。遲籽孝歸，余且執子侄禮拜堂下，其亦以是言致祝爾。

贈虛庵袁公六十壽序

客歲戊申之秋，來子蓋南游廣陵，云廣陵住挹江門梁君宿別館，是時君宿已北上，期作公車焚舟之戰，朝夕相晤則友人君肇。君肇家隔河止十餘武，而是沿河一樓高峙，與余寓舍相對，則袁元瑞居也。袁故與余世姻，元瑞又君肇姊夫。卜夜呼盧追游，取醉三人者，情有加焉。元瑞每談說，未嘗不念其尊人虛庵公，即未嘗不念其尊人虛庵公年漸高也。虛庵公不嘗困博士弟子行中乎，當其解醳經義，期效盛明，視人世富貴不難力致。一旦時過志淹，歷境耗折，驊騮不可捕鼠，珠玉不可救歠，衡泌雖間，亡補排迮，於是歎息歧途致羨稊稗者，概如是已。元瑞乃能感激身遇，嚙指自盟，飄然渺見。在家資而爲廣陵久計，迄十餘年，獲以鹽筴自豪。於是疏廬者服其守，謹愿者多其識。江淮間諸老賈皆推其才而悲憐其志。來子曰：儒賈理一而已。要之期成，其所就無虧百年之緒爾。虛庵公斤斤此志，不獲用之於儒，而其子能用之於賈，且袁氏巨賈族也。父子間正值中落，而竟奮激成立，克振先烈，燀耀里閭。庶幾免不克負荷之誚，亦可謂善通儒之窮者矣。語云：若跣不視地，厥足用傷。公家父子其知免夫。來子住廣陵，歷冬涉春，目覩諸賈困踣狀，至於兔窟者鳩拙，狼貪者獸散。元瑞獨歸然不爲閱競撓見，而坎窌墮謀于于然。廣陵市中闠闠童子皆能指其名，而號曰智賈。則虛庵公洩洩之樂可知已。聞季子能賈，類其兄長子，諸生有名，皆足慰公目前。茲以往即躋期頤之上，以是爲致壽之本可也。公摰摰在邇，來子從南地掇拾聞見，妄推壽理如此，卑邇臆談自附通人，或亦憤世者參驗之衷言乎。要之人間父子榮瘁相關，不獨一家一時已也。公儒中耆宿，諳習世故，尚不鄙夷余言否？

鍾龍源先生集序 代

自道本裂，人率岐文行二視之。鏧悅之士動稱引古人，推其才志，不欲居漢以後人品。至質所爲行，自相鑿謬，沾沾冀一効而未能，豈文虛而行實耶？乃古稱言以聲心，又云文章與治通，則似未分虛實，矧岐視之善乎。漢儒之言曰：“其實中其聲者謂之端，實不中其聲者謂之窾。”是吾儒一生事業發攄，要以求中此聲耳。最一切夸誕連侵詭喬譖詼之談，釦之無聲，迹之多礙，可以詫愚學，可以溷有道乎。嘗觀古之立言者，其持論平，其託根澹，夷然有不屑雕琢而斲乎，有不敢自炫逞之意。及其遇大故，創大謨，據典引經，觸物比類。辭嫺義凜，淵源莫測。言即以起事，而事即以證言。此古人之不可及者也。余於吾師龍源先生之治行，而合所爲詩文，益歎服先生文行一致，而有以窺其眞也。當先生以制科高第令滑也，其風概條令偉絕人耳目，銖兩之奸亡不發，梂櫨之材亡不收。是時不佞某甫束髮爲儒業，蒙賞拔由，今思講席，按勞勳巍巍如也。擢居諫垣，敭歷顯地，言廷言邊，悉鏊苛懸，物始事後，炯晰其萌，不特知無不言，言無不盡而已。至于公舉訓儲一疏，罰止寅寮，自陳同敗，偉哉！能爲國受垢，忠藎之高誼也。難毋苟免俊杰之烈志也。夫詎不權拯溺，即濡佐鬥斯傷與哉。乃其吐辭置議不駁于識，不囂于氣。集中境遇之所論述，時變之所感興，以至田塍之吟寫，尋常之酬酢，率爾雅綿和，通而不窕，怨而不懫。抑何？持正則如矢，御直則如繩，行則侃峻，而言則婉適也。蓋先生志定自無藺行，行一自無飭言。行值宜是如是止，言值宜是如是止，純臣之言未始非文人之言。是謂古人實中其聲之端言耳。辟之水然，當其浩浩東注，波淖浪息，窅而洮激，風而鼓盪，人如震駭其行險而不敢迫視，不知洮激鼓盪之水，即此波淖浪息之水，其與出泉之性非二也。集凡若干卷具在，大抵古詩似魏以下，近體根本于杜。其文則兩京之業也，不雕琢而工，不鉤棘而奇，有目者當共賞之。蓋先生行身在無滌埕之地，言以言其所寡過且也。志不幽則思不遠，身不約則智不廣。造化以先生閑居巧貽，以不朽維言維行，將師在百年，寧值余儕後進服膺已哉。

贈馬母李太夫人壽序

余初交震麓時，常拜太夫人。見其龐厚豐下，雖春秋高，然鬢髮尚黝然黑也，退而羨焉。雲麓先余舉，余兄事之，兩人困踣公車，各抱志未伸。然雲麓草澤之日，日充以間。余草澤之日，日索以拙。每相對，未嘗不稱說為不能及。當雲麓之始舉也，屋數廡田數區而已。念不能供太夫人歡，則呼其弟命之曰：若見里中稱孝廉者敝窶之狀乎，甚者出不能具牛車，遠不能辨糇糒，將無用詘于食眾，計窘于坐耗耶！若為我任勞，汝兄為若佐籌川湖之間，饒蠶絲之利。若其圖之。仲許諾一一受策。會有天幸，數年利恒軼儔輩。每歸，奉白鏹母前，母為色愉，而後兄弟之喜可知也。家坐是隆起堂宇巋然，丘畝彌望，視昔什倍。太夫人操家秉親課，屋添幾楹，園廣幾武，畝獲幾何鍾，日異而歲不同。倚閭策杖，覿秬穜齊登，奴子飯犢肥澤，則偃息華居，含飴弄孫，不自知四時之遞更，而憂與樂嗒然均無所繫，斯其景象，何如也？余嘗謂暮年人如草木在秋令，本易衰颯，苟膏雨和日，不愆常候，則摧折可免。故每見垂老憂生，式穀難似，縱服續命之膏，廣求長生之術，恐無裨于壽算。故談壽者多言得之于天，吾則謂多得之于子。允哉，馬母之鬢髮所以黝然黑也。昔捧檄就辟率為親屈，懷才小用，古人恨之。太夫人朝夕修毳，與祿養何異？進而慰堂上之心，期大尊人之壽，則有褒然一第，迎母館于瓊室玉宇之間，上太官之食，以佐七箸一娛。然後兄弟之喜更加，此雲麓才志所優為者也。毋謂屢困失利，余不佞既辱同志，行且具枹鼓為友人作氣，屆期一觴告母，諒然余言。

同華造士録序代

居恒謂方域興替，當覘人文之亨屯，顧問有風運，運司轉風司化，是運乘夫風以行者也。風之化漸其入，人每在不可思議之境，故其造夫物也。鑪錘埏埴有所不事，而其功常立于鑪錘埏埴之先。今夫士之文章非首被乎風，而最難轉移者乎。然士有三蠱二厄，野無青草寰區是虞一蠱，緑林白馬剽掠駴心二蠱，冠虎橫征罍恥輿嗟三蠱。材異而不能薦，薦而不能行，一厄；品士不能設優異之規，似龍蒙豢燕石在櫝，二厄。凡此者，士所公患也，而秦士爲甚直指畢具茨。先生以海内大儒來按關輔，諸偉勳莫可殫述。下車後祭則受福，旱魃屏而歲穰矣。羌夷負山以逞，分部逐捕，賊黨散而境内稍稍謐矣。狂涓濫征一切議蠲，而民樂業矣。且在所課士量才設條，幽賞奇拔，不拘拘獨在經義近古所僅見也。念秦士風氣日土，疏請增額，朝廷報可，遂爲異數特恩，海内所不敢望之事。于是秦士被其風化者，咸灑濯奮起，爭自淬礪，如身融洪鈞之陶冶而不知轉移之。自無何比試期邇，方承大閱，命攬轡西塞，獨同華數地諸士尚牽後我之望，不知先生業預計此矣。屬不佞西會于高平，遂語之曰："此非爰書牘書可緩及也，寧俟蒐攦于羅網之餘哉！"蓋不佞受命倍道馳至，試其文以呈，見其卓然淬礪，不後于諸處。而先生獎拔士襃然高舉者，亦不減于諸處。嗚呼！此豈偶然之合，旦夕之效耶。同之隸邑僻在河濱，屢饑而藪盜，華隸稍饒，然近亦以歉困，俱不堪橫征久矣。然士之抱才以求上知者不少也。世有身游樂野，無父兄妻子之憂，目覩教化丁斯道興隆之運而不爭，自灑濯迪志于筆硯間哉。先生善用其機，于聲色行迹之表加入漸而滲入神，其興士者以文也，所以興士者非獨文也。異時採秦風者視兼葭之伊人，無殊于藹藹之吉士，知德風所造甚宏，不獨文章氣運受其亨燧已爾。

壽待封耆隱對城張翁七十序

余少服儒家言，嘗以孔氏論善人者而求之里閈，往往難其人。非無豪杰自許，高談奇行，動引附詩書，甚則欲卓越抗縉紳先生之上，曰：吾豈尋常科第士哉。及覈其家庭實行，有疚心負義爲童孺所羞稱者，即求古人所云"人皆詐惡，我獨詐善"者亦不可得。及讀《漢》史載取士法，後文藝而先質行。有司物色孝弟力田者上之縣官，至比入觀之廷，實且防其偽而躁也，限之以年，非四十以上不得與選。始悟古人陰重善人之雅意。顧力田不過農師，即孝弟，亦胡有異行，而朝廷之上獨亹亹好之。乃知平常日用之間，宇宙大學問，大事業，無不根本于斯，謂"孝弟力田"四字爲孔訓，善人之注疏可耳。夫孝弟事難純，力田事最苦，意彼承歡盡養，致讓聚和，一裘一索，祈暑不易。即禎祥可感，偷俗可化，上之人樂賞其節，而彼竟無求于富貴，故四十而不變則不變矣。漢代彬彬稱得人也。固崇實黜偽之效與。嗟夫！使人盡孝弟力田人也，天下患不治哉。吾邑故有溫少保先生者，蓋大儒。而名臣云先生居官居里，每有意進惆悃之士，其所與咸真率樸野如古老更者，而後接之稱白首布衣之交。里中有對城張翁者，隱于農賈之間，先生引而友之最善，更教其子爲名孝廉。翁修髯偉幹，赤顴豐頷，由少至老，口無擇言，入市不二價，邑人信其長者。走吳越，吳越人信其長者。少曾追還誤留金五十金。母好齋修，則步奉禮太和山者二十年。母沒，哀毀廬墓。他如捐棺還僕，施舍己責，煮粥救凶，買宅棲族，德不一二而足。溫先生嘗論著之矣。以余親聞，見翁救災勸鄰，無義不倡，更造畫謀，動任推擇。時而韋藩木楗，訓豎賈以度。時而裋褐粗糲，盡土地之利。制節守正，人無閑言。饑渴嗜仁，老而彌倦。古所稱醇衷質行，生而爲善者，翁無忝焉。故一時諺曰：南城耆老張，北城儀賓梁，去喫鄉飲略相當。蓋謂兩翁皆不用儒致身，而舉事暗合詩書。詎惟世俗軒冕輩所難及而已。以是邑大夫並公論推重之，余怪憲制收士之典太隘，與洙泗四教稍悖。先朝胡端敏公亦慨然建議，謂用人宜立賢無方，若專泥料條，則賢才抑塞。余深佩其言。漢興數百年，取士之法不易。當時崛起田間不數載，致位卿相者多。考其收效，不在明經文學之下。今天下縱不敢望復里選故事，然何至窘人八股排比，求聖賢于殘炙腐膏之中，至驅有用人品使散處甿畯井牧，迄槁項而不悔也。余目覩張翁重有慨焉。翁壽古稀，神以樸真愈王，其子用我被服翁訓，不愧孝廉之名。取汙邪晦鐘所獲，作溢脆爲匕箸勸，家廷徵美，傳之邑里，咸誦善人有後，知翁不徂行歌而樂也。余甚敬慕之，聊爲闡述。溫先生不可作，胡從質余言。

二郎廟募修娛神樓小引

廟奠北城之坤隅，厥鎮五父之衝。歲時有祝，祝輒得豐阜。于是降康受釐，咸歸神祚。至于水旱雩禜，侲子巫覡設壇禱誠，以緩山神河伯、市賈農夫之憂。咸廟是萃，視羣望有加焉。而廟之左右里閈多產名公貴卿，德人韻士往往香火奉事，若神人相因，精爽默通云者。百餘年來，神之用物取精既弘且多，所馮抑又厚矣，善乎。左氏之言曰："夫神不遠徙遷焉。"故帝丘之遷，衛成夢康叔曰："相奪予享。"楚子玉夢河神以孟諸之麋索瓊弁玉纓，弗致，至敗。設神可玩忽爲無，彼駿奔閒凜凜可畏者，屬何物也？夫祈年望僚，圖載具存，遺宮藜址，過者興愴。矧紫館丹室，頓忍圯于人境，水璧雲紘，坐視蝕于風雨者乎？舊傳廟殿前有樓，伏臘奏樂，娛享神祇。今其基尚存，枌榆諸耆宿憫焉。約庀材陶甓，恢復舊觀。又按形家議，謂廟制須樓，始符五行得全全昌，神人攸利。追驗今昔興替之由，諒有然者。替誰弛之興，誰翊之事？緣時起一氣轉觸，即知吾黨駸駸隆盛，神其寄鼓舞變化于人心中也。凡我閭閈土著之人，願猛發善念，隨力施助。余從鄉長者後欣覯厥成，行將聽坎坎之鼓，屢舞雜進，永祝嘉澍乂安之應。

游杏灣詩引

　　杏花灣隸涇陽，然距余邑十里，距涇陽四十里。地本名方南魯橘，無今名，今名余與友人同游所命也。土人種杏，多至數千株，春初花開，遠近爛漫如張錦幄。邑清河經其右，稍上，則潴堰灌田，渠決五流，周回樹下，散輒復合，沿流皆杏，過他木半蔽虧深，寄目不能直覩，故言灣也。此地相傳久不知經幾劫豪富，復廢爲荒野，如劉希夷"黃昏鳥飛"之歎。自余輩游賞城中，人漸一二繼其盛，歲益輿馬之跡，肴觴之費，土人始詫笑。近亦多取醉花跗水涯矣。居常言雖妝點花神，不能無雕琢渾樸。然仲長之禽魚，謹選之袒，子猷之竹，少陵之花溪，襄陽之霸陵，王裴之輞川，韓孟之西郊，觀其寓意，託興似不直在耽宴樂恣吟眺間，濫觴爲之去之益遠，曾覩貴客導絳帽人張，蓋穿游若俗子酉丑橫折。余輩亦歲成故事，應接忽雜，囊草多虛，俱爲花辱，又賞者喜華，土人利實，樹大實稀，合抱之林，率成樵爨，邇來景物已減什五矣。至夫同游之人，閒廁非侶，酬和諸賢，概多散處。每倒尊結伴，伐本聽鬻之想頓起，花時一大恨耳。庚戌，從燕抵家，見王氏昆季詩，知從華下迂道訪游。遂同社友含素、舍弟馭仲即席成吟，意興品識，不卓然軼疇眾而迢追耶。二君蓮洲先生嗣，與太史先生嗣爾鼇、爾伸，皆佳公子也。其季父信卿，關輔聞士，與余善，恨未來一游，異時亦訂約焉。君家叔姪欲收我灣頭春色乎，其以所有十丈蓮易之。

郝從敬解墨引

前輩論文有元脈、元氣、元局諸語，持此以準士子科第，亦揆其常耳。乃余則謂士欲元，須先完自己之神。完神之法不出質、專二字，質以渾之，專以收之。太樸存神，固于素泊用志一神，遇于象罔。己之神，文之神，二而一者也。世未有雕偽龐駮，而文以精純應者。吾社發迹十人，而從敬遂褎然得元。當庚子省試，從敬業以麟義奇偉見憚于知名士，己酉首本房矣，而又不偶。從敬則沖然抑然，朝下第，夕理卷矣。非有大應酬，足不出書屋，食貧居約，恥慕豪豔。爲人授經勤于其弟子，腹笥可坊刻數束，而漸益其新操觚。時綺麗綵錯，環伺筆端，多裁而不用，殆如海之斟酌不竭然。余每見從敬若吶若思，若初從面壁出外，幾如顓愚，而扣其中井然辨意。從敬之于博士家言，殆飲食夢想以之矣。使從敬以數蹶而中隳也，外奪也，如歷風濤而失柂，如檻猿之不堪久馴。己之神，已耗渙而無餘矣。此豈復有文哉？聞闈中賞拔從敬卷，政以厚養，故從敬蓋以二十餘年之全神，鼓主司之神于不可知之境乎。故苟得其神，則脈、氣、局不問而知其俱得矣。海內士君子披覽此義，可以想從敬之神。若夫質、專之說，則余不佞于從敬之神中挈其大法，以與社中諸友共勖，而自愧其難能者。

題溫與恕墨卷小引

憶辛丑冬，不佞侍少保師燕邸，與恕方七齡，出共客揖讓，劼慧不可當，矢口誦六館諸公詞賦，聲韻朗切類老儒。少保師且喜且裁之，曰："兒差解讀，顧好嬉弄似陽伯少時。"不佞愧謝。踰今十五年，與恕甫弱冠，而已褎然高列賢書。來生老禿，將與共公車之役。當與恕歸里，入余輩文社，才命俱靈。余覘其文，覘其祿命，已合之少保師貽後之福德，決其必昌，且近在卯語猶在耳，竟相契符，即不佞不敢爲言中然。概觀古今奇絶之產，昭載于神經怪牒。其變化非復人間摸索，辟之觀相馬圖，馬政難識矣。而眼底神駿有幾，設有之骨相，自與駑蹇迥殊。故見華山之騄駬，而知能行遠，亦不必俟伯樂九方歅而後賞之也。矧夫大宛渥洼之種，西極汗血之駒，其受氣尤自異乎。不佞之笮，與恕用此法耳。余掩關荒隴，行同野衲，所最厭者才名，而不能已於欣慕者。早年科第，自唯半生淪落，深慚少保師許可之言，而猶知與師之佳兒引爲畏友，庶幾薄望桑榆之收獲，若夫已之少年不能追而囂然自命，云能知少年之捷足，其于遺珠寶櫝、埋鑑索照何異？與恕卷行篇中無輕佻一語，局量遠矣。呫呫之子，其蓋整六翮，橫絶四海，成君家得全全昌之驗。彼時來生又鼓頰而談盛懺矣。

賀松亭梁翁七十壽序

常服膺叔夜言導養得理，以盡性命，上獲千餘歲，下可數百年。由今考其理，不知其解。諒必於性命和而不乖，而後其神適，其志肆。世法所不得拘者，道法且相合乎。觀其著《養生論》有云：修性以全神，安心以養身，是心安則神寧，神寧則身康，而性得其旨最近。人人能行，人人不能行耳。自功名富貴之念中，於人心士子甫解章句，輒以紆青拖紫，策良刺肥爲得意。士彌知學，彌急仕進，形神瘖瘵，悉化爲得失。徵逐之俗情還而扣其心，能一日安乎？心無幾何，怵之引之，蠱之蝕之，毒之鬱之，所求者未必得，得之未必享，而君形者已槁矣。邑有松亭翁者，宿學名士也。少負大志，讀書日記萬言，儕輩引避之。屢試冠郡庠，督學某公奇其才，以明經首選入辟雍。與四方學者游，友多名儒豪士，談藝操觚，每不相下。當是時，翁方壯年，偉幹修髯，任誕不拘，浮白長嘯，傍若無人。蓋稷下之辨，六逸之適，謝鯤之放，阮籍之疏，曼倩之詼諧，庶幾兼而有之。池陽梁仲子之名浸浸騰公卿間。不數載，其子君旭與諸子君星、君參、君厚、君晉、君士俱振起爲名諸生，衣冠整肅，燦然蒸變。翁視之，笑曰："已矣，吾安能與兒曹露索魚貫，以爭一日之利鈍乎！"遂築屋鑿池，蒔花竹，益縱飲自娛，從此絶仕進念矣。鄉薦紳某當路素敬禮翁，以書招之：女從吾游，上者郡丞，次不失縣令。翁不應然。子弟每試，目輒能誦其坊藝，如此者積十餘年不忘。醉後猶能評騭雌黄，人謂翁老尚堪一第，翁視之若敝屣而已。夫尋常諸老生鼈鼈青衿，皓首不忍捨。翁乃身在仕籍，以非其志而厭薄之，超然于士習躁競之外，豈不類有道君子耶。所謂安心以養身者非耶？余憶翁昆季盛時長典客，公季兩文學公皆彬彬馴謹。翁獨不羈，頗煩苦小節，有逸少陶寫絲竹之致。今昆季俱謝世，而翁巋然益強健善噉，則稽生導養得理之說，亦可思過半矣。翁年古稀，似與一切嗜好俱澹，而寄意恒在酒。昔人教作官法云：每食數升，勿飲酒而已。而种明逸儴家者流顧好釀，至云空山清，寂聊以養和，是仕隱之于酒，一仇一藥也。使翁竟就秩而仕，法當斷飲，恐不屑以所好易耳。余酒人也，與君旭兄弟稱莫逆，辱翁忘年，而喜與之傾杯，醉後耳熱抵掌和歌，歸而形骸都暢。因憶坡公云："酒客斷酒，百病俱生。"頗悟養生之旨，遂策翁之必壽。稽阮皆嗜酒，古稱阮爲酒隱。嵇生"目接飛鴻，手揮五絃"，神氣亦何適也。道書稱嵇儇去，顧性不能忘鍛，亦宿習結染未除。翁于人世至豔慕者，若少年所積習者，釋郤殆盡，獨全其真于醪液，與軒岐持滿御神之說并行不悖，更軼駕嵇生區區導養之上矣。君旭家慶，余不佞從賀，客後薦觴，尚從杯酌中扣翁久視之訣。

賀王伯子生孫序

余與肖宇交在二十年前。肖宇年少，余每杯酒晤對，藹然兄弟歡也。肖宇尊人少府先生與先司馬善，其立心制行樸厚率相類，余見而北面禮之。故于肖宇又稱通家雁行。客冬會，肖宇寒溫之，遂釀飲酒樓觴再舉。友人溫兆昌進曰："子與肖宇年埒，子之嗣續尚缺，而肖宇新得孫，作人大父矣。子知之乎。夫年不四十而有孫，且少府先生神逾王，祿位日盛。而肖宇之學又足立致青雲，一門福澤萃於此時，真可慶也。子其宜一言。"余聞之喜甚。竊益驗天道之不爽，而厚德之必獲報也。天地間止此氣流行感通耳。猥者蝕，戾者背，鑽鑿者削，參橫者費，若者用之家則立索，用之身則浸竭。氣雖無形，爲所傷敗多矣。故春曨無枯荄，冰崖無茂草，至易明也。肖宇世有令德，家又饒豐，而毫無淫泆浮薄之習，沖然淡素自居。父子共守渾樸，家庭以內熙如也，族黨閭井之間緝如也，煦如也。數十年溫養渾是太和，惟恐有旁引而泄之者。夫無所蝕則質完，無所背則制存，無所削則器增，無所費則體培。其醞釀深遠，自有吉祥善事應之，故舉世所極難得者，而坐致有餘。余直以厚之一字括之矣。厚者，君家之世懿也。奉之勿失，即昌後之善物也。計肖宇燕貽之謀，當不出此。夫式穀之似，惟其有也，不有而何似焉？覩肖宇所以有今日之故，余不重內愧也哉。兆昌曰："善。王氏一門厚矣，厚懼其薄也，其思以敦之矣。子豔王氏厚矣，即不欲自薄也，其思以修之矣。用此道也，豈但延綿肇百世之傳耶！古七葉九世之貴顯，必由之已。"雖平常恆言，實世交規勉語，可持以佐賓客之觴。

贈石九鼎社兄舉子序

嗣育之理闡，厥化醇脈胤，所係載關繼承。故觸木履武，事出難信之情。手文蘭夢，預呈誕前之驗。言掇《芣苢》宜男之婦，誰俾之坏甌不逢。式咏《螽斯》衍慶之家，方快其殰殈無患。詎非司命所造，長養者自入不燼之罏。生緣宿定，享厚者靡斷裁培之種耶。若夫應嫗神光之燭，鬥穀虎乳之祥，羊氏玉環之異，于公容駟之兆，莫不由微徵顯，在廢知興。凡庶倏躍爲公族，寒畯致數乎偉閥，于是珍之斯珠玉，昭其異產愛之，則蘭桂比其寧馨矣。吾友九鼎石子，孕質苞鱗，秉器瑚璉，世擅煮海陋斗君之祿入，利取梓漆同上善之不貪。乃能遺割穢垢，安守清真。書卷香罏，揖古人而遂往。竹几茗椀，邀良侶以藏修。年劭志壯，質美文嫻。雖等淹乎逢掖，業望高夫名位。褚季在賤，朝士共習嘉聞。王符未通，顯貴雅消其驕倨。比之吾黨洵矣。後來之彥列之文會，允爲社壇之光。九鼎重念，早孤眷言慈慶，欲仰體夫貽燕圖，廣孝于含飴。堂構縈懷，弓裘思託，析薪負荷，先後期得。其人美播，克獲式穀，惟求其似諧爾。伉儷臻此，和調懽焉。設悅忻覩懸弧，升西加命名之制，月辰有循首之禮。接筵累款，客不慚夫誤麑。相骨視啼，兒自類夫墮虎。夫龍蛇必生山澤，松柏不樹培塿。物茂流長，豈無發祥之自？蜚聲拓業，必有啟佑之先。是兒之生，占其必貴。寧同陶杜之子，徒覓棗梨而塗《詩》《書》。鄭卜之後，但講畜牧而明周髀哉。昔鄧禹多子，技止工乎一藝。陸生暮齡，食徒資于千金。揆夫世德，尚其遠軼。至其萬石淵源，苞崇繼盛。父取同物，子邁出藍。君家崛起之隆，吾于人事是卜。爲敘見聞，以當酬對。

希驥鳴引

友人許君信，名播海內。海內讀君信詩文，推服以爲古人。不知君信淹蹇薄宦，浮沉長安陌上也。一日感會，公賦驥詩若干，援筆酬和，題曰《希驥鳴》。總之，感運命歎厄窮，借櫪皁衡軛之遭，以寄其牢騷不平之意。且不自驥而附之曰："希其有而不居，與夫用而不盡。用之隱憾宛然形于篇什，于義則賦之屬，于旨則怨之流也。"讀之令人扼腕。余則以驥之異於凡馬者，非以遇也，政在體骨間辯耳。如以遇則玉勒錦韉，何獨無駑駘？倘繪之圖像，鑄之紫闥，贅御圉長，皆笑之矣。惟夫服鹽駕鼓，而一段蹴風逐電之逸氣不能掩没。于是方歎輩始取，而剪拂調輯之唇吻踠蹴，神變俱呈，即不玉勒錦鞴，獨不千里乎！故具在，即千里在矣。故凡馬不能希驥，希驥者亦驥也。貢之天閑，試之康衢，與郄之使糞、驥之遭時不同，其所以驥有二乎哉！君信即位不配才，而薦紳亡無推轂重之者，其亦在天閑、康衢間矣。惟日閑走阪歷塊之具，以傾都人士之觀，益知吾黨無中駟耳。

賀劉太母百歲壽序

雷太夫人，余同年劉爾聲王母也。余與爾聲盈盈隔一帶水，夙聞渭上有劉君，文學品望卓然軼流輩，竊嚮慕之。辰歲，得附驥尾，列世講籍，厚幸爾聲除大行承命，便道抵里稱觴爲王母壽，澂名公巨卿及同籍兄弟諸文，闡揚聖善意惓惓。謂所重有在，而謬以文屬余。豈以余知爾聲，遂以知其王母哉。竊念人壽百年，瑞矣，奇矣。然田畍中間一値之百歲人童顏鶴髮，能訓子孫以學廣才，以志成名，抑更奇矣。然古賢媛率能之，惟是廖氏以餌沙瀋過百壽永而不知其德，應媼陶姥育後最著有德而不知其年。太夫人兼之，洵足慶矣。當太夫人爲婦時，輒安心縞素，性不喜濃郁。佐夫子，勤施予，急患難，婚喪未舉者助之，饑寒待火者給之。垂白就孫舍起居，幂褕七箸，皆爾聲夫婦朝夕之。比時豈覬爾聲今日哉！安爾聲之孝，即菽水皆鼎烹也。或者謂爾聲簪紱榮旋，張錦筵集賓客，親串敘進，珠履滿階，烹包炙燔，登俎陳鼎，以娛其口，獨飫然嚼乎？余曰："否。"玉管朱絃，寶瑟豔舞，歌南山，擊西缶，以娛其耳，獨熒然聽乎？余曰："否。"離裾垂髻，蹴蹯蹁躚，麗陽阿，巧絳樹，以娛其目，獨凝然盼乎？余曰："否。"翠翹霞裯，烟縞霧縠，間以火齊木難，飾以車渠瑀珥，以娛其體，獨欣然御乎？余曰："否。"太夫人貽厥孫謀，以燕翼其子，訓誡嚴而督課勤，惟恐以驕侈隳子孫之志，豈屑庸心於口體耳目間耶？夫全于天者不資于人，宅于澹者不逸于靡，獨是爾聲好學篤行，恂恂善下。其譽赫然，其心沖然，與太夫人質素之風曾無少渝，特此足以壽太夫人矣。堂上者顏，不啻喜矣。人但知以區區娛樂之事爲壽，具不知流鴻樹駿無形之壽爲壽。更大謂壽以爾聲之人可也，非但有以科第之爾聲也。不然世之衣紫垂組，羅珍饌玉，洗斝以祝白髮者豈少哉？古稱能養王母素密靈詡最著，此其傳在爲素靈之王母者乎？抑在能使王母傳者乎？爾聲其持來子言示里人，將無曰余所朂望者，即其致慶者也。

壽宋慎吾太翁初度序

不佞與一衷兄交在十年前，是時一衷劭年，已爲名諸生。其下帷攻苦，訪師就學，役祠諸士無踰之者。無何舉于鄉，一再上春官，遂登高第，是爲今歲丙辰。不佞濫與焉，相對喜慰，不但同籍兄弟之好而已。每爲一衷言，士固有好學而難希大物者，未有不學而攫得大物者。乃一衷則云：吾非能自知學也。夫有所受之也。不肖有親實以文而兼師，自吾佩父訓而寢興無失時，而經義無留難，而朋比無淫溺，而課藝無疏曠。蓋吾父所不能以其身得之科名者，而盡欲責效于子。由今而憶其偶旅結腳之用，其所合制應時不大軼于矩矱者，父之教也。非獨不肖郡多士，即侁侁無不稱爲宋慎吾先生云。余聞之喟然。微一衷無以竟翁志，微翁無以成一衷學。士患不學，即學而患不力耳。有宿學如翁，能以學。學子如翁輒有能發明，承其學之子如翁而不旋踵而食其報者。翁今年繞周花甲，以歲例入成均，海內且共知桑榆之收，不徒以身而以子。又詫覘翁春秋尚健，里選召對不愧公孫、鄭康諸人，真所稱鴻漸之羽困于泥淖也者。益信儒習之有益，而篤學之必償。庶幾播穫響答，理自不爽，而尋常尤人諉命之謬說可立破矣。一衷除南樂令，休假抵里，備甘旨上壽，邀翁一顧之歡，而諄諄以言屬不佞。復意謂故交世講莫余若，而翁之歡實不在備物侈遇而已。余笑語一衷：兄當以循良大業赫燁宇宙，尊所知，行所聞，以顯其學。彤史採録也恩褒揚，旦夕間事，何俟鄙言重耶？顧不佞顓愚人也，不知學而向學稔翁父子勤覭之學，志其榮何如先闡其苦。諺曰：不跣足，何韡肉？歸視余言，翁必色愉，曰："吾今而知吾學之大暢也。"其已奮者學難諉也，其未奮者學可俟也。一編所貽遠矣。輾然引滿進堂上觴，蓋一衷之弟與子俱偉器知學。

充閭慶言引

考自蘭熊徵夢，茉莒播咏。升房循首，禮重其儀。毓鳳胎珠，世珍厥類。矧韋平世族，不墜箕裘之胤；于應陰福，必獲簪紱之賢者哉。邑侯震潛雷公，以畿內名家，領南宮上第。撫茲池陽，秦民齊歌來暮；崇右文教，多士倚爲導師。香閨肇祥，仲男嗣舉。月值小春，光發滿室。不坏不疈，卜此兒之必貴；視啼視手，覘異兆之非凡。宰茲土者，既多赤子懷保之恩；慶此事者，遂體父母愛子之意。繪圖賡韻，詳闡遠期。欲繁繩振之脈，取義比于椒聊；更祈負荷之能,克肖望夫式穀。彌月獻頌,巾履充閭。尊酒盈觴,瓊玉入望。展閱斐亹諸什,益習忭躍群情矣。

蟠桃記小引

傳奇無論北南,總之要有關于風化。風化之轉移,可使導鬱消鄙屏淫,思動烈腸,嘻笑悲啼之間感人最速,而不知所以至其轉移之大者,尤無過於使人興孝。士君子日取愚民,諄諄訓之曰汝如何孝親,民未必從。倘彼目覩孝子孺慕真愛舞斑上食之狀,未有不愧悔易慮,歸而依戀其親者也。肖白王長公抱跅弛之才,弱冠甲第里居,日久致孝于尊甫衷白先生者,無所不至。欲値初度家慶,歌咏佐歡,遂有此記。中間博搜遐引,證事于玄渺之鄉,訪蹟于六合之表。乍閱之,似言大境恢矣。細味其旨,即鮐背兒齒,瓊宮貝闕,鱗脯鳳髓,金液玉漿,猶未足以罄。孝子祈祝薦獻之心壓場,聚觀之眾試聆音審由,絜情比類,悚然動無窮之思,必退而修有限之養。頃刻轉移,裨益世教多矣。善觀此劇者,可視爲隨地岡陵,尋常日月,杖底蓬壺,亦可視爲閭閻廣孝歌耳。推此即肖白之于倫于鄉可味也。

贈少伯馮君擢密鎮憲副序 代

遼、薊、密諸邊,以次聯布如輔車,而密更逼近京陵,相距纔數舍地,其捍拒諸要害。若虜匹騎闌入,即於司馬法,自遼酋瘐逞,密始洶洶慮不靖。縣官念左臂勢重,遂議徵兵益餉,部署健兒攸飛於內地,多設斥堠警備烽燧,以破彼族類陰結之詭謀。蓋喜峰古北間凜凜,有嚮導之憂矣。馮君由吾農部督餉於遼,期滿,當事者嘉其勞,顯擢今秩。夫以餉視兵所需固殷,以遼視密地似少緩。然余以君之在遼而覘其才諝器識,不惟隨往攸宜,尋當別建殊猷也。當撫順、清河諸處屠沒,將士精銳幾盡。居者遠逋,行者卻步。其去似脫,其來如曳,畏途亡地不保。斯須此時不有履萬仞如平地,目白龍如蝘蜓之膽力,其不傾且靡者罕矣。嗟乎!士而至傾且靡也,尚何所不至哉。君能身膺孤塞,綜覈絜量,穆如坦如,不躁不激。處之三年,無改其度,此其才諝器識顧可測耶。夫見大形而不爲大者,其中有大於大者在;據危域而不知危者,其中有至安者在。故精奪色變,每生之弱衷也。神閑氣定,德人之決志也。持此可以固圉禦侮,可以運籌折衝,可以一順逆得失之境,可以鎮囂啟疑撼之勢,治餉治兵併而出之矣。馮君勉旃。昔條侯得劇孟如得敵國，今國家拔一良邊臣，即舉社稷生靈界之以爲籬蔽。異日戮封豕，復侵疆，功成飲至，取叛酋血釁鼓。人共羨寧靜致遠者，從余農部興也。余亦分榮已哉。

題張鉅卿詩草引

來陽伯曰：近時稱詩者眾，廊廟山林各騁其彎，極其念不創出新句抗爲新聲，即非近時詩人之詩。試揆之古法，其溫然之光，悠然之韻，十不得一二肖也。彼固以爲不必肖，肖即棄曰，然而求肖之政難矣。肖古人詩，詎徒在字句間比擬耶！離字句間比擬，即可謂好詩耶甚矣。眼前稱詩者之誤欲不可一世，而不知陰爲末世，風氣所囿不自知也。夫晚唐人豈自知其流爲衰世之音哉！嗟嗟！吾不忍終言之矣。吾友廣陵張鉅卿耽詩，先後刻詩數種，變化日新，進益彌量。顧其色澤聲氣則步趨古人，而不敢爲近時詩人之詩者。夫必頫首下古人，而後可議超越古人。必實知古人詩不可及處何在，而後能堅意不從。今人試藪古人詩紬繹焉，恣其所好而師之。履危爲高、臨淵爲深之病，吾知免矣。與鉅卿共訂趣向。

奉賀九如徐君榮擢東協副戎序

徐爲檀望族，文武著聲者繩繼不絕，而於隆萬之際尤盛。自余儲鎮延，見諸薦紳士大夫，問窮邊疾苦，而恕藏徐公以轔使暫沐里中，里中稱文獻并恢恢具經緯才品者必歸焉。一再晤語豐年玉，荒年穀，併儲互出幾不可測。迨談及遼事，輒蹙額抵掌，籌水陸之運，如列眉歟戰守失策有預算，蓋自恕藏公以奉差便道省覲，遼瀋變遂起。當事者益思大用，以竟其量數趣之東。公雖徘徊，子舍不能辭也。九如君即其猶子，少承家學，攻書史爲名諸生，迫於承襲易柔翰而兜鍪，遂唾手曰："大丈夫武則武耳。"雀印龍斾大纛高鞂，豈異人任哉！矢志清敏，積有勞勳。由千夫長而守而游而參，凡數擢，薦書屢數十，大司馬以下皆習其超卓絕倫。念雲中缺副戎，署君往。制撫念薊門羽急，既爲遼左後勁。又滿明諸酋乘虛要挾，不可旦夕乏熊羆之將，即疏留薊之東協，領副戎秩如故。命下之日，要地屹然樹一長城矣。君既慷慨殉封疆，威名漸著於邊圉，舍通津以置之大同，毋亦曰："擇封疆之急且重者，試其剗割耳。"無何，而選擇于喜峰白羊之間，其地則京陵之呃嗌，其材官蹴張，烽燉馬步之卒，蜂擁麻沸。其上承憲檄，則賜劍賜履，控九邊加九錫之元勳。其顧諟厥職，則十乘擁衛，諸路秉成之貳師，君之遇合奇矣，眷注渥矣，責任鉅矣。然余料九如必能辦此，詎惟辦此，將進而殲巨兇，還侵地，封狼居胥，以大築京觀，三辰復轉，鐘簴無虞，恒有望焉。何以知之，亦遡其睡手欲殉封疆，并聞居通津時建豎知之耳。通繁郵之最區邇，不但疲且仆矣。輪蹄駄運於遼者，追呼催勒盡倚之衛所。其總責獨專屬，君聞其轔轔滾滾者，無踣於途也。此非具圓融應變之才，烏能勝任。以迄今日，乃余覯君形貌益渾然莊凝，然質冲然善下。按之密以辦弛張，自如雍容，符禮古欒武叔向之流也。一時當路推敲摸索，畀萬鈞之重，權其軒輊而使之，荷其見灼矣。君已受命視事，通之舊屬守備茅國英等感恩慶遇，丐不佞一言爲贈。余鉛槧士也，何知鈐韜，抑撮其語曰："人處世一切樹立由此志始，君有其志矣。左之右之，何適不可？試質之君家大阮，其首肯斯言否？"

太宰王三渠先生集序

先生在武廟世廟時稱館閣名臣，其纂修典訓與立朝大節，如不阿分宜，申救李尚書默、楊忠愍繼盛，並居鄉端醇撝謙之德，鄉先達楊晴川、王薇田兩公誌狀中筆之詳矣。諸臺使前後薦揚疏語甚具矣。日久論定，易名褒幽，是在當事鉅公，非不佞復所敢論。獨僭論先生之文。當先生蜚聲詞苑，受知聖明，其鴻章寶録既藏之金匱不可覩，即一切對揚應制諸作合充篋笥，今率不復多存。玆刻若干卷，則先生嫡孫光禄君紹貞從四十餘年後搜獲其什一者。復讀之，喟然歎曰："偉哉！從先生之著作可仰窺先生之氣量，益知命世元老筆底自有本然色澤溢于渾質中也。"夫繁音靡曲不可奏之郊廟，金碧綺錯不可位之清祕。故端冕而嫟嬻其言，威儀喪矣。雅席而傾诐其態，觀聽厭矣。先生振起肅皇文盛之世，作者方浸浸雕樸刓方，泛爛旁肆，乃獨穆然。莊守先軌，屏黜窾窳。爲詩諸體清真爽亮，歸本三唐；為文諸體發揚持重，模述韓歐。大都根抵于六經，而斥絶非聖之書；範騁于通莊，而杜塞衺僻之徑。不屑炫飾，自不枯澀，不必比擬，自胗規度。蓋仁義道德之人，出仁義道德之言。性生習慣，表裏同符，其可見者流之爲聲，而其不可見者，則與星辰河嶽共懸于色相之表，非語言文字能罄竭也。先儒有云：君子德行成而容不知，聞識博而辭不爭，知慮微達而能不愚昧，此或者可仿佛先生之形似乎。先生，關中著姓，自江涯翁，并先生父子甲第，子孫親族簪紱蟬聯，振振未艾，議者謂先生者碩鼎望，卓爍詞林，沮于權嵩宜相，而未相爲不究。厥用今光祿君好修慕義醇，謹悃誠上遡祖武無斁善貽，更服先生垂教，嚴明德遠矣。

南玭社六子詩序

華下有三巨族，曰王，曰東，曰郭，代有通人勳庸，文彩輝映。關輔六子者，皆其子若孫也。余每過其地，諸友朋必設琴尊以待，沿泉尋竹，登閣看山，塵顏不浣而淨，六子在焉。時已劭年雅尚，馳譽儒林，翩翩九苞之羽，歷塊之蹄矣。相別五年，歸得重晤，則諸君才名益振，爲詩甚力。感時傷往，春晝寒宵，輒筆之詩。其城南一帶奇巒幽壑，陳蹟遺事，訪焉標焉，託好閑而得趣。遠似山川，與人互相啟發，諸君於此道不窮境，躋巔如攀鐵緪，眺明星諸峰不止也。海内結詩社者衆矣，聚散參差情偽，更貿覺感激態新，久要誼寡。諸君同里世交，業能于尋常巨族，後傳其編素之貽，倘更于編素中推其契合之。自壇盟常在砥礪罔渝，即詩人性命之正旨寓是矣。余昔讀《中興間氣》、《河嶽英靈》、《唐詩正音》諸選，雖出一家意見，然服古人去取之嚴，要欲力黜蹈襲，不乖風雅，遂悟詩不在多，亦深於造徑，精於研思，斯善耳，綴之與吾黨共勖。

來陽伯文集卷三終

來陽伯文集卷之四

明三原來復陽伯著　　邑後學李錫齡校刊

志銘

明贈奉政大夫陝西西安府同知伍翁暨配龔宜人余孺人合葬墓志銘

　　自余數年前悉郡丞伍公賢，丁巳轉餉里居，公穆然造焉。廣額豐下，談秦地利病，無不中解。已愀然曰："憶母氏先余父棄孤也，地下之文有待也。今父歿且逾紀矣，壙石一片缺如也。敢以請吾子。"則出兩最褒贈之綸，與閩泉司理之紀珉縉紳者以示，來子歎曰："有是哉，公之能官也，優于泉胡秦之艱。"已則出其手狀尊人封翁之實行視之，來子益歎曰："有是哉，公之閩秦皆宜也。"其真誠廉敏受之有自爾。翁誠長者，復雖不文，其敢過辭不圖託長者以不朽乎。狀稱：伍故舊族，原籍江西安福，元有調長沙萬戶者，遂居楚之龍陽。洪武二十二年，諱德興者以征南功，實授總旗，留守黔安莊衛，因家焉。至翁大父銓舉明經，爲州佐。翁父麂爲諸生，伍始易武而文。翁生輒聰穎，十六補博士弟子，與伯兄孝廉齊名，屢試失利，不堪其掩抑，遂託興遠游，搜奇歷境，以舒憤滿牢騷之氣。又善治生，歲給困窮之數，漆梓梗楠從遠而至，必辨豫。痛母早歿，養其父與繼母余，朝夕上食，滫瀡日增。父嘗戒之曰：汝以儒而備物孝也，如不節之嗟何？翁跪泣曰："大人第安之，兒願以其吾母不待者畢致之兩尊人，無憾也。"繼母余大悅，視如己生。翁既足跡遍疆域，意所欲市，不憚走連嶁列埒之區。念兩尊人老，則挺身跋夷箐貨美杉，二具具可金百，里中豪有力者欲之求倍直易，一竟不可得，曰：吾留以函繼母余如吾母也。余無出，撫其姊女昵，及卒遺匳，悉以貽女葬余。卜兆祖阡，阡地多石，常苦鑿。翁籲天請使吾母厝石上，子心奚忍乎？祈以錐試，果三尺許皆土，即壙盡土，始敢從卜。試之傍皆石，惟錐處獨黃壤一隙，僅可容槨，類天成然。守者夜見虎躍隙，眾咸詫孝祥云。翁孝既天性，而居鄉更多義舉。每周恤貧乏，償則讓息，負則焚券。友人某好學而無家，爲置舍處之，終身不責報。衛遞久以夷累，翁不平，出貲佐控，即事中沮，怏怏未已也。里中事有屈者疑者輒向翁求決其點，而扞罔者力譙呵之人，皆憚服。大抵翁性質直而果，故生平不能款曲，遇義即行，事親致孝，居家則作有益有用之事，此抱懿性之概也。若夫率其配龔宜人，備孝于繼慈，爲德于里閈，安莊夫婦，古人儷焉，則質直而充之以學者矣。今郡丞公秉翁成訓，所在嫩績流郡國，播朝廷，王言顯揚，兩賁幽壤，即翁掩抑未竟之志，託之遠游，低回而思一遇者，亦可少酬矣。翁諱某字某，生于嘉靖癸巳，卒于萬曆丙午，享年七十有四。宜人生于嘉靖丁酉，卒于萬曆庚寅，享年五十有四，以郡丞公貴贈。今秩子三，長維岳，增廣生，例授鴻臚，娶吳氏，繼陳氏。次維新，即郡丞公，娶某氏。龔宜人出。三維禎，庠生，娶陳氏，繼劉氏。盧氏出。女二，一適田之敦，一適庠生朱家翰，俱龔宜人出。孫男一，瑞，庠生，娶朱氏，繼程氏。女孫二，一適庠生葉天培，一適庠生詹天常，俱維新出。某年月日合葬城西重陽港高坡祖塋之次。銘曰：

吁嗟！罔窞之野式維黔。狹黔事遠追向禽，青山白水達人心。治生課嗣內行淳，少府振起名駸駸。黻黼章服帝命臨，勒石光阡傳士林。

誥贈奉直大夫四川嘉定州知州雨峰李公元配太宜人羅氏合葬墓志銘

往余未弱冠，課業省會，便習咸寧二李。是時伯奕奕負才名，仲更恬默有深沈之思。已而舉巳而高第，守方城，佐劇郡，尋擢爲司農大夫，是爲余社長維文。維文既先余第，數年余亦振起草間，接祍長安，愉以快也。後先使歸里，維文值內艱，余往弔唁，又愴以悲也。曰："不穀將啟先子竁與余母合焉。地下之石缺踰一世，猥辱子交歷久，敦密闡嫩，以遠俾故而新宜莫如子，子盍圖之。"爲狀甚悉。來子卒業歎曰："有是哉，李氏之祥在維文也。視其鍾維文者。"狀稱：李世爲陝之咸寧縣人，上世祖義，義生允中，允中生郁，郁生深，深生能，能生肅，配田碩人，生子二，其次公。公諱邦雲，字運高，別號雨峰。少聰穎，受學輒能領略孝弟寬仁，尤其至性。父賈，朝夕荷重幣趨市，手皸足繭，不言瘁家，遂駸充。母田寢疾，憂形于色，痰噷虞梗，口吸而出之。事後母如母，曲承志意。是時公已善賈，則多獻橐中裝爲壽歡母，以歡其父。尊人大喜，後母視如離裏矣。敬伯撫弟，推誠導和，友愛兼盡。常代兄償責，讓產手足，即庾叔褒之扶嬴，王子威之讓弟，方之無愧。素好周人急，絶恥面謾。同賈侶有貿物，紿其直者追而予平。貨布精價而粗售，鬻者去，訝曰："誤也。"趣易之攝二端，固長者事也。訓子森嚴，法軌甚設，尤先之身教，話言章服，去辟而衷。每云人生無百年，光陰卻有千年是非，諸子受而師之，尺寸無敢霣墜。秦士語文行合者，二李有焉。公所撕之成也，此豈奇嬴之流能辨乎？太宜人歸李時，舅姑伯姒咸集，食指紛如。然不惜躬操作以備瀡滫，自任厥勞貽姒姊，逸閫以内融融如也，一人則掮掮如也。性不喜晏起，不常御華服，飫米鹽扉，褚無輕疹，兼僮婢務任之，迄老猶爾。若處里間，族戚惝媤周至。夫子之行德厚倫爲善不改其度，咸宜家之助也。耆艾屬繽三黨皇走盡憯。嗚呼！公晚以好義推予困，顧太宜人蹙額伯季之家，能權子母蓄積，獨吾子皆儒析箸後知，且益索奈何？太宜人撫慰款曲，君無憂窮，但以有家責子不知所得孰多。天果以善報錫之綸衮貤恩，赫煒顯被。昔之環堵隆然，開閎深種厚穫，歷霜露不萎，孝弟仁讓之事，果可爲乎？不可爲乎？公生於嘉靖九年庚寅八月二十三日辰時，卒於萬曆十四年丙戌七月二十二日丑時，享年五十有七。太宜人生於嘉靖十七年戊戌十一月二十九日子時，卒於萬曆四十五年丁巳七月十七日亥時，享年八十，以子貴贈封如制。子三，長香，咸寧縣庠生，娶孫氏，繼王氏，繼何氏，卒。次采，即維文，第黄士俊榜，任户部湖廣司員外郎，所在著政聲，娶何氏，誥封宜人。次季，咸寧縣庠生，娶韓氏，繼張氏，又繼張氏。女三，長適何自勉，卒。次適王廷槐。次殤。孫男子十一人。廷標，府庠生，娶王氏，繼曹氏。建標，娶朱氏。直標、正標，香出。樲楳，娶盧氏，繼張氏。棠楳，娶龐氏。檴楳，聘朱氏。柟楳，采出。樅楳、櫹楳、丁孫，季出。孫女子三人，閏姐，香出，一適儒士周鼎，一平姐，未字，采出。曾孫男子一人，迎祥，建標出。曾孫女子五人，王女、服姐，廷標出。黑女，建標出。一川姐、惠姐，樲楳出。卜萬曆四十六年某月日合葬於杜城之新阡。
銘曰：

孰云韋藩？儒行斯存。笄黛匪掩，爰振駟門。版曹崛興，濯濯言言。仙李根永，綿延子孫。

明儒官梅亭梁公暨配碩人王氏合葬墓誌銘

　　論士不在顯、晦、豐、約，其定品則四者中各分其賢不肖。若四者之難處，晦與豐似甚。晦以有所挾而不達，豐以無所窘而或蕩，兩者皆易頗之勢也。持頗而端，端斯度，可言士行矣。數十年間見鄉前輩梅亭梁公，公生於富厚家，豐也而篤學，可掇科第，然久爲諸生試，輒高等竟不利于闈中，豈非不宜晦而晦者。與夫席累世之貲，輕肥哇淫，濡足少年場自快裂棄檢柙。既居豐者之常，更加之抱負未伸，侘傺慨憤，聊託豪恣以舒其悒憂，閔免遁樂，厥流靡究。晦豐雙攖之士，大抵得罪於禮法中智以下，何可勝繩之也。公自幼莊整，擇地而蹈，遠絶敗類，恒默坐一室呷唔。出則邀友刺經醳疑，多所發覆。教子弟嚴而規，每引新息，訓子義爲言。衣必數浣，食無饔味。當家業全盛時，兩兄子聯魁關中。公昆季五人，子姪十餘人，冠履奕爲，盡由儒興，詩書禮樂之籍充滿箱棟。伏臘燕享，鼎列鐘懸，侏儒羅綺，笙竽歌舞，諸樂嘈啾雜進，冀公引觴回盼，座客方滔佚不禁。公漠然不動，竟其身終席畢輪之歡，未嘗混御，自謂生平可對衾影。公雖行居，又次而什七身家，秉事尊人，備孝養曲致所欲由，姊姒下逮僕圉，無後言。邑有大覩施，佐公赴義，必首舉梁氏，其慨然捐助，不謀父兄，率公任之也。更好行德，賑戚急友，折券掩齎，不可枚舉。食指屢百，修葺創造，婚喪租糶，細至鹽酪齊葅之務，必親必辦，如是者二十餘年，所省約可萬計。人妄疑公，若謹幅艘不爲揮霍，必善藏者，顧徐覘公橐如洗也。絶不貽子以產，美產推讓諸昆季。惟諄諄課三子讀，三子遂皆稱名士。父徵仕，翁伯鴻臚公，鹽筴居揚，屢書招公經紀，不獲已，赴至，則督約諸客，益勵儉素，屏絶聲伎，海壖江舶，身先旅苦，洞晰奇贏，孳息屢倍。無何，丁母喪，馳歸持籌，心腹客以擁重而縱，有儳倿胠篋之事矣。世積巨萬不保錙緇，五支皆中落。公坐是鬱鬱不得意，然已春秋高矣。少嗜汲冢、拾遺、雜俎、靈怪諸奇書，老而不倦，益好課兒子讀，曰："孺子必償。若翁志屬繢，無他語，但云郭外尚有田頃畝，足給饘粥，使女等帶經而鋤，可以慰矣。"嗚呼！含章以晦，晦且彌光，不僭於豐，不豐何病？公真順命履坦，堅忍寡營之君子耶。夫富者沒人之祟物也，不惟損志而已。故大任甘餓，至聖曲肱。主父激於暮年，孫弘久困泥淖。豪傑崛起尺土，不因下澤紈襲，止可誇羨里門婦孺而已。士窮何害，窮始能自見耳。此自公旨三子，余不佞，社友抱才必售無疑，行究公所未暢，余常以此意振之矣。碩人王氏，名家女，結褵後即以孝稱。雞鳴櫛縰，輒趨省侍，笥饒細綺，每郤不御，常著縞素。先僕婢操作燈下，猶刺繡佐讀夫子，既勤苦，益誡之曰："士多以裕惰，惰必洗敗，道也。"雖早歿，而產毓象賢昌祚啟矣。公生於嘉靖丁未九月二十四日亥時，卒於萬曆庚戌九月二十一日巳時，壽六十四歲。碩人生於某年月日，卒於某年月日。生子應培、希淵、應圻，皆廩生。繼張氏，生子應堯。應培娶員氏，希淵娶秦氏，應圻娶孔氏，繼李氏。女三，一適耀州楊孝廉州傑，一適高陵諸生劉某，一幼未聘。孫男子二，籛，應培出。鑛，應圻出。孫女二，應圻出。應培兄弟合葬公夫婦城北新阡。銘曰：

峨麓縣迤啟佳城，茁茁膏華祥兆生。枕乾趾巽蜿龍精，宅隩據旺抉地靈。三嗣鼎雄餚歲盈，駕螭搴幟雷鏗聲。剖公所藏閶闔鳴，胡以質貴才器成。

義官栢亭楊翁暨配張氏墓誌銘

原一邑顧賈倍旁邑，賈又多通吳越，諸會日久漸劇，率濫觴于浮淫脆薄。少年輕俠樂其儻蕩易，自便習而安焉。曰："是安能以樸陋俚儳而貽笑耳目間也。"蓋錦襦綺衫漸出街衢，絲履偏諸下及僮孺，然而心術化矣。古聖王成憲齊民，韋藩木楗以儀諸賈，即其人極豐資，曰："如之何？其回於富也。"夫富不據分義詐善狙名，雖連騎鼎食游閒自援，古人謂其盜賊而居民間者爾。吾常深厭夫迹樂施心驕倨者，于是樂爲栢亭翁志墓。翁諱其善，字本性，老而鄉人服其德，共稱爲栢亭翁。翁先世陝之咸寧人，國初始徙三原。父復與季父徵，皆業儒，翁遂亦儒已，能儒矣。又以家貧去而爲賈，少年爲下賈處儔侶財輒公，人聞而異之，爭予母錢。常貸有力者，母錢得息千金，不私一緡。有力者死，視其子如有力者。處鄉則爲諸鄉黨居間事，作客則爲諸賈居間事。遇所齟齬，婉語溫顏，不動聲色已解矣。季父老博士，數困于財。翁能迎其意慰之，四弟析箸後，咸與娶婦與資，使爲家。資盡無以爲家，又與之。蓋數割半橐以贍骨肉，非特分其餘而已。祲歲縣大夫施粥，翁爲給粥，即亦自捐粟。邑中傳舍官亭仙院佛刹，問其首事修葺必翁也。未嘗見輕詈一人，低頭入市肆，遇惡人即遠，退讓閒觸之，亦不動色，終身不復知有公門西夏之變。溫臺長先生倡義修城，推里中公而才者數人，程工首及翁。已議創石梁，石梁工力艱鉅，難卒。集人爭避匿不敢任，翁毅然曰："此義舉也，我後更誰前者？"朝夕赴約，束量儲計役老無耄，至當路高其義，旌之冠服。石梁竣矣，將樹欄置表，而翁臥疾，疾革，屬其子終事其母，以予一人責，而令予不得逭于九原也。小子翁之忠厚敏慎，勇于爲善有若此。翁生于嘉靖丙戌正月初五日，卒于萬曆壬寅閏二月二十日，得壽七十有七。翁配張氏貞淑有婦德，始佐翁貧，已佐翁饒，以至白首，生于嘉靖丁酉五月初二日，卒于萬曆庚子四月十八日，得壽六十有四。子一，方升，司椽，娶雒氏，卒，繼王氏。女二，一適朱璽，一適姚廷鳳，俱先卒。孫女四，尚幼。翁卒之次年十一月二十日，其子合葬翁夫婦城北新塋祖位。悲夫！方升之謁余也，曰："其使後世知楊氏之有先君也。"楊氏上世皆積善，世無顯者，至翁而善著，又能自居善居，斯蓄蓄斯洩，翁之後其昌矣乎。銘之以俟其子孫。銘曰：

抱質而始，抱質而終。耽耽嗜義，近公忠辟。咎遠惡近，有容解紛。拯厄泯俠，名驅石架。塹輿梁成，問誰勸爾。溫先生孤，墳背皐龍。勢蟠中有，夫婦名鹿。門以貽嗣，世淵源惇。

孔母胡碩人墓志銘

余蓋少以長沙守晴山先生，知壽山胡公。壽山公者，晴山先生弟也。公愛其女，思得令壻。是時戚黨有壽岡孔公者，虎顴豐背，面澤皙，望之若玉，更善屬文。壽山公見之，喜親定姻，好事不再議。于是碩人歸孔云。碩人既出望族，而性更貞恬。孔氏姑老遲婦至，則叢委內政爲孔虞者，咸曰："婦居驕襲，溫出無辨也。持柔而張，不可理也，政其賣乎。"碩人與政後，勤苦勞瘁躬儉約，率下以星作以星息，即臧獲便衣，悉俟手紉，姑忻然安之。而昔所爲爲孔虞者，轉相慶賢婦矣。會翁疾，暍中夜數十飲，碩人數十供。壽岡公有兄弟二，一早世，碩人使子祀。一留滯滇南萬里外，兒女婚嫁悉倚壽岡公，碩人陰厚其匭，簿于己出。壽岡公爲博士弟子有聲，食縣官餼，旦夕扃戶，綴葺本業，則碩人勸勉之也。產不中人，而經鼇緒舉不至乏絕，則碩人外預之也。諸兒斤斤毋敢軼間，則碩人代督之也。嗣是壽岡公聲譽隆起，傲睨一時，期功名即致，竟屼于數奇，積歲月始僅以歲例充國學生。思少報碩人，乃未之官，卒。碩人尋亦卒，蓋先後不踰半紀也。悲哉！余傷碩人少佚，胡而能勞苦。孔頭白而漸佚，而弗獲一日安也。是竟以勞苦終也，天靳之矣，天靳之矣！碩人生于嘉靖辛卯十月二十日，卒于萬曆戊子五月二十二日，得壽五十有八。丈夫子四，宗魯，生員，殤。東魯，巡檢。生魯、肖魯即出祀者。女二，一適仇學易，一適生員王牧。孫男五，敏教，東魯出。懋愿、慎悠，生魯出。東魯兄弟將以某月日葬碩人新阡，與壽岡公合。銘曰：

磽确之墾，需逢年也。載殫其疲，彼美矯矯。振爾繰縶，胡窺大乎。尾虎而身貍，為曾霄翩鍛。終罹其蠚，數傳而降。夫其鬱靈朽枯，以俟勃發。

明師母党碩人墓志銘代家君

往者隱南庄公卒，及葬，總憲溫公為志，余不佞為表，一納幽宫，一豎墓道，竣矣。越三年，南庄公配党碩人卒。又三年，碩人二子鳴鳳、鳴鵬謀葬碩人與南庄公合，而以碩人季孫諸生舜狀來丐余志，匍匐請曰："先君子既以徼惠先生，以一言貽不朽，忍獨没吾慈君耶。嚮者，先生所褒稱先君子家居者誰佐之，種種義施誰成之，而不肖顧敢有忘，使先生無抉微之文。"蓋余表南庄公篇中故有"老而家居，積息猶巨萬，博施不悋于捐金輸糈"諸語，津津丈夫之，乃今而知其為碩人內相力也。是既已知碩人矣，曷可辭？按狀，碩人原邑處士進舟女，母王氏，以正德某年月日生。碩人性勤共慈慧，善女紅，然絕不喜濃豔。南庄公從下賈起，少時貸人微貲，往來吳越間，家不能儲擔石。碩人循循師氏婦，澣洗紉織竭餘力，朝夕饔不給，則脫簪珥繼之，無怨言。姑某病痼，諸婦率以久懈，碩人日侍湯藥惟謹。既姑氏聚其家眾與訣，獨目眴碩人，婦當有陰報，其近在爾身及爾子孫乎。嗣是碩人身家秉，南庄公積亦漸饒，方縱觀貨情以收三倍，不遑為內顧。而碩人慰之曰："其以盡埤遺我，毋以累夫子千里外。二子修業，期益恢拓父志。"南庄公南則與俱南，或授公指畫驅馳，積歲一歸。而碩人慰之曰："其毋苦離索我，而以我累而父千里外，中間理繁應猝，以一身當夫，即一人當父。"碩人蓋兩優之矣。既南庄公罷賈，偉然巨富。碩人郤綺縠潞繐，身布素粗糲為諸子婦先。時復短衣橐饘，冀無忘少時茹苦。蓋六十餘年而志無少渝也。固知碩人非止僅僅堅忍于窮窶時，亦其厭薄濃艷，性之所植有由然已。碩人以萬曆戊戌九月初六日卒，得壽八十有三，厥後繁衍已以先載不具。來子曰：人言恬澹乃以尊生，且盈犯忌抑胎福。以碩人觀，理信有之，亦姑氏臨訣之言至此而驗也。銘曰：

嗟哉！碩人瘁其身而身永，約其身而身豐。相厥夫子，以迄令終。皓首暫睽，而即偕游乎冥濛如此，復奚恫。

段處士暨配王碩人合葬墓誌銘

段處士者，涇陽縣東里人也。國初有諱文賓者生佑，佑生本，本生封君、惟玘。惟玘生織，即處士父。君生無兄弟，父最憐愛。乃弱冠即善病，病即不能讀書操筆，父患之。無何，失血卒，遺二女，無子。卒將十年，而其配王碩人謀以從兄之子可信爲後，又十餘年而王碩人亦卒。卒二十一年，而可信啟君夫婦輤合葬焉。按可信之生後君卒日九年，始王碩人哭君過毀，意欲殉君地下矣。人勸以有翁姑、二女，又遺孕，烏可死。是時，垂白之養，弱息之撫育，段氏如綫之緒，碩人一身係之。已就產，竟亦女。翁姑後先去養。碩人則自念即死義易耳，後吾兩人櫬誰收者，遂堅志，撫可信成，中間委曲督課，不爲婦人姑息。竟賴是子夫婦得就安土，識局遠矣。狀稱：碩人靜莊而慧，寡居，謝鉛華，不履戶外，理家井然。入有稽，出有辨，或者少得之處士之指畫耶。可信與余友善，肫肫儒雅，自青雲器。常追歎曰：吾以今日思吾母，以吾母思吾父。而自君夫婦卒後迄今，可信從兄弟用儒發跡者兩人，行將以可信而三也。段氏之旅日著，君夫婦其暝矣。夫君生于嘉靖甲辰二月十二日，卒于嘉靖甲子九月二十一日，得年二十一歲。碩人生于嘉靖乙巳十一月十七日，卒于萬曆丁亥五月二十五日，得年四十三歲。子一，即可信，諸生，娶姜氏。女三，一適諸生魏恩光，一適全復初，一適國學生都思第。葬期爲萬曆丁未十月二十五日。來子曰：余常歷歷聞見有子孫滿前，沒而戮屍淺土，數十年不克舉者，亦有數十年始舉而不能成禮者。處士不識子狀何似？而卒乃獲食式穀之報。貞婦同穴，孝嗣撫柩。弱冠而死，胡不可哉！銘曰：

奚慽其折，奠祀匪絕。胡悼不揚，有子則良。祖塋之傍，永綏永藏。逝者如斯，陸榍湖桑。更數世後，誰壽誰殤？

處士張公夫婦合葬墓誌銘

先司馬不輕推親故，獨重其季舅賢謂公也。公卒，先司馬哭而志之詳矣。迄今幾二十年，其配王媼卒，子鞏啟公墓合葬焉，乞余銘。來子曰："余觀先司馬文，與親見公夫婦起家終始，而知樸素之貽者遠也。"余鄉多賈，賈多任狡，公獨任誠。狡者率鮮衣甘食，負子錢家相與俱敗。公終身約嗇不敢少侈，踰涯分而竟隆居積，遺子以安。他賈之婦好服飾相矜，至累其夫，負人母錢以敗，眼中皆是也。公配由窘而豐，豐如窘也。白首敝幃蒿簪，與不如己者立不恥也。手袵穿作，縻量口算，不使粒餘，且夕揭揭然。其子念饒裕，母當安坐。每從吳越市綺紈首飾，歲進金帛，恣母用，疊笥中不御，曰："吾夫婦今之視昔何如，且吾事樸夫數十年不如此者，非張季公妻也。"里婦聞而笑之，已而敬，已而愧，至不敢衣錦并立，毋論子婦若孫師其家風矣。余嘗覘人家內外政，而知其興廢。其興廢也，夫婦之心性作爲若出于一。豈心性作爲亦天配之者哉？家庭密邇，耳目習熟，故歲月化焉。以至立者若扶，仆者若傾，各處不返之勢，其初亦未必相判絕異狀也。故齊家貴慎始，而君子重刑。于余見公時，公耄矣，口無溢辭，不知虛詐爲何物，不知世間有富而驕奢之事。太古直道之民也，直則真，真則動。公以成婦，婦以成其子婦若孫，家基衍拓，不培自固，豈無自與？故余于公夫婦而知樸素之貽者遠也。先司馬極稱公敦戚感恩，絕無私橐，期不負余王父之託，謂獨見公一人。是時與公比肩，受事者尚多也。十餘年間，鼠竄獸奔，淪喪略盡。來氏三世之祚實墜于今，使不佞身丁其變，人猶其人，末路倏異。先司馬覩此感愴，可知即益當敬禮公耳。公世系生卒詳前志，媼生于嘉靖己丑正月初四日，卒于萬曆庚戌十一月十三日，得壽八十二歲。子一，即犖，藩司掾，娶潘氏，繼李氏、潘氏。女一，適壽官侯之翰，卒。孫二，桂芳、桂芬。孫女一，孝姐，幼。葬期爲辛亥十一月二十五日。銘曰：

冀耦耕，鹿門窮。梁孟播遷而賃舂。萊婦言善，亦以困終。何如身隱，得贍餘年。雖云贍年，不殄于天。以制戒淫，以止防怠。無競于豪，無踵其悔。素質之外，以還真宰。嗣也恪如，共命不改。欣欣老魂，世祀靡餒。西阡土封，入望磊巍。數武葱芊，司馬域在。

明處士豐泉王公暨配碩人張氏墓誌銘

豐泉公暨配張碩人者，不肖復外祖父母也。先安人棄世時，復甫四歲，弟臨未彌月，乃張碩人已先先安人五歲卒。公既傷先安人早卒，每來撫余，輒又及張碩人，泣下。復亦往來外家倚公無異，視先大父碧潤先生也。先司馬家居時，又喪。余繼慈張不欲通婚他姓，納禮公季女。公慨然應之曰："吾以吾兩外孫故。"是時復漸長，臨亦未幾受室矣。已而又喪，是爲余三繼慈，先司馬痛甚，迄仕無再娶意。不肖內強，先司馬外強。公復納禮公少女，公始難之。

既歎曰："吾猶以吾兩外孫與兩孫婦。"故少女又歸先司馬，即余今繼慈，兩受覃恩封安人者也。公出自貴族，自曾祖端毅為昭代名臣，赫耀國史。祖少參先生與其弟康僖先生同振起，一時纓綏纘承，門户顯盛，鄉人見王氏子孫莫不敬禮。公退然謙下若不自知，且里中諸貴家裔多輕薄。詡詞驕恃，門第間則步作怒馬，喧闐過市，人望而知為某士夫子弟也。公寂處一室，衣貌樸野，與人接口呐呐以默無事。但數入太師塋地，課埽除而已。塋中一切祀祭更造諸昆弟子姓，必首推公，任事為公，誠且謹也。少參先生無厚遺，太學君夫婦又棄公早。至伯兄騰霄而蕩析箸日，公不得什一。已又侵其所析貲中恬讓無競，屢安勞辱，同販臨財，處瘠集枯，垂老居約，亦罔攸怨。此皆不肖復二十餘年所覩記者也。乃舅氏狀則稱公族人有儽廡舍居者，夫婦暴死，子幼育於外，託二筒人無知者。公俟其子長，指其封識而還之。嗟嗟！此古隱德者之行乎。張碩人亦貴族女，歸公不及事舅姑，而同公孝事其庶祖母郭。郭嘗謂人曰："微此子若婦，余幾不能終老。"蓋傷其伯子蕩而安，碩人内養也。嗟哉！賢已賢已！公生於嘉靖丙申二月七日，卒于萬曆癸卯五月二十四日，得壽六十有八。碩人生于嘉靖乙未四月二十六日，卒于隆慶壬寅二月十二日，得年僅三十七。子三，廉，遼左千總，娶孔氏，繼潘氏。章，諸生，娶張氏，張出。奇，禮部儒士，娶李氏，繼潘氏，繼配武出。女五，長先安人，次適諸生張伋卒，張出。三四皆余繼慈，一未聘，武出。孫女子五人，三廉出，二奇出。長適邑人張問達，餘未聘。舅氏卜萬曆某年月日之晨良，葬公西郊新域，啟張碩人棺合焉。俾不肖復銘其壙。嗚呼！當公少撫余惓惓，至長逮侍公含斂，年滿三十，公之為不肖復已盡。復之報公未效也。嗟！其頽矣，其又何能銘公矣！銘曰：

名碩肇基，穆穆邦憲。藩垣繼隆，風迹劭遠。紱組乘荷，代產國璋。枝跗奕奕，百年以疆。運際式微，光澤中薄。流斬汨瀰，燎絕炎灼。宣惟賢裔，飫貧茹約。完樸不黷，在困靡怍。丑寅之晨，淒霜被野。既殞淑媛，兼奪司馬。公亦邁厄，不逢厥叚。詎其祺咎，機彌相關。内外胤系，今無興賢。嗟夫！復始尚替，相宅未遜。維此荒埏，卜幽斯固。亦冀冥靈，還伊善祚。

明潛德壽堂張公暨配李碩人合葬墓誌銘

余幼從里黨父老覲張公，見其舉止有禮類儒者。既長，以葭莩數與公言，尋與公長子問美南北相倚，益習公恂謹出自性生。自率爾周旋以至通行飲食，靡不飾貌合情無忒度，且內行淳備婚喪之事，處之秩如也。來子常慨然歎曰：孰謂張公非儒，實足以愧冒儒名者。按狀，公諱鳳翔，字伯升，壽堂其號，上世鄜人，國初有名恒者徙居三原。恒生誌，誌生舉，舉生樞，樞生佐，號原川公，乃公之父也。當公大父樞以德宿鄉飲賓，至原川公豪于財。歲時從邊鎮梱載如雲，列高居于五父之衢，張氏遂爲邑著姓。公之伯氏鳳翼，又爲名諸生。原川公覩鉛槧業迂苦而已，孑然風雨中不任勞，謂公慎密心計，數呼曰："兒宜投筆從我，忍令而翁瘁不可支哉。"于是公學將成，廢去，往來于吳楚巴蜀間，爲圭撮輕重之術，事無遺算。少暇則展巾笥中書讀之，評騭古人成敗，儕輩處無少長，咸接以讓，不爲狹邪。沈湎之飲諸儈父，一切謔肆，見公咸嚴重不敢發。同舍有不平事，賴公一言即解。于是儕輩詫之：張公儒也，而胡賈爲常。北游長安，謁顧給事。給事才公，引爲布衣交，坐中從容調疏冤滯如老吏，顧益奇之，欲留。公且議入貲予官，竟不從，逡巡避去，居蜀巫峽。日值趙姓者沒水貲貨立盡，其人欲自縊。公憫而厚賑之，不責報。後公經其邑，甫逐舟江滸，趙忽遇之，泣謝挽留甚固，艤舟不得渡。公方悵撫間，舟已覆矣。同舟之人無得出者，陰德報應不爽如是。一日旅館感節物，悽索心動，泫然泣下，曰：小人有母，胡不歸乎？且什一筴，豈我初志則爾耶？遂輕裝出蜀，抵家拜母，怡怡爲天倫之樂，口不言利，而讀書揖遜如故。居喪骨立，枕塊啜粥，諸儀則悉準。紫陽多延老儒商，可否鄉黨稱孝焉。配李碩人莊敬塞淵，善事姑御下，閨內儉靜，能佐公肅穆，白首相莊，差可比冀缺龐德公夫婦。來子曰：夫禮亦安可已也。人至戇不與讓爭，故化競惟禮。諺云：拳不上笑面善乎。史遷之言曰：法禮足禮，謂之有方之士。不法禮者不足禮，謂之無方之民。然則士與民亦何常哉？秦俗粗野，見公矜儀自束，頗非之。然一遇尊俎獻酬，茫然失措，手足亂營矣。孰知公之恭敬辭讓，所以養安也乎。嗟嗟！阮嗣宗，塵外士也，產于世族，又見知名主，以青眼當人。禮法之士，便疾之如讎，幾不免于禍。況下此而處末流之世乎？夫禮安可已也。若公者以之居身處世可矣。公生嘉靖丙午二月四日，卒萬曆壬子七月十八日，得年六十七歲。始配劉碩人，繼配即李碩人。生嘉靖癸丑二月二十六日，卒萬曆癸丑五月十七日，得年六十一歲。子二，長問美，娶庠生李琚女，亡，繼娶遼左千兵王廉女。次問士，殤，娶雷鳳女。女三，一適段顯，一適儒官梁文炳，一適庠生田逢時。孫女一，幼，問美出。問美將于某年月日葬公夫婦，先期請余銘，余既

- 473 -

知之素也，敢辭，銘曰：

謂而儒而湖海乎相羊，謂而賈而書禮乎挖揚。而卒歲以優游乎，鄉之人其以而庚桑耶。雖然古人善喻，舌柔齒剛，賈而善競，其視公藏。

明藩史通衢張公暨配碩人潘氏李氏合葬墓志銘

余王母氏張，實公之姑。余先大人弟視公，而公之父與諸父諸昆季率淪喪無存者，獨公以其季也往來。余來稱故舊，故大人弟視甚篤。不佞復父之弟視益更謹也。公父没，大人誌，母殁，不佞誌，今又誌公夫婦矣。悲乎！曾不出二十年間，吾兩家西郊之馬鬣纍纍相望也。余重悲先大人與公年何僅僅耶！公故世商也，其稱藩史，則常援貲，係名未執役云。余目習公素實有可誌者。公父既用纖勤起貽資屢千，患不能守，託公于先大人。是時大人尚爲孝廉，然公卻斤斤嗣服纘業，絕不追逐少年聲色之場。無何，梱載日增。無何，門客稟成。無何，廬舍傍拓。人詑此期，期者顧克肖乃爾，而翁有知無患矣。歲必一至吳會，權奇贏不爽，辛苦猛迅，甘下賈所難甘，居積，遂視父貽數倍，門客有負貲者，置之不責償。里族惡少屢欺單弱，要求百出，傍觀爲恚，竟靦顏受辱。居恒鍵戶孤處，不畜僕馬，不御綺靡。人或嘲之，搖首不顧，曰："有家訓在，吾以安吾分也。"來子曰："余以公行，深感世間創守難全，初終不易一也。"矧闢創基以延緒，守初志無失步，終其身于于休休者哉，其視虛鶩徒華，恣情敗轍，不辭貿名犯禁之事，而竟無所獲，反不如韋藩木楗之守舊如公者。豈但種中之稊稗，固已四民之正軌矣。余取其足以風鄉黨之游閑無成者，故志之。公二配皆名家女，能助理家政，先殁，子桂芬啟而與公合焉。公名罩，字爾揚，號通衢。父諱思賢，思賢父諱某，是爲余王母之父。聞張世有淳行，故門祚以漸隆起。余于先大人之稱王母與志公父，與親覿公之居里，狀信其然。公生于某年月日，卒于某年月日，距生得年五十三歲。潘氏生于某年月日，卒于某年月日。李氏生于某年月日，卒于某年月日。子一，即桂芬。孫女二，幼。桂芬能知學，余望其更以儒興以報公，賈之無殄。銘曰：

爾之謀家臧，爾之居德良。年雖不修，而免夭傷。墓近嵯峨之傍，沃衍豐厚，永藏無殃。

文林郎慶雲縣知縣易軒陳公墓誌銘

嗟夫！余今顧志公耶。公于先司馬執友也。知公概闡揚公媺，宜無不佞若忍辭公志耶。憶戊子春，先司馬先公舉四載矣，從主試者覘公卷，歸語余，今歲邑士首薦，必陳其卷完粹入彀矣。而是時溫少保先生里居，預策決科，弟子必先公。于是余髫年即習公名，其年公果舉于鄉。先司馬重公文行，偕計同筆硯，欣然莫逆。于是余更敬事公無久近一也。公狀出其甥石九鼎手，余社友也。以余所聞，合之狀所稱述，當不愧名士而仕者矣。按狀，公諱準，字維則，號易軒，先世慶陽環縣人，弘治初徙原之西陽里。高祖諱仕銘，曾祖諱相，祖諱在，父諱思恭。母馬氏。三世皆爲小吏不苟。公生具奇慧，長而軀幹，昂藏剛毅之操，見于顴頤居恒高，自視引名節，自閑志無流輩，與伯兄惰俱有名諸生間，時稱西陽二陳。自公舉于鄉，鄉人無不謂甲第可立獲。公亦奮然不第不官乃爾，售而皆置乙，見母耄慟哭，曰：天乎陳生功名止此耶。吾其以吾母屈乎。遂就選博士玉田，嗒然守一氊與文士課藝，志尚不衰。捐俸葺大成殿廡，賵王生數喪之葬，贖趙大户之鬻女。偉然豪舉，絕不爲廣文寒酸態。署篆立擒殺人賊，解豁誣盜疑獄。當道異之，稍遷鹽山令，玉田士民眷戀不忍舍。曰：胡不使陳先生即真。鹽山，古渤海地，盜藪也，捕兵又玩。公既善騎射，乃整卒伍，教以決拾擊刺之法。罰嚴賞信，直搜窮島等綠林之徒于釜魚繫獸，地方靖謐。邑故積負費，敲朴其積負也，多以摧長擾民與解户浸牟，故歲解馬，馬圉又率巧販科派。公備知其狀，一一釐革，徵額充然完矣，簿書少暇輒進。諸生問難，詢其科第久缺，為按形家築補。己酉，公所賞識霍生舉二載，政績已著，荐剡，竟以質直忤上官意，謫倅歸州。將行，友人有勸公少貶遜爲巧宦地者，公艴然不悅：吾豈不知巧全直折然？賦性已定，吾不欲挫吾諸生時志。夫千里馬寧可一蹶償轅，決不可使之紆盤于碓磨之間。丈夫寧悖時好求不愧衾影，豈可令面上鬚眉厭人乎？吾志決矣。單車入楚，徘徊巫雲湘水之境。或乘興朗吟，或邀月共醉，不以遷客鬱我逸氣。無何，還令慶雲。慶雲比壤鹽山，土俗不殊，士民更習前政，懂得名賢。經過舊治，童叟遮留，溢于道左，無異赤子之重遘父母。公益以實心守官賙民，窮悉民隱，育民子，還民妻，剪民蟊賊，與夫買田給種，興學崇教，頹無不復，精無不憚，政績又大著。福藩就邸，一切橫斂請於上立止，邑人頌德尸祝之。人咸望公成就遠大，益展夙所自負，竟暴殂慶雲官舍。悲乎！兩仕爲令，後之競不敵前之蹟，即區區百里，尚非若人馳騁地，顧以此考終耶。公卒日，宦橐如洗，廣柳抵家，所識窮乏士皆來哭誄：陳公埴我何厚也，貽子孫何約也？噫！世有居官直且清，不能潤功名與後人，而克周給故交者哉。此氣浩然兩間，何愧矣。公生於某年月日，卒於某年月日，得年五十七歲。元配劉氏，先卒。今將祔兆繼配劉氏副室。劉氏生子二，長貞之，忠義衛鎮撫，有武技，娶孟津知縣周公南女。次孚之，早殤。女三，長適諸生段成錦。次適諸生石鼎玉，即九鼎。三字張自敏。孫女一，朝姐，未字。貞之以萬曆丁巳葬公祖居迤北新阡。銘曰：

士無洴澼履於正，官恥詭隨守彌勁。木直金堅厥賦性，崢崢挺立維公行。是曰儒修靡忝命，愜游九原慶雲令。

梁徵君暨配兩孺人墓志銘

梁故池陽著姓，從明初福讓瓚志廷漢一山，以迄選櫟八世，而族滋大稱素封矣。其斌斌以文學雄，則梁仲公始基之也。仲公，選櫟仲子，諱文煥，字有章，號松亭。少學于南土，入秦充諸生，即有盛名，屢冠郡士。當是時，自謂功名可叱咤，得乃久困不售，久之應明經選廷試，與太學試俱高等，名益肆起。長安諸貴人謂若士也，顧明經已哉，其年其才皆不可量。退居里中十餘載，鄉之鉅卿握柄憐才而招之仕，竟不仕，故稱徵君云。公性能日記誦千萬言，經目不忘，更善說義理。屈其儕輩好以酒佐，讀伯仁之三雅，舜欽之滿引。時復過之電目虎頷，修髯偉幹，視阿堵如飄塵，厭禮法如桎梏。不矜容，不修郤。失意無悶，匪謔而嘻，次公之狂，固不可及，實則嗣宗之謹寓于酒德矣。生有佳兒，是爲吾友君旭，醇行篤學，鄉黨稱孝，承公意旨，闢園築舍，種樹蓄魚，不遠室廬，而具邱壑幽致。于是公之交，公子之交，亦爲公忘年交，率擇令晨會飲，吟咏留連，逃俗雅集，庶幾市廛而有岡埌之曠，逍遙之適矣。公故交先司馬若愚兄弟，則公子之交而謬進爲忘年者。不佞復第最晚，第後歸沐，常廁公飲。君旭狀來，語皆實錄。狀又稱公配王清貞，繼配張藹和，值鼎盛而不夸辦，燕游而能節。老萊不求官彭澤，免憂窮有相之者。來子曰：旨哉，君旭之述公言也。曰醇酪養性，人無嫉心。蓋古人身晦志亮，不欲儵仫伍俗，每寄之杯酌，以消其胸中磊塊，亦無聊而自甘于癖焉耳。漢梁竦尚薄州郡之職爲徒勞，矧下此卑卑者乎，其頫首而明經仕也，寧玩世爲山林放也。求見賞于爨下，何如還之嶧陽廣莫之鄉。嘶悲風于鼓車，何如遂其齕草翹足之性。故仲公雖處人群，而冥與天游，此虛舟不怒之說也。陶然嗜酒，非始願然。徒目爲酒，人亦非知公者。公生於嘉靖二十五年四月十七日卯時，歿於萬曆四十六年十月廿四日亥時，得年七十三。元配王碩人，生於嘉靖二十七年十二月十七日子時，歿於萬曆十二年正月初二日申時。繼配張碩人，生於隆慶六年四月十一日巳時，歿於萬曆二十九年正月十四日丑時。子二，爾升，即君旭，郡諸生，娶馬氏，繼馬氏，王碩人出。爾壯，娶袁氏。女二，一適師其仁，夭，一適諸生馬天騏，俱張碩人出。孫二，鑾，聘薛氏，爾升出。鎏，爾壯出。孫女二，一歸秦子彥，一歸李可榮，爾升出。合祔祖塋西九十步。銘曰：

梁之幽宮，聿興素封。蓄久而散，始用儒興。薦鄉二彥，繼起彌雄。所不試者，以俟大通。

明待贈西臺安翁暨配晁氏梁氏合葬墓志銘

附郭西野，枕原環河，鄰錯壤沃，境綿而屋。比士漸先輩醇德，頗稱閭閻詩書。來子卜舍其鄉，款段交陌，炎寒無間，隴畔蹊傍，時與西臺安翁相值。余居既去翁邨牛吼地，而翁子我參孝廉先余舉已。結社友善，紬繹揚扢。夷猶藝囿，弘襮皇路，昂價丹霄，歲月遒邁，壯志未替，則於翁暮年起居，纖悉具聞矣。翁單育我參，迨我參學就，翁夫婦耄矣。已失偶而鰥，振步強歗，促其子公車不第，不完其望。萬曆己未，我參別翁北上。中途奔計，竟成永恨。噫嘻！知子者莫若父，誠有若此，孰意皋魚慟千古同情哉！翁少時從大父販金，又尋從父販鹺。大父、父俱亡蜀間關，負骸歸葬，又走蜀。先後四十年，賈屢利鈍，竟用質直簡樸起拓橐千金，繕庀田廬以資其子誦讀。余每覿翁言貌，類黃綺輩人，經歲足不入鄽市。耰鉏播耨率有法，厥獲恒倍。均甽之上，農踣特斷，鞁弗能及也。若其孝友寬惠，于骨肉朋黨之眾允稱，無擇行，無悩心，蓋得之天性然已。少娶晁，早卒，繼配梁碩人，筓黛而丈夫，其家操作織紃之事，必勤必躬，雨中杵碓，月下流黃，伴其子伊吾不輟，何畫非荻，何苦非熊者由玄鬢而皓髮也。孝廉早選，姆訓居多。賢哉！世稱鹿門并隱貽子安，要亦子未可以文顯。若王霸憎子之愚，見友子車服而容慚，史傳嗤之。然揆之人情，山林遽能等灰冷乎。翁有令子，遠過二賢，生前之遇，乃其樸厚豐偉，食報未竟，可卜我參不久厄也。翁諱國卿，字相之，別號西臺，原邑留坊里人，上世無考。曾祖諱繼臣，生三子，仲明，仲福，仲舉。仲福配王氏，生翁。翁生於嘉靖癸巳年某月某日，卒於萬曆戊午年某月某日，得壽若干歲。我參名三才，舉於庚子科，娶李氏，卒，繼娶茹氏。女二，一適高陵縣繕部郎中王國相，一適本里石泉令馬守元子生員天駿。孫一，居易，茹氏出。孫女一，副室張氏出。營度新阡，宅坎向離，我參所自啟兆云。銘曰：

天命靡忒，嬉游無害。既昌且長，斲圓刓方。世競銳疾，我履周行。嗣也克彰，有耕必穫。取喻農桑，閟宮相羊。距居不襪，厭飫椒漿。

明勅贈文林郎河南汝州郟縣知縣遷渠張公暨配孺人王氏合葬墓誌銘

張在勝國時為邑著姓。人傳有首義功臣思明，宅峨山艮麓之丁留村，富有田園。其後至永興，始徙居。永興生慕順，慕順生顯，顯生克禮，克禮生繼原，繼原生廣，廣生志和，志和生緒，緒生明揚。明揚，諸生，有學行，生子六人，仲曰三畏，萬曆乙卯舉，無何卒，公其季也。泰昌天啟之際，例有覃恩，公得貤封，稱郟令，實因其兄三德。子善治，後公而有今日者。善治治郟著循吏蹟，遷京秩，與余友厚，持狀徵銘。余讀竟而益信興孝之應不爽也。當公兄孝廉甫振而萎，父母以哭子眊，家計益落矣。挾薄貲竭蹙荊襄，先絀于佐讀，已絀于粥饘，窘迮無聊，則握兄弟之手而號，期共以食力者食親炊廖，破產勉上，供具洗牏，伺好冀解鬱顏，卒使垂白安養，無魗無忒。此已不可求之闈闥間為子者矣。追親歿，哀毀躃踊，願以身殉。恨家祚未昌，養生未備也，遂矢斷韲終身。葬之日，負土成墳，架茆成廬，朝夕哭奠墓傍。三年之內，盡戚盡禮，始終不渝。嗟夫！匹夫而躬聖賢，通儒之行，允可貫金石，格鬼神矣。太守曹楚石先生聞而重之，旌門授餐，以表高風。是時公年已六十有二，即方蔡之感兔褻之回枯，無乃筋力有不逮乎。闋而返舍，制窮思長，所謂大孝孺慕必踐厥志者，與老始覬子鄉薦，喜知于色，諄諄教之。而大父陷於儒，而諸父陷于仕，攻苦纘承恢瑣尾之族。上溯鼻祖以滋大，其在小子。居常則訓以守身居官之法，苟取妄扑是戒。郟縣君離奧渫而政，即刃游也，用公之言也。配王碩德內助，佐夫子純孝，處姒娌無忿，容愛嗣子如子，閨媛所難媲。來子曰：孝本性生，性通于天。百物所由以寔動，真宰所由以施祐。率先此道，公殫力庭闈，念所不足榮華憔悴之感衷耳。墓木未拱，而公之子乃捧朝廷綸綍之光顯賁於遍灑血淚之墓地。以孝報孝，如桴鼓然。死者有知，當大快重泉矣。公生於嘉靖辛卯六月十二日，卒於萬曆乙巳六月二十五日，得壽七十五歲。王孺人生於嘉靖丁酉十一月初九日，卒於萬曆丙午三月二十三日，得壽六十九歲。男一，即善治，中萬曆癸卯科。東城正兵馬指揮，娶郝汝源女。孫男三，台階娶庠生楊初泰女，紫階聘副使賈克忠女，蘭階尚幼。孫女五，一適孫嗣慶，一適賈允擢，一適秦甲祉，一適陳其仁，一幼未字。兆卜於西南新阡。銘曰：

家首和，和敦倫。致厥親，曰體仁。仁之括，祥薦臻。母言孝子貧，其視冠與紳，名史紀燼千秋存。

來陽伯文集卷四終

來陽伯文集卷之五

明三原來復陽伯著　　邑後學李錫齡校刊

碑文

明奉國中尉朱進父先生暨配馬安人神道碑

嗚呼！先生没且葬，而余題其墓道之石曰：有明詩人朱進父先生之墓。不稱爵稱詩人，先生志也。先生雅慕詩人，遂能以詩成名。素不能輕典制而志軼儔伍，常欲自見而不得聊試其長於無用之用，故獨重詩。而人之重先生品亦以是。自先生少好詩，詩中獨好少陵。先後與王京兆子皐、秦太僕仲受、周兵部子大、南太史子興、康明府子秀、張布衣致卿諸名公結社吟咏，關中風雅浸昌。無何，遂有余青藜社，諸王孫詩益著，實先生振起之也。先生季弟季量、從子子斗皆工詩，子仲宗亦工詩，兼工書，少子叔信季通皆能世其家學。而仲宗書法則受之先生。父子師友其臨池摹仿多在晉唐間，間亦學趙吳興。于是海內咸知志川公之詩與書。志川者，先生別號也。余初晤先生于季量家，覩其集，心慕好之已。交其諸子侄莫逆，十餘年來款段入省，輒承訪諮，清淡元賞，佐以壺觴，玉樹映坐，風氣邁上，長安轂蹄之塵一入其廬，不滌自除。然先生雖善下士，卻慎論交。終日杜户默坐，讀書繙帖，或孤尊獨酌，謹謝訊問。遠近名能文者，苟少恣不檢，亦不輕接也。每教子云："世禄之家患不知學，學矣患不善交，孤處則學不廣，比匪則學皆非。吾以萬卷貽汝富，兼免不學無術之譏。以寡交貽汝安，聊守刻鵠類鶩之誡。"諸子服其訓，率都雅謙退，庶幾萬石君家風。父樊川翁居積擅關右，先生嗣以禮，而家日治。性沈敏，遇事輒悉成敗。有宵人以腴田厚產進者，意在賤售而規爲利，通其長子，長子許諾。先生聞之，怵然頓足，曰："亟卻之！兒輩豈患貧哉？"子姓中有嗜古玩服飾者，進而誨之，偏嗜即癖，胡不癖書，癖書無損也。礦稅二璫磐牙忸忕，摧勒公卿，橫搜閭左，威同剽掠。陽浮慕盛名，詣廬求見先生。窯間通刺徑返，其自待嚴重不少貶。如此常謂所知富何足累人。惟是欲爲君子之富實難，樊重之折券止訟，靡卿之梓漆給人，吾願學而未能，既受庇祖宗，無效涓滴。願頌太平祝豐年，饘粥餬口，以卒歲而已。至夫感時聞警，忠義激發，長歌短詠，以寄才志，集中所載甚多。先生好學出自天性，而又孝行淳至。事兩尊人曲意迎歡，娛則絲竹，游則園囿，没而戚易如禮。祖塋與五世祖塋圮廢，不保松楸。先生不謀族屬，捐貲葺堂廡，重新手爲記鐫石。老好浮屠家言，清齋梵誦，益希交接。手書禪經數種，付諸子摹勒，人爭購求之。晚年賦詩有"看取百年誰是我，更于誰處問吾真"之句，疾革不亂，猶索稿指易數字。嗚呼異哉！馬安人貞靜恭儉而不爲鄙悋，能佐夫子行德。先生燕享，中廚甚具。先生孝養，婉娩以從。先生祀祭，籩豆必飾。其督約諸子婦嚴過于慈。大抵主于忍辱味淡，兒輩踽踽，即被人訾謷不敢告，尋常服食不敢侈也。安人本出素封家，簪佩不以相矜，其御臧獲婢媵仁恕。至手紉以瞻下體，自乳育劬勞而外，曾六娶婦，一嫁女，一切廒匭器用，悉倚以辦，先生多不知也。尚能籌燈課子讀書，而親授諸婦女以《女誡》《内訓》，閨內感化姆儀雝雝穆穆如矣。毋論安人德，即睍其才，當與先生埒。安人與先生同歲，甲寅春，覺病卧牀。已察先生病忽劇，匍匐驚視，及卒，大慟不食。無何，亦卒，相距止十餘日。卒日即其生日，事亦異。自余知向學從昭素、子興、思受三名公口聞知有進父先生，已共先生追游，不惟豪于詩，差豪于酒。近益沖虛，自祕所剖析奥義多在淨土部中。夫婦壽即不甚高，顧其生死并命，遺榮若脱，似謂所重不在長年也者。然余何能測先生哉！抑知先生爲詩人而已。余則謂即以詩稱，亦非先生初志。先生窘于成憲，舍吟咏無以見長，邇國禁稍稍議弛矣，而先生不待試。按集中爲諷爲獻之語，公予之仁厚，子政之經濟露一班矣。惜哉！觀詩可以知才之所極，即以先生施于家政者，論其所建豎宜何若哉！不得已而託之于詩，志良苦已然，使千百載後採昭代人文者，列名風雅之林，何但王孫不論，雖功名亦可不論矣。遂不揣謭陋而爲之銘，銘曰：

神明闢基，金璽建秦。疏爵大宗，以拓以蕃。八葉邊昌，輔國克振。篤生文胤，虹彩奔奔。揚扢攬擷，蔚矣詞人。昔在彤伯，司宗佐功。遺澤罔斁，賢賢親親。於嗟偉器，散逸不辰。誰云散逸，譽望嶙峋。八法窮要，六義載陳。

出備侯駕，野著隱巾。考鍾延客，譯唄尋真。化刑伉儷，文襲後昆。逍遙偕老，六十餘春。曲江兆啟，云樹葱蓁。詩魂憑弔，月朗花新。

明邑賢侯張停一先生去思碑

先生晉猗氏人也，猗距原止四百里。先生爲諸生，聲名播秦地。歲甲午乙未，原之老生預筴晉士入轂，必首舉先生。尋果以省元聯第，值令缺，即又筴新貴之適爲令者，咸望先生。以先生近便習吏民風俗也。尋果除原令。下車，士大夫百姓以名故爭覩。先生方弱冠，驚曰："是顧任令乎。"是時，邑紀法少隳，猾掾末殺滿讕，善司候冀竊意旨，而署中諸隸與郭西豪惡通行飲食，一切夤緣爲奸。先生至，盡按捕其主名，內外諸不法以次受罪。已下令開示自新之路，俾黨與解散，不者且坐。于是群奸脅息，境內一時肅清矣。爲治數月，上官暨鄰封咸首推三原令。神君寮采有貪矇者，至不敢均茵馮。其赫然以才望著稱，見憚如此。邑百賈輻輳地，民習僞頗多，浮訟號冗劇難辨。先生以半晷剖判立已，以事謁見者起不雞鳴不能及，無冬夏皆爾。迹其爲，雖宰十邑不能難。性簡樸，不喜華，靡食常一肉。夫人希繒采。邑中往來供餉與縣役繕造悉從省，抑以節犝養物力。燕處輒讀古今名書。數延見篤學之士相論說。善識士品，能預言士功名。以文知之所拔優異，多列名薦紳者。戊戌，上計政最，中流言幾廢，事雪還職，邑人欽呼迎道左者千萬眾。明年遷比部，先後以父母喪歸里，民踰河弔慰者相繼，前此所亡有也。先生去既久，邑人歌思不絕。曳石子城通衢紀述功德，以識不忘。而以文事屬不佞復，余固先生所拔士也。即智止知汙，何敢阿私好。向侍先生覘所施行論議，咸當時可用于世。若夫傳訓藝文妙從性流，厥肖爲難。蓋年類子奇而敏練，似倍政如黃龔，而經術尤長，與古之以名吏稱者眾矣。巧法者事鉤棘，驕縱者扞禁罔。察攫肉于道旁，痊輿尸于桓東，刻核已甚。他如延壽之傳總建幢，張敞之便面拊馬，威儀不法，胡以示下。先生於此俱無有而俗易民安坐，使觀者目快，而聞者神嚮。偉哉！寧靜致遠之規不可及也。嘗考西京之治，孝宣爲烈。史載其言曰：庶民所以安其田里亡歎息愁恨之心者，政平訟理也。嗚虖！我無爲民自治，我清靜民自正，政平訟理，有殊術哉。原更數令君無碑，碑先生則不以久格，人心可知矣。先生諱應徵，字元聘，別號停一云。

少府間寰杜公生祠碑

國家設宣大鎮衛京陵，由撫院司道下屬于郡佐。指臂聯絡，要以晰遐方肯綮，爲邊民權利害。懷隆，尤宣之雄區，稱三輔咽喉云。宛州間寰杜公領別駕，視餉保安，宵旰拮据已。幾閱歲業遷兩淮運副。士民立請借寇復以新銜。受事者二年矣。公既念士民依戀，又在地方久，習知風土沿革。每祁暑耕斂履藉封塗，慨然歎曰："此非古幽州地耶。其水桑乾，其山黍谷。寧與古昔少異，而古以則壤，今以沙磧，何也？吾聞大智貴因其可導大利，不襲其陋安。故山川者民用之資也，高低者起事之師也。使南皆必舟，而北皆必車，則洪河幾不可濟矣。使水墾遍南，旱穮獨北，則秔稻幾不入北人之腹矣。"于是殫心研慮，稽實度宜，截束迉之間波，理塍畦之潰穰。蓄洩既備，原隰無滓，嘉與募丁。顧役輸胼胝之勞，覩決渠之利。曾不數月，保安新城之南開稻田萬餘畝。問其浸灌沃衍，則向之确磽也。問其鳧泛鷺翻，則向之燥鄉也。問其濟濟穗穗，則向之黍菽地也。問其場埒所登庾廥所積，則玉粒白粲也。誰謂荒徼一片地，幾與水國甲賦之域同其滋產乎。厥功邁矣，邁矣！州鄉紳士民感德圖報，割城東數弓建祠三楹，世世尸祝杜使君。落成，徵不佞記其事。余惟今天下財力不啻竭矣，以民養軍，以內地養邊徼，以東南養西北。戈弩之士延頸以仰飛挽，轉運之處繭足以苦供億。居者方恨露肘，輸者則謂填壑。憶成弘間，邱文莊、王文恪諸名公每言京東及三邊地皆可耕種，當募民倣屯田法，歲省漕運數百萬。近曰京東之議名雖行而久不得其要領，實利罕臻焉。嗟嗟！吾以爲獨不得如杜使君其人者，按法規古條置擘畫，留百世之澤，創非常之原，俾造化不恨美利之未開，小民得畢手足之實用耳。夫荒地可墾，旱田可稻，如保安者諒不少矣。抑余更爲善始者誨令終，其語保民曰：歲歲繕築隄防，異日沃衍，不致夷爲榛莽，徒使爾邊民迫于佃種催科之擾，即杜公德政常寄于來茲矣。公諸善狀莫可罄述，余祇撮其沾民彰著者。公諱齊名，別號間寰，河南南召人，某年選士。

按察使胡充寰先生生祀碑

懷來，當京輔肩掖，實上谷要害地。充寰先生由樞曹奉命，備兵茲土。數年，威惠大行，加升按察使，駐懷來如故。先生產東南，以文章高第，著名海内，而更嫻習折衝禦侮之略。顏行軍實，蒐獮簡練，鑿鑿究明傳以溫煦，期窮塞沽，實利所部。郡邑仆者起，呰者完。窺伺之虜，伏不敢逞晉之疆鄙，毗先生如畏壘群望，爭建祠祠功德，恐後而保安之民被澤尤奢，其感恩圖報彌甚。郡故宣鎮瘠區也。賦逋丁詘，歲時匱絶。先生按其境，相土宜，覘水脈，曰："是可以稻。"於是力主讜議，抉壅濬淤，鍤畚雲興，遂開田萬有餘畝。沙澆之域，一旦化爲沃壤。余惟論地于北，百不一水。水寡難蓄，百不一稻。至論地于邊，且百不一禾。漢秦川以水田爲陸海，以畝獲一鍾賦上，上以屯田實邊爲良策，即未有兼興秔秋之利者。昔渤海善政，止云易刀而犢，引涇興謠，但取能長禾黍。故唐王建有云："遠徵海稻供邊食，豈如多種邊頭地。"水田北土真稀有事矣。若夫赤穧白霜，芃芃秷秷，農祥在手，燥濕無權汙邪。滿車快見荒徹，雖古邵翁卿勸耕，南陽溫太真置田橡課畝，督其功實，亦未有偉邁若此者也。是先生非常之功載被億世，一祠烏足報盦。閭郡聚族子來顏貌尸祝，聊以寄伏臘祝籲之忱焉耳。他如創修黌序，聿興人文，廣置學田，永贍貧士，掩骼墾荒，均餉清伍，築城以固圉，積貯以備災，諸績效不可遍舉。直爲一方之人，揭其興利之大者，俾識之貞珉。歲時艾柞登塲，里父老薦新堂宇，且跪且歌曰：微使君厚澤，不及此。猗與！先生蓋生而享千禩之奉無怍色矣。州守李君并李衛幕攝諸士民意，遠徵不佞復言，先生復父執也，樂爲闡述，即才窘胡敢過辭。先生諱思伸，字某，別號充寰，由萬曆乙未進士。

明中大夫四川參政楊元夫先生墓表

嗚呼！此賢薦紳楊元夫先生之墓也。先生之才之功，海內共推稱之，顧不欲自露。長居恒厭近代碑誌之文率浮夸，無謂其人若不國史郡乘見，而徒借文士鏧悅以飾地下者可恥也。綿愍日屬其子，撰述生平不得溢辭，曰："兒輩能自不阿而翁，吾取其近真。"蓋先生之爵里世系，與夫發迹司理之異政，權關督餉之勞勤，其志則詳之矣，不具論。論先生事關廟社名義之重，其彊不屈之守，恬退之概，凜凜有古人之風，故特表焉。國家制戶部諸曹郎最廣東司，司主一切金寶珍奇以備上方典禮。今上之戊戌辛丑間，遇兩宮成，則有輔宮安置之費爲巨萬者，數尋以冊立皇儲及分封諸王所責辦金珠約千百餘萬。詔下切責不可以日，大司徒官屬俱相顧失色。是時先生職其事，則下其議于司。諸奸賈連中涓，夤緣幸較，官寺鬧如市。先生顧听然笑曰：度支歲所入幾何？額解邊餉幾何？而能應此，無何，索益橫。洎日，十數輩來鑽且恩先生。先生堅不動，致上怒罰，力爭得漸寬。所供不過什二一日，傳旨立進金四千五百兩，鑄册寶。蓋明日封期，偶册缺。監璫與政府錯愕，不知所出，以二校遽掖先生入，云奉旨急宣。璫固欲先幽繫詣室，以聞求謝責也。先生入，抗言曰：屢年進金幾二萬，政備，今日不意舍所積而外求金，即求金當貨之商，必俟往例鎚量鋌傾，恐時不可待也。趨見政府，言便宜。政府許諾，則召諸商，散其直使，括民間金釧珥俱得，至甫暮册寶就，次日大禮告成矣。當校傳呼時倉卒震慴，先生過其鄰友張某與訣有不測，幸飭我收我。事竣，先生夷然就列，大司徒及朝紳咸敬重之，謂楊郎膽氣識力皆不可及也。然竟用是忤內廷意，守官十餘年不遷。會九年考績故事，九年考例不引奏，復職當還印俸出部以聽。大司徒憐惜其才，急咨銓宰。銓宰以四川大參酬先生勞苦，疏上屢催，復久不報。于是乞轉餉，休沐歸里，憮然歎曰：丈夫懷銀垂組，浮沈長安二十年。適值其難，殫心力以贊襄大，本私宰可免瘝曠，然亦以是倦且耗，何乃婗婗圖顯貴無已時哉！上書乞骸骨自老，遂寄意梅竹水石間，若影掃跡，謝絕豪游賓客。間與故老徒步過市，不知其爲貴大夫也。家居三年，是爲庚戌，始得報遷。而先生長嗣之璋成進士，諸子爲孝廉諸生，皆知名。先生益絕仕進意，高臥不起。冢宰素知其賢，以書趣行，有今日此舉，正見朝廷獎恬退美意。惟望俯回東山之志諸語，先生竟不肯起。又五年，以壽終。其斂具布衣幅巾在生所自製，子孫不敢違志，稱中大夫者用子三原令最績進封云。來子曰：余弱冠入都，習先生名，心慕好之。久之知交先生二子，又過獲嘉聞之高思忠師，頗悉先生大節。邇竊祿同曹感激時事，見主計仰屋廢箸，太倉日匱乏而不可支，喟然太息。安得元夫先生復作與當事縷縷佐籌筴哉。嗟夫！先生揮之甚廓，韜之彌約，任職既勁，返服何託？然當夫挺然無媕，泚時固知其能邱壑矣。怡真以委化自如，豈同世人徒競功名之虛薄耶！

來陽伯文集卷五終

來陽伯文集卷之六

明三原來復陽伯著　　邑後學李錫齡校刊

狀

先考承德郎兵部職方清吏司主事小澗先生行狀

嗚呼！先生以萬曆壬寅夏五月晦日卒於榆關司馬分署。先是先生在太和滿五載，稍聞內召信。不肖兄弟偶辭歸就試里中，而先生病，病祕不與聞已。不肖復、臨至太和，先生病瘉。是時先生拜職方命將半載，家人報期迫，亟傳詣長安。少罷，謂長安多醫，遂就醫，病益瘉，于是復仍歸里中。臨從先生榆關任居兩月，先生手書視不肖汝父近便腹如故矣。無何，訃至。蓋病瘉，又有毒瘡當額發，竟潰敗也。痛哉！不肖驚犇號痛，備極艱辛萬里，靈櫬獲妥故土。賴諸達人賢士慰諭得不死，喟然太息曰：先生果真死哉！以先生德行治功，年顧止此哉已。念先生稟閑淑之氣，出爲末世範模，天靳治平，殄滅大德，人力且奈何？然先生雖死，而其懿媺爛然，彰灼千古，天不得復如其年而阻抑之。此在當世名公大人寵賜一言，華袞泉臺焉。謹狀：先生諱儼然，字望之，別號小澗，陝西三原人。先世有諱恭者，仕洪武中爲名中丞，然世系不可考。可考自諱得甫始，得甫子諱景賢，景賢子諱子春，子春子諱肅，肅子諱鏜。鏜二子，長諱時良，次諱時廉，封浙江道御史，先生大父也。御史公三子，其次諱聘，曰雲峰公。次諱賀，曰碧澗公者，同舉於鄉。雲峰公成進士，累官憲副。碧澗公獨厄于春官，去爲雲中郡丞，旋以莒州守罷歸。公與元配張宜人俱五十無子，取翟宜人，夢神旌其門署，曰五嶽鍾靈。遂生先生。既生，貌豐偉魁岸，性不喜嬉弄。碧澗公晚得子，無意督之學，先生自知學。碧澗公以《易》起家，先生遂問《易》。碧澗公旁通五經成誦，先生輒又問五經。十四爲諸生，好覽古今書籍，意所欲購，不惜市之吳越，至即遍閱。不問家人事，常屢旬不出戶。人微伺所爲，方拈筆摹古人詩文，訢訢忘倦也。詩法盛唐，文法西漢，于明則好弘正間人詩。每一篇出，學者群推許之。先生乃謙讓若無甫冠，安和好義，貞靜簡恪。交必擇人，處必定所，不作矜莊，人自難犯。先後丁艱，哀毁骨立，幾至不起。諸祭儀葬具，豐約適宜。其世俗賣偶車馬，下里僞物，一切諢鈕及浮屠家事，悉棄弗爲，邑俗丕然一變。是時先生一布衣，學已大就，人莫不識先生爲廊廟器矣。乙酉，先生舉於鄉，明年射策不中，念東南山水人物劭秀，遂乞例游南。太學大司成鄧文潔公試而奇之，日所講業，率海內名士。歸益貯奇書，拓地屋西築集古齋三楹，朝夕吟咏，不間寒暑。每靜坐焚香鼓琴，澹然自適。踰十年始成進士。其年乙未，先生蓋四十一歲也。先生既蠖屈久博士業，不肯降調從時，儕輩屢勸諷之，不應，退謂不肖曰：「必有知我者。」及中試，果出南充黃昭素先生門。昭素先生，絕代人也。于是儕輩引服。無何，銜命督餉，便道展拜碧澗公、兩宜人墓下，悲不自勝。明年，除穎之太和。太和，畿輔支地，民貧善狡，禮制替湮。值大祲後，輿服器用不具。先生毅然自任，曰：「此獨非古韓黃二公教化地耶。且治必治地，是因彼手披草莽乂蓬蒿者何人耶。」條例諸士大夫以次見，見各有儀。繩奸吏惰恣猜禍者，察黜卒以口嘗者。明日坐堂上，揭令甲十款語約而覈，是時訟者數百人羅墀下。先生進邑中長老，爲陳和睦親愛，銷除讎怨之路已，威之以法令。欲訟者止，欲息者出。長老感泣，各諭里社民，趨出者半。太和歲租二萬石有奇，往四時賦羨什二爲常，民多竄匿。先生一切蠲除，絜令告民。某民春租餘銖，即夏免輸銖。百姓復業，積逋不戒而完，官舍蕭然，自給常祿而已。常教民力農桑，廣蓄積。時行視阡陌，爲民開通溝瀆，起提閼，以備蓄洩。貧不能耕，公府給牛種，惇明誠信，爲小民先飭，僞必重罰，首過獲矜宥。邑中行喪讓財者獎之，孝弟力行者表之。鄰封有烈婦，親詣其家，爲文祭之。士不肯力學，反覆誨之。甫期月，士民興行，會直指周公行部至境，和民數千人遮道請留令，令旦夕調矣。直指公大異，問之若輩，烏能預知耶？數千人應聲曰：邑小而令最賢，勢必劇移檄至，恐弗能留也。直指公許諾入壽春，數千人夜至壽春，匍匐門外，聲哄如雷，役吏驅之不去，曰：「俟使君疏上。」乃去。直指公益大異，勒父老入。父老盡入，陽恐喝曰：「此即令教汝爲耶！」曰：「令實不知，且令何利和也。」則又慰曰：「邑令亦何政得此于民哉！爲我數之。"父老叩頭謝：小民不能口悉令政，第太和不可一日離此官耳。頃之，果有調曲周明。直指公以民能舉於未事前，急奏留先生。疏中"理訟不罰片紙，收租不羨一錢"等語，咸訪之父老口中，不虛也。先生既留太和，益自奮。常雞鳴起，深夜始寢。爰書公牒，必詳必親。鄰封人詣上官訟，多冒籍爲太和人。往往訟牘盈案不移時決，而諸上官以事委辦者旦夕紛至，知交過境上累相勞苦。先生不少逸，每謂人曰："食人之食，忠人之事，欲安逃哉。"紀姓者恃財而蔑人中以大獄論死，先生以死非其罪，立訊出之。有賊夜入酒庸家，殺庸，鹵其財去。丐兒小霍竊覘賊過市，賊對簿不服，曰："我常夜過足蹴彼，彼恚我，故誣以盜。"先生笑曰："此真女也。女蹴彼，正試其睡熟不耳。"賊即伏辜。旁郡有數年修怨者兩人，一人潛投府中，書怨者姓名，自告盡己所未有事，更賕郡滑關說。事下先生，先生一訊即得，曰："黠奴，此即女自告女耳。律告人俱誣抵坐，女欲抵坐，彼雪女讎耶。"郡滑股栗，立首所受賕，具以情對，曰："使君神人也。"左右驚，顧以先生盡知人陰事，咸齚舌不敢欺矣。其聽政公平敏贍，大愜人心，皆此類也。穎地故多盜，盜至，白日剽劫，伐民家屋舍。先生居久，習知其計，議主名縣賞格，遣率分部逐捕，無得脫者。又置正伍長，廉里甲，不得舍奸人，盜益解散。稅子鋪富家高氏居貨崇樓，群盜偵先生他出，則糾衆持劍弩，渠魁衣黃襜褕，發礮攻高氏樓，掩其主人與一妾一子，縛之，鄉賓圍者數匝。賊衆挾主人乘樓大呼，矢石如雨，諸吏相視莫敢前。先生聞即馳至，下令挺賊，高氏唯一子有能保全免死。群盜望見先生，已皇懼猶據勢跳梁。先生度日暮，即鄉兵擁鐸拱稽易懈，賊宵遁矣。急勒士卒張弓，左右翼藏力士車下，引錐穿樓，縱火焰蔽天。群盜驚潰自到，相枕藉死，尚生獲二十人，俘至庭下，悉磔殺之。高氏妻子乘間墮，無恙。闔邑歡呼，竟傳其事云。先生作令五載，其營精殫力，爲太和民計久遠，殆將以身殉之，政成，上下相安。歲稔，風易入其境，陂陁衍沃，菱藕葦蒲之茂密，皆躬爲栽培。其學宮雉堞官舍鄉亭，煥若更造，皆曲爲建置。先生始以其餘少優游於琴書花竹，以尋夙好，然而意常有以奪之矣。先生即規劃，不出一邑乎。每用心于人所不見，故不如沿迹者，能巧成功。然一民不和，憂爲不除。一事未就，席爲不煖。人重以此感德。及應召將北，城中奔走如狂，繪圖伐石以紀治行。邑薦紳學士擷拾績效，爲聲詩刊布，名曰《來侯實政錄》，中臚列類析，彰明詳備。瀕發，老稚攀遮車前，車枳不進，號泣嗟歎之聲動地。邑民力可前者，咸裹糧馬上，絡繹以從。抵彭城，踰大河，轉徙十餘程，不得已望塵痛哭而返。嗚呼！此不肖所親見，即古詩書稱說者，亡以過已。榆關，左輔要地，東有屬國貢獻之役，北有匈奴非常之變。然無獄囚錢穀檄牒諸繁務，部使者謹啟閉校出入而已。關新設中貴人，事無郵。中貴人毫不敢訛娸關法，諸賈往來皆予符，要期符列名籍甚具。後期者不得入，聽贖鍰入。先生恥弗爲，視符無他，悉得徑度。于是釋貧賈不得還者無數。土著民亦有符，符久漫滅，先生爲易數千符予之，民大悅。視事四月寢疾，關民走群望撾鐘鼓禳禬，日夜不絕，偶先生故知顧朗哉。公來，先生日握手與語，而不肖臨亦日侍牀蓐。先生目瞠猶聽臨誦詩，口授應答書，自謂無恐，倏忽竟不起。嗚呼痛哉！往先生令太和，食指日眾，官日貧，頻割家中橐佐費。數月，關司馬益窘。先生死，釜無夕儲。訃聞，遠邇驚悼，請于上立祠。旌旂西旋石河之滸，千幄祖哭。部中材官斗食曹史隸圉之屬，朝夕哭奠如家人禮。取道宣武門外，都中薦紳故舊越數舍臨弔，亡不人人洄涕。而鄉先達總憲亦齋溫公、大中丞健庵劉公各使使馳諭所屬，毋得稽靈輀路中。於是不肖孤閔免扶輿歸里。到日，族黨哭於柩，親友哭於道，商賈哭於市，婦女哭於門。背秋歷春，車馬弔唁不絕。即屠夫菜傭相與持雞酒拜伏柩前，淚淫淫也。由遠近尊顯，以及里閈門下弟子，誄辭凡百餘篇，篇多至數十人。太和、榆關人來者亦數十人。嗚呼！人謂先生官卑年促，修德逢禍將爲善者怠志，且先生最難及者無跛立，無還視，無黷好，無流心，規模識度性符聖賢。斯人也，而有斯疾也哉。居太和日，有巨虎臥民家籬傍，群兒不知，往觀之，虎不噬人。鄉人共逐之，殪于卧龍岡。太和將百歲科第絕，是年張君名，名立應薦先生作紀，異文意爲張君祥也。然乎！否乎！太和四面平野，烏得有虎。虎，獰物也。其不噬人，實先生仁政所化耶。虎不噬人，人殪之，意者即獲麟西狩事耶。嗚呼！先生關於世大矣。先生居喪有曾參、高柴之孝，處鄉有仲弓、彥方之行，持身有萬石君、直寒侯之謹，居官有鄧伯道、楊伯起之廉。以國瘁身，有虞幕、夏杼、殷上甲微、周高圉、大王之勤。身死而民尸祝之，有朱仲卿、王稚子之惠。里人輟相罷市以思先生，有五殺大夫、鄭僑之遺。生備純德，沒全令譽，語稱修身俟命，夭壽無貳，其先生謂乎！他如裂券散財，卻金讓貲諸行，或人所共知，或人所不知，不能悉數聊述先生大者。先生以嘉靖乙卯十一月四日寅時生，距卒得年四十八歲。所遺有《自愉堂集》十卷，不肖將謀殺青傳於世。仕凡六載，以最績覃恩領封命各一。配王氏，文學王公女，端毅公五世孫也。生子即不肖復、臨，卒贈安人。繼張氏，文學張公女，生子恒。卒，繼王氏。王氏、王安人弟卒，皆先生自爲志。繼王氏，亦王安人弟，封安人。副室崔氏，生子蒙。復聘趙氏，娶王氏。臨娶胡氏，繼王氏。恒娶趙氏。蒙聘師氏。孫男五，嗣厚、嗣學、嗣績、嗣敏、嗣寬。孫女一，述姐，俱恒出。嗣績爲臨後。不肖兄弟卜葬於城西祖塋，巽隅先生志也。謹抆淚具狀幾下，執事採焉。乃若不肖譾陋不文，棄遺大德，且惶愧欲死矣。

明處士順齋員公行狀

不佞復甫束髮，輒交員射斗兄弟，射斗師先司馬，又爲余文社友。兩弟皆太學，狎與余作里中杯酒游，故不佞尊事射斗尊人，往來慶弔甚密也。客歲戊申，余入維揚，尋入淮，值員氏兩太學客淮。居浹旬，則從容語余曰：惟子之悉先君生平也，子之筆勝不肖兄弟之口，兩不肖行將歸，與伯氏共除墓地，謀所以妥先君之營魄矣。聞廣陵有陸先生者，名家也，雅善子。不肖將以先君不朽事託名家者之言于子。非子無以狀先君，非子狀無以信陸先生。來子聞之，泫然動念。員氏兄弟其知孝乎，任之不辭。狀曰：員公諱惟聰，字某，別號順齋，世陝西西安府三原縣人。勝國時有諱大者，力能開渠施地，作義舉，氏族遂著。大生義，義生善，善生宗，宗生鐙，鐙生得時，即公父。公生而形全骨健，爲人沈潛不露，當機則敏。少就學通大義，棄去服賈，居常云：儒之名尊，計所獲利似多而迂。賈之名卑，計所獲利似少而捷。權所爲賈宜何處，其賈鹺乎？江淮之間，賈鹺者稱上賈，見官府頗加禮焉。諸鹺賈率皆衣輕筴肥，竟尚綺靡，或沈湎狹邪理絲竹，因而意錢博賽，矜玩時日，服妖災身，奸利殃禍，比比而是，故鹺賈之名視他賈歲尊，其獲利卻迂，而取敗卻捷。公同其兄賈江淮二十餘年，未嘗泛交一人，未嘗侈用一帛。里中輕薄者笑其俚，豪奢者鄙其嗇。公毫不爲動，竟用纖儉大起。往余交射斗兄弟，時已罷賈家居矣。見其心計愈周，料事愈中，籌較一定，諸子入市縷悉不爽。曾爲余言，若若太盈宜傾，若若太浮誇宜竇，若若之用謀乖而行悖宜躓，率驗。覯游閑子步作奴馬，儻莽不軌，便指其背而訿謗之，曰："何無恥也！"性不喜建大屋子，每引"肥土之民不材"之語以爲戒。家中一切米鹽凌雜，必親督理。每引"泰山之石穿溜，單極之綆斷木"之語以爲喻。跡其識力類有道者。射斗則告余，先君幼實讀書，常採古人致富之術以爲用。纖儉起者什七，魯之丙，周之師，所最服膺，更愛柳玭家訓一款，云："夫名門右族，莫不由祖考忠信勤儉以成立之，亦莫不由子孫頑鈍奢傲以覆墜之。成立之難如升天，覆墜之易如燎毛。"孝慈友弟篤信，食之醯醬不可無也，曰："小子視此，是與汝父諄諄之諭奚殊焉。"家居，諸子用其術，益起。而向之笑公俚嗇者半來師公。壬辰之歲，邑中溫太保先生與令君獲嘉高可愚先生倡義修城，尋又建石梁。公先後出數百金佐費，慨然無怍容。官府欲以義爵公，公跳弗御，曰："吾野人也，奚官冠？"狀稱公處士，予其樸素有士行也。公生於某年月日，卒于某年月日，得年某歲。子三，長即射斗，名文開，諸生，娶梁氏，繼娶張氏。其兩太學，名文獻，娶某氏。一名文熙，娶袁氏。女二，一適諸生梁應增，一適某。孫男某，孫女某。謹捃拾公梗概，冀大君子採焉。惟賜之華袞，俾人人知質行淳至者之無沴于天，而常裕于人，亦風世大權也。豈徒員氏世傳，即江淮間諸賈亦知適從矣。

太保溫亦齋先生小狀

公弱冠爲諸生，便凝重不苟言笑。事二親，天性至孝。受督學孫淮海先生精一一貫與爲仁之旨，持以終身。筮仕壽光，清白勤慎，密擒巨寇馬天保等，境内乂安，爲齊魯循良之冠。居諫垣，侃侃正直，發撫臣無名之餽。劾司禮陳洪封贈父母之請，阻輔臣添文武大臣益三大營之議，卻奄答通貢求媾之謀。坐是忤權貴，不顧，出參楚梁，益勵清操，所至著勣。晉太常卿面規江陵奪情之非，以忤意歸。江陵敗，起官巡撫兩浙。值兵民兩變，後加意調停，又著齊民要書以導化之。興治善俗，褒良剔蠹，陰裁兵耗，省絕交際，皆有石畫，越中著爲令甲入秉總憲，公忠亮直爲僚屬率，門無包苴，庭多俊彦。常請下考選命，請停礦稅，請釋被逮，諸臣疏十餘上，不報。遂約諸大臣伏闕大哭，自巳至申。上震怒，遣中官問主名，公慨然對曰："臣純也，爲社稷生靈計，不敢愛死。"尋宣旨慰藉，偶上違和。忽有旨罷礦稅，釋幽繫，下行取考選之令，中外忻然。公慮有中變，急與司農冢宰謀，即日趣行，取諸臣到任，謝恩訖，獨司寇猶以出幽繫，俟再請。明日果反，汙知者服公先見。公在位，夙夜匪懈。國家大政大疑，朝士皆賴剖決。嫉一二奸媚，思爲君側逐惡，拚去就，劾之，大忤政府意。京察又奉公不聽，政府私庇，遂共排陷，公幾中以奇禍。公少不爲動，亦不置辨，一意乞休。先後疏屢十上，命下，蕭然單車出春明門。士紳咨嗟，以爲兩疏再見。居鄉，爲德里閈甚多，未易枚舉。其大者如倡義施粥活數千人，倡義創石梁修學宮、文昌閣諸工，功鉅費侈，迄底有成，而公先後捐俸襄助，幾破家爲之。登仕籍四十餘年，以直氣忤三權相，拂衣里居者數四。率閉門誦讀及課弟子，子弟講明正學，其反覆精一一貫爲仁之旨。老而彌邃宋儒所未能發，又定四禮式，還樸追古，邑俗丕變。間託興詩文，雅足式世。于是遠近從游之士數千人，咸感慕學行，興起于靜默真醇之教。大漸倏臨，途哭戶泣，爭建專祠于學舍河壖，伏臘祀之已。同請于當路，體請如王端毅公祠例，其恩德被人如此。古稱貞不絕俗，儉不偪下，生留茂勣，没被美譽，惟公當之無愧。允大臣之風節，真儒之實踐也。没，贈少保，已經會題，蒙旨予諡。禮部覆議，疏上未下，佇候專題。

給事中張玉坡先生小狀

公幼有異質，師事王康僖公，言動有法，而慷慨抱大義，不爲迂士曲。謹給事日，遇事敢言，條上十二事，切直觸忌諱，降貴州新添驛驛丞。居蠻方八年，樂道嗜學，毫不動心，造詣益精，著《黃花集》數卷見意。學者負笈從游，屨滿戶外，士風大變。憲廟初，復召還職。公感知遇，益以諫諍爲己任，所言皆當實不浮，上亦多嘉納之。無何，以諫大禮，杖死闕下。先是，公有停司禮監請乞一疏，中貴銜之，杖特拴關節，故死。時上震怒叵測，弔客絕跡。家人狼狽歸櫬，貧無餘金，幾不能舉含斂。子孫寠匱，衣食不給。哀哉！穆廟初，奉遺詔贈光祿寺少卿，廕其後。子孫單孱，遂未能陳乞請諡。查得近會題款中以言事殉軀，如給事楊公允繩、侍御劉公臺、錦衣沈公鍊，其操烈正與公合，擬應題請賜諡。

光祿卿馬谿田先生小狀

往關中有三大儒崛起一時，曰康德涵、呂仲木、馬伯循。伯循即公也。康工古文辭，公與呂以理學著。至于博物強記，考究天人性命之奧，旁及六書五禽星緯之數，有叩即鳴者，則首推公。公自幼師事王康僖先生，盡得其傳。困公車幾二十年，益習經世之學。多往來上都，共海内名士講明掌故，折衷百氏而用其長。其執禮如橫渠，其論學準程朱，而時自參異同。其學以主靜窮理爲主，不讀非聖書，不踐非禮之地。是時未離蔬屬而已，赫然名動海內矣。甫入仕爲郎，朝鮮王奏乞頒賜主事馬某文，使本國傳誦爲式。蓋公名位雖在下中，而聲望傳播已久，故異域亦知其名字耳。武宗巡游，上書極諍，被廷杖。後值議大禮，率百官伏闕號泣。世宗震怒，悉捕赴詔獄，復被杖，幾死。爲考功日，力罷執政私人彭澤，力留被劾當調者二人，魏效、蕭鳴鳳，爲正人。公論大快，稱真吏部。至于恬退之節，人尤難及，少不合意，即返服歸里，梅生之挂冠遠遁，陳實之飾巾待期，無以過之。嘗與人言身可絀，道不可絀。見行可之仕，惟孔子能之。下此須自揣分量可也。識者稱其愛道甚于愛官云。晚年手不釋卷，著述益富，然多散逸不收。公亦鄙小技爲無用，四方學者遞相接引，兼以縉紳過訪，求書徵文無虛日，門外喧集如市。年踰八十，童顏兒齒，飛步若仙人，莫測其所得。以地震暴殂，遠近驚悼。謂古稱單豹張毅之喻，非虛語也。大抵公學術正，持守嚴，脫屣富貴，俯睨人區，誠熙代之獻考，士林之山斗也。沒，贈都察院右副都御史。值子孫孤幼，不能陳乞請諡。往督學許公孚遠按秦，深慕公之爲人。今詔已允諡。公學行政相吻合而遭遇猶艱，擬應題請賜諡。

孟淑人行狀

淑人，憲長孟麟野先生元配也。先生以甲第宿彥，瑣闥名公，出入中外，作畿輔方岳，以清節篤行著聲，垂三十餘年。神宗丙午，主試關中。某即其所選士。一日，忽先生手書示某曰："余不幸病身，穉子賴荊妻調護，不意其驟亡也。神緒悄惘，思圖所以闡述逝者，用以狀累子贅志先焉。"某受師命，不敢以不文辭，狀曰：淑人姓某氏，少時其父母因禱高禖而生，有紅光異夢之祥，遂大愛，育之。賈人李升以茶袋聘，父母諾矣。夜夢神叱曰："曩戒勿與賈姻，若果竟姻，吾磔汝父母。"驚寤，立還其聘。時吾師麟野先生爲邑奇童，邑令李深加器重，身媒妁而歸淑人。淑人稟性淵徹，居家素樸，潞繐以奉翁嬉，縰縫以當紈綺，霜月杵砧，寒燈織紉。薄紅女之纂組，崇貞媛之縞紘。春冬間瀹草木葉實，堪食者貯之盈筐，曰："此救饑糧也。"尋大荒，資者如粟，其勤瘁灼識若此。先生既力讀不輟，淑人添線佐之。誦期百遍，寢過夜分。當時孳孳相勉，知夫子非久貧賤者也。已先生登第，授汝陽令，繼補固始令。滿秩，徵拜給事。循良直諫之譽，一時無兩。出監壩路，保障神京，所至淑人從行。布闉流膏，哀鰥哲獄，案鮮留牘，村無警吠。先生善政未易枚舉，乃其居中贊翊，增媺釋疑，當其無有其用，謂非坤厚作成不可。嗟夫！處約閑則在顯彌勸，簪蒿杖藜，足以易翟翹玉珈。聖天子録閨懿，累被貴封，亦可少償賢臣之德配矣。先生怊悵綴衣，撫悲輀路，將卜窀穸之晨，永妥幽櫬之託，莊歌潘淚，騈寫無窮。不佞某述師之大旨，仰幾立言，君子採焉。按，婦無非儀，以筓黛柔習庸庸耳。乃若碩人播咏江汜，化風彤管，所必録焉。倪天叶兆，齊眉無渝，如淑人可以旌矣。淑人生于某年月日，卒于某年月日，得壽若干歲。子一，之脈，娶岷州衛幕公一躍女。女二，長適大學士公鼐男廩生公甸，次適光禄丞劉清業男監生劉弘勳。孫女一，許聘別駕尹東周孫，得備書。

來陽伯文集卷六終

來陽伯文集卷之七

明三原來復陽伯著　邑後學李錫齡校刊

傳

先司馬小傳

公諱某，字某，年十四爲博士弟子員，輒以聖賢自待。性莊恪，不踐非禮之地，絶無跛立還視，鄉邑士大夫以迄小民，靡不敬禮之。先後居喪，哀毁骨立，諸祭儀葬具盡格，去下里僞物及梵唄、科醮諸害禮事，邑俗翕然不變。是時，公一布衣，學已大就，人皆指爲公輔器矣。乙未，登進士。孫太宰先生素習公學行，又曾覩公所著詩，亟推許，以爲關中人望選館無踰公者。公聞之，益退默靜處，恥以薦舉自售，遂除太和令。居官毅然法古循良口諭，訟者悉和睦銷怨之旨，更陳高皇帝六諭語。語至誠，父老感泣。一時懷訟牒出者幾半，歲租不羨錙銖，如春租少贏則抵之夏賦，積逋不戒而完。常行視阡陌，開通溝濆，起提閼，以備蓄洩。貧者散給牛種，獎表行喪讓財孝弟力行者。鄰封有列婦，親詣其家，文以祭之，士鮮力行，反覆誨訓。會直指行部，和民數千人遮道預留公，惟恐旦夕調去。直指至壽州，數千人夜轟至壽州，以法恐喝，請益力。無何，果有調曲周命。直指大駭異，疏留止之。公作令五載，善政不可殫記。至其清廉不渝之節，既家以官貧，不顧徵爲司馬郎，士民爭立祠伐石以報。其攀挽泣送，皇皇如失慈母。司馬監山海關，操益冰蘗，待中貴高淮不惡而嚴，更繩其下猾黠之徒。民倚爲山岳。關例出入給符，要期過期率以鍰贖，君一切蠲止。貧賈還鄉者无萬數，然宦橐貧窘日甚。視事甫四月寢疾，商民走群望禱禬。卒之日，釜無夕儲。訃聞，里中悲傷思慕，婦孺輩皆哭。太和及關民來弔者百餘人。邑士民公舉鄉賢督學使者臧採公議，批行間遷去，代學使梅允行。入祠日，闔邑歡呼遮道，祭奠數千人。蓋公生備陳仲弓、王彥方之純德，故沒有五殺大夫、鄭僑之遺思如此。他如裂券散財，卻金讓貨，公之餘事耳。公大名在海內鉅公文人之口，楚李本寧、蜀黃昭素、新城王大司馬、邑溫總臺、四明屠長卿、廣陵陸君弼諸先生咸有譔紀，皆屬實錄，遷、固循良列傳無以踰也。公已不朽矣，列之國乘，輿情愜服。

丁母郭宜人傳代

蓋余同年友丁君泣爲余言也，曰："先宜人棄不肖迨三十餘年矣。是時不肖尚在抱，彷彿記呱呱泣耳。逮今不肖稍自豎立，始得以先大夫即世之明年，啟隧合葬，徼惠長者業志而銘之。念先宜人之爲先大夫者最苦，其所以食先大夫者最靳。志敘先大夫而略內行，體也。嗚呼！笄褵之儀，掩于制義，爲之後者亦聽其湮沒不聞，即先大夫與不肖心俱未能已，敢再乞明公爲傳以傳。"某子曰：唯唯。按狀，宜人生邑之張村，先世多陰德。父亨見宜人少貞靜，寡嘻笑，愛重之，習知河間公名諸生也，遂許婚。宜人婦丁，善事孀姑，太宜人飲食必親必潔，四時絣絍太宜人衣被，取其溫窣，猶惴惴懼不稱。常侍夜寢，戶不扃不敢退。太宜人又善怒，宜人與伯姒屢被斥喝矣，終委曲奉色笑，毋敢一語錯迕，且毋敢一語錯迕伯姒，傷姑心。太宜人久之喜，呼曰："孝婦！孝婦！"河間公爲諸生時，好夜讀，常至極夜。宜人則手女紅佐之極夜。是時朝勤夕瘁，一身井臼膏火間罷矣。已河間公第，自司理陞授戶部主事，得蒙勅命稱安人。繼以本部郎中，又蒙誥命稱今宜人，翟翹霞褕，浸浸顯貴，猶不忍御金珠，僭紈綺。所製帛衣，必獻之姑。無異向時色笑，太宜人益喜過當。又爲河間公納媵，遇以殊禮，撫其出如己出。從至河間，方將迎太宜人，益修婦道。而河間公亦欲藉是勞苦宜人，宜人旋卒于產。蓋早年拮据內務，又數乳兒乳孫，故不任產，竟以罷敗也。嗟夫！櫬歸，河間公慟而誄之，有"克順克恭不忌不妒"之語。及抵里，太宜人撫其棺，哭曰："孝婦胡至是！"爲卻食。而媵張與子姪僕婢，以至戚族無不悲歎宜人者。某子曰：甚矣，賤與貴之難處也！約于乏甫得志而渝，即丈夫爲之，況女子哉。以宜人始終不醜貧，即知孝與不妒，亦天性素樸然已。微時常歸寧，值乙卯地震之變，父與其家人半壓死，宜人獨無恙。聞空中神物呵護之，一時人咸稱異，以爲孝感矣。由今思之，有未盡然者事在余同年友，蓋更十餘年而後有是子也。宜人所不能待于河間公者，償之子足矣。宜人生于某年月日，卒于某年月日，時得年三十七。餘俱詳墓志中。

張仲公家傳

涇原之間推望族，首永昌屯張。張氏兄弟曰仲公、季公，一時踔躒里中，人人侈談之。季公，先司馬同年厚友也。而兩公之嗣光祿君鳳翰，中書君鳳躍，冠軍君鳳翃，皆以世譜與余交好。故不佞某雖晚事仲公，而知仲公最深。夫士君子操觚立傳，傳其可傳者也。非有殊絕之跡，而徒塗飾鄉曲細行，浮夸失實，野史濫筆矣。以余所聞見，張仲公其人洵可傳也。今世所紛逐不休者，富貴兩物耳。兩者不能兼得，丈夫有志之侶，于其中處就一焉足矣。然古之達人云：富者苦身疾作，多積而不得盡用。貴者夜以繼日，思慮善否，均足損形。若是者，是爲兩物累，必舍此而後求脫然乎哉。乃仲公致財不貲，歲入可敵斗君之祿。屢十萬貨之情在掌，造化若預示其盈縮。豐貌美髯，與衿紳酬對渾樸道容也。吉凶燕享，率子弟先宗屬，崇度準禮，儒素風軌也。賑則傾儲，貧則已責。恩施怨加者受，順往逆至者受。而我之德彼固若忘也。斯不可望之信陵君以下人，而仲公裕有此度詎易及耶。昔子長豔稱貨殖諸人多由纖嗇居積，而播遷豪奴借客援交以攫取起家，亦復有之。《漢》史傳萬石君者，二姓率慎，以保祿無他術，若卜之畜牧，樊之漆梓，歲計有餘。餘寧幾何？至朱郭季原輩一通賓客，自豪而文罔加矣。仲公二十南賈，五十即還。佐急行義之事不勸而爲，無纖嗇之名而檢常嚴，延長者之轍而欲不縱。家居治渠築園，四時種植，招親舊之賢，澹然于枰檻之間，視古所云苦身疾作損形之累無有也。覘公似託足于所願之途，以行其志，卒能脫屣置之乎。止以富之一字，概公使與徵逐，鼠肝鳶腐諸虜同類絜之，恐仲公地下蹙額避也。凡公沈毅大節，善貽令緒。《李本寧先生志》、《韓太史狀》言之悉矣，故不具論。嗟夫！海內此時窮甚矣，窮民敲吸絕矣。安得夷吾持籌引公佐議，括天地山海自然之利源源湧輸，濟公家急哉！

梁本初先生傳

昔人有言，道在山林則山林重。是則非山林之能重道，惟道能重山林耳。處士見稱于古今人者，行也即往而不能反，亦其孤貞之氣，恥受垢於塵壒。故寧負俗見譏而戚施籧篨，工妍取媚以婥阿人世者，絶不爲矣。善夫！荀卿之能發明之也，曰志意修則驕富貴，道義重則輕王公。然則謂山林足以修志證道則可耳。今天下山林之氣，習穢巇盡矣。山林其資也，交游其市也，片藝投好，忮懁斯深，微譽一憑妖僞百品，寧直純盜虛聲而已。來子厭苦之，爲本初先生作傳，傳曰：

先生諱時元，字本初，别號草齋，家世陝之涇陽人。上世頗饒于資，至先生而中微。先生性恬淡篤靜，不喜世俗浮競相欺誕。少年以貧乞爲胥史，惇惇惟謹。已乞爲抱關吏，三徙率稱職，顧雅不屑俛仰隨曹。偶暇，即閉門清好，日婆娑琴書筆硯間，自以爲樂。是時上官浸浸察先生長者，不以常禮格之矣。顧先生貧益甚，偶感疾，悵然歎曰："大丈夫安能久爲人役哉。"一擔歸里，拓草屋三楹，僅足蔽風。日汙鏄抔飲，自甘藜藿，以耕課奴，以書訓子。人謂先生生計日疏，先生笑謂我計足也。畫學董北苑成家，詩質樸多實際語，獨好爲題畫詩，往往得佳句。晚年嬾作詩畫，閉關扃戶，經月不接賓客。耽玄守默，覓至人久視之理。迄今八十，髮漸黑，頰顔如童矣。先生常爲人言曰："使我牢牢世路間，即可暫謀朝夕然。塵苦崩迫，不得有今日已。吾猶憶古稱呼吸吐納，雖度紀之理，非續骨之膏，然乎否。"蓋先生與先司馬莫逆，已又與不佞忘年。凡一切舊游俱盡謝卻，其所往來不衰款段之外，繼以郵筒者，若而人其以賡歌圖繪事相商確者，不佞復仲弟臨與友人胡含素、梁君旭數人而已。他若講究岐黃之術，即先生館甥高似嶽也。似嶽雅善，不佞必欲俚言爲先生壽，故著先生實行之概見者如此，且欲藉以風當今山林之士云爾。

贈邑侯張停一先生榮膺恩命頌

歲之丙申，侯輜軒載戾鄜邑，復兄弟得從諸生後謁堂下，侯抑禮延之，不諸生視也已。執管蠡之見叩海若以測淼茫，侯顧時獎掖督束，爲可沿程而赴也。酉試失利，困踣而還，深自放棄，且舉一廢百矣。侯顧數加省惜，又若欲俟決於造化之理也。凡諸所以爲復兄弟者，亦已至矣。又二年而爲今己亥，侯以治成報最。天子授侯階，並侯尊人内君悉拜爵如制。夫侯治行不可殫述，乃復即綴侯之異績，當不能過諸使者之縷縷簡牘。慶侯之渥寵，當不能過諸薦紳先生之揄揚稱說。顧竊覩部使者薦紳先生所狀侯慶侯，要皆書事最勞之迹，而復之耳目數物色于壠畯間者，三載以還，市無斸業，胥無馭法，農無輟耕。而其所洽聞習見，小民之歌咏不已。如輿人之德僑，而漁陽之樂堪也。夫枝桑歧穗，衣冠田疇之謠，始不過出自田童牧豎之口，而卒也採之樂府，播之郊廟，乃邑中小民之歌咏。夫固戶不殊聚，聚不殊里。而所稱狀侯慶侯者，乃以賤故逸之。不知其爲聖天子臨軒旌高第，令之首藉也。草莽之人，鳴從其類。故復不敢以侯所以爲復者推而幸今日遇，而以所洽聞見民之口者推而幸今日遇。余小子之言也，民之情也。即若一人之私乎，則侯與大人同第，復父事之者也。雖智止知汙，亦何敢阿所好。于是乃作頌。其辭曰：

蕞爾荒雉，盈闠春闠。周矚鄙坰，以恬以適。以訢我生，腴其吭嗌。瓠脯衍衍，維侯之錫。禾黍離離，維侯之澤。天祚窮隅，邇接德芒。雞割三輔，爰倚隆寀。煌燿天錫，攸闡厥祥。丹綃紫泥，閃爍尚方。以侯赤子，慶侯嚴慈。嗟此庶氓，如躬有之。蹴躃豎儒，夙培恩私。感齊高厚，義激父師。顧贍豐駿，欲贊無辭。群謳可緝，恂忱披依。千禩而降，稽庸在玆。

來陽伯文集卷七終

來陽伯文集卷之八

明三原來復陽伯著　邑後學李錫齡校刊

記

華陰縣重修西嶽廟記代

　　華嶽爲西土重鎮，視諸嶽獨峻。自虞帝西狩柴望，禋以五鼎，祭以三公，以昭尊禮，歷代奉承不敢廢。顧古者展祀方嶽，要取庪縣而已。至漢武時，始爲神立廟。下逮唐宋，廟之修而圮，圮而修，不知幾易。而諸先達所以後先記其事者，亦屢傳于世。我皇祖受命，土宇版章，爲百神主，出使遍祀嶽瀆，更感夢蓮峰咫尺上帝，以祈民稔，於是親灑宸翰，顯厥靈異。嘉靖乙卯，地震，祠廟盡傾。兩臺會題修復，貲費萬餘，積六載告成，語具大宗伯瞿文懿公記中。萬曆丙申，予奉命治兵潼關，瞻拜祀下。竊見廟貌蕪穢，私計所以修葺。屬華陰令馬明卿程量兼搜次嶽誌。誌既成，白制府泊臺使咸稱善，各捐公羨若干。藩臬諸公亦人人快其事，與予意合。已而予徙官隴右，代匱疆場而西，無何，被霜露之侵，休沐歸汝上者數載，自謂終負山靈矣。辛丑之夏，不自意復奉簡書，仍跡故署，詰事工未竟之故。馬令踧而以工鉅訾不足爲慮。予謂曰：不然。乙卯之變，坼裂太甚，開創實艱，故費劇而淹歲月。今茲之役，軌迹夷易，易因也。夫此廟巋然，數千年而敝，敝當起而偶值予，予去而謀，將中寢而復值予。此其事不若有待耶。且天下事不以因循弛果決就乎。亟督之成。于是馬令毅然率群職事鳩工，經始於閏暑，背秋涉冬，董董五越月，至陽月告成。先是，靈灝角樓遭回祿頹圮。比歲，廟宇爲霖潦所齧，丹艧剝落，咸次第修舉，繇殿寢、御香亭、神廚齋所漸於金城諸門、灝靈諸樓，周屋環除約二百餘楹。一縱目視之，閟宮峨闕，爌煒逼人。朱櫺雕檻，顯敞于翠柏寒藤之末。

對揖三峰，怳如屏障。其巉削矗翠，盤礴紆曲之勢，即從几席眉睫間可一一指畫。而邃林虛岫，時揚烟吐秀，噓風沛雨，以幻恢奇之狀。視昔靈境，若增麗焉。偉哉，神明棲泊之奧宅矣！工訖，余不佞敬綴一言以告來者。夫古之君子語事神，必曰和民，亦曰神之所依民耳。考我國家所以崇祀金帝，載在秩宗，要期神澤甘澍，逐癘疫以甦彫瘵，爲民降祉垂庥而已。脫職在方隅黷愀自用，攜二眾志則無以對人，即無以對神。如是即徽隆瀆祀，益之告耳。善乎！周史過之言曰民神無怨，故明神降，觀其德政而均布福焉。由茲以談，修政即精誠，附民即昭格。君子以無惡志，自禱而後可冀迓鰲，以消災沴于民。某不佞，譾劣矇瞶，無能禔福關輔，顧勤事拊民之念，無日不兢兢于懷，猶懼無以祇承皇祖崇祀惠民之心。乃邇來民力匱竭，三輔爲甚。亢暘洪水又傷稼數百里，當事觸目感愴，挽回無筴。豈冥漠難測，人固有以致之耶！誠孚之事，是在後之君子矣，某何能焉。是役也，不藉民財，不煩里旅，資於公羨，役於流庸，計節省若千金。總之，費若干金，捐金者三邊總督少傅兼太子太傅兵部尚書李公汶填、撫兵部尚書賈公待問、巡按御史李公思孝、徐公僑、巡茶御史畢公三才、吳公永裕、布政使司左使沈某、參政喬某、陳某、臬司副使李某、不佞某。始終董理則有華陰令馬明卿。今馮嘉會，而縣丞某，省祭官某，與有奔走之勞，得並列。

汝侯體寰劉公生祠記

國家設守土之吏數載，以定殿最。其土地之沿革，事務之彰著，即以數載概見，民亦睹然。顧望而幸一獲賢使君，若頓擗之望築新，荒悷之忻得歲。嗚呼！蓋難言哉！自久任制廢，善宦者且等其秩次而傳舍之，一膜之外即甌脫，一身之外即胡越。浮譽可以代實晝，巧援可以代親民，避嫌可以代任事。居上者審若此，無論朝廷分符授土之意，豈其使人相委，而予之以弊，當如民心永思何也。世有宦其地身去而民若遺，身在而民已惟恐其去者，是故覩容以思德，致祝以思報，有由然矣。初，體寰劉公以上第來撫汝，汝人共謂以公才望固當在天祿石渠之列，即以第亦自當。待公中都晝省戟署間，聽雞聯鵷，懷銀黃垂，三組以需取次之擢耳。區區彈丸地，淹公驥足，顧安望磬折驅馳之餘屑精于隱伏，令條舉而目張之耶。公下車獨勵精治理，不憚勞瘁。郡中地率瘠磽，無以御旱，即爲計引水，利于是蠮螉，千里化爲衍沃。政暇事簡，聿修廢隳，飭學宮，誨多士蹟湮修習，直以風聲教化爲已任。最後而議城，城甓石甃甎，疊樓崇雉，計工量費，庀材儲貨。蓋不加賦不病農，而保障嚴固敵于金湯。遠近翕然，咸詫不日之應，而絶無澤門石窬之謠。此自唐令狐綯、陸長源之後，曾居汝諸君子皆不遑給，而公已不動聲色而告成事矣。公今内召有日，汝人方思久借，更感其功德無已，相與建生祠祠公，而俾不佞一言紀其事。余惟祠所以繫思賢而去，去而思，思之久而不可忘，則建祠勒石之事興焉。史稱龔少卿入境化盗，撤擁衛而民安息。厥治亦稱神速，能德民者矣。卒亦未聞祀事可紀，至其美何武要不過，曰："去則見思而已。"他如歌惠咏仁，閭巷野語，掌故之臣，必採而録之，以薦諸郊廟，被諸管絃。蓋志得民若斯之難也。夫寸澤不可以要應，居久復易以示釁。應絶則覆露者離情，釁起則戴德者摘觥。故百譽而一訕，必襲義而取也。以譽赴而以訕懈事，亦不可成也。匪公創獨烈普廣惠，身肩巨任，無撓志道，取宜民能久通。顧安能跨古軼今，績史册之未有，身受其報于無艾哉？公事業莫可竟，其食報于天下將無窮，汝不過其托跡地耳，不足重公，又何論不佞言？然不佞竊嘆薄俗相蒙，公義爲市泯，泯于去。後者建祠勒石，突舉于其人顯貴時不乏也。此在當之者，亦宜何如。公猶然一汝守也，何以知汝人感公之深在世俗市道外矣。《詩》曰："敬慎威儀，惟民之則。"此之謂也。

汝州三山靈應宫創建廣嗣樓記代

三山在汝之東南二十里許，有三峰鼎峙，最秀，故曰三山。山之中，建有碧霞元君祠，曰靈應宫。靈應云者，以累代禱嗣其上，輒應而名也。萬曆丁酉，余偕杜明府名世做乞靈故事，齋宿祠下。晨起，縱觀則襄野崆峒，杳靄東西，香山嵩少，環拱南北。蓋天中一巨區，而神祠歸然。領略其勝，汝墳被服聖化，風氣葱鬱，累千百年勃發而爲人文，世不乏人。毋亦山川包孕濃厚，理有必鍾其陰綏于紫微清虚之府者，猶不可誣乎。若爾，則汝人乞靈神既以延澤后嗣，所由來漸矣。三山故無樓，余瞻眺之際，意闕如也。探橐中得二百金，付宗兄後厓董其事，杜君即以五十金佐之。而溫孝廉爾如者，常讀書山中者也，亦捐金三十。于是庀材鳩工，閱四載底績焉。廣可百武，深四尋，高四十餘尺。仰而視之，崔巍廓落，偉偉堂堂，隩棲也。憑而瞰之，丹碧晻映，遠鬥山光。其峭石奇厓，瀫流曲沼，嵰岈琮琤，盡環向奔赴于樓之左右，雄觀也。

某曰：夫禱請祈詛之事，信有之哉。《詩》曰："維嶽降神，生甫及申。"尚矣，乃高禖之祀之典。歷代亦奉承行之。豈生意散布非得司命尸之無橐籥耶？即如神代施靈應，亦何其有左驗也？以嗣言嗣，憒憒耳。汝自服化以來，迄于我明，他無論，即如考叔滕公其人者，何至忝于後。武後之作者，夫惟滋息仁義，淳固倫彝。俾不絕乎道德，不絕乎功業，不絕乎風教，以茲微惠玄貺。嗣之所錫始大已。神固神仙者流也。倘眷此僻隅，翛爾乘風霧而樓是居，汝人福也。夫寧獨區區蕃衍，在閭閻間之為福也。茲樓之藉以遠及不愈悠哉。因顏其額曰"廣嗣樓"。而不佞某潛為之記。

汝州創修甎城記代

汝故舊有城，城環可九里許，城垣累土為之耳，日久風雨震淩，保障弗固。不佞，汝人也，每乘城慨歎，思欲氂甎石，計久遠。顧事艱大，難遽成，乃今告成于體寰劉公。公以進士高第，蒞此土，嚴毖治理，百儀鮮明。取所謂汝墳遵化之俗，而淳一之。又求所謂有熊巢許以下諸賢之化而覺正之，則又倣伯淳子瞻曾官其地者之規制，而振飭之。偉哉！嵩高汝流郟鄏伊洛之墟，庶幾還中天沖和之氣，以陰消愆伏濕燥之疵也乎哉！居二年而議城城，謂城弗甎猶弗城也，甎弗法弗城也。于是計帑羨以量廢，省父老以集事，陶甓煆石以儲工，積贏蓄穀以澹用，募役倍直以招遠。時使更調以節力，厚墉堅基以垂度，飛樓峻閣以麗觀。千杵如雲，歌聲敝野。凡二旬有二日，而東西兩垣竣。又三旬有三日，而南北兩垣竣。可謂成于不日者也。某曰：當不佞之上書臺使者也，顧不虞其事難，虞其人難耳。偵公之才，人得矣。倘當路者厭良圖，朝議沮已夕報罷。當路者俞矣，以侈然不貲之費，藉蕞爾地錙銖，積之期濟，辟之牛馬。處暑既至，蚟蠛既多，而不能掉其尾也。某又懼焉。他無論，即如伯淳子瞻諸公所至為民導利，今考其軌迹，在宇宙不乏未有議及汝城者，豈事故難效耶？一時有齟齬者耶！歷汝之日淺耶！抑一方永久之計，必待人後興耶！審此則公之來撫此城，與此城之成于公，詎偶然哉。是役也，同知鄭一鶚、判官程嘉烈二君督工勤慎。而汝屬魯山尹杜和春、郟尹程大猷、寶豐尹孟宗孔、伊陽尹耿哲，皆捐俸佐工者，得備列。

邑侯獲嘉高可愚先生生祠記

關以西稱壯縣，原其一，原即壯縣。而五方民輻輳以居，其黠猾視他縣不易治。當可愚先生以名進士治茲邑也，不佞復年未冠，稍稍知落筆爲古文詞歌詩矣。會先司馬尚未第，家居，以文字意氣與先生稱莫逆。先生既試不佞文，奇之，已知其爲先司馬兒，視之如子。已又試爲古文，若近體詩，頗稱意，則褎然待以國士之禮。先是令原者，即政事通明，類不談及文事。原土亦苟安簡陋，幾不知斌斌爲何物。其上者佻浪粗猛，縱筆自雄放，曰："文在是矣。"先生亟挽之，就雅士子略知所向。公餘則掉臂花塍，吟嘯自適，有潘河陽、沈休文之高致。間有所著，邑人傳誦師之。然香爐書卷而外，橐中裝如洗。居數年，政成，鄰封同事者嫉其賢，中以飛語挂直指議去。其去也，以築城建橋。故是時夏酋叛，羽書日數至，鄉薦紳溫太保先生倡議城北城，官寺居南，則先生倡議南城。城成不日，兩城夾水，樓櫓相望。河水暴發，隔如天塹，洪潒奔注，沒及善泅。岸人相聚，駭歎莫敢逼視。自宋至今，橋木圮而莫有葺者。先生覩其狀，恚之，遂議建橋。橋悉以石，橫若干，直若干，採木驅石，捐金量費，有已算矣。難之者曰："其如捧土以填孟津何？"先生不爲中輟，謀之太保先生，太保力佐贊之。手創募緣疏，以告遠近。其採木驅石，捐金量費，業始事矣，而先生去。去十餘年，橋竣，水之暴烈不減于昔，而行者不知有水之害，則相與推原其自，于是祠太保先生于壖北，而祠先生于壖南。垣繚蜿蜒，檐楹朗煥，中巍然穆坐而貌者，先生像也。像對視橋脊，若長虹吞壑，弭耳頫首。回顧堂宇，而堂中主人怡怡，有障百川淩淩谷跨河鼓而涉析津之意。又數年，而先生由國學郎署遷憲司，駐節慶陽，士民數百人迎之省會，曰："邑慶陽便道也。先生即無意原，寧無意原之橋乎。"扶掖趣駕，諸薦紳學士以迄老更隸胥，各具壺榼于橋，以次上壽，橋幾不勝載。夾兩城而觀者萬人，婦孺皆出，咸指曰："此余令君也。"視祠中貌不殊，但腰間金映人組纍纍然耳。先生至祠下，謝不敢任，亟命毀像。諸父老進曰："我公無言毀橋，可毀則毀耳。"遮留三日，始別關以西。至今侈談其事云。嗟夫！先生之遇也，其不惜以官委橋也。然先生寧墮垂成之績，而必欲建難圖之事。工成宦成，亦相終始。卓哉！見乎非是，即邑人報先生者亦何以大異于諸賢令哉！昔直指駁議有怨與橋而俱築，語彼烏知功德與橋俱永。一時挫抑不能掩仁人萬世之績。嗚呼！非常之原，豈徒黎民懼之已耶！按祠典，古所最慎，而生祠更屬僅見。窮陬鄙壤，求其踴躍。尸祝神明，奉之毋論。鼓舞難借，即物力易以單微告絀矣。古自于公祠獄，陳眾王棠祠兵，其他以守令祠者，張奐、任延、韋義、杜軫諸公耳。挽近稍濫觴，然載在史籍者固更百千人而一覯也。惟晉杜預啟建石橋富平之津，眾論以爲周所，都歷聖賢而不作者，必不可作故也。預力任之橋就，上同百官臨舉杯勸預而已，亦不聞民爲立祠，橋不知視今日何如，豈當時實資少府水衡金錢以佐費與？余嘗目擊燕趙魏宋之地，見其俗多以祠諛貴，貴衰則不旋踵而祠敝，或緣飾舊祠以署新貴之姓氏。識者羞焉。西土風淳，多存直道。余邑二百餘年，無爲令祠者，有之，自先生始。考之祠典，正符禦捍菑患之族，且祠興于先生挫抑之日，知民情矣，斯基其常新矣乎。先生之慶陽數月，即移疾家居。春秋強富，神情夢想，肯眷西顧。余小子即頹廢不能如。曩見知先生時，尚堪隨里父老後爲巫覡之歌，以媚伏臘之餕餘。

陝西壬子科題名記 代

今郡國所上士無題名者，惟秦有之，仍唐故事也。唐進士既捷，始題名，秦甫舉於鄉則爲之。按《唐紀》，進士宴慈恩塔下，推同年中能書者，題名其上耳。起自張莒，實一云常肇事止在神龍後，當時未聞有記之者。秦士舉必題名，題名必有記，又相沿以爲故事矣。聖天子久道作人，海內咸翕然丕變。秦士尤蒸蒸奮勵，以盡脫馴鐵小戎之習，歸之大雅。不佞觀風茲土，毅然動念，爲請增額。朝廷議可題名，增舉五人。自今歲壬子始，後之視今又以爲故事矣。蓋秦士否泰，剝復之一會也。于是諸士踴躍，群謁請記。不佞進而語之諸士之欲余言也。豈以今日之事，侈榮遇乎哉！國家求士以實，士賓實以名，名與實何得分。士當未遇，患無名。公車日，既競名于朝，又以其名鑴之不可磨滅之石。周嚴里選，漢重孝廉，唐設課試，即若屬也。考唐舊典，開元以後文章彬彬，應詔而舉者多至二千人，所收百纔有一。秦中賢科甲選浸盛，有十倍于唐者焉。異時，立朝人品咸得覘其名，明指其人，誰賢誰不肖，毫不可避。一片貞石，固妍媸之鏡也。且誼取分榮，則欣附同榜。羞與爲儕，則情拼割席。列名雖同，趨分乖合。是名者榮膴之階，亦危懼之門也。古人不云乎爲善無近名，又云取士勿以名，有名如畫地爲餅，不可啖也。蓋疾浮名偽名如春華海棗，不可致用，更懼盛名之難副耳。夫名祇以載里系證姓名而名輕，因里系姓名而得其人則名重。士必有名其名者以立于名先，此其義不可不思也。關中風氣鬱蔥，自樸械作人以來，照映史册。逮及李唐，名賢輩出，莫可指數。即如昭代所最著者，事業則王端毅，人以方陸敬輿。忠義則楊忠介，有四知之風。理學則吕文簡、王康僖、韓恭簡、馬伯循，横渠、新安之的派也。他如武功、華下諸君子之文章，猶分李杜之光焰。而上窺西京以來，一家之言即獻吉，亦秦産也。此其人鄉閭婦孺能述之，奚須摩碑苔間？而後識姓字嗣起之賢，雖不乏人，然攬曲江之勝概，撫杏園之遺蹟，雁塔雙峙，終華彌望，羔雁居前，弓旌在後，點檢生平，有愧制科之名者多已。堂堂豐珉，其追琢宛然在也，不知已湮滅久矣。諸士審此，其亦知所以處名矣。夫是歲趙、蕭二公以大儒典試，督學洪公、秉公，正所拔多寒儉幽韻之士。聞入式者，又多出其鄉侍御馮少墟先生之門。公理學名家也。說者覘秦士運逢陽長在復與泰之際，必有周召諸人應運而出，無乃周官三物四術之教，寧直遠跨漢唐而已。乃若以一日之獎題，轉移世運，則余厚愧。

可曰亭記

亭取挺然孤立，四檐周覆，竹裏花叢，獨占其勝。韻人履焉，或攜尊而醉，或曳杖而吟。人地名實俱稱，斯爲得之耳。末有連三楹矮屋，割其一楹而顔之，乃名曰亭者。衙東西向，余至，逢大旱。楹前東向者樓三楹則背而西，入夏以來，旭日斜陽，分受其炙烙之苦。來子痛然頭病，于是穿樓使風。念楹卻背遮，則又穿楹之當樓心者。兩層洞然同豁，凉颸颯颯至矣。已開北牖，尋陶公之適，遂可以置榻眠矣。檐際添篾唇，西面樹旱帆蔽之，斜陽虐燄遂不能射，院陰森如垂天翳日矣。環植翠竹數十竿，雜卉點綴，錦石一峰，矗然屹向。余每退食，側注草履，箕踞嘯傲，頓忘酷暑之患，恍若游於家園之迎笑亭籟室中也，蓋二處多竹故耳。念生人最苦者，熱月而旱暘。關署湫隘，址難傍拓，若更填塞偪匝，悶扃壁砌，其與甑覆絮裹何異？此屋當夏即童僕避其蒸爍，一旦闢而樓通長風，績至前後重閨掩映，境爲邃幽。屋楹如故，界其一若判而獨也。獨斯是亭，故可曰亭。是工也，于製不勞，于趣不悖，不惟夏可納凉，兼亦冬堪炙背。陰陽之患，藉以免矣。後之君子有苦夏而坐此者，必功余因勢之改作乎。

題岫雨樓名記

　　山有竅窅曰岫，岫能興雲雨，臨清故無山也。何以曰岫？即岫雨何？與于余樓而名之。蓋以聊城令楊荊岫公至而有取爾也。公新補聊城，然先是實令余三原，賢且久宦，轍偶遭于東齊，相晤各喜，飲茲樓下，怳如居原日也。何以曰雨？自不佞春初至清淵，以迄于夏將三月矣。大旱異常，二麥俱枯，兩河之流汩汩欲絕。帆檣稀渺，關市蕭條，官師禱羣，望而不應，閭民致虔，賽而計殫，亢暘扇虐，雷電潛蹤，若真宰降罰一方，從此遂永不雨也者。矧東土當奇饑之後，棄爲芻狗，莫測帝心。忽報公薄暮單車入城，而天遂乍雷。鏗然之聲，應響奮起。越三日，延公坐定，飲甫數巡，澍雨飛墜，建瓴瀉漢，遶砌興波，豐隆屏翳。諸靈忽隨車驟至，觀賞移時，揖讓都廢。異哉，豈禎祥果俟其人耶？抑偶值而然耶！署本極隘，舍樓無皮書之所，來子日于中寢食焉。數月塵沙彌天，不堪引睇。自得此雨而後，林木如洗，秋播可興，滿城愁嗟化爲歡笑。即津吏開顏可知已。凡人有快于心，則記而不忘。且古人思其人，猶永保其蹟，感其德，則以姓命其子，故爲霖望說舊雨，紀祈有漟之詠風，人重焉。余于斯樓，能舍此而別稱，與抽毫書額，用暢一時之嘉遇。聊城距清源不百里，嗣聞雨三番皆不出其境，東齊顯被膏潤矣。余邑士民思公日深，其咸慶余偏庇大廈也。

適園記

　　適園者，張光祿見三君所新築而自命名也。君關中涇陽著姓，久寓維揚，常一仕于留都。稍遷，意不欲往，輒謝冕紱以隱。隱居之暇，庀材拓地爲園，離揚城南可五里。既成，貽書來子曰：不佞自絕跡長安以來，覺意油然適其適也。以園將尋徜徉之樂，以閱居諸，幸子按圖記焉。夫人固各有適也，適從中發而假境焉以寄，倘非先有適，此適者縱境適，紛拏在前，與我身心不屬。山水花鳥，皆無情之物矣。夫適，恬趣也。會之即素位自得，擴之即胞與大公。可使境來盪襟，可使神躍萬象。謝洵呶之煩囂，味沖夷之至理。弋釣琴弈，蒔植灌溉，隨其所好，量力度時，皆有一種心怡。機流與自前所對之物融，浹而不可語形，並不可人喻者，此真適也。審爾吾人于宇宙之內，任取一事焉，求其可以遠聲利逃毀譽者以寄吾性之樂。何異于蒙莊畫魚而夜蝶，元亮撫松而醉菊耶？魚也，蝶也，松也，菊也，本有一段可適者。若兩公無與適者存乎其中，即四者日交，漠然不相關矣。光祿君以其適，寫之于園，故尋常流峙，畢寫于君。絲竹陶之，麴糵暢之。有時擊榜浩歌，有時步廊乘月，與勝侶佳人同適，與滿園春色同適，與園外之天地亦同適。視束帶謁官長，逐隊懷刺，僕僕不休，相去何若哉！園北枕關署，面環水一灣，入門即列霏屑、遠塵二軒各數楹，迤行可登山。山有臺有洞，奇石峻峰，與步上下，不可卒盡。中豁然階屺宏敞，可以盤馬，鎮之以庭，界之以池，堂堂巖巖，是爲秩筵高會處矣。東西多樹松桂，並南土異卉，蔚然成行，各冠以亭，曲榭蔽之徑，復迂邃折。而東北隅創攬翠樓，極目騁望，城中鬱葱佳氣，直接平山堂。沿寶帶河，繚繞于浮圖，宛然佳繪曉霽江南諸山飛送翠靄矣。園後抱竹千竿，想像孃風棲雪時，此君共主人酣賞，蓋亦溯子猷之興，而兼之見三直欲做三古人之適耶。余往客廣陵，于近郭常飲社友閭元之園。城西之碧流灌木，庶有領略。惟歎關南蕭然，得此園邗江之滸添奧區矣。

社祀張公廟記

域中名山大川俱有神尸之。考祀典，五嶽比王者，四瀆比諸侯，其祭大抵陽用升而陰用沈，從其類享。然古帝王舉祀，止首襃畿內山川。其散見方輿者，歲時所在，有司領其祀事耳。若夫里俗尊崇民間禱禬，貙魖吟嘯之窟，魚龍出沒之鄉，莫不睎峻求登，驚濤願濟，魄搖於冥漠之宰，精攝於玄化之司。喁喁詵詵，陸祈剎宮。而舟覡塤廟者，聖王不之禁也。相提而論於水爲甚，蓋舟車所載之數既懸，而安危相逼之情亦異。水神著靈于江河，傳之經籍者不可勝紀。而張公則歷代廟貌供奉久矣。余住京都，覩越人時祀張公，釀會劇舞，聲容秩備，儲餉密鎮。白河之滸歸然有廟，問其神張公，問其首社則皆越人，客密者香火之也。按《越絕書》，越王既平吳，春祭三江，秋祭五湖。因以其時立祠，垂之末世，傳之萬載，是越人之祀水，自其俗然。而張公故江湖顯應之最震駭人心，目其姓氏託巫以通之者耶。語云神不歆非類，貴禮也。又云埽地而祭可以事天，貴誠也。神靈越地，必明禋越人無疑。越人以其不黷不昵者，而伏臘致誠。即行潦可當牢糦矣。廟四栱飛翔，薨櫨畢飾。壁帶虹宛，檐鐵風鏘。威儀中儼，詭幻之使森羅。繚垣對廡，可容賽薦。傍拓地數十畝，稅入足辦簿正祭，餘而餕受釐登歌。坎坎之鼓，佐以陶匏。水蘋岸芷，彷彿江南。遙空風颯，恍然九斿螭駕往來於幽薊吹律之谷也。爍與休哉！社父老恐荒塞易湮，敦丐余言，期泓久遠，聊綴數語以應。余更有說可質神，以質父老焉。夫人聽於神，神聽於天，而天實筦於寸心。若固率挈資習技，以北游上都侶也，不觀之水乎。洪細異流，經歷萬態，而無改東注之勢。其本源不變也，夷險任之矣。故曰：忠信可以利涉四時，採馨不如採衷。採衷，蒙祐之善物也

來陽伯文集卷八終

來陽伯文集卷之九

明三原來復陽伯著　邑後學李錫齡校刊

祭文

公祭李封翁文

嗟夫！兩生叨廁我師籲吾先生門牆也，計一紀於茲。是時已習太翁者艾，而康先生在子舍色養甚備，内擢清華，出守興都。每念太翁春秋高，而時時喜矍鑠如壯年人。里閭士紳咸訝太翁得老壽術，顔不與齒俱邁。談及先生色養，則又歸孝子格天所致。銅鞮上黨之區，侈家庭純嘏之祥者，必首述焉。何論門牆弟子慶如躬獲乎？頗詢太翁壽源，卻不拘拘於吐納，經伸耽玄課虛，以穿合養生之訣。獨是神不役役，形不揩揩，徜徉於林泉，娛情於絲竹，攜良朋，命杯酌，而襟豁然，而境悠然，而興陶然，如挹春陽，如享太牢。蓋歌咏所不能寫，造化所不能絀也。故能安躋期頤，極人世難見，與人子難必者。太翁於山中尋常日月受用，而消除之度百年而後去。即古容成羲門善卷披衣之流，偏延遐算者，無以加焉。此豈太翁鍾於天者厚耶？抑其七箸間，迎歡聚順，實遠於戕伐者，不可誣耶。噫嘻！彼蒼以長年之親福令子，即以賢達之嗣貽福徵，則太翁之不亡，尤非徒以齒我師之孝，又不止在七箸間父子相成者更大且遠耳。由茲論之，太翁之捐館仙游也，我師無已之情，其悼慟宜何如耶？蕪辭虔奠，遙代師悲。嗚呼！尚享。

公祭户曹玉峽方公文

嗚呼！運化如流，歲時遒急。孰俾締聯？孰俾乖失？荏苒六年，相倚聲實。雲逵頡頏，友于秩秩。會幾何時？殞我朋匹。於維兄公，皖城巨室。英資天授，家學遂通。食跖茹華，揚芬啖餤。名縠風馳，文瀾霞蔚。魁敉南宮，燁煒崒崔。市指丰標，人驚彩筆。伯兄柱史，雲霄連翼。媲美棟梁，爲邦之特。甲第延綿，翩翩子姪。吾黨料公，崇膴需陟。比部發硎，凜然玉律。嗣補民曹，風猷岱飭。搖佩鳴珂，冥搜統輯。遇古必師，無微不入。壯志雄懷，際涯詎測。於嗟彼蒼，扣之昏默。胡予之才，而忌而聖。夭矯鳳鶯，倏鍛五色。驪駼方驤，中道折縶。鬼瞰高明，衛生無術。旅邸訃聞，士紳傷盡。矧余同門，情尤親暱。桑户返真，存者悽惻。奠慰泉臺，寧馨玉立。庶幾熾昌，以報明德。嗚呼！雙旌引途，素車咸集。灑淚春明，寒風瑟瑟。嗚呼哀哉！尚享。

祭蔣安人文代

嗚呼！由粵暨燕，萬程計驛。五嶺洞庭，滉瀁崒崔。維蔣世賢，甲第秩秩。獨秀毓淑，於笄作匹。兩卿埒貴，婚嫁彷彿。良媛不驕，宮閑且佶。夫子負奇，風雲咤叱。紫陌錦鑣，彤廷彩筆。振步清華，計曹建白。寧武之勳，清聲凜溧。入押司班，威儀端壹。外和壎篪，入叶琴瑟。報政馳恩，輝奕家室。珈翹耀冠，翟褕飾服。稱曰安人，朝旌姱質。云胡中路，比翼相失。賢而無年，高天誰詰？迢途輤車，丹旐明滅。悼亡潘郎，橫頰淚出。某等慰友，感情脈脈。惟伊湘山，示寂有佛。靈其皈依，修短終畢。若其遺芳，夫子自述。尚享。

祭李太夫人文代

自方伯公崛起關中，聲名藉甚，中外赫然瞻仰，如黃星絳雲，則允垂法諸學士。即諸學士取法方伯公，亦標赴景趨不啻已。聞方伯公兩尊人並渾樸淳厚，不以子貴而驕。則相與謂流長枝茂，非無自也。邇來蜀夷犯順，公銜命西諭，以大義示以國威，不費一鏃，夷醜伏辜。事甫戢，而太母不待。嗚呼！當公之西也，太母春秋高矣。公迫於王事不獲辭，心甚懼西日易沈，乃竟以懼往，以悲至耶。太母仙去日，正值公功成後。天若故延太母，爲蜀事計耳。倘太母少不待，誰與傳檄絕域，使悍酋束手不敢動？吾恐蜀民日望綏寧，國家日廑西顧無已時矣。嗚呼！竹帛勳名，子存母存，食報方在千年，奚生死去來之足論哉？太母有知，當含笑游九原矣。某等謬領邑序，夙聞母儀於諸學士，薄祭載陳，不敢爲尋常歔欷語，以太母有長生者在也。

祭王封公文 代

歲乙未，某蓋與麟郊王君同舉進士。君少年端雅，望之如玉。既而知其尊人伯翁樸茂淳固，類上世人，則私謂慶澤培育有自。無何，麟郊君得吾晉臨晉。晉故嚴邑，君下車剸決諸事務，精覈敏給，即老吏不能辦。乃歎君大有造於晉。而伯翁亦陰貽於晉民甚厚。一越歲，而伯翁訃至。嗚呼！麟郊君甫展於邑，而不獲厚施。伯翁能食子貧而不能食子貴，皆天也。然獧佻者易斲，淳厚者久延。質以造化常理，可百一不爽。顧於常人則符，於伯翁則悖。豈造化有獨靳耶？抑靳循吏於晉民耶？夫當麟郊君未得晉，而伯翁無恙。麟郊君脫晉即顯，而伯翁不待。孝子不能一日安親之養，即晉民不能一日留賢令之轍，則晉民之失慈，與麟郊君之失嚴，其苦一也。由此推之，天實奪伯翁以降孽晉民耳。若以翁論，則翁已以有子壽久矣。嗚呼！某猗人，去臨晉甚邇。麟郊君德政旁溉鄰邑，罹茲大故，猗人聞而悲焉。某可知已，則晉民又可知已。

三週祭先繼母文

憶昔與吾母訣時如一日也。經而練，練而衰，衰而除，迄今又易歲矣。兩兒不敢踰禮制，客歲八月，出與燕會，然見華縠惡不忍服，即兒亦不知惡之無從。三年之内，時異事改，内務不舉，政失專制。私念吾母在，當不至此。然則茲以往迴視與吾母訣時，即數十年如一日也，而論今日乎。嗚呼！吾父宦游二千里外，兩兒辭而西欲往侍，不可歸。見母舊御服飾，及過母曩時處所，鼠穿蛙篆，白日黯慘，輒心痛如割。是兩兒於吾母抱逝水之悲，於吾父負暌離之辜。感昔愴遠，真無以自解。且吾父今日念吾母，灑淚西向。吾母遺照在堂，又宛然見兒父子曩時聚哭。時茶苦皆足令兩兒心動，而冥冥中亦不無兒父子一時聚散之感。幽冥大慟，其悉在今日矣！其悉在今日矣！嗚呼痛哉！薄祭在茲，欲言莫殫，母倘能鑒兩兒無已之情乎。

祭蘭亭梁公文

嗟嗟！締交惟艱。某數人訂盟，翁子暨翁諸姪，則王之戎，阮之咸，視之私，竊謂少異世之反覆者矣。以故翁昆弟某輩日得接，接得尊事，豫同慶，憂同悲，怡如家人，依而靡懈。蓋五載於茲矣。邇覯翁嬰腹心疾，則相顧悲焉。

爲歲向衰而失手足，仁懼血脈枯竭，鍼砭難爲功也。已覩翁内君變，則更甚悲焉。爲翁與内君相莊事且牀褥間，不堪懼若遭也。嗚呼！乃今竟不可起矣。翁數不滿五十，博士弟子淹其身，不獲榮施，與某輩昕夕殊受禮遇。不啻雍門山陽之誼，而抱私涕。諸所以悲翁者，俱置不論。論翁之不可死二，不當死二，以悲翁。翁之母八袠矣，垂白，堂上諸子孫俱在，各進一盃，顏爲解一人者暫以故不與，輒泣下不樂。有一旦訣翁而不劇慟者，内君在養。翁子效孺慕偶失慈而哭，毁形至割股，爲死孝。顧猶冀翁全，庶幾母存耳。今且日抱兩尊人柩，而躃踊欲絶。有識所不欲聞。有此二者，翁即不可死矣。翁性端默，寡嬉笑，畏以處事，遜以當逆馴。然人望而君子之將擬有厚食，而不虞短折死。方内君之阽危，時勢甚促。此雖以天道將子肉知不可救，某輩謂必可移天道，翁身以全。千古之孝，茫哉！彼蒼竟無有應也。斯二者，匪翁死所不當死者耶！嗚呼！人不能一律，死則死，鮮無憾。天不能人爲劑量，則禍福鮮均。然則論翁之不可死與不當死，其母乃止以人事悲翁，而俱非人能爲乎。至若游身大通而齊夭壽，生死爲一，視翁且安然游溟涬之境矣。某輩其亦竟無以悲翁已。

祭友槐宗室文

今天下藩國秦最盛，其胄所衍最繁。日食大官餼不下千百人。出於市，市中三尺兒可指而辨之。其人貌率不下，更善恐喝人。以故人無賢不肖，見輒群引去，何至以帝室之英而喜，令人畏若避火以爲威者。夫非以地勢之所移，習氣之所惑，見其大而不善用者耶。乃信陵諸公子折節下士，食客至數千人。夷門鼓刀之賤，挫公子於市以嘗其德，而執轡倒屣益恭，絶無不堪容形見。是時公子名冠諸侯，重蕞爾之國於九鼎。而人望見公子，泊然儒生耳。子長氏極豔稱之。其人雖往千古之下，讀其遺事，尚凜然有生氣。則當時棲息門下，其被服誼行而誦義無窮者，從可知也。嗟嗟！何知仁義嚮其利者，爲有德。處易陵之勢而不居其尊，非有博識宏量，曠觀千古之概，胡能脫然於聲勢外耶！今求其人，則友槐君侯足當之。君侯少即好學，仗大義以扶人，因乞緩急卒足倚。人方喧而闐競於市，君侯顧兀然靜室以終日。人方盛裘馬恣淫泆没於利，終身不解，君侯顧儒衣冠而日與上客對語。此即推而附古信陵孟嘗之遺，當不少愧。而君侯不敢以此自多於流輩，固知能善用其大矣。君侯安然以天年終，卜日將就窀穸，以千古論，譬彼星辰河嶽之常存。而某輩故游門下者也，即不能效子長氏爲君侯作傳，揄揚休美。顧其誦義無窮，則某輩知之矣。君侯死猶生耳。

祭王封翁文 代

於戲！鑑崿熒輝，漆流澄冽。駢闐圭璧，既完且抉。於惟哲人，雲蒸霞爛。清廟巨珍，邦家碩幹。周之方叔，漢之班揚。頑頡簪組，天路相將。源長惟濬，枝敷以培。拳拳服膺，欽懿訓哉。懿訓惟何，父煦師誨。爰迪厥成，矢以永佩。娛此黃耇，載頤載愉。人徵獻老，自擬潛夫。服煥其章，食馨其飻。俛仰人間，願隨遇畢。否乘徂化，歲晏斂形。蝶栩鶴藏，言邁玄冥。物有非生，亦有非亡。綿綿大年，何促何長？某叨守鄰封，夙瞻清淑。矯首微芒，屯於百六。豈不慭幽？爲有常存。靈之愉矣，視此誄言。

祭少保李漸庵先生文 代

於鑠台宿，光爛寰瀛。遹矣豎儒，遐瞻其明。綰符拖青，覥惟不造。所期寡尤，值公在告。肅肅我公，鎮世喬崧。寅亮天地，披蕩溟濛。如春之煦，如霆之折。群司儀翰，宸極喉舌。夷猶衮服，有燁其光。帝曰儲宮，惟女贊襄。爰戀勳庸，顯加鑕斧。緯武經文，獻可替否。於惟我公，叡語良師。休沐之暇，培我恩私。忤眾衡物，身罹爾讎。毋畏蹇產，以和爾修。何以彰規，敦仁履信。何以押躬，公廉勤慎。亨屯幹流，賢哲傫幽。追晤幾何，躡鯨冥游。嗚呼傷哉！渭濱星隕，蓮嶽峰頹。濤橫失砥，川濟無才。遠邇駭疑，中外錯愕。帝悼良弼，人思鎖鑰。矧某夙昔，佩箴刑儀。愴感鶴藏，能禁雪涕。載酹載漿，言酹寥廓。難閟者神，九原可作。嗚呼傷哉！尚享。

祭劉太翁文

孰曰巖藏，終熸其光。孰曰維良，弗樹其昌。秩肅我公，抗業德坊。睥睨時彥，腹疊縹緗。蹌蹌振足，其旋考祥。咄嗟遺珍，賤比陶甀。投硯閣筆，一笑滄茫。元君嗣武，式闡厥慶。丹穴鸑鷟，毛羽焜煌。雲逵廣莫，矯首飛揚。楩梓就欹，以儲棟梁。公也衍衍，相羊宵旦。豈其嗣田，廢飯是裸。流濬植深，理亦胡道。黃耇頹齡，聲施里閈。兒齒童顏，以慰親串。騎箕奄化，縞幔忽空。眷懷永睽，惻念逸蹤。嗚呼！劫灰浩淼，代謝何窮？朽亦非骨，存亦非躬。禧祉承濟，何子非公。聿興肈起，天厚厥終。九原儲輿，以委以蛇。矖目人世，何限仳離。云胡比德，束芻是宜。何以妥營，我言在斯。以有大年，而扢漣洏。靈颶控御，於昭格思。尚享。

祭李約吾文_{同社公祭}

嗚呼！天地恢恢，有合之形，乃與其中，綢繆膠結，日相游娛，實惟友生。其意喻也，不以吻訾而共通腹鬲。其託親也，不以莩葭而密於弟兄。世有鬩牆，同室覿面而嘿，即族姓異業，懿戚分塗，或反暌疏，而未若莫逆者之瀝誠而洽情。故叢談則繼目以蘭膏，取藝則衡幅而襲衡。精通臭味，品合驚評。悲離同求曹之雁，急難擬顧侶之鴒。嗟乎傷哉！余等獨何心哉，而不與吾，約吾之死，淚橫頰而沾纓。嗚呼約吾！汝之性沈寂孤耿，不爲泛交以自煩。汝之氣英毅善赴，不能以匿沮愚人。時有震烈以自瀉其不平，人以爲汝城府是設，町畦是憑，不免中含沙之射。而汝實無腹劍，無衷甲，持肝鬲以與人傾。嗚呼！人之相知，貴相知心。千年可遇，白髮可新。中途廉藺，何間雷陳。稽絕臣源，形忤中親。殊行同源，亦有寧歆。乃楊倪之異託卻同心而利金。彼嘵嘵者，不廣示人，乃余等義不廢糾責，而亦數覩汝之逡巡。汝蓋學期日下，行取歸淳。故三十餘年，無釋卷之日，振同盟之隳墮，而闢壇墡之塞堙。範某之誼中常廑乎惕惕，賞霜之長常不輟乎津津。嗚呼哀哉！汝抗厥志躋于雲逵，汝惜厥羽厲其鴻儀。歲之春初，杜室呫嗶，發書盈篋，日端坐諷咏。而伊吾固欲背城奮臂，以圖必克。而二豎之禍，乘於不疑。曾未浹旬，遽不可治。奄化異物，與世常違。嗚呼！以汝短折訝器識之難，窺憶彼蒼之見，奪悵人力。其何知汝有幼妻愴其仳離，弱息冲子煢獨無依。哀魂日莫淅瀝重帷。志抑塞而終齎，事排置而皆非。想徘徊以浩歎，復憤惋而含悲。嗚呼哀哉！詩人動嚶鳴之感，山陽興橫笛之思。顧瞻汝靈，追想汝顏，精英飆勃，怳惝熹微忽覩。今者乃灑酒焚帛，而長與子辭。嗚呼哀哉！汝真已也。生死交情，盡於斯矣。

祭徵仕郎槐軒梁公文

人何有顯幽哉！生爲人，取給無戚，遂卒足倚，則施以不位，而貴以無權。以占調化，式補其偏。是名冽泉，人咸酌焉。今天下踵七筴餘，智者至山壘不已，亡不競利若閧，屈指里邑，家亦眾矣。乃以放積，以愚守，蕆禮捐仁而事營苟。遇物則淩，持躬多咎，民之所墊財於何有？以公下儗，何異鷃鵬之與蟭螟，泰嶽之與培塿？於惟我翁，晦形以柔，弼德以息。觀貨持籌，基累厚實。佐急恥卜氏之觀，焚券匪下客之智，嗤季倫利財之言，服鴟夷三散之義。賑孤拯厄，事靡弗至，是亦爲政，家給人賜。嗚呼！利抑何常？藏鋦亡多，聚散由已，天道云何？逞夫谿壑，期盡有涯。鄙彼虜愚，大耋之嗟。被被燕翼，翁所休嘉。茁茁蘭桂，翁所摩挲。繩振穀嗣，肇業孔遐。賈始儒終，天闢其和。以此較彼，利伊孰多？翁雖溘焉即幽，聊亦乘化歸盡，而亦何恫於人世之蹉跎哉。某等誼結諸孫，託盟友生，屆時執紼。尚以斯言，慰其永懷之衷，而節其未盡之情也。

祭行一姪文 代

惜哉！爾所得年五十七耳，而臥牀褥間凡十。十之中懵乎不知人處一，語稍稍倫處三，委飲食僕婢手者處六。洒至灑然巾櫛，而覩天日數日而已。嗚呼！余與爾昆季子姪聚不旬日，聚則爲家人歡甚敦。某某偶虛於座也，諮其事。某某而爲儒賈游也，諮其期。蓋十載間，余等無聚而一忘爾疢時也。爾絕不爲伉浪苦人，引足程矩，若將淵墜。遇人坦夷淳樸，橫逆屢觸，不色動。少年爲博士弟子，值家衰微，貨拙販淮揚，聊給數口粥饘，歲時縈薠而已。人所岕吷，爾故肩寂老士恬退之衷，固可宜寒寠而恥趨湛汨。爾十載以前，行之所稱，概若此也。之人也而得此疾，以抵於死也。悲夫！爾抱重病，十載而死。稱久顧奪爾於六袠前，則促也。幾六袠，亦差無恨。顧以爾心行純美，始罕僞彫。既無利滑，而猶不得久視息人世也。將使人終惑於壽不壽之理耳。嗚呼！善淫逢天於不虞，修短要期於隨化。胡足深異，惟是爾二子伏泣苫塊。余與爾昆季子姪酹酒几筵，一如夙時共爾相聚時，能知之否。

祭馬孺人文 同社公祭

嗟哉大母！德曜其儷，敬姜是鄰。熊丸墨幪，爰食其報。迓嘏維純，哲嗣翩翩。文章西燭，亹也振振。實惟元公，型模多士。荃佩蘭紉，於仲丕昭。麟鳳其華，作邦家賓。元公之子，溫穆如玉。大軼夷倫，雲錦團胸。筆花競綷，宿於無垠。歷塊霜蹏，昂藏都市。煜鑠絕塵，美彼阿戎。卓爾小阮，締交必親。蹴蹯豎儒，得炙兌益。數載於今，夫子元公。繩尺道義，創艾塞洇。豎儒牢牢，異聞是扣。天地惟均，異鱔兆祥。乃占吾道，運啟通津。仲夏之日，有聞甚驟。輒共沈吟，深懼桑榆。境迫旦暮，風燭燐燖。嗟哉太母！克盡者年，無憾者心。燕貽穀嗣，一堂聚德。群玉森森，獨悲元公。始伸即屈，將亨而屯。含痛將奔，天然孺慕。睇者酸辛，無蓄不發。無溽不茂，恃彼後人。豈其一時，偶厄運化。而終沈淪，誄辭在茲。且哀且慰，冀聽明神。不磨者言，付之鴻羽，隨風西遵。尚享。

小祥祭先考君文

嗚呼！客歲此日在榆關，今歲此日考君就墓已五越月矣。門祚薄衰，慶澤中絕，諸務旁落，人心墮壞。考君去，而不肖萬慮戚心，白髮生頭上日多矣。臨從春仲下揚州，牀頭青蚨漸索，歲費半絀。嗚呼！以官償德未酬，以賈償官不遂。貧吏之後，興者鮮矣。每一觸思，輒煩鬱無人世念。忽不知考君之長，不可即也。荒迷之人，不能筆其哀思。陳祭几筵，盡一號耳。嗚呼！尚享。

祭棠谿郝公文 同社公祭

嗟夫！士有固窮一壑，永託擇地，押躬以食舊德，惜陰究學而借鄰鑿者，斯其志抑何落廓也。世顧謂天道靡諶，通塞倚伏，始屯終亨。故勤耕可厚穫，力學可階榮。是故負薪鼎食，敝裘拜相。識者不駭以為異，且為巖竇荊扉之中之可以韞珠櫝玉、紆組振纓也。乃回窮憲貧，終身無遇。饑不足以飽藜藿，寒不足以暖布素。憂感困踣，坐歎遲暮。是為身數之獨奇，天弢之永錮者矣。嗟乎！士之於世也，淹蹇者氣耗於迍途，奮庸者志揚於廣路，良可悲已。公少耽簡編，長絕塵鶩，破屋頹垣，此志罔斁。長咏短吟，期與時遇。蓋家無儲石，外無附援，以至於白首就死，而卒無以自饒裕。有子森森，麟經研熟，為文日工，青冰譽著，然而其貧如故也。豈天殆鍾運於此人倚伏之理，與斯固無忤也耶！是可以酬公之踽踽窮居者矣。

祭仇姑丈文

有壽匪年，有榮匪貴。連騎鼎食，通侯量費。以贍嗣世，百年滋慰。謂年為壽，世多皓首。拮据食貧，不羞叟訽。謂貴為榮，畏路多驚。志窮道澀，荊棘叢生。丈夫專業，業戒日隳。石鑿是水，木鋸惟徽。惟公揚揚，削灑不辭。

纖勤簡易，魯丙周師。五之之利，漸獲廉賈。秼駟脂軸，過家靡顧。如鬥修備，如雨資裝。水車旱舟，莫識云那。答布朽枲，悉偶時用。駔儈之符，以來操縱。有子淩標，崇巖決目。拓基承因，其欲逐逐。長也廣延，日瀗賢淑。次卑韋藩，詩書是畜。栗棗千樹，廓田萬鐘。布衣極致，乃儗素封。卻瞻堦下，冠履雍雍。嗟乎卓氏，播遷季倫。非命永慊者，公首邱是正矣。

祭先考君文

萬曆三十年七月十九日，不肖男復等謹以剛鬣柔毛庶羞之儀，哭奠於顯考司馬公之靈曰：復至不孝，不知以子道先諸子身距我父三千餘里，偷安於家。我父疾，不能待湯藥。瞿茲大故，又不能辦含斂。倉皇東奔柩傍，甫四日而已。爲我父七七之晨，子如此亦無面目可立人世矣。抵今匍匐號泣，冀我父在天之靈速降奇疾，得早從地下願固百甚於生也。哀毀中凡不孝半載所不得待我父之情，欲詳陳之，輒哽咽語塞矣。我父今自知之，亦惟兒所爲極苦，夫復何言。但不孝甚不解者，以我父之德而不獲天佑，以我父仕進之心極澹，每思旦夕掛冠西歸，而竟旅死。果天道忌人弄人，福淫而禍聖賢也。不孝輩他日爲善之念，毀棄盡矣。肅具薄祭，哭告於几筵之前，五內刀裂，欲死已。尚享。

祭先考君文

維萬曆三十年八月朔日，不孝男復等謹以剛鬣柔毛庶羞之儀，致祭於顯考司馬公之靈曰：嗚呼！我父棄不孝兄弟忽浹月，不孝復恒號泣，奔至榆關。忽十六日，卜者擇四日惟良。不孝兄弟將奉靈櫬從郵道西旋，家人數十輩環哭以從。嗚呼！此何時哉！此何時哉！孰使我父至此而始言歸，不孝兄弟當死。顧又以事至此，不孝兄弟即毀瘠不起，孰與強扶道傍爲靈櫬安歸計也？嗚呼！旌旐在前，素車載駕，靈其憑焉。塞地苦寒，秋風漸厲，山城之闃寂，海陬之喧𧮰，不可以久居，靈其舍焉。道路遐修，間關遠涉，洪潦巨坂之阻，易使心悸，靈其妥焉。客計倥偬，朝夕饋獻，或失豐潔，有一誠耳，靈其享焉。旅次頹蕪，風雨震激，時有諸孤，侍立晝夜，靈其依焉。嗚呼！寸衷百結，欲吐無緒。去家日近，爲哀日新。我父存日，未嘗頃刻忘故里也，未嘗頃刻忘不孝兄弟也。其將以首邱之念，寄歸去之思乎。諸孤西我父西矣。不孝兄弟思再見我父不可得，思我父何以之死地不可得，憂鬱憤恚，充臆填胸，殆迫死矣。歸襄我父大事，視息尚存，將作天問問天，作人問問人，以證我父冥冥中也。嗚呼哀哉！尚享。

祭先考君文

萬曆三十年九月十九日，不孝男復、臨、恒、蒙扶我考君靈櫬，從榆關抵里中，謹筮月之二十六日，齋修牲醴庶羞之儀，哭奠於前楹，而告以辭曰：嗚呼！自考君令細陽，至内調日且六載。不肖復凡三候顏色，三西歸計家居，居什七矣。臨侍左右頗久，顧以屢就試，屢西計家居，亦居十三矣。恒未弱冠，三年前來歸娶，蒙尚在抱。諸不肖數年事我考君者，概可知已。客歲三月，不肖復、臨以文衡使者歲試，家居得除書，知考君遷職方訊。尋得家耗，知考君寢疾訊。兩不肖謀旦夕南趨，文衡使者威留，復居十餘日。不肖復念考君疾愈，力入長安，犯顏辭文衡使者，遂不可留，延醫同抵細陽。為中秋之前五日，考君已脫牀褥，謁謝淮泗間官長矣。是時，臨先至細陽兩月也。臨言曰：父疾濕寒，誤藥，作熱，庸工亂投發泄之劑，幾至不起。臨主治之，數日即瘥。無何，考君返舍，不肖復熟視不能識，大加駭愕，亟促之歸。家人共謂無恐，考君亦自謂起居色笑十勝曩耳。忽忽取道都城，酬應甚苦。故事分署榆關者，當有專勅，遂住浹旬候勅。於是訓應日繁，精神日内憊。兩不肖促歸愈急，考君亦未嘗頃刻不意在里中。先是繼母王先考君病，至此復大作，日不能粒米。群謂榆關視都門甚邇，可暫移，以此屈意東往，致有今日也。嗚呼！難言難言！天意人事，總不可知。事至今日，有痛哭而已。思我考君千古德政，在遠近士大夫鄉閭小民口中，無俟不肖過為稱說。客途挫辱，辛苦萬狀。不肖兄弟能甘心受之徹天之惠，靈車已安寢中庭矣，尚復何言。獨不肖復有終身深恨，不可贖，而我考君不知者。都城考君見留，復辭而之家耳。向榆關未及陳，今為考君陳之。不肖所以之家有三事，一為全孝行而勞，一為習子道而迂，一為完小信而固。不肖有子四歲，女二歲。考君未一見。當考君無恙時，駢就死矣。考君牀頭常念其孫，不知不肖已無子也。婦以哭子成病，病而有姙，恐不可活。私欲活之，更幸得一子，釋前憂耳。徒廢安排，無益數千里奔馳之苦。此全孝行而勞也。考君細陽時，既為庸工所誤，以良劑獲全，是藥果可信。榆關邊地，不如秦多醫。可質問彥修於羅氏子，則亦為之不知，其非猝能之功也。此習子道而迂也。文衡使者之威留，固是委以文事，當時不能奪。

不肖去志，又復改容招之。既已許諾，期以考君疾瘳即返彼，終以我爲有託而逃，倉卒赴期以明信，不意即永訣終天之候也。此完小信而固也。使不肖早知考君不待，即身死細事，何況子婦？使不肖早知大數已定，毋寧周旋，含斂間工醫何爲？使不肖早知一別不可再見，且雞肋可捐，筆楮可焚，文衡使者可抗，終身可不入公門，矧碌碌徇人之節耶。不肖舉此數端，血淚已橫頰矣。值我考君始旋哀衷，百未宣一。姑敘其當陳未陳，以少鳴當死之罪，以上慰在天之靈若爾。伏惟鑒之。

祖奠先考君告文

嗚呼！考君今竟棄不肖兄弟去耶！竟棄家中子婦僕婢輩數十人去耶！自不肖兄弟從榆塞扶轝抵家，歷秋涉冬，倏忽半載，朝夕哀號，冀靈爽一相感通。顧乃叩之不應，聽之不聞。哀慕反側，冥神寂若。是我考君安意棄不肖久矣。果焉之耶！不肖兄弟不敢泥形家言，又不敢盡廢形家言。祖壙巽隅，屏禍福之紛說者，欽考君之自卜也。涓辰乘吉，會諸家之僉議者，祈考君之永綏也。生順可無，炸土全歸，宜有安居。此不肖兄弟所以舉事勉守遺規，期地下有陰翼。益臻令緒，期地下有陰罰。此不肖兄弟所以自矢於形家乎，曷與哉！考君聽之，不肖兄弟五內崩潰之餘，不能以辭語陳其悲苦矣。嗚呼哀哉！尚享。

祭外舅對山王公文

於戲！公真不可起耶！公之得壽於天者何延？其見棄不肖復者何促耶！自復辱爲公壻十四年於茲，不虞其顛躓困踣如今日。往歲己丑，先司馬重復，始配妁者廣廉封內女子無。當是時，復年十五，先司馬孝廉家居，日課復學。甫解操筆爲博士家言，則日披示古詩辭、秦漢諸書，旁及臨池圖繪之事，以博其識趣。少悟，輒听然笑曰：孺子其毋以博士言畫也。妁者以公季女訊來，先司馬喜，亟修禮，一再通閻報。公俞命云：此非來氏子乎，女之初公老，愛其季女也，屢謝顯貴不應。復以弱豎子寢貌瘦形，曳敝履袒褐於交衢間耳，乃公顧期以千里。先司馬清介守貧，婚子無厚遺，婦歸啓笥櫝，短衣數襲而已。公慰諭其女，即左顧獎進復意，若爲不肖博榮華寵厚眉睫間事矣。明年辛卯，入試不利。三年甲午，又三年丁酉，又三年庚子，屢試屢蹶。公時年已踰耋，而志念不昏，初不少疑復之無學也。復好客，好追游山水，好耽情諸可已之務，好縱酒，日夜長醉。室人頗苦之。公聞不色慍，猶徐言曰：子即卒此，亦饒一第，第老人視子，子也奈勞瘁何。吁嗟愧哉！公望復何隆，知復何深。而小子竟玩愒頽廢，坐弛歲月，頂趾腰胯間，曾不少加於初壻。公時卒，使公始願不酬，且重以累。公知人之哲，復之罪也。夏杪，先司馬遼陽訃聞，公驚，至相向大痛。倉卒東奔，追扶櫬抵家，纔百日耳，公已離人世踰月矣。生死暌違，兩地若避，孰意侍公十四年無恙，溘焉永訣反近在此百日之期乎。公得壽於天者何延？見棄不肖復者何促耶！客歲，甫別先司馬，而先司馬不待。今乃甫別公，而公又不待。追思先司馬所以課復，公所以厚望復，今其長已矣。向者即困踖於疇伍，猶不敢自廢，振拔也，爲公在也，亦先司馬在也。茲安能以鬱悶迄死之餘，戀戀世法中耶。室人復當教之安命守貧，昔欲期我爲羅敷夫，今欲期彼爲黔婁妻，志已決矣。地下晤語先司馬，當必共哀不肖之遇而棄置之乎。或者更欲不肖出死力，猶自鞭策駑鈍，爲世用乎。復不能也，奈何哉！尚享。

祭徐元虛直指文代

惟公伊瀍毓質，嵩少孕精。行陋握龥，道製幅衡。益探名理，腹笥百珍。數窮姟極，學識天人。束髮崛起，譽髦於鄉。覗余利金，敦好大梁。追雲琢漢，對白抽黃。載言載笑，無人其傍。燦燦英華，上燭宸宁。寶鼐薦鑾，玄圭登俎。卓犖初政，懋逮厥聞。巍哉柱後，弼直聖君。法宮沈穆，一舉百輟。我職云何，忍容舌結。使星西發，帝眷遙將。行行青驄，以綏雍疆。雍邊西隅，時事孔棘。能禦勞饑，俾無作慝。彼宵鼓餤，逞志市權。慝奸納賄，忌器圖全。公也神威，顯褫羣魄。行旅出塗，居民安作。洮河之役，余濫厥司。言邇德容，中愉可知。在昔同席，於今共事。嘉好宣力，兩人夙志。何物風雨，摧我棟梁。首春晦夕，實隕星光。豈其悄憂，念國爲虐。厭此悾怱，冥泊是託。嗟哉！天命不佑，君子弗伸。鳳鸞絕跡，鴟鴞向人。寧惟西土，悼社稷才。一死一生，猶余私哀也。

公祭李晉吾房師文

嗟乎痛哉！二三子祿食京華，師恩所貽。忻遇師待補旅次，昕夕相依，方幸天涯會合，甫得尾茵軾而控韁綏。孰期笑譚未竟，暴瘵忽餤，遂爭量藥，俄而視含。嗚呼！事出猝至，駭愕驚魄，執手憑棺，橫頰淚落。蓋無異考妣之喪，而徒悼兩楹之不可作也。追惟我師顯名厚實，醇修美政。甲第稱薦紳之碩宿，膴仕列朝家之三命。畫省押班，循良播咏。某輩目覩廷推望隆，寧堪弔續於慶耶！嗚呼！在門在廬，古人所哀，年不償德，位不配才。豈惟失二三子之祈嚮？傳之長安，亡不慘黯感懷者矣。山川緬邈，輀車西旋。令子引紼，旌旐導焉。王屋之麓，爰有高門，善必昌裔，視此蘭蓀。祖春明以哭酹，悵永訣其何言？嗚呼哀哉！尚享。

來陽伯文集卷九終

來陽伯文集卷之十

明三原來復陽伯著　邑後學李錫齡校刊

祭文

祭別駕張雪松公文 代

嗚呼！公何以遽至是？余於公殁，匪獨抱至親骨肉之悲，蓋重有慨於天道之屯否，世運之仳離也。《易》曰："天地閉，賢人隱。"隱者，道不昌也。天欲使賢人道不昌，必先奪賢人之身。乃語又云："天道本於人事。"則夫抱道守德，儲才待用，爲國家幹濟之臣，未騁驥足，先鎩羽翮，槭然抑塞侘傺，抵死而不得一效於當世。識者於此觀天道，即還以責人事。嗚呼！人事虧，天道悖，世運從何知已？公家食時，目所居積若不介意，獨肆力於學。踰強仕時，始博一科第。心念科第不足貴人，惟學足以貴人。即呫嗶剽襲之學，亦不足貴人。學而能不爽先民之程，不抱屋漏之愧，始足貴人。於是悟理性，矜儀容，納視聽言動於則，純念慮思維於敬。門前多長者之轍，然未嘗濫觴几席間以毀禮。亦有清玩幽居之好，然未嘗耽嗜成癖，逐逐於土木花石技藝淫巧以蕩志。此豈不恬然恰共貞度君子也。客歲，諸親知咸勸公仕，公不肯從。繼乃自惟士少而學，學而思仕。吾業自有仕，奚必寂寞爲高耶？整裝就選人，得東充別駕，尋署篆巖邑。數月績效著彰，操持日勵。遠近上下亡不快談欣誦之者。傳至鄉黨，共謂信然。人有居家纖芥不苟，百行協合而不能官者乎。不意一疾即至不起。殄善殞德，若或靳之。豈非天道世運二者有以致然耶？不佞一隅鄙人，無他見聞，竊覩邇來海內種種戕滅，種種生全之人，似覺禍福倒置，善否異報。豈天未悔禍將以黜直陁正大開之釁乎？若然，公烏得不有今日也。嗚呼！

祭秦女姪文 代

翳惟伯氏，益贍而豪。行羞握顲，興寄逍遙。惟時幹流，載值其豐。膏同澤潤，燿比日中。甄氏祖德，陳家昆季。伯也韋藩，不驕不忌，三息是貽。女也長姊，既適名閥，兼儷髦士。爾乃煢獨，不祿所天。所天永戚，女也少年。為亡立後，以繼栖棬。為亡奉養，體沒以存。毀服屏妝，靡他一心。古有刑耳，懼辱母姓。嗟女從容，嫻義以正。昔也少年，今也華髮。電滅者流光，玉全者女骨。惟女所天，愉而遲女。女立之後，哭而輚女。女即女晏，女響女盼。余等固將釋薄祐之愁，嘉女不賣，吾伯氏之豪也。

先司馬入鄉賢祠祝文

於維先生抱冉閔之德，而近名是恥。有夷齊之清，而人知是畏。當其為諸生時，固已文法遷、固，而詩稱漢魏。四十博一第，五十宰一邑。遼關之役，浸浸始貴。人謂先生正可以揚眉吐氣矣。曾未幾何，而遽與人世辭。靈轝歸里，萬族酸悲。閭閻有長號之機婦，市井有垂淚之小兒。此吾邑侯沈仲玉先生所親見之。甫年餘，而闔學諸生詣上官請祠，曰："先生令和而和民紀碑，署關而關民祝尸。"古之士大夫身死而祭酒於一鄉者，非先生而誰？矧夫生則負大賢之望，沒則覿聖人之光。秩秩俎豆，煌煌棟梁。亶惟伊人，允式允臧。訏詵詵之輿情，歎悠悠之世路。雖公議之無斁，竟往愬其逢怒。賴吾沈侯儀型士林，文衡鉅公，風教自任。於是牘牒不再，請下記旌德，大典彬彬。慨公道如綫之日，得見此二君子焉。以維持不死之人心猗與。先生生前死後遇合俱艱，雖則俱艱臻成晏然於其艱也。見先生之命於其成也，見修德之正載歌載咏，載憑載慶，歲歲烝嘗，以配至聖。

祭張太翁文 同邑學士太翁猗氏張亭一先生尊人也

緬惟夫子，試宰下邑。德崇楨幹，政鄙束濕。年則子奇，有聲赫翕。觀後重迎，再見郭伋。是時太翁，已久歸閒。單車就養，虎顴童顏。太翁於世，縷縷可扣。發跡賢良，通籍朝右。巴蜀之庸，以覃以戀。是為為政，亦既下究。意所不諧，賦就歸來。汾水釣艇，條麓芒鞵。蕁鱸託興，下澤蒙埃。是為奉身，泂明智哉。居積有術，師猗之頓。大棗千章，鐘畝百畹。水旱舟車，時資羸困。燕翼之謀，貽慶以遠。乃架青箱，珍訣秘錄。實有夫子，朝咏夕讀。矯矯雲逵，桓桓公族。義方之訓，親覲式穀。張敞在内，陳咸入京。恩弛耆老，拜重耆英。是云大年，是云長生。某等鄙壤窮儒，慕義綢繆。遠踰大河，赴師之憂。誄同有道，奠愧南州。我薦雖薄，我心孔恪。欲驗去思，視此騰躍。庶冀靈颷，格思冥漠。

先君三週忌辰告文

嗚呼！歲時奄忽，考君悖棄諸孤迨已三載。追想音容，益深永慕。惟諸孤禫後襄考君廟祀事，奮然堙戶，發我兩世遺書，擇其當於制舉業者揣摩之，不敢恢心闊遠，不得漫言忘世。期以畢考君未竟之志，以成諸孤永慕之懷。至於居家居鄉，處族黨，處親友，兢兢惕惕，即萬不能倣我考君所爲，實深懼我考君之所不爲。亦惟此善也，明靈陰相之。此不善也，明靈陰譴之。余小子雖至不競，其何敢厚自隕越以忤懿訓，且不覩式微而激奮者乎？今縣大夫重遺澤以風孝，三年不呼門，讀禮之餘，慨然杜篤內外五世之歎，自顧髮齒何能久自淹蹇爲也？嗚呼！舊事日非一經，不絕意冥冥中屬望在此，敬陳二篇，告近業焉。不自知其涕洟交頤也。

祭王封翁文代

嗟夫！世有異質之鳥，精彩陸離，毛羽襀襂，飛集廣莫而翱翔九有者，知其非產自菼葦之藪也。若夫茂泉不出於枯巖，修林難獲於培塿。觀瀠洄以偵脈會，息濃蔭以窮澳沃。始知靈物所鍾，洶深厚矣。不佞居都下，則聞民部君試宰中州之績。已謬領民部君之邑取道中州，則聞中州民津津令君之賢。若湛盧發硎，填星在懸，亦無一切鉤距鐫鑿，而陰伏無遁。固已薄馴雉之稱異中牟，陋神雀之數見穎川矣。入君里巡行風俗，諮採耆宿，由顯稽微，溯流於畜，慨介福有荷承之自，諒駟門無玷德之族。咸曰："太翁之託身也。"智如鴟夷，絕無車礙覺輔之災，其取獲於子也。盈然篝車，然非持豚蹢匜飯以挾小而取噓。是故翁也坦夷，承之者矗崒；翁也儒匹，承之者經術；翁也恬恬，承之者巖巖。懷黃垂組震世之勳業，皆田畯之睢于有以儲貯而延綿。蓋古謂蛟龍之出，多在深遠之源。夫物固有然者矣。審如是，則太翁以獨厚於天，而永憑寵澤。民部君以身被其厚，而益敷大施，浸昌浸著，亦奚疑哉！

祭族叔近峰公文 代族伯等

嗟嗟！某輩於余叔父亡，深抱骨肉之痛，更切家門盛衰之感也。當余伯父憲副少府兩先生崛起里中，庶幾以余家爲衣冠望族。是時，叔父在諸從中最少，端然儒服，而聆道義之誨。出則里中人望而敬之，曰："此來兩先生愛弟也。"及兩先生繼殁，叔父亦厭就博士業，諸子姪如某輩僅僅以青衿爲門戶綱紀，一二無賴已窺而誰何？未幾，余司馬弟舉於鄉，越十年，成進士。叔父之怡志，暮年遂無異兩先生在世時也。今司馬弟不幸亡，亡且三年。來氏之族斬然中落，冠蓋稀絶，門巷蕭寂。魏其之客盡散，廷尉之羅生塵。爲其後者，猶然如某輩之後。兩先生時，蓋某輩每與叔父聚談，泣而歎余來氏之不競焉。公即年近七十，老矣。然素健步强噉，炯目剛腸，即俠少年不能並其英銳。一旦衰憊困卧，猛氣頓盡。豈惆悵今昔之遇，不勝其沮喪。故抑心損志，卒鬱鬱至不起耶。嗟夫！以公身處其盛，盛將衰而旋盛。曾幾何時而底今衰，今正卒衰不能爲盛之會也。此某輩於叔父之亡深抱骨肉之痛，更切家門興替之感也。設祭陳辭，有淚橫頤。嗟余嗣姓，其又有承先澤而奮起者乎。冥漠之表，想日望斯。

祭湛川張少府公文

嗚呼！士有醇學篤行，文足黻黼明時，德足感化鄉曲。乃挾具則合，而逢世則感。悵前塗之淖汙，仰霄漢而局束。霜雪蹎穿，騰驤志伏。冀百蹶於一伸，坪孤蹤於儕俗。此嗣宗所以託志詠懷，仲任所以致嘅命祿也。嗟夫！里無公辟，朝無聘士。雄志易耗於循資，鬻達密緣於包匭。士生其間，即抱冉閔之德，備公輔之器，敷卓絶之政，爲極難之事。矚目晦耀，試身通否，莫不窘約簪紱，逼迮名位矣。惟公學稱宏博而不得遇，才能經世而不得施。步聖追賢，至德可師，終不得大闡正學，以範世而規時。涼獲制科差責播於聲迹，違志壯行聊頫首於衡軛。二十年而以一命量移，秩不過七百石。即所生荷綸綍，内配被褕翟，亦布衣之隆會。，然非酬德之定額也。是故在學士則軼倫輩，處內外則無間言，受民社則循良永譽，居錢穀則清概彌敦。人傳其雩祀，澍應禱火風奔種種照映於汗簡，而不能與掞天之士裴徊禁闥而轉乾坤。人皆爲當路者之咎，然不知所可重悼者，公賦命之屯也。管蠡之識安尤大化，不知有當於貞魂否。

祭孫志曾社友

嗚呼！吾黨結社十餘年，雲逵之蹤尚自寥寥，方共抱同病之憐。然社中疾足不能不推吾志曾。今吾黨以屢躓而愈奮，斑斑翎翮具足行，且縱橫諸少年場與角雄長。辟之老將摩拳，志在一奮計。午未之辰，屢躓者當脫百六，乃志曾先期病，病且至死。嗚呼！同志雄飛之期，知復有幾，而茫茫鬼録業再無歡聚之日。吾黨之遭，亦何不幸耶！念此，即在世諸子功名之念，亦頓灰矣。志曾連歲善病，病尋瘳，尋又病。已有泉下色，志曾強言笑不病病也。然吾黨以志曾之才，必將展布人世。相志曾文，又無死氣。而算家謂志曾于支且大貴，必不死。今竟死，是推志曾之顯者微者率不合。謂之何哉？無已則將求之於節性轄情，自全其天禁，不使二豎攻内。而後以其節轄之餘，當寒暑之浸蝕。庶幾以可知者盡之已，以不可知者付之冥冥中哉。雖然蒙莊解脫，桑户返真，何必起雍門之笛，下丹陽之淚？若其修文，白玉執筆，上清誠有其事。吾安知志曾不翱翔溟涬之境，而下視吾黨逐逐之苦也耶！嗚呼！尚享。

祭亡從弟中齋文 代從伯公祭

嗟嗟！吾家骨肉幾何人？今歲喪吾叔一兄一，余輩率子弟痛哭之。猶謂年就長，可慰也。弟年甫五十，而遽暴死哉。弟素不善病，即病旋已。今歲病瀉，瀉久之，亦愈，軀體漸強如故。顧倏不起，何哉？當弟嗟吾家災變，意惴惴畏之。其對余輩言保攝之道悉矣。乃子弟中，則數與復、臨言醫甚信。若謂服餌之事，可憑恃也。變起倉卒，救藥無策，相顧徒有錯鍔。嗚呼！人耶天耶！弟死而幼妻失所天，諸子失嚴父，吾家骨肉間失綱紀之人。來氏之族，其益不振乎。嗚呼！吉祥善事，亦世之人膺之耳，豈吾家卒不得數年一值，而顧頻罹夭亡大故耶。人耶天耶！凡若此者，其竟何以致之耶！汝子七劭秀，不類凡兒，且弟已親見兩人爲諸生，哲嗣顯發，靈始瞑乎。其亦以此質天道乎！尚享。

建文昌閣祝土神文 代

維城之南，厥土沃澤。紫府星精，將茲奧宅。雄據上游，翊我文脈。元老首義，崇構奕奕。雨集雲興，拭目金碧。神其篤祐，陰啓謀畫。

祭王廣文槐庵先生文

嗚呼！先生自束髮爲關中知名士，負偉望者三十年。與鄉達溫景文先生聲價頡頏。今景文先生官極品，而先生徒以老博士白首家居。年華遲暮，烈士灰心。嗚呼！士生於世，雄飛雌伏。豈有量哉？頃景文先生休沐，訪先生里社。時先生已病廢，頗爲四肢所苦。顧猶精爽健瞰聰明不衰，味古人年至飭巾之語，瀟然齊得失窮達而一視之。數與景文先生握手對語，無異布衣時交好也。自罷博士官，家居十餘載而病，病二年而卒。蓋七十有三歲也。嗚呼！先生之數奇矣，先生之志苦矣！雄文麗藻，能膾炙詞林，壓服流輩，而不能一遇主司之賞。頫首一命，業已標其品格，借其毛羽，而不能少展驥足之用。窮守殘編，老蠹魚而騰蜚無時。餒身邊微，處脂膏而自潤無計。垂盡之年，始目覩季子明經，青雲器就，餘二子生殖僅不乏絶。乃闢旁舍三楹，小蒔花竹，饘粥之外，樽酒自恬，閑咏短篇，邀舊侶以暢鬱懷。自謂差踰於爲諸生蹙眉時而大期奄臨，運數不待，是先生之賦命。獨蹇終身，見忌於造化也。悲哉悲哉！某輩於先生骨肉至戚也。或居弟列，或在姪孫行。所感感傷先生者，實先生隱衷自傷者耳。曰亦有以慰先生之大者謂何？其在仲子捷取大物日乎！其在仲子捷取大物日乎！

祭沈仲玉先生文

嗚呼！我車北征，之於慶都。爰有鴉音，傳自僕夫。倉皇訊審，叱以爲無。已思先生，無怨於人。所傳之口，哽咽而陳。時當朝食，廢筯悲呻。旁觀驚詫，侍從酸辛。胡瀉我淚，百斛泉源。胡攪我心，萬轉車輪。今既撫棺，慟哭官寺。清淚已竭，此情難置。於惟先生，沖襟偉德。族世則崇，威儀則抑。夙載高名，來莅鄙疆。洵稱文吏，兼號循良。仁柔化暴，禮數秩常。憐余瓠落，百計抽揚。卻言絳灌，非子同行。訪廬諮政，悟薤擊強。位則父師，誼類賓朋。禮賢雖誤，招駿斯多。公庭燁燁，冠佩峨峨。蒔花偕賞，開酒賡歌。修士伸眉，頑子自忸。氣習風聲，三年而厚。施厚厚國，積厚厚身。賜環之初，執戟之臣。峻階始步，三組方新。何所殄天，殲我哲人。毒痟所攻，人率陮隗。余之先子，胸度同邁。乃皆無年，皆以痟敗。睨視冥蒼，若屬何解。嗚呼！室無少變，官無私植。棣萼差肩，鳳毛鼓翼。飾巾歸化，無累無繮。是云正終，終無不得。嗚呼！先生往矣，迢遞南程。吳山越水，黽轄丹旌。心慚戴仲，送師喪歸。復愧范式，遠護孤嫠。去思有碑，文出小子。歸哭碑前，以語人士。讀我實錄，永作哀誄。尚享。

祭沈仲玉邑侯文代

蓋嘗聞世稱無年而鄰於死者，必其暴伉儻葛乖天和而不近人情之人。此固智者所可不卜度而知，有德者所能援理而預陳也。若回牛之短，髮齒早斁。賀勃之折，才技近露。氣之所靳，天之所妒，諸此類者，亦可理悟。公出自望族。兄弟數人並登甲第，爲吳越冠冕。乃復坦度抑容，頤和韜辯。屛絕頓樂，無淩無殄。扣之則秩如莫測其鋒穎，即之則溫如能治內以尊生。亦似鍾氣獨厚，而不與妒迎者矣。五十之年，郎署之榮，豈遽公福量稅駕地也，而翛然返真，干冥冥哉。當公之令原也，他人銛劌以立名高。公獨崇長厚而黜矯激，平易所揉，愈於毛擊。方且陰易西人猛獰粗豪之氣，以上仿古朱邑。何武之績功差酬於朝廷，報已舛於造化。脆薄延長，老成萎謝。此不佞輩以同事而習公行，以公行而悼公逝，疑生理之難全，代爲原民雪涕者也。嗚呼！尚享。

祭溫太保公文代

嗚呼！必清忠亮節，夙夜自公，以一身存亡而關世運汙隆，是曰社稷之臣。必身與道俱隨，在泰亨來非賈重而去非啖名，是曰君子之倫。昔聞其語，今見其人。公以妙齡高步甲第，循良懋績，既莊且惠。不三十而給事禁闈，人避柱後之冠。不四十而政參兩地，載著旬宣之謀。歷秩卿貳，尋撫南州。首九列以總三署之官聯，建纛牙以據於越之上游。軍國是材，法紀用修。藉甚勳庸，晉陟鼎鉉。我有專官登耗，以辨其尤著者，身任銓衡，乃甄沃流品，咸服允當。特簡總憲，乃督率百司，不悉具瞻。天子曰休，內外勞績。惟女實兼承華重地保翼，惟嚴女也。重臣是居是恬，偉哉。我公蹈義恐後，豈不戀恩疾斯莠？口如市者，門如水者。心援古人懸車之制，味韋公國程之吟。褒衣緩帶，翠巘烟林。九重貲賜愈加，山中蹤跡彌深。慨東都之餞無幾，而崦嵫之期胡急。於是天子有遣奠追諡之典，閭閻有輟相休市之泣。而士林驚詫咸以公歸田，遂請爲首邱之幾。先覘存沒之得，正嗟所學未易企及矣。某叨居屬員，懿此型模，爰誄哲人殄瘁是虞。謂大德如公而天靳壽考，豈吾道多艱，抑世運日徂，將誰與力扶社稷引後進，以履君子之途者乎！嗚呼！尚享。

祭溫太保先生文 同諸門下士

嗚呼！我師景文先生棄諸弟子忽已浹旬。頃先生病卧，某輩數從堦下問起居。蓋以天道度者半，以人事度者半。憑天者私慰，謂先生所鍾者全，所培者厚，而常有還精造化之心。豈天故開之而復奪之以望七之年。憑人者私憂，謂先生積瘁勤公，捐己周人，逸晷幾何，輒復嗜學。甫及懸車，形神已敝。恐人世延齡之理，與宿碩憂勞之身，不無少礙。然先生即病不迷，飲食尚日三盂，不一作家人訣別語，迄卒不廢盥櫛。則某輩已而率皆憑天，似二豎不虐，君子履祥者，當默助於神明。乃我師景文先生竟不起耶。自先生病劇且兩月，諸弟子中從遠聞者裹糇糈，理寢興者戒童僕，勸靜攝者斷堺門，通歧黃者進方藥，修禱祀者走群望，籲冥福者減己算，皆茫乎未有一效。豈天能開之不能少益之耶？將位可極人臣，望可達彤陛，勳可勒鐘鼎，學可究理奧，澤可溉氓庶，德可化鄉鄰。振纓則豹變，搖筆則榛披。居斯俗易感斯頑孚，獨至死生之際，不能不少歉於歸田優游之未遂，何也？吁嗟！某輩知之矣。流駛易竭，物盈易傾，若者天道。常存惟名，不朽為壽，若者人道。故世有驕縱奢濫一發無餘，不知天道者也。世有忕儇奰訴蚩蚩，至老者而不足齒數於有道，不知人道者也。先生英年妙選，遍陟要秩。盛明元老，海內翹跂。乃自奉過為素約，今見不盡之澤，陰注於嗣人嶷然露頭角而蹈敏武矣。此已可卜天意，然亦自先生還精造化之夙心耳。自古臺閣難兼，文章辭士多厄下位，理學又多迂庸。先生業追夔龍，道繼濂閩，而文必左馬，詩必少陵，不以瞬息之小年易我千秋之大事。此已可識人道，然亦自先生嗜學不倦之夙心耳。學士大夫欲知先生戡危定傾，殫精於國之勳，其觀昭代之簡冊。欲知先生實經濟，實心事，動則斧斷霆擊，潛則淵蓄龍蟄，其觀先生由瑣闥以至台輔之奏牘。欲知先生治跡卓奇，宦游遺愛，其觀齊晉楚越諸地之口碑。欲知先生格物研理，苦心深詣，彰灼於文字間者，其觀數十卷之遺稿。欲知先生篤倫齊家，藹然穆然之範，其觀族姓之輯睦，介弟佳郎之學行，下至曹史隸御輩之馴柔。欲知先生感化於鄉曲，既神且速，其觀邑中由靡入樸，由偽入真之近俗，與夫慟哭先生如喪考妣之群情。欲知先生嘉言懿行，日用出處，懲懸惟嚴，揚善恐後，稱引先輩，以為後進之矩，獎拔後進，期附於先輩之列，無巨無細，無不可對人之衷，其問諸小子之覩記。至於該括先生以傳海內，傳來世，則自有追謚遣奠之大典，誄德志幽之名筆。嗚呼！先生於上下天人之際，所處亦既全矣。某輩向所私慰、私憂者，猶然尋常億度，不足論也。嗚呼！必如是而後窺先生者大，然某輩竟何易知天人先生故達觀冥漠之表然乎否耶？無從質也已矣。哀哉！聚而班之，仰而顏之，酬之，而議之，而疑之，盡一哭矣。嗚呼！尚享。

祭崇吾宗侯文

世祿之家有二患，曰驕，曰侈。二者之生，因乎富貴，而其流莫知底止。蓋禮規於制，名兢於法。法制所寬，亂是用狃。苟能明讓著素，防逸寡譽，鄙綺紈之貴詬，驅臘毒之不仁，足稱善事，亦既豪賢。若夫悅禮敦詩，韞采敷藻，雝雝朱門，嫺嫺宏抱。闃寂則茂遠之帷，蕭索則仲蔚之草。處囂闐而獨恬，當縟麗而常皭。屏絕聲伎，斥逐玩好。育成佳兒，蔚爲國寶。踰子駿之淹通，類臨川之浩博。宛委玄探，靈珠自躍。帝裔聲華，奕奕振爚。此吾黨之所樂，聞千古之所必託者也。眼底若若，此風則邈。十餘年來，惟見公家。公之承業，三世能文。公之拓緒，以慎以勤。公之訓子，圖史畢陳。不矜影組，惟貴儒紳。曰服以旌德，貌以肖躬。難御者法服，莫祥者德身。雷同非美，馴雅可珍。故今子斗甫三十而雄據辭壇，意氣日新，是爲吾社中之一人。夫其不但化驕以傴僂，代侈以纖儉，已能澤沖夷，厭薰染。固有盡之算，雖窮於幹流，而令範之垂，可被之琬琰者也。某輩既以哭公，爰製誄辭。以此慰靈，庶幾近之乎。尚享。

祭兵部尚書劉犍庵先生文 代

嗟夫！自古大臣之用於世，與用之而盡與不盡，皆關天運之剝復，時代之隆替。歷稽載籍，其理相繼。即近以宋事論，當其盛時，趙忠獻寇呂諸賢，咸得以罷政而優游。及其衰也，用一君，實未七十而已逝。是時，匈奴鮮卑諸酋日靡金繒，貢使不絕。聞中國相司馬，相率囓指而不敢輕發。稍假之年至治，豈不超越乎？今天下承平日久，諸單于雖解辮，而識者獨於遼左有隱憂。薊與遼相唇齒，又逼近乎京都。聖天子簡畀節鉞，推轂先生，期撫綏左輔者已十餘年留矣。先生既身任鎖鑰，而又感德思酬。是故勇者作其力，智者詢其謀。徼外馳檄，幕中運籌。蓋常囊無留俸，俾卒伍飽暖而歌挾纊。又常寢不解帶，貽軍士安枕而棄戈矛。於是中外心依，驕虜氣奪，恫怵不恣於市賞，燧烽漸遠於甌脫。蓋威信荐孚諸邊，公忠久徹禁闥矣。皇上採廷臣議，幾欲內擢樞要。而

- 531 -

竟久久停遏者，良念重地多事，非老成不可，非如尋常留閣而中闕也。此何時也？先生顧邁患於一日哉！毋論尚方震悼，人士悲喑。閭巷罷舂，部酋棃面。先生歿而後之代者不可知，後之代者不可知，而國家東陲之變，恐日決裂而不可支。是先生一身存亡，即氣運盛衰隨之矣。謂非天爲之，而誰爲耶？數月前，仲君以《麟經》魁天下，長君用副戎，多獲首功。書至，先生爲之解頤。釁旋之日，慶之者咸謂後先遭值純嘏靡遺歟者。又引禍福倚伏之說，詫弔賀並集於門楣，斯其言似也而非。蓋先生死生關係甚大，夫豈一家一人之所託兆而倚毘？某忝廁仲君同籍，待罪賢者之鄰，欽挹有時，故獨規準古今援爲天運世代之悲。至於敭歷諸勳，自有國史家乘，余何敢覼縷而稱耶！尚享。

禱雨祭神文

維萬曆辛亥歲五月將半，計天大旱已九越月，二麥絕望，秋禾未播，炎毒過燠，疹疫日繁，穀價騰踊，民用皇懾。郡邑之主，咸齋戒省眚，步禱誠格。乃異颷嘘和，狂魃逆馭。奔雲東徂，陽景旋昭。草不潤枯，雨不滋坒。豐隆失鞭，列缺斂光。陰陽否塞，升降愆則。剪爪暴肌，監寐癙歎。於是移檄枌榆，父老率諸子弟，露頂徒跣，籲號明神。揆古土龍，迎郊之義。以禜填厭，陽固之氣。夫隕城崩臺，烈孝之女子尚然，豈其積眾？丹慊不闕，沖嘿佇望。在所諸神，司生冥使。分靈山河伯之憂，摭邦伯兆黎之請。遞奏重閽，立幹屯運。大澍甘霖，霧沛郊野。俾鍾未竟起，歡呼滿塗，則芻狗雖微，亦自銜仁。枯骴未盡，知謝玄貺矣。

祭王光庭比部先生文

嗚呼！先生生而負奇，有矯然不淬之操。海內景慕先生有擎揮千仞之仰，譬之喬松挺巖，健鶻直上，睨峻地而飽風霜，奮猛氣而排秋爽。其與世多忤也，止足驗直道之難行。其矜己自立也，益足徵浩氣之能養。於是未三十而登甲第，躋五十而尚爲郎官長。當其攖擠陷則挺赴詔獄，調軍儲則瀝誠忠讜。固已身嘗闒豎，而行獨侃侃。羞伍絳灌，而心常怏怏。邱園睢于，文賦自廣，茂遠之帷祕深，仲蔚之蒿莽蒼。羊腸宦途，雖拊髀輿積薪之嗟。蠹魚圖史，則清樂踰百城之享。故能淵然造文家之碩宿，卓乎邁倫鑒之高賞。名不爵餌，德匪利罔。庶幾抱一貞以歸全，略生死於軋圠者矣。嗚呼！凡人以有所結轄而未伸，必先係牽。係牽而難割，必多幻想。先生之所資於造化者，亦既淡矣。則與造化之世，奚所關念而不可溘然長往耶！某等先生里人，奕世同黨，殆將慰冥漠於達觀，不因無益之感楚而起無窮之慨慷矣。

祭丁翁文代

嗚呼！世每輕賈，賈亦率自輕，對士大夫，引縮口不能了了，蓋十人而九矣。然人生於世，其異於萬物者神明耳。耳目者，神明之戶牖也。至於耳目癡頑，居然聾瞶，語之以鑒別世代，品騭今古，茫然眩眛。或儔眾談稽，獨爲結塞。或忽發片語，舛謬我可。駭有士大夫多蹈賈人之俗情，而賈輩中顧反超然遠韻，自成其品如丁翁者，近世所希見也。余得知常聞之余鄉好學特達之人，稱翁往來關輔、吳越、燕趙之地，垂五十餘年，不妄交，不浪語，恂恂雅飭，貌類儒者。而最好博古，凡三代鼎彝諸銅器，與夫玉器、窰器之類，一見即辦其真贗，且心誠嗜之。所至廣布搜索，必求完好，即傾囊不悋。室中庋架閣以次羅列，寢食其中。遇佳客一出示之，非其人即貴介相招，掉臂不應，與之談纚纚有致，令人起塵外之想。以故遨游諸地，名公鉅卿爭延訪扣求，不敢以沽客視翁。翁亦夷然，忘勢途之有腐鼠迂僻之非捷市也。嗟夫！古稱聲色香味之外，別有一種恬澹不可言之趣，此類是也。翁獨解之，至老不厭，此其中寄託遠矣。當時豈無疇輩竊笑而明非之者？然士大夫之賢者，乃津津稱慕不已。自賈家得翁，而賈之輕者，操其重，權以抗王侯，即以賈論，比他賈所得何如哉？翁壽八旬，終於家。訃聞，悲哀者眾，又思公之德耳。余鄉有來陽伯兄弟者，與翁臭味世好，聞之感痛。某受知翁最深，絮炙踰大河，弔翁靈於蒲坂之墟，瀉私淚焉。翁生備神明，當不忘盼。尚享。

祭段栗庵封翁文

嗟乎！自余輩束髮解讀書，以姻戚之誼侍公，公已翁然罷青衿老矣。謬推余兄弟爲名士，余輩則愧非名士也。乃歎公耳目非止一翁然，青衿也。公齒長余先子，公之子西華君齒長余。而往來契合，形迹盡捐。聲勢之倚伏，門戶之緩急，至關切如同氣。蓋兩家俱以仕宦之族，儒素之味，相投於比鄰之近，非尋常姻戚酒食之交而已。西華君年不強仕，而絕意公車。泣就，選人念公年高，欲事祿養，選人惜其貌劭以壯也而抑之。又三年，始通籍。是時，慮公不能瞬息待矣。

公顧肩輿欣往，出崤函，踰白石，歷大梁，達潁川，眺平臺之墟，尋羲畫之壇，以訪荀陳高陽之里。然後于于然入官舍以安七箸之奉，而步履益健。歸里，人皆詫歎之。無何，西華君思念公已，又肩輿相迎，而公又強爲一往。於是中州之名公顯紳，爭識面競賦詩，或邀公出郊園，獻卮酒爲壽，咸爲公偉然神仙中人矣。遲數年，西華君休沐歸，方侍公燕寢，得專心色養。公他無恙，惟日瘦削，卻飲食，漸至不起。異哉，西華君之孝也！其親待之，而含卒之日，子孫婦孺環哭，聚數代人。嗚呼！若公今日，眞可謂生順没寧者矣。以公眞誠勤約，嗇精頤和，得享上算壽之理，始驗以人間全福。揆之所微未慊者，身攻苦業儒，不能釋屩褐。西華君因祿養，故靳一甲第，斯二者而已。然世有驟得功名，而旋即委謝。公決不屑以泡影虛華，而易我耄耋之久。使西華瞥瞥春官終天遺恨，縱博一第之榮，何如一日之養乎？是則公之鍾受於冥冥者，亦既厚矣。若夫余先子年後而卒先，余兄弟侍公聲欬二十餘年，而判成永訣，與西華君骨肉關切也。而視其痛慕，追念今昔，淚淫淫橫頰。又四十無成，恐終無以答公知已之言，陳祭摘辭，悲憤並集矣。公其鑒之否乎。尚享。

祭王肖坡文

古稱儒行不以文而以質，即云俠烈不以武而以衷。質不滑性者，有不愧衾影之實。衷抱不回者，有見義勇爲之風。惟君得關隴疏直之氣，而能揉其暴。負湖海游邀之志，而能約其躬。居市則雄閭里，入貲業附清郎。友朋投合而膠漆，薦紳内交而頡頏。蓋視君之貌，屓然山澤之癯。覘君之心，卓然百鍊之剛。最足重者，周旋詔獄之忠臣。於一貴一賤之際，更樂施西來之方便。於浩劫枯寂之場，原巨先之恤人緩急。王君公之儈隱東牆，我儀圖之庶幾可方。斯不足愧鼙悅者之䩺樸，扞罔者之彊陽耶！果爾，則志大忘小。君已爲今之伯道而收骨返櫬，余等獨不能效古之范張乎。妥冥靈於君所施之庵，而命其香火而祝，曰："惟王君！惟王君！"厥體刹那，厥名久長。還斾有時，此焉暫藏。尚享。

祭常封翁文

世有守其素業專力以爲之者，終必底於成也。一藝且然，矧經傳是程乎。以余所覯闤闠之族，其家苟爲儒不已，即身與子孫，未有不以儒顯榮者也。常翁之厄於諸生也，且醜寒士不免困衡矣。不知翁荒於田也，而以經耕拙於謀也。而以子營不憚儒之效迂，而但辦修軌之塗輕。不患身之迄老未酬，而深信篤學之必以困而得亨。訓厥哲嗣，不釋簡編。學軼流輩甲第，髫年有聲。版曹勳著，籌邊京華。匕箸勝地，賓筵既安祿養，復冠進賢，綸褒燦爛恩賚。自天異哉，其以遲償而獲厚報，決必然之效於一經之傳也。今里閭不但耕賈家自劣其計之卑，即詩書家亦師翁父子課業之專矣。若翁之於世，可謂生致其力，沒享其全者矣。翁靈側奕奕繩繩，諸子孫滿前。版曹公又從代郡奔。訃至焉，方深孺慕之慟。而某等則慰之曰："孰如翁考祥之其旋。"尚享。

祭岳母張碩人文

憶余婚娶，廿有六年。伊時拜母，見已蒼顏。翁更耆老，白髮蒙顛。暮年配女，頗鄭重焉。詢余知學，結褵忻然。自女歸余，啾啾善病。軒岐湯液，高禖禱請。陰雨寒牀，母子為命。老來之子，人云薄弱。暴注頻殰，變出錯愕。賴母相依，以慰蕭索。矧余無賴，時運長屯。乘龍事杳，策蹇難振。抑鬱之懷，嗔喜失真。或酗於家，或至反唇。母也寬之，化虐為仁。是母女德，至性可則。豈但內儀，丈夫愧色。今余鬢皤，女歲與同。憑棺哭母，弔影悲恫。子孫繩繼，儒賈兼攻。母年之高，母德之顒。母貽之厚，母福之豐。談笑辭世，下見夫翁。余終努力，以圖顯榮。嗚呼！尚享。

祭薛封翁文 同社公祭

余輩聚談，每歎世無唐舉詹尹，出決久困者之結局。顧眼前所閱非相非數，合人之貌與其藝業，而參觀之產於鄙鄉廁之流輩，而晢以偉其文如之貴器也。若身不習文而性樸厚，舉止凝以莊，復有聰慧之子福具也。某輩識允執貴自諸生時，迨與翁晉接，益卜允執必貴。蓋允執以其貌與文可必不爽，而翁則望而知其非農民野叟之枯，薄食之收之固，以子福畜之發之，亦福乎子者乎。夫就允執論，則峨峨泰阿之松，晶晶巴浦之玉也。然非泰阿、巴浦，胡以生茲異質哉？吾社凡若干人結盟若干年，裒然甲第，止一允執，雄飛在望，接武志歉，結綬彈冠，人相鼓奮。至於寧陵之績卓冠三河，縉紳誦其美，士民碑其德，薦剡疏其最，貤恩逮其親。允執之昌隆，如方涉蓬瀛之清淺，姑睨暘谷之旭霽然。享受之基，循吏之譽，豈但吾黨企而難追？即甲第中退，不敢並者多矣。凡此皆翁迎養時目覩其盛，亦既怡怡于于，責償於令昌之報矣。顧某輩則由翁以知其子，即由子以知翁之不終犕車田服老於甿野間而已。嗚呼！人之通顯軼流輩，且父子安享祿位，豈非自有貌而已然哉？若翁不具福相，寧陵雖聰慧，余料捐館之期，當不能待爲寧陵成後矣。死生雖大事，罔極雖至情，孝子奔傷，友朋佐哭，道各盡耳。乃允執之已就，翁之訓與焉。允執之未竟，翁之神與焉。其奚僅僅以長年重束芻致誠，蕪辭寫愫，將以慰翁者，慰允執之哀慕，冥冥中鑒諸。尚享。

第後歸祭先塋文

遏矣余來，顯哲代興。肇迹焦穫，開基中丞。嘉靖之際，二祖祇承。霜臺繡斧，刺史茵馮。聲華甫謝，司馬繼升。於惟司馬，名重道弘。人擬稷高，朝倚股肱。八年於外，鵬集妖徵。貽余小子，百瘁身膺。拮据顛踣，播越騰陵。遇值其厄，心保厥恒。泥塗羸犕，曠野寒燈。守望邱隴，紬繹家乘。屢戰失利，志彌奮矜。天鑒其衷，祖德蒸蒸。遂叨制科，濫竽休稱。列京朝官，簪組是朋。如灰復火，如囚解縢。單族薄祐，閥閱崚嶒。率毘先烈，小子何能。休沐西返，埽除兢兢。愴薦牢醴，精誠上膺。莫報罔極，轉益悲凝。嗚呼！惟福由闇，惟善若登。昕夕震惕，賈墜內懲。後昆迪勵，象賢繩繩。爰祈默翊，永嘏孫曾。尚享。

祭蝗蝻文

某官謹以庶羞清酤之誠，昭告於某某之神。連歲旱荒，更加軍旅，芻米騰貴，民不聊生。即上天助順，百神護持，尚無奈東西狂虜之慘。乃晚禾方播，澍雨纔淋，而飛蝗又至，鼓翼成群，將虐我苗稼。竊思兵農交苦，士馬洊饑，數寸生意，豈堪蟊賊？本職職司糧草，目擊艱危，訝此翲翲，恨不盡嚼爲快。謹虔請明神驅逐出境，不忍遽以人力戕捕。期三日避去，若爽期，將糾千萬老稚，懸賞撲滅，以救一方性命。決不忍以十餘月方得之雨靈澤甫敷，而孽蟲敢蠱囓之也。謹告。

誄大座師劉復齋先生文 代

嗚呼！朝珍碩耇，士式儀刑。公孤匡輔，宗社憑靈。我師之生，喬嶽景星。我師之没，龍潛晝冥。爲國傷盡，匪私涕零。洪惟夫子，道高學攷。鳳沼毓英，璧門據要。彥先儒宗，傅亮典詔。大業山藏，文華虹耀。雍容機近，垂三十年。南宮秩禮，會闈掄賢。祁祁詵詵，景附鑣聯。二生駑劣，濫廁選焉。伊時仰覿，日挹沖穆。鼎鉉班崇，皐比座獨。厭茲嬰牽，暫賜休沐。於赫元卿，歸依子舍。伯仲並名，南金雙價。上食舞斑，歌鐘吟罕。事奇爭傳，樂眞無借。九霄鶴信，廣陌車音。貰望於路，雲卧彌深。先達羣倚，後彫共欽。林泉將起，霜霰急侵。嗚呼哀哉！輟市罷舂，含思興喟。朝野俱然，矧在多士。茫茫代謝，孰究終始？亡而實存，顯名美謚。某拮据封疆，鞅掌兵餉。棄官行服，千里會葬。緬追古人，惝怳莫狀。跽誄蕪辭，灑淚南嚮。梁木雖萎，江漢在望。嗚呼！尚享。

祭先司馬祠文 祠在山海關

維天啓二年正月二十六日，不肖男復、臨、恒、蒙，孫嗣厚等，謹以剛鬣柔毛庶羞清酌之儀，哭奠於考君職方先生之靈，曰：嗚呼！自考君不幸於榆關，人之思憶，久而彌新。賴諸地方宦游諸賢，與本關士大夫父老爭捐貲，顏像立祠。歲月尸祝者六年餘矣。不肖復叨除計郎，爲京朝官，出入奉簡書於清於密，距關不甚遙，而不敢輕越境，以展拜祠下。每聽東來人稱說堂宇之巍敞，恍如考君憑有安居，而不肖子久失定省也。屬值量移公役，始遂哭酹之私。撫今追昔，沈痛積哀，非言辭所能宣寫。念考君入仕纔六七載，歿即崇祀鄉賢，太和則請入名宦，亦有專祠，與榆關埒。可謂居鄉居官，生死無忝畏壘，桐鄉報施不忒者矣。諸子里中伏臘，墓前芝槱，裸漿依依，考君如在。若夫兩地之祠，則魂氣所時之也。棻氣太虛，抗霓旌，鞭虯馭吳楚燕秦之地，總至人之食邑矣。榆塞正戎馬震撼，際狂虜窺伺，丸泥封險。雖藉元臣定謨，然亦倚明神佑助。考君生時抱不磨之忠烈，便當立訴上帝，陰殛賊眾，廓清大明之宇宙，是一方之以祀酬功者。考君又以功酬祀萬年宗社之基，與一片香火之區俱永奠矣乎！尚享。

來陽伯文集卷十終

來陽伯文集卷之十一

明三原來復陽伯著　邑後學李錫齡校刊

啟

候座主啟代

恭惟閣下，斯文盟主，盛代通儒。天祿藜明，陋桓生之稽古。明光草就，小司馬之多才。啓沃廣宸聰，時撤金蓮于御座。文章迴世運，疑吸玉露于仙盤。不言而桃李成蹊，一唾而珠璣盡落。何幸某以一介愚生，窺高于孔仞。遇方賤士，濫竽于秦庭。絳帳清光，每懷仰止。杏壇末座，莫測高深。茬任以來，奉職無狀。一割笑鉛刀之用，數墤艱駑馬之材。觀鬭隙中，愧聰明之多蔽；居身堂下，知曲直之難分。顧縮墨拖青，雖已負唐虞之盛遇，而鞭羸策蹇，猶欲符裴狄之知人。所懼懿訓浸疏，典刑日遠，非微片言以自佩，能保跬步之無愆。敬於某日，手進一緘，拜屬去使，肅附山谿之芷，用勒千里之倞。碣石風高，極蒼茫于北雁；薊門天遠，徒瞻戀于燕雲。倘蒙俯盼乎遐荒，猶似何顏于左右。

啟總憲溫公代

恭惟閣下，熙朝嶽柱，紳紱衣襟。秩肅百寮，帚蕩清夷之路。風扢久敝，力回東注之瀾。天錫甫申，謀哲久資，成憲國毗，君實威靈。遠懾荒夷，氣亘微垣。夜倚寒芒于斗柄，霜紛臺省。人瞻冬日于春和，熒退桑枯。漸以鱗馴占運；轉葵來雉。獻會從颶，遠識波寧。蘷龍愜簡之心，民物飫無言之賜。磊落裹聲，華顯閱輝。觀于行馬，馥芬襲芝。樹德閭協，夢于駒麟。慶衍陰培，償深厚食。大澤鬱百年之蔭，國恩賁五代之光。瓜瓞興歌，螽斯繹美。曁儒跧伏，敢效佾舞。揄揚餘沫懷私，徒有如狂踴躍。旄搖薊路，緘覓秋鴻。倘徼揮存，敢忘冒昧。

謝直指唐公啟代

竊以涯洼波澄，汗赭驤雲于西極；豫章斤就，梗楠隆棟于閟宮。廊廡聯鑣，實慚蹇劣。從繩守墨，猶惡萑蕭。是以感同知己于君親，價重片言于鼎呂。伏惟某閣下，冰霜厲節，山嶽凝姿。風挽澄清，已矢埋輪于甸服。威伸觸發，共歌避馬于都衢。春醞仁淵，和煦藹乎冬日。鑒懸智府，纖翳徹乎層空。巍冠標柱後之名，白簡預廷材之用。獎題推轂，俯清聽于民謠。擊擊崇墉，加三褫于眾惡。某遐隅賤品，百里庸才。敢垺叔則之精通，猶遜子奇之剖決。勞深巫馬，徒懷單父閒琴。鈍擬尹何，未辦操刀利割。聲來過聽，竽濫群英。品異苓參，莫效春籠之用；贗同燕石，空貽珍肆之羞。敢不于邁前途，益肅稅駕。符狄裴之雅鑒，做恭茂之遺模。尺一攸憑，腹心可暴。摘清谿之芷，惶慄維深；託秋塞之鴻，飛揚與竝。私祈諒在，佇想揮存。

啟王駕部代

伏以輝耀德芒，人覿一時之慶，望來真氣，軒迎百里之賢。道濟亨衢，翔高天路。恭惟某閣下，識卓一世，量冒八埏。數年斷獄引經，輒從末減。每遇祥刑論報，共謂不冤。體天地之好生，禔人間之景福。身當盤錯，剸繁務有。若鏌鋣力砥波流，視群奸無殊狐兔。是用望隆朝寧，聲達宸聰。彤庭簡命煌煌，動禁掖之銅龍。貝闕丹書冉冉，下崤函之彩鳳。於昭雲陌，載脫籠樊，言戒星軺，翩其至止。春被荒城之草木，帷搴萬里之風雲。某昔叨曲覆，如倚所天。今快奇緣，復控其御。仰六翮于塵壒之表，敢擬泰茅。停駛驂於指顧之間，潔羞潤芷。先驅負弩，遙迓前旌。慰別浮觥，還看新柳。不勝翹跂鼓舞之至。

建橋邀邑侯沈仲玉先生啟

伏惟作楫濟川，器本屬乎海納。擎天劃地，才有藉于棟隆。繫清首之屹凝，作長虹之關鎖。薄言永鎮，比德具瞻。矧伊攸成，罔非洪造。爰茲審龜蓍以探佳日，是用跨南北而搆文梁。敢望幸于雲旗，少賜光于丹壑。吉曜照來即厭勝，喜馹馬之停橋。三時暇日閱經營，嗤祖龍之驅石。凡欽瞻仰，曷已跂翹。

先子入祠鄉賢邀令君啓

竊惟闡德耀幽，荷達人之華袞。垂今傳後，備萬禩之清榮。閱公道之攸彰，諒斯文之未墜。肇茲崇祀，業屬久湮。天啓哲衷，事由洪造。寧獨杳冥之有靈爽，將殷殷感身前與身後之深知。乃此香火之有兒孫，且世世戴明德與明馨而無斁。欲載嘉乎酎醴，期聿賁乎豆登。倘蒙揮嚮導于旗旌，便似運搏風于格澤。靚霧佩雲車，以受釐而遙下。嗟弔湘誄楚，猶亶曼而難招矣。

答巡撫顧公啓_{代溫宮保公}

身忝台衡，難副群黎之望。景臨濛汜，自鶩衰白之顏。知足始可遺榮，用拙乃存吾道。東都走餞，遂兩疏遲舉之謀。舊里懸輿，味應物國程之句。漱泉憩石，永荷明主深恩。盟鶴狎鷗，拼作太平遺叟。豈惟置一切出處于身外，亦且還一時是非于域中。故友尚存，遠追洛社。移文今在，敢負北山。所幸節鉞密臨，數載坐消袄癘。填星橫曜，西隅偏得清寧。某當散志清虛，遂蕭德田園之卧。放歌德政，醉盧簡賞玩之觴。登蕃錫之嘉儀，充庭知慝。徼過當之評借，一德銘衷。

城外建文昌閣請邑侯啓_{代溫宮保公}

地奠坤維，旺幹已橫紆于清首。靈昭異域，興文將取質于東匋。爰眺雄圖，僉謀選勝。嗟彼琳宮寶刹，徒矜象馬之莊嚴。即令花雨蓮芬，何補山川之葱鬱。肇開飛閣，近映重城。謂文昌乃紫極之星魂，而奎曜實儒紳之司命。弘襄創構，用妥靈祇。巍然瞻宋棟以架岐嶒，允矣建招搖而隆氣運。朱櫺翠檻，往來接終華之烟霞。森柏寒松，依舊樹漢唐之日月。且西窺阿育翔鷲，與孤鶩相輝。北瞰洪流嶽峙，與龍蟠互應。兆繇叶吉，鍤畚攸興。宣惟賢侯，控茲靈界。冀子來而奏神速，須小隊以覘幽玄。怪牒韜精，定檢獲乎玉匣。吉祥造福，知騰起乎青鳥。代不乏人，必有嗣淩烟之勳。來方未艾，行當產天祿之英。則垂老逸人，尚能卧里閭以觀戛玉。計君仙吏，佇看偕群彥以賦朝元矣。

諸生應試祭門請令君啓

竊惟歲紀文明，紫極映芒于聯璧。典隆賓貢，白屋凝睫于翹車。璞玉喜充庭，不羨荊山之韞櫝。鯨鯢志橫海，誰能涔水以潛鱗？學有法宗，荷真師之獎進。資適逢世，仰聖主之明揚。吾黨小子斐然，秦地衣冠萃矣。勉騁驥足，騮韁而淩槐陌。敢攜豚蹏，庪飲而祝饗庠。尚乞靈紫府星精，期默贊朱衣使者。詵詵墨卿辭客，羨懷黃垂組之班聯。堂堂義路禮門，闢金馬銅龍之壯麗。非仗臯比而嚴祀事，誰持七鬯而主斯文。恭惟某閣下，三晉名家，千秋具眼。來闡文清先生之教化，遠挈河汾中子之淵源。有客登龍，榮似直廬建禮。無私斷掃，清如塵甑萊蕪。生公說法而頑石點頭，牙氏韻絃而游魚出聽。忍明珠之在溷，孰薑桂之見遺。故使根闌店楔之材，咸就繩于郢匠。大食湛盧之刃，獲遇賞于風胡。馬當剪拂以長鳴，士以品題而知奮。方將殫奇謀攄奇策，副平原養士之心。更欲尊所聞行所知，效董賈當年之用。不敢誤雄飛以辱里選，眷言振前路以報私恩。屆期中霤祝鼇，即是吹噓天上。茲日環橋，美觀共拾，咳唾珠紛，高敞絳紗，佇瞻油幕。

上余大鄜光祿代

伏以輶駕入疆，周道邁騑騑之跡。重臣銜命，漢官擁秩秩之儀。寧惟耀益部星輝，實共瞻崤函真氣。恭惟閣下，熙朝先達，名世通儒，學問淵泓。接紫陽之派，聲名嶽峙。鍾大鏞之靈奇，偃蹇宦途。而皎素之操，恥縈緇垢，傲睨世態。而自信一意，矢保初終。老成無競于要津，位望攸乎于庶職。栖栖宿衛，古稱禁掖之司。藉藉法廚，多蓄步兵之醅。三署推清華總地，高躍銅龍。九階冠班序官聯，獨翔鵷鷺。聖主修慭遺之制，懸簡厪宸極殷勤。一身拜專使之任，皇仁遍邎方宣布。敏應馳傳，禮重張旌。靉靆燕雲，隨皇華之翠幕。團圞卿月，照候館之清囊。試看成命而行，益訝自天而降。某猥承芻牧，坐縶樊籠。仰德惟誠，願效艾除于道左。觀光難遂，徒企榮戟于河干。言採髦毛，薄將下悃。得微鈞台之顧盼，遙沾俯鑒之光榮。

辭李次山制府啓代

恭惟某閣下，鼎鉉厚望，斗杓高名。雲擁纛牙，北庭竄而妖氛胥廓。威宣鼓角，雄區扼而陸海同清。寧惟絕域樂和，春概見鴻，骈均草木。如某圭竇微生，偶叨末秩，駑羸賤足，日甚積尤。差能強起，阽危于已陷之餘。敢忘恩深，噓朽于求全之始。顧伊散地，實有餘閒。少寬簿領之期，兼遂卑貧之志。松杉漠漠，覲祖廟之英靈。雉堞隆隆，望都城之佳麗。雖仔肩事簡，猶鰥曠心兢。敢不佩三字之箴，效前途于不替。永盈缶之念，罄在中之微。誠就道有時，趨顏未卜，臨風鳴謝，九頓發緘。伏惟俯賜麾存，不勝悚仄屏營之至。

賈撫臺回制府啟代

竊以竿牘剖誠，夙抱輶毛之忝。瑤函示寵，忽驚鼎呂之臨。春風煽燠于棘門，奎曜分輝于璧府。徽音嗣玉，腆施知珍。恭惟閣下，肅穆作儀，鳴謙自牧。制垣偉鎮，諸夷欽君實之名。天柱標勳，絕域豎伏波之誦。熊旐豹尾，狀四道之行營。魚鑰麟符，奠全關之保障。已見妖澄而厲逐，地闢不毛。更聞雉獻與葵來，人重九譯。胼胝鬱夔龍之績伐，吐握掩公旦之勤渠，百煉金如寸心丹沃。朝野快具瞻之仰，宵旰厪簡在之隆。某宣化無能，密依有託，深懼聯班于鵷鷺，常期俟直于蓬麻。載賦周爰，遙識星軺，騰六傳式看朱紱，自多雲物護三台。鴻緘遠薄于纛旄，神注倘通乎劍履。憑仲專謝，莫殫微衷。謹啟。

撫臺謝制府啟代

謹啟：嚮者，載馳戎路，遙逐霓旌。鞠旅荒陬，思齊鈞憲。不意簡繒之報，再枉佩玖之遺。恭惟閣下，仁育義成，翊熙明之大化。春生秋殺，通造物之宜符。坐使鱟狸絕蹤，魍魎赴燼。氈幕遠遁，狼堠不烟。已知手揮青女之輿，肅如灑露。更微星飛赤羽之檄，爽足瞖風。遠喜塞禽，意縮于简郵。頻珍尺紙，賢過于從事。顧懷餘潤，實藉成蹊。睠胡塵欲滅之時，值隆火失燐之境。詎俟礪戈而洗甲，行知卧鼓以弢弓。某不勝爲國家踴躍稱慶之至矣。

賀總憲及泉李公啟代

恭惟閣下，青冥矯翮，遐運祥麟。文源玄湛九江，濤湧晴花。筆嶽騰凌三楚，峰搖黛色。都市夙歌乎驄馬，惠文標柱後之威。南臺久聽乎棲烏，蒼玉鏘螭頭之步。旬宣敷歷，有烈徽崇。握軸陟升，惟天眷佑。熊旐豹尾，肅薊北之軍容。魚鑰麟符，奠神京之保障。陰森披憲府，永襟河濟枕。居庸踔踸，裹前旄坐。控漁陽，扼上谷。功書祕錄，共欽張綰。無私帝念金章，獨見趙堯允協。乃亟錫靈于根本，俾修百揆之儀。更開煜鑒于逖疏，懋簡群寮之長。法星高拱，吳門練影。照晞微赤，烏平臨神。闕松陰瞻，氣象斗杓。占野映帶，衡璇喉舌。迴光亙榮，南北大河。騰潤雲軺，春拂雨花。來鍾阜蟠，靈巍閣風。搖石燕落，舊國鴒聯。聳侍遙空，霜廬頻翻。某豐蔀遺氓，私沾末質，飫德思歌《湛露》，周爰載誦《皇華》。響聆環珮切雲霄，難攀鶴馭。筐有麻枲號方物，遠抱芹思。馨託鴻飛，自愧苟菲。供上薦衷宣竿牘，猶憑簡繒疊微誠。得冀擲存，可勝厚願。

賀龍江沈公入相_代

竊惟上袞秩儀，快華夷之巨望。元樞司政，闡黻黼之宏規。兆叶非熊，賚欽自帝。既覘默回之佳運，正屬名世之昌期。恭惟閣下，石礪貞操，玉鉉重器。仕求行義，諤然十事之談。學豈常師，允矣九經之庫。聖明簡在，玄纁貫安邑之門庭。舊德奕如，大楫障橫江之波浪。璿鳴璃禁，名覆金甌。圖映麟臺，功垂瑤翰。亮天工而翊天步，何難取日虞淵。扼地軸而奠地維，再見斷鼇立極。蒼生望傳，欲乞潤于甘霖。宰相擇琪，如取丸于蘇合。惟天降任，乃萬世一時，肆聖作師，實生民未有。且一日而拜二相，群稱裴竇德隆。追協力以事一人，懸識璟頲歡甚。自能釀宇宙內升階之慶，從此消中外人漆室之憂。五瑞標奇，坐致麟游鳳舞。八風扇景，會看颶遠波寧。某羈跡荒隅，遙挹丰範。雲浮仙掌，曉瞻真氣入蓬萊。風動沙堤，夜有黃星藹碧落。穆穆式尹吉之憲，巍巍賴李石之疆。敢布緘書，用伸極忭。載羞毛芷，遠剖衷私。知仁人之無遐心，仗賓鴻之有迅翮。冀得揮存，諒茲願在。

賀金庭朱公入相_代

竊以鈞樞兼總，績懋三台。柱石屹隆，人毗元輔。惟老成之秉軸，實朝野之希聞。敻邁前修，丕昭異數。恭惟閣下，乾坤淑氣，今古通儒。窺鑑冰壺，怳擬濯質于江漢。披拂天藻，同無殊道于山陰。故老如姚公，宜尊崇之莫竝。高名得文紀，洵祈祝以無私。克協重華舉皋陶，不仁者遠。咸有一德見伊尹，先覺而臣。捧宸聰三傑之篇章，掩異代八元之遇合。春盈天祿，喜溢都門。值我公崛起之時，卜天子勵精之始。自足一人定國，陋三表五餌之謀。遙知上智格心，杜厝火積薪之漸。作鹽梅，作麴糵，斯世永孚于休。屏蠱蠹，屏魖狐，惟皇乃建其極。生逢伊吕，始知管晏之卑。道胎夔龍，愈信杜房之劣。某仰瞻台曜，夙認履聲，宣綸綍于黃麻，光興隆于青簡。已率群工，共秩萬邦之憲。還同朝士，悉依中立之強。千里緘封，歡悰攸寓。野蒻芹薦，愧職在茲。倘得荷乎海涵，真屬徼乎天幸。

邀沈仲玉先生小啓

蓋以序臨青女，景屬黃花。物惟殿歲為珍，人以孤芳比德。舒金鋪翠，襹褷塵外之繁條。藏霧迷烟，妝點貧家之三徑。儵攀鶴馭，嘉薦犀觥。欲借温顏，少睇寒豔。香傳賞席，主人不拄架東籬。春到幽庭，好菊益看凌殺氣。庶幾乎，蹊外爭輝若桃李，知公門並栟冒之恩。座間解舞擬紅妝，喜弟子無絳紗之隔矣。

邀沈仲玉明府啓

竊惟仙馭重來，慰瞻依之夙慕。襜帷行陌，慶蕃錫之新榮。喈此纖微，偏蒙覆露。再親黼黻，屢被鐸鈴。詎唯慼消楚纍之容，殆將灰起韓安之燄。是用虔修嘉薦，少闡極愉。對長日以酌橘花，敞薄筵而近蕙砌。矧值甘霖之遍野，尋占諸穀之咸登。固當與諟福仁人，共答無事之生成，以樂一時之繁殖者也。

賀楊修齡明府考滿受封命啓

恭惟閣下，雲遠鳳羽，天上星魂。作福西隅，爰仰承夫帝眷。殫精巖邑，實大獲乎民情。蓋由典學後顯庸，顯庸詎偶。故用文章運經濟，經濟自殊。寧惟政羞毛擎，坐成三異之勳。亦且身蕩橃槍，立寢百靈之驚。千古披翰史傳揚，可方盛美。一時上循良功課，誰比治平？珍重隆褒，賁臨譽命。式金式玉，皇仁遙披于叡言。如霞如雲，華袞親承乎兩世。堂中冠冕配夫翟褕，天崇德報。堦下斑斕即是銀組，人信義方。于公起容駟之門，已看大顯。楊氏符探環之兆，可必三公。覯此時龍煥綸章，肇他年蛇生綬笥，是徵明驗，何爽發祥。某講席分榮，氓廛沾潤。被良宰有成之效，揚厲無能。誦銓衡上考之公，遭逢可慶。伸茲微薦，抒我下忱。倘垂鑒乎殷懇，諒一蒙乎顧盼。

寄尹惺麓太守公啓

恭惟獻歲風恬，萬彙潛動。慶茲兆姓，稔被慈仁。青帝以不言而陽和四布，明公以居靜而西土回生。何俟占雲訾候？知歲功之告成。不必懸葦磔雞，見禎祥之畢至。復無似衡茆食舊，賴春澤以不僵。草木分榮，竊晴光而自淑。愧禮正旦說經之席，幸登弟子後宴之堂。爰並感恩之老稚，致慶三微。更祈繁祉之德人，流康四序。青蘋言採，貧苴匪充。拜緘以候尊嚴，意同鳩獻。託物而鳴下悃，神廁柏觴。尚遲上元以後之辰，躬祝百歲彌昌之壽。伏希鑒宥，曷已跂翹。

秦國主啓

不肖復山藪豎儒，蓽門賤品。肆窮途之曳尾，望幽壑而潛蹤。向觀朱邸之清嚴，無異上清游眺。今拜尚方之繁錫，眞同雲漢昭回。但頑石朽株，無分承乎文彩；孤猿野鹿，不堪被以鞿鞲。煌煌瓊玖，驚看里舍之鄉人；疊疊繡紋，塞破貧家之屋子。禮成銜命，寵溢捧函。敢云一介之妄援，自是惟王之善下。恭用齋沐，手勒緘封。採擷莒筐，冀重閽之邇格。託情觴爵，壽千歲之日隆。自愧貴游，感枚叔之知。尚期鼓舌，爲相如之賦。得蒙顧盼，曷任跂翹。專發下走跽，進狀載另楮。謹啓

邀沈春曹先生啓

竊惟花封愛字，尤異逮聞。蘭省優游，崇班始陟。古無百里之士元，今見兼資之長倩。伏惟閣下，文章家學，經濟吏師。以德化人，不忝循良之傳。至誠及物，允爲吾道之宗。故能政表關西，聲赫當路。肆妙選清華之地，值仁途壅滯之時。緩轡鳴珂，行且趨承。建禮抑浮甄品，方看草奏承明。即十年一徙，恨大用之猶遲。顧比秩爲真，知壯行之未艾。攀遮雖眾，扳挽何由？如某陋巷居貧，每資安邑。當屏設蒲，久愧任棠。洵曰景乎師模，敢叨居夫末契。飛瞻玉舄，感恩與念別同深。庇失青雲，公願與私情異嚮。齋修卮醴，仰答涓涘。倘徼星馭之過廬，重見使君之下士。曷勝鵠俟，冀遂燕私。

文觀察先生啓

竊以地控西陲，天府稱珍于陸海。帝勤簡命，神群載曜乎福星。虎賁擁而歸命虎符，鳳野開而式瞻鳳鷟。豈擬望之之試三輔，何殊寇公之在北門？恭惟閣下，德憲萬邦，學收眾匯。中天測景，樹羲和授政之標。天目探源，接河洛獻書之瑞。名芬玉筍，昔步署以含香。爵表朱輪，曾搴帷而行野。位名薦陟，扼要上游。井牧參差，指顧戢潢池嘯聚。河山表裏，坐作嫺麾下投超。詎惟白馬綠林，消刀佩犢。實且北幽西塞，傳檄讋威。從古難文武之通才，于今見將相之偉度。折衝樽俎，清時間雄鎮之旌旄。策勳台衡，計日仗三秦之節鉞。爰且去驕倨而宏延訪，諒由悅禮樂而敦詩書。故人之子可存，道隆下濟。一介之儒宜惠，義取周饑。即看霏翰札于草間，猶似捧瑤函于天上。某學非經世，品不脫凡。自分曳尾類蒙莊，敢效埒蹤如顏闔。郊園數畝，狎鷗鷺兼侶雞豚。舊宅三楹，設雀羅仍間珠網。謇衛厭來乎城市，苟安久斷乎交游。愧擁篲失迓前驅，敬採菲言圖後報。因孤寒寒灰之再焰，喜衰世世講之回溫。但懼公府崇高，未遑縮地。實仰雲霄尺五，無異庇天。伏惟灼鑒丹誠，俯垂青睞。俾蘊藻得承上薦，冀餕芳可徹重玄。九頓緘封，遙加祈籲。臨楮可勝企戀延佇之至。

啓甯麟閣明府

鳳曆初開，天籙兆太平之瑞。羊環紀異，夢情叶靈毓之祥。志已酬于桑弧，望彌隆于葉舃。恭惟某閣下，才華爲明時碩俊，治行作天下循良。董澤孕精，人指躍龍之地。中條闡慶，共稱變豹之區。玉筍班高，預識裴晉身名之重。花封試最，實標行儉文武之才。摯揆正直夫初春，稱壽感欣乎首邑。堂中之報塞政戀君親，階下之奔趨又瞻父母。鳴琴唳鶴，齊作神山絕島之聲。祥鹿馴禽，偕來異政深仁之應。斯誠玉燭和調之樂國，華胥恬暢之亨時也。某跡廁編氓，祈福願歌乎天保。誦淹圭寶，祝釐遙效夫華封。採擷雖微，寸草竝寸心。偕往明盤，可薦千觴與千歲爲期。遐想涇首春波，何異仙流清淺？猶憶官梅綺席，正如琪樹葳蕤。願言薀藻之誠，得佐芝朮之餌。感深垂睇，榮踰覿顏。望河滸而色飛，覺蓬瀛之路近。

啓大司馬王霽宇先生

恭惟正陽啓節，郊祭肇慶。洽茲茅盟之誠，欣享蒲觴之泛。具瞻表瑞，獨坐膺禧。某雖零丁有類蓬萍，然氣味敢同蕭艾。反騷託寓，方遠悼乎湘纍。作賦登樓，更快依乎江表。言伸蘊藻，少當曝芹。草木至纖，不謝功于天地；英瓊莫報，終願附乎蓋函。倘蒙盼及澗谿，即荷光併人器。

寄甯明府啓

獻歲告臨，瑞雪初霽。開循良之化日，禅君子以繁禧。固宜介福無量，應知爲歡甚具。春風琴韻，散成百里之絃歌。霞綵錦明，幻作人間之帖勝。椒觴柏酒，酬堦下宜男之花。雞祝辛盤，佐庭前如綬之草。運當道泰，治與日新。企想丰儀，覿思欣暢。敢隨編氓之後，少抒薦獻之忱。蘊藻雖微，躬澗谿之採擷。苾芬可託，借竿牘之悃誠。祇冀鑒存，曷辭褻瀆。臨椷耿切，莫罄敷宣。

邀社友賞杏花小啓

紺林吐萼，蒨色矜容。想決渠之長灣，映名園之萬樹。方欲探春共醉，不圖折簡先招。然同人益妙于盍簪，野蔌願供乎饌玉。敬用詰旦，將我素心。共收十里紅霞，壺觴泉湧；坐送一川麗色，詩思雲流。若須佐酒之佳人，願倩當家之豪客。

壽袁明府啓

恭惟閣下，以仁人必壽之德，叶金仙靈誕之辰。祝滿花封，暢盈樂土。固卜雲符，與鶴詔同錫。應知琴韻，共雉聲咸和。某叨廁編氓，兼蒙禮遇。際茲慶日，倍切懽悰。敢修斗酒彘肩，薦野人之誠于公府。聊伴金莖瑤草，充下客之貢于高筵。鱗脯傳珍，羊城在望。想樂只彌昌之福，冀孔爾一盼之榮。莫殫殷勤，百伸祈籲。

邀楊荊岫明府啓

恭惟郊野久寧，慶提封之保障。秬穜新獲，具陸海之梁苾。況值長夏發榮，可少臨風，茂對雨清，官路林蔽，邱園迤西五里，指儂家柴門。正迎峨巘，背郭一谿圍。矮屋華池，復引峪流。荷園蓮燦，娉婷未褪乎紅衣。竹翠櫚嬌，點綴如妝乎碧玉。笑少文臥游之癖，鄙庾信小築之安。聊爾卑棲，有時躬溉。欲仿襄陽銅鞮之曲，歌咏山公。尚慚江干車馬之來，招邀杜甫。但委蛇多自公之暇，不妨觀省豫游。而折節妨浚谷之人，洵是循良盛事。琴聲鶴唳，共四壁圖書咸跂翹夫玄賞。筍脯芋羹，與盈筐蘭芷願侑助乎間觴。肅古廿四之吉辰，僭迓崇高之星駕。雖山邨寂寂，委巷深愧。彼高陽之里，通德之閭。顧公府睅睅，游幢願賁。我仲蔚之階，蔣生之徑。夙齋請命，望幸早光。

請諸年伯啓

恭惟斗極輝高，仰星精之並聚。雲逵氣藹，慶茹彙之咸征。未辰之接武雖遙，先後之同聲益振。趨承仰止，何幸子弟而法父兄。款洽淹留，遂使卑微而親尊貴。敢藉百年之世誼，敬捐廿二之良辰。擁篲迎軒，祓躬倚玉。冠裳踵至，抱古昔析薪之慚。罄欵群聆，作家人菽水之獻。願賜光于臨況，俾慰望乎瞻依。謹啓。

請諸社友啓

小園春光劭媚之時，值睇歸侍筆札之始。閑其戢翼，林邊罵囀，堪方扣爾雄文。池上濤聲，共壯盈几之素書。山積不禿，山家繞壇之朱履。雲來各攟，雲錦仰承，珠落愧廁粃前。拭几焚香，敬飭盟要之會。脂車駕牸，願賜昧爽之期。覩一物，抽一思。飛走紛紛，皆趨玄緒內。咏一篇，盡一斝。靈奇隱隱，時幻綺談間。青雲之志各同，白首之心斯寓。敬於廿八日，惟良早候，預告從者。

公請戶部諸公啓

竊惟籍仰含香，幸廁司農之署。榮同附驥，還分大庾之儲。把綵珮之如雲，覩璇璣之列宿。豈獨師芳躅于前輩，實已愧素餐于今時。竹裏行廚，大嚼珍饡之品。塵邊坐嘯，益聆玉屑之談。僭擬迎軒，咸欣擁篲。送若華以消長晝賞，櫚英竝蓮瓣爭紅。遲飛蓋而集名區拚，熊軾與鷺車耀彩。期敬涓乎廿九，供未充乎圓方。佇候早光，言伸積抱。謹啓

邀同宗啓

同宗多宦，維昔爲艱。共聚中朝，于時尤快。一名閥冠乎浙右，一舊德守乎關西。百年之聯合原殷，復始之繩振方大。既以水木敦祊盟之懿，可以疾徐亂手足之倫。家庭娛樂，惟庸敬乃眞。步履辱臨，期吾弟則愛。敢附行葦之義，載伸接祉之歡。追趨難比元方，賤劣猶慚第五。

候宋座師啓

伏以六幕塵清，頓八紘而掩雋。九州土廣，設恢網以該賢。起迹羊豕之間，月旦久稱其選舉。竊附雲龍之會天衢，敢忘夫攜提。內自顧以何堪，凜不知其所報。恭惟閣下，文章司命，光嶽偉人。養湛木雞，學造理之至渺。名蜚繡虎，才應世之無窮。寶笈琅函，抉祕藏于二酉。金聲玉振，會流品之大全。丰標則泰山梁父爭高，辭藻期濟波海濤竝湧。鳴璫華省，擁軾專城。汝騎東旋，便負謝殷之望。褰帷西顧，坐嫻尹郭之勳。起慶雲甘雨于平原，慰晉地河東之赤子。恩威並建，河山震而草木生輝。法紀咸章，憲令新而軍民動色。光搖帝闕，聲震都城。共覩昭代循良，允稱士林儀範。某等蹣跚陋質，枯寂迂儒。幸出門牆，深慚桃李。泥塗十載，憐困臥于牛衣。驥首一時，濫逐群于駟廄。感洪鈞之鑪鑄，方看漢闕春回。念絳帳之經橫，卻悵程門地迥。莫展遙堵之積悃，謹憑尺幅以摛辭。伏望師臺賜睞睇以鑒莒筐，啓顒蒙而惠金玉。則野猿倦鳥，免觸突于杙樊密檻之中。而雙鯉飛鴻，望好音于石嶺天門之上。冀垂崇照，靡罄卑忱。臨楮曷勝瞻戀耿切之至。

請涇陽三原張雷二明府啓

恭惟星軺西秣，鳧舃高騫。叨蘂珠彙進之班，分桑梓瞻依之仰。祝被帝城之雨露，偏親春日之陽和。欣庇鴻仁，虔申燕賀。敢筮是月日，獻藻芹之馨馥，攀芝蓋之煌焜。對鼓吹而五袴興謠，式歌且舞。援秦聲而三異致祝，既樂且康。敢自效迎餌之陽鱎，竊願報長生之瓠脯。冀俞寵命，俯鑒誠忱。望前驅于九衢之塵，挹清芬于五雲之表。脂車願早，擁篲佇迎。

公邀雷振潛明府啓

伏以策射彤墀，標芳名于玉筍。麾飛赤縣，捧綸命于瑤函。喜瞻鳳采在神京，願迓鸞音臨賓席。敢通記室，申告僕夫。恭惟閣下，博古通才，凌雲偉器。龍驤虎視，傲睨于紫極之庭。露湛秋澄，沃若乎神臯之液。奚徒孤山潞渚，挹其光靈。實已恒嶽巫閭，誕其異秀。黃鐘大呂，隨扣輒鳴。寶鎮琢圭，無瑕斯貴。功超食跖，久催碣石之鋒。位典烹鮮，將整崤關之駕。何異施牛刀于雞肋，眞如旋驥足于蟻封。豐城之劍氣亙天，獨擅出群之譽。單父之琴聲在御，必興來暮之謠。何緣獲百里慈君，佇見成十奇良令。某等棲遲上國，彌深燕喜之悰。編受一廛，幸竊鴻庥之庇。念池陽山川蕞爾，且化麟郊。憶斗城民士翹然，群瞻鷺馭。願接神明之緒，載吟愷悌之詩。敬于是月望日，藉卜蓍龜，薄修匏俎。埽碧雲之野徑，佇望飛鳧。企玉露之清談，肅聆揮麈。祈仰依夫孔邇，冀良悟于在公。得徼枉過，即沾殊寵。

邀龍君御諸公小啓

客來異地歡聚，同人燕市和歌。不倣壯懷擊筑，綺園徙倚。豈如歧路班荊，卻慚褚季之卑。名亦濫陳，公而驚坐。竹林花砌，作到處之吾廬。筍脯芋羹，是儂家之上飼。載伸觴糾，兼續詩賡。用修擁篲之誠，佇竢高軒之顧。送若華而望飛鏡，間偸勝日之幽情。開露釀而酌蘭生，跽祝千秋之景福。

來陽伯文集卷十一終

來陽伯文集卷之十二

明三原來復陽伯著　邑後學李錫齡校刊

啓

寄長安馬明府啓

恭惟閣下，以翩然捵天之材，著卓爾製錦之績。風雨佐其新政，雲霞吐其彩心。兩地貽芳，既如單父之鳴琴，又類中牟之馴雉。小民竚望，彼繫見思之何武，此歌來暮之廉公。豈特鳴珂岸幘，冠冕諸僚。實已高步振纓，騰驤三輔。固朝家鼎鉉之鉅任，尤清時銓省之必掄者也。不佞復密邇風猷，叨沾河潤。覽德輝于千仞之上，挹聲華于咫尺之間。快捧瑤箋，驚覩琅玕。五色兼承，縟惠似膺。球璧百朋，但念分列。編氓伏郊圻，苟安疏薄。且以凡知，攀附感物色。彌愧先施，何以報之？筐篚未能嘉，實嗟其及矣悃愊，聊薦微誠。冀尊慈一顧之榮，寬草野久延之懼。臨緘瞻注，伏候揮存。

寄蒲城徐明府啓

恭惟閣下，繡區譽俊，華國通才。天路高騫，正足騁其逸步。人林雄視，咸快覩其振纓。謖謖松，峨峨巖，尤難擬夫德器。豐年玉，凶年穀，最可想乎兼長。望隆華萼之巍，何有分太華之墅，而擅繢文濯錦江之秀。自當優製錦之事，而稱奇仲由之治蒲。原無大國庖丁之游刃，綽有餘間。瞬息騰循吏之名，指顧奏剸繁之效。蓋學術經濟，俱當實無虛。故燥濕柔剛，隨所入皆順。取次而躋鼎鉉，卜之今時。拾級而軼品流，懸知無爽。不佞復誼同手足，分屬編氓。休澣莽園，悵班荊之未得。企翹花縣，慶先鞭之有人。謹修採擷之誠，載希怵躍之悃。伏望鑒丹衷戀戀，與其蓄極而將。更希恕冷吏遲遲，諒其神原不隔。揮存俞允，徽寵孔深。

答延綏董翼明大中丞啓

伏以憲府橫開，握關輔紀綱之重。轅門坐鎮，統諸侯節制之尊。河山拱而控馭雄，保障巖而金湯奠。恭惟老公祖閣下，才嫻文武，道叶天人。淵源家學，接千年尼嶧之傳。磊落高騫，擊萬里滄溟之翼。靈鍾地瑞，忠簡帝心。鶡銜綬帶，產標四履之封。鹿夾車幡，文耀三台之秩。笑談而旌旗改色，運籌而烽燧全消。樽俎折衝，已見單于解辮。登壇受賑，會看絶域勒銘。寧但社稷賴以匡扶，抑且函蓋歸其旋轉。不肖某睢盱有志，骫髍無奇。少年誦法雄文，望久欽其山斗。晚歲服官卑署，分應判于雲淵。蒿目艱危，既未諧乎表餌。側身天地，徒興歎于竊縻。芹曝缺將，鼎言麈錫。荷先施之莊翰，增後進之内慚。容舒燕賀之懷，恪布蛩鳴之謝。

答李紅西明府啓

伏以德重仙臺，豪氣峻依于北斗。位分天象，文光直射乎南宮。允爲一榜之光，大耀同儕之色。士林拭目，區宇懷仁。恭惟閣下，翰墨宗工，巖廊偉器。看花上苑，一朝會際風雲。分符名封，萬姓沾滋雨露。鸞枳棲而聲華播，牛刀割而宏模成。佇看劍履上星辰，快覩扶搖運溟渤。某有緣附驥，卻愧攀龍。株守官常，殊未效乎尺寸。蓬延歲月，徒負疚于心顏。鷦鷯借翼于垂天，棠棣分榮于廣蔭。辱投珠之甚侈，慚報玖之未能。敬荷先施，永銘鄙悰。

邀本部同年啓

同籍兄弟，又爲同寅。奇遇良緣，洵稱盛美。覸冠履之就列，快塤篪之協鳴。可無尊罍，以志情好。僉議釀金雅集，卜日清娛。時當皓魄揚輝，金飆薦爽。拚醉習池之上，俾應太史之占。謹擬某辰，拱候軒駕。

答馬岫旭明府啓

伏以雲龍風虎揮毫，入點朱衣，彩風祥鸞剖竹，出懸墨綬。翽其鵠立，佇俟鳧飛。恭惟閣下，學咀道眞，器函玉粹。售文石于異人烟雨，落鬼神之穎。開寶山于武庫圖書，資氂馬之靈。秦晉本自同風，到日沛然迎刃。唐虞留其餘蹟，祇承凜乎羹牆。鸞鳳卑棲，聲華倏播。雉雛馴野，善政告成。行看劍履上星辰，快覩扶搖運溟渤。某心灰百拙，氣縮五窮。幸驥附于連鑣，慚含香于粉署。顧懷同籍，鷦鷯假翼于垂天。拭目要津，棠棣分榮于廣蔭。辱投珠之甚侈，愧報玖之未能。敬荷先施，永銘鄙悰。

答張翼明兵憲先生啟

伏以畿輔奠靈長一道，風霜倍凜。憲臣灑膏液九重，雨露協流。諒短馭其難肩，必巨瞻始克濟。恭惟閣下，關中名宿，天際高標。左圓右方，人所不能而身獨辨。經文緯武，藏之以待而靡不嫻。赫然新命之隆崇，偉矣神京之保障。前朝重廉訪，祇取提夫刑威。上谷開旌旄，爰重付之關隘。側聞指揮定而色改山川，懸知勳績隆而名垂簡冊。蓋自盤薄郎署以來，良二千石之聲嗣起。兼以鎮讋邊陲已久，眞大中丞之望攸歸。報政著勞，課功獨最。某潦倒迂儒，浮沈下吏。聽雞有志，亦知振乎怒蛙；磨盾遜才，徒暗嗟乎堅瓠。雖職在持籌而理會計無術，以第粒而益太倉。捧寵錫之瑤箋，嘉過腆之珍貺。多慚獎許，彌感注存。憶咫尺之光儀，載形夢寐。採卓奇之茂實，快著聽聞。

候寧夏撫臺臧九岩老師啟

伏以六幕塵清，頓八紘而掩雋；九州土廣，設恢網以該賢。起迹羊豕之間，濫承引拔。竊附雲龍之會，敢忘陶鎔。內自顧以何堪，凜不知其所報。恭惟老師閣下，文章司命，光嶽偉人。養湛木雞，學造理之至渺。名弸繡虎，才應世之無窮。寶笈琅函，抉祕藏于二酉。金聲玉振，會流品之大全。丰標則泰山梁父爭高，詞藻期濰波海濤竝湧。雲章鳳彩，昭于寰區。豹略龍韜，運于掌上。天下服整頓乾坤之手，宇內知扶持社稷之心。昔寇萊公之鎮北門，契丹服其望重。范文正之理西夏，元昊懼而膽寒。想節鉞之赫臨，值胡塵之欲滅。弟子復娓娓閱歲，錄錄無奇。幸出門牆，深慚桃李。泥塗十載，憐困臥于牛衣。驥首一時，濫逐群于駔廄。感洪鈞之爐冶，方看漢闕春回。憶絳帳之經橫，卻悵程門地迥。莫展返方之積悃，謹憑尺幅以摛辭。伏望師臺賜睞睇以鑒苴筐，啟頫蒙而惠金玉。則野猿倦鳥，免觸突於杙檻之中。而雙鯉飛鴻，望好音於天闕之上。冀垂崇照，靡罄卑忱。

候劉警圓兵憲啓

伏以義震仁懷，道中存而時出。文經武緯，才八面以咸宜。故鎮靜股肱，歸治行於循良之第一。澄清扼隘，數風力於憲使之無雙。望偉士紳，名光竹帛。恭惟閣下，精儲列緯，秀毓兩儀。清署含香，華門已洋于通籍；南州銜命，祥刑尤繫乎去思。睠茲盧龍之近畿，每廑聖君之東顧。褰帷間疾苦郡封，再見龔黃遷秩。仍舊游綏輯大歡，蒼赤旬宣。巨政專資，參酌機宜。兵略剖符，並仰嘯持畫諾。倏值阽危之時事，益攄幹轉之經綸。令出疑山，民安如堵。共倚長城之鎖鑰，何愁未埽之櫬槍。不肖某技試鉛鋒，材同樗散。望久欽其山斗，品應判于雲淵。蒿目兵戈，既未諳乎表餌。側身天地，徒興歎于竊縻。常思江漢依劉，每幸邊關有范。欲梟趨而莫效，懷燕賀以維虔。不腆遙陳，用寫久蓄之悰。汪涵益廣，尚流昭鑒之青。

答延綏董撫臺公啓

伏以鉞凜金方，業坐三槐而制勝。牙開西鎮，猶森列柏以宣威。非徒壯關輔之藩籬，且將定中朝之柱石。龍翱普潤，鵲化占祥。恭惟閣下，周鼎碩膚，殷圖良弼。兼吉甫之文武，敦郤縠之詩書。時出緒餘，數宏底定。艽夷醜逆，雄開安攘之勳。整頓疆場，大奏威強之績。風清刁斗，知膽已落于旃裘；雲閃旌旗，信氣先奪乎沙漠。指顧而廢頹立振，綏懷而叛渙歸心。范老既有盛名，自當怖懾于諸虜；寇公誠堪大任，詎徒莞攝夫北門。試看千壘之豹尾風開，定擬八座之臯比日待。不肖某秦關賤品，世路迂材。佔畢致身，談兵談餉而莫措。侏儒徒飽，典衣典冠以知慚。邇得寬桑土之憂，實重庇大廈之蔭。莊捧英瓊之遠錫，深銘菅蒯之不遺。長安冷吏，淹歲時起居之誠。西塞馳郵，勤萬里瞻依之想。附謝牘用塵史幕，矢圖報冀訊崇階。

答楊華毓憲使啓

伏以戟署望隆，屏翰猶倡。九牧薇垣，勛懋骈蠬。載遍重城，豈惟東土？福星久表，人區異瑞。步塵懷慰，接覯荷深。恭惟閣下，華冑連天，玄聰對日。家傳七豹達人，鍾炳曜之符。佩引雙龍神物，動千星之氣。文章價超乎揚馬，兄弟名擬夫機雲。才品由地興，非蜀之山川詎產。科第以人重，舉朝之冠佩咸欽。能通三才曰儒，錢穀兵刑率其粗也。咸有九德曰士，道學性命宣無遺蘊。即如海岱之句宣，式作雄藩之領袖。四方馳譽，兩地蒙恩。櫓指艘銜，公帑之灌輸常裕。鱗攢櫛比，清淵之彫弊待蘇。勳庸雅著乎股肱，車服佇章乎節鉞。某西隅陋質，省籍末班。權竿之計既疏，虛恢之思無當。以愚同數馬而使之治賦，知其必顛。值公家急斂而責之化離，何能勝任？無待占豐歉于造化，真須役誠控于台慈。多慚搜粟之尉候，聊學扣詮之闈喜。旌旄在望，篆既旋臨。蔚矣光華，炫焉庭實。祗領寵同被袞，下忱嗣展報瓊。附使披衷，掞裁鳴謝。

候撫臺李夢白先生啓

伏以重地擁風雲玉斧，壯轅門之色。高天開日月龍旗，樹閫外之威。必資命世之奇才，乃荷雄圖之巨鎮。慶流東土，毗切下員。恭惟台臺，才為帝師，術本王佐。兩儀身負，詎但金沙赤濞之毓英。九有胸包，直與山茹淵納以同量。文武用而尚虛其半，中外歷而元亨其途。久騰京兆之聲，遂仗海邦之鉞。為長城，為砥柱，呼吸間制夷夏之安危。時膏雨，時迅霆，掌握中布春冬之威惠。議專餉事，欲留蕭相運籌。武報膚功，佇奏李晟戎略。某材原樗散，望更綿輕。苟任覲權事之蕭條，省躬矢勵操于冰檗。公家有難蠲之稅，負荷奚勝。地方當殘廢之餘，招徠無計。天賜伯翁世講，廈倚萬間。福賴先子餘庥，誠投四體。仰雕戈于濟上，幸邇德輝。候赤舃于雲迩，敢將束帛。願暴波臣薦獻之悃，冀收洪造埏埴之中。罔罄慊于如葵，載攄歡于在藻。仰惟涵鑒，曷已瞻依。

候王方伯啓

伏以重地燦金章，海國賴句宣之寄。壯猷標玉簡，天朝崇岳牧之司。忻切茅茹，清深庇廈。恭惟閣下，鍾英海嶽，奮翼天衢。奧窺二酉之藏，腹收宛委。文瀉長江之勢，波壓鑑湖。選陟清華，薇蘭比馥。衡持文苑，樸棫興歌。褰帷惠浹，大東介藩。馳譽賜服，德彰連帥。名甸持綱，豐茲杼柚。其空浹彼，缾罍咸恥。將宣尼尚父嘉允文允武之經綸，抑泰岱雲亭借為雨為霖之餘潤。某猥以冗散，典茲關梁，抱恤緯莫裨鴻哀，味素絲矢志鳩守。近仰輝于卿月，願依庇乎上台。殊幸瘠土濫竽，得付微軀蔭樾。敢修戔戔，託方物以通誠，冀徼溫溫，流顏光而回盼。

答李撫臺公啓

伏以圖衍青齊，福曜炳大東之域。佩珍蒼玉，上台隆獨坐之權。流盼即品彙回春，敷德而窮陬庇蔭。叨蒙莊錫，彌荷撝謙。恭惟閣下，命世眞儒，當朝元老。方維奠位，仰八柱之承天。海宇重明，瞻五龍之夾日。漢廷臣無出右者，楚有材何以尚之。出擁纛牙，奠肱股之巨鎮。入趨綸綍，籌軍國之宏謨。乃分紫橐之餘暉，不靳瑤華之遠貺。承筐綺錯，簪履之念彌殷。累繭溫辭，堂陛之分盡略。風高世誼，感切屬員。瞻尺五之龍光，方慚下忱未展。嘉隆崇之靈貺，誰謂二天無私？載控謝悰，佇抒慶牘。

賀督餉少司徒李夢白先生啓

伏以撫綏功懋，中臺高坐控之名。碩畫望隆，宸扆動作求之眷。展經綸而裕國，光黻黼以宣猷。恭惟閣下，翼軫星精，扶輿瑞氣。品格樹巖巖之嶽峻，寧同春嶺拳山；文章瀉滾滾之江濤，豈但金沙片水？秩洊陟于中外，譽日重于廟廊。載看東土之靖寧，浸消霜鉞。特以全遼之危急，詔齎黃麻。繡車盈路，帝倚爲舟楫鹽梅。漿食歡迎，衆瞻如斗樞麟鳳。崇班清切，不惟倣昔富民侯。新命寵專，今日另開三事省。蓋將寄折衝于運籌之內，行且鼓士愫于宿飽之餘。功勒鼎彝，光垂天壤。某才徒編削，識不通融。駑馬有戀棧之心，山雞起照影之愧。備屬員爲下馴，難任驅馳。託末照于燭龍，實爲躑躅。羹牆咫尺，敢申寸掬之誠。覆露高深，莫報豵毛之薦。希垂涵照，曷已企翹。

又

恭惟閣下，間氣粹精，福星炳照。嶽降維陽九之會，名世應五百之期。雅抱文安邦，武安邊，裕乾坤捖搏之才。豈但豐年玉，荒年穀，顯尺寸功庸之器。即如六卿紫橐，三錫錦綸。當聖衷警惕之時，採朝寧僉同之議。倣古夢賚，專求碩者。盛推轂之寵榮，賁安車于道路。託萬禩已搖之宗社，起三軍屢衄之情形。近比范韓，遠同蕭鄧。蓋欲飛挽，以慰饑渴，藉宿飽而圖匡恢者也。轉否爲泰，實待其人。好謀而成，佇看更造。某薦蘊藻，載陳踴躍。方慚燕賀未抒，捧瑤華更切。瞻依彌悵，霓旌日遠。感謙謙之折節，幾欲捐軀。叨亹亹之獎題，敢不策勵。肅登明賜，齋附裁緘。

送端午節啓

快逢令節，遙辱佳儀。拜賜與景俱新，言感同日之永。式開珍翰，如對塵談。恭惟閣下，明同離炳，道與陽亨。聽樂能精，定躍獼賓之鐵。爲龍在望，無須辟邪之符。百福駢臻，壽絲常繫。憶疊雪輕衫于畫舫，分如泉百斛于河干。感兹先施，慚余後報。往私雖續，來惠難酬。結艾懸蒲，均祝太平之頌。浴蘭滌蕙，能忘明德之遺。

答馮月禎方伯公啓

伏念雞署棲遲，寒同黍谷。雀角猥瑣，跡類蓬輪。閟斗室而接與希儔，飽三餐而曠瘝無補。近沾河濟，望眞人每欲乘槎。仰睇龍門，看寶氣常思覓劍。忽枉雲箋五色，重承縟貺兼金。冉冉蜚天上之光華，燁燁綴庭前之旅實。感殷勤于長者，含香之署藝溫。被隆寵于鮒生，久涸之津回潤。浹月之内，靈澤藉同濟之舟航。十舍之間，聲氣倚比鄰之葭玉。敬嘉宏賜，莫罄感私。晨風吹片月東升，緘素與寸心俱往。

賀按臺陳中素先生啓

伏以剛毅方嚴，駿望樹巖廊之庇。公忠清直，鴻猷表紳紱之型。陟峻秩于烏臺，凜高風于蒼珮。慶流東土，喜切下員。恭惟閣下，金閨著籍，玉柱惠文。主驄馬之盟，激揚握其把柄。建皁鵰之幟，紀綱推重老成。攬轡都亭，赤白之丸潛跡。巡方南北，豺狼之毒悉除。天憐賜履之封，帝簡彤騶之選。芒寒繡斧，赫然海壖與泰岱動搖。影耀朱尾，倏爾冬日並福星移照。共詫仲儀勁力，獨推安世孤標。單車救此大東人，寰宇稱爲真御史。某材原樗散，望更綿輕，茌任覘權事之蕭條，省躬矢勵操于冰檗。公家有難蠲之税，負荷奚勝。地方當殘廢之餘，招徠無計。忻逢伯翁世講，廈依萬間。福賴先子餘庥，誠投四體。仰珊戈于濟上，幸邇德輝。候威鳳于雲逵，敢將束帛。願暴波臣薦獻之愫，冀收洪造埏埴之中。罔罄慊于如葵，載攄歡于在藻。

答米仲詔先生小啓

賜來三粒龍圓，勝似十全鵲手。寧直良工之利器，實稱返魂之妙香。閨枕清凉，崇虧驅逐。使老嫗免櫬，化哀成懽。匪茲源源之來，孰灑蒸蒸之燄。子妻在旅而獲全，閤戶愁凶而幸佑。境如大牢同享，感知造化無言。衷何云宣，謝亦難副。

賀按臺姚世所公啓

伏以華選蘭臺，維綱柏府。社稷倚股肱之任，朝廷寄耳目之司。虞用皋陶，不仁者遠；宋推文正，侮智斯除。豈徒西地蒙庥，咸賀明公執法。恭惟閣下，崿浦英標，雷門聲赫。讀九丘八索，書道通天地；明二典三謨，學理徹古今。世篤忠貞，接武冠簪。光上國家承聖哲，繩文金玉振中華。化蕪城而作花城，功超製錦；飲邙水亦同越水，名起投錢。豐芑興詩，想見行春之政。芃蘭竊詠，私懷孚惠之心。皇衷簡在，峻秩顯庸，上念雍州之舊。域意將挽，豐鎬懿風，公膺攬轡之新。徽佇見驅，豺狼當道。華峰千仞，握雲觸石。以爲霖秦水八源，漱沫臨流而溥澤。霜威鐵面崢嶸，柱下峨冠紫閣。黃樞凜烈，殿中直筆。百折不回，仰見龍門之砥柱。九遷準擬，尋登上相之崇階。某智本挈瓶，材猶襪線。廣陵浪跡，叨臨印之禮過隆。京邸追游，附惠子之知不淺。喜鏗鏗之玉珮，羡燁燁之龍光。未能隨父老以趨迎，惟有共山川而踴躍。函通天表，謹陳就日之忱。匏繫清關，遙布趨塵之役。薦獻寫區區之愫，褻微慙戔戔之誠。仰冀揮存，可勝祝籲。

迎儲文曙年兄

伏以玉綸煥寵，於昭特簡之恩。彩節揚塗，式重持籌之使。既深怦躍，彌切瞻毗。恭惟閣下，鳳穴呈祥，龍淵奮穎。芳規湛秀，映朝旭以雕談。素論凝玄，開夜光于妙辨。一麾分署，獨控要津。左右咸宜，試之猥煩而始見。方圓並畫，理夫盤錯而何難？精靈原天上福星，知河伯馮夷助順才器。更皇家巨楫，貽長年三老無虞行見。大濟度支，起數十年之彫弊。交騰嘉頌，來千萬里之橐裝。某賦命奇窮，居官太拙，二流終斬。其澤諸路，因沿遂奸。綱一面而招費齒唇，兔三窟而漏同狡猾。奉職無狀，行役自慚。幸託植于蓬麻，願庇依于蔭籟。佇候煌煌鷺駕，遄發五雲。慰茲攘攘鼇磯，快聽三令。情通蘭契，忱表芹誠。所冀筦存，可勝祈祝。

賀按臺陳中素先生元旦啓

伏以蒼精啓節，沖氣扇乎九垠；青鳥司晨，融風播于四野。遠邇生色，士庶騰歡。恭惟閣下，道宣元會，福冠千祥。昂昂獨持三尺，霓發霜飛。炯炯自抱一心，天開日朗。如幾如式，履端之慶方新。無際無疆，申命之休孔熾。某徒懷鑄鳥，未遂貢花。謹修八行之縅，萬年是祝。恭賀四始之會，五福欣瞻。貢獻切比于柏觴，歡躍莫申乎椒頌。

元旦答直指啓

伏以律逮青陽，慶乘乾于始旦。觬擎華牘，收大泰于三微。仁比春多，光同蘋轉。恭惟閣下，鼋溪濯秀，斗曜纏精。抱捴天浴日之才，遍攬彎埋輪之績。使星炯燁天時，人事從新福履。亨嘉淑氣，韶華並麗。齊東草木，咸沾雨露之榮。天上琅玕，忽躍庭間之色。詎但冷津冰谷，扇被陽和。坐看冬凜霜凝，立镕暖籥。祇承載忭，踰分實慚。惟有瞻尺五之卿雲，捧椒罇而頌壽。還祈翔九霄之威鳳，調玉燭以匡時。

請諸友泛舟衛水小啓

河流新漲，杏萼綻紅。嬌鶯學音於風籟，嫩柳回綠於烟郊。探春已惜半過，藉草恐人先占。薄攜壺榼，隨意探游。遇水即滌罌浮觴，逢花必酤芳燒燭。有朋自遠，不醉無歸。

元宵小啓

恭惟雪融金掌，梅綻玉英。碧漢朗輝，銀花歊火。宵如旦而不夜，物與我以偕春。敬涓十三之辰，肅疤一芹之獻。僭攀榮戟，枉顧蓬茨。承斐亹之塵談，筵珠爭墜。迓駢闐之熊軾，砌草生光。

答永平守項鄧林丈啓

伏以名甸帷襄，保障寄百城之重。高標玉映，股肱維九牧之司。忻切茹茅，情深庇廈。恭惟閣下，鍾英河嶽，奮翼天衢。奧窺酉室之藏，文注溟海之勢。早馳聲于甲第，鞠讞詳明。洊領符于要津，惠威浹洽。天眷臂脇之郡，撫循重見乎龔黃。民資函蓋以生，稱誦直追夫召杜。擎輝而鳳凰遂下，行郊而狐鼠旋消。已嘉報最績成，佇俟朝徵命下。不佞某幸叨雲庇，得侍芳鄰。咫尺風徽，方景懷於霄漢。綢繆筐篚，勞遠貢於窮陬。莫申報玖之誠，薄效採蘋之薦。冀仰通于玄鑒，願流盼以回溫。

賀撫臺喻養初先生冬節啓

伏以早歲迎祥，重室飛葭，春萬井履。長納慶五紋，添線耀三軍。紀綱與關閉而同嚴，福祉緣琯吹而愈茂。恭惟閣下，手握微宗，道扶天統。璿臺望氣，龍沙雁塞。雲開鈴閣延禎，錫盾珊戈日永。因天地之心見，卜君子之道亨。開黃鐘而氣吐金霓，濡玄酒而風調玉燭。不肖某濫竽宇下，糜粟歲華，愧負昌時，喜逢令節。近瞻北斗，親依鼎輔之光。快覩盛陽，願附天行之健。緘素與寒梅遙獻，歡悰並瑞雪同飛。

請關臺申華封公啟

恭惟閣下，山嶽隆標，峻望具瞻於柏府。風徽遐播，德容幸接於檀城。喜溢識韓，榮深御李。大資頒而陽春有腳，鴻仁暢而冬日回溫。黍谷之草木，與萬伍同歡。雷霆之威稜，並天心齊見。何期邊徼，得款旌旄。敢修葵藿之微誠，冀竊珠璣之餘屑。卜期擁篲，專候鳴騶。

答撫臺喻養初先生啓

伏以豎表迎祥，喜泰來之應晷。占雲慶歲，覺剛長之隨時。寵頒忽被珠星，和扇如薰鐘律。恭惟閣下，量包元氣，心見先天。握大化以統三微，播威名而周四海。幕府灑玄酒之潤，三軍醉若投醪。緹帷散葭琯之灰，多士溫於挾纊。晏東蕩西平之堵，閉內安外攘之關。不佞某材如綫短，心似灰寒。雷在地中，想要地千營之震奮。冰解廣莫，被長風萬里之颾颭。珍拜瑤施，光同霞燦。倏訏自天之寵錫，快迎方至之崇庥。感與日長，神因緘往。

候大司農王憲葵先生啓代

伏以勳著上台，久整干旄于江介。光依帝座，佇輝綬佩于雲衢。天不違顏，星言夙駕。恭惟閣下，敏膺偉品，社稷名賢。膺簡弼綸綍之榮，際日月風雷之會。公孤獨坐，總兼山海之灌暢。鼎鉉持衡，仍笫東南之財賦。吾道共占其運闢，滿朝欣望其大來。某聽履心儆，得興私慶。九重念喉舌，願早驅壯馭之駸驔。四海困膏脂，亟仰賴巨航之拯濟。素書尺鯉，慚乏英瓊。連袿彈冠，聊託末契。遙希崇照，曷任溯瞻。

賀總臺王希泉先生啓代

伏以鳳舉肇輝，關否泰升沈之運。河清表瑞，肇明良際會之奇。快秉憲之付重臣，位中臺而凜執法。純忠必報，峻節具瞻。恭惟閣下，千古偉人，明時正氣，清如秋刷。峨眉積雪，與天齊力。任風搏神羽，橫空圖海運。掖垣明靜，實欲繼日月之光。廷檻攄誠，不顧犯雷霆之怒。身歸似葉，名重如山。眼看嗣聖之中興，詔起三朝之佚老。念國本享萬年祚，直須一歲九遷。由給諫入三公班，便在五雲多處。旋見肅貞僚度，共期幹轉乾坤。某心仰光華，跡羈兵旅。遙聆蒼玉，想鏗然執政之階。仰睇烏臺，跂猗與興王之業。爲公家賀薦野，人誠布衷莫罄。埰裁憑楮，冀垂涵鑒。

送撫臺年節啓

伏以蒼陸迎羲，喜三微之暢達。青陽乘震，御六巒以充華。茂對昌辰，備膺星福。恭惟閣下，德符元始，道契先天。握大斗而斟酌化樞，眞合四時而成歲。鼓洪爐而甄陶庶彙，能先一氣以回春。年來烽靖烟銷，見璇宇培增朗潤。此日乾旋坤轉，知台垣獨受寵綏。韶光借眷命以維新，道履共勳庸而並茂。某炘逢令節，厚藉絣襱。敬修頌柏之忱，少效曝暄之獻。惟願調律凝禧，叶玄枵而翊泰。秉衡受簡，躋紫閣以調元。

壽撫臺啓

伏以秉鉞勳高，八表企乘箕之業。懸弧景麗，九天開毓斗之符。瑞遍寰區，懽騰壁壘。恭惟閣下，扶輿間氣，命世眞儒。抗疏掖垣，一身關否泰亨屯之運。樹勳嶺海，瞬時息鯨鯢颶汐之波。俎豆軍旅兼資，蒼玉鏗登壇之佩。幃幄疆場並重，金符擅制閫之威。高閣畫麒麟，方虎經營不負。大澤收鴻雁，禹稷饑溺爲心。載逢初揆之辰，遂懋庶徵之福。尾津之域，壽星遙接于台垣。燕薊之間，紫氣高纏于法象。佇俟調元鼎軸，已看注算岡陵。不肖某錢穀冗曹，櫟樗賤品。檀城地近，厚叨龍睍之餘光。蓬矢天長，喜覯鴻庥之滋至。不獲稱一觴於槐席，願言效三祝之華封。謹齎蕪械，少將芹臆。惟願葆元佑國，申命自天。八千歲以爲期，幾見蓬萊清淺。五百年有名世，宏開帶礪綿長。

壽臧九岩老師啓

伏以日麗琱弧，皇覽辰開，令月風清。閶闔元司，望切上台。惟純和獨萃於乾坤，喜位育咸歸其幹運。巖廊際慶，寰寓騰懽。恭惟閣下，象緯鼇精，鴻濛合氣。文章傳宇宙，紫瀾生滄海之波。節烈鬱嶙峋，壁立聳泰山之秀。出處動關乎世道，精誠素結于主知。敭歷三朝，身繫安危之重。衡均九賦，慮先根本之圖。蓋惟有非常之人，篤生不偶。所以結無涯之智，受命彌長。茲當剛長陽回，忻覯星暉南極。書銜丹鳥，遠同周庭生甫之期。夢感素菟，允協曲阜誕皐之瑞。屢膺玉檢金甌之異數，豈云赤霄黃髮之私榮？職叨秩屬員，門牆末品。微同毛毹，厚藉翼於垂天。冗役牙籌，特懸情於添海。弗克奉一觴而拜槐席，願言上三祝以效華封。伏願申命自天，葆和佑國。撫璇衡而衍算，益光鼎軸之勳名。翊寶曆以遐綿，幾見蓬萊之清淺。

啓撫臺李念塘先生

伏以綸綍天開，丕重保釐之寄。旄旆日麗，懋膺專閫之榮。檀水騰懽，灤雲動色。恭惟閣下，勳勩碩輔，經緯宏才。威鳳祥鸞，雅望標人。倫冠冕景星，喬嶽沈機。羅武庫甲兵，夷夏具瞻。不啻爲憲之吉甫，廟堂柱石。居然秉鎮之萊公，特膺簡命以建牙，誕受清朝之推轂。京陵保障，宗社屏藩。不肖某幸承世講之後塵，如侍枌榆之子舍。望台光咫尺，勢阻梟趨。睹宸眷優隆，情深雀躍。祝鴻禧于華頌，抒蟻悃于魚械。

賀大司馬崔振峰先生啓

伏以策祕樞庭，八表仰折衝之略。簡來宸極，中朝崇曳履之班。喜溢簪紳，歡騰夷夏。恭惟閣下，才兼文武，學鑄古今。黼黻皇猷，類仲山之補袞。鑪錘大化，作傅巖之礪金。圻父實王爪牙，廷議得人爲慶。尚書司天喉舌，僉曰舍公其誰？蓋廟廊正倚方叔之壯猷，而匈奴自畏司馬之入相矣。不肖某快聞綸命，竊借章光。雖久希御于龍門，實深馳神于鳳翥。謹裁尺素，聊表寸忱。伏願遝布威神，俾中外早覩太平盛運。丞符輿頌，貽史編永傳萬世奇勳。莫殫慶思，統祈照注。

賀大司馬張翼明先生啓

伏以望重元樞，駿命崇元老之眷。位參八座，鴻名隆八表之瞻。慶溢簪紳，歡騰遐邇。恭惟閣下，巖廊鉅望，宇宙眞儒。胸笥富五車之書，縱橫武庫。筆鋒屈萬人之敵，馳騖詞垣。偉節振於介藩，特簡貫於右掖。躬篤棐而毗翼，身繫安危。懇猷念以贊襄，才兼文武。欲成内順外威之治，爰資出將入相之人。不肖某閭左迂儒，譜中後輩。濫竽仕路，久借燭于龍光。接武登庸，快瞻輝于斗極。仰廟算鬐旗裘之膽，虜在目中。從檀城挹軒蓋之塵，近如日下。載陳陋菲，虔勒荒楲。難宜慶忭微悰，祇冀崇高回盼。

侯經臺熊芝岡先生啓

伏以元臣重倚，乾坤再闢夫雲疆。經府洪開，日月耀光乎霜節。祈父整威而子遺，忻迎竹馬。子儀忽至而先聲，遠攝旗裘。定埒腥羶，佇銘鐘鼎。恭惟閣下，雄才蓋世，大義急公。夙總十連，氣已吞乎雲夢。晉膺獨坐，身不爽乎長城。選才揚樂職之章，心傾將士。叱馭顯忠臣之概，福禔生靈。蓋素學欲行，重春秋復讎之誼。而眞儒無敵，誓周王一怒之師。獵獵牙旗，授孔明以節制。晶晶黃鉞，許充國以便宜。鳴騶在塗，抗旌入境。寢皮食肉，黠奴覷而褫魂。搗穴焚巢，酋王縛以釁鼓。雪中國萬年之恥，端在茲行。蘇東方諸路之望，功成不日者也。某神搖聽履，心竦瞻巖。會看題浯溪之碑，獻俘歸袞。還期奏王褒之頌，錫爵酬勳。跂飛蓋以騰歡，願椎牛以饗士。貢誠冀盼，仰達沾榮。

答撫臺胡充寰先生啓

伏以望隆八座，燕廈謬竊餘波。寵溢三台，龍燭叨分末照。更荷褒衮，益廑瞻巖。恭惟閣下，學詣真儒，才稱王佐。聖主重茲股肱，郡特藉保障之宏猷。畿輔倚乎社稷，臣仰抒輯寧之偉略。凜然趙清獻氣節，行以張忠定規模。大業日新，佇看奠金甌之固。太平有象，不久膺玉鉉之司。不肖某身繫荒邊，誼叨世末。向陳素悃于芹獻，反承蜇譽于瑤章。寵錫隆崇，罔效璠珠之報。登嘉惶悤，祗懷銘鏤之私。仰霜月以含情，託歸鴻而啓謝。

擬迎葉相公啓代

伏以綸簡上台，清切黃扉。尊獨坐福綏公輔，奠安坤軸固扶輿。洽君臣一德之交，流宗社浸昌之慶。鸞臺重踐，玉佩襲榮。恭惟閣下，翕闢遳靈，絪縕降秀。文開灝噩，鼓吹百代之祕英。體備中和，筦握四時之旺氣。巖巖首揆，夙陳《說命》之忠；朗朗徽猷，久寓《車攻》之略。如鴻有翼，陋范武之光輔五君；扣鐘斯鳴，類叔敖之心卑三相。道以不言而被物，名因一去而彌隆。值沖聖鼎新之時，微者舊孰為師表？矧夷氛狂熾之會，藉元宰懋奏膚功。謀及卿士庶民，寵班明詔。昭告昊天上帝，徵有休符。雖蒲輪就道雍容，而楓陛望霖殷切。伊尹任天下，恥無辜之納溝。司馬入朝廷，看巨凶之授首。欒棘秉鈞之政，視昔有光。澶淵采石之功，指期可俟。某菀裘佚隱，木菌餘生。念三世豢養之恩，冒出山小草之誚。恭瞻紫氣，喜度青徐。佇聆十事之敷言，總章時敘。專齋三薰之誠薦，遙迂遐征。伏祝仁颷擁幰，瑞景隨軺。玉燭調泰階，平遍映龍圖之署。咸池浴乾柱，聳立標麟閣之勳。

迎張芊田兵憲公

伏以偉略憲邦，衝塞早承。久借臣公，握軸鎮城。俱喜重來引領，龍光馳神鵠竢。恭惟台臺，淩霄柱石，濟世舟航。峨眉毓赫濯之靈，千尋振足。錦水浣陸離之藻，萬里題橋。虎變韜藏，目無胡虜。鷹揚震疊，腹有甲兵。方秦關耀旅而保障群依，因遼地狂氛而睿眷特簡。急在邦畿之翼，慮先肘腋之圖。啓元戎十乘之雄，白馬石塘皆望氣。思郭汲再臨之惠，黃童野叟盡歡迎。復材本支離，遇猶結約。風塵萍梗，幸叨世講之榮。霜雪囊鞬，竊附同舟之侶。願星軺之遄邁，喜茅茹之連升。肅展微誠，專修迂悃。瞻旂旗之獵獵，慰翹企之殷殷。復臨啓曷任馳情之至。

擬候相公啓 代

伏以三辰叶正，乾坤肇玄感之靈。百揆時敷，內外仰維新之治。維浸昌必資于咸德，洶無敵須賴有眞儒。廟勝矢謀，運興力翊。恭惟閣下，任天下重，爲帝者師。金礪川舟，憑几荷三朝之顧命。鳳儀鴻翼，繡車寵九錫之崇班。迓朱衣介幘之祥，聳黃耳鼎鉉之望。每於風震雨淩，而棟梁自若。共歎火炎水潤，而氣味各調。伊陟殷盤，定萬世謐寧之策。文征武伐，應三台齊色之占。憤頻年狂豕突馳，期旦夕顯戮京觀。賊氣漸奪于司馬之入相，祕籌悉稟于尚父之誓師。某老不如人，心徒戀主。顧整霜凱珊戈之隊，爰憑黑繙玉璽之靈。負海擎天，自覺衰微而愧寵遇。當關乘障，顧先軍士以報國恩。赤舄在瞻，快浴日咸池之業。丹誠載寫，夙採毛檀水之傍。箋緘肅布于上垣，悃愊冀邀乎俯鑒。

賀鄒靜長太守

伏以寵錫竹符，鶉首接使星之曜。香芬芝檢，熊輿騑驂駟之塵。帝廷分得卿雲，秦地望如時雨。恭惟台臺，質凝妙氣，標舉俊神。譬之鷲海金虬，行空鐵馬。天既產以不凡，抑已振聲紫囊。掞藻彤墀，器少成而若性。朝廷念三十城之重，弄印示珍。諸曹選千百眾之賢，褰帷獨屬。憶司命九邊，時臣心如水。知敷仁三輔，日馳譽如風。蓋以東吳之眞第一流，爲西京之良二千石。行見社稷人民耳目，頓改兵農禮樂次第皆修矣。復叨年籍寮班之末，隷受廛編戶之氓。推樂令之清言，親承咳唾。羨田郎之題柱，彌覺飛揚。私喜樓臺得月，躍此禽魚。佇瞻幡蓋行春，沾同草木。近省會追趨，悵阻循澗溪。揉擷肅將，感中野之澤鴻。情憑尺素，效入簾之賀燕。誠寫寸丹，千冀茹涵，曷勝祈祝。

邀沈仲玉明府啓

竊惟鷥車西顧，雉堞回春。鸞趾低棲，棘林標瑞。維彼黎氓，齊歌來暮。伊余小子，深慰生逢私沾雨露霏微，忻覩珠璣錯落。敢涓某日之吉，少弭鹵薄，敬獻蘩蘋，頓彎留和。寧俟乞靈青帝，揮戈駐景。猶堪恭賦高軒，伏惟俯賜俞命，曷勝鼓舞跂翹之至。

告請上眞清辭

元氣沌茫，本潛通乎三界；精誠昭格，爰上徹于重玄。肆天眼之儼臨，孰幻身之可匿？薈騰塵夢，轂踄間誰？是醒夫穢垢時名，風波內盡屬貪子。然世緣難斷，夙業堪悲。認龜毛兔角之虛華，爭欲往前逐計。假橘裏柯邊之半晷，猶圖向此抽身。如某者少習經書，頗耽弦誦。晚纏負荷，苦滯功名。卜居巖岫之深，雖才盡智窮，不能追倚馬掞天之彥。瞻戀闕闈之近，實微恩望幸，勉欲探瓊宮玉宇之春。愧駑蹇未策足而長鳴，念枯朽願借噓而思植。問之詹何姑布，既無成言；乞之太乙奎芒，益慚賦命。是用拈香埽室，潔祝跽陳。齋薰菆爾之躬，僭啓上清之座。翮躚舞鶴，佇團格澤于碧霄。澹蕩霞裾，恍降芬芳于雲路。眞詮領悟，凡骨脫離。奇遇一時，輝光永世。

邀令君李翀玄先生小啓

伏惟邑屬治平，想召杜事撫綏之苦；時當清晏，料韓黃有巡省之游。矧令屆朱明，遍野芳菲。正麗天迴，甘澍三農，未耨齊興。載聽稔歲之吟謠，咸荷府君之雩禜。固宜駕仁風之清穆，以被來蘇之物。淩愛景之絪縕，一舉茂對之觴。不揣輶微，僭攀軒駟。涓茲良日，伸此積忱。引商刻羽，慚無上薦于貧筵；啓瞶發矇，祇冀仰聞于台座。竹松三逕，迓小隊之森嚴。花日晴郊，鑒盈筐之採擷。佇瞻臨況，踴躍可知。自顧寵榮，溉沾曷已。

答寧夏撫臺臧老師啓

伏以帝眷遐方，紫塞歡迎。八騶步斗懸西甸，碧幢坐控萬營軍。寓縣倚爲干城，風雷擁其鈇鉞。毗同夷夏，光溢門牆。恭惟老師閣下，秀毓九仙，學分大海。孝友具君陳之懿，經綸邁吉甫之才。握秦鏡而衡文陶冶，風開樸棫；佇范兵以講武威稜，霜滿纛牙。自劭年係公輔之望以至今，由巨閥涵清華之選而彌貴。鶡銜綬帶，產標四履之封。鹿夾車幡，文耀三台之秩。笑談而旌旗改色，運籌而烽燧全消。樽俎折衝，坐使虜潛河套。登壇受脤，會看銘遍賀蘭。寧但社稷賴以匡扶，抑且函蓋歸其旋轉。某蹣跚陋質，枯寂迂儒。夙披原憲之衿泗壇，竊聞聖道。偏受彭宣之遇絳帳，最荷隆恩。即今收效于桑榆，敢忘久沾夫培植。夢鴻飛之關路，緬雲表之師門。方悚芹曝之缺將，詎意鼎言之遠錫。長安冷吏，淹歲時起居之誠。西塞馳郵，動十載瞻依之想。先布蛩鳴之緘謝，容舒燕賀之丹慊。曷任馳情主臣之至。

寄牛丹浦明府

恭惟門下，以命世之才，騁雲逵之步。故是朝家柱石，人間景星。濱海雉堞，暫借鳳棲。值茲摰撥之辰，喜際政成之候。家絃戶誦，皆歌天保之章。麥穗芝莖，咸美神君之瑞。實已厭唊綏山之桃，不侈瀛海之事矣。矧期當流火，記堯階莫莢之芳榮。績報錦完，象織女霞章之甫就。泂堪樂只，載其晏胥。不佞復快瞻斗絡，目絢星輝。言採商山，親分玉髓。筐筥非儀，鹽將通愫。仰金天之高照，被秋實之茂功。爰掇繁釐，式彰柔翰。自慚下里，賈笑大方。

答李環津州守

恭惟門下，終華儲英，清渭毓秀。紹元輿之勳業，鵬搏九萬之風。間文靖之淵源，繭析精微之蘊。分符巖郡，擁軾方州。徹響九皋，風聞尺五。騰懋聲比龔黃之績，課功實邁卓魯之能。竊念某蟭螟微質，樗櫟庸材。祗役南宮，叨廁卑第。學未臻乎超乘，名敢望乎先賢。實應制之苟完，期明時之必效。猥承下頒珍賜，不啻重錫百朋。對使登嘉，捫心深忝。莫報瓊瑤之惠，容圖蘊藻之誠。未罄遐思，冀蒙台鑒。

請省城社友啓

竊惟締誼千秋，聲氣無乖風雅。尋盟正始，軌涂大闢蓁蕪。業兼何論古今，道一遂同語默。社籍苟逢乎豹變，詞壇輒快夫嚶鳴。慨叨知十五餘年，笑簉仕不惑以後。粗完制舉，悉賴掖提。念天家尚繁燁燁之文孫，矢舊族勉符藹藹之吉士。朱顏易改，會日少而別日多。彩筆有靈，志皆振而神皆王。春初熙煦午歲，文明邸第屢勤。夢思池陽，當有星聚。謹爾遠迎軒駕，尚期枉過蓬茨。攜腹笥而跨奚囊，碧沼翠篁，皆要詩人題遍。施匡牀而滌瓦盎，醉鄉顧渚，任教地主留頻。佇修十日之良娛，幸撥旬時之貴冗。擬上元之前四日立春，吉辰候臨。

來陽伯文集卷之十三

明三原來復陽伯著　　邑後學李錫齡校刊

牘

答雒錫禹

華山之游忽已隔歲，爲足下拈出小繪。雖紆回奇絶之狀十不能得二，顧一冥神思之弟之攀緣摩挲，灑然吟眺於萬仞之上，勝事恍在目也。扇頭最難傳，染一濡墨，輒隆隆作薈騰色，寧是腕有膺耶！一笑拙作數篇，即不足摹寫名游，爲山靈吐氣。然亦金嶽掌記也。繪之得十二，詩之得十三，合之而得十五可乎。

答張憲使公代

不肖某謹啓某閣下，某聞溉其柢者榮其末，施及親者與其身。故夷吾服鮑叔之知，騷踵明齊相之賢，桑餓懷二胊之脯，節俠感千金之壽。所以然者，固以復隆崇之恩，錫罔極之懷，酌報答之稱，暢感激之衷。故天地有歇，高厚叵測。膚體可捐，悃愊靡殫。而猶不欲禽蠢豕頑，以自處於跽羔哺鳥之下也。惟某繩樞陋儒，犢背牧豎，樗如無用，刀比極鈆。既慚商之起予，亦恧巴之問字。乃蒙台臺録以題獎，優以引汲。絳幃叨幪，孔仞在矚。自顧穢形，深澗瑩鑒邇者泥塗曳尾，鶉結謀躬。脱穎無時，枝栖守拙。而台臺鴻伐懋業，搏層霄雲漢之表，而焜映古今景爍之林。方且退食之暇，詣笯探幽，冥搜浩攦，使烟花色象佐其筆端，俎豆文章綽有獨萃。乃知吉甫本兼乎文武，而岳伯洵稱乎通儒矣。霽景暄妍，頓回餘照，春溫挾纊，推及同原。嘉生慈呪尺之節，以躋古徐媛姬之壽。榮以腆覜，牓以棹楔，使窮岩鄙陬之人，翻訝盛事之無從，羨兼苃之有託。高義逼古，傑跡軼今。區區私衷，固不啻推哺揮金之恩，爲綢結而已。倉卒口占，有言莫罄。臨緘九頓。曷已飛揚。

與于廣文

門下雅自豪乃命，故苦之士元即暫百里，無奈腰間傲骨何也。廣文公嗛嗛自圖，所就篋如。行傍天衢，策我高足，若時若秩。即僅有彈丸，彼中諸黎，綏福孔嘉已。孟度禮讓之化，稚子平謠之績，距今千載，追躅當在門下牆東鄙人耳。目他無所營，獨聞異日者天子旌良吏治行，郡邑上高第，爲灑酒載拜慶故人雲迢間耳。

與君旭

君旭足下，客冬，余儕計日賦功肩戶，長咏興所不疲。欲添斛漏，共期三載，無斁觀所就也。寧惟薄命，子不可久居，即世上亦無此一種神仙造化，小兒安能不讎其所忌？後先降孽，各抱愴戚，使子不竟子騫之孝，不佞難割懷中之情。瞬息之間，境色倏易。墨瀋清樽，灑成涕淚。高歌雅咏，變爲哀號。嗟哉已矣！事會若此，謂天無心然乎。夫文章有神，顧我志在我。尼聖歸魯，麟經始出。周文拘羑，研易穾妙。良以此道清淨朗潔，有一毫油膩塵土，沾滯胸中便近俗吻。故最宜者身窮非窮，而能工此者見常罕也。君旭勉旃，嚮者家居，耳目聾瞶，神氣萎索，猶日入而視妻息病，足胝智索，不得少休。拂衣出郊，棲遲蓬門之內，食則撐腹，臥則高枕。家中憂危情狀，屬其童僕，絕不與聞。數日間聰明漸開，志慮頓豁。和風花氣，鬱勃而來。私喜種柳似彭澤，累少癡頑之兒。縱酒過伯倫，傍無垂戒之婦。遂密搜玄訣，認我性命，永持苦行，方外逍遙。此之爲快，惟恐來日苦短耳。顧不佞方厭囂歸靜，遺忘室家。而君旭猶含痛奔馳，以向數千里之外。我情已槁，子哀方新。即屯否如兩人，苦樂又有分也。知明發整裝就道，一望斗城，無異火炕湯濩，且不能以委棄妻子之心。復及足下，惟君旭亮之。

答屠赤水先生

以不肖束髮以來，景仰先生迄今十餘年。自顧不肖而謂足以當先生哉。天以細陽爲先子函谷，又以先子之晤先生，爲不肖先資，遂淋漓雲翰，沾灑邱園。然而黽聲細響，吮筆決眥之伎，恐有識見而嘔噦。敢謾結腳振腄偶旅大人之前，以自露其淺也。承教後益縮匿自廢，值造物屢困窮之，精神潰耗，忘人事矣。不意冥冥者，更貽我終天戚，委頓顛錯，已無生氣。寥寥扇頭拙篇，正是癡夢囈語。倘溝壑尚遠，親探中郎書籍，身先生之道而西，竊有志矣。先子行狀一冊塵覽，業求海內諸名公挽章，少慰幽憤。先生故推交先子者，諒不忍過辭。貧士以三寸舌當秦廷七日哭，先生其憐而賜之遐音。

上大中丞健庵劉公

不肖復處世狂悖，久爲造物者廢斥，支離蹣跚，頗宜拙性無恨。獨此朝夕仰止不寘，厥聞先君子在耳。先君子積實行三十餘年，念祛自欺，事恥近名，出處大閑，篤貞無二。未嘗妄喜妄怒，以奸天和。儇巧恣佚，少乖天性。天顧使之不滿五十。哀哉！不肖輩即終爲彼蒼廢斥，不得有此父。亦豈天宜施此於先君子耶。栽培傾覆，福善禍淫之說，是耶非耶！客歲侍先君子細陽，覘形貌臞甚，徐繹病情。蓋作令數載，不肯輕扑一民，不肯玩視一事。宦計日薄，勵節彌清，猶兢兢如不能酬此五斗。甫量移內地任事，爲國之懷睠焉復興。第先君子平時精神完厚，一居官而衰憊甚驟，天若故抑其才而危其志。不肖兄弟由家庭服習，以迄今日，私謂稷高皋夔勳業庶幾身見，不謂鳴琴馴雉之外，一試爲朝廷譏關吏。未及半載，而生平蘊抱齎志長已。嗚呼！以先君子處世若爾，猶不能望造化一啓翼佑助也。悲哉！號泣奔楡塞，讀翁臺誄挽佳章，賵奠厚貺，不獨朗長夜於既昏，亦且活窮鱗於涸轍。撫膺自惟一時激烈赴義，悉盡千古生死交情者，誰更其人！誰更其人！扶櫬就道，恭接使命，跽展瑤華，隆崇德誼，難可比擬。牘中更悁悁先君子祠事爲念，覽之感泣，生也興謠，死也尸祝。即彼中風俗淳厚，或亦先靈百世湯沐，當定於斯得蒙仁人一言揄美，地下賴餘榮已。不肖兄弟年齒尚壯，倘他日猶作人世視息，方寸有心，七尺有氣，未有不知報答自出犬馬下者。哀毀未定，陳敘無倫，死罪死罪！

上溫總憲老師

自都門泣別，倉皇西向，於九月十九日抵里。其間兼程趨者，計十餘日。所經疲困衝悍之地，絕無逗撓。坐是先君子之靈，得僾然安居入崤函，寢處於三楹之廬而無害。鄉人訝其遄歸，即逆知師臺之賜。不肖兄弟試一出口誦盛德，鄉人已歷歷能稱說其詳矣。私念以先君子而客死，以先君子客死而獲值師臺於當路，以師臺當路即庸曹賤吏一有盼睞之舊，罔不承澤仰沫。而先君子故得比黨聯戚，素叨桑梓世誼末契，皆上天無奈，先君子死何。又以先君子無罪，不欲久棄遐野，故保佑申重於一人。又預產先君子於仁里，使台臺今日揮其靈澤，用綏旅魂，更爲清貧之吏衱育八口耳。余小子姑妄疑之，顧抑何知有天？亦知住先靈三楹之廬，越窮遐之域而無害者，吾總憲先生而已。若乃素車臨視，款語貽規，理性奧旨，噓拂愚聾。怳然闡禮教於今茲，最奮揚於他日。自是師臺終愛先君子，由先君子而推及不肖兄弟者，不肖兄弟豈其人焉？哀號之餘，一撫胸，一銘心，一遙憶，一感泣，強粥自扶。倘病軀不旦夕溝壑，未盡之年，皆報恩之日也。

寄溫無知丈

追憶都下垂憐故人之情，何殷諄篤至也。是時門下方埽軌滅影，以闠市爲巖棲。乃倐出而爲吳札徐孺之行，接膝苦次，灑酒臨岐，悼死慰生，推珍委餉。悃乎目送靈輿於緇塵之外，有餘悲焉。不肖方寸具在，試思一時周旋諸相知，即誼多不薄，亦誰匹門下隆厚哉？別後於九月十九日扶櫬達里中，長途遄往，悉賴尊公老師預爲經紀。君家喬梓爲德，於里閈若爾。其家世蟬聯慶澤綿固，以迄於今日，詎偶然耶？既切感恩，益更服德。

寄顧朗哉丈

與門下先後發榆關，倉皇夢寐中，情事都不可了，獨歷歷感高義念常醒也。接遷安手教，遂成長別。門下之於先君子朋友之誼，斯亦足矣。闡德錄行，既以游揚朝貴，復以遍諭愚氓。古人挂劍束芻，表閭題墓之事，何幸再見於今？嗟乎！先君子旅死雖苦，賴門下終始襄理，其間不至狼狽無措。而不肖輩惶惑忉慘之懷，亦庶幾少解於達人之誨諭於其行也。先君子不朽，大任一身，與之亡靈地下瞑目，意將在此。豈其越千里而住門下於邊地？亦天之厚先君子於不測耶。誠然，彼吠汙孅之口，有啓之者矣。

寄陸無從先生

不肖兄弟西鄙困士也。材能率不及中，又摧毀坎壈，日蹈深窖，見棄於造化十年餘矣。牢騷佗傺之氣鬱而不伸，不得不消之以酒。又爲博士制舉言數變而不售，不得不消之以詩。嗟嗟，難言哉！雅音廑絶，隙日易過。黽聲啾發，雖可以感耳。試揆之韶夏之律，蕩然不可聽矣。然不肖當解學之初，頗沾沾嘉隆諸君子聲氣。已而窺元始渾樸之精，稽世代質文之變，漢魏尚矣。如唐之初盛，所勝者氣格爾。至其取材鑄語，往往不離宋齊以下諸名公篇中旨哉，我明迪功氏之言也。嗣今方欲茹偏至之華，文彩畢陳，然後取建安、黃初之沈雄，拓吾氣韻。日捃月搜，忘其駑鈍。腹中正儕儕作馨氣食臭，不敢輒爲先生陳也。先子修德無年，遠近達人共哀誅之。業荷俞命，倘旦夕獲不朽大篇，永垂金石。不肖雖幽憤未能除，亦將不憾天道之無知已。蓋先子存日，口不置廣陵陸先生。今地下而知被陸先生之華袞，毋亦謂兩不肖豎儒，亦能推其意，以重慰重泉之引領哉。友人梁君旭篤學，有深思。其人不苟一行，又不屑以峻防自激烈，卓然秦之聞士。問字尊足齋曾幾過乎。君旭里居日，無三日不來蓬蒿中談笑，想歸述潛祕無異。不肖面承遠人，殆以縮地之事，倩之此友舌端。冀先生少發腹笥之珍，爲後進箴規不宣。

又

從君旭得先生與先子名言，雅質莊密，無一字落漢以後中間語脈，挈縱俱有深致。至於以菱藕藿蒲之培，爲民興利，不肖識所未諳末更。以先子居平，口不置陸先生也，引爲神交。豈先生固雅聞先子獨好弘正間諸君子詩，庶幾能裁正一時波靡之好，而陰有當於中乎？昔范巨卿哭長沙平子，爲死友千古稱其奇事。顧當時巨卿未聞一語弔相知之魂，徒愴慘委素書而已。豈烈俠可憑文雅不可兼耶？視先生今日之誼，何如比者攖牽世務，意興荒頹，少暇當收拾。故吾爲長者吮毫濡墨，盡瀉十年傾慕之私，以自比於蠅附蟻聚，聲和調諧之義。長者肯直駁其紕謬否？

寄社中諸友

不佞某猥廁壇坫，髮變項槁矣。所不肯自灰者一點猛進，心在囂思寂急處回頭，驅膺於思倦之時，搜境於文窮之會。醉歌聊以散襟，藝植專欲約趣。庚戌館規，謬尋康呂之轍。癸丑園臥，熟揣掄魁之奧。不意會闈粗了，卑第廷對，忽失鼎元。當夫掣腕鬼靳其長迫爾，摘疵人絶其助已矣。夫此來生結局之缺陷，自苦士宿根之消磨也。都中顯貴人憐才悲遇，多加以不虞之譽。反躬悚惡，深念虛華無益，盛名難副。昔猶處匣之輝，今且作弭耳之駟。漢之樊生可為炯戒，最可異者。長安市中數米而炊，而尋常出門要須僕從，無名之費百出。未休室無擔石喝擁之徒，仰給饔飧，視前輩樸素寧靜之風，殆若江河不復返矣。學者不能擺脫富貴功名，正在此處。諸丈知不欲不佞復為世俗中人也，諒聞而信之。吾社濟濟起色，抑折崩迫如愚子，天亦栽培以免桑榆之朽棄。矧奮迅如諸丈者，養才養神養福，以俯拾科名，乃本分修習也。館選如未定，六月輒當選，老儒驟綰銀青，省卻州縣之勞已。屬過分至夫隨地隨官，期於自樹少據三世祿食之報，則不佞素所自矢，更乞知己督教之。

寄館中諸友

公牘載弟衷悉矣，不敢重陳。惟是吾儕從丁未訂盟，不惟接衽聯席，抑且代戚分愉。猥承諸丈不瞶廢我，而日夕望其成文，出獎借事到翊匡。俾弟得脫泥塗，而作同黨前茅，行且奉知己之言，以幸無過，受益多已。弟窗前迂學，一試之廷對而幾倖，又將奮袂期效之館選。雖成敗未可料，而挺然與海內俊傑角雌雄，保無懼色。誰謂士子攻古無用也？諸兄並吾家仲季勉游自愛，末世才難從蹈襲中少翻新思。由俗書中微具楷法，便可攫得大物。惜哉！來伯子有才無命，今生已矣。楚失楚得，不無厚望於二三君子。大丈夫入萬人軍中，目不瞬者，有此志耳。硃卷尚未領出，窗稿甫欲發刻。並附制策以傳場義，大不愜心，而有云脫化之極窗義。自謂禿純，而師稱酷類吳文制策。寫作取完，寸晷而讀卷，諸老賞嗟不置，皆自己所未解，容寄覽發笑。

寄族黨尊卑書

計二次報久，得家中靜默不張，詡此自清白吏門風。惟闇淡可以生福，惟謙讓可以和眾。吾伯叔父、伯兄弟姪，閱吾家科第屢矣。天幸愈過於昔，安順愈勉於今，則篤祚保宗之道耳。無凌單弱，無蓄讎怨。教吾家子孫，不使知仕族習氣，乃祖宗在天所陰憑者也。是惟讀書可消融之，有全益而無寸害。願與諸伯叔兄弟守之。近況不能悉陳，夏穫差強，釀玫瑰尊，捧腹茂樹下，長風吹來，煩暑頓失，令人遠憶此景。

寄省會諸友

潦倒入會城，以款段累故人殆十餘年。自歎髮皤顏蒼，逐少年隊，與之爭一旦之勝，不無膽落才盡之愧。又屢驗生平得意事絶少，空華虛名相依，只消一第。苟完制舉，便是過分逾涯矣。宿辱教愛想聞，此爲老儒稱快。計六月，輒當授户工間曹，拖青綰銀。優游執戟作金門大隱甚快，亦不願木天石渠之選也。

答魏啓元司理書

旅夜粉署呼斗酒，澆我磊塊，頽然一醉。猥承年丈憐其困踣，拔之亨衢，更紳之以戰勝之策。蹇拙如來生，亦領才人方略之效。士不可無勝友，信然。都中薦紳評內擢瓜期諸公，必首年丈。偉然公輔之望，已基於今日。豈特光在同籍而已。至於棲遲郎曹，兀守執戟，不敢比爲通隱，聊以遂夫書淫已，自老生過望矣。天祿石渠之業，覺太苦，且寄途甚迂，不願爲也。此中肝膽，止有修齡先生可依。而旦夕巡方行矣。言之悵惘。

寄金陵徐春沂翁

盛夏別去，至冬不得南中寸耗。近把廣陵舍親書，云門下恙大愈。聞之喜，動念。不佞與門下以情義則朋好，以授受則師弟。天眷鄦域西真人之裔，披玄闡秘，大暢軒岐之旨，得一人焉。爲之啓其聾瞶，而破其愚惑。以迄今日如寤之方覺，而醉之初醒。寧惟獲自認性命，其貽福此一方人者，亦既多矣。別後盡讀奉議南陽河間宣明保命與子和海藏數家書，恍然有得，默印門下嚮日之誨，不爽錙銖。持此施治，往往奇中弟子和書乃坊間新出者，裝池雖精，字句率多訛謬。始大懊惱，不得門下囊中書一查閲耳。

答長安青藜社諸友人

役去省會，附尺一半，酬對客語多輕率，追憶訂約青藜，固是千古快事。夫當今世禄之子，亦詎少戔戔之才，顧其自足以長傲下也。章句之儒，亦詎少慕古之事，顧其徇名以拘類隘也。不佞輩廿年潛詣，一旦訢合，於是邵平小故侯之名，裴迪和輞川之咏，長安池陽，渙小成大。至於縶履殷勤，璚筵錯雜，繼歡累夜，狂謔恣出，即景以探罔象，啓舌而吐靈珠。於是不佞輩謂更生父子，非由章縫。諸丈亦知遷、固諸人，不本勳胄。客興蹣跚，留別未能。諸丈奈何介介恨數舍之河梁，疑心交於形迹間耶？諷咏佳作，叔融之清英，季鳳之俊傑，伯聞之壯婉，子斗之密麗，亡不入室登岸。不佞以塵冗奔迫告成，事不浹日，聊作駑馬蹴躃而已。至於篇目，不敢秋毫違司社命。季常以二十五首小曲來何也。原約社中諸作合帙，付司社二人批閱。其司社二人作，即司社二人互相批閱。縱臾有戒，不妨過爲駁譏。原稿八册，季常詞稿一册，並弟稿合爲甲乙二册，統傳司社，前季諸作，後季發示，庶不混淆。前約登書理無加損，可以增，即可以減。銳者，隳之漸也。紛更者，亂之門也。余不佞以金石望同好，夫豈敢二三其德以啓異日鮮終之釁，貽笑當世賢豪哉！謹錄詩目如約。

上溫總憲先生

恭惟師臺，躬賢聖之資，司鈞衡之重。德隨年躋，福與日升。簡在一人，播名四裔。維此慶辰，載同樂胥。而乃袞服迓螯斕斑，鬯舞堂中。墀下有燁，其光目擊厥美。蓋群然加手而致無疆之祝者，殆已充滿路衢矣。顧想大業未易，以恢張極盛，有難於歌誦。覯綏桃而豪肆，望仙路而瞻依者，往往飾片語單辭，誇其耳目。矧夫黽聲啾發，叢爾細響，而欲廁樽俎之列，熒亂虞夏之音哉。已自念有不然者，璚筵聚珍，不黜野蔬之味。達人體物，每收里閭之語。戴勝鳴夏，蟋蟀吟秋，亦所以答天地，感應玄通也。余儕小子不自匿醜，願比是矣。

寄南玄象太史先生

聞輿從北發，柳色鶯聲匝滿官路，到處可佐吟情。且夔龍望殷公輔虛席以竢久矣。攜休沐之馥膏，作蒼生之霖雨，固已快人區之觀瞻，寧直桑梓士民矯首景仰而已。不肖復碌碌爲妻病所苦，臨又近應劉觀察命逼之校書。遙望使旌未遑祖道，踢躃之駒不獲覿齊輯康莊之駕，言之愈自結轖。近作數篇，聊博傳中一粲。

寄梁君宿

弟近况苦甚，潦倒甚。從客冬理內人病，至春杪始幸覩起色。病者知何若，理病者亦病矣。遠承仁丈，念我手書溫莊，紈素皎潔。收我於肝膽，進我於道義。此之心知，豈易言哉！弟自世間疏廢，人正以疏廢多見諒於知友。然腔中一片心，抵死不敢有他。昔蕭朱結綬，世常以王禹之契合比之。及後來暌悖不終，人皆以交爲難。弟讀史至此，常掩卷三歎，何况今之世哉！以不佞復目覩里中豪誇之士，其交也，非交也，皆辱交也。即吾黨所稱交游契合者，所矢亦異於眾矣，亦有年矣。然間或隳藏於過謹，坦伏於懷心者，殆不可保也。故識者謂志難同也。志同，則交一也。弄璋宴賀充閭，座有大嚼雄飲，如來伯生其人者，爲我以斗酒澆其磊塊。

寄梁君肇

書來誇我南中名勝之游，令我藤杖芒履，冉冉起烟霞色。思受託興深窅，君肇運筆神王，屬和佳什定多。豈具區鍾阜之靈異盡貯篇中，閟不一示人耶！維揚東道，當多解杖頭錢，爲思受沽酒。弟近因彼狡人窘生計，幾欲跨蹇。而前已念丈夫在世，自當策高足，擁厚祿，使縣令負弩，大官給食。然後拓基輝閎施行，馬擁氍毹，種十頃秋，釀酒待客。散橐中金資周急贍族，置百口於豐暖，以體先人往日拮据之慮。因問罪不義男子，雪三世飲恨之恥。其不服也，罹有辟其服也。罰有酒，安能目前齟齬，向狐鼠穴探其棄餘，以與之爭囓哉。夫君肇，志士也。其謂我何？然士生於世，不能終守先業，早致青雲之上，悠悠夢夢，制於閭巷菜傭之手，令得橫攫其有。而睥睨抑揄於魍魎之窟，猶翹然曰：恃終有以扼其吭，亦不足以有爲矣。君肇，智人也。其又謂我何？屣履敝袠，斷不敢往來廣陵之陌，爲親知累。郭汾陽、寇萊公，以大勳勞致富貴。不敢望漢王章之妻，何人哉？題橋之相如，恥乘下澤車之新息，何人哉？眼中之南思受，又何人哉？知足下抱同病之憐，故漫及之。不然恐辱我輩清談齒頰。

寄閻元之

距別滿一載，弟之耽酒嗜嬾，不能謝不急之人事。猶故聞兄沈靜遠詣，不大就，不休用，志不紛，乃凝於神古人之言也。齋頭共同舍生操觚，便思元之弄丸手。低頭視兩腕，轉換癡重，如有鐵釘牢錮然，恨不截去爲快，則元之運筆妙伎殆天授。與此道正自白首難殫，矧粗猛豪舉如來子者，笥郵如無忘北。幸録示佳稿數首，以與友人共扣哀玉而飲醍醐。

寄南思受比部

長夏梁使至，得仁丈起居甚悉。始料門下入都，不踰春杪，不謂留住許時，將無效古人戀鑑湖春色也。聞約君宿元之昆季爲八仙飲，想見一時游賞，履錯絕纓景象，座無來伯生，長鯨吸川，定使君肇浪得名耳。弟浮沈世路，慵病頹懷，歲月如之近。復展轉憂生，酒興詩情，倏爾減盡間激而成咏，亦率牢騷侘傺之語。頫首理帖括家言，跳不能入，豈赫奕功名，非來生有也。一片廣陵烟月，君取爲樂地，我視爲愁城。情性大致相懸，政爾可怪。

寄梁君宿君肇二社兄

舍親趙光祿南下，寄尺一訊起居。想不至浮沈盛使抵家，頗悉近況。維揚佳麗地，須要高興人領略。弟所不獲跨蹇，而前與一二知己觸咏吳楚間者，游遨之興先敗耳。南思受丈尚住彼處，益友過從，諧謔醉放，總是良晤。登舟弄月，則鄂子慚容。遺世酣歌，則謝鯤讓達。此處不得著一別調，人不得著一木偶。妓人間樂事始屬之矣。君參素善病，今日之事又易扼腕。我輩不妨以虛恢語寬其胸次，使君參於俯仰上下之間，曉然知外物不貴於吾身。則世法中自可得學問，即吾黨失志者之安土也。

寄黃太史昭素先生

不肖復、臨猶得爲人乎哉！自榆關泣讀手諭，抵眞定一再承慰札，厚貺惓惓，以慮絕天道，屬之煢孤，益增痛思。計今四閱寒暑，先子墓草三宿，不肖輩釋哀絰亦易歲。巴路江城渺焉在望，哀情鬱憤，塡委胸臆，竟無能一效陳瀉。不肖復、臨猶得爲人乎哉。且彰微耀德，聲施在玆，敢以湮滅卒泯。先子衷念未遂，魂魄憂勞。此不肖復、臨所日夜懋責，不敢漫言學古。驕語樹立，尤不敢靦顏，數上先人之邱隴者也。恭惟師臺，命世人雄，絕代偉抱。遠則融班鑄馬，近則含李淹王。譬之球琛錯珍，山川茹納。殆天縱之器量，實未易以測識也。寥寥扶輿靈邁，獨種提衡千秋，斯其罕儷窮鄉私學，望而知歸。當今海內少知自好之士，一乞靈於脣吻，無不生被榮華，死戴令譽。矧先子之與尊慈師弟子關切之誼哉！先是不肖輩扶靈轜過都門，敝邑溫宮保先生哭臨，慨然欲爲先子銘墓。不肖私惟鄉達既將一言寵幽壙，庶幾覬獲太史名篇，表曁墓道，使往來瞻拜司馬之人，望而遍悉其遺行，則先子之幽者益顯矣。孤墳貞碣巍建，松陰隱隱，棲雨嘶風，常有神物守護上台文章。不佞復、臨罹變以來，反覆勤慮，未始敢忘，實爲此爾。溫宮保先生昔以宦冗，今以方歸，未暇搦管，遷延至今。恐閭里不察，以復、臨終愗然於親，故欲先立石荒隴九頓，發使齋。不肖復所述行實，妄希採擇，以表先子知師臺，不以先後久近爲見審矣。鄙士束縛青衿，不遑擔簦游從。屈指比試，攬泣窮途。方已埋首匿蹤，求展其割裂之用，以恢坯族。將幣侑緘，遙附虔忱。不自知其薄劣，瞻注雲章，無異痾夫望瘳。伏冀憐宥揮鑒，不勝至願。

寄顧朗哉丈

年來曾兩寄書，俱未達。偶敝里人至訛傳門下，暨張逸度消息，實悲歎數日，援筆賦聞冤詩。又一載餘，而從丁君得覿手札，始知故人不死。嗟夫！札中備言罹禍之橫，窮感之苦，與丁君所陳說歷縷，令人髮上指，世顧有是事哉。以睚眥之怨，遽罄人產，遮掠人財物，逋人妻子，更欲中之不可宥之法。彼即能憑勢乘機禍人，寧不畏蒼蒼者陰殛之耶。語曰：蜂蠆之毒，皆能害人。況君臣之間乎。言微之貴慎也，可畏哉。然不佞兄弟始聞而駭而酸鼻，已則喜門下不死也。數千里之外，傳聞逐捕聲燄，若迅霆震壓矣。潞河能作久計否？何時解纜，北乎南乎？不佞輩自襄先子大事後，日切憂生。即今家口近百，庇覆無計，比試已邇。勉力讀應世書，冀取大物，以恢先人遺緒。久困之人，志興抑塞，竟不知造化作何安排。且與故人重握手，定何期也。言之愴蹙愴蹙。拙詩二首，聊志慨慕。

寄陸無從先生

客冬得先生手書，殷勤篤志，既款且悉。又承大筆題扇，皆被親友輩競寶襲之。文人墨瀋，亦自可當重珍第，賈子能強好事，卻足詫也。目應制書，而爲先生作詩。辭意羞澀，醜惡畢露矣。

上李本寧老師

恭惟老師閣下，靈叡天鍾，韞蓄淵富。不獨冠冕昭代，直已軼絕古人。凡海內有目者，莫不覩日月而小繁星，瞻麟鳳而藐異端矣。復、臨兄弟窮鄉瞽儒，聞見寡渺。竊讀一二傳播名篇，真所謂字挾風霜，言敲金石。元美之宏博，伯玉之質莊，兼跨有之。寧直方響比德已者，即于鱗何論哉！乃歎斯文有巨統，藝林有元龜。有志之士，誠雅欲留情千秋，奚必遠窺西京之室，高整安建之轡。但使仰依皋比，聽其折衷，則不傳之祕可抉，群言之淆可定也。曩先子櫬過都門，鄉達溫宮保先生以銘墓任，西蜀黃太史先生以表墓任。復、臨則更欲裹糧入南新市，跽請大筆爲先子立傳。徒以志文未獲，逡巡歲時。不意天以眷西土者私眷。不肖兄弟得從榮戟中親覿風儀，顧盼之間俯鑒下懷。此不獨賤子矜詡過望，先司馬九原有知，亦當無憾於天年耳。仰止公門簽屬已備，不堪青衿束縛，敢齋沐發緘上干典記，萬一得微俞命，俟比試甫畢，輒圖負笈門牆，九頓高厚。私期少沾賸馥殘膏，以自芳潤。擬孔門點參路淵同師故事，且如近代元定父子之於紫陽先生也。

又

跽讀翰示，感激泣下。先子即世有日矣。今始瞑目，乃溫宮保先生橋記亦辱俯允，極知通靈有扣即應。但小人踢踣，自不堪瀆褻之懼耳。薄修程儀，又蒙麾斥，益懼且愧。先子墓志，自不肖伏櫬抵都下，即請之溫宮保先生。今已將脫稿，時昨啓中，懇望老師爲先子作傳。謹再布悃，上聞承命，略摭修橋始末，附備採擇。不肖復、臨以通家子弟，常侍溫先生履綦。雖未及門受業，累沐獎題指引，義重嚴師。向先子之變，先生聞之大痛，遣飛騎西促復，而更以家人款語慰臨於關邸。櫬夜過都門，先生越二舍，止舉哭，臨即時發僎官移書，經由衙門，無稽遲一切輿馬。於是在所險阻，盡化亨衢。俾不肖輩倉皇罹變，更涉數千里地，不至顛頓於道路者，溫先生賜也。不肖即淹蹇諸生行中，然束髮慕義，頗負俠烈。意氣所結，容忍銷沈，恭遇太老師，天上人也。片語流播，便足千古。海內修行摛藻之士，一當其齒牙，不啻被華袞而勒景鐘，倘憫恤不肖惓惓，請乞卒得。持溫先生夙昔所重報溫先生，則鄙志已遂，且嗤古捐軀酬恩者爲無益事耳。

來陽伯文集卷十三終

來陽伯文集卷之十四

明三原來復陽伯著　　邑後學李錫齡校刊

牘

與劉叔定

向附尺一使者，謂足下過從當先期見示。足下亦明約必在。長夏初，兩弟即離城索居。數勑應門，恐佳客作看竹狂態。足下竟輕舍我，不肯緩。須臾俟我掛杖頭錢，來共醉城市，叔定即忽忽多賢豪長者游，如不肖奉教之心何？昔林宗每過袁奉高，數語輒命駕，不得比於叔度。時人雅以去留之間，有品騭然。當時恐亦是奉高未苦留耳。置驛放鶴，緬思古人，主人良自愧，自愧屢承開誨制舉言，灌辟鈆刀，借羽鳩鷟，致令塵埃槍榆間，物勉自奮發專下走。投近作數首，亟求裁削。寧曲導毋曲臾，必令曩時同調作塤篪舊聲，共和燕樓夜月，則蹤跡匪遐。鞭弭之子，庶幾得竭蹷按追風之步。嗟嗟！上林花爛漫，得共吾叔定共吟弄之，實上願也。足下其忍終棄舍我。方寸耿切，望一二日間便擲賜，不啻益我射筴之銛鏃耳。

與楊修齡先生

不肖兄弟草野間賤士也，猥承尊台假以色笑，施以殊禮，意旨所褒，嫻然國士其人。不肖即品在下中，激於明誨，敢少自忸頳，以累知人之明。《華山記》語語實際，大是西京風骨。至於點綴輕逸，令濟南篇法失工。辰科制義，故是炫爛後平淡，洵未易。及戊戌後，場則經史，妙其融裁騷雅，佐其風韻，盈帙璀璨，八斗橫溢矣。

答武暘峪吏部先生

不佞復自操觚時，讀先生制義，私心嚮慕，謂關右無兩。踰二十年，而讀先生舉業卮言，已得先生鄉行於史掾之口，已得先生善教作人於楊廉夫二魚生之口，踆然意下心折，願執鞭北面。已又聞讀書之暇，剖抉難素，精諳藥餌，與古林富狄蘇諸名公同志念，則駭然驚服，願與先生詳明而橫論之矣。里舍之遙，幽隱之區，落魄之子，縱懷耿悰，胡由自達不自意。櫟散庸質，猥被物色。區區濫竽，賜之獎借。捧讀溫翰，登嘉鼎儀，愧汗淋瀝不能自容。此非先生過採浮譽，則嗜蒲偏好。至於商及醫藥，則自先生聾聵之問耳。

答無從翁

承命後即遍訪相識，大抵率言鹽法至今日壞。盡視數十年前，不啻遠矣。且目前所急者，毋過課商。至憂者，毋過套單。套單之起，不自康院。而商人之以窮而力不能套單，則由於康院。吁！此其中隱微曲折，磐牙株蔓之害，蓋難言之矣。今康院雖敗，尚居然有復舊制革新弊完歲課之名。而運長與新院又皆左袒康院，事皆踵而行之。不思一切之術，醫瘡剜肉，斯人既不顧而爲矣。至於病者，不堪再毒，絃急未有不絕。則徐、彭兩公始蒿目國計，而不得不身任其難。然以愚計之事已至此，即欲不苟且循行不可得也。何也？商人之窮雖不可振，而朝廷之課必不可蠲。課必不可蠲，則單必不得不套。諸商愈不得不窮而繼之以走逃且死。當事者求免不及其身，見之而貽累焉足耳。縱令付康以久任，諸商之死者枕藉，法有時撓，而課終難完。所謂一興而百廢，似通而實壅。不待智者，然後能料也。門下手筆，纂組不朽之言，或只刪潤舊志，附益夙規，汰浮課禁私販諸節目處，娓娓言之。而於矜恤商竈，不妨三致意焉。直中之諷，有心者覽之，未有不泫然動悲念者。若夫定指某件，當因某件當革。恐紛紛攘攘之際，不識與運長齗臺之旨合否。邇者鄙事耽延，大乖初願，將尋吾好，糞土黃金，已親爲緩其敲樸，不久要釋囚縛。一切王法鬼責。凡涉讞對鬨競，與夫心詛念恚，諸夙業咸消化盡，即人笑來生懦而無終。聞之亦消化盡，即載牘堪羞，空囊自醜，察時撫遇，亦消化盡矣。

寄楊修齡先生

從邸報得尊臺顯陟訊，遂呼弟友同喜，躍爲滿酌一醉。龍升雲霧而上天，鱣鰍相顧煦煦者，非以其志同也，冀霖雨以自沾也。掖垣持簡，鎖闈鳴珂，尊所聞，行所知。入告我后，庶幾少酬數年軮掌牽制之苦。且時局糾錯，是非互摽，要須坦惠無我，開敏不羈之通人如門下者，方是天下真御史。誠國家之福，吾道之光也。曩承遺書趙太守，公又爲蕭老先生索書，披讀感激淚下。毋論屑屑爲貧士分憂，即中間獎借過當，期於必就。固仁人愛人之道，不可及也。曹羈作禮，宣孟二胊，烈士懷之。矧過此者，書生無命，太守以艱去，雖二槭封識宛然。然尊慈心予之，不佞復心被之矣。

答祁念東老師

不肖復謹頓首。言別我師四載，通問缺疏，顧承惠翰存慰者屢復。自去冬始從南土貧困歸，今歲閏從都下敗北歸。其敗也，政以南土拮据，故行没於訟，心没於產。小欲不割，竟至兩失。由今視之，亦失算極矣。遂令劉叔定與魏薛諸人掩口。嗚呼，謀之不臧，自貽伊慼，豈以天哉？然天之所廢不可支也，豈以文哉？歸來無以爲家，獨嗜學，志不衰業。砥礪鋒鍔，求雪孟明之恥。而問病者填閭，至驅辱不去。無計避匿老氏之戒，近名深源之焚經。方古人致慎擇術，以此思遣力專候，修阻是虞。寤寐之間，無不依戀遙挹西極浮雲，霜霄過雁，瞻憶儀刑，泫然欲淚。忽覿天上傳札，披近況而遺好音，惜淪棄而責後效。隆鼎餽以施解推之恩，委文事以示獎許之意。祇領悚恧，自惟何以上副知己之眷。顧付託乎，惟老師纛牙絕域，文思當益壯，邁樅金戛鼓之間，何取缶音蟲響爲者。稷下先生言甚辯，其近體詩則杜派也。容卒業勉效成事，邇以敝邑三令君碑文皆屬復手，久曠方舉，茫未一就。乞尊慈少寬其期，冀免挂漏之誚汙清銜也。

啓穆象玄直指先生

竊惟士有禮有分有志，禮在不敢妄生謟瀆，分在不得非望格外，志在則埽迹匿影，與徇資酬世不相爲，而要不得相非。不肖復髫年侍先司馬，實有志焉。每見當世龍飛君子，心輒慕之。非慕其勢位也，爲其可以行志也。其人苟真可法,則嚮往不已,願執鞭從之,不徒浮慕已爾。比值厄窮,跧伏里閈。自甘涯分,兢兢守咫尺之禮。期免罪戾,愚則數馬,賤任呼牛。軌雖結於黃虞,跡但區於韋布。而尊臺以海內大儒,據朝廷重位。嚴威所聾,近吏不得印眉而接其顏。戟衛所臨,諸薦紳不得居間而與其議。乃脫略貴倨,一朝升寂。泊孤介之士提攜,開誨之明示尊顯。禮士之風,更潛培巖穴。不屈之氣,即駑劣愧非其人。然身當之不可謂非希覯,而後日之砥礪得不從茲益瞿然奮也。然使徒破格而揖達官,私榮慶之止耳。既聆謦欬,閱經濟,退而推其品於聞見之中。而少其倫則從詩書間按之,正古聖賢所稱爲大人也。不肖復雖遲暮無成,少時嚮往之志不可但已。幸得身親見之,將請備大君子埽除之隸,奚但執鞭云乎?屬聞報命去秦,儀型日遠。悵望雲逵,攀仰末由。聊述拙章,恭誦明德,兼附輴儀。遙候起居卑微,理不敢幣交。恃台慈始終賜優遇,不過斥逐也。

與昝明宇憲副公

復頓首言,承貽佳籍莊讀,至二誄一記。因郭翁以寄孝思,挽比部以右清節,託芙蓉以蹠逸性。明公識宇學力,不當與世法中得矣。篇中變幻質沖,不雕繪而文。關中文獻否極,居山林,慕仕進,得仕進,希榮通已矣。甚則託三立之說,飾其鄙俚。不知言之未始,非德功也。如明公所就者,一身而兩視乎哉。獻吉地位峻絕,允寧景叔而後,幾至絕響。吾邑少保先生,自臺閣體也。先司馬有才無年,比部公文而不韻。追惟賦命,令人惋切。文章有神有分,惟明公圖之。固當寵我關輔山川之靈,寧獨衿領邑中人士而已。復迂疏不得志之士也。自束髮習詩文,頗窺百家。困於制義,日暮無成。然嗜古成癖,功名之念,不足與易之。近評古人所論著,似知去向矣。若吾邑有名先達,而不知就正,是徒慕古也。並所慕亦非矣。敢錄拙詩一冊呈覽,貧病未暇檢錄全體,統容請益。傖父語政堪置之酒瓿,非敢倖玄宴先生推賞也。

謝少宗伯翁青陽先生代

不肖某樸遬支離,無足比數。然耿耿上法一念,自髫歲即然。竊從草間及往來先君子宦次,仰止閣下於華蓋斗極之表,怳然駭龍翔式鳳翥矣。濫竽貢舉之選,不沾沾一第,惟慶伏侍門牆,夙願在茲。昔彤伯之掌秩宗,神人交洽。歐陽之職策試,文運丕還。即以某之椎愚,躍然荷甄淑思奮明時矣。詎意禍福轉睫，榮孽同萌。奔近隕星之辰，甫及終天之訣。重繭修途，號踴里宅。觸心弔廬，益用黯慼。惟先君子貞操實政，迄老不渝。十年鉅任，以瘁殉國。不敢言左輔長城，固時艱之鎬鍵也。微皇上念勞勳之臣，生死眷顧。台慈採公卿之議，疏請明備。榮哀厚典，褒贈隆儀。煇煒泉源，施及胤息。人子靡窮之思，書生祿養之缺，藉閣下玉成而差慰。則先君子之旅死，不肖某之間關痛苦，俱可無恨。感激結鏤，方與浩蕩皇仁等弗諼。異日黽勉砥礪，以報門牆埏埴之恩。奚俟陳哉！

謝本兵李霖寰先生代

恭惟某閣下，以捄天浴日之才，作人龍，為世瑞，固已望殷伊周，志軼管樂。五兵笲重，時釁未謐，方叔專制，坐靖四夷。李晟天生，爰資中葉。猗與巍哉！固先君子承方略於受賑之日，欽威德於疆場之守者也。不幸罹茲變，不獲以藉以免過之身，督幕府參軍磨墨盾鼻，而勒燕然上功，天子期副明公之廟算。即某至不類，時時從先君子宦邸，咫尺習聞，默儀心師，奉為後進楷模者，非一日矣。忽倉崩迫，以至此極。父子不造，倏遠高範。追感濟舟，益動哀慕。唯先君子勞臣實勳彰灼邊徼，身親乘障，志忤懸車。古稱以勞定國，以死勤事，庶幾有焉。此明公所稔知者。然籍功紀效，俾無隱稽。旋曇幾時，天眷滋至。朝有賸恩，禮無爽制。和煦白日，光照泉門之寒；浩蕩皇仁，紛被堦前之胤。匪倚培植，胡遽至此。不肖某人子也，不敢忘聖天子之賚，其敢忘明公乎哉？

謝葉相公代

不肖某謹啟，某椎魯無知，竊嘗妄驚今古。所稱磊落，以豪傑偉略自命，試之當世之用，未必能效效矣。其能爛然以功名終者蓋寡也。詎其皆檢踰器溢，行乖禍會。原夫任艱責叢，事難獨制，內外互委，和衷風渢。故敷祍列牘，義以隔釁。春華海棗，迄歸無成。遠揆元首共戴之風，近惟陸賈交驩之語。嗚呼！此方鎮節鉞之臣，所以易敗而難安也。洪惟閣下，以雲日之度，提元化之綱。係心在薄海，而殷憂在獨坐。故能百川同滙，庶品各得。躬協五辰，式歌九序。即如數年左輔軍興，時變觬阢，制臣側席，政府蒿目，賴社稷靈澤，鈞衡調燮，鎮囂弭警，甌脫無虞。俾先司馬綿惙之晨，無憾於瘁國之忠且也。天朝哀恤之典，綸綍俱下。台臺弔誄之儀，華袞同褒。俛仰人世之遭不綦難遘者與。惟先司馬生不願豐，沒無求贍。今方朝有賸恩，禮無爽制。厚終之典，焜煌邱隴，則生平定國勤事之節，與篤棐匪懈之誠，於焉可償。嗚呼！生留茂勳，沒備美譽。誰是斡翊辰樞，俾存沒永戴高厚者，敢忘之哉！敢忘之哉！北望五雲，泫然感泣。

寄李順衡中丞先生

竊惟古有貴介而下白屋者，士林榮之，揭揭干旄在浚之郊是已。然亦有白屋之士，能驚耀於貴介之門者，徒見二千石不如一逢掖是已。此必其人道德誼行足以斂服勢位，遂交相倚重焉耳。如不佞復居淮揚時，固流離鄙賤之子也。以珠彈雀，逐羶喪鼎，中士羞與為友。而先生以朝廷重臣，作東南喬嶽。世德之烜赫，高名之騰溢。自監司臺使而下，率不敢講敵禮。乃辱造廬接席，令藐焉之躬居然據客座，邇丰範，錯觥酬，而恣話言。且承提攜曲至獎與失實，陰施潛及，受者自知。嗚呼！不佞復雖諛劣，常奉教於君子，覘其示易者故劖隅稜，內驕者動露矜泰，未有養深自然，氣局不測如我公者。昔平津侯屈已延賢，鍾離大夫不尚威儀，揆之先生，尚有慚德。客歲垂槖西還，今年敗北病臥。時序超忽，屢經改燧。會適不辰，不能圖尺寸之報效之知已。言念覆露洪仁，魂夢振惕。冬來殘魔稍卻，謹齋沐削牘，倩便遙候起居。侑以土物，少將下忱。伏惟台鑒，莞存幸甚。修吾先生近狀，何似以國家如此，社稷臣居淮如此。功德何因，虛擣無影。膏唇拭舌，巧陷正黨。甘自居於桀跖之犬藿食者，聞之大為切齒。然亦蚍蜉撼大樹耳。尊臺厚善，語次及之，吐此不平云。

答尹恒屈太守公

復命蹇暴，罹奇禍，入門一號，驚怖喪魄。始猶迷悶琳蕵，今方煩苦病臥。坐茲情鍾，用貽性累。至夫孤類中郎，無傳書之琰。囚同淳于，乏上書之縈。頓足椎膺，何以自遣？時正斷葷酒，自懺間讀內典數條，求解脫客塵煩惱。而緣想病根不除，形神大非。故吾辱承瑤翰，垂及中寓開誨，點綴花神，消我魔祟，羸孱之軀，頓生隱快。目前當春祭上冢，凱風寒泉之思，與西河過情之淚並攪方寸。坐是體惡，不可遠涉。俟暮春勉振精力，趨侍杖屨，為汗漫游也。

上溫總憲先生

不肖兄弟從春朔謝應酬，呫呫圭竇中揣摩應世之業。雖闈思日專，而才情日減。西風蓬户，夜雨匡牀，聊以了目前補綴之計而已。青冥特奮，恐自有一等羽翮。伏惟師臺邁德古人，博收清望。原彼我無競，進退兩恬。毀夷齊爲黷貨，指第五爲徇私。紛紛狂吠政自貽笑於海内有目者耳。於大臣休休之量，何重輕乎？

答熙庵族伯憲副公

曩歲扶先靈過都門，得拜厚賻名諫。時哀戚中，未得啓謝。客冬，以先子鄉賢事謁梅先生。是時梅攝學政，一見極言伯翁，惓篤雅誼，不啻提攜。遂採掇公評，議不再駁。今使先子不能得於天年者，猶得償報於廟食，爲其後者即至不類靦然在人下，猶得儒衣冠而趨承俎豆，人稱爲賢者之嗣也。不敢忘梅先生，顧敢忘伯翁哉。此衷鬱積，又以路遠不能卒致，不意手翰珍儀燦被寒屋。撫今感舊，體悉詳周，更以吾家青雲舊物，屬意謏劣。縱淹蹇之子，以委頓灰心。激領訓言，亦復髮指。

寄劉學博復一

比從青衿後匍匐紅塵，凡淩五雞鳴以抵夜漏，不得暫憩。接語儔伍，畏禁如銜枚。迨不佞畢事就舍文，駕亦已南轅，縱談酣飲，先後若有沮之者，乃歎山家文會雅集，自難事耳。拙作成已久，嗣聞門下内轉訊不佞復清華翰墨之句，預作知已讖祥。至於諸篇猥蕪不足述。一時志義之合，佐辭人清孤之賞，良用厚愧。

答杜將軍日章

不佞復從草澤中習知，直北有燕頷將軍，已從友人齋頭讀凱歌佳製，又知將軍文將也。日章交游，盡天下才賢。不佞何得以麻枲濫廁文繡，然使下里之曲他日因杜將軍以傳。不佞所願欣然操觚者耳。時方促裝北上，俗境填委，不敢草率辱命。容春時少暇，便扃户焚香，徐抽靜思，河山阻塞，蓬萍飄忽。何時遂與知已商確韜鈐，共究經世之務。然後把杯賡咏，以暢文家清樂。此生一大奇遘也。臨風懷想，蘊結若何。

寄座師李育吾先生

秦君抵里，得拜師臺手翰，拳拳以不肖復濩落爲念，捧讀頓覺內熱，駑蹇遭躓，固其常態。如貽累哲人，知人之明，何已自念。不肖束髮讀書，即抱大志，旁搜泛覽二十餘年。丁酉之戰，幾捷而撓。迄今又逾一紀，頹然老夫，乃拖青紆紫之事，復讓於少年諸英乂之子。嗟哉！何物功名，或易如折枝，或難如轉石。易則殘膏賸馥，皆視爲禁腐。難則嘔心鏤肝，皆味如嚼蠟。君子即不誘命，然亦或有陰使之者乎。家居忽逼，歲暮優游三徑。日復一日，不惟人事疏惰，亦且琴書鹿廢。常與弟友輩抵掌談曰：昔孔氏謂不志穀，而三年學之士難。乃今求志穀，而三年學之士亦難矣。然靜中據梧，點檢舊業，輒若我師驅策譙讓其前者，不敢竟靡靡不自振也。

答王肖洲司理先生

半載來，數入長安，詢動定神，君清譽直播關輔間矣。承惠以名刻祕之笈笥，但三絕碑少党懷英篆額，如未剝蝕，望補賜之，方稱完璧。

爲先司馬求挽詩小札

先司馬公之棄不肖孤也，諸在相知，亡不痛嗟。終天永訣，罔極難追。又何論不肖矣？不肖俯念即卒毀摧死，恐無益於逝者。惟是先司馬生多隱行，凡事務近裏恥名高，古所稱抱幽人之貞，守無名之樸者也。不微名公一言闡揚之，使先司馬懿行日就湮滅，不肖孤死且餘愧。伏惟名公先生錄哲人之潛德，慰人子之私衷，賜之挽章，不拘諸體。不肖且將於大篇中求先司馬，又以大篇必傳生先司馬。若乃睠戀松楸之下，屛居哀慕之餘，諷誦長吟，永思攸寄。尤仁人錫類之惠，昭昭在也。烏敢有忘！烏敢有忘！

寄馮仲好侍御先生

書院追隨，酣對長者。躡百常之砌，窺隆棟之基。想像皋比通解弟子著籍，即眼前風柳池荷，纖流片石，皆舒妙。性謏劣，豎儒辱承引接，固已爽然若失，又忻然有得矣。畏壘化俗，通德表鄉。古今雅自一揆，企仰可言。既與翁臺周旋末學，天幸何敢不披露肝膽。不肖復荒廢本業久矣。遠近冠蓋，以醫訪里中者踵至沓來，迹若禮之，其實害之。不獨害本業，亦且害此軀，不瘁死不止。故於九月朔日，堊戶鄉邨，匡牀繩樞，苟圖靜適，數日間稍稍稀疏。念先生冠紳之領袖也，聞車從亦有過臨池陽意，果爾，則遠近之人必驚詫，其耳目更虛加之以浮譽。此在鬻術者之所獵，而不肖復之所深諱從而例之，必有籍口，實俾不可避者。夫尊臺至仁體物，遇事設身。豈願復爲此不已哉。君平之言曰："生我名者殺我身。"惟台慈念之以支離，賤士得納之道義，訓誨之中，遺我不貲，無俟以貳加，即兩長兄亦不敢勞圭竇。潛夫勢難抉而出逆，通家相成，至誼在茲，下忱耿耿，匪子墨客卿能罄。

寄南太史子興先生

蓋聞夢者不忘所記，狂者不忘所畏，今身體之而知其然。不肖復因擯落感愴時遇，堊戶郊園半載，不惟絕一切慶弔，即寢食書卷多不料理，殆近於夢且狂矣。然感先生都門格外之寵貺，未嘗忘也。軒駕入里，不知何時。從客冬始知之寸心搖搖，渭上如綴斿。念先生大業赫隆，抗衡千古。遠近抱經講業而來者，咸願捨薪息廬，藉名承聽。企仰顏儀有踰星嶽，而圭竇賤子咫尺，自卜其爲疏悖，夫復何言。獻歲熙明，劭福孔嘉。謹盥手短裁，啓候興居。倘徼憐而夢狂我也，其亦詫夢且狂者之百廢一舉事哉。不肖復近研究制舉義，益茫無所得。敢乞宗匠祕訣發蒙，是即醒寐之藥，覺迷之鍼也。感佩明德，曷其有極。

寄祁念東老師

復、臨兄弟別我師已將重覯秋矣，忽忽之歲，悠悠之懷，逐逐之俗，務不自知。其荏苒潦倒，憒廢崩迫，以至於此。矯首西涼，每一觸心寓目，未嘗不悚息，繼之愧汗，而竟未一裁候起居也。非門牆棄人乎哉。豈非甘冒無義弟子之罪，而無容辭也。然復自臘時，理妻產病，殆百日勞瘁欲自病。而臨兩赴劉頃陽先生，辟命謬受校讎之託，亦匝月始竣。背春涉夏，乃得尋逸晷，拈筆墨，傳我仰止夢想之悰於罨素雲烟。吟窗咏嘯之內，然抑末也。其所以承領訓言，沾被道化，抵今浹神滿量而不自知者，非筆墨蹊徑所能概傳也。恭惟老師，鼎鉉才猷，公輔器識，榮戟所指，坐使邊地回春，胡塵永寢。於是都護宣威，賢王解辮，幕府傳檄，軍士奮戈。自當犂陰山作外圉，摧驍虜若孤豚。德以撫降，威取讐叛。甌脫無驚，海波不揚。然後賦小戎無衣之風，而揉其徑決。眺燉煌玉門之界，而發其壯思。樅金撞鼓，制爲軍中行樂之詩。羌管胡笳，不下異域思鄉之淚。此重臣騁望之康衢，達人酬願之嗑地也。門牆逄掖如愚兄弟，即最頹落無丈夫氣，每聆嘉譽載播河隴，未嘗不抵掌爲國家保障，慶非徒激於私恩自愉而已。不肖近狀顛沛，謀非其人，爲一二豺虎盡空母錢，不久當有維揚之行。然亦是逆坂走丸，迎風縱棹，掩目捕雀耳。竟何益哉？別老師幾日，而拙弟子亨屯頓改。昔欲爲長波之巨艇，今不能爲檢歲之粱稷。岌岌百口，即使帶經而鋤，胡能徧給？士不諱窮，窮有立稿邱園已矣。齦齦失意之事，因素厪注念，故漫陳之。

答李介石憲副公

竊惟辟舉典廢，佐議風渐。而幅巾公門，白氅帝座，遂千載不可再見。乃延接無節信之重，造廬罕任棠之賢。故浚郊致詫於干旄草屏，難處乎候吏也。公卿下士，詎獨忘貴爲名高哉，亦其人有足當之者，如不肖復池陽迂疏之豎儒耳。流心跛行，賤品謭材。質則堅瓠，德則支離。耗壯志於歲年之編，甘食貧於衡泌之野。埋首窮帷，墐戶減影。以嬾得貧，以貧得病。坐是視當代貴達，眞自覺形穢而不敢前，如古人云：非獨世棄我，我亦棄世耳。側聞台臺勳庸文望，偉然命世之大人。藻鑑一臨，修士無完品。不知何所誤聽，而鄭重筐篚加遺於巖岨之賤子。非其人，非其獲，即無妨明公駿骨之收哉。將何以副過情浮譽答知己也。捧領汗顏！汗顏！距扶風僅數程，亟欲黽勉摳趨尊者，以廣聞見。因下部有蠱疾，又久荒本業。先期九月朔日，閉關茆齋，絕謝慶弔。自惟有妨諄命，罪在難逭，恃尊慈垂鑒。

答祁念東老師

不肖復卜築城西矮屋荒園，究心帖括之業者半載矣。然無十日不入城，恨宿習惡業紛紛困我，因憶坡公云：辟之工弈者，分明是業。卻認作伎悟者，抽身回向。迷則累與年盡，殆將奈何？莊誦我師督誨之語，悚然愧汗。重惟門牆劣弟子局促奔迫，雖念未嘗不在西塞，而悠悠歲時殆如醉者健忘。老師乃遠遺裹躓珍果，使書窗有膏火，蔬案充異味。誰謂城西主人貧哉？不肖復初意以貧故遠游，欲西謁我師，候起居，便一晤龍君御先生。而隴州、鳳翔二守君亦屢發使相促蘭州道，尊聞以年誼願見，竟以嬾癖戀戀舊林，大嚼屠門撲逐影事，徒取意想快適而已。冬初，攜空拳北之，將致逐鹿之戰。毋論鼓儳登陴，壯氣實難，如此鞍馬髀肉何？今者食貧環堵，所以養銳焉耳。

寄史蓮勺侍御先生

荒村扃白板，長日自歎。天假來生貧，或者使之讀書故耳。今乃益以腹心之篃，展卷則頭目腰背俱惡。豈天妬我遇？又妬我貧耶？舍貧將置來生何所有，委之溝壑而已。造化喜播弄無命之士，劉子淪亡，二梁繼殞，皆是平生不善病之人，奄忽至此。矧半載之內，半親藥裹者哉。先生竟何以鍼砭開提，我跂足俟之。

答趙子峒社兄

弟春仲、夏首兩病，後次較前賜札時更劇。尋牀蓐且二旬，呻吟郊野。此呼吸者，幾爲革囊盛去。當其病時，太清爲我慘色，羲車爲我駛奔。上帝命俞跗施箴，以禦二豎陰侮。祇今邊韶便腹，化爲休文弱體，敬容之健噉，只消仲叔之片肝。然困頓晝夜，時取故人計，偕草朗誦數首，覺口液生甜，頭豁然爽也。適從康使接翰，乃責弟佯疾辭命，且以肝膽義相鐫鑿。夫肝膽，語同氣也。同氣，在家則兄弟，在外則友朋。苟苦樂隔閡同一室。胡越不遠仁兄，忍胡越視我哉。嗟嗟！昔有委書憑棺之友，今鮮稱藥量水之交。我思古人，實獲我心，言之惋結已。爲子峒拂几濡筆，十日山，五日石，曲狀小景，兼錄近作於數箋，專役踐諾，冀知已新益，乃贏夫乍有事耳。其他一切應酬，來生七尺薄有關係，豈肯以死博虛聲，爲陳留父老所笑。諒公孫能愛我，目前含素、馭仲匿跡一舍之遠，君旭善病三月延綿，弟亦明農西墅，與田叟牧豎爲伍。蓬窗蕭索，流睇生悲。聞子峒大業，並生事俱豪。即攢眉就制舉言，當不愁思否？

答康公孫社兄

君御先生，吾輩衿領也。向祁老師相招，幾欲便謁，消此企羨之懷，竟不果西。適辱仁兄翰示託我詩繪，不獨技癢，且欲踴躍執筆。自顧賤軀新瘥，尚爾委頓。公孫若見，必驚黧面癯形，非來生故物，業向子峒縷陳之矣。含素頗間，當強以繪事。近乃有田，遠距三十里，已拉馭仲同住，彼散髮，狂吟於樊泉清峪之谷矣。君旭、君晉病，幾不起，歸臥家庭。弟亦鄉居頤養。時日入城，曳杖餐英館闃寂荒無之景，令人慘然。雄飛高步者，據險而不跌。蓬藋岩嶁者，茹藿而難安。悠悠天命，何相越絕。然深愧負知厚命。子嶇三月前託繪一箋，亦未報勉，就此一役，已自竭力。士安支頤，玄度羸弱，率以病苦，非關文通才盡耳。

答子斗社兄

春夏之際，一病寒，一病痰，率因勞瘁故，浮生無續命膏以敵寒暑，何怪焉？然理外而疾生於内，脫養内安知不虎攻其外乎。所謂命也。君其問之李日者，恐日者不諳，試爲占所研之易。又恐善易者不言易，試再倩滕簡振子之驅疫者而問之，以究四大沈冥之由，必將應曰：子與來伯生兩人所苦，政同人之大患爲吾有身，豈獨病魔一節哉！察惠遠，觀其所重，似不在長年者，意何？在疫鬼教我兩人矣。獨丈以家，難與魍魅對。不佞以宿業與制舉義對，其苦甚於疹毒。訟平疾已，門下灑然在清涼國。而不佞食貧郊野，日夕竭蹷，吾伊致焦齒唇。把書時墮，坑塹虛名。崇擘繁費騷然，每坐是憂。伏櫪有志，精力日疲。管城子已成龍鍾之態，辟之老婦塗抹，徒取少年姍笑。每坐是愧。嗟夫！途遠無正，就自覺虛恢。亡當榆次之辱，屢遭敗殽之雪。未嘗魯陽不起，章亥難追。功名之士死功名耳，我其如司命何哉？司命其如我何哉？推步占筮，又如來生之司司命何哉？仲弟鼓盆，君旭善病，含素奔蜀，人生得意實難。毋謂肩户課讀爲非福也。薄命子安之還以解，贈初秋入省客商新詩數首。

答總河王太蒙先生

豎儒某徼天幸得覯龍光於清淵。私挹偉度，竊聆鉅談，眞命世之大人。曩但求之書史，今乃躬承親炙焉。所謂稱不可搯德，莫能名覘山海者，有知其高深而已。高深詎可量耶！代斯已及，方擬專牘。恭候台臺萬福，條荷鼎貺，瑤翰貫臨。窮谷寒津，頓回豪豔，展玩揮灑。諸種斐亹光華，晉人之法，運以唐人之骨。少陵云：書須瘦硬方通神。豈虛語乎？衛生歌箋，尤臻妙境。換鵝來禽諸帖，不足珍也。

別撫按牘

潦倒疲役一載，即錙銖皆費心力。不敢怨屏翳陽侯諸靈，直以貌躬自崇爲懟，已於事而竣。不職之罰，伏幸堂斷而已。獨念豎儒孤蹤，叨幸屢通芳訊。即羹牆尚遠，而蓬麻久依。誰謂東齊宦寄爲薄游也？

答大司馬王霽宇先生

住清州一載，如夢中過。且夢中所歷之境，嶮巇煩冤，如巨石壓頭，重負難釋。欲求疾瘧而不可得。今幸瘳矣。欠伸後翩然長歗，便生橫絶四海之志。又自笑泰岱、孔林近隔數程，竟泥於卜筮，牽於簿書，而不果行。豎儒亦終嶄巖圭竇老耳。寧能眞有橫絶逸興乎？距尊臺德里尚遙，又取道水，次抵天津。當一謁李夢白堂翁，坐是乖請益夙願言之悒怫。

答王康宇禮部公

辱荷台慈，諄諄以嗣續爲念，示方示懺，不啻切身。弟入京後，即圖歸家。建方丈奉西方化人。家藏宋人羅漢四幅最神，他如慈靜夫人與張仲陽、方夫人白描大士，皆供養其中。乞靈應誕育於萬一，何非翁臺福庇所攝耶？

來陽伯文集卷十四終

來陽伯文集卷之十五

明三原來復陽伯著　邑後學李錫齡校刊

牘

答方伯書寅丈

不佞弟與台丈則不卜而近有德之鄰，尋以奇緣而共司農之署。周旋儔眾，常懷忝竊之羞。談笑片言，各吐扢揚之志。所以然者，芸窗編內披誦雄篇，珂珮聲中甄別奇骨。故歡踰昔人之傾，蓋情洽驀地之班荊也。再入長安，同心瞬遠。聽鶯鳴而思友，逢節物以懷人。夢寐方殷，雲霞忽墮。伸情素鯉，緘誼裹蹏。已添榴蒲之觴，彌起屋梁之思。抆裁鳴謝，瑤報圖將。望天壽之鬱蔥，想文心之奔蕩。

答米仲詔先生

清淵陶不足當鉅公任，然視束帶隨例趨走，不猶然夜郎王乎。良朋清讌，對白抽黃。齊魯之間，風雅大振。必有聲氣之士，載酒問字，願息廬以畢誦習也者。豈但尋常置酒高會而已？復厭厭冷署，攜家至四十口，月索米一石，而應酬之苦與食指之累相若，妻孥不免抱牛衣之泣。聞家園歲熟，閉門啖飱飽，差勝僕僕長安耳。

答姚震宇直指公

復無似以老儒而乍服官，譬之虻子出途，東西易面，所賴朝夕匡提，不致顛頓。孰有先我震宇先生也者？違顏日久，仰止徒勤。再入長安，彌覺茫昧。悵惑疑之莫質，抱肝膽而難傾。曠望南天，蘊結何已。惟臺下真才實政，嶽屹鴻流，惠文之所彈壓。春日秋霜，巍然并用。海内衿紳，同心歸嚮。如復一人，則歸嚮中之尤者耳。大賜隆重，不敢卻尊眷言，懷之何以報玖。

答練君豫年兄

客歲歸里，大半爲憂旱愁潦所苦。老秀才遣卻毛頭書債，而輒抱歲時之憂，已覺興味不佳。一旦攜家四十口至都，住敝宅，攢班皂，索米齧煤，赴招懷刺。其中日俗，其囊日空。而一切冗煩可已之務，絶不能脫離。加以戎馬告急，禁城戒嚴。薦紳相顧無色，杯酒不歡。而點檢往來酬應之侶，欲求如仁丈同調，託心捐釋形迹者無有矣。嗟嗟！帝鄉不可居如此門下，以諳練宏才得彈丸地。簿領之餘，當不廢詩書。且吾輩政須以癖小見志，即繁劇亦不必調台省之基固於今日，知老成且安之耳。華翰遠賜，捐惠太隆，將無爲清吏傷廉。

寄韓景圭年兄

里中都門時時詢循良政蹟，月異而歲不同。夫不屑一切非常可喜之名，獨以"平易"二字與災民休息，古何武、龔遂之流也。今乃見之吾黨怏怏政暇想，不廢吟咏風流散適之概，願一聞之。長安簿領雖稀，應酬可厭。觸炎趨署，懷刺望門。假爲巧佞之言，矜事木偶之容。回視故吾都已化盡。嗟夫！當面輸心背面笑，自昔已然。悠悠塵溷，負我初心。滿架何讎？徒令蠹魚恣飽。汗顏汗顏。此來攜有書畫數十種，間以娛情砭俗，絶不輕出示人，恨無景圭以茗椀米瀋賞之耳。

簡李爲與寅丈

尊體聞大康，然席間亦不敢強飲。朋寮相對，清謔以當七發，更延國手二人，坐隱以消良夜，階前小有卉盆魚盎，呼吳歈使按拍侑觴，或者襟趣可灑然無苦也。敢告僕夫。

寄濟南司理張年兄

年丈以絶塵逸足驤首騰飛，而下澤駑蹇亦得馳驟先後。兼葭玉樹，自愧非倫過洛，并日追游，情踰骨肉。一時星聚雲從，河山改色。緬邈歲時，能無企想。側聞偉政卓犖，槐棘間絶無冤情，台省之厚墉址已固矣。

寄親友

復靜居日久，人事疏慵。家食時尚苦應酬，安能僕僕於長安緇塵中投刺趨衙無了時耶？攜數十口眷屬住隘宅，索陳米，費日鉅而囊日空，令人益想故園之散適。目前遼警愈急，君相泄泄，神氣萎索，衰亂之兆，天人湊合。我生不辰，支傾無謀。奈何。

與王尹愚廷評

與仁丈聲氣相往來且六載，乃神合形睽，以刺代面，以筒代譚。嗣後差池南北，即筒刺難憑矣。真宰似有妬其偶者，嘆喑披讀新詩，爽氣撲眉，弟自醜儈父矣。何日𦨳舸渡江，與故人指點於雞鳴牛首峰頭也。版曹郎即風雨，亦不能免趨署胸中所有日損，奈何？敝同年楊寨雲諱嘉祚者，見爲留都兵部。其人博雅有高懷，墨竹草書皆臻佳境。海內勝侶，此其選也。

答李元鎮年兄

來生以冷曹而煩苦，至於投刺赴席無了期。年丈擁百里之城，而卻委蛇從容，不廢哦咏。命遇不同若爾，良用歎憤。接手翰，娓娓斐斐，皆肝膽相對語，此誼足方古人。長安中羈棲最能俗人。自愧年來通無長進，卻憶故園，楗戶把卷受用。謹少録近日近體詩數紙請教，然大遜佳什風韻也。弟攜有書畫滿笥，頗稱豪豔。惜不共元鎮賞弄當是名物。緣慳屈指觀時，儲百斛以待軒從。醫書止存一部奉上，仍有一種，容家中寄至。續致此道宜留心，然學成則有氈行，人爭聚之矣。畢竟有其實，泯其名，則上德不德耳。難言難言！序亦是弟所爲，自謂微窺造化人事之理，不知年丈以爲何如？芍藥詩，弟以瓦礫引珠玉，屬和者多。望公餘拈毫一寫，才人高致，弟且託以傳矣。

答劉環江寅丈

長安把握，密坐闊談，差暢聚樂之懷，蹤跡一睽，倏同飛藿。景仰光塵，未嘗不興雲樹之歎耳。南地山川秀麗，甲於寓縣，巨浸排蕩，峨舸鱗櫛，偉然雄觀。公餘駕扁舟攜良朋，對白抽黃，長歌擊楫，真洞府仙吏之清福。此際肯注念潦倒來生否？權政彫敝雖久，顧以門下鉅才隆望整飭之想當頓還舊觀。嗟夫！今天下法替紐弛，止一權政已乎。心可得知，口不可得言。口可得言，力不可得行。付之扼腕，咨咦而已。

答袁滄孺大參

大都物處極重之時，必須變通。而變通之才，斷不可望之庸眾。人天必開，以豪傑拯救之。而冥冥中似日益其鑒，默翊其成。舉顛沛之生靈出之水火，而置之袵席，此豈偶然事哉？向日台丈之積思深求，洞齔政之髓，定不刊之典。商民僵而復蘇如死灰再然，國課逋而洊完如遺寶重獲。偉然權宜百世之利於指顧之間，非有天心主持其中，吾世安得見此景象。猗與滄孺公，固真宰之精神所首屬者與遠邇誦稱藉甚，真所謂諸葛大名垂宇宙者也。不佞復叨侍光塵，夙佩督誨，聞語見人，自幸同隸含香署有奇緣矣。厚貺遠臨，兼惠琬琰，以兩淮救命書爲迷子照夜燭。豈惟貧家祕笥之珍耶？

簡程用智

昔稽叔夜嬾作書，而神情契合則千里命駕。當時命駕，時豈預爲故人通訊耶？詳仁丈數四相責，似猶有世法。意若以竿牘頻煩爲厚，長安不乏紙耳，茶墨皆精絕，謹嘉何日共話一笑。

寄朱雲石年兄

弟昔由潁過滕，見隍池芰荷如錦，賞爲花縣。近從衡抵濬，濬主人邀游，浮邱大坯，嘯飲於名園崇臺之上。回顧風烟盤薄，山路燦然，春花吐萼，積翠襲裾。雖慚登高作賦之才，亦立成俚言數章以紀壯懷，而寓仰止。是不佞弟於年丈不特叨側同籍，實巾屨之緣，天涯共相接也。但以後先不相值怦怦耳。滕頗疲循良安輯，知當頓起東齊政最行，且旌異臨軒，佇俟躬慶都門也。弟需次冗員，攜家於薪桂炊玉之區，憂生於燧警檄飛之際。怴離淪魤，俱所未究。嗟夫！使來生嬰百雉而守之，或可講背城借一安置。此七尺孑孑羸馬腐儒，欲何效哉？在昔漢高光之世，雅重守令，陰以社稷之衛寄之矣。兄丈其善圖之。

答阮澹宇寅丈

再入長安，從班聯中追憶翁丈丰神，每恨玄對雖頻而洪鐘未扣。伊時覯扇頭一斑，灑然形語神接也。頃辱十行，芳訊耽耽。古人把諷軒窗，風習霞綺。天以廣川之役，添腹笥之奇，功在庚廥其小者耳。

公候房師李育吾先生

客歲習老師承天偉績，蓋今世龔黃矣。尋聞顯擢訊，旦夕得旨，益發攄碩抱副，海內瞻屬。不虞罹苫塊之變，即太老師無憾於年於遭，顧大孝無涯之思，其視恒情終天之哀慕，不啻過也。弟子某等一聞愕眙，惟師之悲是悲。徒以萍梗浮蹤，居諸流序，稽靡切之懷於改燧之久，始獲修誄唁，微忱以附瓣香炙絮之誠。即老師不討其後至，竊懼簡曠之罪，固門牆之必戮也。愧悚可言，伏冀抑情加餐，以頤真性至禱。

答祁念東老師

伏謁師門，慚非升堂弟子，猥辱長兄款留，情禮過腆。廿年旅情，茲始慰快長安。屢與長兄周旋，論文談心，情好益邕，覥其才器，真搏霄毨羽歷塊霜蹄也。擬必大售，暫艱，乃俟時耳。其本業祕不肯示教，故妄欲效他山之攻無由。然察其精神太緊於遇合，而窗前功夫或反不能因病而療。士子不患三年期遠，所患流光易邁日新實疏耳。常謂青衿讀書之要學，當即繼以悟作文，先須講題，否則縱日吾伊弄柔翰，終無得。雖倖獲科第，亦謂之無得。蓋學者嬉笑游遨，皆足博趣，草木流峙可佐筆靈，奚拘拘几案間討薰修哉。大抵舉業之訣，惟近故難。八股有同唐律，合作不易。試攢眉結腳，刻腎鏤肝，量才之至，極變趨時。上者整全勝之局，其次提偏至之師。先會題神，力洗勦說，蓄久始發一篇是即百篇是矣。敢以老士下乘之法，獻之數年諄諄語弟友者，止此時事決裂。廟議借重秉樞秦疆，恐不能久留。然西邊制府非老師不可，當路自有調度。若夫豎儒如復小草自羞，私歎從前之學，皆塵飯土羹矣。厚貺遙頒，潤其慳素。享嘉德賜，宏侈無量。今歲都城早寒，凜然殺氣。先時霜落，未冬而裘。薪桂之區，孥僕慘栗。人事繁如集蝟，囊金銷如燎毛。部曹灰冷，前路壅積。官不易做，不但試之民社而知也。

答魏道沖太史公

蟲聲感節，嚶嚶細鳴。何幸名太史褒稱至飭拙藝，而引之大道。某雖愧不敢居，顧益見明出徹上下，貫精粗之學，筆端自寫奇蘊矣。即求習晉書者録付黎棗，尋將代且欲求歸持大篇以往，清淵之役有餘榮耳。清恙當是久靜沈冥，養生家有心欲死而神欲活之說，政恐寂久致滯轕耳。不知大方意然否，姑妄言之。

與南二太世丈

冷吏踧踖，不能專力起居，時時從夢想間仿佛顏色。夏仲偶聞有浩然休瀚意，知當路百計挨留。已而果然，何所介介遠不能詳。妄意士君子囂若宦途，原期暢此才抱。苟鴻羽不困於泥淖，霜蹢得騁乎廣途。罄殫正所以乘會，其濡沫我福利者，不可謂無人也。矧偉才而鎮綏重地者乎。不佞弟素決思受丈公輔，自信爲子將鑒，故諄諄乃爾。

答潘懷魯寅丈

讀台丈一紙書，知胸中貯有十萬甲兵，不但虜在目中而已。小捷差足爲積弱吐氣，兵力聞漸集勦不待言，顧勦未易輕也。全遼安危在此一舉，愚妄意兵家多以先鋒取勝。先鋒勝則先聲振，謝玄之破苻秦用此法也。豈以多少較勝負哉？内庭小捷，即狃神氣萎薾。目前有急收拾人心一著，而皇上不能割十萬之帑，以犒首功之士。猶然責辦於兵戶二部，三軍安能鼓奮扼腕？扼腕諸惟在事諸公，協謀共濟，慰中外人心之翹望。

與吳青芝年兄

家居歷冬，每消受晴窗竹影，暖室梅香。而長安儭舍湫隘，卻無數椽短榮。曝日炙背，來生之寒苦將徹骨矣。刻下欲暫縳一茆棚從圭竇，映暄而讀，尋窮醋大佔畢之樂。

寄王子燁明府

別久寒暄，語不堪敘。兩精相喻，甘苦同此宦味也。故友顧朗哉。翁生夙稱山林賢達，身殁之後，家計益窘。其冢孫文學長成，頗有祖風。過訪弟於清淵，出其遺稿，愴然手澤。弟雖冷津拙吏，略具助資，俾就梓鋟。文學屈指通家契厚，首念年丈欲遠謁括尋祖集之佚漏，託弟先容。嗟夫！鹿門產薄，彥升子貧，所賴存恤，惟海內二三故舊耳。

與張懷一少府

自不佞弟入都，歷三時矣。拜仁丈溫然之札，隆疊之貺，不啻數四矣。劣弟子所以報知己為親之大德，漫未能一致不孝之譴，宜戮於先司馬祠下以釁鐘代牷。但長安之奔苦，曹郎之局促，即圖一發，使亦難有心不前。時力交阻，不知兄丈能俯鑒素忱乎。恭維仁丈宏抱通才，如珠走盤，如斤減堊。諸臺使勞薦紛飛，譽馳上下，異數之擢當在旦夕，弟喜若已有矣。

答董撫臺公

疆圍孔蘁，惡氛未靖，咎徵怪象，有識共憂。何幸西陲得仰山嶽，以鎮壓其反覆。俾甌脫無虞夷夏安堵耶！然天生李郭副以社稷由榆塞安攘之威，以埽定狂孽，力撲其熾燄，朝野悉拱揖以望矣。樞衡鼎位，佇俟升躋，可勝企仰。

寄方伯書寅丈

謁陵之役，諸部陪臣車騎雲馳，而台丈安置供具敦寅僚之誼，過隆，往返授餐，僝館吏加愍焉。以弟無似嘉賜，更侈冠裳歷周道有餘榮矣。台丈鴻才邃抱，又有餘閑可親詩書，隨時進修莫測。如弟以山林枯寂之士，束縛於長安十丈塵中，清夜自思，味同嚼蠟，不得不服陶彭澤千古豪傑矣。

答劉環江寅丈

潯關舊不苦額邇，乃亦煩搜剔想，奸偽百出。時局遞更，寬商約己，權使良規也。接寅臺翰貺之賜，怳如面談。危邊用兵不休，主餉算緡無藝鼓鑪燎毛，望梅止渴，恐難濟緩急。吾黨俱無謝責之期耳。弟蒙堂翁委清關差，旦夕將受事他人所避。弟以澹泊耐煩心安之，水到渠成，絕不事皇怖。台丈老成，諳練法軌，犁然願惠格言，劣弟將奉為型模也。

答余集生職方

遼事壞，極樞府宿望，何得遂休沐之請。關吏雖貧，尚能辦斗酒臠飯勞從者，且水陸南下清淵，總孔道班，荊河干，取醉而別，真天涯快事也。台丈忍作孔巢父掉頭耶。日來旱乾河竭，閉戶書空，形神鬱槁。目擊時變，亟欲遣家口西還，隱身爲吳門卒。何物雞肋能終牽累人乎？使謝傅生今時，亦不敢捉鼻。異日瓢笠相訪，幸指我數步邱壑。

與汪明生社丈

不佞復少事鉛槧，至今鬢鬢且鑷白矣。所就合數十卷，率龐蕪未遑芟除。又廿餘年間，橫事抄輯，名曰強記。功有其半，尚爾庋閣數載。宦途廳佚，視青衿時倍增俗襟。恐一旦委身溝壑，即從前結想總成半途廢矣。最期與台丈商抐者甚重，念覯宿碩而面迷，欲覓後世相知訂吾文耶。目前趣味惡甚，容專邀麈談清教，或不鄙弟否？詩載近況，求一歠飯，侑以薄漿，供河干精廬微酣耳。

與邱長孺社丈

昨晤仲詔先生，約廿五日方可陪台丈。故訂是日，幸撥冗早命駕，但愧隘署冷廚，既無名花法釀可以供客，又罕法書名繪可以娛目。不過啜茗消談吻之渴，坐隱偷半晌之閒而已。會稽女子詩甫讀"銀紅衫子半蒙塵"一句，便詠出不得所之狀，便是情至語。三首景總真，真則感人。和之者率不能過。帙中唯袁小修不倚韻而作，嘲罵卻討便宜，反覺有趣。而台丈揉其銅將軍鐵拍板之氣爲懇調尤自可憐，結語壓"垂"字尤佳。儉父定辱死先女子而氣絕矣。大噱大噱！某路先送舊有者，印完多致拙畫，恐無暇作。

答儲文曙寅丈

弟抱疏慵癖，先是之於李大雅丈寥寥修故事耳。迨仁兄款我客我，別我而始悔，向之代人者禮略情涼也。然亦自台愛過厚，感愧無可喻耳。舟行，無日不苦石尤，二旬抵京，尚未朝見堂參。人人頗知其遭，未識司農法能寬之否。關之結局全以水爲盈縮，人力與造化爭幾何。昔管子邦無道衡命何術而衡耶？唯仁兄且優游俟時，辟如解結緊索漸就條理，眾心悅來課亦隨之。此一州倅事，奈何煩我輩。弟每對人言，非狂說也。

寄襄陽令易南虹年丈

襄陽控湖湘關洛之會，隆中鹿門勝蹟甲寰宇。宦游者非宿種奇緣，未易領略。年丈以宏才理重地政，如長風巨浪揚舲其間快矣。弟復從青衿淹蹇比得官，而隨例循行，如年來感激時局，猛起浩然之志，將尋故園青山老矣。

答林澹生年兄

潯關亦煩搜剔偽橐，害根遞生迭變，酌盈縮而綜之，知仁丈有良畫也。危邊用兵不休，主餉算緡無藝鼓爐燎毛，既槁且絶。臨清一帶更罹奇旱，兩河竟竭。經年殫拮据，招徠之苦不能敷額之十七。視潯陽九派滾滾東注者，不但天淵隔矣，河伯祟我太甚，吾將愬之馮夷海若諸靈。仁丈素知弟非無病呻吟者，其憐此遭乎。

答憲長王玄洲先生

關課視水消長爲盈縮，若昨歲河竭經年，不得已設法條激賞獎，從陸改塗者絡繹踵至，額遂不至相遠，河竟可不用矣。顧其憂勞窘苦之情，頭上鬢邊，知之清白吏。子孫不敢實墜家聲，此諒台慈所信。近聞長兄考卷佳甚，希發示快讀之爲世講擊節。某欲秋時圖一小郡迎養，不知老迂能辦薄領事否。兩年連生二女，如天道何麴生興，至間中少艾作平等觀。住清無幾，有緣晤一聖僧，一方外高士，點說分明，頗悟生死大事。自幸非曩時肺腸也。因尊者惓注，聊述近概，非敢夸誕詭應。

答王康宇丈

清源真奇緣，獲與台丈一晤。恨遽別未能瀟灑追游，止藉郵筒剖悃，亦太草草。唯是知已聯合如明月照懷，春風拂袖，樂非外假而契不在言，是不佞某與尊臺時時對矣。接翰教亹亹過稱避，不敢任疏嬾老士政求卸擔西歸，何能爲國家有無耶？

答方赤城年兄

清淵距貴治，初不知離不數舍也。迨滿期，始知之。憂冗餘息，酬應都廢，家仲謬稱詩過花封，辱年臺寵禮，更與之揚扢千古。讀所惠佳集，居然老成巨筆，不作邇時佻佷啁啾之音。益恨長安追隨東齊契闊，皆是交臂而失也。弟雖不敢言攻古，然少而習之矣。初意詩文刻必須暮年始災木通籍，後人索者眾。今已檢諸體詩付剞，人若文未遑也。卷帙即多，其于性命淵微之旨無當，嗣後另尋解悟，盡棄綺語，異日相質，或改換面孔耳。

寄阮澹宇太守公

年來浮沈冷津，值大祲河竭，即常與市儈對而日日憂悴疚首，煩心俗境中又添苦趣。歲月載貿，慶訊之禮闕然，真自絕於孔邇福星矣。甫入長安，輒詢諮尊臺起居，於武明經用望，悉其治平善狀，大爲擊節，獨念彈丸支郡不堪揮斥遠馭。公餘襜帷訪不窊遺墳，而標獻吉名蹟，頗耽耽快心雅事也。天涯聲氣川途不隔，聞隨手檄文皆逼兩漢諸體，想益富有佇思諷讀如渴，希不吝教示。

答直指陳中素先生

某以疲關迂吏趨都聽䎸，猥荷堂翁憐其清苦，賜以上考，依然就列竭蹙計務。實惟先生埏埴飾朽樸，而青黃之敢忘一時東齊相遇奇緣哉。重承藻翰裹蹠之賜，撝謙彌亮世譜重新感尊者推愛過隆，深悚卑微戔薄甚矣。敝部夙屬閒曹，今成冗局，功令百出，補綴寡籌。不佞某受事許時代庖與本科叢脢，近更注題密雲儲差，重鎮告匱，二虜交訌，不知置身何所。自歎既欲望犪艅餌，安得不爲頭上進賢所役？詩咏明哲，易稱見幾，味之有怍顏耳。仰辱垂念，輒敢附聞。

寄練君豫韓景圭二年兄

當今海內稱詩者，縉紳中指不多屈有其人。辭客輒願依之，亦聲氣相感之理也。友人方仲舉父子工詩著名，弟所最厚最重。而仲舉爲米徐上客南游，最後故令糠粃先焉。每與仲舉商淮揚東齊一帶，主人無過二丈，故敢貢置左右。昔元美先生之薦沈嘉則於伯玉公也，曰："向者吳生自感恩此子似急知已矣。"其仲舉今日乎。

答張獻松侍御公

憶壬寅扶先司馬廣柳過玉田，辱翁臺弔唁，情禮都隆，私覘公輔儀範。已聽沈仲玉先生宰敝邑，時津津稱說鉅才，益游想天際不已矣。今明公振足霄漢，而不佞某亦謬得通籍密邇。都市隔若山河，蘊結感私，竟未宣吐。方擬薰沐埽門，俄承訊委霏翰迂儒黔技，何幸著之先達胸中也。謹勉畢報命，尚恐點汙綃素，敢云懸平泉眾春四壁乎？汙匪暑下神與筆徂。

答何在吾明府

燕北嶺東，河山緬邈，鱗羽稀絕，夢寐常徂。邇來長安似弈棊，時事同累卵。厭厭京朝官，寄命於片紙塘報，以偷安晷刻。上應愈緩持愈堅，無計可投納庸之術，舉朝即皆以徽欽君臣自認，可恚甚矣。固不如遐方嬰城，粗具威儀，爲祖宗保此藩脈之爲得也。安知遲老父母每十年貴達之非失馬喻乎？不佞某拮据清關，河伯仇我，幸完考覈，又當題差密雲儲郎，與西虜隔墻犄角矣。人生各各有命，未來事聽之不可知而已。

答楊明宇明府

花縣盤礡，河干逍遙，視華峰下追游之樂更爾真切，兼服門下得疲邑不諄諄稱苦，而一段優閑有餘之才即從無言中露出。何難游刃百里哉！弟纔了關役，又將理儲艱大之任。匱乏之時，結局不知。何似憂心如醉矣！

答汪心燭寅丈

取道河關，快挹光霽。方塘夜月，柳岸清歌。都忘彼我，彌愜形神。老寅臺藹藹高誼與蒸蒸厚遺，迥出尋常交際外。關務久弛，賴鉅才整飭改觀。且冰蘗嘉譽，遐邇稱揚，使人不敢薄我輩。司計之臣，顯擢大位，可拾級而升矣。弟謬膺密雲儲差政。今日難措手之地，憂庚癸而懾震鄰，犧牛兀肉，何以解免？既不能捨此頭上進賢，亦時至則行而已。

答無臺獻我薛公

數年企想一朝覯合，毋論鄉里後進側仰如山嶽。凡都人士一覿翁臺，輒策其必辨賊形耶，神耶，談說耶，皆足感，皆不能言。所以感昆陽之戰，淝水之捷，未陣而先著嫻矣。天下之大，天下人耳目之眾，咸託重於明公。今日秦有人哉。加餐爲社稷保攝，藥方呈上，安心服餌。自效勿聽俗師言疑阻也。

答王筐石寅丈

弟徹天幸,得承役名賢之後,望表而趨,或可不大迷越。顧時局變於呼吸,餉額蹙於爭借。目擊太倉押官情景,令人憤恚。竊恐物已皆匱,救敗無能,眾久觖望逋散,亦易老寅臺積慮深心,廑置周悉知,且爲封疆貽踵至以祕略也。即擬接談聆誨,因道路盜梗,家母暨賤眷非躬迎不可。將暫假西歸不過兩月餘,迅旋矣。三年之差,人子之情,室家之念,仁臺止以浹旬少停便得,遂願慰私感佩明德當何如。

答薊州道邵泰宇丈

不佞弟既得差而淹數月不能出都,覯新主賢而病甚,朝中洶洶嘖嘖,不敢盡言。然人皆能料之真世間可喜可駭可歎之事,并集一時也。國運式微,爲之奈何?承華翰字字實語佳客,更是聖門語錄。居官居鄉,做人率當遵此寡過,敬服。

啟制臺文受寰先生

職迂疏豎儒,無裨當世需次。竊祿陸沈長安,冀幸無過於願畢矣。不期承乏濫授餉邊之司,自膺簡書之日,兢凜徬徨如肩重負。竊懼密鎮當京陵左臂,更逼處豺虎之窟。值東方告急,舊餉定額概多侵那。近歲太倉遂絀縮無以應,隱憂伏禍,弭葺靡由。所幸備員台臺宇下仰庇威靈,不致隳弛。復即愚頑,願盥沐趨謁常奉督教。因給假暫歸,去留不定,不敢輕稟。忽懼朝廷鼎革之會,決意之官,謹先專役代叩台階,用布下悃,職臨稟可勝悚仄之至。

啟撫臺王岵雲先生

榷役潦草,一年差也。臨清榷夙稱難處矣。然望河流而稽舟楫,水德所貽見成收卸,何煩括搜乎?惟值今歲經年,兩河俱竭,漕運尚淤,寧論商船。此時而猶欲完過稅額四萬,皇稅又徵四萬。則難之難矣,均一商也。貿易臨清者,既完正稅,重出皇稅,又應各衙門行戶而鄰封數處。宴然開大店鬻私貨,盡截梱載諸物,或停囤交易,或遶道引匿,豺狼狐鼠跳梁橫行,人莫敢問法。未之加正稅、皇稅,行戶俱躲避不納秋毫。祖宗設關嚴禁之條,蕩然盡矣。雖諸商四走他方，原因倍征所斁然見任，臨清三行商人，何苦重累難支，日消一日哉。榮枯不均，奸良莫辨。不肖某忝居錢穀之司，坐視廢弛之極，實愧且恨焉。妄撮條陳，業蒙堂允，轉盼已，代思爲一方疲商通融請命。幸遇台臺具瞻坐鎭，經國恤民，遠邇沾溉襲常，更造趨時相機。倘微下記本省藩司，該道議行速將所徵遺漏之稅，或抵皇稅，或作軍餉，或緩加派，俱無不可。此稅乃諸商應納之額數，但日久因循，未整理耳。至今歲，河舟不通，陸地四撒。故各處邀截在在，成市藩司試思皇稅從何足額耶！竟年寂然無人稽查，獨聽本關百計招徠，零星攢聚，智力俱困。有則皇稅坐分其半，若肯將境內漏稅差委清幹刑廳，照本關事例冊查算收，準抵皇稅，是皇稅不蠲而已蠲耳。一得愚見，聊畢丹悃，臨時設立良法，自有當路諸名公在。

又

頃拜台臺琬琰之賜，種種披讀如入山林採寶，光耀奪目。始也茫然，已而晰然。總之，鑄古鎔今，挽時覺世，汰浮夸之卮辭，究性命之祕蘊，真千古通儒之冠，學人皈依之主也。豈但奉置籤架，實已巾箱琅函藏之矣。更讀罷稅大疏，憂深慮遠，所關在宗社安危，寧止救敗恤商而已。末學即椎魯，實拳拳服膺之矣。

寄王季木丈

相望如銀河咫尺，而實茫茫天涯。歲月間竿牘纔一二通，亦太疏矣。近日台丈大篇，何祕不一示？豈以關吏日視阿堵五色無主耶！然實臣心如水耳。

來陽伯文集卷之十五終

來陽伯文集卷之十六

明三原來復陽伯著　　邑後學李錫齡校刊

牘

寄尚寶卿熊思誠先生

憶先子之與尊臺莫逆也，不但同籍中依倚之親，實千古臭味脈脈投合焉。細陽仁政先生所稔聞也，精神勞瘁畢是矣。歿之日，士民即走當路，請入名宦，請建專祠。爲舊蒙城孫子以微嫌妬，阻停閣者十餘年。於丁巳年之夏，始得祔廟血食。闔邑千百眾爭立祠堂于城北大道。繚坦葺宇，宏敞赫巍。塑像顏堂，崇棟列室。設戶守廬，儲田供祀。相去彌久，追思彌甚。蕞爾遺黎，共輸物力，計三百餘金。此豈可以塗飾要結得耶！念先子清畏人知，善不近名，歿後精英已還造化而德澤浸人，遍於耆孺。直欲起九京而畏壘，奉之煌煌祀典，藹藹瓣香，俎豆庭燎，格享無斁。此朱仲卿、韓昌黎諸公所不敢望者。嗚呼！始信循良果可爲人子罔極之思，差可少慰已。敢懇如椽巨筆賜一專祠碑記，不肖復佇俟鐫之貞珉，圖不朽焉。冀台慈慨賜俞命，愚父子生死共戴矣。鴻製成，當延閔逸之書石，庶幾合璧。

上堂翁張誠宇先生

頃荷台臺賜札，捧讀如侍左右。茲啟清關即苦役，何至聲其苦。太寬則虧課，顧舍寬，斯關政之大旨悖矣。商以寬集，其集竟杳然者，畏皇稅非畏關法也。此關從祖宗時設，二十年瑞害之前，萬貨之情何如哉？惟是今歲從春夏至七月，半載河乾，計水通之日不滿一月。商船不耐其滯，而陸挽旁趨。此不當責漏商，而責歲厄矣。往來舟子，萬口可詢也。其散走他途，欲招徠此土，愚意非力請罷皇稅不可。更有頓還舊觀之法，妄具條陳，尚未見施行。倘可爲公家助急需，奚必自其身受名乎？澹素原矢自甘瓜期，免斥爲幸。不揣卑末僭陳之，台慈剖眞悃耳。

答宋南樂年兄

大抵雨暘之在歲，南潦則北旱，北稔斯南荒。然北旱多而南水常，此造化之偏也。弟每覘雷雨滯淫，即彼亦似難主，下界禱祀雖極其誠，竟茫茫者，何也？天地一物耳。物聽于氣，此氣少乖，天地亦不免于病。其寒暑之至變，陰晴之失常者，皆病也。聖人言其爲物不貳，即知兩儀道中物也。宣聖罕言命，軻氏言立命，與玄門言我命在我不在天之意，可思而通耳。夏蟲不知冰，蜉蝣了朝夕。人以爲短，然以大眼觀，何遽非彭籛乎？弟近眈眈在性命著腳，尚未得下手處，眞如李獻吉云徒空談放浪形骸耳。然以豐歉還民間，以運遇還職分，以南北還氣化，庶幾不爲造化小兒所弄。因年丈言，故妄應之，非知已不敢輕出也

簡譚王谷丈

昨少飲殊暢，只是丈之手談露出本色，遂有受得九八子之人，始信三百枯棋變化在莫測之地也。佳作妄評，乃以古人望心交耳。此道所以滿天下皆操筆者，以無主司賞罰耳。我輩是方以內人政當摹書本上說話。

家書寄兩弟

自段含章使者去，曾有書想到矣。汝才輩三人至，得家信，知弟婦又生一女。兒女總一樣血脈，生育消息漸漸不斬，定有瓦璋時候。任中女娃過歲，然乳母生母俱蠢，以生吞渾咽爲助長，遂得搐病，月每一犯，亦聽之而已。恐成漫驚難活也。八月仍有閨兆，不知能了此一片業心腸否。古人以婚嫁爲累，我兄弟過四十而尚覓有累，人不可得。清淵水涸不行，雨小不添漲，屈指半載，蕭條日甚。自笑身肩疲役，寢食間替人攢眉無休歇日。若上天作七年之旱，來子作三年之差官，不知當若何面目，定翁然增十歲老矣。即今文臣生北方者動拏之遼地，死生呼吸不能自脫，只因戀戀此官故爾。以性命博功名，言之赧顏。丈夫得意，欲清高則史館，欲顯赫則省臺，欲自專則州縣，欲安閒則戶工

之做得差，可以享有生之樂。誰如此榷之齷齪者乎？然無奈天棄命乖，何也。一切抽豐謁薦之人，知與不知，相逼而來，令人可厭已。告示禁斥，雖有逐客之名，不顧也。不然即和尚緣簿，紛跽乞階下矣。做官之難，人世之苦，弟輩異日嘗之，總不是窗前自由光景耳。

答孫君如金吾

不謂清淵旱熱至此，只恐天地皮袋與人之頭俱欲破裂，賴河衙送冰，少療暍毒。弟之須冰如桂蠹蓼蟲，人多畏其味而已，獨甘之。若值此溽暑，而只藉兩河汙流，豈不煩惱死耶？閉門不敢會客，彼此難禁耳。二卷人物皆是蘇州一等假手，染紙摹古以淴人者，丈可急索其鬻客，眼同付之祖龍烈爐，以快豪士之心。

答張仲房

盆中菡萏將開，紫薇二樹正茂，新栽竹葉不乾，圍籬甫成。牀頭濁醪郫筒復熟，忽得雨，暑減。故敢以盤飧邀玄侶，少散鬱襟而暢契闊，實未敢言席也。早承佳篇，馴雅多致，更荷美醞脼臠佐我餚俎，客中興味豪侈矣。近吳下唱軟調者，歌吹俱媚，郤異尋常嘈唧，門下可約客早聽一醉。

啟姜仲文老師

弟子某死罪死罪。復自未冠時受知於老師，遲十五年而舉，舉後客淮揚一年。江路幾何，未遑擔簦。師門請覲顏色，據跡當斥，顧是時，汙淖中一羈囚也。跬步離舍，群奸掠囊，嚇繫僕從矣。嗚呼！別老師後，苦道路，苦幽憂，苦家口累，無所不苦。至于孝廉跽官府與賈豎角訟，受辱極矣。歸而鍵關三年，俗不去胸。更三年始刳滌腸腎，粗完制科。荏苒踰四十矣，形神衰憊，鬚鬢半皤。秩則新進齒序，動居鄉紳司寮之上，不勝踟躕。自笑是曩時趨侍皋比之頑孺子也。長安偪側，里居煩溷。片鴻修途，無敢草褻。茲于役疲關，齋沐發緘，專役馳候起居，先控積譽，附申積悃。倘荷尊慈鑒其精神，恕其疏薄，謂門墻下有重燃之灰，大教內無可棄之器。賜之一盼，小子將振頹鼓志，矜勵名行，以報師恩尚有日也。

又啟

　　客歲，欲託王醫勵恒寄尺牘候老師，竟以不虔趑趄。昨越王生至清淵，接老師翰示，私喜大聖賢之待弟子，情不忍忘。弟子雖至愚，有不朝夕思慕寢食以之者乎。邇聞老師家難漸平，長兄大才高發，以德轉福，天道不誣耳。老師休沐日久，名山偉業照映千秋。讀太老師琬琰，談之有邇，彪之有固，洵之有軾、轍，何足詫異哉？佇望惠賜多種作廣傳衣鉢也。弟子復嗜古不倦，紛詣徒勞，百川學海，迷夫採山，恐終不能就。且得李蔡品在下中，朱穆質本專愚。然右軍書聖，達夫詩豪，二公皆需晚成。嗟嗟！烈士暮年，壯心不已。老師具有初平之鞭，不患石不起立也。諸刻雖庸，其敢匿醜。謹呈典記求教，何時挐舟渡江，遂此仰止，言之頫切頫切。

簡米仲韶先生

　　莊誦名篇，色澤沈古，敘事款曲，不肯作東漢以後語。追念先司馬十八年重泉，今如躍然更生，千古范張之誼再見于茲。不肖輩罔極永思，藉以慰矣。即捐糜何能報耶！

與朱白民

　　汗漫真人神已先赴臺山，俟杖屨東歸，必圖玄對。彼時肯分受記真言啟我，顒蒙幸矣。大作言言逼古，堪與蓮嶽爭高，即當續之華山譜中壓于鱗中郎輩耳。"販僧"句頗自謂效唐遺響，丈駁之母以西來戒律繩耶。詩家無所謂義理障拈句者，不知我自用我法，尊意以爲何如？

答大司馬王霽宇先生

　　琅琊隆閥，巋然入睇，半載倏過，止一修訊。疲關苦吏，中懷怫悒。蓋深愁不辰之日，遂坐送易邁之日也。往歲測天卜其秋淋，今詫秋反添旱，即么麽吏何足爲地方軒輊。然不能不以乖鑿引罪，亦滲必加否蹇不鑣財厄，與地會數非適然，宜自安處而待斥也。閒居書空謬，歎曰：豈可使老生終歲抱難必之憂，肩難息之擔乎？司命者苛矣。自顧累若何異楚囚，翁臺夙愛亟望其如人，聞此廢黎，定加惋惜，更有大慮。漕船數千膠泊沙瀨仰食哺口，累恐搖根本。

霜降水落，爲期近矣。大力能陸負而前乎！即遼餉議截胡得也。民船盡剝厥擾不小，文河一帶之商利斷脈矣。

答吕豫石司理公

不佞某伏在公車時，即習明公偉名異才於籲士一斑也。驅車崤函，低回里第，吳札之于鄭僑，何必待見而相知乎？近從仲詔、季木二公，娓娓明公政學巍然邁代而往矣。古今大事天畀以私，凤儲而注。若豫石先生者，豈不飛兔乘黃娗娗目蹇踣而笑無當哉。數舍局束，更感愴時遇未能塗抹請益。猥承瑤華綺錯之賜，津頭隘署五色炫焉。失喜且疑，詎以禿迂謬收之海內名豪文籍也。神有先合者也。急啟帙讀春游諸作，再過風風然戛戛然烟灑雲垂，香霏玉耀，從齦頰間出矣。別才獨膽，巨力新鋼。自我溯唐，何非唐哉？心折心折！

答撫臺王岵雲先生

竊惟世有非常之變，方顯命世之人。其人則天所預儲，以資幹濟。否極而轉，物變斯通，古今治亂之林可考也。稔聞閣下巖瞻淵納，天人奧秘靡不究殫。朝廷推轂，寰區仰休。固上天所儲，俾以振式微清板蕩者。東齊首試以鎮危，樞筦獨坐而懋績，詎更有他屬哉。讀大疏忠言訐謨，陸敬輿之偉識也。夫登萊防汛，慮奴擾腹。德清修備，慮奴扼吭。總屬緊著，以愚聞見清源之城甲頓矣。借寇齎糧倉反引涎，即繕募若不及猶恐後也。伏望台臺急檄補葺，嚴令訓練。乘其先霜，計及未雨。百職事之要務盡此項傳通霸之間，樓櫓雉堞皆事整飭矣。若夫懸重購，蓄勇壯以實金湯，自樽俎之良謀，何俟下吏喋喋乎？感明問下詢，愧無奇說，聊以涓埃助高深云爾。

與諸寮丈書

憶昨曳裾清署，高春歡聚，南北司秩班相向如仙吏焉。若夫覯晬穆而領玄霏，尋雅集而瀉真悃。德隅日抱，三益是存。貧而無憂，至樂斯在。不圖謬膺關使遺以巨擔，其仳離彫弊，猥碎紛雜，與夫陰匿詭射刑狀莫可殫說。總約之一言曰：商民窮而皇稅無停時也。尚有何法可以招徠行旅耶？某自受事迄今，旬日入賦，不能入額之什三。闔扉兀坐愈解去料條，與齊民同。竊恐已散者必難再至，而諸路豪僧方眈眈倚漏商为市，莫可誰何？亦日望澤於河伯雨師之靈祝，大水飛帆塗泇就舟而已。倘欲期月間使蕭慘居廛化爲富有之藪，非涼薄所敢覬也。清淵風邇一聞粃政，冀台翁切責之，某且奉以扶顛醒迷也。

候撫臺李夢白先生

某譾劣無似，猥以天幸得叨世講子姪之末。客歲，一瞻對伯翁于京邸，粹顏道範，金玉讓溫，更拜寵賜，無能報酬。恭惟節鉞撫東齊已久，公孤獨坐，滿朝推轂，環召旦夕矣。又幸以清淵之役，託庇覆露，矯首蓮幕，如挹斗樞於中天，瞻岱宗於近牖也。戶曹惟此役最苦，人所畏避茬任，目視景色莫殫其流離之狀，閉門愵慎，姑與困商休息。駑蹄短馭，鉛刀鈍裁，固自涯分，但愁無以逭司計之切責。佇望尊慈督訓，俾不大至槁仆下吏矢終身感佩矣。

德州倉林寅丈

弟莅事彌月，荒寂決裂之狀日甚一日。大挑閉閘，水泉涸絕。日賦數金便了坐堂公案，此不足當一州幕句稽，真愧五斗虛縻矣。日望商艘如市儈仰販，至多少爲戚懽令人愧死。堂翁坐九天上劄記督責，安知司屬命墮巔崖受辛苦哉！念寅丈近悉此情，故娓縷陳之。

寄杜韜武大將軍

羈跡清淵，如墜坎垎，得故人一紙書，真空谷足音，不意獲捧仁丈箋翰，何異餐九光之霞于夢中耶！承遠託，不敢以推辭。關役最苦，又值旱沴，泰岱不能布其雲雨，河伯不能保其魚鼈，即弟不能舉職必矣。所恨縣官正須錢穀，乃漕流抵夏成淤，喉嗌梗塞，置都城待哺億衆于何所，蕭牆之患宜先奴酋籌矣。韜武即欲釋，公家不慮忍釋，故人不慮乎。

寄昝鳴宇大參公

以翁臺品望，當從古人中求之。秖牾不合時局，群起撼虛誣以吠長者中傷之深。某輩言瑱耳不入可歎。然翁臺素沖泊立身，寄興在風塵外知，且以風塵外胸襟消之。道味之腴，文囿之華，正士大夫家居受用，而以其緒餘浮沉玩世爲龍爲蛇，非隱非見。吾儒變化固不可測也。

寄楊華毓憲長

不佞某生于西鄙，卻幼懷遠志。目接海內英雄不能多，而耳聞若若賢豪，輒願屬簽從焉。長託四方游遨，以迄仕籍幾三十年，或終日與處而神扞，或千里相阻而思通。若門下者，固夢寐懷思之名賢也。門下宦跡所樹，率從性靈發舒，餐霞拳龍呫嗟，而是所謂真以治身緒餘爲國家者，世人烏足知之。蒞茲東土，自擬天幸。庶幾一當以慰積想，扣詮探賾，姑徐徐進不圖簡命。忽膺移節日遠，咫尺台光，如有所妒。言之神越刻船稽駕，彼何人哉。進賢冠錮人如梏，河濟之間寶氣射空從壽艮，冉冉崤函與千載柱下會合。而老迂如來生徒寄躑躅於遐睇，非明公無意，凡愚料天之精神不我屬也。勤牘通誠侑方物爲慶，異日姓名辱附延納中之一人厚幸矣。時事奇險，肉食謀窮，投袂端賴鉅力，願作風雲驅馳聲氣，是固將竊明公緒餘自鳴者也。

寄楊荊岫明府

別台光後抵冬，即得榷關差，已自憂其局促。不意值亢暘涸流，竄身坎窞，至是然無可奈何，斥罰惟堂上命。當此商困勢窮之時，妄意欲倍事寬征。總之，寧負公家，毋負貧賈耳。聊攝距清淵百里，而遲遲修賀若爾。罪知莫贖，顧神氣往來則瀰漫於東齊濟博之墟也。暫借鸞棲，奮飛匪遠，日企顯擢，振纓天衢，當先池陽赤子爲召杜慶耳。

答李茂嶼觀察公

仰止風軌十舍，而近不獲縮地，徒依依於華不注七十二泉間，指點雲霄，知寶氣爲真人結耳。私念天既賜我東土，而卻靳我茂嶼。先生蹣跚津吏，幾成虛往矣。方今師旅煩興，重以畄沴。天不悔禍，豐隆列缺，至闋然不敢與霾魃爭權。嗟夫！開不可當，廢不可支。廈傾棟折，轉睫莫測。弔燕瞻烏，愁歎如何？明公抱開濟奇猷，膺連帥鉅任，憲節所指，風雲駛奔，豫圖定算，朝廷倚毗。迂儒將仗策歸蓮幕，不但徒作仲宣悲嘯淵源書空而已。

答李生共中翰

數月來情興惡劣，俱被魅祟苦惱。新得雨，豈但爲東人暫慶少甦，而關吏望洋覯舟航續至，庶幾寧靖光景然，一季之課半虛減矣。弟所在不能受釐，不過娓娓收拾結局，了一番公案。尚不知能謝責否？畢竟困商身上加意用寬，乃是學好人本心。若剝削以邀上譽博功名，來生不忍爲也。

寄都中諸縉紳書

清關即苦役，何至聲其苦？太寬則虧課，顧舍寬，斯關政之大旨悖矣。商以寬集，其集竟沓然者，畏皇稅，非畏關法也。此關從祖宗時設，二十年瑠害之前萬貨之情何如哉？惟是今歲春初抵夏，四月無雨無水，守凍商船不耐其滯而陸挽旁趨。此不當責漏商而責歲厄矣。尤可異者，雨三落而南河不漲。聞此河出自山麓，是泰山之雲不崇朝而灑埏垓者虛語矣。關吏值之，乃真苦矣。往來舟子當爲代控，即市舶終稀。奈何惡其窘澀而瑣科罰哉！其散走他途者，更將何法禁之。拙見謂然，漫無奇策，恬淡矢甘免斥爲幸。惟台丈憐其愚闇而振其沈冥，片言奉作良箴耳。

答楊奎聚寅丈

人參止此價不高都中，貨之者非二十餘金不可。私笑哈赤貽害中國，即藥物亦然。然使人以無參，故不敢輕病虛損。豈非害之所以愛之乎？又使中國數十年來不競崇貂參，黠酋未必富強。若此，慮壽豈皆延長？聞其皮革竟用羊牛，南朝爲其所愚耳。君子永終知敝，蓋此類也。深山有虎，藜藿爲之不採。酋跳梁貢絕，市易不通，彼亦將從此貧矣。漫及發笑。

答徐辰叟工部

讀大篇再過，字字鎔汰，削盡蒨華，奇險不傾，清孤標勝。最驚人者，冷調炎威，到處烟霞。西鄰雲水之句，真靜中獨得摹唐人之神者也。忻願屬和，政恐學步難工耳。清淵巨會名賢，蔚生奇甄，遂藏當饒文囿。茲南上畫友王、朱兩君駢憩於貴地，洵天涯聲氣之合，匪尋常萍梗浪游也。百卉雙璧，三吳無右，區區點染小工，難比短長。齊土廣廈，崇楹幽齋，曲榭之間斷不可少此精藝。語云：遙聞聲而相思，乍進前而不御。人世大率然，與昔廷振久困於南地，戴生被放於長安。家雞生賤，娥眉誨讒，後世追惜之。惟夫專技軼群，甄賞蜚譽，是在台丈片語播傳，則異日茲邦添一種丹青勝蹟矣。

候座師孟麟野先生

弟子之榷清關至也，已浹月矣。此役諸寮畏不任，即任未如今歲之實不可任。然即復未至，斯亦不知此役之狠狠也。受事以來，日苦旱乾，河淤由春抵夏，望日殷，旱日甚。雖寢食間，亦搔首書空也。嗣後虧課積多，天高叵測。屏翳困河伯，河伯困關吏。堂上切責踵臨，百端供應難郤疏迂，如復疚首憤胸，悠悠憒憒以閱流光，竟不知所究。遂致久稽虔候，顧時刻憂勞之苦景苦趣，或老師亦屑聞之也。若夫于不可整頓中而強欲整頓，於招徠無法中而妄事招徠，舟子賈豎未易驟信耿耿此心。要於古人三字箴外而益之曰：寬求合先王征關之遺，聊避今人爲暴之誚。事涉猥碎，不敢縷陳于老師前也。

寄王季木丈

客歲相晤於道傍荒廡下，由午至晡，談緒方抽，轅首邊判。輿中朗諷名集，恢奇綺錯，變幻迭生。三寸柔管，焉能具穿札扛鼎力耶。西京訪友登山，藻思雲涌，聞曾憩小園。兩弟追侍，想卷石叢篁，野籔村醑，亦足薄助清吟。佇示祕藏賁我丘壑也。不佞復才拙命蹇，所至梗抑叨役。清關陽侯，屏翳相倚，爲祟自念，所可盡者人，所難強者天。終日閉門靜對，以待立槁，以聽黜罰而已。

答陳石龍寅丈

津門寄傲，吾丈雖貧而不憂。若疲關責課於逋散之餘，逢沴於河乾之日，則日夜爲此職憂矣。聞之道路，皆云榷吏太寬。寬之必漏，漏亦官之過也。矯漏不知何法，將璅搜而攫取之乎。弟茫不能適主，此中風聞斷無能越貴治過者，惟賜明誨。

與朱白民

數次得名筆，色色俱妙解。此中有神理，不在蹊徑間論也已。令匠裝潢作關西人寶墨，更挂壁與耦園琅玕角奇耳。不佞年幾五十，爲名利牽纏，累重難脫。少年泛涉百家眾藝之林，近多忘卻。作厭離觀不過知命，便決然拋棄功名，尋即不圖嗣息矣。此是斷阿堵少艾一段心腸也。久在玄門參證，雖不能專，而訪道習聽得一工夫輒識之。只是不敢服方士丹藥，恐偏燥害事。近悟長生久視，雖異於夭短，到底要毀壞其於自性之微妙茫乎。未認不過如風影空華耳。先生功深定慧，權實闡明，舉心境妄緣盡破除矣。然不知性在吾身，果屬何物。見性法，果何所修習，即形體還之四大似矣。其不還之四大者，能明言安著處所乎？能保無常刹那時不散亂乎？天上罡風幻世麈鬼，何以禁受承指示，云世尊止有去妄法，別無修真法。可謂證無生忍大圓通教矣。然畢竟妄盡而真，現其真者出入有無。何以結成？亦如仙家結胎成變化之形乎，亦止一氣瀰漫耶！辟如今諸阿羅漢住在何處，既千百劫不壞，則時時薰詣已經百千載。領梵王最上之訓，不知其幾如何尚作羅漢耶？昨領諦止觀，下手處與玄家守中黃意同。總之，工夫初入，俱有應驗，到結果時竟難辨性，物化於乾坤之內者比比也。此不佞某愚蒙之所深歎深懼者耳。天賜白民先生於東齊，似有意于問道之凡夫，即不敢比之具茨空同，不有那律祖師無目而亦聞大棁耶！伏惟先生憫而開示，使有志之士不墮異趣。無量功德，遍戴髮膚，他日追真師於淨土兜率世界，侍几杖衣鉢者有人矣。

贈胡子

余少好玄理，合經數師，得訣便試，苦不能入。非知之難，行之難也。中年發西極，譯讀之覺愈精微。又閱德山臨濟諸語，幻如捕影猜謎，悟者自悟。吾不知其悟，亦以夙根鈍滯故也。于役清淵遇吳趨高士朱白民，反覆扣其祕密，承賜諄諄開示，竟不能了其言。止觀法是學人入手工夫，似與玄家守神門戶無異。至論辨真性何如明徹，則引諭數百言不能破我疑關也。蜀慧蓮子胡君耽二氏之學，自謂面壁十餘年，來游東土，持所著老釋之旨，期以自利利人，度凡夫之醒。途中言止觀，大率如白民而微有不合。殊塗同歸，不相非而相用，三教之合一固然。然余鈍，竟無能認性為何物，亦竟不知回首刹那之際，竟能不昏迷如做夢否也。世法束牽清談，時晷尚少安，望靜修生死流浪，與波俱浮。此身大事，視為等閑。由壯而老，老而俟死。古人云：生老疾病，時至即行。晦翁末年造一室，顏曰大死庵。而漢人亦曰大期將至，飭巾待盡而已。此皆于無可奈何中求為天之順理，守法之民也。每詠阮嗣宗詩云：服食求神仙，每被大藥誤。而世尊亦云：滅度改頭換面。惺惺者幾人猛發決裂心圖真覺悟。仰天庭覩白日，會有時也。

寄雷震潛明府

閱抵報，知台駕入都候補。既爲門下憤懣不平，更爲門下祝遇善地，無再逢齮齕者。不佞弟素薄祜，不得天，不意今歲值厄至此。世上有經年二河竭，秋水竭萬艘淤者乎已。思自不欲受，誰其受者？以是排遣付功，令黜陟於度外，差不爲造化折磨而已。

寄大京兆王麟郊先生

嬾殘子半老不解治生，乍責之榷竿事，胡異使不知馬足者談周髀句股哉。清淵差自皇稅時，日趨頹敗，所賴汶衛雙流引舟征貨，往歲秋漲爲晚矣。不虞竟年河竭，秋更甚也。漕艘尚撒沿途，欲望商舶飛渡乎。從極難中招徠三倍寬免令如其口，數月始信。千里內外，陸挽改塗者，趨關願輸，即漏匿尚多。然亦足徵人心可感矣。瓜期徵免，堂斥食貧。自是儒分，且清白吏後敢賈家聲乎？

部堂稟啟

竊惟世有不苦而言苦者，所爲無病呻吟，僞彰真喪矣。復自矢志以來，甚不敢處也。春初承台臺委任，臨辭絕不欲預明其差苦，猥謂循軌潔躬，可幸無罪。不意今歲值工部大修河工之期，將春水放之湖矣。又值漕糧全運之年，萬艘銜尾，抵夏輒早。然沿至五月，猶有雨水暴發，可旬日許也。及至六月以抵今八月盡，滴雨亦無，兩河俱涸。土人方望秋漲必多漕運，過後客船始集，不意欲絕之流，秋深日甚。今且氣斂水落時矣。漕船數千，淤滯淺瀨總河。鉅公并巡漕使者素服蔬食，駢駐臨清已將彌月。道府州縣絡繹攢催，一切商民諸船俱封拏剝糧，又發各處丁夫數萬，濬沙牽縴閘閘，數日一洩無餘。數步之近，難如轉石。尤可異者，當事嚴令，盡將糧船所載商貨，與客船經由臨清之貨，俱擲卸沿途河岸，遂使無數村店堆貨如山，鄰封小民喜爲不求自至之奇。匿而且抗本職，數日內始知單車走附近三四處。一查所留，止木磁粗物，其精貴易售者賤鬻勒買，車載騾馱而散于他方者，可以澤量矣。然此猶指一程內村店言也。計南北集鎮延袤數百里，所拋擲之貨何啻萬萬？其勢必不可問所轄有司，苟求悅民，視國課無異秦越，即附近行查已自褻辱不堪，不能盡言，有怦惘甘忍之而已。數百里外，商民小舠不惟知水淺漕阻而不來，一聞拏剥棄貨之風，誰敢冒死向前者，以故入秋鈔稅愈斬然。即多方搜求，能濟幾何。伏念糧運國家大事，慮及根本，嗷嗷大臣風憲疚首焦心，跼踖于高深而控籲無計。急公之義，不得不然。糧船如虎，商船如鼠。閘役如貪饕，關吏如贅疣，固其分也，勢也。豈謂值異常災變，不權其重而顧此復存彼哉。獨念復職業已隳，日夜悶坐，無聊徒增。浩歎彼蒼，降割下方，百司祈禜無驗，復即無地方之責。然河伯爲讎，天示顯罰。昔衛國久旱，伐邢致雨。仲舒厭陽，遇禳輒遂職。既慚仲舒之誠，又抱踰邢之惡，豈可靦然負乘尸素終年耶？且聞之孔子云：吾祭則受福。言德在能動鬼神也。職德薄祜，殘遇輒迎厄以身，不祥移眚宦宇。臨下則慘然無色，課實則秋毫無補。當此匱竭無望之時，自憤深辜台臺簡任盛意，惶恧欲死。謹據邇來情形陳報，非是爲期滿虧數張本也。惟有俯候斥逐，佇聽明威處分而已。職臨稟曷勝悚仄待命之至。

答魏平原

山澤嬾殘，束帶作官，來爲牙儈長與輿中驛丞，豈始願乎？文事不能專理，更乏新致，意興煩蕪，茲呈教高賢真抱示樸之愧矣。大作種種，讀之風生兩腋。中丞有子，太史有弟，語不虛耳。

候聶銘源房師

客歲，兩拜老師手書，并晤兩孝廉。稍聞里居之概，神依依馳數千里遠矣。遼事危不堪言，京師官民星散，户工二庫蕩然無有。安知妬害老師者非貽之以安乎？弟子復幾令寮長暗捉爲新餉司東餵虎口，幸題臨清關差，先數日得旨，自謂疲役，或可整刷。不意河伯讎祟一年旱乾，全齊中州民飢商絶，其漕船阻塞牽綷之苦不能狀。此中父老咸云兩河入秋愈竭，目所未覩，而薄命關吏丁焉。職不舉矣，受譴必矣。自悔到處逢菑，何如度遼聽命？尊慈視此語，定加憫憐耳。

又

關差止一載，今復已三季矣。住此無日不慮國課，不意奇厄至是，他人遇之，必須苛求橫斂，以悦堂上，以求免斥責。復不忍爲也。諺云：義不掌財。

或然乎。顧念老師繕郎六歲，積貯多至二百萬而不免于計典，豈不冷爲公節省者之心乎？果爾，則復之以虧課額祗秩猶幸矣。先是具有兩次條陳，堂翁許行，而竟杳然，誠行鄙議。臨清一關驟添數萬金，濟遼不用鞭朴，絕勝虛名搜括，而滿部無能承當者，可笑也。

啟魏道沖太史公

不佞某不敢輕刻一切書，至於平日謬有作，雖存稿而絕未常謀之棗棃。自通籍後，始爲鄉諸先達助鋟醫籍二種，繼鋟先司馬詩文十餘卷。畢工矣，刻止矣，于役清淵偶有倡和及感興詩，閒錄以應索者，書傭苦之。故姑刻此一種應人。素乏鸝鵠之譽，遂剖燕石之藏。非仰籍太史錦繡名筆，文其鄙陋，恐小草之誚不免，求爲左太沖詎可得哉？因夙受知道沖先生不淺，不揣冒昧，願乞千金，享茲敝帚，但獲片語，足寶足傳矣。不敢當龍門洪濤也。

寄蕭大將軍季馨

昨歲居都門，覩虜變，同岳鑑韋諜言當路曰：方今何時如蕭大將軍，豈可使在田間。已聞少司馬齟齬，然竟不能奪公道北塞長城，歸柄節鉞。西人所以不并遼眾虀粉者，功難誣也。惟尊丈幟壇名宿，在所建勳，鎮薊數年，烽燧寢息，殄凶滅醜，必有成算。豈容狂酋僭號肆虐，剺難當之刃，挫四方之師，類封豕惡貐睨中原無人也哉。事到極難處，方見英雄。不佞復即老迂尚思請纓，麾下寧忍聽其陸梁耶。幸剖奇示我小臣，將奉而告諸朝矣。權關如清，如今年大旱之清，苦中之苦不足道。朝廷大憂，不在區區秋毫征斂而已。先集近作，頗具境況。臨風寄訊，請大方教削。

寄杜大將軍韜武

春時承台命謬敘大疏，計今峻工矣。已聞台丈休沐謝事，即明哲高尚，夙志則然，朝廷今日能久舍之耶。韜武負海內重望，亦豈忍聽狂酋久逞小視我中國耶？特簡旦夕，當西奮袂就徵，毋俟再計。昔王翦、趙充國老而定國難，台丈春秋強盛，賈其勁氣，滅奴必矣。弟猥瑣之役更值奇沴，職廢不舉，即虧課不敢苟廌。已置黜罰于度外，然亦不足爲知己陳也。

答汪明生丈

書法安頓須莊，運筆須實。手翰出入歐顏，絕無粉黛虛俳氣習，腕膚除卻久矣。弟借重九苞之羽，以文禿鶩之鞕，荷享千金矣。

來陽伯文集卷十六終

來陽伯文集卷之十七

明三原來復陽伯著　邑後學李錫齡校刊

牘

寄都中相知書

　　密視都城軫塵相接，一覽川原之荒寂，便似披榛莽而居矣。埤堄羈棲，差足藏拙。但年來太倉竭所有，不足供遼各鎮。若棄即密以歲額計之，已缺五七萬矣。逢屯集枯展，措萬難震鄰之恐猶其後也。深谷杜門支頤，覶千山雲烟如與天上故人立對而已。餘無足多道。

謝客書

　　謹告，密儲昔易展措，邇年因援遼兵頻過，糧餉那借日窘，仰給太倉不能應，坐是貧窶如洗。至于零星發來之銀，急散軍士耗折無羨，更未有額設公費，即宦途應酬絕不能支。近時邊郎清泊愁苦之景象，非筆端可以盡矣。且託屬制臺切比憲道一勤容，毋敢輕恣。彊圉多事，加意兢凜懼難勝職。又何暇延見賓客作游閒公子乎？前宦此者率嚴跬步，閾以內寂如也。幸俯鑒迴駕，感相成至愛耳。

寄家中親友

　　三載間由京而關而邊，爲朝廷筦庫吏。值水旱軍興，所在幸較日虞縮瘠，即臣心如水。然回思耦園泊居時，不免墮俗塹，礙我清虛矣。密鎮逼處賊穴左臂，京陵與危遼呼吸相通，喜峰古北實奴酋假道之徑。今日司計稱職，實嬰城擐甲默責焉。書生磨盾墨願草平胡檄，以當請纓而已。古人云：閉門餐餕飿。

不知身之在遠，聊書數行寄訊，見旅況耳。

寄二三四弟

前在京時，屢有書寄家。於八月廿九日辭朝後，九月初六日到密鎮任訖。時事紛更，呼吸變幻。無如今年各鎮之窮苦愁嗟，亦無如今年邊儲。昔人爭豔，今則艱危窘逼，直以一遼故而吞噬各邊糧餉。太倉與堂上只了得一個東事那搜借湊，猶自皇皇。若將棄絕舊餉不理，蓋緩急之勢然也。到此一月，料理諸務繁瑣，千頭萬緒，不似臨清止收鈔一節而已。且前任革餘朘殆盡，各處所解之銀散給諸路，猶苦不足。而中外應酬極多，邊地一切物俱貴過於京師。衙舍窄隘，房雖足住而甚陋，無隙地可以優游。閉門兀坐，欲親書案，絕無意興，蓋憂時念家之心交橫胸中故耳。至於清淡自守，乃是本等。若保得二年餘即可陞轉少參，去不知國運如何。泰昌聖帝一月殂落，遼薊之間，赤地千里，數萬軍士枵腹待死，天下大事恐難爲也。聞吾鄉秋未收麥卻下種，米價大勝。若背及時糴糶，數年間成一家積貯務本門戶，亦不負汝兄數十年結念耳。然以數年來功名遷徙無定，率非人謀能決。觀之飲啄前定，非虛語，君子亦順受聽命而已。近身體頗壯，勞嗽漸止，制臺道尊盡皆夙厚。凡事商量，不墮穽塹。受朝廷作養，一老書生公然與撫臺抗禮。前席藩臬之長，自顧不安。若不勉圖職業，尸素負乘，罪不可贖矣。冗迫稍定，念三年之役，未有不迎家眷者。況出關遼使尚攜家，而東西協之區猶可苟安。謹選材官健校五人，星夜入秦，跽迎太奶奶并汝嫂諸妾二女，盡祿養一點誠心。家眷不過十一月半可起身，途中雖冷，緩緩行可。汝嫂雖多病倦游，然未有三年獨居家之理。太太家居雖樂，然出門以散幽獨之懷，又別是一番景象。賢弟輩爲我勸駕，途中護送須得力量解事之人。臨時弟輩裁奪，旅吏倍起寂愁，不免有骨肉之戀。至屢形夢寐，情緣難割，如此初任苦甚，家中親友不能爲禮。

啟李堂翁

謹具稟。本職於九月初六日蒞任受事矣。查得密鎮當京陵帶脅地，先是從無有缺一月糧者，且他鎮尚有民運可濟緩急，惟密則單倚太倉。目前太倉不獨供辦危遼，且竭蹶於數次大禮，勢不能顧各邊，即密獨受其困矣。先任王郎中將滿時告急，守催俟零星解到，以抵賞借支各項之數，如添設新兵援遼，買補馬匹，正額外多用數萬未給見。今借過府縣庫藏不貲，待繼討之餉湊完，又八月，月糧竟未給放。又召買各倉芻豆銀歲嘗四五萬，亦未給放。是通計鎮餉太倉已少發十餘萬矣。昨本職帶銀四萬，止完八月餉，并軍士布花一揮而盡。今九月餉與召買付商之銀合用七八萬，太倉即那處不過一二萬，必以爲頻頻發而厭請矣。不知從前缺欠已多，如流歲月踵至，補隙填孔無異塞瓠子之決撲燎原之勢，不待智者知其不能收拾也。後事何敢盡言。本職惟有祓濯肺腸，專壹志氣，節費先須清心，省財漸求汰濫，冀不負台臺造就鴻恩而已。

又

謹稟。本職以西陬老生筮仕計部，兩膺錢穀之司，皆艱窘煩猥，不易勝任。徼天幸得廁台階，奔走屬吏一切眛錯，咸仗提誨。值疆圉危困，中外匱竭，儲臣所在愁嗟，外催內解，捧檄四馳。至於密鎮絶無民運，是止倚內解矣。而太倉供邊不贍，又益之以公家吉凶大禮。遂兩月餘，不發一錢到此矣。株守深谷，寄命於窮邊飢卒之手。後事狼狼，殆將日甚。若屢扣不應，有拂衣往終華不返而已。伏惟台臺，以命世名賢秉當軸鉅位，叱咤風霆，咳唾膏液，潦倒賤子得長叨骿艨鞭策中，幸矣。

寄文太清吏部

金陵仙吏翱翔都城，無異向塵封中摸索。故人恨劣弟去住參差追隨，不逮檀城，如蹈深谷。何但河山邈渺，牛女凝望哉。留銓清侶，體貌尊隆，兼聞衙舍水竹亭塢不尋而具。人生宦遇若爾，那得不快。近著作想益富，幸檢示弟慰茲岑寂也。

寄館友書

轉眼又當科年，館中含素奮拳，君晉卻事，君士邁志，馭仲活機，叔常貼實，慮無不人人建旗奪標者。檀鎮主人沽薊酒，炙肥羝，令數隊健兒雄歌傞舞以迎新。郎君至舍，相與娛樂。此際非復人世享受快活矣。餉儲昔易今難，弟偏遭其難，然卻極靜得早完月糧。一日則袖手高坐，白晝晏眠矣。囊積少錢，便馳寄佐燈薪百一不宣。

寄梁君參社兄

聞太夫人大變有日，因順羽稀疏弔唁久稽。茲專小役修牲楮之儀上之靈几，少申遠人薦獻之誠於百一。念太母姱節貞守，姆儀可師，相知共祝百歲未艾，何一旦至此。然孝子無窮者心，人生有限者年。老氏曰：死而不亡曰壽。以兄丈醇德好修過王彥方，況異日所就難量母氏之不亡政寄於斯。值茲大故，吾輩不必言哀悼，直患哀悼有毀性之譏耳。先靈泉臺定不願徒作孺子泣也。過月餘，或當入場，整理家計，細爲兄思，年來不發，畢竟是心不純淨。故悟機塞而未開，別幻不出一段日新光景。公郎令親輩有可託無虞者，急抽身幽僻處，尋一名師友大攄心境，刻意汰淘。每一篇成，必出奇偉之語，則鄉會大物可連掇也。制中好爲本業，故不嫌於致奠時娓娓亦相關之極而然耳。人遠地隔，語不能悉。

答莫符情職方

歲月居諸，相別二載過矣。量移密鎮，故事走山海，謁制臺，謂可拜先司馬祠下。藉是得與老世丈一晤，消契闊。不意不果遂願。然每東矚雄關，遹聆芳譽，即鱗羽似彼此成疏，而風軌則分明如覿。項侍制臺，益矗矗偉望不置口，始信姱修君子，隨地自樹，可簡可繁，治兵治餉，唯所命之。蓋本體爲才諝之根，即孔墨亦不與造父較驅馳耳。密鎮困極，太倉三月不應一錢。弟處之坦如，不得其職。慈峨山麓有可耕之田，在東事不潰竭，海內不休，爲禍大且長也。

答王筐石丈

弟到此兩月，不聞車軔軔之聲。及至，則東省完逋物也。劉棟住京，許時不見回音。聞堂翁湯參老俱不進，公署事可知已。總之，遼東一日不寧，則各邊一日不靜。不惟不靜，且無飽煖。時主餉者寄命於飢卒之手，政自可笑。近聞發帑，又以賞犒爲名。而李堂翁又不入署，不知賞之名以悅軍士，卻於餉毫無干涉。朝廷之上，豈無見及遠大者？將賞準作餉，或一半賞一半餉，其益於太倉不既多乎。賞軍爲何至於軍遼而屢賞，猶可愧惡，此可爲解人道也。幸老寅臺出口辯說，以存萬古。譏論過此，欲再一分內帑，不可得矣。豈不負朝廷特恩乎？昨弟見撫臺言此，卻深以爲然。不知縉紳亦思及此否。

答焦涵一丈

去住相隔無幾日無幾地，便淼淼如牛女相望。閱抵報聞，知仁丈榮拜臺中柱後惠文殿中執法，朝廷第一流官，人間大快心事。此數載循吏之效也。弟輩生而墮落冷曹者，今世不敢冀矣。密鎮毫無事事，已匝月不至一錢。仰屋鬱悶，對三軍赧顏，念區區作握算吏，至挾制臺之重，擁營衛之勢，無裨於太倉決裂，各鎮之所以日怨一遼也。日後有益窮蹙司計者，舍請告無術，非詖辭也。承台示知尊體違和，宜著意調攝。總之，節勞寡欲，且守此腔中靈物，細尋一念不起之趣，不惟絕惡念，且無善念。此千聖入道直截之法，祕密紬繹，不徒卻疾而已。此法新得之方外，非儒非僧之高士者留神。

寄祁念東老師

都中拜老師珍翰隆貺，草勒答謝。嗣是叨邊儲命，值朝廷吉凶大故，淹數月而始之鎮受事。自笑薄祜書生，遲十年做官。以故往關無鈔，督儲無餉，計三月太倉不發一錢。大抵今日司農諸臣拚性命，只爲一遼然，且不保頭上冠。至於各鎮，勢不暇，力不給矣。諸邊再出一奴酋，未識更調何兵，更添何餉，所棄不止一遼土而已。新天子又發內帑，乘此不大家議作月糧以濟戶部匱乏，以緩海內徵派，乃欲盡數賞軍，賞之至再無功堪差。可惜皇賚無裨時紐，當事者尚得謂有遠慮者乎。老師熟諳今古之變，其以愚弟子言爲是否。代期不遠，何日抵京？天下大事定於天下大人之手。余小子謬附風雲咤叱之末，使千載知有馮驩、陸賈輩足矣。塞上鬱悶，閉門書空，無足陳說，方欲發籍理業，神不克奮，言之悒悒。

簡馮少伯丈

酒數甕熟，嘗之頗有家園風味。第麴非自踹，尚難入品。拙作一楮，附二瓶，敬致左右。雖知俱不堪雋咀，貴在本色不變耳。若夫村醅伺雕柈之末，劣句混圖史之傍，則捫心慚退矣。

答米仲詔先生

日從萬山谷中閱抵報，先生大擢，且夕間事，何佳訊猶杳然耶？密鎮三月不見太倉一錢矣。堂翁告歸，銀庫主者不入庫十數日，外解稀絶。不知當事者何故只議皇賞而不慮軍糧？辟如人家窮極，勢已決裂，而猶給驕子弟金錢，使之且去醉飽不過一時。日後困乏，何計熬得此等意見，司計者不爲諸邊安頓，獨不爲本部、爲朝廷安頓乎？可惜新主萬難，再得美意，不善迎承，甘以溝壑處軍士，以濫給負恩賫也。先生素嫻先見超識，以愚言爲然否。此中無事，日夜愁悶。匱絕書空搔首，暇則閉門吞餘飽求飽而已。二青衣少者通聲音，聊試數闋不能暢。此鬱鬱視臨清聚飲賡酬時，不唯無其人，并無其興。馮少老誠篤博雅，真白頭如新之友。而事體繁簡，蹤跡去住不同。又不能常相商榷，令人益岑寂耳。

候都中諸老書

恭審河清運泰，正人彙征。振鷺班鵷，廟堂改色。以二十年之沈鬱，而朗然爽豁於一。且接袚彈冠，朝野胥慶，令人想見岳牧，喜起盛際也。不佞某羈棲邊隅，日切疊恥，難煖黍谷之寒灰，時墮聽茄之清淚。曾距都城幾何，而耳目堙塞，形影孤孑。兀坐搔首，神思沈冥，憶雲霄故人，何能仿佛珮聲于銅龍墀螭間耶！韋杜去天尺五，徒虛語耳。惟冀台慈不悋督教，立振頑愚。雖愧駑蹇，猶可折箠使也。

答莫符情職方

相別二載餘，相距不千里。甫得從郵筒中一修問遺，而尊丈厚惠先及，其懇切真篤之愫溢於毫楮。東望關門，恨無晨風翼飛，止求一晤，消闊別之思也。聞譏察出入清嚴，操更冰蘗，銓曹京卿虛左以待。不佞復初謂邊郎不過給散，以時積貯明蘗，可偷間養拙。不意太倉決裂，外解斷絕，三月之內不發半錢。後事日蹙隱憂，不細一官潦倒。何足論乎？佇望尊丈賜誨，立振沈冥，不虛兩世通家之誼耳。

啟魏道冲太史

謹啟。不肖復新以主事銜受封命，念先父母秩品相并，生前已經受封，例不重給。今纔夾月間，即值覃恩，實授郎中五品封，先父母始得誥贈，小臣籍以報罔極之恩，是一奇遇。更幸絲綸撰次得仰徼大宗匠之手，私念不肖復雖鹿鹿詹詹，材在下中。然素叨當今名公知交之末，更將沿子以知其親，兩世華袞，于焉攸賴，是又一奇遇。不揣唐突，謹削牘上通典記，冀慨俞懇請，闔家祈祝，真如雲霞飛墮天表矣。悉一時乞言者眾，不敢套語煩神，希鑒其悃愊。

啟李堂翁

謹啟。自某蒞任兩月，邊餉日蹙，絕不堪言。閉門株守，搔首書空而已。每覩台臺舊游遺蹟，想見一時清暇吟咏之趣。今不惟非其人，并非其時矣。辱命介弟世丈見，輒契合古人。目擊道存，語非誣然，亦嗜痂之癖矣。言旋甚迫，或亦楓葉吳江故事耶。世大人大道大無之非是，何敢一曲自鳴，亦言其所知而已。顧焉知知之非不知也。

答徐雲瞻年丈

四月住邊，頭耳而愁懷煩衷，如積千古浩歎不能消釋。非老迂薄郎官不屑，蓋慨今日儲政紛紛，修書如雨，倍道四馳，有同乞化。自弟身而密鎮年例歲終，計之缺數萬矣。視前歲王筐老時，大徑庭軍情轉換呼吸。近又以皇賞成驕，昌薊洶洶耽耽，不知三尺，公然要挾，寒心哉。大丈夫志所不願，雖三公難留兄丈，定知斯言非假也。緬想都城某酒之會，如好夢不能再續。新帝改元，百物罄遂。哲人純嘏，與泰運俱長。矯首潞河，可勝停雲之思。

寄常卿姚益誠先生

長安悠悠往來，隨例造門，竟無了歇。士大夫精神爲疲，胸次爲俗。乃若翁臺以海內名碩，不佞復叨同朝後進而不獲執鞭，其所與游果何人哉？然世固有常近前而不御，曠百禩而相知者，延陵之於僑，中散之於呂。豈必日狎而始厚善耶？深谷支頤，每聆馮少伯丈抵掌翁臺德望，便覺聲氣脈脈周旋矣。不佞某年幾半百，諸事俱息，諸念俱掃，獨於弈尚有志於上法。常三寫全局，盡閱譜勢，而負進如故。自歎此道有妙，悟性中未具在也。坡公鄙好弈者爲業，亦云墮於癡障類耳。顧無如偏嗜何。聞林符卿兄寓尊處，敬專役走迎。此兄曾會晤好友，乞轉致意，枉過檀城也。

簡路然太史宗兄

稔老兄入都踰月，閱邸報即已神馳左右。緣賤眷多口初到百，凡荒窘而額餉告匱，終日止辦請餉，文移忽淮上，忽南都，忽徐德。預占隔歲解課，竟成畫餅。往返徒費腳程。誰知近時邊儲體褻氣盡，至此修候遲遲，罪在莫贖。然恃兄臺諒原之也。鳳池玉陛，領袖詞臣啟沃，聖英出入，機近行見，和梅作楫，詎徒南北宗譜之光而已。如劣弟一墮風塵，仰人鼻息生活。羈身塹谷，耳目蔽塞，其苦不堪重陳耳。

答薛龍阜年兄

與仁兄別半載，神未嘗不在黃條黃尉投芳訊進之階，而語更披縷縷牘中談。依稀長松孤鶴，黃主人之形貌相揖讓也。解銀屬密令田年兄平收，即微尊託，亦自無耗加念。兄丈十年淹遲，僻處海澨。又當兵興旁午之時，真試才盤錯矣。銓曹省臺，三要中任處一焉。少酬循吏勤渠，如弟陸沈塞署，鼻息仰人。望崇階如涉析木之津，轉令人笑設科限制耳。古揚雄、潘安者流，曾爲之猶愧。官則是，人則非也。此中羈苦窘迫不可言，紛紛以皮相邊郎者，尚豔稱之無責耳矣。

答林符卿

技而歸理，何小非大。庸才一晤，國弈枯槁。頓回生趣，恨瞬息判別也。然念姚老先生舟行，須侶春鄰花岸，賴此而暢怡。誠如兄所言，微札至，且預知不相舍矣。抵南料理，望速整鞍，訪邊吏，慰其蕭索也。

寄楊文弱丈

羈棲危鎮半載，憂匈奴叵測猶緩，懼人情豺狼彌甚。至於當路整飭武備，士馬日添，而太倉之轉運甚杳。從正月至閏三閱放餉期矣，止到得四萬餘。而閏月之餉例止在三年存省，邊官通融。太倉不給秋毫，半年餉司所餘幾何？米價頓騰，新兵屢過。目前已絕難支，後事不可結局。愛我如文弱丈，肯坐視老迂槁死於潮河之滸乎！計今新歲，餉全未發，望留意達之鹿玄老，再發三四萬以應出防援遼。數千人之延頸，庶幾旦夕間，食下咽，寢安枕矣。

寄少京兆邵上葵先生

伏惟英聖乘乾，改元布閏。廟堂暢喜起之風，山林散結轖之氣。雄據要津，盡屬宿碩。矧先生以偉望隆勛衿領人倫，卓然表率。臣僚典攝機近拾笈而躋鼎鉉幹，蓋函須臾事矣。鵬運鳳鳴，引斥鷃以集翔。天路風雲，私欣攀附，言之踴躍。

答左蒼嶼學臺公

直指使者之得先生也，陸可稻秔，文起衰敝。從古豪桀，經濟率由窗下講求。曩讀先生制義，宏博佚宕，即一結語必有根據，知非雕蟲縷冰技也。聞語見人，當之一快。不佞某羈棲無補，救敗徒慚。丁此匱紃之時，堩戶書空而已。尊臺天下自任，諒為一隅分憂，從塹谷拜翰貺，如夔足應響，霞箋墮飛，撫對自怡，怳有奇獲也。

啟制臺文受寰先生

頃閱邸報，知岫巖賊已勦平，先聲既振，士氣倍鼓，力折逆鋒，尋遏奴眾。台臺制勝之偉伐，行見飛檄奏捷矣。惟是旱虐經年，麥種不下，轉眼秋播，又恐失望，薊遼何時能堪荒儉？至此聞潞河津門一帶漕流淺涸，春水既汩，運期必愆。客歲，貴州司又誤，少派本鎮米一萬五千，逃官挂欠約千餘。堂翁準折價以補，尚未解至。倘米價日騰，倉積不給，何以應軍士六月額數乎？謹控之台臺，見近日苦衷耳。

啟畢孟侯先生

謹啟。今學士家所傳詩，若古文辭文章之一節也。不佞復從幼篤好之，至廢制舉業，以殉苴盟徵會，更調曲摹踰三十年。向所矜為雕楮刻鳶者，今皆塵飯土羹視之。已然年將半百，精力倦矣。見聞習氣，依附強縛，其言縱瓌瑋連犿，終無所究。古人嗤謂尋響以聲，形與影競走也。期有以進于是者，尚未之逮，惟生斯世而得當。孟侯先生咳唾之間，珠輝玉映，拔幽獎善，藪廣淵深，向偶持雞肋謬投嗜菖矣。不自量，謹以災木詩文全集共四十餘卷，呈大宗匠郢削，并丐大篇棄簡，瓦缶陋鳴，藉金石而鏗鎗，不敢援以鷖名，期永寶之祕笥也。幸典記無斥絕焉。

寄余集生職方

老士不敢言攻古，然自束髮爲詩文踰三十年矣。邇來慕道養神，厭事筆墨，欲卻聞沿習，而冥悟玄寂，且齒將半百，靈明漸衰。達夫學詩之年，乃來子知非之日，回視雞肋難割，鼠技詩已災木，文正付鋟。昔三都取重士安近獻吉，亦遠託黃子。矧不佞復于門下馳軌域中，結契塵外，襲芳追躅，振雅課修，知不惜筆端，彩繢衣被我樸野之質矣。

寄顧八翁

從少伯接翁手翰，并諸食品名釀充庭溢廚矣。若夫手書蠅頭，疊疊千言，期頤老人健踰少壯。來伯生即慕道課玄，捫心咋舌退矣。向止以常情度知厚今，乃知時間自有一種不假修習神仙書生淺之乎。料人不爲顧八翁笑爾乎。近聞納一津門姬，真如雨過櫻桃，何不爲弟覼縷之林符卿相守？旬日止進得一著，南去，將秋時至，不知果否。弟詩文集刻將成，容專寄請教邊郎。至今日所謂持鉢向人而絕不應者，且密鎮官軍隸皂皆豺狼，本道已畏惡之。如弟冷署有閉門書空而已。且制臺令嚴八差，直指諸公耳目無已。欲如臨清瀟散，得乎。惟翁丈脫達，故敢言之。舍弟入都，晤畢公祖當有一再會，便中寄八行訊安，侑以薄將爲燕市沽酒，即日有遵化會新撫臺之行，回日方能完拙書也，書不盡言。

啟制臺文受寰先生

謹啟。風傳遼陽潰陷，數日音訊不通，河西關門危在旦夕。奴酋用兵如神，軍士神氣不振。頻年轉輸委積，誰知盡爲寇資？海內徵募士馬，一旦化爲虀粉，斷送如許。文武英雄于孤城之中，國家氣運可知矣。閱朝議，尚欲台臺提兵出關。此時天下丁壯悉赴遼瀋，一旦調遣，恐未易集。廟堂千百人，口銜不言，只待虜氛臨關，紛紛南奔，亡宋之轍見矣。職雖書生，昏悶無謀，然值此板蕩圮離之時，又有危邊筦庫之責，豈敢避難緘默？尚欲當事破格懸賞物色，樂望諸韓淮陰、岳武穆其人恢疆滅賊，深恨君相精神萎弛。眾臣議論繁多，主持無人，束手待斃，坐致臨門鑄兵，待渴掘井，爲計已晚。然猶萬一挽

- 629 -

下坡車瘥已危病，以延祖宗未墜之緒也。自古成功豪傑，多由轉敗爲功，以少擊眾。秦政項籍，皆用猛敗。陸贄李泌，力挽覆傾。當時乘輿蒙塵，人心瓦解，徒以官爵虛名激勸招徠，涕泣曉諭，恩信不爽。賞不踰時，則眾勸罰嚴，而必則令行，竟能旋復帝京，埽平安史。讀敬輿之疏狀，班班真儒，即是功臣，千古有生氣矣。台臺身任安危，望殷遠邇。唐之李郭，宋之韓范，詎異人任值茲變難出，其素嫺偉略，力率諸道將，不局恒格，風勵三輔，忠勇智謀，以迄四方之士。先作銳氣，尋教戰法，顛倒鼓舞，奇詭無窮。職當拮据芻粟，極力請發，新舊本折，期于挽輸不匱，以收桑榆之效。此正著也。書生勵清白覈簿，正乃其本等事。領兵對壘，定須抽拔行伍武夫，方不償轅。如東方諸道皆倖冒不自量者，頃會關臺，極留心採納，且真實爲公，加以撫臺開誠博訪，而熟習九邊情形，知人善任，誰踰于台臺乎？遼報馳至，對該道飲涕，逆知有今日，不謂決裂之速。如此念新亭灑淚，徒爾泣，又近于婦人。本道誓拚生，做事秉誠，諸臺牽制遲疑，諒當胥捐請餉檄兵，仰賴專主本職。因關切之甚，敢遣役馳候動定，附陳一得之愚，備詧擇焉。

答大司馬王霽宇先生

密鎮雖邇都門，然覺深窅，耳目堙塞矣。自晚學復蒞任，即值奇變，寢食不寧，家眷甫住三月輒發回。三婦遣嫁，姪妾奔途，兩呱呱之弱息牽衣不忍別，不覺爲此動念。平生不下淚，於此位無窮，急以無生忍法，消之尚介介也。爲台臺陳其苦狀，朝宁以東土失陷，亟起鉅碩繡車候門。有司勸駕，望爲蒼生遄發，以保社稷。復即迂薄，願曳裾佐末議耳。

寄都中諸相知

謹啟。某從幼親鉛槧之習，半以功力耗于舉業。於今視之，皆敝帚無用之物矣。家世清白，不知治生，謬忝邊儲之役，私謂株守笯庫。可幸寡譽，不意世變局翻。太倉百扣不應，多請堂劄發人至南直隸山東，占領額解錢糧。往返六千餘里，徒拋官快使費，每爾赤手空還，終日閉門兀坐，憤懣咨嗟不堪。主客官庫蜂擁索討，見今庫如懸磬。借過制臺，并節年省存銀四五萬。無物堪抵，而西協因滿明諸酋狂逞，補馬添丁。京營三千，與援遼續過之兵刻期要餉，不堪支吾。加以凶荒日甚，米芻暴貴。昨歲雲南司又誤，少派米一萬五千石，堂議折價八千餘兩。止每石五錢五分算，而此中市價踰八錢矣。已難給散各營，況劄批太倉。半年謂宜八千，無幾之物朝下夕發，乃差役跽請焦脣，尚杳然如西江之水，似此苦趣，言不能罄。台臺試垂察尚可爲乎？不可爲乎？竊思某雖不任文士，然頗窺百氏之糟粕，素抱義烈，稟承庭訓，不敢得罪。名教隱居日，期揚名史館，廩餼官廚，不即簪筆慷慨論列而今已矣，淪而爲朝家鞭算庚廥之臣。時値窮蹙，雀角鼠牙與之爲伍。對鏡慚赧，豈吾好哉？府俸已過，不敢覬請，恐冒處膏擇腴之嫌。大抵書生止可佐議，決不可領兵。樂毅、韓信諸人，極當物色草莽，無爲遼中諸道亡命之續，庶朝廷不至羞而重羞。

寄阮集之諸丈書

伏唯英聖乘乾，名賢彙升，即運値末造，而正氣發舒。散從前之結轖，即知可定目前之齀齷也。憶台丈出入承明，侃侃論列，浴日補天，手轉造化。千載之時，自千載之人當之。歸院退食之餘，其亦念鞭算吏淪落竭蹙之苦，而思一引手之乎！子猷馬曹，陳咸外淹，苟非其好林泉，無恙也。邊邊戒心，坐守懸罄之庫，月應萬軍急索，此際不堪陳說耳。

來陽伯文集卷十七終

來陽伯文集卷之十八

明三原來復陽伯著　邑後學李錫齡校刊

牘

答關臺華封申公

　　近日東氛益熾，薊門兵調欲空。接台翰東協單羸之形，人地兩無。所恃借夷修守，全仗尊臺主持。讜言極陳目前利害，爲朝廷保塊土，以保京陵。然恐虎酋觀變難振，或止以餉利爲有德，則大事愈去矣。天未厭亂，大旱經年，民心皇皇，不必共命。廟堂諸老口含前議，而莫敢發策，有淪于覆亡已耳。惟台臺剖所聞見，力圖之雪恥，除兇尚有日也。讀尊教關內添築營房住軍，極屬長慮。倘遼陽以所積金穀建此，以免閭左之擾，當無九門自開事矣。

寄路然太史宗兄

　　弟自垂髫學詩學古文辭，迄今三十餘年。近感時憐遇，筆硯嬾親，且蠆蠆性命之旨，厭棄一切。念雕楮雖工，不過苦技。昔人云：使造化三年而成一葉，則萬物之有葉者寡矣。此語合道，矧自愧無宋人之工乎。檢選詩文付刻，合四十餘卷。他猥瑣百家方技之論著，悉不災木，惟留有強記一種。功方半就，亦有數十卷，五七年後可出。此書出，來伯生焚卻筆硯，斷綺語，業盡矣。伏惟老兄玄修奧詣，冠冕詞林，弟以野史謬參同好。兄弟相賞，爰有謝、陸二家故事。遂不揣蕪陋，呈教宗匠削潤，更懇立賜數言。棄簡不敢誇傳宇內，將使吾族子孫知文章一脈于萬泰之間，聲氣聚于一門若斯爾。若夫太史寶函不朽，附驥餘榮，又忝竊甚矣。

賀通州撫臺王麟郊先生

恭惟伯翁偉品鉅望，簡命特隆，鎮靖潞河，保障宗社，想地方與人心，俄頃改觀易慮矣。近三岔河邊，不知何法可遮當虜騎。廣寧民兵招之鼓之，可得十萬，皆父子兄弟之衛也。至于用夷一著，久密圖之，不知終能解散其合謀而爲我用否？此議行山海一西，尚有募練，隙日可望進步恢復耳。檀鎮征調，踵至城中，并各路欲空，復單騎巡視日夜，恐倉庫草場有患，又不敢立募兵，防守之名到此。時朝廷間尚忌有出位多事之誚，悠悠過日月而已。每獨坐悶懣，只消拂衣歸里，著書課子弟一計。敢質之父執，乞賜開誨。

寄鄒靜長年兄

古云：大軍之後，必有凶年。今兵荒齊至，刀刃所留，饑復戮之。嗟哉！下民百六，正逢劫灰甚慘。禪家以此等惡趣，歸咎人間積蟄所致。故修短無分，智愚并命，即如遼陽數十年風俗人情，淫悷澆漓，幾不知禮義防檢爲何物。蓋巾裾而禽獸者，堂堂金湯所圍，人視之爲生靈，上清天眼目爲滿城臭穢腥膿，以羶羯屠，羶羯天厭而淪棄之矣。忠臣義士，猛將悍卒，一墮其內而不能出。所謂覆巢之下無完卵，醛池化物不俟宿也。賦水德者，言濁入而清出，羨其本體淨也。不可反觀乎。漫發迂議，質之高明，當無哂我太倉諸鎮司命密。更以陵京咫尺，要之只今急忙征調，主客兵東去一空。弟以老書生守敝城，廩庫芻豆所倚者十餘快手，一旦變生，七尺不保。自笑頭上冠帽極容易卸，而忍不能割直柔茬之徒耳。

答尤參戎

何物病魔纏我疆場虎臣，便當使侲子備桃茢驅之并祝。由于司命以不七之七消解疾苦。然真人云：萬病皆起于心。又陳氏三因，有外因、內因、不內外因。今台丈之恙，自飲食起居生者，所謂內因也。法當徐徐調攝承示，令人黯然。異日抖擻身強，報君父恩之日正長耳。

答王孝廉

盤山絕頂之游，得兄丈賢主，而韻趣超然。歸即東氛日惡，遣家口葺倉場，至今惴惴，進退失據。登山詩賦，堆積于懷，而無暇寫出，其愁緒煩襟概可知矣。辱注念遠貽佳釀，澆我磊塊，如與故人共賞令節耳。

答大司農汪澄源先生

晚學復自通籍後，時時企仰台臺偉名。蓋巍然以聖賢而繫南北士紳之望，恨未能執鞭左右，備驅使之役，更快聆馨欬，奉爲蓍蔡也。邊鎮危窘，力請堂劄越三千里，乞餉急同包胥秦廷之哭，然實鮒魚西江之水耳。荷老先生慨發那濟，慰其饑渴，賙其道路，足其色數，梱載入城，歡聲滿途，計萬軍一月可不斃矣。自古元老家視其國，不啻救焚拯溺然。其恩德詎一司餉，下吏感鏤已耶。

候大司馬王霽宇先生

時變至此極遍中國，咸望台臺一出，即賊虜素讋威名，席捲之勢，風鶴之驚，當指顧而定。天生戡亂元老如古方叔、吉甫諸賢，實社稷祖宗之靈式憑之。迂儒下吏，職不能辦算鞭，唯旦夕籲彼蒼佑助引領，看千載偉伐樹立快京觀築成，狂奴授首而已。不識台臺方略大旨，于祕密中肯一指點見示乎？情誼關切，呼吸通聞，故敢僭扣玄緒。

候許維衡太史

某叨天幸，得與台丈并出，育吾夫子之門墻。住都日，極仰仙籍隆名，屢圖挹近光芬。值部司煩役，大典疊仍，遂悠悠夢夢，沈埋於塵鞅。念仁丈鳳沼璧門之間，探奧祕而典虎通。一時異才，千古良史，洵無右者。不佞某愧淪落冗途，辜校算鞭，仰人鼻息，已自不堪。又值佗離震撼之會，其苦莫可殫說也。

候制臺文受寰先生

違別光顏不覺半載，每念台臺爲時變焦勞，安攘重事，朝廷首屬。聞援兵漸集，關門可守。但地窄難處馬步，旱極芻糧欲窮，此爲可憂耶！近閱報讀台臺請餉招兵疏，暨王肖乾新撫策遼疏，皆石畫碩見，而籹花就盟，憨酋餌賞。率台臺定大計決大疑於傾危，震撼之衝，從此乘隙蓄銳，秣馬厲師，以圖恢復，當有日也。昨覘二兄試卷，識超口慧字挾風霜大物，可瞬息獲真麟鳳異產也。世講譜中借光多矣。鎮餉月不乏給，赴遼主客軍馬預支糧草隨到，即應目前似少紓台慮。惟秋禾若再空，漕流竭不水，米豆草俱罄絕，奈何？久未啟候，寸衷踧踖。謹裁緘專役代叩萬福，附獻拙詩一部，是三十年來雞肋之業，不忍捐棄。謹呈大宗匠巨目，備幕府覆瓿。

候易州道蔡元履先生

先司馬同門年伯相晤者多，獨未獲侍伯翁顏色。數年來竊服膺名公文章政事，如想望古人矣。易密距邇，而瞻對竟隔。又值危亂之時，五內煩冤，諸禮璺廢。至於算鞭之窘，如支遞責裁候久稽，冀伯翁曲體其苦而過是挺也。

候祁念東老師

聞老師錦旋纔月餘耳，而策救時者至，欲以功令為勸駕。夫足跡未遍故園，而眼穿欲遍中國。非關大名累人，亦自孔席墨突不得自逸也。欲為老師陳說者，多非穎楮能罄。知入朝在旦夕，容齋沐修候起居，更請詎誨也。

啟制臺文受寰先生

頃趿讀台臺示教讜議，自是一時籌遼石畫。不知廟堂紛紛，諸人竟作何擺布？薛獻老來住密鎮，問疾，覘其形狀，深可憐慮。昨年如聽鄙言發汗，安得至此？何物奴酋斷送無數豪傑文臣，率代武棄就死。而以愚所聞秦中大將，如李懷信、杜文煥輩，諳兵而蓄銳，卒利器樞部置之不調。事急則添補撫道，遣使募兵已爾。即如密鎮招兵幾二千，頗多土著之民。而器械糧餉月餘無能措處，本職不得已，為請之堂上，漫不加意。再遲半月，俱星散矣。一旦叵測，更行招募，決然誶而不應，是兒戲軍情，開釁地方也。此中軍民望台臺歸鎮震壓，部道府縣諸臣亦有所依倚矣。西虜蠢動，諸路單虛。白馬石塘之間，川平兵弱。調者未補，募者未固。有武不練，雖練無法，燕薊不知所終耳。本職寡母在堂，半百無子，孑然冷舍，宦情已灰，倘不能微一小省學憲之秩，有拂衣尋終南泉石而已。台臺轄屬，一時逐四道臣，可駭可歎，邊吏難展，不待驅之奴鋒，而後末鍛也。欲言不盡，更希保攝以慰祝祈。

候祁念東老師

邊儲差在太平時優閑官也。人多求爲三年淹以養俸，而遷邊道。自遼變後，太倉一付精神，海内大半物力盡用之於彼，而各鎮舊餉不能照管矣。于是焦脣敝舌，持鉢仰息，隔數省以占課，爭外兌而空還，索餉之途愈難，驕軍之望愈奢，而餉部之體壞神疲矣。其中苦趣，恥形齒頰。自覺頓乖所好，何如別尋安身之著之爲得也。弟子某即讒劣，願步趨老師後塵，不失儒家本來面目。若夫領兵料敵自有武人，復不能代斲傷手也。

又

頃貴邑入防武弁回，曾草次啟候老師。彼時方知軒駕初抵里，曾住幾何時而遽催請苡任。讀揭語，悉元老趨命，急公之苦，孔席墨突，救時應爾。所謂大鵬欲暫息六月而不能也。朝野億眾，夷夏萬里，皆願司馬入相，范老行邊。吾師才略素嫻，咤叱風雲，權奇莫測，恢疆滅虜，定有成算。雖游夏智止知汗，然願以崖略開示慰迂士之悁悅也。密鎮既遠制臺，又糾該道牆路。忽驚，大舉烽火，徹夜十傳。弟子復以老書生支糧守城，與數百疲軍幾員文職巡囉城上。城上之備茫無有也。若滿明諸部數百騎薄城，倉庫所蓄拱手送之矣。今不惟闔鎮徵調一空，而援兵日十餘起。過到處掠搶，村舍爲墟。餉司已不能應，何況彈丸縣路乎？目覩時事狼狼，心緒煩惋。念寡母在堂，半百無子，幾欲拂衣坐。是修候老師遲遲。罪當死，恃尊慈矜宥之也。咫尺不能蒲，伏一覩光儀可勝馳戀。

答天津撫臺畢白陽先生

不肖某無似徹天，幸叨世講之末，頃修薄儀，少申積忱，乃辱老公祖翰貺隆施，雲霞瑤玖，飛墮荒陬，榮矣。惟台臺偉品鉅望，爲宗社保障，籌邊積勳，當勒金石。登壇受命，鎮靖京陵，下吏亦得仰庇鈐閣餘蔭矣。津門整飭艨艟，恢疆滅虜，以紓聖主東顧之憂。伊時灑酒賀燕頷封爵，其快何如？附懇敝鄉王總戎學書，其兄弟皆復契交，爲人沈練清貞，恥事翹競，樞部知而不盡其用。惟老公祖青眼引拔之，復當爲故人踴躍奇遇也。

答憲使蔡元履先生

令弟老世丈畫法在二米高，尚書間已妙得士氣，個中人也。不肖復此技久厭苦，視爲業障而棄之，惟多收古人繪摩挲不厭，携以卧游，直如夙世已作，頗省心得趣。既辱伯翁鍾嗜此道，當點綴小景扇頭，其金箋墨卻易脱，塗鴉拙書，何如小凉報命？

又

披讀種種名刻，出世入世，爲漢爲唐，綜輯百家，神采四溢。登山餘勇，記外摽則，天然偶對，解以慧心，真令觀者神游玄圃，目眩五都，嗤異代無全才，羨七閩擅文統矣。恨尺五無術縮地，仰扣玄詮覆謝，緘情寸衷飛往。

候堂翁李桂亭先生

謹啓。自下吏某通籍數年，趨侍台臺，勉辦職業。視台臺爲國爲民，籌邊籌餉，殫極心力，畫算無遺。寸心周多事之九邊，一指了賢者之十手。故能轉輸不絶，危疆忠勤，受知三帝，偉然元老之領袖，屹乎士紳之巖瞻。雖知足引年温旨之眷旌者重，而盛業難繼。後至之克荷者稀，想出都羨祖帳之光，料追洛績耆英之社矣。某繫鞄荒谷，莫遂載馳。仰旆層雲，徒墮清涙。既未能效諸屬攀遮于路，更何日報大化培植之恩耶！

寄焦涵一丈

聞兄臺又添麟兒，全福人自合種種稱意，豈人力所能徼哉？接手翰，爲劣弟量移，殫心力如己事，此生在一日感一日耳。西虜與過兵逃軍饑民俱可慮，而城中即擺城步軍皆調一空。弟親拏住放火奸細于草場，亦不言功，只以先聲防禦之所謂防他復出入與非常也。而人即以邊才目之，可笑可笑。京城九門招兵試射，餉司庫，倉中何物能以空拳守乎？世道眼孔如此，尚欲何爲？只今亂世，即民間農賈亦當修武，備防盜賊，矧筦鐍之官耶。密雲樹柵葺鋪，把門上城，皆弟挺然。做昨墙路大舉，倘數百騎薄郊攻城，來伯生徒延頸待死，不一創遮爲士民先乎。事忙則草木皆欲化兵，少定則責以出位生事。欲天下之大，不斷送一羯奴，其可得乎。漫發迂議，證之知己。

寄督學文太清丈

三年前欸天瑞兄于里廬，彼時清齋斷葷酒，超然孤詣，破除緣染矣。近柄衡校士，想繹訓督束傳以古，則三晉文習戞戞聿新然。士子縛溺師說八股俳比多，鮮靈響域外，悟入刺眼賞心者，知復幾人。其不堆積腐物，發付為苦哉。公餘結譔，淩漢轢唐，大業駸富，頓轡無涯。弟愧宰較，算籌義理若隔側望幟壇，瞠乎不可及矣。時變奇艱，世情汙薄，嬾從毛穎吐說、子猷思見，安道不得聊題赤蹞以當剡棹耳？小刻數種，寄政大方，欲借名篇弁簡，使人不敢輕擲雞肋。天瑞兄其共攜故友，千秋活也，遙干典記。

寄大司馬王霽宇先生

今之武將無實學，故無寸效。不知戰陣法，故不敢當敵鋒。古風雲魚鳥之勢，龍虎豹犬之旨，奇正變幻之法，久失其傳，然未嘗不在人心。設有究研此道者，又須操練隊伍，使三軍耳目閑熟，進退擊刺，化千萬人耳目手足為一人耳目手足，而後可立於不敗之地。若止以孑然之身、未教之兵促之出關，是徒斷送無辜生靈耳。偶遇宣鎮援遼都司江朝棟，其人是秀才新中武進士者，能諳八陣六花五行七略之概，而運以己意，慨然以破賊為己任。曾上疏自陳欸內有奔馬仆人諸語，當事者不遑諮試。據其言，多則數萬，少則三千人，訓練一月，便膽技俱壯，不怕狂虜。以此等英傑，徒領疲卒數百，填關外溝壑，真可惜也。急聞之幕府，望即達薊門督撫二臺，給兵三千，簡習一月，觀其作用。其所需一切器料，隨請隨給，當必出眾軼群。若舍之而靳以事權，是縛孟賁之手矣。書生熟腸，薦賢為國，非知己前不敢曉曉也。

寄文制臺先生

伏審台臺予告暫假休沐，數年鉅任積勞，少遂息棲。新天子愛惜元老，至意與當路同之，獨是閫鎮官民軍士失山嶽之庇，其切更甚于薊遼諸路。而下吏復以愚直閑曹，孤跡宦寓。趨承乍判，怙恃懸思。仗筴無從，登樓興慘。何以省譽？尤善進退也。言之於邑，今天下茫茫無所止，不知何處先亂。書生不解韜鈐，握兵不握兵，總無益于成敗之數。惟台臺指示安身要著，矢終身奉持之矣。目前該道該縣俱缺餉，廳公出路將防邊，獨留一部曹，孑然具位。飛蝗蔽天而至，新長數寸，苗不堪嚼囓。欲閉門尸坐，心覺不安。間集門下官，快操習武技，又嫌出位。夫豐圃夾谷，吾儒之教；守雌杜機，道家所先。自慚年迫知命，學問識見憒然。佇望軒駕抵密，俾鎮中大小瞻仰顏色。本職亦得從父老子弟後攀遮道傍，益請明訓服膺也。

啟制臺王霽宇先生

謹稟。今奴氛惡極，然揆之天理，必非能久狂恣者，其鋒當避，其虐可因，敗以爲功也。然自寵命榮錫，九邊督率竟從台臺出山，忠義之肺腸，而天下事猶可就掌握轉矣。元老虎臣，聖賢豪傑，謀畫既定，作用自殊。一時全薊危遼，若軍若民，爲文爲武，盡皆翹企。即東西點虜，亦自膽寒於韓、范重來矣。復謬叨屬吏，他無所長，願殫力挽運，饗士犒師，更鼓虺頽之志。入幕佐議，磨盾墨草，檄咏朱鷺，獻凱拭覿，乾坤重闢，飲至奏功也。鎮城孤單，願節鉞遄臨，佇迓赤舄，臨稟可勝忭躍之至。

寄周綿貞兵憲公

密鎮單虛，援兵騷擾，所在被害。聞山陝調募，還有數萬未到。沿邊一帶，絕不能支給糧芻。矧孤村野瞳之小民，欲不逬散得乎。昨聆田舊尹云：山海廣寧，士馬露宿，風雨飄搖，餓殍枕籍，存者無力對敵。土著蹂踏不堪，比遼陽紛亂更甚。當事者尚倒身請兵，不知何處安置，何法足餉。數年間不蓋營房，不講積貯。及其敗也，只從百姓厭苦離心，白送土地人民，未戰而城開。文武將吏無一死，士捍衛攔堵，身如孤豚，財爲盜積，皆緣賞罰不力，擺布欠當故耳。即如皇賞三次，更屬無謂而空捐金帑壑。誰知重賷乃博一棄主鼠竄景象耶！方今草茂虜驕，白馬石塘以沿四路，百無拒守可恃，營中衰弛之弊難言。伏冀翁臺暫輟他冗，枉顧鎮城，申飭威令，務防不虞。新陞張芊老恐旦夕難至，尚須匝月。不佞復叨附同舟，休戚關切，分肩重大，夢寐兢兢，覬顏領教，殷如望歲。若舊制，臺公贐乞札，傳邵泰老遇便具送。蓋恐其由寶坻而南，不由通州也。臨楮不覺覼縷，恃鑒赤衷。

答施雲翼寅丈

津儲人避而卻，寅翁獨甘而安之。向者弟處清關之役，用此法也。今日津門設水陸之兵，冠蓋如織，所苦者紛沓耳。若密餉吏，則昔緩今急，昔裕今窘。入衛援遼，士馬蝟集，太倉百呼不應，弟且脣焦穎禿矣。竊譬奴酋如一大痏，其孔似止一處而暗洩，通身氣血且盡，不必刀刃，遍加海內而後云殺之也。接老寅臺手翰，濟世舟楫具見一班。弟自慚嬾殘無志矣。麟陽丈每會，訝其面鼛肌削，食又少，果至于此。萬里宦魂，比鄰友誼，悲子敬之琴亡，感山陽之笛慘。令人清淚潸然，並凉月俱墮耳。

寄諸社友

自賤眷夏初回邊塞，旅吏益牢騷不堪，日夜憂虜憂餉，孤懸此身於封豕長蛇之區。欲爲棲枝之鷃，曳尾之龜，而不可得。更笑朝中書生誤事，文官行兵，一壞再壞，以至此極。乃欲強捉來陽伯詩人酒徒爲監軍使者，至薦之啓事，謀之公卿。宇宙之大，不足以藏身養晦。謝安捉鼻，韓休逃聘，迨不虛傳，方之深愧然。朱紫陽云：張良到底不犯手做，而古人亦忌事要做到頭。此學道者不倚功名，不萌倖進之法。不佞復直摯以與人，而不肯暱就。記曩者子斗丈教我以杜機而舍，弟馭仲亦頻頻以名累爲戒。今日脊脊，幾不能免，賴拯之水火中者，有當路良朋，不令儒者盡代武弁戮死。總之，可見天下無人也。循資俸當在冬初量移，過家晤對諸老，悲喜并作。欲與故人言者，毛穎赫蹏難盡書。此一段話頭，見冷衙枯寂中飛揚豪思，如平昔角飲談藝時，來生尚佚宕不衰也。

辭長安求醫札

謹告諸大人先生，不佞復以清吏單族之嗣，值久困少伸之時。夙性嗜恬，微軀多病，追逐酬酢，揣力難支。邇來僕僕長安塵裏，朝出星入，面目自憎。竊念通籍以來，尋當仔肩政事，一切猥瑣不急之務，如醫術類，昔雖游戲，久已厭忘。蓋某即不肖，何至以冠裳之人而屑與方伎課效，且忍以強仕之歲，而徒然以七尺殉醫乎。業誓之天日，焚卻經方矣。夫生我名者殺我身，舍我小者全我大，幸當世仁人辱鑒原焉。欲剖鄙衷，不避率直。臨楮曷勝恧悚懇切之至。

來陽伯文集卷十八終

來陽伯文集卷之十九

明三原來復陽伯著　邑後學李錫齡校刊

跋

冬月施湯疏跋

昔簡文帝以解網放禽，穿泉掩胔，起泣辜之澤，行扇喝之惠。雖好仁慈，尚謂未階出世之極。顧佛氏五戒六度，未始不重視布施。而毘尼藏分三輩四道，其於助眾福田具列。婆羅善行，是金仙權實教義。羹鼎靡鑊，與一瓢一鉢何嘗有分別見也？不然則迦留乞䴵，須提請飯彼法中，又胡以斥責之。嗟夫！熱緣熱逼，渴愛渴生。望雪山而知寒，聽迅颷而怖烈。固不待親試而後圖以禦之也。矧炎天涼井道傍，無非甘露霜霰，投荒空腹，兼之懷冰。覩茲脆質，至等難折之膠。雖有衣珠，豈抱避寒之玉？真所謂桂附之溫莫療，醍醐之涼難灌者矣。纍纍貧孤，深可憐憨。此吾友君旭救人於湯濩，俾之屬厭，汲引於淨土，慮出不揣者也。嗟夫！火然三昧之火，薪非煩惱之薪。色色鹽菜，是君芍藥之和；沸沸膨鎗，即爾智泉之溢。曰：業既豎，妙果斯徵，普示大眾，驗無爽理。

跋熊泰徵春感詩

七律之難，難在氣暢格蒼。五言上加二字，古人便謂措手不易矣。況篇多至五十六首，而珠聯絡貫，三歎有餘韻。此其才寧可多得耶！泰徵在吾社，尚厄於制舉，而志不少挫。望之淵然，扣之鏗然。與之論事，俠骨挺然。忽而文柔，忽而豪舉。吾意泰徵固自有立於詩之先者也。毋怪詩日工，學日富耳。吾以泰徵之人，知其春感詩。以春感詩，知其他詩。

跋伯聞社兄自題山林詩

每對同社言今詞家，豈不人稱盛唐盛唐哉！近體至盛唐精矣。然學盛唐，無寧學初盛。蓋初盛，數公氣渾而思沉，誠李杜王孟諸公所自出也。今關中談詩者，亡不服膺獻吉。獻吉之才之器，昭代後先諸賢之冠，余何間然。然不善學者，恐蕩而爲粗猛，爲疏率。余意近法北地，不如直溯少陵。直溯少陵，不如遠追沈、宋。即獻吉集中七言律純師杜矣，五律則不盡爾。但未純用初盛辭格耳，不特此也。試覆六朝詩部，多則數語，少則一聯，往往堪作佳律。而二唐諸名公每採其妙句綺辭，置於對仗工嚴之中。余久欲標而布之，會元瑞詩藪所載，多合鄙見。姑已是則古人之所取法，寧上毋下，明矣。學者患不讀古人書，即讀書患不能位置古人耳。少陵北地而在，又奈若人何哉！吾社秦諸王孫皆工詩，詩趨皆不肯卑，伯聞其一雄也。先是共愚兄弟暨含素、君旭無浹旬，不訂什爲屬和，別而各爲帖括。且數載覿伯聞新詩，驚詫之有是哉。何遽深詣若爾？夫伯聞抱更生淹通之才，懷子雲雕蟲之恥，爲詩詩佳，爲制義制義佳。將欲因制義以展大用，迫目擊明禁弛而未弛，奮其鬱滯，蓄其全力，放情詩酒，專意舊業。故其所就沈不傷氣，藻不斲樸。嫻然雲卿延清之高致，山林之作，其一班也。前伯聞屢報余書，謂綿延苦病。余私念病，且罷吟。觀此詩，令不病之辭人爲之能辦耶。昔人有云詩以貧工，未聞詩以病工。乃今始知病非他苦，苦耽詩耳。少陵病肺，而早休官。獻吉早達，然亦常病脾。其成千古之名，與沈、宋諸人并傳，有由。故安知絕意制舉，與掩關病臥，非天予伯聞以不朽之藉乎！余年幾四十而困公車，足病疲，唔呷應世。書胸中病，俗疲與俗天所棄也。嗟嗟！安所用夫已氏而俾之前茅哉！偶過伯聞大業堂，出是詩，索跋，援筆應之。

跋眼科神方

此方原大司馬王霽宇先生得之保定人者。保定人甚寶祕，先生懇求，始得。友人張賓王客新城，是先生西席，偶患目失明，賴此方立愈。據賓王言，翳愈後，持療人翳，無不神驗。癸丑下第，淹留都門，與賓王約，爲文酒會，悲歌酣飲，傍若無人。臨別解贈此方，諄諄珍惜，如前所云。其慨然傳之不佞也，似以余爲足任此方也者。抵里試之，誠驗。邑侯沈澤胤先生亦謬交余燕市，聞其沿起，因索余所刊瘡瘍神方，飜梓濟人，而欲以此方附。嗟夫！瘡眼二門，方書頗簡而易通。然細檢，亦無審方。按之獲效者寡矣。其他腹心傳變之疾，若要領未明，書彌多誤人彌甚。學者從余前後二門方，思之醫訣，可悟而知也。然不博不約，不究古是，不辨今非。學者由軒岐長沙所著，以尋嫡派，斷自趙宋而止，亦無多書也，如不讀何？澤腴先生居鄉，國士服官，循良仕學，所就行見與古人抗衡。乃耽耽寄意於刀圭之末，毋亦利物，實心直欲立出人顛危而始快。以此心救敗，全活一世者大矣。若不佞素抱士安之支離山林，服食不過量，腹而進芝朮度，形而衣薜荔耳。他何能哉？

跋奇效良方辨惑

不肖嗜醫十年於斯，少時無遠近，購方書貯篋。本業之暇，取而檢閱。或詢知善本，便從人借讀。久之，嗜彌甚。從一方，所謂良醫。聞病名，忻然發篋中書，驗合離漸，揣摩人脈，形摽其疑似，即心較書，即書較病。辟之射覆不工，十漏八九，心憒憒然耳。辛丑，不肖兄弟就試里中。先子宰細陽，感濕，爲庸工大發汗，犯虛虛之戒，血氣耗敗，浸致不起。不肖自恚憤悲，曰：有是哉，孤之不得自存於天地也！以不肖少失慈，依依父子相爲命。其所以數年岐黃間者，爲此故也。今即欲復攻醫，何爲哉？已念家人喘息，託命未亡，且再實之木，強欲培根，遂頗斟酌湯液，豁我幽憂，間以應人，視昔倍驗。顧病，其真贗錯陳，去取迷霧。我所不諳，人猶昧焉。甲辰春，首獲晤春沂徐先生敝邑寓舍，聽先生之議理，不靈素，不齒術，不長沙，不宗洞，隱極深剖，疑黜偽試，一扣之千條百縷，熟記不忘。至於聊攝奉議、河間、戴人諸公，不過供先生咳唾中之驅役而已。先是，不肖止讀《長沙傷寒方論》，患其奧祕不能盡通，其於俗所名明之部中，獨愛湯液、溯洄二種，亦嘗閱彥修《心法》、《鉤玄》，暨近代醫人類書，迨被服先生指誨。移月更視先生所攜《長沙金匱》、成公《明理》、《南陽活人》等書，且十餘種。已先生又出所自著書《奇效良方辨惑》二卷，反覆數千萬言，援古準今，正訛螫非，不厭再三，不避忌諱。中所引用，博洽而切事情，何論醫流不能卒解？即素號名儒愼許可覽之。益服先生所學深渺，不易測識矣。先生果止斤斤取辨於刀圭，合和之伎而已耶。不肖既晤先生，又閱先生所著書，始懊悔從前徒敝精淺偽而無統，憤悱遽啟，恍然若將有得。僭筆數言簡末，以俟後之君子鑑賞云爾。先生著書約數十卷，其總括仲景祖法祖方，不肖別有言。餘以未付剞劂，簡牒浩繁，不能悉覩。來子曰："余讀長沙書，不直以醫以文。"其於素問的然，謂漢以上人所爲。先生言與余悉符，乃其錯出古今論說。來子不能，難也。昔季主析機於群彥，郭玉精施於六徵。先生其庶幾乎。

梅貞卿先生課士錄跋代

先生鄣郡望姓，簪紱聯翩，代不乏人。先生同氣昆弟三，皆掇上第。蓋巍然取大物如寄，海內豔慕，已軼古二龍而誇三鳳矣。乃人謂先生談今而今，談古而古，恢深廓落，夐乎淵匠。又比之應之奉劭，馬之季常。頃先生督學秦中，身任風教，謂秦固古西京地。由國家制科以來以迄今日，亦既浸浸隆盛然。卒不敢與海內諸名家抗衡，以決上下者，襲其皮相而蔑本質。所謂譊譊之學，各習其師也。善乎，左氏之言也。夫教者，因體能質而利之者也。若川然，有原，以邛浦而後大利之，云何？習熟即是。於是闡先正之軌以示法，出著作之富以公眾，廣蒐羅之選以拔異，戒督課之期以提訓，頒切近之書以勸學，下彰癉之令以勵俗。秦中諸士喁然爭自奮激，人獻所長，以求一當冰鑑，即素稱戹頏之子，爲先生直且繩曲明且規闇也，亦各呈業數篇，篇多至累千百。先生退食之暇，縱意披閱。閱畢，進諸士教之，指迷訂謬，摘瑕辨瑜，無不人人滿意。謂當世之獲覿大宗師也。諸士才詣不一，甫經刪潤，便屬佳篇。帙成，付之殺青，以廣傳誦。將欲由諸士今日之文，以變諸士向日之文。由先生已教之諸士，以及先生未教之諸士。且令此濟濟秦士，醜四載小戎之聲氣，以偕大國琳瑯之度。既以建旗幟於海內，復以振鼓吹於後進。其垂教在西上，洪且遠已。不佞某忉居下吏，目擊成事，何能揄揚萬一？第其服膺先生諄篤之訓，以訓原邑諸士。庶幾《詩》稱"遹視既發"、《書》言"祇事不怠"者乎。

庚辛草跋

夫博士言拔耳有度數存，士不務力誠致遠。率高者崎崛，字句言工。其卑者勦，聞見自安。夫謭陋不鬼魅，則剽虜矣。一遇文衡，逆揣意旨，抑揚厥手。窺瞷施之文衡，人易而我文亦易。夫反覆詭遇，已先自處於離烏能合也。賡和王君來治渭，出其制義。自言以無餌之餌，爲不遇之遇。讀之質而核，雅而程，聲希味淡，直會人意於沖虛太和之表。嗟乎！彼以有心而離，此以無心而合。又何怪乎？

跋朱元价太史贈徐季恒書卷

余癸丑晤季恒翁，時翁已踰古稀，居然耆耇矣。而矍鑠健噉，更有一種奇骨於形貌外得之。叩其近詣，已回向淨土凜凜戒律中修士矣。及與商榷古今名蹟，兩眸光爛，如咸陽之鏡，不可惑以妍媸。故元价太史與諸名家，咸躋季恒於古賞鑒家之列。夫季恒既皈依浮屠，宜空諸一切。然遇法書名畫，尚百計訪購。饑渴好之，何耶？昔香山不能斷詩，輞川不能斷詩與畫。豈宿習緣染，難遽盡脫耶！輞川有言曰："宿世謬詞客前身，應畫師雅自善狀。"然余爲季恒翁解之猶不爾，曰："佛氏以山河大地皆屬空虛，故心無挂礙。然山河大地實未嘗一時離其目也。"倘季恒以視山河大地者視法書名畫，即日寢食於斯中，焉何不可？

朱奉議《活人書》跋

奉議《活人書》二十卷，舊從王汝誠處得關中本。已延镕之徐公住敝里，發其笥，見彼校證古本，中間補葺，訓解甚詳。而以《長沙傷寒論》中義例，究明奉議之差，纖悉不爽。至其正方分兩，必録《長沙》，書中分兩於其額，使人一展，而二家精意豁然目前。數爲余言《活人書》，即不無遺議，然實《長沙》訓注之始也。後之明醫雖多，非此將奚資焉。余授而祕之，遂得從古本改正關中本之訛謬，間亦附以已意，與徐公互相發揮，總期不戾《長沙》之旨。案頭把翫，楮敝墨渝，殆與《金匱》、《明理》、河間、戴人諸書等珍焉。迄今五年，而余師邑侯李翀玄先生，出新安吳氏所刊本示復，仍命校讎魯魚之誤。因細爲更訂一過，大約此本與關中本互有差失。悉以古本釐正，庶幾完書矣。翀玄先生循良嘉譽，孚於上下。然一切政事藹然，皆從仁心中發越。故邑中彫瘵罷癃，率有起色。計所全活，寧止區區刀圭合和之小耶！首檢縹緗，獨揭是編。顧名思義，亦仁心所推。昔丙公牛喘，是問鍾離。大疫蒙痊，千古心源於今同致。異日先生事功，究竟詎可量耶？

鐫輞川圖跋

右丞之於輞川，蓋神情大半寄之者也。輞川之締構盛於一時，繪而傳之者至流布千古。而鹿苑滋峪之舊蹟，率淪沒於狐兔莽荻之間，而莫可尋覓。關中所鐫圖，又拙陋不堪摩挲。往來憑弔者有對夕陽而咨嗟爾。沈澤腴明府以博雅通儒來宰藍田，政暇，訪其遺，概清尊高咏，若與右丞揖讓已。則索不佞家藏郭忠恕所繪圖，邀晉人郭漱六氏摹臨勒石，精巧生動，幾奪忠恕，傳輞川之神，令人想像右丞不可磨滅之風流也。余惟繪此圖者，不知幾十百種。而余家所藏似善苾茲土者，不知人代幾更，而至沈明府之身，始成此一段雅事。名蹟名繪，名賢名手，賞集一時，豈偶然乎？

畫冊跋

友人戚不磷書畫俱有致，而摹蘇米帖更自爽暢可翫。余素嬾，遇知交工書畫者數過，從未一求。而僕輩僭以主人意懇索之，卻承憐而應之。或輒以為主人所請，余甚愧然。亦足見一時交游之盛也。年來從者求合數本，此其一，云北人僕多不知字，即主人能書，亦不知收。唯近時米仲詔先生，海內徵書者多群從，遂有收其主人書跡而貨之者。余不能書，顧為人書者不少，賤時諸僕不收余書，今漸知收，豈字亦以貴貴耶！諺云：名重好題詩。又傳魯人賤、東家邱，合之得世情好尚矣。掀髯一笑。

坐隱快譚冊跋

余刻局刷寫弈勢，如此凡四矣，成則為相知索去。今歲寓都，遇楚人王禮齋，覩其遺官賜谷給諫譜，皆手自選擇以存者。遂求而錄之，並錄向者弈勢。蓋方子振親授本也。自笑半生耽此小技，年幾五十，不能頡頑國手。濫竽邊儲，深山闃寂。退食多暇，聊自怡悅。既省布算之苦，兼暢鬱悶之懷。勝負付之枰上，友朋接於無言。為業為技，何至來子瞻之嘲。可賦可歌，一視作名理之派。傳之嗣世，知余用心焉耳。

跋朱有道解語

篇中皆說性，畢竟性何尋？白民若不夢，夢中不迷真。方可經萬劫，方許不壞身。清涼山上寐所語，果何人姓名？君既昧空記，如獅音、文殊罷受記，是辜摩頂心。三聖去已遠大道。嗟！沈沈扣道，凡夫閱後作偈。

司馬先生詩文集跋

嗚呼！先生見棄諸孤已十八年。長者髮白，幼者舉婚。始克以遺稿付梨，使不幸而有燔蝕漫滅之患。尚得謂人子哉！即就刻乎！顧十八年霜露，詎一瞬過耶？忍久忘也。追念先生篤行寡營，雅不欲近名。每靜拈篇翰，或迫而應人，止命兒子輩錄之。間不肖編削少懈，以目眴之，曰："此女輩事也。"遇詩文成，呼兒使聽，曰："聊以自愉焉耳。"蓋先生口無擇言，文以聲實，最厭世儒鑿悅之習。文好西京，詩法王、孟、高、岑。昭代則喜弘正時李、何、鄭、薛諸公詩，多能背誦已。發王元美書，盡其浩博。於余邑溫少保先生處得李本寧先生文數篇，覽之，擊節歎曰："晤師深詣若此，可稱前無古人矣！"久困公車，一試百里。甫遷清郎，年齒功名，如日方午，中道萎謝，百慮廢捐。豈獨文事然耶？不肖兄弟忽一念及，如乾坤崩坼之餘，留其怖魄，尚忍言哉。嗚呼！先生今古第一清白吏也。而食口滿百。自先生歿，運祚日趨式微。不肖復補罅振頹，稍稍復三世之舊族，始啟緘笥，輯卷以傳。嗚呼！才慚遷固，祇免中郎遺籍之嗟；顯非韋平，徒抱杜篤衰殘之歎。先是多發書海內名公，徵其鉅筆，如志表，如傳如序，用闡先生未竟之緒，少贖人子怠惕之譽，實未敢旦夕去懷也。先生即不欲近名，然味平日"此女輩事"與"聊以自愉"數語，其敢沒操觚時，不可一世之志與。

自繪石卷跋

漢涵胡兄極愛繪事，每向余索畫。一日出此卷，謂余曰："只消片石可耳。"余住長安，戒此道宿習，強半忘矣。攜之密雲者年餘，又將解任，遂走。筆貌石形數種，古人門法寓焉。從茲吮筆，決眥妍究入微。林壑幽遠之致，宛在目前。而來子不暇，亦不屑也。今生將此一段佳事苦事，讓與我朝啟南、伯虎諸公，享名去便休。嗟嗟！五十將到，鬢髮半皤。業障纏身，觸處皆妄。聲聞沿習，已自說鈴。粉墨丹堊，更屬幻影，不可與闌永輟之乎。世若陋我，吾將問之至人。世再逼我，吾全還之造化。

唐伯虎桃花庵圖跋

伯虎繪事，其俊秀變化處不在啟南、徵仲之下。此幅其學李唐，而傅以己意者。壽承、元美二公，尤以老硬書法標識之。想見當時愛賞，如余今日也。薛孝廉常攜之客笥，索靚於密雲。遶雲居中，邊風淒緊，時神爲一凼。

戴文進萬松圖跋

蒼幹排林，與怒濤喧競。遠近上下，掩映於峭壁斷澗之間，有萬里難盡之勢，非戴靜庵腕力不能作。玩其筆法，與石田先生絕有類處。而石田跋語深加嘆服。兩人相契，觸目而存。後之妄分派頭者，褒彼貶此，令錢唐無置腳地。覿沈先生評，可慚退矣。

跋黃中宜詩

來陽伯曰：中宜詩凡數變，變而漸就目前景色。人或以爲近，不知中宜固自遠也。聞中宜以耽詩病，病而爲詩益力，精研之餘，出以平淡。其人年正茂而已，用少陵夔州以後法，所就顧可測耶。

淩幻寄鐫章跋

余一晤幻寄於移署矮亭中，飲不數爵而散，自恨不暢已。出其所製鐫章，并爲余鐫章，龍螭光怪，滿楮奮飛。毋論法必秦漢，其精鏐澤璧之類，大小方圓摩挲手中者，不知有幾矣。世間凡事凡習，不關於性命無形者，總之皆技。技不深詣，必廢之理賈，笑之端耳。技也，而易名之乎。技中自寓道，技熟則道足。解牛減罣，承蜩弄丸，技與道與，此可以喻學幻寄之技，方可言技。

仲韶先生自書游靈巖詩跋

余生平偏於山緣慳甚，遇有勝情，即風雨俗牽，妒之亦山靈憐其肉鴨疥駝。故緘封奇域，使不得前耳。仲韶先生最嗜游，而游必遂所至名山川，杖屨疾訪，淹流吟歠，有踏崑崙弄雙丸之想。其觸景成篇，意調皆出獨創。試讀《齊雲咏》，巍然怪石巉峰，互見筆底，殆與此山爭巉辥矣。先生與劃靈巖片段，期置之園中。顧余安得分先生片語，置之帙中耶。逸之丈寶愛茲卷，索跋，漫書數語。

邢子愿遺劄草字跋

子愿先生字流傳者多允昭代名家，一時無過之者。其牋簡剩墨，好事者猶寶惜之。當時先生擲棄之餘，愛者欲於無意中尋其遺法。則生前臨摹合作，珍之人間筒籠，殆與琛球同襲矣。下者尚視爲木難火齊。始歎學士大夫不可不習書，習書不可不工，工不可不得名也。如此羅君善醫耽書，其然余評否？

勅建報國大慈仁寺住持潤公雲州和尚洹泥三塔跋

潤公積功累行，晚悟大道。遂厭色身，妙證覺路。建塔表靈，徵文依慧。倪允昌太史闡發藻瞻，聿著名篇，篇可允稱舌吐青蓮矣。勒珉傳後，永寶玄珠，即此嚮誠洵爲不滅。

南州園圖跋

鴛湖茫茫虛湛，一被玄杖先生點綴林亭，即天地重開眉宇。園中無盡光景，一被顧世卿光祿安排筆底，即名勝到處傳神。總之，有此水，合有此園。有此園，合有此圖。兩相輝映，以成人間快事。覽園，不但主人攜以卧游，余亦恍然置身邱壑矣。自昔鉅公碩卿，概多爲園。園之條設實肖其品，英雄回首隱意率斯寄焉，非但資宴賞而已。即玄杖先生塵外卓品[一]，於園見矣。圖筆筆摹古，在勝國大家間，董太史、陳眉公兩具眼皆極稱許。不佞復與世卿聯席數次，止知鼎族跨節，工辭翰，解聲律，不意丹青之技至此。當時睥睨尊前，其荊卿之於蓋聶魯句踐輩乎。

【校記】

[一]"杖"，底本作"仗"，據上文"一被玄杖先生點綴林亭"句改。

跋名公書後

古隱有市卒狂丐，其人工文，而不屑以文著。若韓休恥人知名，顏闔鑿坯逃聘，則通顯亦不用。其矧上求下，隨務光鮑焦以溯巢許者哉。今之人求諸人不可得，姑求市肆中有解文墨者。縱不解文墨，能收文墨者，不唯儕輩誚識字者，亦誚其能珍此卷者。令誚自誚，而汝自珍，異日有驥尾之託耳。

閔逸之墨竹跋

閔逸之廿年前曾見畫竹，然山水是其專家。昨歲晤之清源，益嗜畫竹。師文與可、吳仲珪派，談之津津，坐間手指分披，有古人胸前被底想。茲貽余竹册，取勢運筆，皆不落蹊徑。而詩并書俱合作，非渭川千畝在胸中，胡能妙解超詣若爾！余園成把竹，數萬箇竹裏結亭營室，頗有幽致。歸持此册，玩賞其中。畫爲竹寫照，竹爲畫傳響。主人與逸之神合，不亦大快事乎。

來陽伯文集卷之十九終

來陽伯文集卷之二十

明三原來復陽伯著　邑後學李錫齡校刊

雜著

約好

凡人心有所制者窮，有所佚者濫。故虛而實享之，貧而奢行之，非其有而久膺之，立敗之道也。是故由余之約秦穆，田差之規晉平，楊王孫之裸葬其身，彼皆趨於澹泊，未離其樸。知人情之易淫，器制之難極。故不欲恣臆逞胸，敗檢掊籬，而以其身爲禍府也。夫心縈於欲，因而成之，始以求成，終以成浚。浚而憂之，亦靡及矣。故曰：天子以四海爲藏，諸侯以境内爲藏。大夫藏於家，士庶人藏於篋櫝。篋櫝，約之也，不盈筐而足也。夫富貴而珍好是守，猶曰饑食寒衣之不足倚也。矧貧賤而冒爲之，且亦鄙人之所屑也，爲亦戕德。今而後其知有以處吾思矣夫。

十反

德薄而好譽，才謭而耽詩，無財而好美室器玩，無文而好辨說，疏嬾而好種植，善醉而強飲，晦世而讀應世書，不知兵而好武，慕清靜而不能割累，金匱而施不休。夫德薄而好譽，是鴉其身而欲鳳其聲也。才謭而耽詩，是敝轅下駟而欲日致千里也。無財而好美室器玩，是市中丐兒評品富家筵席也。無文而好辨說，是驅喑子使唱誦也。疏嬾而好種植，是使瘻女就巧工也。善醉而強飲，是鼴鼠蚯蚓欲吞河吸江也。晦世而讀應世書，是以糞穢爲汙而足踐之也。不知兵而好武，是縛手縶足而自以爲孟賁也。慕清靜而不能割累，是使侏儒俳優之人安坐閉目而談禪也。金匱而施不休，是病已疴而猶欲營宮室婦人也。

自警

魯成公三年甲子，新宮災。是時宣公初死，董仲舒以爲成居喪無哀戚心，數興兵戰伐，故天災其父廟，示失子道，不能奉宗廟也。復德薄，天奪余司馬，哯淚成血，羸病濱死，勉襄葬事。未及期年，作事不臧，不能追思先子音容誼行，時切愴慕。癸卯二月朔日，廩屋火發，焚毁十餘椽，漏下四鼓，爲一小婢子所覺。家眾沃水塗梁，始得免燎原之禍。屋中藏麥禾二百石，祖宗之祭祀於是乎出，百口之饔飧於是乎辦。天若曰：其以是示孺子，汝其不足以供祭祀於汝先人，以爲家人先乎。余小子不敢言，當天罰，其亦祝融鬱攸諸侯之餘烈，不忘小子也乎。書之曰：爲兢惕。傳曰：亂國無象，天不譴告。即欲脩省，安從知乎。

看花說

余性既疏慵，又頗嗜酒嗜睡。客至，又嗜弈。於花固好之，然無暇也。秦地花無多種，所有者，牡丹、芍藥、桃、杏、玫瑰、薔薇、海棠、石榴、芙蓉、紅白梅花之類，小圃俱無有，即有亦不甚嗜，而獨嗜菊。余猶記兒時侍家司馬公，培菊，菊約有七十種，培又最得法。當司馬公宰太和，復寄菊數十種，封護重密，多置根土於蒲筐，冒雪衝寒，經數千里而綠蘂不萎。今邑中栽花人家甚珍太和種，然亦以遠至不甚茂，或止以一本茂，而爲人移植，死多有之。園中見存太和種凡十三種耳，合邑中舊有不滿五十種，蓋視司馬公所培已缺其二十也。花爲塍，各二十本，合之有二百本。塍傍留叢花數十，又散植諸庭院數十。其叢花暨諸庭院所植，皆無專督。獨十塍，每塍課一童僕澆灌。諸曾侍司馬公僕漸長，不肯理花。余所課童拙甚，且疏慵不減主人，大約人人嗜睡。睡之外，不酒即弈。余常扑之栽，始栽即又扑之澆。始澆，顧余醒，不三日以事不窺園。常數日與客醉，又竟日每就枕，多逾子夜。童僕於其中，則有道路壺觴之役。迨余醉，而彼醉先余，余睡而彼睡先余。於是花塍有三伏經日不水，雨後經日不糞。附枝滿榦，不去蓓蕾，逾時不剔。值今歲雨多，諸僕不知此花不甚宜水多，引溝瀆水灌之盈塍，陰利其可省井汲力也。發時高者亦五尺餘，其弱者纔尺許。然而遠近菴藹，下上參差，四面周環，馳目難盡。隱石出牆，則背立偷睛。藏烟罩月，則競容幻態。其視寂寂數莖夾生，尺砌礙徑，填窗迎塵，近竈即開，大如拳，葉舒如掌。總之，未離花囚也。辟諸過笄閨秀，禁步宮娥，縱多予膏沐，頻膳大官，恐難暢其性情，祇益增夫慨惋耳。余見邑中栽花之人，有罄竭精力，此外不一事事者。有開成閉門，不令人一覘者。有間爲人折去一枝，不勝恚憤盡剗其莖者。亦有甫開，輒盡贈與下妓俗優者。有主人原不知字，對花多招屠兒酒傭飽餐臭穢，醉即互相詬罵而散者，此類甚眾。名爲愛花，其實辱花。夫以栽花，故而罄精力，何異癡子弟貪一婦人，破家蕩產，卒自困憊也。若人者，花神笑其愚，辱花一也。花開，閉門不令人覘，何異滅燭以張七綵之錦，悶坐以聽麗人之歌舞也。若人者，花神笑其陋，辱花二也。折花一枝，怒而剗其莖，何異季倫斬行酒之姬，王陽去無罪之妻也。若人者，花神惡其惡，辱花三也。甫開而盡與下妓俗優，何異市兒誇有於群乞，醜婦縷衫以自炫也。若人者，花神厭其俗，辱花四也。對花招市傭食穢互醉罵，何異置錦繡於溷廁，混胡調於名謳也。若人者，花神避其污，辱花五也。有花如此，不如無花之爲愈也。故陶公之盈把，以菊侑觴。侏孺康風子陶隱居輩之服餌，以菊脩真。酈民之谷汲，以菊已疾。靈均之餐英，以菊比芳。鍾潘之作賦，以菊觸興。惠休之倡和，以菊悟空。悟空，達也。觸興、侑觴，適也。比芳，德也。脩真、已疾，仁也。故有得於菊，則或潦倒醉臥，或攀折贈人，或彌月相守，或竟日不觀，皆有深致。無得於菊，即翫賞如狂，惜花如玉，善別名品，多曉藝植，何益之有？余不佞，荒廢之人也，不能擬古人脩真適性，第日兢兢自檢，不敢辱花，使花神嗤笑而厭惡之。開而與友人賞，賞之而繼日夜醉。人來看花，許看一種數本。人欲移即移，有人欲從旁少折，得折最，余之與花如是而已。若曰一意於花，而令余不睡不酒，不事事，客當局而不弈，而培可精焉，余不能也。屬余坐花軒，賓客過者，有言花好，但恨各花頭不能齊。有言此花多，尤不及某家少而精。余怪其言無味，謂花不易看也。作看花說。

心箴

問使而始弗識，問使而終弗知。以余有知，詎凝始乎，反終迷乎。既云凝若膺矣，膺我凝也。搖搖先之若攝駟馬，不可乘也。自卒溺淵乎，誰其志者？前乎將奈何也。愧厥反觀，溺者多也。

定箴

豈余好之，乃其仇之，匪仇而以好赴也。余視於是，寐於是，赴則持犄其趣。謂余隔千里，余必作也。

書素障

吾將恒運，吾機期善。動而弗露，卷舒晏如。是惟女故詎以能力砥緇塵，直將無患風雨且也。眾人塗飾，女惟行素，人皆陋之。吾安知夫丹碧綺麗之，不以久而凋落。而常素者之焉，往而不得其素也耶。

吳用卿贊

古今之奇物有數，奇物之聚合有神。羅有數之神奇於俎豆，日與周漢唐宋之名公相晤對，此其人詎可測量之人。夫他人分公之什一已足稱豪，而公所甄鑒，自元而降，藐不足珍。精力何大，識趣何真。故未返芰荷之服，而高士遠賦《招隱》。不覷纓冕之餌，而薦紳爭延上賓。意公別有不可及之德器在形跡外，令人可重可親者耶！徒以賞鑒家目之，擬尚非倫。

梁君星繼室員碩人贊

夫子猶未貴，無敢以賤視，知其抱才而淹也。前子未覿面爲委屈，聘婦謂婦名閥而賢也。既產望姓，亦妻饒族。胡能荊布易此綺縠，胡年甫二十而居然恭順靜睦，方稱閨秀。倏悲瘞玉，宜家幾時，悼亡永屬。蓋夫子泣遺像而語人曰："此余之女鮑叔。"

袁玉華像贊

文於少，俠於壯，修於老。馳騁江淮，赴義東海，退耕巖甽以自保。厥嗣繁且賢，必殫未究之抱。章甫方來，豈容邱壑槁乎？

潤上人小像贊

刹通都而遠囂，籍匪官而督族。淨土是依，經唄解讀。足跡不離堂坳，聊寄情於花木。諸衲仰其高風，冠蓋引爲老宿。清涼人天，消受清福。欲瞻幻形,眫此穆穆。

賀景明小像贊

貌樸中辨,節俠德醇。坐隱以游方外,嗜酒而怡天真。側注韋素,有道是親。庶幾清時之逸民與!

孫君如金吾小像贊

赫赫先烈,丕緒難武。代顯巨卿,爲冠紱圃。家富遺書,恣君弋罟。酣精菁華,厭彼訓詁。發爲慨譚,離筮之弩。隨例胄賢,雄長麯部。貌閣中辨,余策其豎。

顧郎哉像贊

余見先生非此貌也,鬚眉翁矣。興不減壯時俠於氣,豪於酒,富於詩,臨池六書,唐漢焉追。愚父子三人操觚定交,兩弟幼沖,皆習見之。翁嗣冠軍,先司馬是依。慨翁卻視,先司馬含無何,亦避仇流離,老於留都,匪安棲也。悲悲!去之十八年,賢孫衿而顧訪我,東齊烈士之後不衰也。今昔生死,展圖涕洟。

蔡鴻洲小像贊

貌樸率以蒼外閣中,章老猶耽。夫邱壑以寄我相羊,坐隱一局,游於無方。側注冠芰,荷裳排雲。翼餐霞吭,高矚遐舉。其逃犧繡,而噉餌芳者與!

沈相如像贊

忠孝裔耶!簪組傳耶!是值之在天,若夫不賈家聲,振藻翩翩,允列於作者之賢。晤其貌,莫測其裏。因厥形內游於神先君乎。可稱立人之道全,爲畸人,爲異人,爲詩人。鼎族寒畯,何人何天?公之才,無不可爲。超流輩而友千古,小文翰而訪偓佺。奚以知之?曰:觀詩如像,覿像若仙。

師聞伯小像贊

可南可北,爲俠爲儒。法必上交,不渝抗蹤。江表策名,仕途舊族,其式憑諸。

白衣大士贊

清淨圓通，萬法悉融。從耳根入，悟六塵空。慧智彌際，願力無窮。攝受大千，提醒群蒙。男女老幼，南北西東。桴響谷應，開瞽振聾。

松柏齋詩紀贊

直指陳中素先生為其王母并兩尊人徵諸名家言，闡述節孝懿美，斐亹盈帙。夫其貞烈淑媛，姑婦埒德。撫孤色養，母子相成。名儒授訓，命世聿興。一門粹善，三世褒顯。直指先生之篤生也，詎尋常發祥受釐已耶？其以松柏命集，志王母苦節所留蔭及嗣世也。諸名家言詳矣。不佞復叨廁先生世稱子弟之末，卒業篇翰，神思躍然。遂勉綴贊辭，用抒景企。贊曰：

維蒼幹封，路寢蓊蓊。有如此枝，孤胤是恫。母今至艱，嗣也純孝。淡於趨榮，莊於敷教。淡榮云何，不離膝前。莊教云何，期暢理傳。風華滿楮，皋比一氈。創祠顏像，塾學義田。樂寬俯仰，軌擬名賢。爰有闐匹，襏結巍閥。無慚冢婦，用誕偉哲。煒煒組纓，亭亭丰烈。甲第聲鴻，西臺品別。取日補天，精凝忠徹。詎徒亢宗，虞後邊揭。至行所貽，章光永晰。表閭賁壤，殊恩靡截。松柏不凋，因雨露茁。

汪明生小像贊

身隱當由神隱，思沈盛名，不沈交其人。履中蹈和之君子。讀其詩，鏗金戛玉之高吟。瞥其貌，淵塞沖飭，愍愍愷愷。如君者，何不可朝市？何不可山林也？

連環古硯銘

頮而澤，栗以穆。膩肌韞脂，古璧垺樸。瀋墨弗凝，澄池不漉。靜几精研堪備，工繪幽人之蓄。

酒杯銘

爾祿則仍，爾秩斯加。捐餘歲俸珍哉，鎸巨觵鎮厥家。

蓮葉杯銘

迅茲一葉，飄楫不施。槎使仙游，何適弗宜？

酒杯銘

秩筮伊六，飲厥天祿。以仍公族，宜爾器稽。

史論

陽伯曰：余讀漢元紀，而知君天下者在斷欲，治天下果不可純任儒也。以宣帝之綜覈，楊惲、廣漢、寬饒之輩以辭語之罪被誅。乃嘉穀神，雀瑞草，黃龍迭見史册，異鳥群翔於三輔，神光婁燭於祠壇，陰陽和暢，民物安阜。匈奴閼氏呼韓、右伊秩訾、且渠、當户以下數十萬眾解辮稱臣，元康、五鳳之治遂足侔德殷宗、周宣矣。元帝方厭刑名，而尚儒術。跡其治，蠲租省繇，減費汰員，用心於民，至篤且殷。而貢薛韋匡之輩，又迭相以敷德化。顧乃災異頻臻，饑饉日甚。三光晻昧，陰陽錯謬。帝之修省節儉祈福小民之意，通無感通挽回之驗。究其故，只以牽制文義，優游不斷，致令孝宣之業衰而不振。爲君之道與用儒之政，概可識矣。史稱帝多材藝，善史書，鼓琴吹簫，能自度曲，分刌節度，窮極幻渺。豈移精於音律、書史，或不無少奪政事耶！抑洩天地之精，則天地忌之耶！古今人士，有以詩窮者，以藝窮者，覘漢元何足怪乎？

史論

余讀漢紀，竊笑秦始、漢武之愚，而神仙果不可以人致，且不可以齋戒祠祀之事致也。昔始皇東游海上，行禮祠名山川及八神、仙人羨門之屬。而宋毋忌、正伯僑、元尚、羨門高最後，皆燕人，爲方仙道，形解銷化，依於鬼神之事。燕齊海上士傳其術不能通。自威宣燕昭使人入海，求三神山諸仙人及不死之藥。其物禽獸盡白，而黃金銀爲宮闕。未至，望之如雲。始皇至海上，方士爭言之。始皇使人齎童男女入海求之，船交海中，皆以風爲解，曰：未能至，望見之焉。其實未嘗見也。始皇凡數四游海上，冀遇三神山之奇藥，不得，還至沙邱，崩。漢興，高祖祠枌榆社。入沛，則祀蚩尤，釁鼓旗。入關，祠五帝。有司進祠，上不親往。後四歲，天下已定，令祝立蚩尤之祠於長安。長安置祠祀官、女巫。其梁巫祠天、地、天社、天水、房中、堂上之屬，晉巫祠五帝、東君、雲中君、巫社、巫祠、族人炊之屬，秦巫祠社主、巫保、族纍之屬，荊巫祠堂下、巫先、司命、施糜之屬，九天巫祠九天，皆以歲時祀宮中。

其河巫祠河於臨晉，而南山巫祠南山、秦中。典即少黷，然祝官遵行之不聞，有所祈求也。至文帝時，垣平以望氣見上，於是以天瑞立祠，作渭陽五帝廟。同宇，殿面五門，色各如其帝。祠所用，及儀如雍五畤。至於權火舉而光耀，帝親見若五人於道，皆垣平偽獻玉杯之詐類也。事非真，帝由是怠於鬼神之事。武帝即位，尤敬祀事。雄才遠略，狹小漢制，以爲黃帝鼎湖烏號之事可以身見，安期、羨門之徒可以自來。是時以怪異顯者曰神君。神君，長陵女子，以乳死，見神於先後宛若。先後宛若，女子之姊姒也。上厚禮置祠之上林中蹏氏館，能聞其聲。以方術顯者曰李少君。少君自謂能以祀竈使物卻老。常從武安侯晏，坐中有年九十餘老人，少君乃言與其大父游射處，老人爲兒從大父識其處，一坐盡驚。少君見上，上有故銅器，問少君。少君曰："此器齊桓公十年陳於柏寢。"已按其器，果桓公器。上大駭異，爲少君數百歲神人矣。由今思之，所謂神君者，豈即今猿狖狐狸之妖？假是女子以惑世間無知人耶。亦即是女子如伯有杜伯之類，精靈未腐，久亦自泯没耶。史言神君居帷中時，晝言然常以夜，又因巫然後言。安知非人偽爲者乎。今人多有之，余所親見少君言游射，言銅器，亦奇中可信。安知非射覆卜算之精，且區區驅鬼物偶中什一於千百耶。然兩者術，武帝不能破。史稱少君病死，則其非仙可知。其後帝好仙愈殷，祠祀日增，而謬忌、文成、五利、公孫卿之徒各以其方媚上。雍郊牲帛，除道築闕，尊寵方士，待以不臣。至妻之衛長公主，賜之列侯甲第，以冀神仙一遇，而杳不可得。厥後郊雍獲麟似麃，巫錦得鼎汾陰，亦偶然事，而帝已視爲上帝享祀之應。今日建祀，明日置祭，積誠感昭，無非爲神仙計耳。至於聽五利不根之言，爲黃金可成，河決可塞。制詔御史曰："昔禹疏九河，決四瀆。間者，河溢皋陸，隄繇不息。朕臨天下二十有八年，天若遺朕士而大通焉。乾稱飛龍鴻漸于般，朕意庶幾與焉。"其憪然蠱惑貪愚之態，殊可笑也。夫少翁之動帝者，能於仿佛間致李夫人耳。欒大之動帝者，能使棊子自相觸擊耳，無他殊術。其後泰一火光黃氣，晝見雉鳴。緱氏與夫丈人大跡，黃大老人多出自群臣象上指意，阿諛飾說以取容者也。神仙安在哉！望氣者乃言有填星出，如瓜食。頃復入，有司即據以爲休祥之報，是耶？非耶？求仙至秦皇、漢武，可謂專矣。不聞有一人至者，豈仙可學不可求耶？仙能自仙則知仙不可以求得矣。余將以方寸代桂館壽宮，以刀圭代脯棗牢具，黜聽潛視於一室，以當海上盡反秦皇、漢武之爲。冀神仙終遇我，不知仙人能一遇之乎。嗚呼！是又欲能秦皇、漢武之所不能者矣。

陽伯曰：余讀史至光武兄伯升爲更始所害。光武自交城馳詣宛謝。司徒官屬迎弔光武，光武難交私語，深引過而已，未嘗自伐昆陽之功，又不敢爲伯升發喪，飲食言笑如平常。更始慚，遂拜爲破虜大將軍，封武信侯。始知帝王保身以成大事，其氣度固自不同也。

陽伯曰：世傳光武滹沱事，以爲神異。據史，光武渡滹沱乃是正月，史爲晨夜兼行，蒙犯霜雪。又爲天時寒，面皆破裂。至滹沱河，無船，適遇冰合，得過，未畢數軍而陷。亦何神異之有？光武所以可危者，卻在詐稱邯鄲使者，入傳舍。傳吏椎鼓，傳中人幾閉門不得出耳。至於白衣老父信都之指，太守出迎，即得四千人，擊降堂陽一路。而始知眞天子無死地也。

陽伯曰：余讀章帝紀，建初七年幸偃師，東涉卷津，至河內。詔曰：車駕行秋稼，觀收獲，因涉郡界。皆精騎輕行，無他輜重。不得輒修橋道，遠離城郭。遣吏逢迎，刺探起居，出入前後，以爲煩擾。動務省約，但患不能脫粟瓢飲耳。所過欲令貧弱有利。喟然歎曰：恬哉！聖衷發爲綸綍。建初之治不讓永平，信哉

陽伯曰：靈帝亦嘗詔減大官珍羞，御食一肉，廐馬非郊祭之用，悉出給軍。乃史書前言傳中向栩、張鈞坐言宦官，下獄死。此又言司徒陳耽、諫議劉陶坐直言，下獄死。即食一肉，出廐馬，又何爲乎？

陽伯曰：龐萌歸降光武，光武以爲侍中，甚信愛。帝常稱爲社稷臣，後拜平蜀將軍，遂反。甚哉！知人之難也。

陽伯曰：使王允少寬催、氾罪，何以有後禍？一歲不再赦之言，此允所以族也。

陽伯曰：戴平仲送師東海申君喪，道經其家，父母豫爲取妻，不宿而去。李大遜以私語，輒棄其婦。豈人情哉？大遜何不觀繆豫公掩戶自撾，即能化諸婦及弟乎。

陽伯曰：甚哉！言行不可不慎，幾事不密而害成也。漢遼東高廟、長陵高園殿災，仲舒居家推說其意。草藁未上，主父偃候仲舒，私見，疾之。竊其書以奏。於是下仲舒吏，幾死。仲舒後遂不敢復言災異。

陽伯曰：有父子稱說人議論各殊，而不嫌其爲證父。劉向、劉歆之論仲舒是也。向稱仲舒有王佐之材，雖伊呂亡以加。而歆以爲伊呂乃聖人之耦，王者

不得則不興。唯顏淵一人為能當之。仲舒淵源所自，猶未及游夏。史以為然。

陽伯曰：吾觀文帝紀而知災異不足為禍也。文帝即位初，齊楚地震，二十九山同日崩，大水潰出，日食者數四，長星東出，大旱，河決，災異可謂甚矣。帝乃不輟修省，下詔問政事，更舉直言敢諫之士，期匡所不逮。勤耕復租，日不遑處。二十餘年，海內殷富，興於禮義，斷獄數百，幾致刑措。然則災異正天所以仁愛人君也。

陽伯曰：孝宣告祠武廟日，有白鶴集後庭。築武廟，祖光興於殿旁，有鳥如白鶴，前赤後青。神光又興於房中，如燭。廣川國武廟殿上有鐘音，門戶大開，夜有光，殿中盡明。蓋帝在世，如甘泉、汾陰、泰時、后土及諸方士，所專主神祀於事鬼之道。至為蠲備好仙一念，結而不散，屢顯怪異。事不盡誣，後世附會者遂以武帝為仙去，乃歲歲游海上。考入海求神仙之方士，無驗，生前不得以望見，身後乃能為仙耶。班史郊祀所載，屢娓娓言瑞應，將毋亦惑於衷歟。

陽伯曰：漢哀寢疾，博徵方士，盡復前世所常興諸神祠宮，凡七百餘。一歲三萬七千祠，率不獲祐。世之謟瀆鬼神者視此，亦可以少緩矣。

陽伯曰：張湯、杜周、減宣即酷烈刻深，然每論獄，善候司主意指，所謂酷而諛者也。色厲而內荏，其斯人與。乃張生子孺杜有幼公，天道謂何？

陽伯曰：史稱曼倩滑稽之雄者耳。觀其諫羽獵，與數董偃罪，竟罷宣室席。切直力諫，即汲黯諸人不能過也。

世有其人非而其言是者，朱浮諷議苛察之弊是也。

省會竪忠諫棹楔玉坡張公獨逸通學請補名呈文

切見已故原任户科右給事中加贈太常寺少卿玉坡張公，性酣孝友，天鍛忠貞，學蒐百家，韋布已隆乎。清譽心矢，實用經綸，輒效於筮官，數月諫垣，六年竄地。身爲瘴癘烟嵐之苦，而暇逸恬澹不聞興遷客之嗟。手刈蓬蒿，榛莽而居。而摩挲諷咏，若將有終身之意。篇什寄興，深懷拾遺之忠君。開誨作人，無異文翁之化俗夜郎。春至召下金雞，瑣闥恩深，人瞻鳴鳳。丰稜峭直之氣，歷百折而愈堅。慷慨感激之衷，誓一身之可許。偶值朝興大禮之議，援古衡制，共揚修撰等。力持讜言，竟以天威霆折之嚴，株及鉤連，與裴給事等立斃闕下。含歛不給，有覆茅之貧；廣柳言旋，動行道之惻。此真抱忠懇之靈而遇嗇於身存，守司寇之窮而秋謝於宦達者也。日臨景霽，天愁遺忠，朝庭有褒封郵蔭之榮，有司專歲時伏臘之祀。鬣封崒崒，幸沾紫誥之恩。靈駕飅飅，常享白蘋之薦。茲固鄉曲耳目之共紀，亦史乘掌故之可查者也。乃忠諫之坊昭乎五父六術之見聞，方等榮於華袞，而殊絶之品揚乎。百世千年之馨飶，反近絀於邦英。歷捃同事諸人，此獨何劣？倘録殉躬大節，伊誰或先？雖國家寵錫之微權，非宜聞於卑賤。而盛世彰癉之巨典，實下印於僉同。嗟遠逝之忠魂，窶逸足憫。慶闡幽之棹楔，補繼堪圖。倘蒙某閣下博訪輿情，參稽故實，貞木重輝，以廁群賢之末。一代豎褒忠勸善之標，徽題顯揭，以隆景仰之風，他時即思義欽名之譜。

公賻王學博先生約

王學博先生以送考公務，卒仆暑風長安客舍。吾儕王振之具美棺斂爲賻，得免酷暑之患。方今旅櫬蕭蕭，遺孤孑孑，甌多塵土，突無黔烟。慘修阻之川途，覿衰殘之形狀。官以廣文而抱貧客死，子以賤士而扶轊遐征。不肖即在幽憂，每一念及，未嘗不欷息哀傷，介介於寢食間也。思惟邑黨諸公，或身處富厚，既多游間可已之爲。即產不中人，亦日有酬應相通之費。當此難已之事，必發樂施之心。昔脱驂高義，尚不忘乎館人，捐麥殊恩，且垂及乎行道。友毋未斂，巨先側席以罷歡，遠弔當行，徐孺單車而徑造。矧先生分則師長，謙踰朋交，與人獨剖赤心。造士何嘗厲色，眾皆佩德，久無間言。豈有生作相得之師弟，死乃漠然不一關情耶。達人君子自度力量，上之二三金爲助，只消節數日之游閒。次之二三錢可捐，辟如給暫時之酬應。予者無累重難圖之苦，而受者感死生相保之恩。夫成裘積於聯狐，爲山基乎累壤。敬斯作始以當募緣，敢云倡義能行義，實恃他心同我心云爾。

三原閫學請添科舉人數呈文

三原閫學生員某呈，爲比例乞添科舉人數，以勵士氣，事切。照三原僻在荒隅，愧多士未嫻乎黼黻。邇年顯承弘鑄，喜一時得被乎。青莪作養於黌序，既四百有餘，奮迹於青雲，亦屢科不乏。雖榦流之偶值，顧瞻名實者，方爲有似乎濫竽。乃振起之日新，獎進人才者，共謂差強於鄰邑。所稱峙立，獨有涇陽，閱黌序之數，當萬曆之初相較則同籍。青雲之途，自戊子以後浸衰不并，或文章本時有興替，而傳習者亦漸知型模也。以此方多福，數蒙大宗師啟瞶醒盲之誨，親承王端毅、馬豀田諸先生篤志好學之遺，兼以邑令督課提撕之善。諸士雖愚，辟之聽經之石，肯首真人，聆琴之魚，解音波上矣。乃比歲入闈人數，顧反遠遜於涇庠。以兩地未劑程量，不無少詘乎士氣。伏惟大宗師明同日月，必照纖微，大比洪鈞。每公培覆，倘獲文星之一燭，旋占景運之方來。幾其俯賜汲拔，少垂仁人作新與進之恩。敢不人為濯磨，求當異日奮臂先登之用。

公舉專祠溫太保先生呈文

呈為懇恩，題請專祠，以報台臣功德，以裨聖明治化事切。惟朝有優隆之典，惟厚德始堪承邦有尤異之賢，符輿情乃無忝。矧懿行載新於論定，而永思彌甚於身前。既飲水以知源，胡食恩而忘報。儀刑匪遠，激勸在茲。原任都察院左都御史太子太保今贈少保亦齋溫公，醇懿自天，莊凝成性。學以默而自識，量不擴而自宏。生當嶽降感明神異夢之祥，長即淵澄抱賢聖絕人之概。談經弱冠，固已無流。視無流心考禮通儒，自能為法言為法服。搜性命謂不離日用動靜之間，而繡虎雕蟲鄙為小技。行有持循，謂只在子臣弟友之內，而邂蹊裹徑目為不經。蓋用世志願已定於縫掖之時，故游刃經綸得裕於服官之日。未三十而為多財宰起卓軼之高名，未四十而領參省銜邁句宣之偉烈。中間梧埤顯諫，禁闈疏忠，德輝肇於鳳鳴，佞跡斂乎羊觸。非徒博斤斤之譽，實夙著蹇蹇之誠。迨外剡於歷敭，始薦登夫卿貳。方念忠謨期盡，寧徒職事克修。浙海騰波，鯨鯢肆侮。連營失御，樊杙潰圍。是時領專閫以靖妖氛，乃爾策單車以散賊眾。扶羸起瘵，教化中消。無限甲兵，汰餉輕徭。節費內寓，一番綏戢。陟台堦而躋總憲，勵冰檗而帥百僚。寵愈眷於資深，心益忘於品貴。廿年外內之績，皎似日星。五察南北之公，凜如衡鑑。此自有國史家乘之實據，亦覘王言名誄之褒稱者也。大抵清與鍾離意、楊伯起相頡頏，而不偏下為儉。直與魏文貞、陸宣公相上下，而不絕俗為貞。理學名家深厭宋時偽學標榜之弊，詩文垂世，一洗近日縉紳驕靡之風。不事矜莊，而鄉閭之人咸感太邱之化。豈曰延納，而遠近之士盡歸扶風之門。他如救荒則力起骴骸，修城則身先坂築。界城高峻，淫浪為殃。公乃肇造石梁，力倡鉅費，殫心力且十餘載，破家貲約數千金。泂便四方行旅之塗，不徒一邑千年之利。至於奄啟大漸，猶徵守正不移，類真長綿惙之言，作君實忠君之語。其他細節未易枚陳。以公之生，人始知後樂先憂，原有此等氣度。以公之没，人始驗踐形盡性，原有此等功夫。考古證今，聞風感德，謂同鄉賢祔之廟祭，猶未能伸士民報答之心。必徼聖恩賜之專祠，始足彰昭代勸揚之典。粵紀祀法於經傳，有以勞定國數條，如夏敦微、周高圍大王諸人載垂古訓。近查職掌於禮曹，有惠愛及民數款，如夏忠靖、周文襄、薛文清諸人咸享明禋。且邑先賢既建有端毅王公之祠，公至德允可並端毅王公之列。伏乞仁明台臺大宗師，闡哲人之休範，鑒公論之無私，俯採群情，仰達宸聽。倘獲架榱棟於廟壖，著額儀於俎豆，則英魂冉冉將格裸獻而降蚪車，後彥詵詵定覿宮垣而思豹變矣！緣關風教，僉議上聞。

本業日修語數款

余性好多學而易生離厭，近益以駢枝視之，獨是制科之文。少習之，四十而不能脱。屢蹶屢變，幾不自主。然少常易視此道，又偏嗜他書，專攻缺焉。歲月不待，筆底老禿，甘遜後進，長棄林莽。然而伏櫪之志未嘗衰止。卜居郊園，孤同謝讜，沈思漸悟。冀必開省隨得，輒筆不拘詮次潛味，力求以比中人一大創云爾。甲寅夏復識。

學子靜中爲文，偶自爲得意，便看人文章俱劣，此是好勝心。見人閱己文點竄稍過，便不喜，此是退止心。然則人說好，批評好，即可自足乎。朋友雖具眼所見，或不與我合。縱與我合，或不與主司合，亦不可認真若然。又恐茫然失據，莫知適從，奈何？亦曰：念念鑽研，時時虛受。將人意己意參而究之，世間無好盡的文章，窗下無多用的功夫。篇篇與名作比，方看他鑄語造意，用事打勢，布景抽思。作一題即取時藝玩之，務要借彼長益我短，更當舍我長求彼長。若我長橫於胸中，并時藝佳者，亦不能揮此猶然，是好勝心好秀才之大病也。採時藝之要有四：一要挈定章旨者，一要運筆輕快者，一要脱去窠臼者，一要辭句典實者。至於沿習套語，時禁字面及晦澀沾滯、冗長捏造、堆疊隱怪種種諸病，時藝中往往有之，切不可謂已售之技而踵其失。一遇知者，必定害事。依此力行，或有實得吾黨勗之。

燈下閱社中諸兄弟作，伏而思曰：此時去科尚有一載餘，初約爲文，似不宜過求。但吾輩年歲已邁，腹中腐物難滌，而時尚之精采日新。余每搦管，輒愧赧不已。若不刻意摹倣，恐終身不得。若止隨題隨人將就，恐場中主司不肯。且明知害事，一味模稜，豈是忠告？即評品失當，塗抹太嚴，實欲竭誠畢愚而已。敢乞同心指摘拙技。他日拈題，倘各獲佳篇，亦是一快，功名姑俟命耳。

人只想甲科，甲科乃大榮大辱之物。且莫論學問，若使第後無幾篇傳得文字刻入同門稿，豈不貽笑海內？亦令房師赧顏。

爲文須極力闡發，方議通融。觀書必靜悟旨歸，毋騁捷速。戒越思以尋素位之趣，省間步以養沖寂之神。

余三上春官不第，當時亦不敢埋怨主司。由今思其敗北之故，歷歷可憶。丁未之役寓報國寺，遇十年相別厚友梁君宿、君肇兄弟。時廣陵閻元之同寓，於梁則籌燈話舊，於閻則新知相投，故日事杯酌，酣飲極懽。彼時無意功名，場中精神散亂。又常聽先司馬云："會試誤我數次。"人云：文禁要平，殊不爾越高越好。此意橫胸。是年出君子之仕題，既不知向亂世一邊說，而末二股過晦反自爲得意。及出場，爲同年魏啟元、薛允執、常修之諸公誦之，皆謂不甚解。余已知其必不收矣。是科文禁甚嚴，搜及字句文體一變。庚戌則余學荒廢二年矣。蓋以事羈淮揚，意氣挫衂，神色萎索，尚不能消俗障，何能爲文？文錄出，卻有稱之者。然自愧迷夢中必無了語也。癸丑先浹月，抵燕靜攝西山碧雲寺，攜選文數千篇，揣摩下筆亦不苦。彼時忻若有得，場中少萌易心滾滾而出，丰骨靈機尚缺。是日雖筆底不窘，然卻神若秘，思若緘，自謂鐫刻有餘，比出已黎明矣。異哉！其有命耶！功未至耶！房閱首義視前二次倍優，亦可信學不學之難欺人矣。嗟夫！射必如后羿、養由基而後無愈，勇必如州綽、賁育而後無敵，捷必如夸父、忌慶而後難追，巧必如工倕、墨翟而後難習，美必如西施、南威而後莫並，文必如陶石簣、吳因之之奇肆而後臻妙。陶從遷史來，吳從禪悟來。學子果平時神氣凝結，場中必有異賞。辟如攝受淨土，此但修行，彼自結胎。辟如賈胡辨寶，即埋沒塵沙，自別彩色，至理關通，莫可思議。唯慧心人可共論耳。嗟乎！射不穿札，力艱任重，走止數堠，巧愧雕楮，美非奪目，而妄欲與由基諸人比肩，難哉！難哉！悲夫！老嫗塗澤，強效新婦，棄女膏首，妄冀回憐，不自知其不可矣。窮鄉乏名公宿儒，曰來講說假，曰記諸家文議，與面所訓質最切余病者，錄數款以當箴砭。雖覺駑鈍不能行，聊志依歸焉。

與張芋田憲使公約語

某每讀昔人致譏郇廚，尤嗤崔宴，莫不惜水陸之族，取溢圓方口腹之羞，橫充刀俎。矧飽飫所入幾何？而耗費動至無算。杜工部云"華筵直一金"，又云"寄語少年人，黃金莫輕擲"[一]。蓋不獨節嗇物力，實欲省存福量，故洛社諸公會唯真率。子瞻每設三篚，毋添誠不忍堆簇含生，窮極供辦，而徒恣隸圉之饕餮也。矧邊事當嘗膽之時，密鎮又荒瘠之域，市物日貴。舊套尚沿一席徒列多盤，諸綵尤屬贅物。尋常過從，既乖沖澹之風。循習濫觴，彌長浮華之漸。詳貴道四款之議，軫先民破觚之憂。酌豐儉以定規，準情文而曲至。作法由上，偃草忻從，自茲以還，砥流攸賴矣。

【校記】

[一]"少年人"、"莫輕"，歷代《杜甫集》作"惡少年"、"且休"。

彥白上人小像

上人癯形豁口，丰神穎穎。談鋒露阿闍中，亦在囂而能靜。非得好手寫生趣，則尋常袈裟一領矣。醳梵持禪文途詩境，不離筆端。而會精俄頃，方能於常住法界，傳之永永。此不足存，亦猶客塵中客塵，幻影中幻影。若游於未始有，夫未始有之先原無四大可假，更無俟空相與滅景也。

晉唐小楷古塌贊

散隸而降，惟真體全。畫小且法，墨蹟芬堅。中郎虎賁，僅覩茲鐫。弇州翫後，元郎賞先。用卿夙祕，在咸購焉。老腕疏忘，心摹以還。

題諸清之小像贊

悠然逸度，盎然道容。辭翰迄老不輟，丹青簡淡是宗。感臨邑有知己之言，攜手蹟以相從。住雄邊抱烈士之膽，談兵可備夫折衝。余晤之檀城中，覩其眉龎而神卻全，語不煩而理暢通。似貌君者猶未圖出君貌之穌雍。斯人也，可許採芝商嶺，可俾佐議上公。古有抱義潛名如田光王先生其人者，屈千乘禮彌恭，君固有二子之遺風耶。

來陽伯文集卷二十終

後　記

　　《陝西古代文獻集成》是陝西省自建國以來實施的最大的古籍整理項目。這一課題的任務是，將歷史遺留下來，而又沒有經今人整理過（或雖經今人整理，但是整理本有較多問題），並且具有很高歷史和文化價值的典籍，做成供中等文化程度以上讀者可以閱讀的整理本。工程浩大，任務繁重，時間緊迫，要求很高，需要課題組織者和參與者付出很大努力。將這項世紀工程做好，不僅爲當代，而且可以爲後世貢獻一份珍貴的精神遺產。

　　中國歷史上凡是經濟繁榮、富庶安泰的時代，執政者往往會在文化建設方面投入較多的精力和財力。宋初的四部大書《太平御覽》《太平廣記》《文苑英華》《册府元龜》，明初的《永樂大典》，清代康熙乾隆年間的《古今圖書集成》和《四庫全書》等，無不基于這種背景，這就是所謂"盛世修書"的傳統。

　　改革開放以來，陝西省在全國經濟發展方面長期居於中游甚至偏下，上一輩學者欲整理陝西古代文獻者不乏其人，但都因所需鉅資無法籌措而望洋興嘆。國家實施西部大開發的戰略以來，在國家扶持和陝西人民的努力之下，陝西經濟有了快速提升。陝西乃中華民族的發祥地，古長安又是十三朝古都，憑此地緣優勢，陝西省人民政府不失時機地提出了要將陝西省建設成中國的文化大省和文化強省的戰略目標。近年來陝西省在文化遺址的修復和文物保護方面，採取了大力度的措施，恢復和整修了相當多的文物古跡，例如日前已列入《世界遺產名錄》的漢長安城未央宮遺址、漢城湖公園以及漢昆明池遺址公園、唐長安城大明宮遺址、唐芙蓉園、曲江遺址公園等；文物的修護保護也取得很大成就，秦始皇陵兵馬俑的彩繪保護、古代紙質文獻的修復保護等，這些成就舉世矚目。但是這些成果，主要是從空間上展現文物和遺址的形貌，而這些文化遺產内在的精神支撑，也就是其產生的時代與背景、存在與湮毀等豐富的文化信息，更須依靠文獻的記述。正如本課題主持人所說："歷史上的文明，文物只是一端，而文獻則構成另外一端。無文物則不睹其容，無文獻則不知其故。文物爲體，文獻爲神，著此一睛，則飛龍在天。"更何况有些精神遺產是地面文物所無法負載的。例如，宋代以後，理學成爲中國官方的主要意識形態，而陝西關中理學即關學是其重要的組成部分。關學的代表人物張載、蕭𣽴、馬理、吕柟、馮從吾、康乃心、李顒、李因篤和王心敬等人的著作，不僅是陝西省的珍貴文化遺產，也是中華民族的精神財富。張載的"爲天地立心，爲生民立命，爲往聖繼絕學，爲萬世開太平"的豪言壯語，成爲世世代代立志爲國捐軀的有志之士的座右銘。而這些遺產，也到了搶救的時刻了。

陝西堪稱中國古代文獻的淵藪。產生於這塊土地上的古代經典文獻有《周易》《周禮》《史記》《漢書》等，《詩經》和《尚書》中亦有相當篇目與這一地域有關，而歷代這裏出現的文獻瑰寶，更是不勝枚舉。

有鑑於此，我們認爲編纂一套能比較全面反映陝西省古代文化輝煌成就的大型叢書時機已經成熟，並且刻不容緩。2011年初，我們向陝西省政府提出建議：抓住當前有利時機，傾省内外可以利用的學術資源，盡速啓動，用十年左右時間編纂一套全面反映陝西古代文獻成就的大型叢書《陝西古代文獻集成》。

陝西省人民政府主要領導迅速做出批示："對我省歷史上形成的，目前又没有被整理出版的典籍，應下力氣投入，以傳承歷史文化和文明。"

項目組經過審慎的摸底調查，決定精選出三百種左右的典籍進行整理，在"十二五"和"十三五"期間各完成一百五十種左右，約需投入兩千萬元左右。經過以著名古籍整理專家周天游教授爲主任的陝西省古籍整理出版工作領導小組專家委員會的數次開會研究論證，認爲方案切實可行，上報省政府。陝西省發展和改革委員會、陝西省財政廳對這項工作非常重視，決定撥出專項資金予以支援，並立項爲陝西省"十二五"古籍整理重大項目。

其后，課題組精心落實了課題的實施。

一、成立《陝西古代文獻集成》編輯修纂工作班子。一是編修委員會，由陝西省省長任主任，中共陝西省委宣傳部部長和主管文化的副省長任副主任，各相關主要單位的領導任成員；二是成立專家委員會，由陝西省古籍整理出版工作領導小組（簡稱"省古籍整理領導小組"）專家委員會代行職責；三是成立編纂委員會，設在項目直接承擔單位西北大學，負責項目的編纂實施工作。由一批在國內享有盛譽的專家擔任顧問，另由一批以陝西省內爲主的年富力強的古代文獻學者擔任委員會成員。編纂委員會確定了一期工程的具體進展計劃，並且提出，這一項目在省古籍整理領導小組統一領導下實施開展，省古籍整理出版辦公室負責項目的總體協調和日常行政事務工作，督促檢查項目的進展情況和經費使用情況。西北大學爲項目的第一承擔單位，負責項目的具體組織和實施。爲落實這些要求，省古籍整理領導小組於2012年9月下發文件，通知了各相關單位。

西北大學還在項目主持人賈三强教授所在的文學院成立了重大項目管理辦公室，從辦公場所、人員配備方面提供了必要條件，使項目順利啓動。

二、確定子課題。按照省政府文件精神，課題組決定先整理一批沒有經過近人整理，或雖有近人整理本，但整理本存在較多問題的典籍。爲了有利於今人閱讀，以便使這些文化資源成爲今天的經濟建設、文化建設、社會建設和環境建設的有用信息，我們決定不採用國內有些省市採取的古籍影印的方式，而是採用古籍點校本，並用繁體字橫排本的形式，這樣既尊重了古代文獻的原有形式，又便於今人閱讀。既然確定爲目前只做尚未有今人整理本的陝西古代典籍，課題組經過反復研究論證，確定下來300多個子課題，依傳統古籍分類法，分成經、史、子、集四部。按前後兩期實施，"十二五"期間先行完成150多個子課題。在這些子課題的確定中，專家委員會意見得到了極大的重視。

三、開展項目的招標工作。根據專家委員會的建議，對於子課題的承擔，我們決定採用招標制和委託制結合的辦法，以招標制爲主，無人投標或投標者明顯不合要求者，再採用委託專家承擔的方法。省古籍整理領導小組在2012年9月下發文件，公開向省內徵集一期工程151個子課題的承擔者。以省內高校和科研單位爲主，學者踴躍申報，經編纂委員會初審，決定將74位學者申報的117項子課題交付專家委員會審查。2013年1月，專家委員會審定107項子課題合格。入選者絕大多數是近年來從事文獻研究已有成就的中青年學者，有一部分已對所申報的子課題有了相當深入的研究。對於無人申報或申報者不合要求的課題，還有專業性太強如中醫藥方面的子課題，我們採取了委託具有高水準的相關專家承擔的方式。因此，所有150余子課題都已先後確定了整理者。

四、多次召開相關會議，進行學術交流，互促互進，並及時解決實際問題。在項目規劃時，我們就提出了課題進行中，每年召開一次學術研討會、一次行政事務會的設想。前者主要交流課題研究中的學術問題，後者主要針對項目進行中出現的各種事務性問題，及時加以解決。2013年3月，東亞漢學研究學會（秘書處設日本長崎大學）、西北大學文學院和陝西省社會科學院古籍研究所聯合舉辦，西北大學文學院承辦了"陝西地方文獻國際學術研討會"。與會專家學者50余人，分別來自日本、中國大陸和臺灣地區，共提交論文41篇。論文專業性強，水準高，圍繞陝西古籍整理、古代文獻編年、宗教文獻的文學闡釋、陝西地方方言、域外漢學的開拓與發展等學術問題，進行了深入的交流。會議期間，舉行了"陝西古代文獻"課題開題報告會。與會專家一致認爲項目具有重大文化意義，並且對項目的各方面問題提出了許多好的意見和建議。對於這次會議，《中國社會科學報》2013年3月4日曾專發消息《"陝西古代文獻集成"項目啟動》予以報導。會議論文由東亞漢學研究學會會刊《東亞漢學研究》出版特別號《"陝西地方文獻國際學術研討會"論文集》。

2014年6月，西北大學文學院和陝西省社會科學院古籍研究所舉辦了"第二屆陝西地方文獻學術研討會"，會議的參加者全部是項目的承擔者，各位學者專家對自己承擔課題中的學術問題做了歸納研究，發表的論文有很強的現實針對性。對于項目的深入開展和將項目做成高品質的學術成果，這可謂是高調的集結號。會議論文集由商務印書館出版。

行政事務會議也力爭開成辦實事、解決實際問題、不務空談的交流會。雖然我們已給各位課題承擔者發了《工作手冊》，專門規定了體例，但是在實際操作中，仍然出現了一些問題。于是2013年10月召開的行政事務會議，專就體例不一展開了研討。集思廣益，將各位專家學者的意見建議分門別類做了梳理，又重新修訂了《工作手冊》，大家反映良好。

根據實際需要，從事編修編纂的單位建立了暢通的管道，問題一發生，就做出快速反應，及時溝通，及時解決。2015年年末，省政府主管文化的副省長過問了項目的進展，明確表示，這個項目是省上親自抓的重大文化項目，也是建國以來投資最多的軟文化工程，受到省委省政府主要領導的關注，必須抓緊、抓好。爲此，陝西省社會科學院、陝西省古籍整理辦公室、陝西省古籍整理專家委員會、西北大學四家單位的領導和項目主持人開會，對當前面臨的問題一一過濾，採取相應對策。如稿件完成後的審閱、成書的分集等具體問題均

後　記

有涉及，並且有了明確的應對之策。

五、利用電子信息時代的優勢，建立隨時應答的動態管理模式。項目日常的工作人員主要由在校博碩士生等組成。他們利用年輕上進、精通電子信息技術的優勢，提出了很多很好的建議。例如建立了全員電子通信網，隨時隨地可與各位項目承擔者進行聯繫，實現無紙交流、無紙辦公，並且建立了聯絡群，可以隨時發佈各種信息，對各種問題進行及時應答。具有普遍性的問題，還可由專門或專業人士進行解答。

與此同時，我們建設了"陝西古代文獻集成"信息終端，硬件軟件已經採購到位，待安裝調試成功後，計劃將一些共用的資源錄入，逐步建成課題組的大資料庫、大信息庫。這個終端的建成，必將爲課題的開展起到重要的促進作用。

陝西省古籍整理辦公室從項目的選題到項目的立項，從經費的管理到經費的監督，從督促項目的進展到聯絡出版、印刷等事宜，認真負責落實，先後召開了五次專家委員會會議、五次項目進展情況督促檢查會、六次專項出版印刷會，下發正式文件三次，認真組織實施，積極協調各方相關單位，使項目有序推進，對于項目按時間、保質量地完成，起到了重要的作用。

陝西人民出版社承擔項目的出版工作。從社領導到編輯均表現出了極强的責任心和專業素質，在此表示誠摯的謝意。

賈三強
丁酉年春日